世界传世藏书

【图文珍藏版】

中外未解之谜

王书利⊙主编

第一册

线装书局

图书在版编目（ＣＩＰ）数据

中外未解之谜：全6册 / 王书利主编. —— 北京：
线装书局, 2016.3
ISBN 978-7-5120-2157-0

Ⅰ.①中… Ⅱ.①王… Ⅲ.①科学知识 – 普及读物
Ⅳ.①Z228

中国版本图书馆CIP数据核字(2016)第019766号

中外未解之谜

主　　编：王书利
责任编辑：高晓彬
装帧设计：博雅圣轩藏书馆　Boyashengxuan Cangshuguan
出版发行：綫裝書局
　　　　　地　　址：北京市西城区鼓楼西大街41号（100009）
　　　　　电　　话：010-64045283（发行部）　64045583（总编室）
　　　　　网　　址：www.xzhbc.com
经　　销：新华书店
印　　制：北京彩虹伟业印刷有限公司
开　　本：787mm×1092mm　1/16
印　　张：150
字　　数：1826千字
版　　次：2016年6月第1版第1次印刷
印　　数：0001 – 3000套

定　　价：1580.00元（全六册）

神秘莫测的银河系

　　在银河系附近还有大量的暗物质无法观测，大多数恒星聚集在4万光年的半径内，之外几乎完全是由暗物质统治，因此银河系内还有许多无法观测到的暗物质质量。科学家正在使用斯隆数字巡天，以便对银河系内的恒星进行更加精确定位。银河系的大小在宇宙中应当属于中流水平，不会太"重"也不会太"瘦"，下一步科学家计划继续对银河系质量进行研究，并与宇宙中的其他星系进行对比。

UFO谜案追踪

　　UFO（Unidentified Flying Object），不明飞行物是指不明来历、不明空间、不明结构、不明性质，但又漂浮、飞行在空中的物体。一些人相信它是来自其他行星的太空船，有些人则认为UFO属于自然现象，不过即使是科学家也无法解释所有的UFO报告。20世纪40年代开始，美国上空发现"飞碟"，这是当代对不明飞行物的兴趣开端，后来人们着眼于世界各地的不明飞行物报告，但至今尚未发现能让科学界普遍接受的证据。

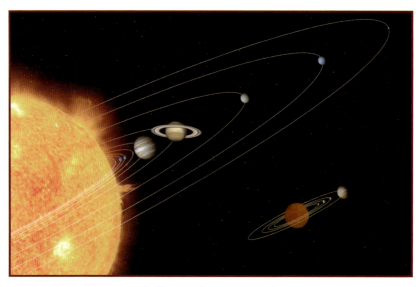

太阳系的起源探秘

太阳系是以太阳为中心，和所有受到太阳的引力约束天体的集合体。包括八大行星（由离太阳从近到远的顺序：水星、金星、地球、火星、木星、土星、天王星、海王星 ），以及至少173颗已知的卫星、5颗已经辨认出来的矮行星和数以亿计的太阳系小天体。人类对客观世界的认识不断深入，探索自然的奥秘是我们的不懈追求，这里从科学的角度全景剖析太阳系的奥秘，带你走进一个不为人知的神秘世界。

神农架野人

神农架野人，据说是生活于神农架一带的野人，古有屈原野人诗一首，从解放前就不停有执著探险家在一直考察，找到的也就是一些所谓脚印，痕迹。但时至今日也没有足够信服的证据证明神农架野人的存在。

著名的古人类科学家、中国科学院院士吴新智认为，"野人是远古智人进化到现代人之间缺失的一环"，这一说法是没有任何科学依据的，至今还没有证据足以支持野人存在。

太平天国宝藏在哪里

太平天国的失败令人叹息，太平天国巨额财富失踪同样令人遗憾。天京失陷，全军覆没，大批珠宝从人间蒸发。中外纷传洪逆之富，金银如海，百货充盈，更多财物被藏地下。李秀成被擒后，曾国藩曾威逼利诱，多次追问金银所在，这也是忠王被处死较晚之故。威武不能屈，忠王倒也忠诚，始终未曾吐露珠宝下落，有人甚至将天王府后花园湖水放干，掘地三尺，结果一无所获。

古墓"长明灯"不熄之谜

古墓终年不见天日，本应伸手不见五指，但在一些古墓拱顶挂着"长明灯"，阴光很是逼人，令人毛骨悚然。如此神奇之灯，为何长明千年不灭？若是油灯，千年不灭，燃料如何供给？显然不是人力所为；若是电灯，灯碗液体可能是用来导电之汞，问题是电能如何产生？难道某个角落有发电装置？要做到如此一劳永逸发电，必须太阳能发电方可。凡此种种，只是凭空臆测，真相到底如何？还需科学验证。

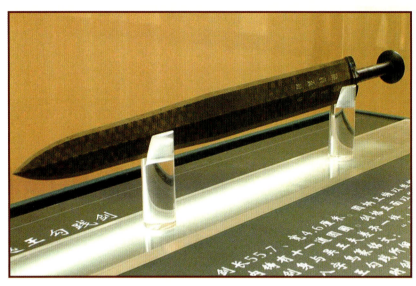

青铜剑千年不锈之谜

　　秦始皇兵马俑，作为"世界第八大奇迹"，是二十世纪最伟大考古发现之一！随同兵马俑一道出土的一批青铜剑，剑身光亮平滑，刃部磨纹细腻，地下沉睡两千多年，光亮如新，锋利无比。无独有偶，考古队在挖掘春秋古墓时，意外发现一把越王勾践剑，做工精细，削铁如泥，两大考古发现立即传遍大江南北，更大奇迹还在后面，经过科研人员检测，宝剑锋面有一层铬盐化合物，此为千年不锈之故。

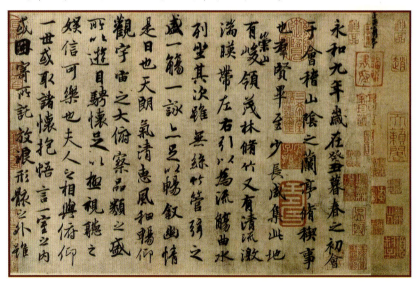

千古遗恨《兰亭序》

　　《兰亭序》被誉为"千古第一行书"，是书圣王羲之巅峰之作，是天命之年的王羲之在兰亭风雅集会上，酒酣之时趁兴为《兰亭集》作的序，具有极高艺术价值，失传千年，让人怀念！史书记载，在唐太宗遗诏中，明确要求《兰亭序》陪葬，换句话说，这件宝贝应在昭陵。五代温韬灭绝人性，将昭陵挖掘一空，发现钟繇和王羲之书法真迹，让其流传于世，但其中并未提到《兰亭序》，致使《兰亭序》的去向成为无头公案。

《洛神赋》到底为谁而作

曹植素以文采见长，除七步诗之外，首推《洛神赋》有名。在《洛神赋》中，曹植所写洛水女神到底是谁就成为历史难以破解之谜！一种推测是甄后，曹丕之妃。作为小叔子，竟然爱上亲嫂，就兄弟而言，为其不义；就君臣而言，为其不忠，成何体统？顾恺之代表作《洛神赋图》，公然就指甄后，李商隐亦有"宓妃留枕魏王才"诗句，乱世桃花逐水流，千百年来，招来文人骂声一片。

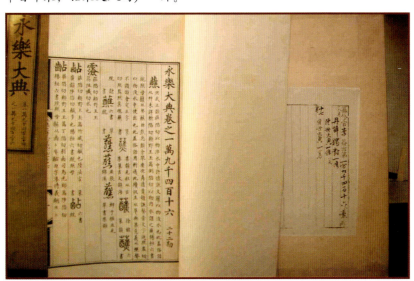

明朝《永乐大典》正本下落之谜

《永乐大典》算得上千古奇书！但令人遗憾的是，自《永乐大典》问世，直到明末清初，正本去向成为公案。一种说法认为，明英宗将此书殉葬于永陵，明朝有殉葬书籍传统，从明英宗酷爱大典来看，极有可能"生死相连"；另一种说法认为，正本毁于明亡之际，文渊阁失火，正本可能毁于一旦。由于史籍没有记载正本去向，要弄清正本到底所在，看来只能借助考古发现。

西班牙伊诺尼马斯大教堂太空人浮雕

　　伊诺尼马斯大教堂，在当地又被称为萨拉曼卡大教堂，这是一座体量巨大的主教教堂，由新旧两部分构成，二者相互重叠，在建筑的最上部是文艺复兴风格的穹隆顶，修建于公元1102年。令人惊奇的是其上有一个特殊的图案格外吸引人，这是一个太空人的图案。这个图案是很清晰的身着宇航服的宇航员：有可能在一千多年前太空人能够穿越时空隧道？

尼斯湖水怪之谜

　　尼斯湖水怪，是地球上最神秘也最吸引人的谜之一。

　　关于水怪的最早记载可追溯到公元565年，爱尔兰传教士圣哥伦伯和他的仆人在湖中游泳，水怪突然向仆人袭来，多亏教士及时相救，仆人才游回岸上，保住性命，自此以后，十多个世纪里，有关水怪出现的消息多达一万多宗。但当时人们对此并不想念，认为不过是古代的传说或无稽之谈。

前　言

刀耕火种的炊烟尚未散去，原始祭祀的钟声依然清晰，机器的轰鸣刚开始喧嚣，蓝色的太空已经留下了人类的足迹。随着宇宙和地球的神秘面纱被一点点揭开，人类似乎站在无所不能、无所不知的领地。可是还没有等人类欣欣然地庆祝自己的"胜利"，一个个谜团不时出现在人类面前：旧石器时代的神秘枪击、各种各样不明飞行物的频频"光临"、深海人鱼踪影的隐隐现现、古代尸体的数百年不腐等，都让骄傲的人类感到困惑不已。虽然时至今日这些谜团仍没有得出完美的解答，但是它们却激起了人类的好奇心，让人类的想象力更加开放地挑战终极、探索未来！

爱因斯坦说："探索奥妙对于人类而言，是美妙的事情。"数千年来，人类用智慧之砖敲开了一扇扇神秘之门，社会文明的进程也因而逐渐推进。昨日的谜题已陆续被破解，时代的发展又会留下新的谜题。这些谜题强烈地吸引着人们好奇的目光，至今，人们仍在为寻找这些谜题背后的答案探索不已……

地球上频频出现的 UFO 光顾事件，是外星人钟情于这个美丽的星球，还是在追寻他们失落的记忆？百慕大三角成为许多船只和飞机的梦魇，这处神秘之地要向人们昭示什么？印加人能够进行开颅手术，5000 多年前的医疗技术何以如此先进？风情万种的玛丽莲·梦露神秘死亡，它的背后究竟有什么玄机？欧洲军事天才拿破仑英年早逝、戴安娜王妃车祸中香消玉殒，尘封的历史中究竟隐藏了多少真相？双胞胎之间的心有灵犀，人类自身还有多少谜题？珍珠港事件迷雾重重，扑朔迷离的事件背后有着怎样的玄机？地震来临前动物们的种种异常表现，是否表明动物具有预知灾难的本能？2000 年前的巴格达人会使用电池镀金，难道古代真的存在超文明？

诺亚方舟究竟停靠在何处？印第安人的水晶头颅传说是天方夜谭吗？特洛伊战争真的爆发过吗？复活节岛上的最早居民是谁？古耶路撒冷究竟在何处？蒂卡尔古城突然消失之谜？非洲原始岩画是谁的杰作？古代日本人到唐朝真是"留学"吗？华盛顿为何拒绝竞选第三任总统？伊丽莎白女王为何终身不嫁？爱迪生为什么拒领诺贝尔奖？希特勒为什么要大肆屠杀犹太人？斯大林为何对德军突袭不设防？日本天皇二战后为何能逃脱审判？肯尼迪家族为何悲剧不断？妲己真是祸国殃民的"狐狸精"吗？秦始皇建造兵马俑的目的是什么？世间到底有无鬼谷子此人？为什么说墨子是古代黑帮头目？唐太宗为何要篡改国史？司马光为何极力反对王安石变法？兵权在握的曾国藩为何不反？孙中山为何要让位给袁世凯？北京公主坟葬的是哪位公主……人类世界到底遗留给我们哪些未解的谜团？

大千世界，无奇不有，每时每刻都会有新的奥秘不断地涌现。每当人们满心欢喜地揭开了一个谜团时，更多的谜团又会蜂拥而至……人生苦短，如何在有限的时间内尽可能多地探寻和了解这些未解之谜？答案只有一个：读书。因为书籍可以使人博闻，书籍可以使人广见，书籍可以使人明智。只有书籍才能满足您无尽的求知欲和旺盛的好奇心，而我们为您精心挑选、倾力打造的这套《中外未解之谜》，就是此类书籍之中的佼佼者。

　　本套丛书以一种全新视角来研究和探索这个世界，针对宇宙未解之谜、人类未解之谜、历史未解之谜、地理未解之谜、动物未解之谜、植物未解之谜、艺术未解之谜、科技未解之谜、军事未解之谜、考古未解之谜、密码未解之谜、神秘巧合之谜等，参考大量文献、考古资料，并吸收先进的研究成果，通过严肃而科学的分析论证，去伪存真，做出令人信服的结论。精选的谜题、生动的文字、精彩的叙述，引领读者去探究富有传奇与神秘色彩的未解谜案，畅游于精彩玄妙、匪夷所思的未知世界。

目　录

世
界
传
世
藏
书

中
外
未
解
之
谜

目
录

二

第一章　宇宙未解之谜

第一节　宇宙奥秘的探索

宇宙起源之谜

从地球上看宇宙,宇宙在向人类视线所不能到达的更深处伸展。宇宙之大,为众人惊叹。然而,宇宙又是从哪里来的呢?

中非有一个传说:世界最初只有黑暗、水和伟大的上帝。某天,上帝胃痛发作,呕吐出太阳。水的一部分被太阳蒸发,留下土地。上帝的胃痛未止,又陆续吐出了月亮和星辰,然后吐出动物,例如豹、鳄鱼、乌贼,最后吐出人。

难道,我们的宇宙真是上帝从胃里吐出来的吗? 这显然带有神话的色彩。若干世纪以来,很多科学家认为宇宙除去一些细微部分外,基本没有什么变化,宇宙不需要一个开端或结束。英国天文学家霍伊尔就是宇宙稳态理论的创建者之一。他认为,宇宙不断膨胀,而同时物质也在不断生成,从而使整个宇宙基本保持稳定不变。

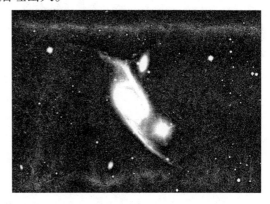

星系

稳态理论的优点之一是它的明确性。它非常肯定地预言宇宙应该是什么样子的。此后,科学家还根据相对论,为稳态的宇宙构筑了一系列,数学模型。尽管如此,结果还是遭到宇宙观测者的质疑或反驳,当宇宙背景辐射被发现后,这一理论基本上已被否定。

千百年来,科学家们一直在探寻宇宙是什么时候、如何形成的。科学家们认为,宇宙是在大约150亿年前发生的一次大爆炸中形成的。

"大爆炸理论"是伽莫夫于1946年创建的。他认为,在爆炸发生之前,宇宙内的所存物质和能量都聚集到了一起,并浓缩成很小的体积,温度极高,密度极大,之后发生了大爆炸。

大爆炸使物质四散喷发，宇宙空间不断膨胀，温度也相应下降。后来相继出现在宇宙中的所有星系、恒星、行星乃至生命，都是在这种不断膨胀冷却的过程中逐渐形成的。

我们所观察到的宇宙，在其孕育的初期，集中于一个很小、温度极高、密度极大的原始火球。在 150 亿～200 亿年前，原始火球发生大爆炸，从此开始了我们所在的宇宙的诞生史。

宇宙原始大爆炸后 0.01 秒，宇宙的温度大约为 1000 亿摄氏度。物质存在的主要形式是电子、光子、中微子。以后，物质迅速扩散，温度迅速降低。大爆炸后 1 秒钟，下降到 100 亿摄氏度。大爆炸后 14 秒，温度约为 30 亿摄氏度。35 秒后，为 3 亿摄氏度，化学元素开始形成。随着温度不断下降，原子不断形成。宇宙间弥漫着的气体云在引力的作用下，形成恒星系。恒星系又经过漫长的演化，成为今天的宇宙。

科学家还发现，大爆炸后的膨胀过程是一种引力和斥力之争。爆炸产生的动力是一种斥力，它使宇宙中的天体不断远离；天体间又存在万有引力，它会阻止天体远离，甚至力图使其互相靠近。引力的大小与天体的质量有关，因而大爆炸后宇宙的最终归宿是不断膨胀，还是最终停止膨胀并反过来收缩变小，这完全取决于宇宙中物质密度的大小。

然而，因大爆炸而产生宇宙的理论尚不能确切地解释这一问题，即"在所存物质和能量聚集在一点上"之前到底存在着什么东西？

因此，霍金在 1982 年又提出了量子宇宙论。宇宙中的一切在原则上都可以单独地由物理定律预言出来，而宇宙本身是从无到有而来的。这个理论建立在量子理论的基础之上，涉及量子引力论等多种知识。

如果人们不特意对空间引入人为的拓扑结构，则宇宙空间究竟是有限有界的封闭型，还是无限无界的开放型，取决于当今宇宙中的物质密度产生的引力是否足以使宇宙的现有膨胀减缓，以至于使宇宙停止膨胀，最后再收缩回去。

然而，天文观测包括可见的物质以及由星系动力学推断的不可见物质，其密度总和仍然不及使宇宙停止膨胀的 1/10。

迄今为止，人类还在探索之中，宇宙的起源仍然是一个谜。

宇宙大爆炸之谜

宇宙不是从来就有的，也不是永恒的，难道真是大爆炸产生的吗？人们不得而知。

早在 1929 年，埃德温·哈勃作出了一个具有里程碑意义的发现，即不管你往哪个方向看，远处的星系正急速地远离我们而去。这意味着，宇宙正在不断膨胀，在早先星体相互之间更加靠近。事实上，大约在 100 亿～200 亿年之前的某一时刻，它们刚好在同一地方，所以哈勃的发现暗示存在一个叫做大爆炸的时刻，当时宇宙无限紧密。

1950 年前后，伽莫夫第一个建立了大爆炸的观念。这个创生宇宙的大爆炸不是地球上常见的那种发生在一个确定的点，然后向四周的空气传播开去的那种爆炸，而是一种在各处同时发生，从一开始就充满整个空间的那种爆炸，爆炸中每一个粒子都离开其他粒子飞奔。

根据大爆炸宇宙论，早期的宇宙是一大片由微观粒子构成的均匀气体，温度极高，密度极大，并且以很大的速率膨胀着。这些气体在热平衡下有均匀的温度，这些温度是当时宇宙状态的重要标志，因而称宇宙温度。气体的绝热膨胀将使温度降低，使得原子核、原子乃至恒星系统得以相继出现。

持相反意见者认为，暴涨、暗物质和暗能量等是大爆炸理论所不能解释的。没有这些东西，我们就会发现，在实际的天文学观测和大爆炸理论的预言之间存在着直接的矛盾。这种不断求助于新的假设来填补理论与实现之间鸿沟的做法，在物理学的任何其他领域中是不能被接受的。

离开了暴涨之类的假设，大爆炸理论就无法解释宇宙中相距遥远的各部分何以会有着相同的湿度并发出同量的微波辐射。

离开了暗物质，大爆炸理论的预言与宇宙中实际的物质密度就是矛盾的。暴涨所需的密度是核聚变所需的 20 倍，离开了暗能量，根据大爆炸理论计算出来的宇宙年龄就只有 80 亿年，这比银河系中许多恒星的年龄还要小几十亿岁。

在反对者不断质疑的同时，彭齐亚斯和威尔逊发现了宇宙背景辐射，并通过研究证实宇宙背景辐射是宇宙大爆炸时留下的遗迹，从而为宇宙大爆炸理论提供了重要的依据。

20 世纪，霍金又对宇宙起源后 10 ~ 43 秒以来的宇宙演化图景作了清晰的阐释，从而为我们勾画出这样一部宇宙历史：

宇宙大爆炸假想图

大爆炸开始时 150 亿 ~ 200 亿年前，极小体积，极高密度，极高温度。

大爆炸后 0.01 秒温度为 1000 亿摄氏度，光子、电子、中微子为主，质子、中子仅占十亿分之一，热平衡态，体系急剧膨胀，温度和密度不断下降。

大爆炸 0.1 秒后温度为 300 亿摄氏度，中子、质子比从 1.0 下降到 0.61。

大爆炸 1 秒后温度为 100 亿摄氏度，中微子向外逃逸，正负电子湮没反应出现，核力尚不足束缚中子和质子。

大爆炸 13.8 秒后温度为 30 亿摄氏度，氘、氦类稳定原子核（化学元素）形成。

大爆炸 35 分钟后温度为 3 亿摄氏度，核过程停止，尚不能形成中性原子。

大爆炸 30 万年后温度为 3000 摄氏度,化学结合作用使中性原子形成,宇宙主要成分为气态物质,并逐步在自引力作用下凝聚成密度较高的气体云块,直至恒星和恒星系统。

然而,至今宇宙大爆炸理论仍然缺乏大量实验的支持,而且我们尚不知晓宇宙开始爆炸和爆炸前的图景。

宇宙究竟是不是通过大爆炸而产生的呢?迄今为止还是一个谜。

宇宙的大小之谜

如果有人问:"世界上最大的东西是什么?"回答肯定是"宇宙"。那么,你知道什么是宇宙吗?为什么说宇宙最大呢?

宇宙是一切物质及其存在形式的总体,它包括地球及其他一切天体。宇宙也叫世界,按照我国古人的说法,上下四方无边无际的空间为"宇",古往今来无始无终的时间为"宙",宇宙即无限的太空世界。

古时候,人们缺乏宇宙的科学知识。他们习惯地把自己居住的地表称为地,相对于地表的空间称为天。有人把天地形成的原因解释为:混沌初开的时候,清气上升成为天,浊气下降成为地。并认为天是圆的如斗笠,地是方的如棋盘,这就是古代有名的天圆地方说。唐代大诗人李白说:"天地者,万物之逆旅;光阴者,百代之过客。"

千百年来,人们不断地探索,企图揭开所谓"天地"之谜,宇宙渐渐被人们认识。宇宙是广阔无垠的,我们居住的地球,在宇宙这个大海洋中也不过是"沧海一粟"。

法国巴黎天文台的天体物理学家让·皮埃尔·卢米涅等人基于 WMAP(威尔金森微波背景辐射各向异性探测器)的数据提出了宇宙有限的猜想。他们认为,宇宙的直径可能仅仅是 600 亿光年。在他们的模型中,宇宙的样子就像是一只大足球:它由 12 个两两相对而略微弯曲的正五边形组成;但它没有边界,当你从任何一个五边形走"出去"的同时,你立即会从与其相对的另一个五边形走"进来"。

然而,很多持反对观点的科学家对"足球宇宙"的猜想提出了质疑。假如宇宙真如卢米涅所言是个小宇宙的话,那么到今天,宇宙中早期的星光就有可能环绕宇宙传播了不只一圈。这样的情况所造成的现象是,我们能够在天空中不同的位置看到同一个天体的影像,我们甚至有可能看到早期的银河系。

科学家经过研究并没有发现宇宙中存在这样的影像。这为小宇宙假说留下的余地已经很小了。与此同时,科学家研究发现,宇宙的直径至少是 780 亿光年,而进一步的研究可能会使这个下限提高到 900 亿光年左右。但这样的研究结论并不表示宇宙就一定是有限的,他仅仅是给出了一个下限,而真实的宇宙有可能比这要大得多。

关于宇宙存在几维的问题,大众的普遍观点是三维。然而,天体物理学家最新研究宇宙暗物质发现,宇宙除了人们普遍知道的三维外,还有第四、第五和第六维。长久以来,由于这些维隐藏得很好,所以一直没有被科学家发现。英国牛津大学的约瑟夫·西尔克及其同事研究分析了宇宙暗物质的复杂运动,认为其一些古怪行为可能说明宇宙中存在隐藏的维。

虽然暗物质是一种不可见的物质,但是其施加在可见星体上的力量却暴露了它们的行踪,所以科学家希望通过跟踪这些力量"顺藤摸瓜"地找到暗物质并进行研究。结果,科学家发现,暗物质似乎更倾向于"同性相吸",换句话就是自我吸引。而这种趋势和力量在小星系中表现得更加明显:小星系里的暗物质反而表现出了比大星系暗物质更强的吸引力。

所以,研究人员猜测,除了我们所熟知的三维——长、高、宽,宇宙中还存在另外三维隐藏在暗物质里,这第四、第五和第六维悄悄影响着暗物质的引力,导致出现上述结果。

宇宙究竟有多大？ 人类在不断的猜想与验证之中,相信在将来,这个谜团会被解开的。

宇宙之外还有什么

我们所能知道的一切事物,乃至整个宇宙是否只是某个巨人肩膀上的一小粒尘埃？是否存在其他宇宙？

尽管听起来有些不可思议,但这却是从量子力学中得出的。

量子力学认为,物质和能量能够借助量子扰动同时在真空的宇宙中出现。宇宙哲学家认为量子扰动引起了大爆炸。因此,理论家认为,如果我们的宇宙是由量子扰动所产生的,那么其他的量子扰动就很可能能够产生出其他宇宙。

一些科学家认为有其他宇宙存在,这是唯一能够解释为什么我们的宇宙会存在。根据人择原理,有无限数量的宇宙存在,而且每个宇宙都有自己的一套物理定律。而其中之一也是我们所在的宇宙所拥有的。

如果真的有其他宇宙存在,我们有没有办法探测到呢？

亚利桑那大学天文学家尹培指出,由于来自极度遥远的区域光线无法到达我们这里,因此我们自己的宇宙有些部分是无法观察得到的。而且,我们知道,我们自己的宇宙要比目前所能看到的大得多。

如果存在其他宇宙的话,我们是否真的永远无法探测到呢？ 一些理论家猜测,其他宇宙的引力能量有可能渗透到我们的宇宙中,或许我们在未来某个时候就可以探测到这些。对于这一猜测,宇宙哲学家认为需要很长很长的时间。

依据是,这纯粹是猜测,或许是一种合理的猜测,但这种猜测与人们所提出的关于虫洞、时间旅行以及白洞、黑洞的猜测一样,是由具有相当高水平的物理学家所作出的理论猜测。

美英物理学家曾提出在"五维空间"中可能"隐藏"着另外一个宇宙的理论,这引起宇宙学家的普遍关注。他们认为,我们的宇宙和一个"隐藏"的宇宙共同"镶嵌"在"五维空间"中。在我们的宇宙早期,这两个宇宙发生了一次相撞事故,相撞产生的能量生成了我们宇宙中的物质和能量。

科学家认为,这一学说将为宇宙起源的研究开创一个新的局面,因为多年来不断发现的实际天文观察支持这一点,"宇宙大爆炸"学说如今已被科学界普遍接受。大爆炸发生1秒之后的宇宙膨胀历史都符合这一学说,但是如果追溯到150亿年之前宇宙年龄为10～35秒的时候,宇宙应该被压缩到一个直径为3毫米的区域中,但是在这么早的时候,速度最快的光线只能行进大约10～25厘米。因此这一时间段宇宙究竟发生了什么,人类一直不得而知。

有趣的是,有人提问,如果这一学说是正确的,那么会不会有另外一个宇宙从"五维空间"中出来将我们毁灭?提出这一学说的普林斯顿大学天文物理学家斯坦哈特教授认为是可能的。

人类尝试着去了解宇宙,人类要去思考那些超越了我们视线的,甚至超越了未来我们所能见到的东西。

宇宙的年龄之谜

宇宙是一个关于时间空间的概念,然而,在宇宙的时空跨度里,它的年龄又应该怎么计算呢?我们的宇宙有多大了呢?

在科学宇宙理论诞生以前,关于宇宙的年龄问题只能是臆想。宇宙的范围如此巨大,那么,宇宙的年龄又怎样测算呢?是不是只笼统地说"无始无终"就可以了呢?

目前,天文学上有很多关于宇宙年龄的说法,而且关于宇宙年龄的测量手段也各种各样,但是所有关于宇宙年龄的估计值都还没有进行过严格验证,而且误差都很大。宇宙年龄是和宇宙起源联系在一起的问题,首先承认宇宙是有年龄的也就承认了宇宙是有开端的,那么怎样寻找宇宙的开端呢?

探索宇宙

科学家通过逆推算宇宙膨胀的过程,根据宇宙的膨胀速度(即哈勃系数和减速因子)计算从密度达到极限的宇宙初期到扩展为如今这种程度究竟需要多少时间,即为宇宙年龄。

大爆炸宇宙诞生理论为计算宇宙的年龄提供了物理基础。"哈勃常数"是大爆炸理论(即膨胀宇宙)的主要依据,测算宇宙年龄的一个关键因素正是计算哈勃常数。所谓哈勃常数,是星系的红移量(远离我们而去的速度,也就是星系的分离速度)与星系到地球的距离(也就是星系之间的距离)的比值。因此,计算哈勃常数,就是计算星系之间的距离和分离速度。由于星系的分离速度可测量出来,因而宇宙年龄最后决定于星系之间距离的测量。

由于星系之间距离很难准确地测量出来,所以哈勃常数也存在很大的误差。20 世纪 90 年代以前,人们根据哈勃常数估算宇宙的年龄为 150 亿~200 亿年。随着天文测距技术的提高,多数天文学家认为宇宙比原来估算的年龄要年轻一些,应在 100 亿~150 亿年之间。

宇宙究竟有多老? 这个简单而基础的问题已经困扰了天文学几个世纪。有些测量方法并不能直接测量宇宙的年龄,它们都要依赖于对被观察的对象的性质的假说。

科学家们也尝试了各种各样的办法来测算宇宙的年龄。有的根据恒星演化的情况求恒星的年龄。通过理论推导恒星内部的核聚变反应,就可以知道恒星这个天然的原子反应堆的结构和它的发热率是怎样随时间变化的。将观测和理论相核对,就可求出恒星和星团的年龄,再由最古老的恒星年龄推算宇宙年龄。

宇宙测时法依赖于测量在恒星上发现的放射性元素钍的丰富程度。科学家在一颗非常古老的叫做 CS31082—001 的恒星上,发现了放射性元素钍和铀,导致了该方法的一大进步。放射性宇宙测时法在未来的某天可能会被证明是对宇宙年龄的所有其他评价的一个依托。

科学家通过对这颗古老的恒星 CS31082—001 上的放射性元素钍和铀的测量,显示其年龄为大约 125 亿年,从而推测宇宙的年龄至少 125 亿年,当然包括了 33 亿年的误差。

还有一种方法是同位素年代法,这种方法已广泛运用于测定月岩和陨石的年代。就是利用放射性同位素发生的自然衰变,由衰变减少的情况推测母体同位素的生成年龄。放射性同位素只有在特别激烈的环境中才能生成,所以一旦被禁闭在岩石中就只有衰变了。测定母体同位素与子体同位素之间的量比,测定具有两种以上不同衰变率的同位素的量比,就可以决定年代,由此推算宇宙的年龄。

与此同时,科学家从 WMAP(威尔金森微波背景辐射各向异性探测器)观察到的宇宙中最早的光线到达我们这里需要大约 130 多亿光年。这很容易让人产生迷惑:这样的话,宇宙的直径难道不应该是 130 多亿光年的两倍,也就是大约 270 亿光年吗?

随着科技的进步,人们正在寻求更科学更精确的测量宇宙年龄的方法。

宇宙的中心在哪里

宇宙有多大? 宇宙的中心又在哪里呢? 从人类诞生起,这些问题就一刻不停地萦绕在求知者的心中。

人类对宇宙的想象一刻都未曾停止过。中国古代盘古开天的混沌宇宙图像,西方的叠乌龟驮天地的宇宙图像等在人类探索宇宙奥秘中都是多彩的一笔。

公元前340年,随着古希腊哲学家亚里士多德《论天》的发表,地球是宇宙的中心就备受关注。

托勒密描述出了一个八天球的宇宙图像,这是人类历史上最早的比较完整的宇宙模型。后来基督教引用了这一图像,认为这与《圣经》很吻合,至少人们可以随意想象在固定恒星球之外的天堂和地狱。

哥白尼、开普勒、伽利略又提出了太阳中心论,这使人类第一次把自己的地位从中心移开。牛顿的万有引力定律出现后,人们一度认为宇宙是无限的,而每一点都是宇宙的中心。而且,对每一点来说,各个方向都是没有任何区别的。

随着爱因斯坦的广义相对论的发表,1922年俄国物理学家发现,不论我们往哪个方向看,也不论在任何地方进行观察,宇宙看起来都是一样的。此后,科学家观测到各个星系相对于我们快速退去,也就是说宇宙在膨胀,从各个方向看去宇宙膨胀速度是等同的。

人们迷惑了,难道我们真的仍是宇宙的中心吗？事实上,这种情形很像一个画有好多斑点的气球被逐渐吹胀。当气球膨胀时,任何两个斑点之间的距离加大,但是没有一个斑点可认为是膨胀的中心。也就是说宇宙没有中心。

随后,科学家又发现,宇宙开始斥力膨胀后,宇宙中心区域的物质在斥力的作用下不得不离开中心,从而形成空洞,而且空洞越来越大。在空间上,各种物质的分布也是对称的。

在斥力假设的基础上,科学家断言,小宇宙的中心就是离我们最近最大的空洞。空洞的周围布满星系,也可以说是被大的超星系团包围着,因为沿周向的引力仍阻碍着膨胀。空洞中有时有少量的天体,原因是天体的爆发物可以射入空洞。

科学家认为,人类是宇宙中心得天独厚的观测者。

人类一直在进行对宇宙中心的探索,虽然我们今天已经得到了某些宇宙的中心答案,也许有一天这些答案会像我们认为地球绕着太阳运动那样显而易见——当然也可能像乌龟塔那般荒唐可笑。不管怎样,唯有让时间来判断了。

宇宙会死亡吗

19世纪70年代,一位英国诗人斯温朋曾写了一首令人感到恐怖的诗:

无论是星星还是太阳都不再升起,

到处是一片黑暗,

没有溪流的潺潺声;

没有声音,没有景色,

没有冬天的落叶,

也没有春天的嫩芽;

没有白天,没有劳动的欢乐,

在那永恒的黑夜里,

只有没有尽头的梦境。

这首诗是斯温朋根据一位著名物理学家的"理论",对人类和宇宙的未来作的一番描述。这位著名的物理学家是德国人克劳修斯,他主要因为他的热力学和气体分子运动论而著名。他的主要贡献是热力学第二定律——"热不能自动地从较冷的物体传到较热的物体"。这一定律说明自然界中的一切热现象有关的过程都是不可逆的。克劳修斯建立的热力学第二定律有着极深刻的物理意义,它提出了自然界的过程都是有方向的,并把这个定律外推到无限的宇宙。1867 年,他在德国自然科学家和医学家的集会上发表演说,说"宇宙会进入一个死寂的永恒状态"。不久,这一说法就被人们遗忘了。

作为自然界不可抗拒的客观规律,人们不禁要问,宇宙真的会死亡吗?

科学家认为,宇宙会逐渐耗尽所有能量并慢慢地停止膨胀。恒星、星系、行星和所有原子都会开始坍缩,紧缩成针尖大小。

多年来一个众所周知的事实是,宇宙正在迅速膨胀,而且这种膨胀速度即便还不足以撕碎宇宙,也足以使遥远的星系以超光速的速度远离我们。银河系以外的任何星系都有可能在 1000 亿年内消亡。

宇宙在向外膨胀时,"光高"会变长、减弱。科学家认为,尽管光的波长能达到我们星系大小的长度,但也会慢慢被吸收掉。

刚刚诞生的宇宙是炽热而且致密的,随着宇宙的迅速膨胀,其温度迅速下降。最初的 1 秒钟过后,宇宙的温度降到约 100 亿摄氏度,这时的宇宙是由质子、中子和电子形成的。随着温度继续变冷,核反应开始发生,生成各种元素。这些物质的微粒相互吸引、融合,形成越来越大的团块,并逐渐演化成星系、恒星和行星,在个别天体上还出现了生命现象。

宇宙死亡和重生的循环是很可能的,或者说,当宇宙的真空突然变成某种完全不同的物质时,宇宙可能会有一个非常奇特的结局。

宇宙可能在一次大坍塌中向内坍缩,或者我们将迎来另外一种结局,它被称为大撕裂,慢慢陷入黑暗。但是恐惧却不必:漫长的黑夜将会比你想象的有趣一些。

宇宙中的支配性的力量是恒星和其他物质之间的引力,这就意味着宇宙的未来只有两种可能,要么宇宙的密度大到使引力能够克服大爆炸以来的膨胀,并且把所有的物质在一次大坍塌中重新拉到一起,成为"大坍塌";要么宇宙的密度不足够大,膨胀将会永远持续下去。

要了解宇宙是否会发生坍塌,就必须先弄清宇宙是否仍在膨胀,或膨胀的速度是否正在减慢。科学家研究发现,两颗恒星在重力的作用下互相绕行,其中一颗是缩小的高密度恒星,发出高热和白光,它就是白矮星。另一颗恒星则膨胀成庞然大物,它就是红巨星,它的燃料即将耗尽。这两颗恒星互相绕行时,白矮星会吸取伴星的气体,开始年复一年地长大。白矮星的质量达到一定量时,就会崩溃、坍缩,接着爆炸,释放出耀眼的光线和能量。而且,宇宙各处都有相同的亮度和可见度。

通过比较不同时空的超巨星的位置和年代,可以计算出宇宙的膨胀是否在变慢。天体物理学家发现,宇宙的膨胀速度并未变慢,膨胀的速度不但没有减缓,反而是正在加速。

大约在1000亿年后,太阳燃烧殆尽,所有的星系都会瓦解。宇宙中将只剩下孤立的恒星,这些恒星的能量也将用尽。有些恒星会变成白矮星或褐矮星,有些会坍缩成中子星或黑洞。大爆炸之后数千万亿年,就连黑洞也会消失。所有的物质都会分解成最基本的成分。原子也会分解。最后,连构成原子的质子也会发生衰变。

宇宙的未来很可能非常凄凉,成为寒冷、黑暗和空虚的地方。随着宇宙的不断膨胀,星系也开始互相远离。太空会变成一片空虚,死一般寂静。我们的星系团将以超越光速的速度远离我们,并消失在黑暗中。最后,一切都会陷入停顿,这就是宇宙的结局。宇宙最后将会死亡,剩下的,只有冰冷、黑暗、死气沉沉的空虚。

宇宙到底会不会死亡呢?是最后紧缩成针尖大小还是最终解体消失得无影无踪呢?迄今为止还没有谁能说清楚。

黑洞形成之谜

美国宇航局曾经发射高能天文观测系统,研究太空中看不见的光线,在发回的X射线宇宙照片中,最惊人的一幕是那些从前认为"消失"了的星体依旧放出强烈的宇宙射线,远甚于太阳这样的恒星。这证明了长久以来一个怪异的设想:宇宙中存在着看不见的黑洞。

黑洞形成的必要条件是:一个巨大的物体,集中在一个极小的范围内。晚期的恒星恰巧具备了这个条件,当恒星能量衰竭时,高温的火焰不能抵消自身重力,逐渐向内聚合,原子收缩——牛顿法则起作用了:恒星进入了白矮星阶段,体积变小,亮度惊人。白矮星进一步内聚,最后突然变成了一个点。在我们看来,恒星消失了,一个黑洞诞生了。

一个像太阳这样大的恒星,自身引力又如此之大,可能最终收缩成一个高尔夫球大小,甚至"什么也没有"。由于无限大的密度,崩坍了的星体具有不可思议的引力,附近的物质都可能被吸进去,甚至连光线都不能逃脱——这是看不见它的原因。这个深不可测的洞,就被称为黑洞。根据相对论,90%的宇宙都消失在黑洞里。所以有一种令人吃惊的说法:无限的黑洞乃是宇宙本身。

那么,怎样才能在无际的太空中发现黑洞呢?天文学家利用光学望远镜和X射线观察装置密切注视着几十个"双子星座",它们的特别之处在于两个恒星大小相等,谁都不能俘获谁,因而互为轨道运转。如果其中一颗星发生不规则的轨道变化,亮度降低或消失,就可能是附近产生了黑洞。

人类为探索黑洞付出了不懈的努力。最为成功的一次是在肯尼亚发射的第一颗 X 射线卫星观测系统,被称为"乌胡鲁",在斯瓦希里语中是"自由"的意思。这个由美国宇航局发射的装置,运行了 3 个月就测到天鹅星座的异常。天鹅座 X－1 星发出的"无线电波"使得人们可以准确地测定它的位置。X－1 星比太阳大 20 倍,离地球 8000 光年。研究表明这颗亮星的轨道发生了改变,原因在于它的看不见的邻居——一个有太阳 5 至 10 倍大的黑洞,它围绕 X－1 星旋转的周期是 5 天,它们之间的距离是 1300 万英里。这是人类确定的最早的一颗黑洞体。

黑洞吞噬物质之谜

天文学家宣布,他们第一次发现了物质被吸入黑洞的直接证据。他们说,物质以每小时 1000 多万公里的速度被吸入黑洞——一个密度极高、引力极强、可以将包括光线在内的所有物质吞噬的区域。

美国国家航空和航天局位于马里兰州格林贝尔特的戈达德航天中心的研究小组,在《天体物理学杂志》上发表文章指出,他们正在观测的黑洞位于一个距地球 1 亿光年的星系中。

黑洞内部的引力非常强大,任何物体——甚至包括光线在内——都无法逃逸。一些黑洞是

黑洞

由坍缩的恒星形成的,但是另一些黑洞却拥有"特大质量",其中包含的物质相当于将 100 万到 10 亿个太阳压缩到一个非常小的区域中。

迄今为止,科学家们"看见"这些黑洞的唯一方法是观测吸积盘——环绕在黑洞周围的物质在被吸入黑洞内部时形成的漩涡。戈达德航天中心的天体物理学家保罗·南德拉正在观测被命名为 NGC3516 的星系,据信这个星系的核心部分存在着一个特大质量的黑洞。

吸积盘就像盘绕成一团的蛇一样,最外缘的部分是"蛇嘴",周围的恒星一旦被"蛇嘴"咬上,就别想摆脱掉。恒星体内的物质就会源源不断流向黑洞吸积盘,像被吸血一样,"血液"不断被吸入"蛇嘴"被黑洞吞噬。从模样上看,就好像一个气球(恒星)的气球嘴被一个圆盘边缘粘住了,气球内的气体(恒星物质)通过气球嘴在不断流向圆盘。

为什么黑洞会拥有一个螺旋式旋进的可怕的吸积盘呢? 根据以往科学家的观点,这是黑洞的强引力场造成的。

科学家告诉我们:黑洞的质量一般较大,但体积又极其小,这就使得黑洞周围的引力场极其强大。例如,我们银河系的一个黑洞,质量是太阳的 7 倍,而其体积,据科学家认

一一

为很可能只有针尖那么大。于是根据爱因斯坦的广义相对论,黑洞周围的时空极度弯曲,一旦进入其警戒线之内(对于上述黑洞,警戒线范围是方圆10千米的范围),连没有静止质量的光子都会被吸入黑洞,无法再脱离警戒线逃离出来。因此,黑洞警戒线内部的世界在我们看来就是黑的,像一个幽暗的无底洞,黑洞之名由此而来。要想逃离黑洞的警戒线(视界),除非你有超光速的本领。

可是科学家却发现,黑洞引力的理论存在着重大的缺陷。

一个转动的物体,若施加与物体线速度方向平行的力,这个力就会产生促进或阻碍物体转动的效果,这种效果可以用转矩表示。若想让物体停止转动,必须施加阻碍转动的转矩。黑洞吸积盘里的物质和吸积盘外的恒星都在绕黑洞旋转,如果只受到黑洞的引力作用,那么这些物质的角动量应该是不变的。一秒钟之前和一秒钟之后物质的转动是一样的,吸积盘里的物质不应该向黑洞方向下落,吸积盘外的恒星也不应该被黑洞恣意吸取"血液"。尽管黑洞的引力强大,也奈何不了其警戒线之外的物质。而在黑洞警戒线之外的物质若不向黑洞方向下落,又怎么会无缘无故落进警戒线之内呢?这样,黑洞周围的吸积盘应该可以与黑洞相安无事。也就是说超过一定的距离,物质就会像绕地球旋转一样,绕着黑洞安稳地转动,不该向中心靠拢。

除非,有一种作用起到了一种转矩的作用,降低了物质的角动量,物质旋转速度慢了,才有可能向黑洞方向下落。

到底是什么导致吸积盘内物质的角动量丢失那么快呢?

最近,美国密歇根大学的科学家通过观测我们银河系的GROJ1655双星系统,发现了黑洞中的磁场作用的证据。这个双星系统包括一个7倍于太阳质量的黑洞和一个2倍于太阳质量的恒星,其中的黑洞正在通过吸积盘贪婪地吞噬着恒星体内的物质。通过卫星上的钱德拉X射线天文台观测,黑洞吸积盘中心正在以漏斗状向外不断散发出大量的X射线和大量的带电粒子,看起来就像从黑洞中心正吹出狂风,形状如同明亮的火焰。

这种X射线光谱显示,数百万度的气体盘旋在黑洞周围,一些热气被狂风吹走,而大量的热气正在向黑洞旋进,这与计算机模拟的磁场和物质的相互摩擦产生的磁场风很一致。科学家通过光谱分析认为,黑洞中存在磁场,在黑洞磁场作用下,吸积盘里的气体剧烈地相互摩擦,产生大量的热,高温导致气体电离,并释放出X射线,各种带电粒子又在磁场作用下被狂风吹了出来。高温和高强度的风意味着黑洞具有高强度的磁场,若没有磁场的作用,单纯的摩擦热和射线不会形成这么强烈的风。

正是这阵强烈的风偷走了周围物质的角动量,再加上摩擦产生的阻碍转矩,吸积盘里的物质角动量大大减小,这相当于物质丧失了能够与黑洞引力相抗衡的力量,不可能在原来的轨道安稳地旋转,它们在黑洞引力下身不由己,只能乖乖地被黑洞吞食。

可见,磁场摩擦是黑洞快速吞噬物质的关键,是产生灿烂炫目的X射线光谱的根源。据测定,GROJ1655黑洞所释放出来的X射线如此明亮,简直与整个银河系其他所有方式释放的 X 射线亮度差不多。科学家猜测，宇宙中有 1/4 的 X 射线辐射是物质向黑洞下落的过程中放射出来的，包括那些宇宙中最亮的天体——强大的脉冲星。原来，可怕的黑洞主要是靠无形而强有力的磁场来捕食的，它和引力场一唱一和，可使食物乖乖送上门来。

科学家也终于认识到，黑洞虽然是宇宙中最黑暗的天体，它却给世界贡献了大量的光明——X 射线辐射。

奇怪的信号之谜

1972 年春的一天，年轻的苏格兰天文学家罗伦，在格拉斯哥大学图书馆翻寻资料时，一份非常有趣的记录，引起了他的极大注意。记录是由挪威教授史托马留下的。记述他于 1928 年 4 月 3 日在荷兰菲利浦实验电台工作时，为了校正一座 PCJJ 电台，无意中收到了一些奇怪的、每隔 3 秒钟出现一次的信号。由于信号非常有规律，显然不是机械故障引起的。史托马感到非常奇怪，就把这件事报告菲利浦电台的通信总监温达波。温达波也很感兴趣，猜想它也许来自外太空。于是，他们安排了一个实验，把摩氏电码中的"S"，即信号"嘟——嘟——嘟"，按波长 31.4 米，间隔 20 秒发射出去。从 1928 年 9 月 25 日开始，连续发了 16 天，可惜没有收到任何回音。

同年 10 月 11 日，来自哈尔斯的电报声称，也收到了那奇妙的每隔 3 秒出现一次的信号。史托马立即赶到现场，听到了最后 3 秒钟的信号。以后，这奇怪的信号突然在 3 ~ 15 秒间隔内不规则地重复出现，就像有人正企图和我们取得联系。

史托马惊喜交集，于 10 月 24 日又安排了一次信号发射。结果，在奥斯陆又收到了同样奇怪的信号。这个消息立刻引起了许多人的注意，许多实验电台都把注意力集中在这奇妙信号上。其中英国的亚华顿爵士报告说，曾在 1929 年 2 ~ 4 月间，这一信号收到过 10 次。1929 年 5 月 9 日，又有一艘正在印度海域观测日蚀的法国科学考察船，无意中收到了同样信号。然而，这奇怪的信号究竟意味着什么，没有人能够解答。

在 1929 年以后，除了 1934 年有一位业余无线电爱好者诉说曾收到这一信号外，再没有音信。

有了这些记录，罗伦深信，这一信号来自地球之外的文明世界。

神秘的电波来自何方

1924 年 8 月 22 晚上 7 点至 10 点，美国海军捕捉到了一种奇怪的电波。阿姆哈斯特大学的天文学教授迪皮德·特德博士认为，这种电波有可能是"宇宙人发来的信号"。

这种奇怪的电波仍在不断地出现。有人经过研究发现，发往空中的无线电波脉冲，在相同的时间间隔内收到了两个回波。其中一个是从大气的电离层反射回来的。而另一个则不知是从哪里反射回来的。人们估计另一个回波，可能是从电离层外、月球轨道之内反射回来的,英国一位天文学家估计,这个反射回波的物体可能是牧夫星座中的某个星球发射的宇宙飞行器。究竟是什么东西,至今无人知晓。

1931 年,美国无线电工程师央斯基在研究无线电干扰时,发现了来自银河中心的无线电波。从那以后天体发射的无线电波使人们产生极大的兴趣,于是,射电天文学这门新的学科应运而生。天文工作者用射电望远镜找到了几万个"无线电台",已被确认的有超新星的残骸、银河中的星云、一些有特殊外表的河外星云、快速旋转的中子星等。但其余大部分是什么还不清楚。

1960 年美国拟定了第一期奥兹玛计划,以便捕捉研究各种奇怪的电波。这个计划由美国国家射电天文台负责实施。他们利用 3 架 25.908 米的射电望远镜,对波江座和鲸鱼座两颗相邻的恒星作了 3 个月的监视,结果从波江座星系中接收到了异常的间歇脉冲信号。天文工作者应用地球上的数学规律绘成图形,并按我们的思维方式对图形进行研究,结果发现有一颗行星,表面似乎被液体覆盖着,并且有类似于地球上鱼类的生物生活在那里;另一颗行星上似乎生活着像地球上人类那样的哺乳动物,有雄雌之分,长有 6 个手指,并且还领着他们的后代。可是,这些推论并没得到充分的证实。1972 年到 1976 年,美国又开始执行第二期奥兹玛计划,利用世界上最大、最精密的射电望远镜,对地球附近的 650 颗类似太阳的恒星观察了近 4 年时间,结果收到了 10 多颗恒星异常的信息。但是这些信息是智慧生物发出的,还是天然无线电波的噪声?至今还无法确定。

从 1983 年以来,美国开始执行一项大规模探索外星智慧生物的计划。在普遍搜索太空的同时,重点搜索半径在 80 光年范围以内的'773 个星球,希望能从这里解开神秘电波之谜。

宇宙尘埃是什么物质

宇宙尘埃是人类用来研究宇宙空间各种信息的重要的外物质。由于它十分微小,如同麦芒,人类从来未见过它在眼前飘落。

然而,这些来自地球外的物质数量却是惊人的。据有关专家研究测试,粒径大于 60 微米的宇宙尘埃,年降落量约为 23430 吨。尤其令人惊奇的是,宇宙尘埃球粒的结构竟和地球一样,具有核——幔——壳三重结构,而且每个球粒的核心半径大于幔厚和壳厚,它们之间的平均厚度百分比为 53.3:46 和 4:0.8。其比值与地球的核——幔——壳厚度之间的百分比相近。这惊人的相近让科学家产生极大的兴趣,小小的宇宙尘埃与偌大的地球结构如此相似。

宇宙尘埃,大致有三种类型:一种外表颜色呈黑色或褐黑色,表面光亮耀眼,极像一颗颗发亮的小钢球;第二种是暗褐色或稍带灰白色的球状、椭球状、圆角状的小颗粒,主要成分为氧、硅、镁、钙、铝等;第三种是一些无色或淡绿色的玻璃球,主要成分为二氧化硅,还含有少量的二价氧化物。

这些宇宙尘埃在落到地球上之前，是星际尘埃的一部分。由于它们反射太阳光线，形成了黄道光的模糊光带。在几百万年的时间内，尘埃颗粒不断向太阳旋转前进，并不断从小行星带得到补充。

关于这些宇宙尘埃的成因，英国巴斯大学的研究人员认为，它们是小行星在火星和木星之间的宇宙空间彼此碰撞时抛出的火花，大部分降落到深海底。这些小颗粒的化学成分和深海沉积物有很大不同，而且外形独特。1872年，英国海洋考察船"挑战者"号在考察时，从深海底首次采到这种令人奇怪的小颗粒；美国在1950年、日本在1967年、中国在1978年都相继在大洋底部采集到这种小颗粒。为了研究它们的成分，各国科学家进行了大量的工作，把它们与用高空气球、火箭、人造卫星等飞行器在高空中搜集到的宇宙尘埃对比，发现二者完全相同，从而确定了这些小颗粒是来自地球以外的宇宙尘埃。至于绿色的玻璃质尘粒，有些科学家认为，它们来自于月球，是月球火山作用的喷发物，它们的性质与月球土壤中的玻璃物质的性质完全相同。研究海洋深处的宇宙尘埃，对于探讨地球、太阳系以及银河系的起源与演化具有重要的意义，然而，宇宙尘埃尚有许多奥秘有待解决。

宇宙何时终结

根据科学家利用天文望远镜获得的最新观测结果，宇宙最终不会变成一团熊熊燃烧的烈火，而是会逐渐衰变成永恒的、冰冷的黑暗。

科学家指出，宇宙的最终命运取决于两种相反力量长时间"拔河比赛"的结果：一种力量是宇宙的膨胀，在过去的100多亿年里，宇宙的扩张一直在使星系之间的距离拉大；另一种力量则是这些星系和宇宙中所有其他物质之间的万有引力，它会使宇宙扩张的速度逐渐放慢。如果万有引力足以使扩张最终停止，宇宙注定将会坍塌，最终变成一个大火球——"大崩坠"，如果万有引力不足以阻止宇宙的持续膨胀，它将最终变成一个漆黑的寒冷的世界。

显而易见，任何一种结局都在预示着生命的消亡。不过，人类的最终命运还无法确定。因为目前，人们尚不能对扩张和万有引力作出精确的估测，更不知道谁将是最后的胜利者，天文学家的观测结果仍然存在着许多不确定的因素。

这种不确定因素又是什么呢？

科学家指出，这一不确定因素涉及到膨胀理论。根据这一理论宇宙始于一个像气泡一样的虚无空间，在这个空间里，最初的膨胀速度要比光速快得多。然而，在膨胀结束之后，最终推动宇宙高速膨胀的力量也许并没有完全消退。它可能仍然存在于宇宙之中，潜伏在虚无的空间里，并在冥冥中不断推动宇宙的持续扩张。为了证实这种推测，科学家又对遥远的星系中正在爆发的恒星进行了多次观察。通过观察，他们认为这种正在发挥作用的膨胀推动力有可能确实存在。倘若真是这样的话，决定宇宙未来命运的就不仅仅是宇宙的扩张和万有引力，还与在宇宙中久久徘徊的膨胀推动力所产生的涡轮增压作用有关，而它可以使宇宙无限扩张下去。

黑洞是宇宙的主宰

你知道吗？很多大的星系的中心都有一个黑暗的"暴君"。它统占着伸展到数千光年以外的几十亿个"太阳系"，它在所有"太阳系"诞生之前就已存在，并且早就在帮助塑造它们的未来了。这些"暴君"就是黑洞，天文学家将它们称为"超大质量"天体。

自从天文学家于20世纪初预言黑洞的存在以来，人们陆陆续续地得到了各种证据，证明了宇宙中确实存在着黑洞。然而，对于这种无法以可见光看到的天体，人类的了解究竟达到什么程度？

如今，天文学家们正在开始怀疑是否已经在宇宙中留下了象征它们权威的标记。2000年年初，研究人员提出：巨大的黑洞是宇宙中所有星系萌生的"种子"，近来，天文学家发现了更多的支持这一观点的证据。

早在几十年前，天文学家就发现了类星体——位于遥远星系中央的高亮度的天体。类星体的亮度可以是环绕在它周围的星系的数百倍，但是它们的体积却比我们的太阳系还小。到底是什么东西可以从这么小的空间里发出这么多的光和辐射呢？黑洞是一种可能性。

尽管人们对于黑洞吞噬光线的能力了解得更多一些，但是它们也可以成为灿烂光芒的发源地，被黑洞吞没的物质会在黑洞周围形成了一个呈螺旋形运动的圆盘，而圆盘在剧烈的翻腾过程中所产生的摩擦将炽热的气体加热到白热状态。天文学家认为，这就是类星体发光的原因。

因此，当天文观测的结果开始证明更多的普通星系中央存在着黑洞时，天文学家自然会认为它们是能量已经耗尽的类星体。

宇宙中还有"太阳系"吗

有人曾设想，除我们的太阳系以外，还应有第二个、第三个太阳系。可是另外的"太阳系"具体在哪里？这个长期以来争论不休的问题，随着织女星周围发现行星系，有人认为已经找到了宇宙中的第二个"太阳系"，为寻找宇宙中其他许多"太阳系"提供了例证。

宇宙中的第二个"太阳系"是怎样发现的呢？

1983年1月，美国、荷兰、英国三个国家成功地发射了红外天文卫星。后来，天文学家们利用这颗卫星意外地发现天琴座主星——织女星的周围存在类似行星的固体环。这次发现在世界上还是头一回。

织女星周围的物质吸收了织女星的辐射热，发射出红外线。红外天文卫星正是接收到了它所放射的红外线，比较四个不同接收波段的强度便可计算出该物体的温度为90K

（约－180℃）。一般来说，恒星的温度下限约为500K。温度为90K，这就是说那个物体是颗行星。而且，织女星真的也有行星系的话，它便相当于外行星。这样一个温度的物体只能用波长为几十微米的红外望远镜方可捕获到。

美国、荷兰、英国合作发射的卫星是世界第一颗红外天文卫星，主要用于探测全天的红外源，也就是对红外源进行登记造册。一般红外天文望远镜不能探出宇宙中的低温物体。因为大气中的水分和二氧化碳气体大量吸收了来自宇宙的红外线及地球的热，又会释放互相干扰的红外线。红外天文卫星将装置仪器用极低温的液态氦进行冷却，所以才有了这次的发现。

探测表明，织女星行星系与太阳系行星一般大小。由于织女星发出的总能量是已知的，通过90K的物体的温度便能求出织女星和该物体之间的距离，也就是可以求出该行星系的半径。

织女星距离地球26光年，是全天第四亮星。直径是太阳的2.5倍，质量约是太阳的3倍，表面温度约为10000℃，比太阳的表面温度（约6000℃）高。织女星诞生于10亿年前，太阳诞生于45亿年前，相比之下织女星要年轻得多。地球大致是与太阳同时诞生的，若认为织女星的行星也跟织女星同时诞生，那么就可以视它的行星处在演化的初期阶段。

依据行星形成的一般假说，当恒星产生时，在它的周围散发着范围为太阳系100倍的分子气体云环，因长期相互作用而分成若干个物质团块，进而形成行星。东京天文台曾公布说，他们用射电望远镜在猎户座星云等地方发现"行星系的婴儿"，也可以说是原始行星系星云。

东京天文台和红外天文卫星的发现，看来可以说是行星形成过程中的不同阶段。深入分析和研究这两个不同阶段，以及更正确地描写织女星的行星象，无疑是当前世界天文学界所面临的一大课题。

恒星的归宿之谜

当恒星内部的核燃料耗尽后，原来由核反应维持的辐射压消失，星体将在引力作用下收缩下去，直到出现一种新的斥力能与之抗衡为止。于是恒星进入了它的老年期。恒星的归宿与其初始质量有关。初始质量小于太阳8倍的恒星最终将成为白矮星（一种颜色发白、尺度很小的恒星）。质量为太阳8～50倍的恒星在核燃料耗尽后会发生极猛烈的爆发，在短短几天中亮度陡增千万倍甚至上亿倍，称为超新星。爆发后留下的星核的尺度只有同质量的年轻星的百万分之一，几乎全由中子紧紧堆成，称为中子星。我国宋史记载宋仁宗至和元年（1054）出现的"客星"，就是这样一次超新星爆发。900多年后，英国天文学家在那个位置发现的脉冲星（由于快速自转而发出脉冲式电波的中子星），就是那次爆发的遗迹。质量更大的恒星最终将变为黑洞——一种引力强大到连光线都无法射出的天体。人们只能通过它对周围物质的影响间接地探知其存在。一些发射出 X 射线的双星系统中,那个质量很大而又看不见的成员,很可能就是黑洞。

彗星之谜

彗星是太阳系神秘的客人,以其在天空中形成美妙的形状和千姿百态的变化而引起人们极大的兴趣。一个完整的彗星有一个明亮的头,长长的扫帚一样的尾。彗头中央明亮部分的核心是直径几公里到几十公里的固体核,核外四周看上去毛茸茸的模糊亮团称为彗发,彗星后部延伸很远的射线状亮线条是彗尾。

彗星不是太阳系固定的成员,它们是从太阳系边缘闯入太阳系的不速之客,它们的原籍在何处? 有人认为:在太阳系之外有一片名叫奥尔特的星云,这片星云是一个巨大的彗星仓库,其中约有一万亿颗彗星。奥尔特星云和太阳的距离约为地球到太阳距离的几万倍。由于内部相互作用的不稳定和恒星吸引等作用,少数彗星会脱离星云,有些进入了太阳系,成为太阳系的彗星。也有人认为:彗星是星际空间的气体和尘埃云,它们经过瓦解、凝结成晶

哈雷彗星

体,再聚合成团等过程形成了彗核,太阳系在银河系中运行时把较近的彗星吸引进入太阳系。还有人认为:太阳系形成过程中大量的尘埃、气体积聚形成了行星,一部分则被推到太阳系的边缘,在那里它们又聚合在一起形成彗核。彗星进入太阳系有偶然性,谁也说不准何时将有新的彗星从何处闯入太阳系。

彗核是彗星的主体,彗核向太阳靠近时,彗核吸收大量太阳能使固态物质升华成气态分子、原子、离子和尘埃,它们在彗核表面形成大气层,它们散射太阳光,自身也吸收太阳光能发出荧光,形成了发亮的彗头,彗头中核心部分是彗核,在四周发亮的是彗发。彗发成分、结构都很复杂,还能形成磁场。形成的磁场犹如一个瓶子,瓶状的中间部分——磁腔磁场很弱,磁场向后延伸很远,其边缘远达数千公里。有人提出用太阳风理论来解释这种现象:太阳日冕中吹出大量带正电荷的质子和带负电荷的电子,高速的太阳风刮到彗星大气层,受到彗星大气层阻碍突然减退,太阳风和大气层相互作用引起激波,带电的粒子都做相当复杂的运动,磁场就是由这些带电粒子的运动形成的。

彗尾有两支,一支基本上沿着日彗连线一直向后延伸,它主要由一氧化碳、二氧化碳、水、氢等离子组成。彗尾中的这些离子以极大的加速度向后飞奔,远离彗头。加速度大表明它们受到了很大的作用力,开始设想这是太阳风中的带电粒子和离子的相互作用产生的,但后来证明这种相互作用产生的加速度没有这么大,因此至今尚未对此作出合

理的解释。另一支彗尾相对于尾轴对称产生,然后,一边伸长一边向尾轴靠拢,最终合并到彗尾上去。

闯进太阳系的不速之客有的拜访一次后,离开太阳系就杳如黄鹤一去不回;有的则定期回访,如"哈雷"彗星约76年回归一次;有的在第一次拜访中就瓦解,如"苏梅克——列维9号"彗星。彗星的最后归宿如何?多数人认为:由于彗星靠近太阳时蒸发掉不少物质,除一次拜访就已瓦解的彗星外,凡定期回归的彗星最终均将瓦解。如"哈雷"彗星,离太阳较近时每秒要损失40~50吨物质,彗核总质量约1000亿吨,每运行一周要损失约2亿吨物质,至多再运行几十周就会瓦解。

陨石——神秘的宇宙来客

宇宙中充满着神奇和奥秘,陨石就是这其中的奥秘之一。来自地球以外宇宙空间其他天体的石头被称为陨石。陨石是怎样形成的,至今还不清楚。这些神秘的宇宙来客,从太空中坠落下来,在宇宙空间燃烧、发光、爆炸、放热,在空气中形成陨石,坠落下来与地球猛烈地撞击、留下了它们的痕迹。

我国是世界上最早发现陨石的国家之一。早在石器时代就发现了陨石,只是当时不称为陨石。古时称陨石为"陨星"。所谓陨星是大的流星在经过地球大气层时没有完全燃毁,部分地掉在地面上。所以古代也有称之为流星石的。现代科学根据陨石化学成分的不同,将陨石划分为三大类:铁陨石,主要成分为铁、镍金属;石铁陨石,主要成分为铁、镍金属及硅酸盐;石陨石,主要成分为硅酸盐。

陨石

我国大部分省份都有陨石发现的记载。其中山东发现的石铁陨石最大,新疆的铁陨石最大,吉林的石陨石最大。

山东莒南县坪上镇大铁牛庙村发现的石铁陨石重4吨,是世界石铁陨石之王,主要矿物成分为:铁纹石和硅酸盐。其中铁占75%,硅酸盐占25%。在发现的陨石中,石铁陨石较稀少,尤为珍贵。

目前世界上最大的铁陨石在非洲的纳米比亚,重60吨,主要矿物成分为:铁、镍金属。新疆的阿勒泰地区青沟县境内银牛沟发现的铁陨石,当数我国第一,重约30吨。其主要矿物成分为:铁纹石,镍纹石。其中含铁88.6%,含镍9.27%,其他微量元素主要是硅酸盐。

1996年在吉林降下的陨石雨中,降下了一块重1770公斤的石陨石,称为世界石陨石之王。主要矿物成分为:辉石、橄榄石,还有微量的铁纹石、镍纹石,吉林陨石雨是我国最近发现的一次陨石雨。

陨石从宇宙空间坠落、燃烧、爆炸后与地球撞击。与地球相比,陨石显得太渺小了,被地球撞得粉身碎骨。陨石砸入地球表面,形成陨石坑。陨石一般呈不规则形状。埋在陨石坑下的陨石多呈不规则锥形,表面的溶蚀坑、溶蚀沟很明显。

地球在宇宙中不停地运动。地壳表面不停地发生着变化,随着地壳上升和剥蚀作用,陨石坑发生着变化。由于陨石的硬度比花岗岩还硬,抗风化作用能力很强,自然风化非常缓慢,因此当陨石坑消失后,陨石就露了出来。沈阳有的陨石就是这样露出地面进而形成陨石怪山的。沈阳陨石是距今 19 亿年前坠落的,是我国目前已发现的陨石中最古老的。

观看陨石,仿佛遨游宇宙太空,到达你梦想的星辰;用手摸一下陨石,仿佛你从天上摘下一颗星。陨石是来自天外的无价之宝,它可以帮助人们认识地外天体的物质结构及其形成,揭示宇宙物质结构和太阳系早期形成的奥秘。

流星为何会发出声音

天宇中传来一声尖利刺耳的声音,然后一颗流星放射着金黄色的光芒,飞快地掠过长空消失了,时间只有 5 秒钟左右。

这一现象令人惊奇,怎么会先听到声音然后才看到流星呢? 尽管许多人都认为这种现象是不可能的,然而世界各地许多研究者积累的这类资料却是越来越多。

1906 年 12 月 1 日,托波尔斯克城的一位居民在流星飞过时,听到一阵刺耳的沙沙声。1929 年 3 月 1 日,塔尔州切列多沃村居民先听到一阵响声,随后整个房子都被照亮了,过了一会儿,又听到一声巨响。最叫人难以理解的是:有些人能听到流星的声音,而另一些人却什么也听不到。

1934 年 2 月 1 日一颗流星飞临德国时,25 个目击者中只有 10 个人听到了啾啾声和嗡嗡声。1978 年 4 月 7 日清晨,一颗巨大的流星飞过悉尼的上空,1/3 的目击者在流星出现的同时听到了各种各样的声音,其余 2/3 的人则声称流星是无声的。

前苏联一位著名的地质学家、地理学家、天文学家德拉韦尔特给这种奇怪的流星起了非常恰当的名字:电声流星。现在,科学家们都一致承认电声流星是客观存在的,但它的秘密至今还没有被揭开。一些专家认为,所有这一切都是由流星飞行时所发出的电磁波引起的。这些电磁波以光速传播,一些人的耳朵能够通过至今还未知的方式把电磁振荡转换成声音,并且每个人听到的声音也不同,而对另外一些人来说,则什么也听不见。除此之外,还有一些假说,如静电假说(流星与地面之间的一种振荡放电)、超短波假说以及等离子假说等等。要想揭开流星发声这个谜并不是一件很容易的事。不过,我们相信科学工作者一定会尽最大努力的。

6500万年前的大陨石落在何处

6500万年前的白垩纪末期,地球上遭受了一场空前的浩劫。不可一世的恐龙骤然绝灭,海洋中的浮游生物也大批死亡,大约70%的生物物种消逝了。地球上一派凄凉荒芜的景象。为了解释这场灾难性事变的起因,长期以来,科学界已提出多种假说,诸如气候变冷、海平面变动、火山大爆发等,但它们都难以解释为什么这场浩劫如此迅猛而又能波及全球。

1979年,美国地质学家瓦尔特·阿尔瓦雷斯和他的父亲、物理学家卢斯·阿尔瓦雷斯宣布,他们在丹麦、意大利等地6500万年前的黏土层中发现了含量极高的铱、锇等稀有元素。在一般的地壳岩石中,不可能有如此高的铱、锇含量(上述黏土层中的含量高出一般含量数倍以至数百倍),而陨石中却富含铱等元

流星

素。据此,阿尔瓦雷斯父子认为,6500万年前曾有一颗巨大的陨星与地球相撞,陨星碎屑粉尘散落于当地的黏土层中,致使土层中铱、锇的含量陡然升高。从铱含量推算,这颗陨星的直径可达10公里左右。陨星冲击作用掀起的大量尘埃遮蔽阳光,黑暗笼罩大地达数月之久,大批植物枯萎凋谢了,进而危及一系列动物。陨星撞击地球释放出巨大能量,导致温度突然升高,臭氧层遭到破坏,这对于体态庞大的恐龙等生物来说,是一种致命的打击。同时,爬行动物孵化出后代的性别取决于温度,例如在温度超过34℃时孵出的鳄鱼都为雄性,或许恐龙在当时由于后代全为雄性,因而终究难逃绝灭的厄运。

这样一颗直径10公里的小行星击中地球,可在地球表面形成直径达200公里左右的陨石坑。可是,迄今为止,除前苏联发现了两三个白垩纪末的小陨石坑外,人们还未找到这样大的陨石坑。

著名海洋地质学家、美籍华人许靖华曾推测,这或许是彗星或小行星在到达地球之前已经破碎,而其碎块只能造成小陨石坑的缘故吧。

那么,这颗陨石究竟坠落在哪儿?学者们研究了6500万年前黏土层的化学成分,发现其中似乎含有洋底地壳和洋底岩石圈的成分,他们推想陨星曾坠落于占地球表面面积70%的海洋中。如此巨大的星体砸到大洋中,势必掀起数千米高的巨浪,大陆低地上的各种生物皆被席卷一空。板块构造理论告诉我们,洋底地壳是不断更新着的,新洋壳形成于大洋中脊顶部,老洋壳沿大洋边缘的海沟俯冲潜入地下。可见,如果这颗陨星当时坠落于太平洋的边缘,或落在现已闭合消逝的古地中海中,所形成的陨石坑就会随老洋

壳俯冲潜没,这样,我们将永远找不到这个巨大的陨石坑了。如果陨星坠落在大西洋或印度洋中(或在太平洋中部),由于大西洋和印度洋的边缘很少有海沟俯冲带分布,所形成的陨石坑就有可能保存下来。

有人提出,葡萄牙海岸外的大西洋塔古斯深海平原可能就是所要寻找的陨石坑,这个深海平原具有环状的边缘,直径达300公里。但许多学者倾向于认为这一环形构造是地壳运动的产物。当然,有相当一部分学者是拒不接受陨星撞击说的。在他们看来,火山大爆发也可以带出大量的铱,白垩纪末的生物大灭绝可能是生物进化的内因与环境恶化等多种因素共同作用的结果。因此,争论正在继续。

第二节　神秘莫测的银河系

银河系结构之谜

银河系结构的研究已有近二百年历史,银河系总体结构大致如下:银河系的物质(主要是恒星)密集部分组成一个圆盘,形状有点像体育运动用的铁饼,叫做银盘。银盘的中心平面叫做银道面。银盘中心隆起的球形部分叫银河系核球。核球中心有一个很小的致密区,叫做银核。银盘外面是一个范围广大、近似球状分布的系统,叫做银晕。其中的物质密度比银盘中低得多。银晕外面还有银冕,也大致呈球形。

银盘直径约25000秒差距。银盘中间厚,外边薄。中间部分的厚度大约2000秒差距。太阳附近银盘厚度约1000秒差距。银盘中有旋臂,这是盘内气体尘埃和年轻的恒星集中的地方。旋臂内主要是星族Ⅰ天体,如大量的O、B型星,金牛座T型变星,经典造父变星,银河星团,超巨星,星协等。21厘米谱线的研究发现,中性氢高度集中于银道面,尤其集中于旋臂内。银河系内已发现有英仙臂、猎户臂、人马臂等,还有一条离银心4000秒差距的旋臂叫做三千秒差距臂,正以约53公里/秒速度向外膨胀。太阳在银河系内位于猎户臂附近,离银心10000秒差距,在银道面北8000秒差距处。银盘内主要是星族Ⅰ的天体,除与旋臂有关的天体外,有晚于A型的主序星、新星、红巨星、行星状星云及周期短于0.4天的天琴座RR型变星等等。

核球是银河系中心恒星密集的区域,长轴长4000~5000秒差距,厚4000秒差距,结构复杂。核球的质量、密度、范围都未确定。由于光学观测受到星际消光的影响,射电、红外观测已成这一区域资料的主要来源。核球中主要是星族Ⅱ的天体,如天琴座RR型变星;也有星族Ⅰ的天体,如M、K型巨星,近年还发现有分子云。银核发出强的射电、红外和X射线辐射,它的物质状态还不大清楚。

包围着银盘的银晕,直径约30000秒差距,密度比银盘小,主要由晕星族组成,有亚矮星、贫金属星、红巨星、长周期天 RR 型变星和球状星团等等。在恒星分布区之外，还存在一个巨大的大致呈球形的射电辐射区，称为银晕。

银河系有一二千亿颗恒星，其相当大一部分是成群成团分布的，它们组成了双星、聚星、星协和星团。太阳附近，主要由 B 型星组成一个独特的恒星系统，叫做本星团或谷德带。它在天球上构成与银道面成 16°的大圆，其本质还未完全确定。银河系内，除恒星外，还存在大量弥漫物质，即气体和尘埃。恒星与星际物质间进行物质交换。各类不稳定的星体通过爆发把物质抛射到星际空间。星际云在一定条件下可以凝聚成恒星，星际物质也能被恒星吸积。星际物质的化学成分与恒星大气相近，主要是氢。尘埃的质量平均为气体的 1/10。

银河系中的行星上能有生命吗

如果地球上的生命真的来自于我们广阔的海洋，那么类似的情况也可能发生在数以千计的其他星球上。新的模型表明，银河系周围约 1/3 的类太阳系星系可能包含有类地行星，这些行星上布满了由水构成的海洋，从而很可能成为生命的摇篮。

这项新的发现重新考虑了之前有关行星构成的假设，这些假设推断只有很少的类太阳系星系可能包含像地球一样的行星。在一些类太阳系星系中，这些巨大的气态行星以非常近的距离——小于水星与太阳的距离——围绕它们的母星运行，它们能够从原始行星盘的气体中以相对较快的速度形成。天文学家推测，由于这些热木星在原始行星盘中移动，因此它们会"吸走"大量的尘埃和岩石，或者将这些物质抛出类太阳系星系，从而最终只剩下较少的物质用于形成有水的行星。

然而美国玻尔得市科罗拉多大学的行星学家 Sean Raymond 指出："新的模型显示，这些早期的理论很可能是错误的。"在最新出版的《科学》杂志上，Raymond 和同事报告说，他们对此进行了长达 8 个多月的计算机模拟研究。基于太阳系中行星构成现代理论所提供的原始条件，研究人员模拟了新生的类太阳系星系在大约 2 亿年时间里的演化过程。研究人员发现，当气态巨行星运行时，它们会将许多岩石残骸抛离恒星，后者将会到达一个稳定的环带，在这里，液态的水能够存在于一颗行星的表面。这些碎片最终聚合成像地球一样的行星。

这种早期演化的方式同时扰乱了原始行星盘，从而导致几十亿公里之外的彗星向着恒星运行。大量的冰球撞击到具有陆地的行星上，从而带来了大量的水。Raymond 表示："这些行星可能充满了水，甚至像地球一样覆盖着海洋，我们对此感到非常惊讶。"

图森市亚利桑那大学的行星科学家 Rory Barnes 表示，这一研究成果表明，在银河系中数以千计的行星系统都可能含有像地球一样的行星。然而他强调，问题的关键是究竟有多少行星系统具有热木星。Barnes 认为，当前的研究结果可能过高估计了类地行星的存在情况——现有的系外行星探测方法"严重倾向于"寻找此类行星，但却"严重忽视了"对像我们的太阳系一样的星系的研究,后者的气态巨行星可能与它们的母星距离很远。

银河系究竟有多大

宇宙蕴藏着所有的物质,其中包括人类已发现的能量和辐射,也包括人类所知道并相信存在于太空内的一切的一切。

宇宙中有数以亿计的天体,这些天体都是十分巧妙而有规律地相互组合的,大多数的星体构成星系,比如我们的太阳系就是。接着,星系再构成银河系。宇宙中最少有 10 万个大大小小的银河系。宇宙空间是十分广阔的,光在一秒钟内可走 30 万千米,单是我们地球所在的银河系,跨幅的阔度就有 10 万光年。宇宙中有 10 万个银河系,那么,宇宙究竟又有多大呢?

银河系

为了说明宇宙的范围,科学家们作了推算,130 万个地球的体积仅相当于太阳的体积,而与太阳相当的恒星,在银河系中可达 2000 多亿颗。如果把宇宙看做是一个半径 1 千米的大球,银河系则只有药片那么大,位于球心附近。

在实际观测中,人们使用高倍的射电望远镜,搜索到了 200 亿光年以外的类星体天狼巨星,这是目前人类能确实掌握的最远的星体,也是人们认识宇宙的最大范围。当然,它还不是宇宙的实际边缘,因为人类的认识能力是有限的。

宇宙从一开始就在膨胀,而且现在还在膨胀,不存在任何形式上的"边界"。按照广义相对论的解释,我们的宇宙是没有中心的,也没有边界,但它的大小是有限的,银河系也一样。

银盘里都有些什么

银盘是银河系的主要组成部分,在银河系中可探测到的物质中,有九成都在它的范围以内。银盘外形如薄透镜,以轴对称形式分布于银心周围,其中心厚度约 1 万光年,不过这是微微凸起的核球的厚度,银盘本身的厚度只有 2000 光年,直径近 10 万光年,可见总体上说银盘非常薄。

除了 1000 秒差距范围内的银核绕银心做刚体转动外,银盘的其他部分都绕银心做较差转动,即离银心越远转得越慢。银盘中的物质主要以恒星形式存在,占银河系总质量不到 10% 的星际物质,绝大部分也散布在银盘内。星际物质中,除含有电离氢、分子氢及多种星际分子外,还有 10% 的星际尘埃,这些直径在 1 微米左右的固态微粒是造成星际消光的主要原因，它们大都集中在银道面附近。

由于太阳位于银盘内，所以我们不容易认识银盘的起初面貌。为了探明银盘的结构，根据20世纪40年代巴德和梅奥尔对旋涡星系N31（仙女座大星云）旋臂的研究得出旋臂天体的主要类型，进而在银河系内普查这几类天体，发现了太阳附近的三段平行臂。由于星际消光作用，光学观测无法得出银盘的总体面貌。有证据表明，旋臂是星际气体集结的场所，因而对星际气体的探测就能显示出旋臂结构，而星际气体的21厘米射电谱线不受星际尘埃阻挡，几乎可达整个银河系。光学与射电观测结果都表明，银盘确实具有旋涡结构。

银河系的牛郎和织女

牛郎织女是我国最有名的一个民间传说，是我国人民最早关于星的故事之一。南北朝时代写成的《荆楚岁时记》里有这么一段："天河之东，有织女，天帝之子也。年年织杼役，织成云锦天衣。天帝怜其独处，许嫁河西牵牛郎。嫁后遂废织衽。天帝怒，责令归河东。唯每年七月七日夜，渡河一会。"

传说天上有个织女星，还有一个牵牛星。织女和牵牛情投意合，心心相印。可是，天条律令是不允许男欢女爱、私自相恋的。织女是王母的孙女，王母便将牵牛贬下凡尘了，令织女不停地织云锦以作惩罚。

织女的工作，便是用了一种神奇的丝在织布机上织出层层叠叠的美丽的云彩，随着时间和季节的不同而变幻它们的颜色，这是"天衣"。自从牵牛被贬之后，织女常常以泪洗面，愁眉不展地思念牵牛。她坐在织机旁不停地织着美丽的云锦以期博得王母大发慈心，让牵牛早日返回天界。

话说牵牛被贬之后，落生在一个农民家中，取名叫牛郎。后来父母去世，他便跟着哥嫂度日。哥嫂待牛郎非常刻薄，要与他分家，只给了他一头老牛和一辆破车，其他的都被哥哥嫂嫂独占了，然后，便和牛郎分家了。

从此，牛郎和老牛相依为命，他们在荒地上披荆斩棘，开荒种地，建造房屋。

牛郎织女的传说

一两年后，他们营造成一个小小的家。其实，那条老牛原是天上的金牛星。

这一天，老牛突然开口说话了，它对牛郎说："牛郎，今天你去碧莲池，那儿有仙女在洗澡，你把那件红色的仙衣藏起来，穿红仙衣的仙女就会成为你的妻子。"牛郎听了老牛的话，便悄悄躲在碧莲池旁的芦苇里，拿走了红色的仙衣。

穿红色仙衣的正是织女。织女看到牛郎，才知道他便是自己日思夜想的牵牛。织女便做了牛郎的妻子,并与他生儿育女。

王母知道这件事后,勃然大怒,马上派遣天神仙女捉织女回天庭问罪。

天空忽然狂风大作,天兵天将从天而降,押解着织女便飞上了天空。正飞着,织女听到了牛郎呼叫她的声音:"织女,等等我!"织女回头一看,只见牛郎用一对箩筐,挑着两个儿女,披着牛皮赶来了。慢慢地,牛郎和织女就要相逢了。就在这时,王母驾着祥云赶来,她拔下头上的金簪,往他们中间一划,霎时间,一条天河波涛滚滚地横在了织女和牛郎之间,无法横越了。

后来,王母为牛郎和织女的坚贞爱情所感动,便同意让牛郎和孩子们留在天上,每年七月七日,让他们相会一次。

从此,牛郎和他的儿女就住在了天上,隔着一条天河,和织女遥遥相望。

牛郎织女相会的七月七日,无数成群的喜鹊飞来为他们搭桥。鹊桥之上,牛郎织女团聚了!

神话毕竟是神话,牛郎与织女要在一夜之间相会是不可能的。牛郎星和织女星都是离我们非常遥远的恒星。在天文学上,测量恒星之间的距离,大多用"光年"来计算。光年就是每秒钟走30万千米的太阳光在1年里所走的距离。牛郎星离我们有16光年,织女星离我们有27光年,它们都比太阳还要巨大,只因为它们离我们十分遥远,所以看上去只是小小的光点。

恒星的"恒"字,是和行星的"行"字相对而言的。实际上,宇宙中没有一个星是绝对地"恒",每个星都在动,只是动多动少而已。牛郎星每年在天球上移动0.658角秒;此外,每秒钟还以26千米(93600千米/小时)的速度离开我们往外跑。所以,牛郎星在空间的速度比地上最快的客机还快几十倍。织女星动得慢一点,它每年在天球上移动0.345角秒,以14千米/秒的速度离开我们往外跑。

牛郎星和织女星都比太阳大得多、亮得多。为什么我们看起来只是两小点的光呢?那是因为这两个恒星比太阳离我们远得多。牛郎星的光度为太阳的10.5倍,直径大0.7倍,质量差不多大0.7倍;织女星的光度等于太阳的60倍,直径等于太阳的2.76倍,质量差不多等于太阳的3倍。所以,织女星比牛郎星大,比牛郎星亮,比牛郎星重,算来还是牛郎星的大姐姐。牛郎星离我们的距离为154万亿千米,比太阳远100万倍;织女星离我们的距离为250万亿千米,比太阳远170万倍。织女星不仅比牛郎星大好些、亮好些,而且又远好些,所以我们看起来两个星差不多一样亮。光从牛郎星来到我们的眼里,需要16年4个月;光从织女星来,需要26年5个月。牛郎和织女两星不是在同一方向,两星之间的距离是16.4光年。无线电波的速度和光一样,假使牛郎想打一个无线电话给织女,得等32年才有收到回电的可能。

人类在欣赏它们灿烂的光辉的时候,竟幻想出一个哀艳动人的故事来。

银河系旋臂之谜

银河系张开的旋臂像母亲的臂膀,将银河系内的一切物质似孩子般紧紧地怀抱着。那银河系的旋臂又是什么呢?

广阔的宇宙中存在着形形色色的星系,科学家按其形态把星系分为旋涡星系、棒旋星系、椭圆星系和不规则星系四类。其中前三类占绝大多数。旋涡星系和棒旋星系占80%,椭圆星系占17%,不规则星系仅占3%。

20世纪30年代,人们开始了对银河星系结构的研究。20世纪40年代,荷兰科学家认为冷氢能发出一种射电辐射。到1951年,美国天文学家对辐射进行了实际探测。他们测定了红云的分布和运动,揭示了银河系的螺旋结构,同时发现许多河外星系也是螺旋结构。

科学家们发现,银河系有3条对称的旋臂,即靠近银河系中心方向的人马座主旋臂、猎户座旋臂和英仙座旋臂,太阳就位于猎户座旋臂的内侧。

20世纪70年代,人们通过探测银河系一氧化碳分子的分布,意外地发现了银河系的第4条旋臂,称3000秒差旋臂跨越狐狸座和天鹅座。1976年,法国的两位天文学家还具体地绘制出了以上4条旋臂在银河系中的位置,这是迄今最好的银河系旋涡结构图像。

关于银河系存在旋涡结构的原因,有人认为是银河系自转引起的。荷兰天文学家通过研究证明,恒星围绕银心旋转就像行星围绕太阳转,距离银心近的恒星运动速度快,离银心远的则速度缓慢。他计算出太阳绕银心的公转速度为220千米/秒,绕银心一周要花25亿年。

有科学家对奥尔特的学说提出了质疑,认为既然太阳已经绕银心转了约20周,旋臂应该缠得很紧,根本看不到旋臂。为此,1942年,瑞典天文学家林德布拉德提出"密度波"概念,后来美国科学家提出了系统的密度波理论,初步解释了旋臂的稳定性。

美国天文学家通过对银河系434个银河星图的图表绘制发现,银河系并没有旋涡结构,而只是一小段一小段的零散旋臂,旋涡只是幻影。因为银河系各处产生的恒星总是沿银河系旋转的方向形成一种"串珠",而不断产生的新恒星在连续显现着涡漩的幻影。

近来,澳大利亚天文学家在绘制银河系氢气分布图时惊奇地发现又一巨大的、向外伸展的旋臂,这使得我们所在星系的天体图将不得不重新绘制。这一巨大的由氢气组成的气体旋臂有7.7万光年长,几千光年厚,沿着银河系最外层的边缘伸展,并且掠过了从星系核心旋出的3条主要的旋臂。

银河系到底存在不存在旋臂?是连续的、对称的旋臂还是零散的、局部的旋臂?这些至今还是谜。

银河系中心黑洞之谜

浩瀚苍穹中,黑洞好似一个吞噬一切的无底洞,任何物质一旦掉进去,就再也无法逃脱。它虽然是隐形的却吸引力无穷,就连光线也不放过。近来,有科学家称,银河系中心有巨大黑洞。它,会不会将我们也吞噬了呢?

银河黑洞曾经是一个很有争论性的议题。近来天文学家通过使用欧洲南天巴拉那天文台一部极大望远镜,以及一部简称为 NACO 的高性能红外相机进行观测,发现我们银河系的中心,藏着一个质量超过 200 万个太阳的黑洞。

观测过程中,天文学家耐心地追踪一颗编号为 S2 的恒星运动。这颗恒星距离银河中心大约只有 17 光年,或者说是冥王星轨道半径的 3 倍距离,以 5000 千米/秒的速度绕银河中心公转。结果证明,恒星 S2 是在一个不可见天体强大的重力作用下运动,而这个天体极端细小且致密,换句话说是一个超大质量的黑洞。

天文学家观察发现,宇宙爆炸产生的一个黑洞目前正在以比其周围的星球高出 4 倍的速度穿过银河系,这也同时证明了黑洞的确是超新星爆炸后产生的后代。该黑洞至少距离地球有 6000 光年,目前大致方向是朝着地球飞来,但近期不会对地球构成威胁。因此,未来 5 年间,人类有望更近距离地接触黑洞,这将成为对爱因斯坦广义相对论的一个检验。

这是人类发现的第一个在银河系内部快速飞行的黑洞。一颗人类可以观测到的星球每 2.6 天绕黑洞飞行一周,黑洞从这颗星球中吸取养料。

根据黑洞理论,黑洞是由大质量的恒星坍缩形成的。此时原来构成恒星的物质集中于一“点”,其密度趋向无限大,以至于光都无法逃脱它的引力。因此从外界看,这种天体是全黑的。由于黑洞的这一特点,使得天文学家寻找黑洞的工作十分困难,天文学家只能根据黑洞能够剧烈地“吞噬”它附近的天体这一性质确定其存在。

通常黑洞有三种类型,一种是位于星系中央的“超级黑洞”,另一种是恒星级的黑洞,其质量大概有数十个太阳左右,还有是介于两者中间的“中等质量黑洞”。那些规模较大的黑洞主要形成于大型的星系中间,这次发现恒星黑洞大多是在大型星球爆炸时产生的。星球爆炸时大多数物质会被炸飞,但如果留下的物质足够大,大约是太阳的 3 ~ 15 倍,那么它们就会形成黑洞。

天文学家在研究距离太阳系 2.6 万光年的人马座 A＊时发现,其发出的射电波信号虽然能穿透尘埃,却要受到星际等离子体介质的散射影响。

为此,天文学家连续守候 20 个月等待最佳天气条件,一举揭开其神秘面纱。这个隐藏在宇宙中的“暗物质”至少 40 万倍于太阳的质量,而直径却仅与地球轨道半径相当,运动速度更是只有 8 千米/秒,完全符合“超级黑洞”的特征。因为 NOCA 相机能够追踪非常靠近银河中心的恒星,所以它能很精确地定出中心黑洞的质量。除此之外,随着天文学家继续观测恒星如何绕着超大质量黑洞运行,也可以提供爱因斯坦广义相对论的严格检验。

天文学家第一次看到距离黑洞中心如此近的区域,对人马座 A＊周围的恒星轨道运动研究显示,这一区域的质量甚至约相当于 400 万个太阳。而且,这一区域的引力都非常强大,根本不可能有恒星存在。通过分析这些恒星团的特点,天文学家们指出,在它们的中心区域同样也存在着一个黑洞,但其尺寸要小得多。

天文学家认为,大型黑洞可能是通过自身强大的引力将恒星团"拽"到了自己的附近。不过,天文学家们同时也指出,要证明这一理论,以目前的科学水平几乎是不可能的。现在唯一可以明确的是,新发现的恒星团与可能导致被黑洞吞噬的"危险区域"之间仍有相当的距离。

科学家们认为,位于这一潜在黑洞附近的恒星团具有非常高的运行速度,使得其可以避免距离黑洞过近。据测算,恒星团的运动速度大约为 850 千米/秒。

相信,随着科技的发展,银河系中心黑洞的奥秘会越来越多的被发现。

银河系弯曲之谜

银河系是一个巨大的、由数千亿颗恒星组成的星系。它的中心部分凸出,像一个很亮的圆盘,直径约为 2 万光年,厚 1 万光年,平均宽度约为 20 万光年。这个区域由高密度的恒星组成,银河晕轮弥散在银盘周围的一个球形区域内,银晕直径约为 9.8 万光年,这里恒星的密度很低,分布着一些由老年恒星组成的球状星团。在银河中还可以看到许多暗带,是大量的星际介质和暗星云。

早在半个世纪前,科学家就已经发现了银河系"弯曲"的特性,但是始终未能弄清楚银河系弯曲的原因。

一个由意大利和英国天文学家联合组成的国际小组在分析银河系复杂的构造时,追溯到了银河系外层星盘状形成的起源,并且对于银河系星盘的弯曲情况提供了确凿的证据,这一弯曲度比人们原来想象的至少要多出 70%。通过近红外线 2MASS 观察,科学家们对银河系星盘结构,特别是其中的弯曲部分进行了重新构造。通过观察发现,这种弯曲是由于银河系星盘在第一、第二银河经度象限时向上凸翘。

近来,科学家观察发现,银河系弯曲区域面积广阔,方圆约有 2 万光年。光年为 10 万亿千米,代表一束光一年内在真空里传播的距离。而分布在银河系中的氢气层形状弯曲尤为明显。

为判定银河系变形原因,科学家对弯曲区域的氢气流情况加以研究。结果又让他们吃了一惊。他们发现,银河系不但弯曲变形,而且还以三种模式颤动,一种模式是像一只碗,银道面弯成一圈,另一种像一具马鞍,第三种像一顶浅顶车软呢帽的边缘,背面是弯曲的,正面是垂直向下的,就像"鼓面振动"。

科学家将银河出现异象的外因归咎于银河系"邻居"大小麦哲伦星云。麦哲伦星云环绕银河系运行,运行一周时间为 15 亿光年。

银河系被大量暗物质所环绕,当大小麦哲伦星云环绕银河系运行时,引起暗物质激荡，导致银河系变形。暗物质无法为人类肉眼所见，但宇宙空间的90%由其组成。

科学家根据研究成果制作了一个银河系"变形"的电脑模型。模型显示，当麦哲伦星云沿轨道环绕银河系运行时，由于暗物质受激运动，银河系发生弯曲。

科学家过去从质量角度认为，麦哲伦星云质量并不大，只有银河系的2%，这样小的质量不足以影响银河系形态。因此，麦哲伦星云因为质量较小曾一度被排除在嫌疑之外，科学家认为幕后一定有一个拥有2000亿个恒星的大星系影响银河系的形态。

科学家认为，电脑模型揭示了暗物质的重要作用。银河系的暗物质尽管无法为肉眼所见，其质量20倍于银河系其他可见物质。当麦哲伦星云穿过暗物质时，暗物质运动使星云对银河系的引力影响进一步扩大。就像"船只行驶过洋面"，引起的波浪威力强大，足以使整个银河系弯曲并振动不已。

持反对意见的人则认为，银河系发生形变可能与自身的运动轨迹、能量变化有关。

究竟是什么原因导致银河系"水波吹皱"，出现变形呢？迄今为止，还是一个谜。

银河系蛇状闪电之谜

闪电是地球上常见的一种很普通的自然现象。其实，不仅仅是地球上会出现闪电，银河系中存在着持续了几百万年的巨型蛇状闪电。

闪电是一种自然现象，暴风云通常产生电荷，底层为阴电，顶层为阳电，而且还在地面产生阳电荷，如影随形地跟着云移动。阳电荷和阴电荷彼此相吸，但空气却不是良好的传导体。阳电奔向树木、山丘、高大建筑物的顶端甚至人体之上，企图和带有阴电的云层相遇；阴电荷枝状的触角则向下伸展，越向下伸越接近地面，最后阴阳电荷终于克服空气的阻障而连接上。巨大的电流沿着一条传导气道从地面直向云层涌去，产生出一道明亮夺目的闪光。一道闪电的长度可能只有数百米，但最长可达数千米。

闪电的温度从1.7万～2.8万摄氏度不等，也就是等于太阳表面温度的3～5倍。闪电的极度高热使沿途空气剧烈膨胀。空气移动迅速，因此形成波浪并发出声音。闪电距离近，听到的就是尖锐的爆裂声；如果距离远，听到的则是隆隆声。在看见闪电之后如果开动秒表，听到雷声后即把它按停，然后以3来除，根据所得的秒数，即可大致知道闪电离你有几千米远。

大多数的闪电都是连接两次的，第一次叫前导闪接，是一股看不见的空气叫前导，一直下到接近地面的地方。这一股带电的空气就像一条电线，为第二次电流建立一条导路。在前导接近地面的一刹那，一道回接电流就沿着这条导路跳上来，这次回接产生的闪光就是我们通常所能看到的闪电了。

长期以来，人们的心目中只有蓝白色闪电，这是空中的大气放电的自然现象。其实除了蓝白色闪电外还有黑色闪电、干闪电、海底闪电、高速闪电、银河系巨型蛇状闪电等多种形态。

银河系巨型蛇状闪电是怎样形成的呢？它和普通闪电又有什么不同呢？

银河系这道巨大的蛇状闪电是天文学家在1992年发现的，它位于人马座，长达150光年，宽2~3光年，并且在不断摆动。科学家估计它已持续了几百万年的时间。

天文学家研究发现，银河系中心巨大蛇状闪电是由于导电分子云与银河系中心的磁场相互作用形成的。由于带电粒子不断生成和消失，因而这一闪电是摆动的。天文学家在银河系中心还发现了22条类似的闪电，但长度均没有这一条长。

巨大蛇状闪电是目前在银河系中发现的唯一打两个结的闪电，科学家猜测，打结的地方是因为磁场很强，迫使闪电改变了形状，同时也使打结的地方辐射出的电磁波大大加强。但是，迄今为止，仍没有发现相应证据加以佐证。

陨石雨之谜

在晴朗的夏天晚上，经常可以看见美丽的流星划过天空，有时候，一大片流星会连续不断地划空坠落，就形成了流星雨。流星或流星雨都是些天体小块从地球外部闯进了地球大气，因与大气摩擦燃烧而发光。有没烧完的流星就落到地面上了，这便是陨石。如果有许多块落到地上，就称为陨石雨。

据《竹书纪年》记载："帝禹后氏八年雨金于夏邑。"这是公元前2133年降落在今河南省的一场铁陨石雨，是人类历史上最早的一次陨石雨记录。以后记录不断，总数有二三百条之多，对于流星雨描述得非常生动而形象，常用"星陨如雨"、"众星交流如织"、"流星如织"等加以形容。有些记录很全面，很完整，包括时间、流向、个数、在天空中的位置，有时还记录了颜色和响声。这些记录对于研究我国古代陨石雨的情况都很可贵，它们描写得非常形象、准确。例如沈括曾在他的名著《梦溪笔谈》中记载了陨石陨落的全部过程，从摩擦生热发光、光球的大小、爆炸声、陨石飞行的方向、余热、陨石的形状、大小、陨石坑，直到陨石的性质和收藏经过等都讲到了。中国古人在记录流星雨和陨石的同时，还对它们的来源进行了探索，提出了基本上正确的看法。早在春秋时代我国人民就认为，陨石是天上的星陨落而来的。明末著名科学家宋应星也说"星坠为石"。

流星雨和陨石的记录在探索宇宙秘密方面很重要。陨石是从地球外面飞来的实物标本。对流星雨和陨石的研究，对认识天体的起源和演化、彗星的轨道、天体的化学成分等都有重要价值。我国古代人民对此作出了杰出的贡献。

流星雨是被称为流星群的、沿同一轨道绕太阳运行的大群流星体，在地球公转轨道上与地球相遇时出现的天相。流星雨出现之际，流星出现的频率为几千颗到几万颗每小时。这种天象虽然有周期性，但是规模巨大的流星雨却少见。规模巨大的流星雨极为壮观。流星雨犹如自然界为人们施放的焰火。由于流星雨出现的天区的不确定性以及流星出现的瞬时性，所以某些天文台不安排流星的常规巡天观察。

大量的观测表明，每年从天球上的某一点及所谓流星群的辐射点发出的流星雨可出现许多次。当围绕太阳运行的流星群经过地球附近之际，由于受地球引力的振动，大量的流星体改变其轨道向地球靠近并且进入地球高层大气就会出现流星雨现象。流星的光主要集中在其本体的周围。亮的流星尤其是火流星，在其本体之后，沿着流星经过的路径，可以看到比其头部暗弱的光，称为流星的余迹。火流星余迹的持续时间为几秒钟，有的可达几分钟。

天体怪星之谜

20世纪30年代，天文学家在观测星空时发现了一种奇怪的天体，它既是"冷"的，只有二三千摄氏度，同时又是十分热的，达到几十万摄氏度。也就是说，冷热共生在一个天体上。1941年，天文学界把它定名为"共生星"。它是一种同时兼有冷星光谱特征（低温吸收线）和高温发射星云光谱（高温发射线）的复合光谱的特殊天体。几十年来已经发现了约100个这种怪星。许多天文学家为解开怪星之谜耗费了毕生精力。

最初，一些天文学家提出了"单星"说，认为，这种共生星中心是一个属于红巨星之类的冷星，周围有一层高温星云包层。红巨星是一种处于比较晚期的恒星，它的密度很小，体积比太阳大得多，表面温度只有二三千摄氏度。可是星云包层的高温从何而来呢？人们无法解释。

太阳表面温度约有6000℃，而它周围的包层——日冕的温度却达到百万摄氏度以上，能不能用它来解释共生星现象呢？

有人提出，日冕的物质非常稀薄，完全不同于共生星的星云包层。因此，太阳不算共生星，也不能用来解释共生星之谜。

也有人提出了"双星"说，认为共生星是由一个冷的红巨星和一个热的矮星组成的双星。但是，当时光学观测所能达到的分辨率不算太高，其他观测手段尚未发展起来，人们通过光学观测和红移测量测不出双星绕共同质心旋转的现象，而这些正是确定是否为双星的最基本物质特征之一。

近些年，天文学家用可见光波段对冷星光谱进行的高精度视向速度测量证明，不少共生星的冷星有环绕它和热星的公共质心运行的轨道运动，这有利于说明共生星是双星。人们还通过具有高的空间分辨率的射电波段进行探测，查明了许多共生星的星云包层结构图，并认为有些共生星上存在"双极流"现象。现在，大多数天文学家都认为，共生星可能是由一个低温的红巨星或红超巨星和一个具有极高温度的看不见的极小的热星，以及环绕在它们周围的公共热星云包层组成。它是一种处于恒星演化晚期阶段的天体。

有的天文学家对共生星现象提出了这样一种理论模型：共生星中的低温巨星或超巨星体积不断膨胀，其物质不断外溢，并被邻近的高温矮星吸积，形成一个巨大的圆盘，即所谓的"吸积盘"。吸积过程中产生强烈的冲击波和高温。由于它们距离我们太远，我们区分不出它们是两个恒星，而看起来像热星云包在一冷星的外围。

有的共生星属于类新星。类新星是一种经常爆发的恒星。所谓爆发是指恒星由于某种突然发生的十分激烈的物理过程而导致能量大量释放和星的亮度骤增许多倍的现象。仙女座 Z 型星是这类星中比较典型的,这是由一个冷的巨星和一个热的矮星外包激发态星云组成的双星系统,经常爆发,爆发时亮度可增大数十倍。它具有低温吸收线和高温发射线并存的典型的共生星光谱特征。

天文学家指出,对共生星亮度变化的监视有重要意义。通过不间断地监视可以了解其变化的周期性,有没有爆发,从而有助于揭开共生星之谜,这对恒星物理和恒星演化的研究都有重要的意义。但要彻底揭开这个谜看来还需要付出许多艰苦的努力。

第三节　太阳系的起源探秘

太阳系的形成

尽管我们的天文学和宇宙探测技术有了极大发展,但对于太阳系的起源,仍然没有一个十分肯定的权威说法。

科学家用放射性碳元素测定陨星的年龄,推知太阳系形成至今至少已有 46 亿年。46亿年前发生了什么? 目前,人们累计已提出了四十几种太阳系起源假说。较为流行的假说有星云说、灾变说和俘获说等。

太阳系

星云说最早是由德国伟大哲学家康德提出来的。几十年以后,法国著名数学家拉普拉斯又独立提出了这一学说。他们认为,整个太阳系的物质都是由同一个原始星云形成的,星云的中心部分形成了太阳,星云的外围部分形成了行星。

康德和拉普拉斯也有着明显分歧:康德认为冷的尘埃星云中先形成太阳,后形成行星;拉普拉斯则相反,认为原始星云是气态的,且十分灼热,因其迅速旋转,先分离成圆环,圆环凝聚后形成行星,太阳的形成要比行星晚些。尽管有这样大的区别,但是他们的学说大前提是一致的,因此人们便把两者捏在一起,称他们提出的理论为"康德—拉普拉斯假说"。这一假说在当时得到了人们的普遍拥护和接受。

近些年来,这一假说又有复活之势。美国天文学家卡梅隆认为,太阳系原始星云是巨大的星际云抛出的一小片云,起初是在自转,同时在自身引力下收缩,其中心部分形成太阳,外围变成星云盘,星云盘后来形成行星。这个观点得到了许多科学家的拥护,并不断有人提出修正和补充,使星云说日渐完善起来。

灾变说的代表人物是英国天文学家金斯。他认为,形成行星的原始物质,是由于某颗行星偶然从太阳身边走过,把太阳上的一部分东西拉了出来的结果。因这次经过非常近,完全可以看做是一次碰撞,太阳受到这次碰撞的作用,从自身表面抛出一股气流,气流凝聚后,变成了行星。这一假说又生出许多变种,如星子说、恒星与太阳相撞说等。

还有一种说法是,太阳原是双星,因受第三颗星的引力作用,分离出物质,形成星系。与此相类似的说法还有:太阳曾有一颗伴星,不知何故那颗伴星发生了超新星爆炸,一部分物质被太阳捕获而形成恒星系,等等。

后来,关于太阳系起源之谜又产生了一个假说——俘获说。最早提出俘获说的前苏联科学家施密特认为,当太阳在某个时候经过一个气体尘埃星云时,会把星云中的物质据为己有,这种状况发生多次之后,便形成了一个绕太阳旋转的星云盘,逐渐形成各个行星及其卫星。

尽管有关太阳系起源的各种假说都有各自的观测、计算和理论根据,但随着时间的推移,人们发现这些假说都有致命的弱点,都无法圆满解释当今太阳系存在的各种独特现象。所以,迄今为止,太阳系起源之谜还没有一种被普遍接受的假说。我们仍需对此付出更多的努力,以尽早解开太阳系形成之谜。

太阳家族的邻居

我们居家总要了解自己周围环境和邻居的状况。地球的空间环境和邻里就是太阳系内的行星际空间。那么,太阳系所处的恒星际空间又有哪些邻居呢?它们的状况如何?

在银河系内约1000亿颗恒星中,离太阳最近的恒星是半人马座的比邻星,它离太阳约4.2光年,目视星等为11等星。可见,在距太阳4光年半径的恒星际空间是没有任何恒星的。只有太阳和它的家族在这里安居乐业。这是一个充满活力的空间。

在距太阳5光年之内,有3颗恒星。它们是:上面介绍的比邻星,还有与比邻星在一起组成目视三合星的另外两颗恒星。它是半人马座a星(甲星),叫南门二,它是全天第三颗最亮的恒星,约为0等星,它与我们太阳属同一类恒星,其体积和质量比太阳稍大一点,距太阳约4.3光年。另一颗星亮度为1等星,距太阳约4.3光年,体积和质量略比太阳小一点。第三颗星就是比邻星。

在距太阳10光年内共有11颗恒星。除上面介绍的3颗恒星外,还有著名的蛇夫座巴纳德星。它是1916年由美国天文学家巴纳德发现自行最大的恒星,它每年自行10.31″,为9.5等星,距太阳5.9光年;大犬座天狼星,它是目视双星。甲星就是天狼星,是全天最明亮的恒星,距太阳约8.6光年,为1.5等星。另一颗乙星是天狼星的伴星,为8.5等星,距太阳也是8.6光年,它是一颗典型的白矮星。鲸鱼座中UV星也是一颗双星,距太阳都是 9 光年。其中 UV 星 B 是 1948 年发现的特殊型的变光恒星。它在 3 分钟内,光度可增强 11 倍,然后又慢慢暗下来。它为 13 等星,是距太阳最近的耀星。狮子座佛耳夫 359 星距太阳 8.1 光年;大熊座拉兰德 21185 星距太阳 8.2 光年;人马座罗斯 154 星距太阳 9.3 光年。距太阳 21 光年内,则有 100 颗恒星,其中包括天鹰座中的牛郎星,小犬座中的南河三和天鹅座 61 星(两颗)等。

太阳的这些近邻各有特色,天文学家们早已把它们列为重要的研究对象。

太阳伴星之谜

天文学家曾有过太阳具有伴星的想法是很自然的事。当人们发现天王星和海王星的运行轨道与理论计算值不符合时,曾设想在外层空间可能另有一个天体的引力在干扰天王星和海王星的运动。这个天体可能是一颗未知的大行星,也可能是太阳系的另一颗恒星——太阳伴星。

为了解释美国那两位古生物学家的发现,1984 年,美国物理学家穆勒在和他的同事,共同提出了太阳存在着一颗伴星的假说。与此同时,另外的两位天体物理学者维特密利和杰克逊,也独立地提出了几乎完全相同的假说。

人们考虑到,如果太阳有伴星的话,在几千年中似乎却没有人发现过,想必它是既遥远又暗淡的天体,而且体积不大。这是很有可能的情况,因为在 1982 ~ 1983 年,天文学家利用红外干涉测量法,测知离太阳最近的几颗恒星都有小伴星,这种小伴星的质量仅相当于太阳质量的 1/15 ~ 1/10。此外,在某些双星中,确实还有比这更小的伴星存在着。

自从太阳伴星的假说公诸报端,科学家们开展了认真热烈的讨论。人们根据开普勒定律推算,若其轨道周期为 2600 万年,那么轨道的半长轴应该是地球轨道半长轴的 88000 倍,约 1.4 光年,即太阳伴星距太阳比任何已知恒星要近得多。

1985 年,美国学者德尔斯莫在假设太阳伴星确实存在的前提下,用一种新方法算出了这颗星的轨道。他首先对最近 2000 万年左右脱离奥尔特云的那些彗星进行统计、调查,对 126 颗这样的彗星及其运动作了统计研究,大多数这类彗星都做反方向运动,即几乎与太阳系所有行星运动的方向相反。根据这些彗星的冲力方向算出,在不到 2000 万年以前,奥尔特云从某一其他天体接受一种引力冲量。他认为,这是由一个以每秒 0.2 或 0.3 公里速度缓慢运行的天体引起的,德尔斯莫根据动力学算出,太阳伴星的轨道应该与黄道几乎垂直,它目前应该接近其远日点(距太阳最远的点),而它的方向应该是离开黄极 5°左右。

针对太阳系的现状,有一些天文学者认为,太阳伴星由于某种原因未能形成,而形成了九大行星及其卫星、小行星和彗星等等。美国天体物理学家韦米尔和梅梯斯的研究认为,尚未发现的太阳第 X 颗大行星可能是引起周期性彗星雨——生物大规模绝灭的原因。

如果这颗太阳伴星确实存在的话，人们不应该期望它触发彗星雨和引起大规模物种绝灭的周期十分精确。遗憾的是，至今缺乏更好的地质资料，尤其是陨石坑方面的资料，地球上的证据的不确定因素太大，以至于无法准确地说出太阳伴星天文钟的周期性能精确到什么程度。

总而言之，根据科学家们的研究推测，太阳很可能存在或有过伴星，但是要找到它、证实它，确实是一件困难的事，人们期望着科学家们早日解开这个宇宙之谜。

太阳黑子之谜

太阳的表面并不是无瑕的，有时也会出现或多或少的黑斑，这就是太阳黑子。

黑子看上去的确是黑的，但它实际上并不黑，只是在耀眼的光球衬托下才显得暗淡无光。其实一个大黑子比满月发出的光要多得多，即使太阳整个圆面都布满了黑子，太阳依旧光彩照人，就像它离地平线不高时的情景一样。一般来说，黑子的中心最黑，称为本影，周围淡的部分称为半影，本影的半径约为半影的2/5。一个典型黑子本影的平均温度约410K，比周围的光球低1700K左右。为什么黑子的温度较低呢？这个问题困扰了人们很长时间。

1941年，比尔曼提出，黑子的变暗是由于强磁场抑制光球深处热量通过对流向上传输的作用造成的。这个解释很直观。后来柯林对此模型又进行了一些修正，认为黑子中还有一些对流，但比背景中的热量传递小得多。观测也证实了黑子中有较弱的对流。

太阳黑子大多喜欢成群结队。复杂的黑子群由几十个黑子组成，而大多数黑子群是由两个主要黑子组成，沿着太阳自转方向，位于西边的黑子叫做"前导黑子"，位于东边的黑子叫做"后随黑子"，大黑子周围还有许多小黑子。极性相同的一对或一群黑子称为单级群，极性相反的一对或一群黑子称为双极群。黑子群中极性分布不规则的称为复杂群。

人们发现在黑子存在期间，它的磁场强度是随时间变化的。黑子刚出现时，磁场强度迅速上升到极大值，然后稳定一段时间，随着黑子的瓦解和消失，磁场强度呈线性衰减。黑子群中成对的那两个大黑子具有相反的极性。下一个活动周期中，如果太阳北半球上黑子对中的前导黑子的极性是"北"，那么后随黑子就是"南"，太阳南半球正与此相反。而到了下一个太阳周，两半球黑子对的极性将颠倒过来，在下一个活动周期中颠倒回去。

为了提炼和修改太阳黑子的形成和演化的理论模式，太阳物理学家必须更多地了解太阳内部的结构和行为。

20世纪60年代，美国天文学家莱顿等人，利用物理学上的多普勒效应，发现太阳大气的上下振动很有规律，其振动的周期是296±3秒，这就是著名的太阳"5分钟振荡"现象。进一步的观测还表明，气体物质上下起伏的总幅度达数十公里，而在水平方向上，大致在 0.1 万 ~ 50 万公里范围内的气体物质都联成一片，同起同落。并且在任何时刻，日面上都有 2/3 左右的区域在做这种振荡。

太阳振荡是近年来太阳物理学中最为重大的发现之一，据太阳内部奥秘的震波图样展示，尽管太阳外层的自转在赤道比在极区快，然而太阳内部的自转却是均匀的，这样就产生了一种剪切力，仿佛剪刀的两个刀刃相互移过一样。有人猜测这种效应会影响磁场，驱动太阳周期。但一些人对此持不同的意见。这一问题的正确答案还要靠日震学的进一步发展。

天文学家期待着日震学能够裁决这样一个新思想：黑子和耀斑可能是由对流所驱动的热物质的圆柱形的流动所引起的。相邻的圆柱，以相反的方向在 40 万公里深的太阳对流区内旋转，逐渐向赤道移动。一个设想是，像老式洗衣机中的旋轴一样，圆柱挤压磁场，在这一过程中有效地产生黑子。

太阳能量探源

太阳发出的总能量十分巨大，有人测量了地面上单位时间内来自太阳的能量。据测量，一个平方厘米的面积，在垂直于太阳光线的情况下，每一分钟接收到的太阳能量大约是 1.96 卡。换句话说，如果放上 1 立方厘米的水，让太阳光垂直照射，那么每过一分钟水的温度会升高 1.96℃，也就是接近两度。这个每平方厘米每分钟 1.96 卡，就叫做"太阳常数"。

有了这个准确的"太阳常数"，我们就可以计算太阳发出的总能量了。我们知道，地球同太阳的距离大约是 1500 万公里。1.96 卡这个数是在离太阳一亿五千万公里外的地球上测到的。所以，只要把 1.96 卡乘上以一亿五千万公里为半径的球的面积，就可以得出太阳发出的全部能量。这个数值是每分钟发出五千五百亿亿亿卡的能量。

太阳尽管发出这么巨大的能量，但是落到地球上的却只有很少的一点点，因为太阳离地球太远了。实际上地球接收到的太阳能量，只占太阳发出的总能量的二十二亿分之一。正是这二十二亿分之一的太阳能量在养活着整个地球。

太阳是怎么发出这么巨大的能量来的呢？它是不是永远这样慷慨地供应地球，永远也消耗不尽呢？人类为了搞清楚这个问题，花费了几百年的时间，一直到今天，也还在不断地进行着探索。

随着自然科学的不断发展，人们才逐渐揭开了太阳产能的秘密。太阳燃烧的物质是化学元素中最简单的元素——氢。不过，太阳上燃烧氢，不是通过和氧化合，而是热核反应。太阳上进行的热核反应，简单地说，是由四个氢原子核聚合成一个氦原子核。我们知道，原子是由原子核和围绕着原子核旋转的电子组成的。要想使原子核之间发生核反应，可不是一件容易的事情。首先必须把原子核周围的电子全都打掉，然后再使原子核同原子核激烈地碰撞。但是，由于原子核都是带的正电，它们彼此之间是互相排斥的，距离越近,排斥力越强。因此,要想使原子核同原子核碰撞,就必须克服这种排斥力。为了克服这种排斥力,必须使原子核具有极高的速度。这就需要把温度提高,因为温度越高,原子核的运动速度才能越快。例如,要想使氢原子发生核反应,就需要具备几百万度的温度和很高的压力。这样高的温度在地面上是不容易产生的,但是对于太阳来说,它的核心温度高达1000多万度,条件是足够了。

太阳正是在这样的高温下进行着氢的热核反应。它把四个氢原子核通过热核反应合成一个氦原子核。在这种热核反应中,氢不断地被消耗,从这个意义上来说,太阳在燃烧着氢。但是它和通常所说的燃烧不同,它既不需要氧来助燃,燃烧后又完全变成了另外一种新的元素。

当4个氢原子核聚合成一个氦原子核的时候,我们会发现出现了质量的亏损,也就是一个氦原子核的质量要比四个氢原子核的质量少一些。那么,亏损的物质跑到哪里去了呢?原来,这些物质变成了光和热,也就是物质由普通的形式变成了光的形式,转化成了能量。质量和能量之间的转换关系,可以用伟大的科学家爱因斯坦的相对论来解释。那就是能量等于质量乘上光速的平方,由于光速的数值很大,因此,这种转换的效率是非常高的。用这种方式燃烧1克氢,就可以产生1500亿卡的能量。它相当于燃烧150吨煤。太阳为了维持目前发射的总能量,每秒钟要有6570万吨的氢聚合为氦。听起来,这是一个很大的数字,但是对于太阳来说却是微不足道的,因为太阳的质量实在太大了,比地球的质量要大33万多倍。而且太阳物质的化学组成和地球的很不一样,绝大部分正是太阳进行热核反应所需要的氢。氢占太阳质量的3/4以上。其次是氢燃烧后生成的氦,占1/5左右。再其次才是几十种其他的微量元素。因此,如果太阳按目前的速度燃烧氢,那么还足够燃烧500多亿年。

奇妙的太阳振动

1960年,美国天文学家莱顿将最新研制成的强力分光仪对准了太阳表面上的一个个小区域,准备测定它沸腾表面的运动情况。观测的结果,使莱顿感到十分惊讶,因他发现了一件令人惊异的现象:太阳就像一颗跳动着的心脏,一胀一缩地在跳动,大约每隔5分钟起伏振荡一次。

太阳的振动是怎样产生的?这是科学家们最关心的事情。他们将观测数据用计算机进行分析处理,再将计算机做出的结论与观测到的振动现象进行比较。通过几年的研究,目前科学家们已经认识到,太阳就好像是一个铃,在其表面上观测到的振动,是这个巨大的铃内部声波共振的结果,进一步讲,太阳表面的振动是由太阳内部几百万个具有不同周期和水平波长的共振膜的叠加所引起的。

声波是一种比较简单的压力波,它可以通过任何媒介传播,太阳的声波是与地球内部地震波有些相像的连续波,它们传播的速度和方向依赖于太阳内部的温度、化学成分、密度和运动。像地球物理学家通过研究地震波去查明地球内部的构造模式相类似，天文学家正利用他们所观测到的太阳的振动，去窥探太阳内部的奥秘，并由此已经发展成为一门新的学科——日震学。

日食之谜

在古时候，人们由于不了解产生日食的原因，对日食的现象感到十分神秘，以致日食的发生竟制止了一场旷日持久的战争呢。

公元前585年，在爱琴海的东岸，有一天，米迪斯人与吕底亚人正在交战。双方打得难分难解。忽然天空中的太阳不见了，战场顿时失去了平时的光明，天昏地暗。双方的首领都十分惊恐，认为这是上天对他们的惩罚。于是，都一致同意放下武器，平心静气地订立了和平条约，结束了一场持续5年之久的战争。据推算，这次日食发生在那年的5月28日。

日食

古人对日食现象还作了种种有趣的解释。譬如：我国大多数地区传说是"天狗"吃掉了太阳。有的地区还传说是青蛙或豹子吃了太阳。因此，每当发生日食的时候，人们都要敲锣打鼓，鸣盆响罐，以吓跑"天狗"，营救太阳。这些只是人们天真的猜想。

现在，科学家已弄清了日食产生的原因。

我们知道，月球本身不会发光，因此，在太阳的照射下，在它的背面会有一条长长的影子。当月球绕地球公转转到太阳和地球的中间时，这时太阳、月球和地球恰好处在一条直线上，从而使月球挡住了部分照到地球上的光线，或者说，月球的影子投射到地面上。这样，在月影扫过的地区，人们就会看到日全食。

日食在一年里一般会发生2次，有时也会发生3次，最多会发生5次，不过，这是针对全地球而言，在地球上某个具体地方就很难碰到观日食的机会了。

太阳个数的悬念

1551年4月，德国城市马格德堡被瑞典卡尔五世的军队所围困。围困的日子已延续一年有余，城中粮草全无，危在旦夕。一天下午，该城上空突然出现三个太阳。围城的士兵惊恐万状，认为这是天意的预兆，是上帝将要亲自来保卫这个城市。根据卡尔五世的命令，瑞典军队马上撤除了对这个城市的包围。这可是中外战争史上绝无仅有的一桩趣事。其实，多个太阳中除一个为真太阳外，其余皆为假象，气象上称之为"假日"、"幻日"或"伪日"，是一种少见的大气光学现象，其成因比较复杂。

简而言之，由于天空有冰晶组成的云层存在，太阳光被这些冰晶反射所形成的。由于假日的出现对云中冰晶形状、位置和排列等要求十分严格，故这种奇景很难见到。当然，多日并升也并非绝无仅有。1986年12月9日西安上空突然出现一大一小两个彩色圈和五个太阳。据资料记载，1934年12月22日和23日，西安市上空曾连续两天七日当空。1981年4月18日，海南岛东方县上空出现五个太阳。1988年12月28日，内蒙古翁牛特旗五日同照大地。此外，峨眉山顶上出现过三个太阳，庐山也曾两日并升。有关多日并升奇景，我国史籍中亦多有记载，如《宋史·天文》载："日有二影，如三日状"等。1973年，湖南长沙马王堆汉墓中出土的帛画中，有"九日并出"之画面。

太阳活动与地球旱涝

对于人类而言，旱涝是重大的自然灾害之一。大范围与持久的旱涝，会给人类带来严重的损失。因此，人们早就在研究旱涝的规律与成因，以求能及时地预报与预防。

旱涝的发生是有一定规律可寻的。有些具有明显的周期性，有些则是随机的。当然，这里说的周期，并不是严格的周期，而是准周期。比如，我国降水变化大约有30～40年的周期，而长江中下游地区的降水，平均周期为35年。黄河流域的大干旱具有80～90年的周期。渤海的严重冰情大约10年左右发生一次，等等。

我国的水文、气象学界十分重视对旱涝规律的研究。由于旱涝主要决定于气候演变，追根溯源，就是作气候演变规律的研究。我国悠久的历史上留下了丰富的水文、气象、物候的记事，为这方面的研究提供了宝贵的资料。这个优势是外国所不具备的。

研究表明，气候的若干周期与太阳活动周期有明显的对应关系。比如长江年径流量变化具有约22年的周期，淮河有约10年的周期，而西江、黄河、永定河与松花江流域有40年左右的周期。这些周期与太阳活动的基本周期颇为一致。

近500年来，我国东半部地区的干旱指数具有2～3年、8～10年、22～26年的明显周期，这些周期跟太阳活动的几个周期很接近。除了周期对应之外，太阳活动对气候的影响，即使在同一地区或同一流域，在不同的时期也是不一样的。比如在长江下游地区，太阳活动峰年与谷年附近，旱涝次数比其他年份要多。特别是，在峰年附近，涝的次数比旱的多；而在谷年附近，旱的次数比涝的多。如果就整个长江流域来说，也大致是这个情况。即在太阳活动峰年附近雨水多，易涝；在谷年附近雨水少，易旱。近500年来黄河流域的水旱情况，存在有"强湿弱干"的规律，也就是太阳活动强时，雨水较多；在太阳活动弱时，雨水较少。不过这种关系仍然很复杂，在太阳活动峰年时不一定有大水，而可能在活动峰年过后一两年才发生大水。

北京地区在近250年中，多雨的年份一般在太阳活动的谷年和峰年及其后一年，而少雨的年份则在谷年与峰年前一两年。

有人还研究了以耀斑爆发为主的太阳短期活动与天气的关系，也得到了许多有趣的结果。比如在四川盆地，太阳强耀斑后，常有多雨或大晴天天气出现，而在普通耀斑后，常出现比较异常的天气，如突然下冰雹等。

根据国内外的研究，太阳活动对大气、气候的影响是相当复杂的。同样是太阳峰年，有的地区是涝，而有的地区却是旱。这种差别的原因可能在于各地的自然地理条件不一样。

在研究太阳活动与大气、气候的关系时，人们也在探讨为什么有这种关系？究竟太阳是怎样影响地球天气、气候变化的？但至今没有一个完满的答案。

大家知道，大气运动的主要动力是太阳辐射热（以"太阳常数"为代表）。如果太阳总辐射发生变化，就能引起大气环流的变化，导致某些地区发生干旱或洪涝。理论上估计，太阳常数变化1%，就会发生这种情况。可是，经过几十年的地面观测以及近年来通过人造卫星的观测，所得的结果都表明，太阳常数基本上保持不变。因此，这条路就被堵死了。

人们提出了几个间接的原因来说明太阳活动对气候的影响。有一个是"大气臭氧的屏蔽作用"的假说。在地面上空 20～30 千米的大气层中，臭氧的含量特别丰富，因而被称为"臭氧层"。臭氧能大量地吸收太阳的紫外线，使人类与生物免受太阳紫外线的辐射而遭到伤害，没有臭氧层的保护，包括人类在内的地球上的所有生物就存在不了。

臭氧是由太阳紫外线辐射产生的。在紫外线辐射强时，臭氧含量就多；在紫外线辐射弱时，臭氧含量就少。所以，臭氧含量多少或臭氧层厚薄，跟太阳活动有直接的关系。在太阳活动峰年时，紫外线辐射最强，臭氧含量最大；在谷年时，臭氧含量最少。

臭氧层对紫外线辐射进入低层大气和到达地面有明显的屏蔽作用。臭氧多时，进入低层大气和地面的能量减少，地面温度也因之有所降低；反之，则增高。这就会导致大气的反常变化。但是其中详细的机制等情况，仍然是不清楚的。更有人提出，全球臭氧含量与太阳活动关系是反相关的，即在太阳活动峰年时，臭氧含量反而达到最小。这方面的分歧是很大的，所以对于臭氧的屏蔽作用仍要进一步弄清。

近年来，由于大气电过程的观测与研究比较深入，所以有人提出"雷暴事件的触发"假说。地球大气中经常发生雷暴。雨云中带正电荷的部分与带负电荷的部分相遇，就发生雷鸣闪电，下起瓢泼大雨或暴雨。研究发现，雷暴事件与太阳活动有关系。太阳活动强时，耀斑比较多。耀斑产生的大量高能质子能穿到地球大气的低层（20千米以下），触发雷暴的发生。观测发现，耀斑发生后4天，全世界范围的雷暴增强和欧洲雷暴事件的发生达到极大。

另外，宇宙线也能穿到大气低层，促使大气发生电离。宇宙线也是雷暴的源泉之一。地面宇宙线的强弱都受到太阳活动的调制，所以，雷暴事件与太阳活动是密切相关的。

但是，目前对于雷暴的过程，以及太阳如何影响大气变化，导致旱涝，仍然没有研究清楚。不过，大多数科学家认为，太阳活动通过大气电过程影响天气，可能是一个较好的途径。

未来，在弄清了太阳活动与地球大气、气候的关系后，人们也许可能通过太阳活动来做比现在准确得多的天气预报。

日珥之谜

太阳光球的上界同极活泼的色球相接。由于地球大气中的水分子和尘埃粒子将强烈的太阳辐射散射成"蓝天"，色球完全淹没在蓝天之中。若不使用特殊仪器，色球是很难观察到的，直到 20 世纪，这一区域只有在日全食时才能看到。当月亮遮掩了光球明亮光辉的一瞬间，在太阳边缘处有一钩细如蛾眉的明亮红光，仅持续几秒钟，这就是色球。

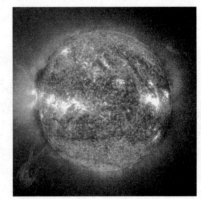

日珥

色球层厚约 8000 千米。日常生活中，离热源越远的地方，温度就越低，然而太阳大气的情况却截然相反，光球顶部的温度差不多是 4300℃，到了色球顶部温度竟高达几万度，再往上，到了低日冕区温度陡升到百万度。太阳物理学家对这种反常增温现象一直不能理解，到现在也没有找出确切的原因。

色球的突出特征是针状物，它们出现在日轮的边缘，像一根根细小的火舌，有时还腾起一束束细高而亮的火柱。19 世纪的一位天文学家形象地把色球表面比喻为"燃烧的草原"。针状物不断产生又不断消失，寿命一般只有 10 分钟。

在色球上我们还可以看到许多腾起的火焰，这就是天文学中所说的"日珥"。日珥的形态真可以说是千姿百态。有的像浮云，有的似喷泉，有的仿佛是一座拱桥，有的宛如一堵篱笆，而整体看来它们的形状恰恰似贴附在太阳边缘的耳环，由此得名为"日珥"。

天文学家把日珥分为宁静日珥、活动日珥和爆发日珥，最为壮观的当属爆发日珥。本来宁静或活动的日珥，有时会突然"怒火冲天"，把气体物质拼命向上抛出，然后回转着返回太阳表面，形成一个环状，所以又称环状日珥。这种日珥是很罕见的并且也很重要。它的重要性在于它像铁屑证明磁铁周围的磁力线一样，提供了太阳大气中不可见的磁场存在的证据。

日珥的上升高度约几万千米，一般长约 20 万千米，个别的可达 150 万千米。日珥的亮度要比太阳光球层暗弱得多，所以平时用肉眼不能观测到它，只有在日全食时才能直接看到。

日珥是非常奇特的太阳活动现象，其温度在 5000～8000K 之间，大多数日珥物质升到一定高度后，慢慢地降落到日面上，但也有一些日珥物质飘浮在温度高达 200 万 K 的日冕低层,既不坠落,也不瓦解,就像炉火熊熊的炼钢炉内居然有一块不化的冰一样奇怪,而且,日珥物质的密度比日冕高出 1000 ~ 10000 倍!

令人费解的是,两者居然能共存几个月之久,实在是一个难解的谜团。

太阳夜出之谜

在人们的印象中,太阳一般都是在白天出现,不会在夜间出现。可是,世界之大无奇不有,有时候它却真的会在夜间显现。

《汉书·地理志》载:西周末期,在现在的山东有个小国叫莱。一天晚上,莱国首都地区的人们突然看到太阳出现在夜空中,照耀得四周如同白昼。人们非常惊讶,后来一个大臣灵机一动,说这是国家兴盛的预兆。国君非常高兴,于是在太阳出现的地方建了一座"成山日祠"的庙宇做纪念,并将那个地方命名为"不夜县"。

在现代,"太阳夜出"的现象也频频出现。1981 年 8 月 7 日晚,四川省汉源县宜东区某村,人们在村旁的凉亭里乘凉时,发现天空越来越亮,一个红红的火球从西面的山背后爬出来,放射出耀眼的光芒。

夜出太阳的现象在外国也曾出现过。1596 年至 1597 年的冬天,航海家威廉·伯伦兹到达北极的新地岛时,恰好遇到了长达 176 天的极夜。威廉和船员们无法航行,只好耐心等待极昼的到来。然而,在离预定日期还有半个月时,一天太阳突然从南方的地平线喷薄而出。人们惊喜万分,纷纷收拾行装准备航行,可是转眼之间,太阳又没入了地平线,四周又笼罩在漆黑的夜色中。

太阳真的会在夜里出现吗?事实上这是不可能的。气象专家分析认为,夜里出现的太阳其实是一个圆形的极光,即冕状极光。

专家解释,太阳表面不断向外发出大量的高速带电粒子流,这些粒子流受到地球磁场的作用,闯进地球两极高空大气层,使大气中粒子电离发光,这就是极光;当太阳活动强烈,发出的带电粒子流数量特别多、能量特别大时,大气受到带电粒子撞击的高度就会升高,范围就有可能向中低纬度地区延伸。在天气晴好的夜间,一种射线结构的极光扩散为圆形的发光体,且快速移动,亮度极大,由此被人们误认为是太阳出现。也有的专家认为,夜出太阳其实是一种光学现象。

到底是怎么回事,至今仍是个谜。

太阳系还有大行星吗

太阳系有几颗大行星?我们现已知道太阳系里有八颗大行星。离太阳最近的是水星,由里向外依次是金星、地球、火星、木星、土星、天王星、海王星,最外面的第九颗行星冥王星 2006 年 8 月后被降为矮行星。

对太阳系八大行星的认识,有悠久的历程。古时人们在天空中仅能看到火星、金星、火星、木星、土星这五颗行星。我国古代称金星为太白,木星为岁星,水星为辰星,火星为荧星,土星为填星或镇星。

在国外,古罗马神话中各种神的名字成为星的名字,如称水星为商神麦邱立,火星为战神玛尔斯,木星为爱神丘比特,金星为太阳神阿波罗的先驱和使者。

太阳系里的八颗大行星,如同一母所生的八个兄弟,它们不但排列得很规则,而且像赛跑运动员在一个场地上比赛,非常有秩序地沿着各自的跑道,一刻不停地朝同一个方向绕着太阳在转圈子。虽然它们有的跑得快,有的跑得慢,但从来不争抢跑道。

虽然冥王星被降为矮行星,很多人还是把那里看做了太阳系的边界,认为太阳系的半径就是40天文单位。

太阳系是否还有大行星呢?对于这个谜,不少科学家一直在不懈地寻找。

1951年,美籍荷兰天文学家柯伊伯提出在海王星轨道外,离太阳40～50天文单位处可能找到了另一颗大行星。2005年7月29日,美国天文学家布朗宣布在大约100天文单位处发现了一颗柯伊伯带天体2003 UB313,直径达冥王星的15倍。大多数天文学家不同意把它称作行星。

那么,在比冥王星更远的太阳系外围,会不会有像火星、地球这样的岩石行星呢?科学家认为这是有可能的,也许在冥王星外围有一些如地球大小的天体,有的甚至比地球还大。这符合一种解释太阳系形成过程的最新的时髦理论,即所谓寡头行星形成理论。

按照寡头行星形成理论,行星是由尘埃粒子逐渐积聚起来形成的,这些尘团增长到小行星那么大,其中有一部分会继续增长,以至大得呈现出明显的引力场,使自己的质量更快速地增长,每一个都达到像一颗大行星那么大。这些天体就是所谓寡头行星,因为它们的引力对周围起着如同寡头一样的支配作用。

20世纪末,科学家逐渐达成共识,在当时的九大行星轨道之间是找不到大行星的,只有在水星轨道以内,或者到冥王星轨道以外才能找到,前者称为"水内行星",后者称为"冥外行星"。

科学家从20世纪就努力寻找水内行星。虽然有的发现了一些"蛛丝马迹",但经不少科学家的检验,没有到水内行星的身边去实地观测。1976年美国专门发射了一艘宇宙飞船在那里整整寻找了一年,也没有找到可以证明存在水内行星的痕迹。由此看来,存在水内行星的可能性十分渺茫,甚至可以完全排除了。

科学家寻找新的行星也做了许多工作,他们用超大型望远镜对准这颗未知行星可能出现的地方,拍摄了数以万计的照片,希望从这些照片中像沙里淘金似的找到它。此外,美国发射的"先驱者10号"和"先驱者11号"宇宙探测器,在太阳系边缘附近作了大量观测,企图找到冥外行星。

太阳系究竟还有没有大行星?至今说法不一,仍然是一个谜。也许,这个谜将由你来揭开。

小行星起源之谜

大约在 200 年以前，人们还不知道有小行星，只是根据大行星排列的规律，认为好像在火星和木星之间，还应有一颗行星，但是人们始终没有发现它。

1801 年的新年之夜，第一颗小行星被发现了。虽然它也是绕着太阳运转的，但是比起大行星来，它太小了，比地球的卫星月球还小，所以把它叫做小行星，并且用希腊神话中的 Ceres（谷神）给它起了名字，叫它谷神星。往后小行星发现得越来越多，就按照发现的先后次序给它们编号，每个都有一个专门的名字。

成千上万的小行星，大多在火星和木星轨道之间，如同大大小小的一座座山，一块块的巨石，绕着太阳公转。它们无名无姓，它们不声不响，静悄悄地成群地在各自的轨道上运动着。偶然也有出轨的行动，有的被靠近它的大行星吸引，掉到大行星上去；有的互相碰撞，同归于尽。但是这些现象，我们从来没有见过，因为它太远、太小，人眼是看不见的。

从巡天观测的照片中估计小行星的数目有近 50 万颗。为什么在火星和木星轨道之间会有如此庞大的小行星群？关于这个问题有过很多猜测和假设。

当 1804 年第三颗小行星被发现后，一位德国科学家假设火星和木星之间原来存在一个大行星，后来不知什么原因爆炸了，已经发现的 3 颗小行星就是它爆炸后的 3 块大碎片。他预言一定还有许多小行星存在。进入 20 世纪后，"爆炸说"重又引起某些科学家的重视。

另一种假设是"碰撞说"。这种假设认为，在火星、木星之间的区域，原来存在着几十颗类似谷神星、智神星大小的"中介天体"，由于它们的轨道分布杂乱，在漫长的岁月中互相发生猛烈碰撞，碰撞碎裂形成了千万颗小行星，而最早发现的 4 颗小行星则是碰撞事故的幸免者。

近 20 年来，关于小行星起源的假设又有了新的发展。新的观点认为：小行星有与大行星一样的形成过程，是从同一块"原始星云"中脱胎而出的，只是大行星发展比较完全，小行星由于各种原因中途"流产"了，未能"发育"完全。小行星带与土星环在某种程度上是可以类比的。

这些假设从某些方面解释了小行星的起源，但又都存在很多问题。现在，越来越多的天文学家认为：小行星的起源是太阳系起源问题中不可分割的一环。这些小天体是太阳系中珍贵的"化石"，它们记载着行星形成初期的信息。

小行星在太阳系中已经运行了 40 多亿年，由于它们的质量很小，不像地球那样曾经发生过的沧海桑田的重大变质过程，因此保留了太阳系形成初期的原始状态，对于研究太阳系的起源有重大价值。通过对小行星轨道研究，也有助于测定一些天文基本数据和对太阳系演化的研究。未来还可能到某些小行星上发现新的矿藏，或者也可能作为飞往别的行星的中间站。

比较接近地球的小行星，对地球存在着潜在的危险，就像 1994 年彗星碰撞木星那样，地球也可能被小行星碰撞而发生巨大的灾难。因此密切关注接近地球的小行星而且采取有效的对策，从而保护地球的安全已成为科学研究的重大课题。现在全世界已经在联合行动，我国也已成为其中的重要成员。

小行星的研究对人类研究宇宙空间有着重要意义，随着科技的发展，小行星的诸多神秘面纱也会渐渐被揭开。

第四节　地球的起源与演化

地球起源之谜

许多科学家对地球的起源问题提出了种种假说。有的科学家认为，地球是从太阳"甩"出来的。有的科学家认为，地球是由于太阳内部爆炸而"抛"出来的。还有的科学家认为，地球是其他恒星偶然掠过太阳附近时，由于引力作用从太阳中"拉"出来的。

18 世纪 50 年代，著名的德国哲学家康德提出了一个"星云说"，来解释太阳系的起源。他认为，一切恒星都由弥漫在太空中的特种微粒凝聚而成的，太阳也不例外。这种云雾状的物质微粒叫"星云"。他设想，形成太阳系的特种微粒一开始分布在比当今太阳系大得多的空间范围内，最初是一片混浊。在万有引力的作用下，物质微粒互相吸引，引力大的微

地球

粒吸引周围引力小的微粒，逐渐形成了团块。比较大的团块成了引力中心体。中心体不断吸引四周的微粒和小团块，使自己逐渐变大，最后凝聚成太阳。在微粒被吸向中心体的过程中，微粒与微粒之间有时候相互碰撞，结果没有被吸附在中心体上，而是围绕着中心体旋转起来。这些微粒又各自形成小的引力中心，吸引周围的微粒，最后凝聚成行星。有一些没有落到行星上的微粒也经过同样的过程，凝聚成为卫星，围绕着行星转。这样便形成了有规律地运行的太阳系。

在康德之前，波兰天文学家哥白尼提出了"日心说"，指明地球是围绕太阳运行的，但是他没有解决地球起源的问题。康德的"星云说"似乎比较圆满地解释了太阳、地球和其他行星、卫星的形成和运行规律，虽然这些假说都有一定道理，但都不能完美地解释地球

起源和种种问题。因而,地球的起源究竟在哪里,还是一个待解的谜。

地球会去向何方

天圆地方,太阳绕着地球转的观念统治了几千年的人类文明史,直到500年前,哥白尼将这颠倒了的概念再颠倒过来,至此,我们才有了一幅太阳中心说的图景。过了近3个世纪,1718年,天文学家哈雷把人类的视野和认识又深入了一个层次。他在研究星空时,将天狼星、大角星、毕宿五等星的位置跟托勒密(希腊著名天文学家)星表相对照。使他颇为惊讶的是,原来这些恒星都在运动。这一发现打破了星体是"钉"在宇宙中的古老说法。

到了20世纪初,沙普利基本上完善了银河系的模型,这是人类在认识上的又一进步,尽管对银河系的探索始于18世纪的赫歇尔。同时,天文学家曾多次认证了恒星具有一个普遍的运动,并把这种运动与银河系的模型相结合,说明了太阳和其他恒星都围绕着银河中心运转。现在人们认为,银河系的跨度至少有10万光年,现拥有2000亿个太阳质量。到了20世纪60年代,天文学家告诉我们,银河系跟近旁的星系形成了一个大家庭,称本星系群,它积集了20个星系。与此相类似,在本星系群周围的天域,其他的星系也有这样集聚,一般称星系团。这种星系团在更大的尺度上形成超星系团。我们属于一个名叫室女超星系团的大天域。在这里约团聚了10万个星系。真是天外有天,天上有天,一层套一层。

在这样的宇宙结构中,地球又是怎样运动的呢?地球一方面以约30千米/秒的速度绕太阳而行,另一方面它与整个太阳系一起,以约250千米/秒的速度围着银河系中心运转,现在它正朝着天鹅座方向奔去,而银河系与本星系群一起以约600千米/秒的速度向长蛇座方向飞驰,室女超星系团和其临近的3个超星系团,都被某个未见到的巨大天体所牵动。但覆盖在所有各种天体运动之上的,是宇宙膨胀运动。如此纷繁复杂的天体运动图景,不禁使人感到宇宙是如此浩瀚,人类的智慧又是那么高超。

可是十分意外,这幅画面后来却被捅了一个大洞。在1986年,伯尔斯廷等7位科学家发现了一个所谓南向天体流。原来室女超星系团连同它近旁的3个超星系团,在以700千米/秒的高速向南飞去,就像有一只看不见的巨手,把它们猛拉过去。

这一发现对科学界来说是个不小的震动,它威胁到目前流行的大爆炸宇宙论。因为"南流"的一个最可能的解释是,在长蛇半人马超星系团之外,可能隐藏着一个巨大的物质积聚,这对宇宙学家来说,颇为意外,并很难解释。长期以来他们认为,宇宙在大尺度上是平滑的,物质分布是均匀的。后来又认识到,宇宙的结构要比原先想象的复杂得多,不仅星系结成星系团、超星系团,而在星系团之间镶以巨大的空穴,形成一种纤维状结构。而今又观测到能把几个超星系团拉着跑的巨大物质积聚,这使得宇宙物质成团性的尺度超出了现行理论的范围。

按大爆炸论,宇宙起源于 150 亿年之前的一个高温、高密度火球的爆发,然后一直膨胀至今。美国天文学家哈勃在 20 世纪 20 年代观察到所有的星系都在退行,为宇宙膨胀找到了第一观测证据。人们以 HO 表示宇宙膨胀速度。目前对 HO 值有两种估算。一种是 HO=50 千米/秒/百万秒差距,它的意思是,当观察者向深空望去,每深入百万秒差距(约 330 万光年),星系的退行速度就会因宇宙膨胀而加快 50 千米;另一种则为 100 千米/秒/百万秒差距。HO 值之所以难以确定,实在是星系运动太复杂了。

如果宇宙物质分布是完全均匀的,星系严格地遵守哈勃定律退行,那么 HO 值的测定也不难了。可是真实宇宙并非十分均匀,故星系也不能够严格地服从哈勃定律。绝大部分星系都属于星系团,而后者又属于超星系团,且形成纤维状结构或"哈勃泡",延展 10 亿光年左右。物质分布的这种非均匀性,使得宇宙动力学复杂化了。对于宇宙膨胀来说,星系间的引力作用,起到了一种刹车的作用。故观测局部天域,看不出纯"哈勃流",只是得到一个减速的膨胀率。若我们在更大范围上来看,譬如越出本星系群,立刻可见到宇宙膨胀的效应,但这还是打了折扣的,因为近旁还有无数星系,免不了受到自身引力网的纠缠,一旦跨出室女超星系团的范围,即在超星系团际的水平上,就能看到"哈勃流",也即纯宇宙膨胀速度。而南向天体流也就是在这里露面的。

十几年前,一批专家分析了室女超星系团之外的 96 个星系的数据,似乎有一个南向天体流,其速度在 500 千米/秒左右。这令人吃惊的倒不是其速度,而是其方向。这表明,这些超星系团受到其他力的影响,从而形成了叠加在宇宙膨胀之上的一种运动。不过当时科学界对这些发现反应冷淡,把它看做是一种取样偏差所造成的后果。

可是如今据"南流"的数据来看,它丝毫无误。科学家伯尔斯汀等人研究了约 400 个椭圆星系,并观测到室女超星系团及其附近的超星系团都向南漂流,其速度在 700 千米/秒左右。

一些理论家认为,这一南流的起源可能来自一个宇宙性的物质结聚的引力,果真如此,则眼下寻找它的庐山真面目还较困难,因为这一南流矢量处在银河平面之后,可见光被其所阻,当然,用其他的电磁辐射探测手段还是可行的。

还有一种看法是,我们的室女超星系团及其邻居皆从属于某个特超星系团,而后者又是一个还要大的特大超星系团的一部分,也就是说,天外还有天,而这个天,我们迄今尚不知悉。科学家曲莱隆打算记录南流矢量附近的 1400 个星系的红移值,以查明那里是否存在着一个超密的星系结聚,以及它们是否显出速度异常。如果确是如此,那将说明确有特超星系团这样更大的宇宙结构。

也有较少的研究者提出相反的看法:南流并不威胁膨胀宇宙的理论,"哈勃流"仍是宇宙的主宰,因为这种南流的速度不会超过宇宙膨胀率的 15%。但他们承认,这的确使得现行的宇宙演化理论复杂化了,很明显,宇宙在大尺度上是均匀的。这个证据主要来自宇宙微波背景辐射,因它具有 99.8% 的各向同性。按理论,这一辐射是宇宙原始大爆炸的余晖,若宇宙在大尺度上是不均匀的,那么势必在这一辐射的不同角度上显出差异。但同样明显的是,宇宙的不均匀性,要比过去理论家所推测的大得多。这一势态,使科学家处在宇宙的均匀性与成团性的两种观点之间。

也许人们一直考虑的暗物质能伸出解围之手,它们可能是一些大量的、奇怪的亚原子粒子,也可能是宇宙绳,它早已把原始物质吸积成特超星系的凝乳,或者是以超对称弦构成的影子宇宙,正牵着我们向它奔去。

所有这些都是可能的,有待于进一步的探索,我们可能正处在一个大突破的前夜,有幸看到科学界找出的答案。

地球是太阳系的幸运儿

如果给我们一个原始的地球,那么所有现在的生命都几乎无法生存。可以说,是一代一代的生命支撑起今天的蓝天白云。在地球 40 多亿年的生命进程中,无数存在过的生命的尸体构成了我们立足的基石。

这么说并不过分,因为在我们脚下的土地中,含有大量的碳酸钙,著名的喀斯特地貌就是最典型的碳酸钙地貌,它们能够被雨水侵蚀出诸如桂林山水那样的美丽风景。其中,碳酸钙就是生命的尸体,否则它们就是二氧化碳。因为在自然界中,二氧化碳是不能被无机物吸收的。假如地球上没有生命,地球就是一颗充满二氧化碳的星球;或者说,地球上曾经有过的二氧化碳是今天的 20 万倍。

这就意味着,地球早期的气温比现在高 100℃ 还要多。在太阳系里,最有可能拥有生命的,除了地球就应该是金星了。因为它的大小和地球几乎完全一样,也就是说,它的引力和地球一样。前面我们说到的水的存在条件,金星上也应该都具备。也许,金星就是一个备用的地球,这在宇宙中大概是不多见的。也许就是因为同时有地球和金星这两颗几乎完全相同的星球,最终在太阳系出现了生命。

当然,最终的幸运属于我们。但是,如果生命选择了金星,那也无可厚非,而这只取决于太阳的状态。假如我们的太阳比现在要小一些,那很有可能幸运的就是金星,而不是地球。

所谓太阳的状态,就是指它的温度和质量。现在太阳的温度对于金星显然是太热了一些,而对于地球就非常合适。然而,太阳只要温度变化一点点,大约 20℃ 左右,它就会变得对金星合适而对地球不合适了。所谓质量变化,就是太阳的质量的大小,只要太阳比现在小 1/10,那么今天就可能是金星上的生命研究地球了。

地球和金星在温度上的差异可能就是一场雨,因为早期地球的表面温度也不低,但是那些在厚厚的大气中游荡的水分子还是得到了机会能够落到地表上。尽管 40 多亿年前的地球上雨水几乎像热水浴一样,但毕竟是能够落下来了。而且,由于当时地球上的二氧化碳非常浓,地球的大气压也远比今天高得多,所以水要达到 150℃ 上才会沸腾。

总之，早期的地球到处都是"火锅"，而早期的生命和有机物就在地球是太阳系的幸运儿这种境况中开拓混沌。这是一些多么坚强的生命啊！生命的立足太重要了。一旦生命开始在早期地球的火烫的地面上挣扎，地球的命运就要由它们说了才算。

这些生命的最大特点就是"吃"二氧化碳，这是它们唯一的食物，而阳光就是使它们能够消化二氧化碳的酵母。在光子的光合作用下，二氧化碳被分解成早期生命需要的碳和不需要的氧。

正是这一简单的分离，40多亿年之后，宇宙中的智慧生命就诞生了。早期生命不断吞噬二氧化碳，这丰富的资源使地球的早期生命繁衍得很快。从今天的地貌来看，喀斯特地形非常普遍，也就是说，早期的二氧化碳几乎把如今的地球上装修了一层地板。我们就站在这层二氧化碳的地板上眺望蓝天白云。

也许就是第一场雨没有落到金星上，这场至关重要的雨可能落到离其球面还有几十米的时候就蒸发了。就差这么一点点，金星的生命连挣扎的机会也没有了。因为再坚韧的生命也总是需要一个起码的条件：水。哪怕这水是加了"火锅"里的各种辛辣作料的水。

地球之水哪里来

在太阳系里，地球是颗得天独厚的天体，它离太阳不近也不远，温度不太高也不太低，有稠密的大气层和丰富的水资源。据计算，地球上的水的总量达到145亿亿吨。它广布于地球的各个角落。江河湖海是它们的故乡，地下、大气、岩石和矿物中有它们的踪影，甚至在所有生物体中，水几乎占有其组成物质的2/3。

水使地球生机盎然，水使地球生命能繁衍生息，水带来了人类文明世界进步。当人们放眼宇宙时，才发现地球与其他行星比较起来，是那么特殊，地球是唯一拥有液态水的行星。那么地球之水是从哪里来的呢？

很多人这么认为，地球之水与生俱来。

太阳系形成假说——星云说认为，地球和太阳系的各大行星，均起源于一个原始星云——太阳星云。太阳星云起先是非常疏散的。在万有引力的作用下，大的物质吸引小的物质，最后在中间形成了太阳，周围形成行星。在行星演化的漫长过程中，由于受到中心天体——太阳热力和引力的影响，气物质、冰物质和土物质的分配是不均匀的。它因距太阳远近不同而不同。地球离太阳较近，所以它主要由土物质组成，也有少量的冰物质和气物质参与。其中参与组成的冰物质就成了地球上水的来源。

科学家认为，地球之水除与生俱来的外，还通过自身的演化而不断地释放。例如在火山活动区和火山喷发时，都有大量的气体喷出，其中水蒸气占75%以上。还有，地下深处的岩浆中也含有水分，而且深度越大，含水越多。除此以外，和地球同宗同祖的陨石里面也含有0.5%～5%的细微水分。由此可以证明，在由土物质组成的地球中参与了一定数量的水。

　　然而，随着人们对火山研究的深入，有人发现，火山活动时释放的水，并不是新生的水，而是渗入地下的雨水。科学家是通过测定这些水的同位素以后才认识到这一点的。因此这种有根有据的说法无疑对"地球之水与生俱来"的假说是一种挑战。

　　为了寻求地球之水的渊源，有人把眼光投向了宇宙。他们说，地球之水的主要来源是在地球形成之后，从宇宙中添加进来的。

　　1961年，有一位叫托维利的科学家提出了一个令人耳目一新的假说。他说，地球上的水是太阳风的杰作。

　　太阳风顾名思义就是由太阳刮起的风。当然这种风不是流动的空气，而是一种微粒流或叫做带电质子流。太阳风的平均速度达450千米秒，比地球上的风速高万倍以上呢！当太阳风向近地空间吹来时，绝大部分带电粒子流被地磁层阻挡在外，少量闯进来的高能粒子马上被地球磁场捕获，并囚禁在高空的特定区域内。

　　托维利认为，太阳风为地球做出了有益的贡献，那就是为地球送来了水。这话该怎样理解呢？

　　托维利经过计算指出，从地球形成到今天，地球已从太阳风中吸收的氢总量和地球上的氧结合产生的水与现在地球上水体的总量十分接近。更重要的是，地球水中的氢和氧含量之比为6700∶1，这与太阳表面的氢氧比也十分接近。因此，他认为地球之水是太阳风的杰作。

　　但是，反对这种意见的人提出了质疑：水虽有可能来自太空，却也在不断地向太空散溢。这是因为大气中的水蒸气分子会在阳光的紫外线作用下发生分解，变成氢原子和氧原子。

　　氢原子由于很轻，极容易摆脱地球的束缚，飞向星际空间。据计算，它的逃逸数量与进入地球的数量大致相等。因此，他们认为，如果地球之水光靠太空供给，而自身没有来源的话，地球不可能维持现有的水量。

　　地球上每天都在接纳天外来客——陨石。这些来自太空的不速之客大部分是石陨石和铁陨石，但也有一些是冰陨石。加入地球"家庭"的冰陨石究竟有多少？它们对地球之水的贡献如何？人们从未注意过，也许认为它们的数量微乎其微，无足轻重。

　　不久前，美国依阿华大学的科学家弗兰克提出一个论点。

　　原来，弗兰克在研究人造卫星发回的图像时，对1981～1986年以来的数千张地球大气紫外辐射图产生了兴趣。他发现，在圆盘形的地球图像上总有一些小黑斑。每个小黑斑大约存在2～3分钟。这些小黑斑是什么？经过多次分析，在否定了其他一些可能之后，他认为这些黑斑是由一些看不见的由冰块组成的小彗星，撞入地球外层大气后破裂、融化成水蒸气造成的。

　　他还估计，每分钟大约有20颗平均直径为10米的这种冰球坠入地球。若每颗可融化成 100 吨水,则每年即可使地球增加 10 亿吨水。地球形成至今已有 46 亿年历史,这么算来,地球总共可以从这种冰球上获得 460 亿亿吨水,是现在地球水体总量的 3 倍以上。即使扣除了地球历年散失掉的水分,和在各种地质作用中为矿物和岩石所吸收以及参与生物体组成的水之外,仍然绰绰有余。

地球之水来自天外冰球的说法,虽然有一定道理,但也受到了挑战。一些研究者在对"旅行者 2 号"航天器拍摄的大量照片研究之后,否定了大量冰球飞入地球的看法。因此,地球之水从哪里来还没有定论。

地球的形状和大小

中国古代对天地的认识有所谓浑天说。东汉张衡在《浑天仪图注》里写道:"天体圆如弹丸,地如鸡中黄……天之包地犹壳之裹黄。"地球是圆的这个概念在远古就已模糊地存了。723 年唐玄宗派一行和南宫说等人,在今河南省选定同一条子午线上的 13 个地点,测量夏至的日影长度和北极的高度,得到子午线一度之长为 351 里 80 步(唐代的度和长度单位)。折合现代的尺度就是纬度一度长 132.3 千米,相当于地球半径为 7600 千米,比现代的数值约大 20%。这是地球尺度最早的估计(埃及人的测量更早一些,但观测点不在同一子午线上,而且长度单位核算标准不详,精度无从估计)。

地球的形状

精确的地形测量只是到了牛顿发现万有引力定律之后才有可能,而地球形状的概念也逐渐明确。地球并非是很规则的正球体。它的表面可以用一个扁率不大的旋转椭球面来极好地逼近。扁率 e 为椭球长短轴之差与长轴之比,是表示地球形状的一个重要参量。经过多年的几何测量、天文测量以至人造地球卫星测量,它的数值已经达到很高的精度。这个椭球面不是真正的地球表面,而是对地面的一个更好的科学概括,用来作为全球各地大地测量的共同标准,所以也叫做参考椭球面。按照这个参考椭球面,子午圈上一平均度是 111.1 千米,赤道上一平均度是 111.3 千米。在参考椭球面上重力势能是相等的,所以在它上面各点的重力加速度是可以计算的,公式如下:g0 = 9.780318(1 + 0.0053024sin2j − 0.0000059sin2j)米/秒,公式中 g0 是海拔为零时的重力加速度,j 是地理纬度。知道了地球形状、重力加速度和万有引力常数 G = 6.67010 − 11N・M^2/KG^2,可以计算出地球的质量 M 为 5.975 ×1024kg。

地球的年龄

1862 年,英国著名物理学家汤姆森,根据地球形成时是一个炽热火球的设想,并考虑了热带岩石中的传导和地面散热的快慢,认为如果地球上没有其他热的来源,那么,地球从早期炽热状态冷却到现在这样,至少不会少于 2000 万年,最多不会多于 4 亿年。

汤姆森的推论引起了各种争论,莫衷一是。直到 20 世纪科学家发现了测定地球年龄的最佳方法——同位素地质测定法。科学家运用这种方法测定出岩石中某种现存放射性元素的含量,以及测出经蜕变分裂出来的元素的含量,再根据相应元素放射性蜕变关系,就可以计算出岩石的年龄。

迄今,科学家找到的最古老的岩石,它有 38 亿岁。然而,也有人认为,38 亿岁的岩石是地球冷却下来形成坚硬地壳后保存下来的,它并不等于地壳的年龄。那么地球的年龄又是多大呢?

20 世纪 60 年代以后,人们在广泛测量和分析那些以流星形式坠落地球的陨石年龄以后,发现大多数陨石在 44～46 亿年。60 年代末,美国阿波罗探月飞行,测取月球表面岩石的年龄也在 44～46 亿年。因此,在我们今天的教科书上,或一些科普读物上,都将地球的年龄定为 46 亿岁。然而,对于地球 46 亿岁的结论还有许多争论。有人提出疑问,认为这个数据是基于地球、月球和陨石是由同一星云、同一时间演变而来的前提下,而这一前提还是一个有争议的假设。

另外,认为放射性元素的蜕变率是不随时间、环境等条件的变化而变化的假设也未必正确。也有人主张地球可能有更大的年龄值。如我国地质学家李四光,认为地球大概在 60 亿年前开始形成,至 45 亿年前才成为一个地质实体。前苏联学者施密特根据他的"浮获说",从尘埃、陨石积成为地球的角度进行计算,结果获得 76 亿年的年龄值。然而,众多的结论都是依靠间接证据推测出的。人们至今也未在地球上找到它本身的超过 40 亿年以上的岩石,因此,46 亿年这个数字,只是进一步研究的起点。

地球经历过的七灾八难

中美洲印第安人中霍皮斯部落是个古老部落,他们对自己部落的流浪史及宇宙的复杂情况,有着惊人的了解。他们的编年史里,记载着地球的三次特大灾难:第一次是火山爆发;第二次是地震以及地球脱离轴心后疯狂地旋转;第三次就是 12000 年前的特大洪水。令人疑惑不解的是,这些传说竟与科学家的某些推测乃至后来发生的事实相吻合。

如休·奥金克洛和布朗提出一种假设,认为假如地球两极中有一极的冰覆盖重量突然变大,地球的旋转就会发生颤动,最后便离开轴心狂乱地转动。这与霍皮斯部落的地球脱离轴心的传说不谋而合。可是霍皮斯部落何来这种对太阳系的非凡知识呢?

至于霍皮斯部落的关于 12000 年前特大洪水的记载,也与事实相吻合。而且,类似的传说也很多,如《圣经》中幸运的诺亚方舟;在印度史诗《玛哈帕腊达》中逃脱洪水灭顶之灾的佩斯巴斯巴达;中国大禹治水的故事;哥伦比亚神话中的在地球上挖洞才免遭被淹死的浓希加等等。

事实上在 12000 年前,的确发生了一场世界性的特大洪水。那是由于原因不明的气候突变,第三冰期的冰川突然开始融化,使得全球水位上升,淹没了大西洋、地中海、加勒比海与其他地区的陆地和岛屿,形成了海峡。后来,加上海底火山爆发,使部分陆地下沉,因而形成了世界性的特大洪水。关于这次洪水,许多岩石给我们提供了有力的佐证。几年前,前苏联科学家在亚速尔群岛北部海水下 2200 米深处取出的岩石试样,经鉴定是 17000 年之前在空气中形成的。19 世纪,人们在亚速尔群岛的一次海底疏浚工程中,从水下捞出的一些玄武玻璃块,这是一种在大气压力下的空气中形成的玻璃化熔岩。1956 年,斯德哥尔摩国家博物馆的马莱斯博士认为 12000 年前,这里曾经是一个淡水湖的所在地。科学家们还证实,巴哈马群岛被淹部分的岩石,在 12000 年前,曾经在空气中存在过。当然,凭以上的证据来证实霍皮斯部落的传说完全属实,尚显不足。假若那部分是事实,那么如此落后的一个部落何以能有这样的知识? 这的确是一个谜。

是谁给了地球转动的力量

众所周知,地球在一个椭圆形轨道上围绕太阳公转,同时又绕地轴自转。因为这种不停的公转和自转,地球上才有了季节变化和昼夜交替。然而,是什么力量驱使地球这样永不停息地运动呢? 地球运动的过去、现在、将来又是怎样的呢?

人们最容易产生的错觉是认为地球的运动是一种标准的匀速运动,否则,一日的长短就会改变。伟大的牛顿就是这样认为的。他将整个宇宙天体的运动,看成是上好发条的机械,准确无误,完善无缺。

其实,地球的运动是在变化着,而且极不稳定。根据"古生物钟"的研究发现,地球自转速度在逐年变慢。如在 4.4 亿年的晚奥陶纪,地球公转一周要 412 天;到 4.2 亿年前的中志留纪,每年只有 400 天;3.7 亿年前的中泥盆纪,一年为 398 天。

到了亿年前的晚石炭纪,每年约为 385 天;6500 万年前的白垩纪,每年约为 376 天;而现在一年只有 365.25 天。据天体物理学的计算,证明了地球自转速度正在变慢。科学家将此现象解释为是由于月球和太阳对地球的潮汐作用引起的。

石英钟的发明,使人们能更准确地测量和记录时间。通过石英钟记时观测日地的相对运动,发现在一年内地球自转存在着时快时慢的周期性变化:春季自转变慢,秋季加快。

科学家经过长期观测认为,引起这种周期性变化的原因是与地球上的大气和冰的季节性变化有关。此外,地球内部物质的运动,如重元素下沉,向地心集中,轻元素上浮、岩浆喷发等,都会影响地球的自转速度。

除了地球的自转外,地球的公转也不是匀速运动。这是因为地球公转的轨道是一椭圆,最远点与最近点相差约 500 万千米。当地球从远日点向近日点运动时,离太阳越近,受太阳引力的作用越强,速度越快。由近日点到远日点时则相反,运行速度减慢。

还有,地球自转轴与公转轨道并不垂直;地轴也并不稳定,而是像一个陀螺在地球轨道面上作圆锥形的旋转。地轴的两端并非始终如一地指向天空中的某一个方向,如北极点,而是围绕着这个点不规则地画着圆圈。地轴指向的这种不规则,是地球的运动所造成的。

科学家还发现,地球运动时,地轴向天空划的圆圈并不规整。就是说地轴在天空上的轨迹根本就不是在圆周上的移动,而是在圆周以外作周期性的摆动,摆幅为 9″。

由此可以看出,地球的公转和自转是许多复杂运动的组合,而不是简单的线速或角速运动。地球就像一个年老体弱的病人,一边时快时慢、摇摇摆摆地绕日运动着,一边又颤颤巍巍地自己旋转着。

地球还随太阳系一道围绕银河系运动,并随着银河系在宇宙中飞驰。地球在宇宙中运动不息,这种奔波可能自它形成时起便开始了。

就现在地球在太阳系中的运动而言,其加速或减速都离不开太阳、月亮及太阳系其他行星的引力。人们一定会问,地球最初是如何运动起来的呢? 未来将如何运动下去,其自转速度会一直变慢吗?

也许,人们还会问,地球运动需要消耗能量吗? 若是这样,地球消耗的能量又是从何而来? 它若不需消耗能量,最初又是什么使它开始运动的呢? 存在着所为第一推动力吗?

地球磁极会倒转吗

人们都知道,地球是个大磁场。然而,地球的磁场并非亘古未有,它的南北磁极曾经对换过位置,这就是所谓的"磁极倒转"。近日,《自然》杂志刊登了关于磁极倒转周期的文章,再次引起了人们对这一话题的关注,"磁极倒转"是灾难逼近,还是杞人忧"地"?

对于地球完成倒转过程需要多长时间,科学家的研究一直处于猜测状态,估计的时间范围从几千年到 28 万年不等。而美国佛罗里达国际大学地球物理学家布拉德福·克莱门特领导的研究小组通过对最近 4 次磁极逆转的沉积记录所做的研究发现,改变地磁方向所需平均时间约为 7000 年。不过地球磁极的转换速度在不同的区域存在差别:在接近赤道的区域只需要 2000 年;而在接近南北极的区域需要 1.1 万年。这一研究成果发表在最新一期的《自然》杂志上。

对于地球磁场变化和倒转的原因,科学界提出了不少理论或模型,不过,大多数科学家相信,地球磁场是地球内部液态铁质流围绕着地核中心倒转产生的。当地球内部的液态铁流发生某种变化时,就可能导致其流动方向发生 180 度倒转,从而使地球磁场发生不久前,法国巴黎地理学会的科学家高斯尔·胡洛特通过观测发现,在靠近地球两极的地方,磁场正在减弱,这是地球南北两极将出现磁极大倒转的危险信号!

地球磁场倒转是一种很少发生的现象,一旦发生,将对人类产生灾难性的影响,最大的灾难莫过于强烈的太阳辐射。平时,这些宇宙射线在太空中就被地球磁场吞没了,然而地球两极倒转过程中一旦地球磁场消失,太阳粒子风暴将会猛击地球大气层,对地球气候和人类命运产生致命的影响。地球将整个暴露在各种强烈的宇宙射线下,全球的气候将发生重大改变;所有位于地球近地轨道上的导航和通信卫星都将被损坏;此外,地球上所有靠地球磁场导航的生物,如燕子、羚羊、鲸鱼、鸽子和趋磁性细菌等,都会迷失方向。

不过,有科学家指出,磁场的变化通常需要漫长的时间,我们现在只知道地磁正在减弱,至于地磁到底会不会倒转,要持续多长时间,能造成什么影响,都还是讨论中的事。

地球大气层究竟多高

在太阳系中,我们的地球是一个得天独厚的星体。地球上不仅有水,还有一层厚厚的大气。大气层就像是地球的保护衣,它使我们的地球有一个不低也不高的温度,它能挡住来自宇宙空间的高能射线和陨石的袭击,它还提供生物生存所需的氧气。没有大气层,声音就不能传播;没有大气层,就没有蓝色的天空、灿烂的朝霞,也不会有风、云、雨、雷、闪电、雪等气象变化。可以说,正是大气层造就了我们这个欣欣向荣的生物世界。

地球大气层的产生已经有几十亿年的历史。现在地球大气主要是由氮、氧、氩等多种气体组成的,它随高度的增加而趋于稀薄。人们根据大气中温度随高度垂直分布的特征,将大气层划分为对流层、平流层、中间层、热层和外大气层。

那么,地球的大气层究竟有多高呢?这是一个长期困扰着人们的难题。1644年,科学家通过水银柱实验,证明了大气是有重量的。由于大气具有有限的重量,所以必然存在有限的高度。假设大气层的各个高度上空气密度处处相等的话,那么,不难算出大气层的厚度大约是8千米。到了1662年,科学家波义耳通过实验得知,气体受到压力时体积会收缩,所以在大气层的垂直方向上,海平面上大气最稠密,越向上越稀薄。通过计算表明,在温度不变的情况下,高度每增加19千米,空气压强就减少为原来的十分之一。这样,人们开始意识到大气层的厚度绝对不止8千米了。而如果再考虑到气温的变化,那么大气层的上界在何处这个问题,就变得更加难以捉摸了。

人们为了探索大气层厚度问题,作了不懈的努力。从18世纪开始,科学家们开始用风筝或气球在高空收集大气样品。到1931年,密封的气球已能升到17.5千米的高度。1938年"探险者"2号气球升到21千米的高度。在这些高度上,都获得了稀薄的空气样品。20世纪40年代,火箭技术获得了发展。在第二次世界大战结束以后,缴获的纳粹火箭被用于高空的科学探测,探测到大气上界的限度已超过 500 千米。这时科学家们发现,陨星的光迹大约出现在 160 千米高空,那里的大气压只有地面的百万分之一,密度仅为地表大气的十亿分之一,但这些稀薄的大气足以因摩擦而燃尽一个巨大的流星体。随着空间技术的发展,人们发现极光大约出现在 800～1200 千米上空,在这里,空气分子已呈离子状态,在磁场作用下发生了奇异的光彩。因此有的科学家把 1200 千米作为大气的物理上界。大气在这一高度逐渐消融到星际物质中去了。但假如我们一定要从大气的密度着眼,进一步深究大气究竟在什么高度才彻底消失、过渡到"宇宙真空"的话,就会发现大气层厚度远远不止 1200 千米。目前人造卫星提供的关于大气密度的观测资料表明:即使在 1600 千米以上的高空,空气密度仍有海平面的千万亿分之一,这个数值却相当于宇宙空间星际物质密度的 10 亿倍。可见,大气层的外围可以延伸到更高的高度。

目前,天体物理学的研究成果表明,星际物质中的惰性气体密度为每立方厘米 1 个,电子浓度为每立方厘米 100～1000 个,根据这个极限密度和卫星提供的资料推算,人们可以得出结论:大气层的上界大约在 2000～3000 千米的高处。还有一些科学家在不断地提出新的观点。如比利时科学家尼科莱发现,在 320～1000 千米的高度范围内存在一个氦层,在氦层以外,还有一层更稀薄的氢层,它可能延伸到 64000 千米左右的高空。

地球的大气层厚度因为科学家们根据不同的物理现象或不同的研究目的而有不同的说法。可以肯定的是,大气与宇宙之间并不存在一条截然分明的界线。因此,要精确划定大气层上界的高度,可能始终是科学研究上的一个难题。

热层高温为何不热

我们居住的地球周围有一层厚厚的大气层,这层大气层又可以分成好几层。距地面 85 至 800 千米的空间被称为热层。在热层里,随着距离地球高度的增加,气温骤升。在 150 千米的高空,每升高 100 米,气温升高 2℃。因此,在 200 千米处,气温已高达 1000℃;到 700 千米的高空,气温竟高达 3000℃!远远超过了炼钢的温度。在大气层中的热层内,空气非常稀薄,空气质量仅占大气总质量的万分之五,大气密度和热容量都很小,在热层内气温升高 1℃ 所需的热量,还不到海平面上气温升高 1℃ 所需热量的亿分之一。因此,即使太阳辐射很少的一部分热能,也足够使热层的大气温度升高很多了。但是,热层的高温,并不能熔化钢铁,因为那里的空气分子极少,如果把钢铁放在这个高温层中,具有高温的空气分子是很少有机会同钢铁接触的。就连高速运转的卫星,在每平方厘米的面积上,每秒至多只能获得十万分之一的热量。如果按照这个加热速度来计算,1 克水温度升高 1℃,竟需要 28 个小时。据卫星观测的资料表明,650 千米的高空,虽然气温已超过 2000℃,但受到太阳直射的卫星表面温度只有 33℃;而当运动到地球的阴影区时,卫星表面温度却迅速下降到 −86℃。可见,这里的温度虽然很高,但却不热,当然就更谈不上在这里炼钢了。对于热层高温反而不热这一奇特现象,科学家们正在寻找确凿的依据来加以解释。

大陆为什么会移动

1910 年的一天,气象学家魏格纳正在养病期间,当他聚精会神地注视着一幅世界地图时,意外地发现:大西洋西岸、南美洲巴西东北角凸进来的地方,恰好能镶嵌进在大西洋东岸、非洲几内亚湾凹进去的地方。也就是说如果把欧洲和非洲大陆的西海岸与南北美洲大陆东海岸拼在一起,便能拼成一个大致吻合整体。魏格纳觉得这不是偶然的巧合。

于是,他经过两年的研究,提出一个观点:在很久以前,世界上现在的美洲、非洲、欧洲、亚洲、澳洲和南极地区,都是连在一起的,后来这块大陆慢慢分裂开,逐渐成了现在这样子。

在魏格纳之后,许多科学家又发现了许多证据证明魏格纳观点是正确的。现在的非洲与南美洲,远隔大西洋 3000 多公里,但是都曾有过一种早已灭绝了的叫"中龙"的爬行动物。人们在南美洲巴西和非洲南部的同时代地层中,都发现了早已绝灭了的叫"中龙"的爬行动物化石,而且还一模一样。而这种"中龙"只适于在淡水湖沼泽地带生存,根本没有远涉重洋的本领。现在,已有许多科学家相信魏格纳的观点。

有趣的是,有的科学家还绘制了 840 万年之后的世界海陆分布图。在这幅地图上,意大利、希腊、埃及、以色列、沙特阿拉伯等国将从大陆上消失,而在澳大利亚北部将诞生一个新的大陆,澳大利亚、新西兰、新几内亚、日本却有可能连成一体。这到底会不会成为真的,只能等待 840 万年之后由我们的子孙后代来验证了。

尽管魏格纳的观点已被许多人接受,但它还只能算是科学假说,因为还有一个关键问题没有解决:重达 1000 亿亿吨的 6 块大陆,究竟是如何漂移的,是什么力量驱使它们漂移? 这个关键性的问题至今还是一个待解之谜。

南极洲与北冰洋为何如此相似

在地质科学领域中,有许多发现与对地图的辨读有关。其中最典型的例子莫过于魏格纳由于看到非洲西海岸和南美东海岸的相似而创立的大陆漂移学说了。我国著名地质学家李四光,也是在阅读地图时注意到了以乌拉尔为脊柱的巨大欧亚山字型构造,而开始地质力学研究的。现在,当我们仔细审视北冰洋与南极大陆的地形特征时,将会发现另一个饶有兴趣的自然之谜。

众所周知,北冰洋与南极大陆分别位于地球的两端,一个是海洋,一个是大陆。看上去它们好像是毫不相干的。但当我们对它们进行仔细的对比以后,将会发现它们之间竟然有着非常微妙的联系。首先,北冰洋和南极洲有着非常相似的面积和形态。南极洲的面积是 1400 万平方公里,北冰洋则为 1410 万平方公里。倘若将现今的两个极点重叠在一起,并把其中一个旋转 75° 以后,便可以看到,两者的形态轮廓也大致吻合,偌大的南极洲正好嵌在北冰洋中,而且南极半岛的尾部,正好落在北冰洋的挪威海与格陵兰海之间。其次,更有趣的是,北冰洋与南极洲的海拔标高也有一定联系,北冰洋有深 4000 多米的海盆,而南极洲也恰好有高达 3794 米的山峦与之对应。所有这一切都似乎表明:南极洲就像是从北冰洋里挖出来的一般。这有趣的现象是一种偶然的巧合吗?不!许多人认为,这绝

南极洲

不是巧合,而很可能隐藏着一种与地球的运动和演化有关的内在因果关系。但究竟是什么样的因果关系,却至今没有人说出个所以然来。难道南极洲真的是从北冰洋里挖出来的吗? 愿有志于解谜的读者来研究这个问题。

地球的心脏

很久以前,研究地球的科学家就推测地球表面的各种大型构造活动与地球内部物质的运动有密切关系。地球上发生火山喷发、构造地震、造山运动、板块位移这些意义重大及影响深远的地壳活动的根子在地球心脏。可是,对地球心脏的探索却是一件极为困难的事情,到目前为止,人们对地球的认识仅限于肤浅的表皮。在陆地上钻探地层的最强劲钻机现在只能钻入地下 10 公里多一点,而海洋的钻探最深只有 9000 多米,这个深度只有地壳厚度的 1/3。因而,地球的心脏对于人们仍是一个谜。

不久前,美国哈佛大学的地球科学家们在向地球心脏进军的征途上迈出了新的步伐,他们利用地震波遥感的方法绘制出了一幅地球地幔的大地图,从而铺开了一条通往地球心脏的路。

通过分析这张地图,人们对地球内部的层状结构有了新的认识。原来,地球内部是由一个多层次构造组成。第一层就是结晶岩石圈,即通常说的地壳。地壳之下直 2900 公里是所谓的地幔,这是一些温度很高的熔融物质。地幔的里边是镍铁等重金属组成的地核。对地壳活动影响最深的是地幔。它像一个大热机,翻腾着,推动着表面的地壳发生运动。地壳上许多大型运动的驱动力量就来自地幔。美国西部的洛杉矶是地球上地震频繁的地区,现在证明了,正是地壳下面的地幔轻推着这个地区的圣安德烈斯大断层,从而闹得洛杉矶不得安宁。

在地图上,人们发现许多大陆是有"深根"的,这些根子延伸到地下 480 多公里。例如,南美洲和非洲,最早曾经是连为一体的大陆,以后发生沧桑巨变,板块漂移,现在已经互相分离。可是,在地幔深处,却依然连成为一体,美国和非洲的"根"在地下 480 公里可

以找到。而亚洲和非洲裂开的"根"却比地面表现得深些,在红海和亚丁湾下有巨大的裂谷。

通过这种类似于 X 光透视的方法绘制的图像,人们看到地球表面的许多"热点",在地球深处可以找到源泉。像经常发生火山喷发的冰岛和夏威夷,都有"热根"通入地下,这些火山就好像一个地下岩浆的出口,一旦热点显示强烈的活力,地面就会喷发灼热的熔岩。由于这张地球构造的三维地图很有意义,世界上已有 50 个地球研究组织联合起来,将布设更密集的探测站,以取得更丰富的资料,使地球构造图绘制得更加详细。

地球上有没有无底洞

按说地球是圆的,由地壳、地幔和地核三层组成,不应该存在真正的无底洞,而实际上地球上确实有这样一个无底洞。它位于希腊亚各斯古城的海滨。由于与大海相邻,在涨潮时,海水便会气势凶猛地涌入洞口,形成一股湍湍的急流。据测,每天流入洞内的海水量达 30000 多吨。奇怪的是,如此大量的海水灌入洞中,却从没有把洞灌满。

有人猜测这个无底洞的地形可能像石灰岩地带的漏斗、竖井、落水洞一样。从 20 世纪 30 年代以来,人们就作了多种努力企图寻找它的出口,最终却一无所获。为了揭开这个秘密,1958 年美国地理学会派出一支考察队去考察,他们把一种经久不变的带色染料溶解在海水中,观察染料是如何随着海水一起沉下去的。接着又察看了附近海面以及岛上的各条河、湖,他们满怀信心地去寻找这种带颜色的水,结果令人失望。难道是海水量太大而把有色水稀释得太淡的原因吗?几年后他们又进行了新的试验,他们做了一种浅玫瑰色的塑料小颗粒。这是一种比水略轻,能浮在水中,又不会被水溶解的塑料颗粒。他们把 130 公斤重的肩负重任的这种小颗粒,统统投入到海水里。刹那间,所有的小塑料粒子就像一个整体,全部被无底洞淹没。那么,这么多的海水流进无底洞,最后究竟流到什么地方去了呢?这个无底洞的洞口究竟在什么地方呢?一直到现在,它还是一个谜!

大西洲存在之谜

我们现代人都知道,当今世界有五个大洲,可是或许有人想过:难道地球上除了这五大洲,就没有第六大洲了吗?

事实上,在许多人的心目中,地球上确实存在过第六个大洲,它的名字就叫做大西洲。

最早记载有关大西洲传说的人当推古希腊大哲学家柏拉图。公元前 350 年,柏拉图在两篇著名的对话《泰密阿斯》和《克利斯提阿》中详细记述了亚特兰蒂斯的故事。传说在 12000 年以前,离直布罗陀海峡不远,在美洲、欧洲和非洲之间浩瀚的大西洋中曾存在过一个神秘的大陆,名叫亚特兰蒂斯大陆,或曰大西洲。其面积有 2000 多万平方千米,

"比亚洲和利比亚合起来还大"。这个岛国气候温和,物产丰富,森林茂密,土地富饶,经济繁荣,科学发达,建筑宏伟,国富民强,威震天下。可是好景不长,有一天,在一次特大地震和洪水中,整个大西洲沉没海底,消失于滚滚波涛之中,踪影全无。

于是,大西洲存在何时,为何消失,位于何处等一系列问题便成了人们颇为关心的事情。学者专家们进行了许多的探寻和研究,给出了众多的解释。

在古代,有不少富有兴趣而又勇于探险的考古学家便进行过尝试,以期找到柏拉图描绘的那片富于诗意的绿洲。有的学者提出,正如柏拉图所述,在大西洋中部可能的确存在过一个幅员辽阔的大洲,亚速尔群岛、威德角群岛和马黛拉岛这些大西洋上的岛屿,也许就是大西洲仅存的陆地。中世纪晚期,在欧洲人寻找新大陆的热潮中,还有人把大西洲的位置画在了他们的航海图上。

1882 年,美国学者唐纳利运用考古、语言、人种、地质、植物和动物等方面的知识对之进行综合考察,提出了一个假说。他提醒人们注意,在哥伦布发现美洲以前,美洲与地处旧文明大陆的埃及文化之间有许多惊人的共同之处。如部分金字塔的建筑结构、木乃伊的保存方法、历法等等,两地文化之间有着共同的起源和相互影响,而双方联系的中介者就是新旧大陆间在大西洋上存在过的大陆,即柏拉图所说的大西洲。这片大陆沉落海底后,中断了新旧大陆的交往。但唐纳利关于大西洲失落于大西洋中部的推断被自然科学家们否定了。

1958 年,美国学者范伦坦博士在巴哈马群岛附近的海床发现,那里有着许多巨大的各种形态的几何图形结构和长达好几百里的线条。又过了 10 年,他在同一地区的海底又发现了长达几百千米的城墙,此墙由每块 16 立方米的大石块砌成,他还发现了几个码头和一座栈桥,这显然是沉没了的港口旧址。

一时间,大西洲似乎要重现于世了,探险家们纷纷来到巴哈马群岛的这片海域,海底的石墙和码头引起了人们对失落了的大陆的种种猜测和遥想。但这些假说很快又被海洋学者推翻。

一些学者从地质变化和化石发现的角度认为,亚速尔群岛北部海下的 2300 米处的岩石是 1.7 万年前在空气中形成的。有些学者进而指出,沉睡在亚速尔群岛海底的亚速尔高原在古代曾是一块陆地,它的形状与大小同柏拉图记述的大西洲相似。1974 年,苏联海洋考察船在直布罗陀海峡以西约 556 千米的地方发现了一座海底城市,许多人认为这正是大西洲的城市遗址。

近年来,还有人在海地和古巴等地沿岸海底发现了一些金字塔及其建筑遗址,进而认为加勒比海正是大西洲大陆的所在。古代巴比伦人和埃及人以及非洲一些部落认为大西洲是在他们西边的大陆,而美洲的印第安人则认为大西洲是在他们的东方。

长期以来,人们不懈地努力探索,把眼光从大西洋海域移向太平洋海域,也从海域移向邻近水系的广阔陆地,墨西哥、北欧、北非和澳大利亚乃至中国和印度都成了人们对大

西洲的"怀疑对象"。然而,这种种假设均被人们考察的结果无情地否定了。

目前,多数考古学家倾向于认为,地处地中海东部水域的克里特岛更为接近大西洲的历史地理条件。1870 年,德国考古学家谢里曼在希腊的伯罗奔尼撒半岛东北部发掘出了迈锡尼遗址,过了 35 年,英国考古学家伊文思又在克里特岛上发掘出更早的米诺斯文明遗址。这两件考古学上的伟绩轰动了世界,人们不约而同地将它们与"失踪"的大西洲联系起来。

许多学者认为,现存的克里特岛只是大西洲岛国的残余部分,因为克里特曾是欧洲古代文明的发祥地。公元前 20 世纪至前 15 世纪的 450 多年间是米诺斯文明的黄金时代,其社会经济与对外贸易曾十分发达。但在经历了四五百年的繁荣期以后,它却遭到了大西洲式的厄运:"一场突如其来的火山、地震、海啸连续爆发,吞没了岛上的一切。"近代火山学的发展已证实了引起这场大浩劫的自然力量来自桑托林岛(位于克里特岛以北约 113 千米)上的一次猛烈的火山爆发以及随之而来的巨大海啸。目前,要在桑托林、克里特与大西洲之间画上一个等号,其最大的症结便在时间和面积上,两者相差近 80 年和72 万平方千米。

大西洲究竟在哪里?它存在于何时?为什么消失?传说的大西洲大陆与大西洋之间有何关系?这至今仍是无法揭开的谜,这一旷日持久、长达 20 多个世纪的探索或许还要继续下去。

沉没的姆大陆之谜

浩瀚无垠的太平洋,至今仍然存在着许许多多的秘密,让人浮想联翩,难以释怀。其中,最容易引起人们的种种猜测,而又最让人觉得异想天开的,莫过于古大陆的推测了。

最早提出太平洋中曾有过古大陆的是英国人种学家麦克米兰·布朗。20 世纪初叶,他在《太平洋之谜》一书中首次提出远古时期太平洋曾经有过一个高度文明发达的大陆。此后,有关这方面的著作屡见不鲜,以英国学者詹姆斯·乔治瓦特的研究成果最有影响力。他通过大胆的假设、广泛的调查、独到的推理乃至自信的笔勾勒出远古时期太平洋中姆大陆的概貌。1931 年,他的名著《消逝的大陆》在纽约出版,成为轰动一时的畅销书。此后,他陆续推出了《姆大陆的子孙》《姆大陆神圣的刻画符号》《姆大陆的宇宙力》等一系列专著,奠定了太平洋中古大陆学说的基石。

关于消逝的姆大陆,乔治瓦特是这样描述的:在远古时期,太平洋中曾经存在过一个古大陆,它是人类文明的摇篮,鼎盛时期的人口约 6400 万,生活在这个大陆上的居民有黄、白、黑各种肤色的人种,他们无贵贱之分,和睦相处。古大陆的国君名叫拉·姆,他既是古大陆的最高统治者,又是最神圣的宗教领袖。古大陆居民信奉单一的宗教。

古大陆的居民拥有高度的文化,在建筑和航海方面尤其出类拔萃,他们在世界各地都拥有殖民地。

　　古大陆上共有七大城市，其中希拉尼普拉是首都。境内道路纵横交错，四通八达，港口中船舶云集，商旅不绝。

　　古大陆没有险峻的高山，只有一望无际的绿色平原和低缓的丘陵，土壤肥沃，丰收连年，终年植物繁茂，四季花果飘香。莲花是古大陆的国花，在水滨尽情地绽放；树荫下彩蝶乱舞，蜂雀呢喃，蝉鸣幽幽；原始森林中野象成群漫游，双耳不时扇动，拍打着骚扰的飞虫，到处是一派宁静祥和的气氛。

　　可是，有一天古大陆发生了可怕的轰鸣，刹那间，天崩地裂，山呼海啸，火山喷发，岩浆流溢，古大陆的居民与辽阔的国土在一夜之间沉入汪洋大海之中，仅有几处高地露出洋面，侥幸生存下来的居民被隔离在一座座小岛上，古大陆的辉煌瞬间灰飞烟灭，再也没有人记得曾经有过这样一个古大陆，更没有人知道这里曾是人类文明的发源地……

　　乔治瓦特将远古时期太平洋中姆大陆的情形活灵活现地呈现在世人面前。

　　1863年，法国学者德·布尔布尔在马德里国家历史学会图书馆里，发现了西班牙征服中美洲时代的神父狄埃戈·德·兰达撰写的《尤卡坦事物考证》又称《尤卡坦纪事》手稿，他根据手稿中记录的玛雅象形文字草图，阅读了现收藏在西班牙的玛雅文献《特洛阿诺抄本》，发觉其中有两处记录了一个名叫"姆"的大陆因火山灾害而消失。他认为姆大陆位于大西洋中，姆大陆一名由此而来。

　　中美洲尤卡坦半岛玛雅遗址的最早发掘者、法国学者奥格斯特·普伦金（1826～1908）在其所写的《姆大陆女王和埃及斯芬克司》一书中，依据《特洛阿诺抄本》和玛雅遗址奇钦伊扎中的壁画等材料，作出了颇富罗曼蒂克的设想。他认为，古代近亲结婚较为普遍，当时姆大陆由女王姆当政，为了获得女王的爱，她的亲兄弟科（美洲狮）与阿克（龟）展开了生死搏斗，最后阿克杀害了科，霸占了女王姆，并从她手中攫取了对姆大陆的统治权。女王姆感到耻辱，于是逃奔埃及，为了悼念死去的兄弟科，她兴建了斯芬克司像，自己改名伊西丝（埃及女神），创建了灿烂的埃及文明。

　　普伦金也认为姆大陆消失在大西洋中，与德·布尔布尔的观点不谋而合，但与乔治瓦特的观点大相径庭。然而他们都一致认为，中美洲的玛雅人是姆大陆的移民。

　　乔治瓦特的研究成果还表明，姆大陆的居民和古代印第安人一样，崇拜太阳神，不仅懂得使用火，而且还创造了人类最早的文字——一种原始的刻画符号。他们用长方形表示国土，盛开的莲花表示姆大陆……这种刻画符号实际上就是纪念姆大陆消逝的碑铭，只不过无人能够释读而已。此外姆大陆的居民还会烧陶、编织、绘画、雕刻、造船以及航海，渔业也很发达。

　　至于姆大陆消逝后遗留下来的城市遗迹，乔治瓦特认为在太平洋诸岛上比比皆是。当时属于姆大陆一部分的复活节岛幸免于这场灾难，没有沉入海底，现在岛上的众多巨人石像和刻有文字的石板很可能就是姆大陆的遗物。波纳佩岛附近的南马特尔小岛上的建筑遗址以王陵所在的"神庙岛"为中心，共有90余座人工岛，每座岛上均有高约10

米的玄武岩石城墙,岛上还设有防波堤、牢狱等,据说也是姆大陆的遗迹。塔西堤岛上有一种类似中美洲金字塔的建筑物,也是姆大陆的遗物……诸如此类,不一而足,这些互不相关的遗迹、遗址和遗物果真是消逝的姆大陆居民创造的吗?从最新考古研究成果来看,太平洋诸岛上的居民居住历史至多不超过3000年。如何解释12000年前消逝的姆大陆与太平洋诸岛之间的时间差异呢?

值得一提的是,乔治瓦特依据的最重要文献材料之一《拉萨记录》是在中国西藏拉萨某寺院中发现的,它是记载4000年前占星术的文献。他依据的其他几件原始文献——玛雅古文献《特洛阿诺抄本》《德累斯顿抄本》《波斯抄本》《科特西亚抄本》等也是记载占星术的文献。这些文献中都记载了姆大陆消亡的情况。

《萨记记录》中提到姆大陆的沉没是发生在编写该书之前8062年的事件,《拉萨记录》是距今4000年前的作品,据此可以推知,姆大陆的沉没是在距今12000年前,恰与亚特兰蒂斯大陆(大西洲)沉没的时间相当。乔治瓦特认为这两个古大陆是由于共同的原因而沉入汪洋大海之中的。

乔治瓦特还根据多年的研究成果描绘姆大陆居民的移民路线。他认为,人类文明发源于姆大陆,继而传播到美洲大陆,然后又从美洲大陆传播到大西洋上的大西洲,最后才从那里传播到埃及、欧洲和非洲,因此,姆大陆是人类文明的摇篮。

根据现代地质学常识,大洋的地壳是由较重的玄武岩构成,大陆的地壳由较轻的花岗岩构成,海底地壳与陆地地壳存在着本质的差异。

1968年,日本东海大学海洋研究所的"白凤九"号科学考察船在西北太平洋深海海底打捞出一块花岗岩石头,当时它被认为可能是来自阿留申群岛的洋流携带而来的。

无独有偶,1973年10月23日,日本东海大学海洋考察船"望星九"号在九州岛附近的海域打捞出一个含有花岗岩的大锰块,显然再用洋流来解释锰块的来源未免牵强附会。科学家们将这两起发现联系起来推测,它们会不会是沉入海底的姆大陆残留物呢?

日本科学家们正通过对太平洋底全面、广泛的科学考察,力图发掘出新的材料,以期对姆大陆的存在与否作出一个可信的解答。

最后需要指出的是,在地质学上,一般认为地球上最后一次造山运动——阿尔卑斯造山运动发生在距今6000万年前,而乔治瓦特却认为地球上山脉的形成是在距今12000年前,两者之间的差异如此之大,该如何解释呢?

地球表面几度浮沉、桑田沧海固然是事实,但是浩瀚的太平洋中,果真存在过这样一个高度文明的姆大陆吗?或许,这仅仅是世界上充满好奇心的人类一个天真善良的愿望而已。

雷姆里亚大陆之谜

如果世界上有这样一件东西,有的人说它存在,有的人说它不存在;有的人说它这样,而有的人又说它那样,那么,结局或许只有一种,那就是这件东西会变得神乎其神!

在关于雷姆里亚大陆是否存在以及具体的存在形态方面,就是这样一种情形。关于雷姆里亚大陆的大胆假设由来已久,而且近乎神奇。早在19世纪后半叶,地质学家们就开始探讨非洲南部与印度半岛之间是否存在过"地桥"——雷姆里亚大陆的问题。马达加斯加岛、阿尔达布拉群岛、塞舌尔群岛、马尔代夫群岛、拉克代夫群岛等等,从非洲南部一直延续到印度半岛南端之间。据此,地质学家们推测,这些岛屿莫非是古大陆的残余?

奥地利史前地理学家梅尔希奥尔·纽马伊亚,在其1887年出版的著作《古代大陆》中,描绘了佛罗纪(爬虫类时代中叶)的世界地图,在这张地图上,"巴西·埃塞俄比亚大陆"的角落延伸到"印度·马达加斯加半岛"。这表明印度与马达加斯加曾是一个相互联结的整体。

奥地利地质学家爱德华·杜斯认为,古生代(鱼和无脊椎动物的时代)南半球存在过一个广袤的"贡达瓦纳大陆",而北半球则存在过"北亚特兰蒂斯大陆"和"安格拉大陆",他的论点发表在1880年出版的《地球表面》一书中。

德国生物学家恩勒斯特·海因里希·赫凯尔发现,一种栗鼠与猿杂交的动物"雷姆尔"原来生活在马达加斯加,但在远隔大洋的非洲、印度、马来半岛也能见到。据此,他断定,马达加斯加与印度之间的"地桥"直到新生代(哺乳类动物的时代)依然存在,而且,他还认为沉没的大陆很可能就是人类文明的发祥地。

英国动物学家菲利普·斯科雷特在赫凯尔研究成果的基础上,提议将这个消逝的"地桥"命名为"雷姆里亚"。

德国地球物理学家、气象学家阿尔弗雷德·魏格纳(1880~1930)于1912年提出了著名的"大陆漂移说"。他认为大陆和海洋分别由质地不同的花岗岩和玄武岩构成,因此在很长一段地质年代里,大陆一直在海洋上漂移,不断发生分离、结合,从而形成今天地球表面陆地与海洋的分布状况。

魏格纳认为,在古生代,大陆是一个整体,名叫"潘加阿大陆"。中生代(恐龙时代)发生漂移;新生代第四纪冰川来临时,发生分裂。假如魏格纳的论点成立的话,那么分离的陆地之间分布着不同的生物也就不难理解了,"地桥"——雷姆里亚大陆根本就不可能存在了。

然而,文献资料和神话故事对消逝大陆的描绘却令人深信不疑。

公元前1世纪的希腊历史学家提奥多罗斯,记载了一个名叫伊安比罗斯的商人漂泊到南方大洋中一块陆地上的奇特而又曲折的经历。

这个商人途经阿拉伯,前往"香料之国"。不料,途中被海盗抓去,带到埃塞俄比亚,他与另外一个囚徒偷偷地准备了6个月的干粮,驾着轻舟逃离虎口,向南行进,在海上漂流4个月后,被海风吹到一座岛上。

这座岛周长约900千米,气候四季如秋。居民的体型奇特,但并不丑陋,他们性格敦厚,知识丰富,精通占星术,使用独特的拼音字母,在圆柱上写有文字,人均寿命达150岁,无贫富差别,男女平等。岛上生长着一种苇草,果实可以吃,还有温泉、冷泉,赋予人类健康和长寿,岛的周围海中有7座小岛,亦有居民居住。

这个商人在岛上生活了7年,最后辗转印度、波斯(今伊朗)返回希腊。

这则故事自然会使人联想到柏拉图笔下的"乐园"——亚特兰蒂斯,同时,也使人联想到英国作家丹尼尔·笛福在《鲁滨逊漂流记》中描写的鲁滨逊的奇特经历,可以食用的苇实可能指的就是稻米。

提奥多罗斯还记载了东方理想国——播海伊亚。这是一个与阿拉伯进行香料和药品交易的国度,有7座城市,最大的是帕拉那。城中有一座富丽堂皇的大神庙,景致优美,树木、草地、花园、水流融为一体,相映成趣,可爱的小鸟嘤嘤鸣叫,大象、狮子、豹等动物一应俱全。居民尚武,普遍使用两轮马拉的战车。

居民分为三个阶层,即祭司与手工业者、农夫、士兵与牧民,祭司权势炙人,生活奢华。每年岛民选出三人共同治理国家,实行"三头政治"。居民个人拥有的财产通常是房屋和庭院。一般居民普遍穿羊毛衣服,男女均佩戴黄金饰品,贵重金属矿产丰富,但不准携带出境。

阿拉伯地理学家们认为岛的周长将近5000千米。据4000年前的埃及王国时期纸草文献记载,漂泊到岛上的船员们,在世外桃源般的岛上开始生活后,这座岛屿的统治者——大蛇便出来劝告道:"这座岛屿不久即将沉没。"

希腊人从远古时代起,一直称呼传说中消逝的大陆居民为"普利塞利里特人",据说这个大陆气候宜人,土地肥沃,人丁兴旺,后来因为触犯神灵而沉入大洋底部。

斯特拉波、普利里乌斯等古希腊罗马学者均写过东方大洋中的大岛"塔普罗巴赖"的事情。

古代泰米尔族历史学家们对自己祖先的发祥地进行考察后坚信,在遥远的古代,祖先们生活在位于赤道附近一块名为"纳瓦拉姆"大岛的南部,大陆的首都"南马德拉"后来沉入印度洋海底。

泰米尔族使用的语言是泰米尔语,迄今在印度次大陆南端马德拉斯邦、斯里兰卡等地仍在使用。这种语言是南亚德拉维亚语系中远古时期最为发达的一种书面语。这一系列的文献记载和神话传说都说明印度洋中曾经存在过一个鲜为人知的"雷姆里亚大陆"。

雷姆里亚大陆对神秘主义者来说更有特殊的魅力。

19世纪末,俄罗斯出生的埃雷娜·布拉巴斯基女士在神秘主义的进化论中将雷姆里亚人也列入其中。她认为地球17个始祖之中,第三个出现的是雷姆里亚人,他们雌雄同体,卵生,像猿人一样,有的有四只手,有的脑后长着一只眼睛。

英国神学家斯科特·埃里奥特认为,广阔的南方大陆雷姆里亚是中生代繁荣的大陆,恐龙等爬虫类动物悠闲地生存着。陆上是巨大的恐龙漫游,空中是翼龙飞舞,水里是鱼龙出没。雷姆里亚人智力低下,富有原始性,身高4.5米左右,肌肤褐色,口鼻突出,小眼,眼眶距离较大,不仅能看到前方,还能看到侧面。他们没有前额,头后部长着一只眼睛,四肢长而弯曲,手足巨大。穿着爬虫类的皮衣,手持木枪,牵着驯服的恐龙……

对于雷姆里亚大陆进行最系统探讨的是刘易斯·斯潘斯。他在《雷姆里亚问题》的专著中提出了两个雷姆里亚大陆的假说。

其一是从印度洋横向延伸到太平洋,另一个是同样的起点从印度洋倾斜延伸到太平洋。

他发现大洋洲民族在人类学上和地理上的分布是一致的。密克罗尼西亚分布着印度尼西亚人种,夏威夷、波利尼西亚和新西兰分布着波利尼西亚人种;所罗门、斐济分布着美拉尼西亚人种。他认为,这种分布意味着雷姆里亚大陆并不是一个独立的整体,而是由两块夹着狭窄海沟的陆地构成,一块陆地包含新喀里多尼亚、苏门答腊岛等;另一块陆地包含夏威夷群岛、新西兰岛、萨摩亚群岛、社会群岛等。

斯潘斯的雷姆里亚大陆说,与麦克米兰·布朗提出的太平洋姆大陆说既相重复,又相矛盾,尤其是在居民问题上严重分歧。布朗认为,现在的大洋洲居民大部分定居了10万年以上,而斯潘斯则认为,太平洋地区,至少太平洋东部曾经生活过金发白皮肤的先民,并不都是棕色人种。布朗和斯潘斯均认为,古大陆的毁灭是由于地球内部剧烈变化引起的,但是布朗认为,古大陆的毁灭是急剧的、转瞬即逝的;斯潘斯认为,古大陆是随着地震、海啸、火山喷发等一系列自然灾害而缓慢沉没的。

斯潘斯认为,雷姆里亚大陆的原始居民是白种人,拥有高度发达的石器文明。众多岛屿上遗留下来的石建筑便是最好的说明。

至于这个大陆居民的去向,斯潘斯认为,雷姆里亚大陆沉没后,这个民族经过亚洲,移居到欧洲,残留下来的人们在恶劣的条件下逐渐退化。此后,波利尼西亚、密克罗尼西亚、美拉尼西亚的居民的祖先相继来到这里,与雷姆里亚大陆的居民融合……

最近,苏联语言学博士、地理学会员亚历山大·孔德拉特夫在其著作《三个大陆的秘密》中,从语言学角度探讨了南亚德拉维亚语系与雷姆里亚大陆的关系。通过将印度文明中代表性的遗址摩亨佐—达罗、哈拉帕出土的印章和护符中的象形文字输入电脑,与其他地区的语言进行比较后发现,它们吸收了苏美尔人的语言,与德拉维亚语最为接近。因此他认为印度文明与苏美尔文明起源于同一个文明,而这个更为古老的文明已伴随着雷姆里亚大陆的消逝而烟消云散。

尽管雷姆里亚这一名称在19世纪即已出现,但是对印度洋的正式调查则始于20世纪60年代。

1968年,美国斯库里普斯海洋研究所对印度洋中央海岭进行了科学调查,发现大西洋底有四条南北走向的大海岭,其中两条大海岭今天仍在不断增大。活跃的海岭与不活跃的海岭为何能同在一个大洋底部呢？至今仍无法解开其中的奥秘。

马达加斯加岛、塞舌尔群岛，以及澳大利亚西部的布罗肯海岭作为古大陆的一部分，是怎样从周围的大陆中分离开来的呢？这还是一个令人难以解释的悬案。

科学调查结果表明，对印度洋底部地形最为复杂的西北部马斯卡林海域进行钻孔地质调查，发现这一带海底下沉了一千几百米。这是在数千万年的地质年代里发生的。

根据板块结构理论，喜马拉雅山与印度洋是由于共同的成因形成的，由于印度板块向正北方向移动约5000千米，与亚洲板块相撞，形成巨大的喜马拉雅山。那么，在这个具有划时代意义的变革中，雷姆里亚大陆沉浮如何呢？据考察，这个变动发生的年代至少可以追溯到4500万年前。

最新调查结果表明，印度洋海底地壳活动频繁，有些部分持续下沉，有些部分在不断增长。这些缓慢不断的变化是否可以作为雷姆里亚大陆曾经存在的一个有力证据呢？

人类文明起源于南极吗

人类文明究竟起源于哪里呢？对于科学家们而言，这是一个格外挠头的问题。

1959年年底到1960年年初，美国的哈普古德教授利用圣诞节假期，在华盛顿的美国国会图书馆参考室查阅有关南极洲的资料。一连好几个星期，他废寝忘食，埋首在成堆的中古世纪地图中，展开搜寻的工作。在日记中，他这样写道——我找到很多做梦也没有想到会找到的东西，十分有趣。我还找到一些描绘南方大陆的地图。有一天我打开一本地图集，翻到某一页，眼睛蓦地一亮，整个人顿时呆住了。那是奥伦据乌斯·费纳乌斯在1531年绘制的世界地图。我瞅着这幅地图下方的南半球，心里想：我终于找到了真正可靠的南极洲地图。

地图上的南极洲，整体形状和轮廓与现代地图所呈现的这块大陆像极了。南极的位置靠近大陆中央，和现代地图显示的相去不远。环绕海岸的山脉，使人联想到最近几年在南极洲发现的诸多山脉。显然，这幅地图并不是某个人一时异想天开，凭空捏造出来的。地图上的山脉形状不一，各有各的独特轮廓，有些靠近海岸，有些位于内陆。河流发源自这些山脉，蜿蜒流向大海，每一条河流都依循看起来非常自然、非常可信的排水模式。这显示，南极洲最早的地图绘成时，这块大陆的海岸犹未被冰雪覆盖。然而，地图上所呈现的南极洲内陆，却完全不见河川和山脉的踪影，这意味着内陆地区全部被冰雪覆盖。

哈普古德教授和麻省理工学院的李察·史崔臣博士检视这幅地图后，作出以下结论：

1. 费纳乌斯的地图是依据更早的几幅原始地图绘制成的，而后者是根据几种不同的投影法绘成。

2. 它确实显示南极洲海岸地区被冰雪覆盖前的景况，尤其是穆德后地、恩德比地、维克斯地和位于罗斯海东岸的维多利亚地以及马利伯德地。

3.如同皮瑞·雷斯地图所显示的,费纳乌斯地图所呈现的南极洲,在一般形貌和地理特征上,都跟现代科学家对"冰层下"的南极地面进行地震调查后所绘制的地图颇为吻合。

哈普古德教授认为,费纳乌斯地图显然证实了"一个耸人听闻的看法:被冰雪完全覆盖之前,南极洲曾被人类探访,甚至定居过。果真如此,这件事一定发生在很久很久以前……费纳乌斯地图显示,最初绘制南极洲地图的人,是生活在极为古远的时代,那时正是北半球最后一个冰河时期结束的时候。"

费纳乌斯地图所描绘的南极洲罗斯海,是支持上述观点的进一步证据。南极洲大冰河,诸如毕尔德摩尔和史考特,今天的出海口都覆盖着冰层,但这幅绘于1531年的地图却显示,这个地区散布着港湾和河川,这些地形上的特征足以证明,费纳乌斯使用的原始地图当初制作时,罗斯海和它的海岸还没有被冰层覆盖。"为了提供这些河川必要的水源,海岸后方必定有一个不被冰封的辽阔腹地。今天,这些海岸和腹地全都埋藏在1.6千米厚的冰层下,而罗斯海本身,则终年漂浮着数百米厚的冰块。"

罗斯海的变迁充分显示,漫长的无冰时期在公元前4000年结束之前,南极大陆曾被一个神秘的文明勘探过,并且绘制成地图。这个论点还有另一个证据,那就是1949年"伯德南极探险队"使用空心筒,在罗斯海海底捞起沉淀物。这些沉淀物分为许多层,区隔十分清楚,反映不同时期中不同的环境状态,诸如"粗冰海层"、"中冰海层"、"细冰海层"等等。最令人惊异的发现是:"其中好几层是由细密精致的沉淀物组成,而这些沉淀物似乎是从温带(无冰)地区,经由河川口进入海洋的。"

如果华盛顿卡内基研究所的研究人员使用马瑞博士发明的一种年代鉴定法,检视在海水中发现的三种不同的放射元素,就会发现,大约6000年前,携带细密精致的沉淀物人海的河川,确实曾经存在于南极大陆,一如费纳乌斯地图显示的。直到公元前4000年之后,"冰河式"的沉淀物才开始堆聚在罗斯海海床上……其下的核心沉淀物显示,在公元前4000年之前,南极地区曾经享有很长一段时期的温暖气候。

费纳乌斯的地图让我们瞥见了历史上没有一个制图家看见过的南极洲。当然,光凭一幅地图并不足以说服我们:一个已经消失的文明曾经在南极大陆留下踪迹。可是,如果有五六幅类似的地图摊在我们眼前,我们是否还能等闲视之?

譬如说,我们是否还能睁一眼闭一眼,继续漠视16世纪最有名的制图家吉拉德·克雷摩——又名麦卡脱——绘制的一些地图中所蕴涵的历史意义?他发明的"麦卡脱式投影法",至今仍应用在大部分世界地图上。据说这个谜样的人物(1563年,他突然造访埃及的大金字塔,行踪十分诡秘)"一生孜孜于探寻……古人的学问",并且花了很多时间搜集古代地图,为自己建立了一座庞大的包罗万象的参考图书馆。

值得注意的是,1569年,麦卡脱编纂地图集,将费纳乌斯地图搜罗进去。同年,在亲手制作的地图中，他也描绘了南极洲这块大陆。这些地图呈现的南极地区（当时犹未被欧洲人发现），可供辨认的包括：位于马利伯德地的达特岬和赫拉契岬、亚孟森海、艾尔斯华斯地的瑟斯顿岛、白令豪生海的佛雷契群岛、亚历山大一世岛、南极半岛、魏德尔海、诺维吉亚岬、穆德后地的雷吉拉山脉群岛、穆里格一霍夫曼山脉群岛、哈拉德王子海岸、施雷西冰河在哈拉德王子海岸的入口、卢特性一霍姆湾的帕达岛以及思德比地的欧雷夫王子海岸。哈普古德教授指出："这些地理特征，有些比费纳乌斯地图上描绘的还要清晰。显然，麦卡脱手头掌握的一些原始地图，是费纳乌斯未曾使用过的。"

其实，值得一提的何止麦卡脱一人呢？

18世纪法国地理学家非立比·布雅舍，早在南极大陆被正式"发现"之前，就已经绘制出一幅南极地图。最不寻常的是，这幅地图显示，它使用的蓝本似乎是年代更为久远的一些地图——比费纳乌斯和麦卡脱使用的蓝本地图也许早上数千年。布雅舍地图呈现的是南极洲被冰层覆盖前的真实面貌。它揭露了如今已被冰封的整个南极大陆的地形，而这种地形，直到1958年"国际地球物理年"，科学家对南极展开全面性的地质调查后我们才略有所知。

这项调查证实了布雅舍于1737年出版南极地图时所提出的看法。以古老地图（现已遗失）为依据，这位法国学者画出一条明显的水道，将南极洲分成东、西两块大陆，而中间的分界线就是今天的"南极洲纵贯山脉"。

如果南极洲不被冰层覆盖，这条连接罗斯海、魏德尔海和白令豪生海的水道就确实有可能存在。正如1958年"国际地球物理年"的调查所显示的，南极大陆（在现代地图上，它是一块连绵不绝的陆地）是由一个庞大的群岛组成，而这些矗立海面上的岛屿，彼此之间阻隔着厚达1.6千米的冰块。

许多正统地质学家认为，在冰封的南极盆地出现水道，最后一次是在数百万年前。从正统学术观点来看，在如此古远的时代，人类根本还没有演化完成，更不必说具有测绘南极大陆的能力。然而，布雅舍的地图和国际地球物理年的调查却显示，在冰封之前，这块大陆确实曾被测绘过。这样一来，学者们就得面对两个互相矛盾的观点而无所适从。

到底哪一个观点正确？

如果我们赞同正统地质学家的观点，认为南极最后一次处于无冰状态是在数百万年前，那么，我们就得将达尔文以来的科学家所搜集的人类进化证据一举推翻掉。可事实难以否认，因为化石记录很清楚地显示，几百万年前，人类的祖先还没有"进化"；他们只是一群额头低垂、行动笨拙的"类人猿"，根本没有能力从事先进的智能活动，诸如绘制地图。

难道说，真有一群外星人出现在那个时候，乘坐宇宙飞船绕行地球，对还未被冰层覆盖的南极洲进行勘探，绘成一幅幅先进、精密的地图？

或者，我们是不是应该重新考虑哈普古德提出的"地壳移置"理论，承认南极大陆在

15000 年前确实曾经处于无冰状态，一如布雅舍的地图所描绘的。

有没有可能，一个高度发展、足以绘测南极大陆的人类文明，在公元前 13000 年左右曾经出现在地球上，然后忽然消失？若有这个可能，那么，这个文明是在什么时候消失的呢？

综观费纳乌斯、麦卡脱和布雅舍的地图，我们不得不承认，在持续好几千年的一段时间中，南极洲可能一再被勘探测绘过，而这期间，冰层逐渐从南极内陆向外扩散，直到公元前 4000 年左右，才将南极大陆所有的海岸吞没。皮瑞·雷斯和麦卡脱所依据的蓝本地图，极可能是在这个时期的末端，冰层逼近南极海岸时绘制成的；费纳乌斯的蓝本地图，显然更为古老，当时冰层只存在于南极内陆；布雅舍使用的原始地图，甚至更为古旧（可能绘制于公元前 13000 年左右），当时整个南极大陆犹未被冰层覆盖。

从公元前 13000 年到公元前 4000 年这段时期，地球上其他地区有没有被勘探，并且精确地绘制成的地图？在皮瑞·雷斯地图上，我们也许可以找到答案。这幅地图蕴涵的奥秘，不仅只是南极洲：

1. 绘于 1513 年的皮瑞·雷斯地图，相当完整地呈现出南美洲的地形，令人惊异。它不但描绘出南美洲的东海岸，也勾勒出西部的安第斯山脉，而当时的欧洲人根本还不晓得有这座山存在。皮瑞·雷斯地图正确地显示，亚马逊河发源于这座尚未被欧洲人探测过的山脉，向东流入大海。

2. 依据 20 多份不同年代原始文件绘制成的皮瑞·雷斯地图，两次描绘亚马逊河（最可能的原因是，皮瑞·雷斯一时疏忽，重叠使用 2 份不同的原始文件）。第一次描绘时，皮瑞·雷斯将亚马孙河流经的路线一直画到帕拉河河口，但是，重要的岛屿玛拉荷却未出现。从哈普吉德教授的观点看来，这就显示，皮瑞·雷斯依的原始文件可能具有 15000 年的历史，当时帕拉河是亚马孙河主要或唯一的入海口，而玛拉荷岛是亚马逊河北岸陆地的一部分。第二次描绘亚马逊河时，玛拉荷岛却出现在地图上，而且画得颇为精细，尽管直到 1543 年这座岛屿才被欧洲人发现。这使我们不能不怀疑，地球上曾经出现过一个神秘的文明，在好几千年的漫长时期中，对改变中的地球面貌持续进行勘探和测绘，而皮瑞·雷斯使用的不同年代的蓝本地图，正是这个文明遗留下来的文件。

3. 位于今天委内瑞拉境内的奥利诺科河和它的三角洲，并未出现在皮瑞·雷斯地图上。但是，哈普吉德教授指出，这幅地图显示："两个入海口一直延伸到内陆（纵深达 320 千米左右），位置就在今天的奥利诺科河附近。地图上的经线和今天奥利诺科河的方位相符，而纬线也大抵无误。这是否显示，皮瑞·雷斯使用的原始地图绘成后，这两个入海口就被泥沙淤塞，三角洲也日益扩大？"

4. 直到 1592 年，福克兰群岛才被欧洲人发现，但它却出现在 1513 年的地图上，纬度正确无误。

5. 皮瑞·雷斯可能依据古老的图籍，描绘出一座位于南美洲东边大西洋中，今天已不复存在的大岛。这座"想象"的岛屿,刚好坐落在赤道北边大西洋中部的海底山脊上,距离巴西东海岸1120千米,而今天这儿有两座名为圣彼得和圣保罗的礁石突出在水面上。难道这只是纯粹的巧合吗?有没有可能,这幅原始地图是在最后一个冰河时代绘成的呢?那时的海平面比现在低得多,足以让一座大岛出现在这个地点。

神秘的南极大陆,你蕴藏的种种谜团到底何时方能真正地解开呢?

神秘的南极暖水湖

在人们的印象中,南极大陆有"冰雪大陆"之称,是世界上最冷的地方。可是,假如有人告诉你,那儿还有一个终年不冻的暖水湖,你会相信吗?如果再加上一句声明,这种现象并不是由于地热而造成的,你会不会觉得更加不可信呢?

在南极大陆维多利亚附近,有一片被称作干谷的地区,终年没有降雪,更无冰川。更令人称奇的是,干谷底部的范达湖竟是一个暖水湖:在68.6米深的湖底部,水温高达27℃。探险家们发现,在南极大陆共有20多个湖泊,不仅终年不冻,而且湖水温暖。

科学家们对南极这些不冻湖泊深感兴趣。他们研究发现,南极湖泊有三种类型:一是湖面冰冻;另一类是湖面季节性冰冻,夏季湖面解冻为液态水;还有一类是寒冬湖面水也不冻。最为奇特的就是范达湖,尽管湖表面有冰层,但随着深度增加,湖水温度迅速提高,直到湖底水温接近27℃。

为什么在冰天雪地的南极大陆还会有暖水湖呢?科学家们提出了各种看法。一些人认为,可能有一股来自地壳的岩浆流烤热了湖底的岩层,提高了湖底水的温度。持反对意见的学者认为,至今没有在湖底找到地壳断裂带,所以地热不可能传出地表温暖湖水。1973年11月,科学家在范达湖进行了钻探,钻头穿过湖面冰层、水层,钻入湖底岩层,取了岩心,结果发现湖底水很暖,但湖底岩层却很凉。这也证明了湖底的岩层并没有被烤热。

一些人认为,范达湖湖水可能是被太阳晒热的,因为范达湖湖水清澈,湖面冰层没有积雪,太阳的短波辐射可以穿过冰层和水层,到达湖底,加热了水温。同时湖面冰层,又能像棉被那样挡住湖水热量的散发,所以湖底的水可以保持这样高的温度。但是,一些学者提出,较暖的底层湖水通过对流,必然把热量传给周围湖水,结果应该是整个湖水都变暖。另外,在南极半年的极夜期,为什么能保持这样高的水温,而在另半年的极昼时期,它的水温并没有无限制的升高呢?此外,也有人认为范达湖的温水是受海底温泉加热而成的,可是至今也没有找到热泉。有人提出可能湖里存在某种特殊化学物质在反应放热,但至今也没找到这种物质。在这块年平均气温达 -25℃、极点最低温为 -90℃左右的世界极寒的冰原中,暖水湖的成因实是一个谜。

旧谜未解,新谜又起。前不久,在意大利罗马召开的南极考察学术交流年会上,俄罗斯的地质冰川学家卡皮茨亚博士指出,南极冰盖下掩埋着一个巨大的湖泊。这个湖泊在苏联的南极"东方站"附近,在3800米深的冰盖下,长约250千米,宽约40千米,呈长椭圆形,湖水深度为400米左右。这个神秘而奇特的冰下之湖,被称作"东方湖"。于是,东方湖的成因,引起各国冰川学家们的争议。

美国的冰川学家曾提出压力消融说,认为是冰盖上部冰的压力使冰消融变成水。但仅仅是压力就能将冰消融成这么浩大的湖泊,不能说服更多的科学家。俄罗斯科学家提出地热融化说,认为是地球内部涌出的地热使冰盖底部融化形成浩渺大湖。但由于在冰盖岩盘打孔困难,南极大陆热流还无法测定。一些学者提出反问,在已知地热温度不高的南极大陆,其冰盖下的冰难道真的是被地热熔化的吗?

因此,一些人把东方湖与暖水湖联系起来,甚至展开了丰富的联想,比如有关湖水的成分、湖底的沉积物、湖水中有无生命等。弄清南极大陆湖泊的真相,也许可以揭开冰川学、古环境以及地球环境演变的许许多多的谜。

第五节　月球的起源与演化

月球形成之谜

很早以前,人们就在思考月球的来源。

19世纪,达尔文的儿子乔治·达尔文认为,月球是从地球上分裂出来的。他说,在几十亿年以前,地球刚诞生不久,地球表面呈熔融状态,还没有结成岩石外壳。那时月球和地球物质相连在一起,绕同一个自转轴飞快转动,大约4个小时就转一周。在快速的旋转中,月球被地球抛了出去。地球快速的旋转带动了月球的公转,使月球逐渐进入一个最大的轨道,并绕地球运行。他还认为,月球脱离地球的地方,就是现在太平洋的洋底。

月球

乔治·达尔文的观点后来得到一位生物学家研究结果的支持。那位生物学家经过对古珊瑚化石的研究,认为4亿年前,一年只有22个小时。这意味着乔治·达尔文的推测没有错,很早以前地球确实转得较快。

然而,许多方面的研究否定了这种观点,比如:月球已有46亿年,而太平洋洋底年龄只有1亿多年;月球的化学成分与地幔的大不相同。因此,这种观点很难站得住脚。

1955年,天文学家格尔斯登科提出新的观点,认为月球是地球俘获而来的。他说,月球原先的轨道是逆着地球自转方向运动的,当一次月球接近地球的偶然事件发生时,地球的吸引力就把月球拉进地球轨道。之后,月球和地球的相互作用力逐渐改变了月球轨道及运行方向，以致变成顺转。

这种观点后来也似乎找到了一些科学依据，比如，月球的化学成分与地球显著不同等。

可是，据科学测定，月球年龄约为46亿年，同地球年龄差不多。既然月球是偶然被地球吸引过来的，二者之间就不会有什么关系，为什么年龄却差不多呢？

现在，许多科学家都认为，月球和地球是孪生姐妹。他们解释说，在太阳、地球形成的同时，有一团星云气体尘埃环绕地球转动。这团星云气体尘埃不断合并了周围的小块尘埃，结果形成我们现在看到的月球。这种观点也还仅仅是一种推测，究竟正确与否，仍有待于进一步研究。

月球环形山之谜

月球不但从起源上是个神秘的星球，其自身也有许多令人不解之处。据历次宇宙飞船拍回的月表照片显示，月球显然是个月貌分配极不平衡的星球。月球的地貌分三种，即环形山、山脉和月海。月球向着我们这一面的环形山和山脉很少，而且有一大片平坦的月海。出乎意料的是，月球背面的照片显示，那里的环形山竟是那样密集，一个紧挨着一个，与月球正面的地貌完全不相同，这是自然形成的吗？对环形山的形成，一般认为是小天体或陨石撞击后留下的"星伤"，像我们地球上的陨石坑。但奇怪的是，为什

月球环形山

么陨石过多撞击月球的一面，而另一面却比较少呢？

如果环形山真是像人们认为的那样，是由巨大陨石撞击形成的，那么月球环形山本身就立即否定了这一看法。如果一个巨大的陨石以每秒4.8万公里的高速撞击月球的话，其效果相当于一枚数百万吨级的核弹。苏联科学家说，一个重百万吨的陨石给月球造成的破坏相当于爆炸一枚一万吨级的核弹。因此只有上百万吨的巨型陨石才能给月表以如此巨大的破坏。这就引出一个问题，按一般道理，大的陨石撞击后形成深坑，小的陨石撞击后形成浅坑。月亮上的环形山与月球体积相比，有些大得出谱，这本身就是一种奇怪的现象。在如此巨大的连续撞击下，月球没有被撞碎，本身就是一个奇迹。非但如此，月球上的环形山不论有多大，可深度几乎一致，大多数都在4～6公里之间。有些环形山达到直径160公里，可深度却只有2～3公里。这是为什么呢？

神秘的月谷

月面上不少地区曾发现一些黑色大裂缝,弯弯曲曲延伸数百公里,宽几公里到几十公里,好像浩浩荡荡奔赴海洋的河流,形状与地球上的东非大裂谷相似,称之为月谷。

较宽大的月谷大多出现在月陆上较平坦的地区;最大的里塔月谷位于南海东北部,詹森环形山东面的月陆上,总长达500公里;最宽的莫希拉米月谷在东海盆地南边,巴德环形山附近的月陆上,约有40~55公里。而那些较窄、较小的月谷(有时称为"月溪")则到处都有。

最著名的月谷是阿尔卑斯大月谷,从柏拉图环形山东南一直"流入"平坦的雨海和冷海,它把月面上的阿尔斯山脉拦腰截断,很是壮观。从太空拍得的照片资料估计,它长达130公里,宽达10~12公里。

月谷往往有一定的走向,它的产生原因是一个很有意义的值得研究的课题。根据"阿波罗"15号宇宙飞船获得的资料分析,月谷可能是由顺山而下的岩浆形成的。

月亮正远离地球而去

近年来,世界各国的一些科学家和科技工作者经过深入观测研究,发现月球正逐渐离我们远去,并且将越来越暗。

美国和法国的科学家利用1969年美国宇航员登月时放置在月球上的镜子进行测量的结果表明,28年来地球与月球的距离增加了一米多,美法两国科学家是利用精确的时间测量法来测量月地之间距离变化的,这种方法使激光脉冲投射到镜面上然后又反射回地面上的探测器,一个来回约为2.5秒钟,不断测量来回所用时间的变化,就可得知月地距离的变化。多次测量表明,地球与月球之间的距离由于地球表面上潮汐的摩擦作用每年增加将近4厘米。

科学家认为,在月球引力的作用下地球产生潮汐,这种潮汐运动中的一部分能量就分散到地球的海洋里,由于这种能量的失去,月球系统的运动就受到影响,这就是月球逐渐远离地球的原因。

美国两位地理学家通过对鹦鹉螺化石的研究,也发现月球确实正在远离地球。这两个科学家观察了现存的几种鹦鹉螺化石的研究,发现其贝壳上的波状螺纹具有树木年轮一样性能,螺纹分许多隔,虽宽窄不同,但每隔上细小波状生长线在30条左右,与现代农历一个月的天数完全相同。观察发现,鹦鹉螺的波状生长线每天长一条,每月长一隔。这种特殊生长现象使两位科学家得到极大启发,他们又观察了古鹦鹉螺化石,惊奇地发现,古鹦鹉的每隔生长线数随着化石年代的上溯而逐渐减少。而相同地质年代的螺壳生长线却是固定不变的。研究显示,现代鹦鹉螺的贝壳上,生长线是30条,新生代渐新世的螺壳上,生长线是26条,中生代白垩纪是22条,侏罗纪是18条,古生代石炭纪是15

条,奥陶纪是9条,由此推断,在距今4.2亿年前的古生代奥陶纪时,月亮绕地球一周只有9天。两位地理学家又根据万有引力定律等物理学原理,计算了那时月亮和地球之间的距离,得到结果是,在4亿多年前,月球与地球之间的距离仅为现在的43%。

科学家们还对近3000年来有记录的蚀月蚀现象进行了计算研究,结果与上述推理完全吻合,证明月亮正在逐渐远去。

月海之谜

总面积1125平方公里的月海,平得像台球桌一样!阿波罗采回的月岩分析认为,月海岩石由钛、铬、锆等耐高温、高强度、高防腐的金属凝固而成。进一步分析认为,熔解以上合金需要4000℃以上的高温。地球物理学家罗斯·迪勒惊呼:谁能将钛熔化并覆盖如此大的地域?

事实上,人们在对月岩分析中的确发现了某种智能活动的痕迹,因为人们在月岩中真正发现了纯金属颗粒。有纯铁颗粒,也有一些近似纯钛的金属,这对科学家来说又是一个不解之谜。几乎所有的科学都证明,在星球自然演变的过程中是不可能形成纯金属状态的。也有一部分人认为,这些纯金属颗粒是由陨石带到月面上来的,但科学否定了这种看法。美国《纽约时报》的科学编辑约翰·诺布尔·维尔福德说:"这种纯铁颗粒肯定不是陨石带来的物质,因为陨石中的铁成分应与镍等金属形成合金。"这一看法,也是科学界的普遍看法。

月海还有一个使人不解之处,那就是几乎都呈圆形。如果是巨型陨石或小行星等撞击,是会形成圆形的环形山或巨大的陨石坑,可月海平坦如镜,根本找不到环形山或陨石坑的影子;如果月海是熔岩喷发形成的,那么外流的炽热熔岩也应该是个极不规则的形状,决不可能几处月海都呈圆形。那么月海为什么会是圆形的呢?

从地球上看去,月球上有一片昏暗的地带,那就是月海,以前一直是这样解释的:月海由于地热低洼,所以反射太阳光的能力较差,这样从地球看去就是昏暗一片。可是,美国"阿波罗"15号的宇航员在登月之后说:月海是个昏暗的区域。那么也就是说,月海之所以昏暗并非由于反射太阳光的强弱造成,以往的解释大错而特错。错在哪里呢?现在的研究证明,月海几乎是由重金属构成的,所有的月海都是由钛及其他金属按一定比例组成的,其中铁的成分最大。美国航空航天局的一份报告说:"在月海的玄武岩中有难以想象的铁"(地球岩石的含铁量是3.6,而月岩中含铁量却接近20)。科学家们终于搞清楚了使月海昏暗无光地真正原因——月海中含有令人难以置信的铁和钛,由于含钛的物质呈黑色,铁也呈黑色,所以月海看上去才十分昏暗。这样,月海的密度要远远大于月球的其他部分,简直是坚不可摧。

月球尘埃

月球尘埃看上去像皑皑白雪一样柔软,如同地球土壤一样平常,但它们并非像外表那样简单，是一种奇特的粉末状。在微镜下观察发现，月球尘埃是很多复杂成分组成的黏性物质，能粘在鞋子、手套和其他暴露的表面上。却并且散发出一股神秘的气息。

近一半的月球尘埃是撞击月球的流星体所造成的二氧化硅玻璃体。这些撞击已持续了数十亿年，将表土化成玻璃，将同样的物质分解为碎片。另外，诸如橄榄石和辉石等矿物质中的铁、钙和镁也富含月球尘埃。

宇航员用特殊的"保温瓶"容器真空保存月球样本。但月球尘埃的锯齿边缘有时会意外刺穿容器的密封条，使得氧气和水汽在飞船返回月球的三天里逐渐渗透。

美国宇航局约翰逊航天中心月球样本实验室拥有数百磅重的月球尘埃。

月球的奇辉

月球表面既无大气，也无水分，没有风霜雪雨，没有江河湖海，更不要说鸟语花香的生命现象了。一句话，月球是个死寂的星球。

但是，这并不意味着月面上什么变化都没有发生过，它表面的辉光现象就是一例。月球表面有时突然出现某种发光现象，甚至还有颜色变化，它引起了天文学家们的兴趣和关注。

1958 年 11 月 3 日凌晨，前苏联科学家柯兹列夫在观测月球环形山的时候，发现阿尔芬斯环形山口内的中央峰，变得又暗又模糊，并发出一种从未见过的红光。两个多小时之后，他再次观测这片区域时，山峰发出白光，亮度比平常几乎增加了一倍，第二夜，阿尔芬斯环形山才恢复原先的面目。

柯兹列夫认为，他所观测到的是一次比较罕见的月球火山爆发现象。他说，阿尔芬斯环形山中央峰亮度增加的原因，在于从月球内部向外喷出了气体，至于开始时山峰发暗和呈现出红色，那是因为在气体的压力下，火山灰最先冲出了火山口。

柯兹列夫的观点遭到了一些人的反对，其中包括一些颇有名望的天文学家。他们承认阿尔芬斯环形山的异常现象是存在的，但认为不能解释为通常的火山爆发，而是月球局部地区有时发生的气体释放过程。在太阳光的照耀下，即使是冷气体也会表现出柯兹列夫所注意到的那些特征。

早在 1955 年，柯兹列夫就在另一座环形山——阿利斯塔克环形山口，发现过类似的异常发亮现象，他也曾怀疑那是火山喷发。1961 年，柯兹列夫又在阿利斯塔克环形山中央观测到了他熟悉的异常现象，不同的是，光谱分析明确证实这次所溢出的气体是氢气。

这类现象究竟应该怎样解释呢？是火山喷发？还是气体释放？或者是其他什么现象呢？

月球的气味

"阿波罗"16 号宇航员查理·杜克说："月球尘埃确实有一种强烈气味。我感觉它的味道和气味都像发射子弹时散发的一般。"另一名宇航员约翰·杨说："月球尘埃的味道并不十分糟糕,但很特别。""阿波罗"17 号宇航员吉恩·塞尔南在谈到月球尘埃时说："它们散发出一种火药爆炸后的硝烟气息。"

每个阿波罗宇航员都曾经闻到过月球尘埃的气味。

令人吃惊的是,一旦被送回地球,月球尘埃就不带有任何气味。

几十年来,科学家一直未能揭开月球尘埃成分与散发气味的谜底。

月球上的神秘地区

地球上的大西洋百慕大三角区,是一个神秘的多灾多难的地区,被人们称为"魔鬼海"和"死亡三角"。在对月球的探测过程中,科学家们发现在月球上也存在类似的神秘地区。

美国的月球轨道探测器 4 号和月球轨道探测器 5 号在飞近月球的"雨海"、"危海"等月海上空时,发现下面的吸引力特别强,宇宙飞船飞过时禁不住要倾斜,且飞船上的无线电设备也因受到干扰而失灵。后来研究发现,那里的物质聚集点集中,科学家把这种地区形象地称为"质量瘤"。目前,月球上已发现了 12 处这样的质量瘤,且全部集中在月球正面。

那么,这种质量瘤的组成成分及化学性质如何呢? 目前,科学家们只知道这些质量瘤是一种既密又重的物质,其余就一无所知了。

月球可能是外星人的产物

苏联天体物理学家瓦希尼和晓巴科夫曾撰文道:月球可能是外星人的产物。15 亿年来,它一直是他们的宇航站。月亮是空心的,在它荒漠的表面下存在着一个极为先进的文明。

月亮表面的环形山仿佛记载着特殊智慧的秘密。美国"阿波罗"登月计划执行过程中,宇航员曾拍下一些月面环形山的照片。照片透露了一个惊人的信息,环形山上分明有人工改造过的痕迹。例如在戈克莱纽斯环形山的内部有一个直角很规整,每个边长为25 公里,同时在地面及环壁上,可以看出明显的整修痕迹。

月球传出的信号令人震惊。"阿波罗"15 号飞行期间,斯科特和欧文再度踏上月球的土壤。地面的联系人员十分吃惊地听到(同时录音机也录到)一个很长的哨声。随着声调的变化,哨声中传出了 20 个字组成的一句重复多次的话。这来自月球的陌生的语言切断了宇航员同休斯敦的一切通信联系。此事至今还是一个未解的谜。

月面上的不明飞行物

1968 年 11 月 24 日,"太阳神"8 号宇宙飞船在调查将来的登陆地点时,遇到一个巨大、约 10 平方英里的大幽浮，但在绕行第二圈时，就没有再看到此物。它是什么？没人知晓。"太阳神" 10 号宇宙飞船也在离月面上空时，突然有一个不明物体飞升，接近他们，这次遭遇拍下了纪录片。

1969 年 7 月 19 日，太阳神 11 号宇宙飞船载着三位航天员奔向月球，他们将成为第一批踏上月球的地球人，但是在奔月途中，航天员看到前方有个不寻常物体，起初以为是"农神" 4 号火箭推进器，便呼叫太空中心确认一下，谁知太空中心告诉他们，"农神" 4 号推进器距他们有 6000 英里远。航天员用双筒望远镜看，那个物体呈 L 状，阿姆斯特朗说："像个打开的手提箱。"再用六分仪去看，像个圆筒状。另一位航天员艾德林说："我们也看到数个小物体掠过，当时有点振动，然后，又看到这较亮的物体掠过"。7 月 21 日，当艾德林进入登月小艇作最后系统检查时，突然出现两个幽浮，其中一个较大且亮，速度极快，从前方平行飞过后就消失了，数秒钟后又出现，此时两个物体中间射出光束互相连接，又突然分开，以极快速度上升消失。在航天员要正式降落月球时，控制台呼叫：那里是什么？任务控制台呼叫"太阳神" 11 号。"太阳神" 11 号竟如此回答：这些宝贝好巨大，先生……很多……噢，天呀！你无法相信，我告诉你，那里有其他的宇宙飞船在那里，……在远处的环形坑边缘，排列着，他们在月球上注视着我们……苏俄科学家阿查查博士说："根据我们截获的电讯显示，在宇宙飞船一登陆时，与幽浮接触之事马上被报告出来。"

1969 年 11 月 20 日，"太阳神" 12 号航天员康拉德和比安登月球，发现幽浮。1971 年 8 月"太阳神" 15 号，1972 年 4 月"太阳神" 16 号，1972 年 12 月"太阳神" 17 号……航天员也都在登陆月球时见过幽浮。

科学家盖利曾说过："几乎所有航天员都曾见过不明飞行物体。"第六位登月的航天员艾德华说："现在只有一个问题，就是他们来自何处？"第九位登月的航天员约翰杨格说："如果你不信，就好像不相信一件确定的事。"1979 年，美国太空总署前任通讯部主任莫里士·查特连表示："与幽浮相遇在总署里是一平常事，所有宇宙飞船都曾在一定距离或极近距离内被幽浮跟踪过，每当一发生，航天员便和任务中心通话。"

数年后，阿姆斯特朗透露一些内容："它真是不可思议，我们都被警示过，在月球上曾有城市或太空站，是不容置疑的。我只能说，他们的宇宙飞船比我们的还优异，它们真的很大。"

数以千计的月球神秘现象，如神秘闪光、白云、黑云、结构物、幽浮等，全都是天文学家和科学家共睹的事实，这些现象一直未有合理的解释，到底是什么呢？

月背发现飞碟基地和城市

1968 年 12 月 25 日，当"阿波罗" 8 号飞船载着指令长弗拉克·鲍曼及两名助手进入月球背面用肉眼探察时，曾发现飞碟降落而拍过照片。后因"保密"，长期没有透露。直至 20 世纪 80 年代，由于疏忽才公之于众。照片是在月球背面离地表 100 千米处用望远镜头拍摄的。从照片上可以清楚地看出：一个巨大的飞碟正在向左下方的月面降落，飞碟的舷窗清晰可见（西方一些科学家声称，近几年来飞碟从月球背面飞出有十多次）。在飞碟行将着陆的月面上，有酷似起重机般高高竖起的吊臂，吊臂下矗立着一排纺锤形物体，高度一致，等距排列，类似机场跑道两旁的标志塔。有一座长约 3 公里、高约 1500 公尺的"桥"，有 2 处像旗子样的东西和一处像人物塑像似的东西，有三根巨大的平行管道通向火山口，地面上还矗立着许多圆的或是方的形状奇特的建筑物。这一照片的公布，不仅证明月球背面确有飞碟起降基地，而且也证实月球背面建有城市。完全印证了瑞典科学杂志报导的苏联早在 1964 年发射的"月球"9 号宇宙飞船就已在月球背面拍摄到一个飞碟基地和由形状奇特的高大建筑物组成的城市的真实可靠性。一位名叫伊凡·桑托森的苏联科学家认为：照片中一些类似机场跑道标志塔的建筑物是引导宇宙飞船起降或将外星飞船引向月球内部的标志。苏《宇宙》杂志编辑维里斯博士说："苏联政府之所以决定不发表这一惊人的发现，是为了不想把自己掌握的情报让别国知道。"

月面发现新鲜人类赤脚印

据媒体透露：1969 年美国"阿波罗"11 号宇宙飞船首次着陆月球时，宇航员在月球的表面共发现了 23 个人类赤脚印，于是用照相机拍摄下来。在过去的 27 年中，美国当局对此一直保密。直至最近，在一批飞碟研究人员的要求下才公开了这一秘密。美国天体物理学家康姆庞对美国新闻媒体说："显然，在月球上发现人类的赤脚印是令人吃惊的，说明有人在美国之前已登上月球，而且不穿宇航服。"康姆庞还说："据登上月球的宇航员称，这些脚印无可置疑是属于人类的，而且留下的时间不久。"而常识告诉我们，地球人是不可能赤着脚登上月球的，也不可能不靠运载工具而自行飞到月球，而美国"阿波罗"11 号首次登月宇航员始终穿着宇航服和登月靴，那么留下这些脚印的只能是地球以外的"人"了。

第六节　浩瀚宇宙中的行星

火星上的水

从 1964 年到 1977 年，美国对火星发射了"水手号"和"海盗号"两个系列共 8 个探测器。1971 年 11 月，"水手"9 号对火星全部表面进行了高分辨率的照相，发现了火星上有宽阔而弯曲的河床。不过，这些河床与轰动一时的运河完全是两回事。这些干涸的河床，最长的约 1500 公里，宽达 60 公里或更多。主要的大河床分布在赤道地区，大河床和它的支流系统结合,形成脉络分明的水道系统。还可以观测到呈泪滴状的岛、沙洲和辫形花纹,支流几乎全部朝着下坡方向流去。科学家们分析,只有像水那样的少黏滞性流体才能造成这种河床,这是天然河床,绝不是"火星人"的运河。那么,火星上的河水流到哪里去了呢?这便成了当代"火星河之谜"。

火星

今天的火星表面温度很低,大部分水作为地下冰存在于极冠之中。极稀薄的大气,使得冰在温度足够高时只能直接升华为水蒸气,自由流动的河水是无法存在的。火星河床说明,过去的火星肯定与今日的火星大不相同。有一种假说认为,在火星历史的早期,频繁的火山活动喷出了大量气体,这些浓厚的原始大气曾经使火星表面温暖如春,呈现出冰雪融化、河水滔滔的景色。后来火山活动减少,火山气体逐渐分解,火星大气变得稀薄、干燥、寒冷,从此,河水干涸,成为一个荒凉的世界。另一种假说认为,在火星的历史早期,自转轴的倾斜度比现在更大,因而两极的冰雪融化,大量二氧化碳进入大气,大量的水蒸发并凝成雨滴在赤道地区落下,形成河流。

当然,对于火星河流的形成还可以提出更多的猜想与假说。然而,科学家们最关心的问题是:滔滔的河水跑到哪里去了?有人提出,从巨大的江河到今日的滴水皆无,这说明火星的气候发生了根本性变化。

火星的颜色

火星表面有一层像"火"一样的红色,这层神秘的面纱,至今还未被人类揭开。

前苏联学者沃·波林布提出一个假说:火星表面的化合物是自然界中普遍存在的一种叫做赤铁矿的三氧化铁。随着宇航技术的发展,自动着陆舱登上了火星,拍摄了火星表面的图像。将它传送到地面,通过对火星土地进行化验,证实火星表面覆盖着一层三氧化铁。在地球上,这种化合物呈结晶状或薄层,常见于火山口的石壁上和熔岩裂缝中。

但是,这些物质是怎样形成的呢?一般来说,在一氧化碳大气层中,许多金属都可能形成挥发性化合物——羟基金属。在常温下,羟基铁极易挥发,毒性很强,在空气中极易氧化,有时还会发生自燃。燃烧时形成一种极纯的细粉状三氧化铁,这就是所谓的赤铁矿。它的微粒呈球状,平均直径约为 0.1 微米,呈红色。研究结果也表明,火星的表面是由呈球状形微粒的土壤组成的。这一点也证明了波林布的假设。

因此,火星表面的红色之谜,可以设想为它覆盖了一层红色的三氧化铁——赤铁矿,而不是铁锈。我们知道,现在火星大气中是不存在氧气的,而主要存在的是二氧化碳。很有可能,在火星上,由于早期火山爆发时从裂缝和火山中喷出的气体自燃,在燃烧过程中形成赤铁矿或二氧化碳,而仅有的部分氧气也"消失"了,这样,就形成了现在的情况。

除此之外还有一个可能,就是火星上经常发生尘爆,因为赤铁矿粉末很细很轻,只有空气重量的1/26,很容易飞扬并停留在大气层中。

因而将火星红色的原因解释为是其表面覆盖了一层红色干燥的赤铁矿粉也是有道理的。不过,这一设想还有待进一步证实。

火星上的生命迹象

火星上没有高级生命,这已是确定的事实,但许多人根据种种迹象提出,在那里可能有低级生命存在和过去的火星人或外星人留下的遗迹。

美国生物化学家吉·利文研制的一台进行生物实验的仪器,1976年7月20日由"海盗"1号探测器带到火星表面。这台仪器把一种含有示踪元素的液态化学药品注入到火星表面九个地点的土壤中,然后检测土壤中有关生命的信息。结果,利文的仪器探测到了微生物的"打嗝"声。

利文还仔细地研究了"海盗"号拍摄的成千上万张火星表面照片。他在一张照片上发现,一块岩石上有从黄色渐渐过渡到绿色的斑点,由于火星上到处都是橙红颜色,因此,这些黄绿斑点是异乎寻常的。600天以后,利文又观察了"海盗"号从同一太阳角度拍摄的这块石头的照片,他惊奇地发现,黄绿色斑点的形状在原来的位置上还稍稍地移开了一点儿。他认为这可能是一种苔藓。苔藓是植物的先驱,是唯一能在裸露的岩石上生长的生命体。

火星上有苔藓并非是不可能的。因为科学家已通过理论分析认定,乌龟、蜘蛛和甲虫可以分别在火星表面上存活6天、25天和几个星期。还有人在模拟的火星表面环境中做过实验,某些苔藓和微生物也能成活和生长。

生命到底会不会在火星上萌发呢?我们都在期待着。

火星发现人面像、金字塔和城市

1983年8月,美国一个名为"使命——火星"的独立机构向新闻界发表了一个轰动性声明:"火星有过或存在着文明。"该机构的成员们说,在"海盗"号探测器从火星发回的信息显示,火星上有一个酷似人脸的巨型凿成物极像埃及著名的狮身人面像,它仰望天空神秘微笑着,是古代火星人的巨型石雕遗迹,是火星上有过生命和文明的证明。但是宇航局科学家认为"是光和影的巧合"。该组织成员们还提出一个更为新鲜的论据,即在"人脸"不远处耸立着三堵大墙,三墙依据40°、60°和80°角相接,其外形很像"金字塔"。火星上的干燥气候和强风绝不会造出"人脸"和"金字塔",它们只能出自高等生物之手。

在此之后,美国航天局的科学家们又找不同时间、不同角度拍下的有石像的火星照片,用计算机处理分辨。结果出人意料,原先被多数科学家认为是光学干扰形成的鼻孔和项链依然存在,而且还显露了原来只露出眼珠的那只眼睛和半张开嘴中的牙齿。毫无疑问,石像的客观性不容怀疑。与此同时,科学家还算出了火星上人面石像的大小,从头发到下巴为1.5千米,宽1.3千米,比地球上的人面狮身石像要大上几千倍。

1987年,前苏联科学家阿温斯基在检查火星照片时,曾在火星上的大石像周围,发现11座金字塔式建筑,4个大的,7个小的。美科学家对该照片重新进行计算机处理后,不仅保留了原来发现的11个金字塔,而且还分离出19座建筑物和复杂的道路,以及一个直径达1公里的圆形广场,其规模如同一个大城市。从照片上分析,这道路、建筑物的历史不会超一万年。因为时间太长了,火星上的风沙尘埃会将其磨尽,巨大城市的遗址表明,至少若干年前火星上存在高级智慧生物。至于这些高级智慧生物现在是否仍然存在于火星上,还有待进一步探索。

火星上有生命存在吗

欧洲航天局科学家近日利用"火星快车"探测器上的傅立叶行星分光计对火星大气进行红外线扫描,结果在光谱中发现了一条证明甲烷存在的线条,这给火星存在生命提供了有力的证据。

地球上的大部分甲烷都来自甲烷菌。同时,地壳中还存在一些原始甲烷,是地球在形成碳水化合物过程中的残留物,原始甲烷因为火山爆发等地壳运动进入大气。科学家认为,火星表面的甲烷不可能存在成百上千年,因为它会在太阳光下与氢氧基结合,形成水和二氧化碳。因此,目前观测到火星上持续存在甲烷,可以断定火星上有甲烷源,很可能就是制造这种气体的甲烷菌,也就是火星生命。

美国科学家最近利用架设在夏威夷的另一架望远镜,也探测到火星大气中甲烷气体的存在。

尽管有些专家认为,现在断定火星大气中存在甲烷还为时过早,而且甲烷的存在也可能是火山活动的结果,但以上发现无疑为人类探索火星生命提供了新的途径。福尔米萨诺的研究小组目前还在设法探测火星表面的甲烷浓度,以期寻找一些明显的甲烷来源。

美国科学家通过对火星土壤样本的研究,发现火星土壤释放出的气体循环周期和地球气体循环周期非常近似,因此认为这是生命的迹象。不仅火星,太阳系的其他行星上也存在过或将要出现各种生命,在许多行星(如木星、土星的卫星)的大气层中都有甲烷、氨,这与地球早期的大气层成分十分相似。行星的初期,是像木星那样表面有极厚大气层包围的形态,木星由硅、铁类元素构成的固态内壳之上的外层气态物质成分与地球40亿年前的大气成分完全一致(主要是氢、氦、氮、甲烷、硫)。一颗恒星与一颗白矮星组成的双星系统是宇宙中常见的现象,仔细研究每一个爆发"新星"后发现,它总是双星系统中的一员,木星在几十亿年前与太阳就是这样一个双星系统。有人误认为木星是气态物质构成的星球，实际上在它厚达1000公里的浓密大气层下，就是正在冷却的白矮星。

当然现阶段太阳系的八大行星上只有地球具备生命存在的条件，火星生命存在的阶段已经过去，木星则是处于出现生命的过渡前期，再过几十亿年它将会变成今天的地球。通过对陨石的分析，一些陨石中有细菌化石(有些化石年龄大60亿年，已超过地球的年龄)和氨基酸等有机化合物的痕迹。同时，已知在星际空间有大量的碳、氢元素构成的蜂窝状有机分子(碳氢化合物)这些信息直接支持了生命不仅仅存在于地球上的论点。火星内部原子核反应产生的能量逐渐变小，大气层的基本消失，是火星从昔日江河横流到今日滴水皆无的根本原因。现在火星表面虽然有稀薄大气层，但已不具备生命存在的条件了。

随着星球的演变，生命形态会因地表温度，液态水分布等物理条件的改变而变化。由于生命存在的条件十分苛刻，所以，生命只能存在于行星阶段中期(如现在的地球)的天体上。到了行星阶段后期(如火星)天体内部活动和引力减弱，氢、氧类物质大量散失到外太空之后，火星生命也就同步完成了从诞生——发展——消亡的过渡。

火星上的警告标语

在莫斯科一个大型记者招待会上，苏联一位太空专家于特·波索夫宣布了一个惊人的消息：一艘由苏联发往火星进行探测任务的无人太空船，在1990年3月27日从火星荒凉的表面上拍到一个奇怪的警告标语后，便突然中断了一切讯息。一些科学家分析，它可能是被火星人给击毁了。

这个警告标语是用英文写的"离开"两个字。从无线电传回的照片上看，这个巨大标语好像是用石块雕刻出来的，按比例估计，这两个字至少有半英里长，75米宽。标语似乎是依着巨型山石凿出来的，从其光滑的表面看，可能是用激光切割成的。这条标示语不像1976年美国太空船在火星拍到的神秘人面像，已显得那么古老和饱受侵蚀，这个警告标语是最近才出现的。

火星人为什么要写这么两个字呢？波索夫博士说："显然是针对地球人的。我想那一定是由于我们派出的火星太空船太多，骚扰到火星上生物的安宁，所以便发出这个警告，叫我们离开。"

波索夫博士透露说，他们派出的太空船开始时一切都很顺利，但当它把上述写了警告字句的照片传回地球后，便神秘地失踪了，那艘太空船是被火星上的生物毁灭了，还是暂时被他们扣押了，现在还弄不清楚。他说："如果我们先用无线电与那些外星人联络上，然后再派人到他们的星球，与之建立外交关系，我想他们是会接受的。"

波索夫博士公布的内容立即震动了西方科学界，不少科学家对此深信不疑，认为这是人类征空史上一项最大发现。当人们回到苏联当局准备如何与火星生物接触时，波索夫博士不愿透露详情。不过他也承认，他们已经开始工作，估计不久的将来便有结果，到时候再正式向人们公布。

金星卫星为何失踪

在 17 世纪时，人们曾常常谈论金星的卫星问题。1686 年 8 月，61 岁的著名天文学家、法国巴黎天文台首任台长 G. D. 卡西尼宣布发现了金星卫星。卡西尼对金星卫星进行过多次仔细的观测，并且还推算出它的直径约为金星的 1/4，即 1500 公里左右，比例与月球、地球比相仿。1761 年英国天文学家蒙泰尼对金星卫星的位置、亮度作了好几次观测记录。德国一位名叫朗伯的数学家根据发表的资料计算了金星卫星的轨道根数，认为它离金星的半径长 40 万公里，绕转周期为 11 天 5 小时。

金星

关于金星卫星的最后报告是在 1764 年，当时至少有三位天文学家（两位在丹麦，一位在法国）撰写过他们观测到金星卫星的文章。但奇怪的是，自此之后，再也无人提及金星卫星了。卡西尼时代人们用口径很小、质量低劣的望远镜能见到的卫星，到赫歇尔时代，观测技术和仪器都有了很大提高，反而怎么也找不到它的踪影，岂非咄咄怪事！有人因而认为，卡西尼的"发现"并不可靠，很可能是光学上的幻觉造成的假象。然而也有许多人认为不能因为后来找不到而否定前人的发现，尤其是对于卡西尼这样著名天文学家的发现更应谨慎。众所周知，卡西尼虽然理论上相当保守，他不相信哥白尼的日心说，反对开普勒的行星运动三定理，也不接受牛顿的万有引力理论。然而，在观测技术上，他却卓有成就：他第一个证明了木星的自转，描述了木星表面的带纹和斑点，最早测出了火星的自转周期，此外，他还利用火星视差第一次测出了天文单位的准确值，他的发现有其他人的佐证，因此，认为金星卫星仅出于错觉似乎难以令人置信。但是如果金星确有过卫星，那么它怎么会不知去向了呢？它怎么会消失的呢？至今尚无很好的科学解释。这个天文之谜，等着有志者去揭开。

揭开金星的真面目

为了探索金星的真面目，20 世纪 60 年代初拉开了探测金星的序幕。前苏联在 1961 ~ 1978 年共发射了 12 个金星探测器，而美国在 1962 ~ 1978 年间共有 6 个探测金星的飞船上天。仅在 1978 年 12 月 4 日 ~ 25 日的 20 多天里，前苏联和美国就各有两个自动行星际站在金星表面软着陆，实现了对金星的现场考察。

行星探测器对金星进行现场考察以后，遮盖在金星表面的"蒙面纱"已经逐渐揭开了。金星没有磁场和辐射带，其大气的组成和地球截然不同：地球大气以氮、氧等气体为主,二氧化碳很少;在包围着金星的大气中,97%以上是二氧化碳,此外,还含有少量的氮、氩、一氧化碳、水蒸气及氯化氢等。金星大气中的二氧化碳能让阳光通过,照到金星表面,却不让热辐射返回太空,使金星表面处于高温状态,产生"温室效应",使得金星表面的温度高达465℃~485℃,温室保护罩的作用还使金星上的昼夜温差很小,基本上没有昼夜、季节和地区的差别。金星表面的大气密度比地球上的大50倍。地球海洋平面的气压是一个大气压;金星表面的气压大到90个大气压,相当于地球上海洋深处900米左右所受的压力。金星上空闪电频繁,每分钟达20多次,常常是电光闪闪,雷声隆隆。前苏联的"金星"12号1978年12月21日在下降到金星表面的过程中,仅仅在从11公里高空下降到5公里的期间,就接连记录到1000次闪电。有一次特别大的闪电竟持续了15分钟。"金星"13号和"金星"14号的下降装置在下降过程中,考察了金星的高空风。金星表面的风速大约为2~3米/秒,由表面到高空,风速逐渐加大,到50~70公里的高空,风速竟然达到100米/秒,风向与金星的自转方向相同,但比自转速度快得多。更惊人的是,在离金星表面30~88公里的空间,密布着一层有腐蚀性的浓硫酸雾。这是一个多么令人窒息的环境!这个现代天文学家称为"太阳系中的地狱"的金星绝对不能是地球的孪生姐妹。探测结果表明,金星上不存在任何液态水,不仅没有任何类似地球上的动植物存在,连任何生命的形式都没有。

美国的"先驱者"1号和2号,前苏联的"金星"11号和12号分别在1978年12月4日、9日、21日和25日到达金星,对金星进行综合性的考察。从它们发回的信息得知,由于金星表面有浓密的大气保护,其表面并不像月亮、水星那样布满环形山。相对来说,金星表面比较平坦,大部分表面都覆盖着一层"浮土",其平均密度是1.2~1.9克/厘米,厚度不超过1米。在浮土下面,主要是密度为2.2~2.7克/厘米的玄武岩。下降装置周围可以看到许多大石块,绝大部分石块呈红褐色,棱角分明,半埋在颗粒细小的黑褐色尘土和沙砾之中。这表明金星上的物质构造仍很活跃,可能存在活火山。

金星上的山脉,一般都很高,最高的是麦克斯威尔山,高度为11270米,地球上的珠穆朗玛峰还比它矮一头。北半球大高原,长3200公里,宽1600公里,相形之下,青藏高原大为逊色。在赤道地区,发现一些像火山口一样大而浅的圆形圈,有些地方像是由巨大的熔岩流所形成。此外,还有一条很深的大裂缝,自南向北穿过金星赤道,裂缝最深的地方有7米左右,这是目前在太阳系天体上发现的一条最大的裂缝。

从前苏联发射的自动行际站"金星"13号拍摄的金星表面照片看出,金星的天空是橙黄色的,云也是橙黄色的;金星上的物体,大部分看起来也是橙黄色的,有的微带绿色,蓝色的很少。金星的世界,真可说是个金黄世界。这种奇异的景色,是"金星"13号下降装置,通过蓝、绿滤色镜拍摄的。科学家们认为,这是由于金星大气和云层太厚,吸收了太阳光中蓝色部分,使照在金星大气层和大地上的光带着黄光。因此,金星上的白昼也不像地球上这样明朗,其亮度很像地球上的阴天。

浓厚的金星云层使金星上的白昼朦胧不清，这里没有我们熟悉的蓝天、白云。金星上空会像地球上空一样，出现闪电和雷鸣。

金星离太阳的平均距离是 10800 万公里，绕太阳运动的公转轨道的偏心率只有 0.007，故轨道接近于圆。金星绕太阳运动的速度较水星慢一些，为 35 公里/秒，它绕太阳运行一周约 224.7 天。由于金星有一层厚厚的浓云，过去用光学方法难以观测到它的表面情况，因而也就难于测出其自转周期。随着无线电技术的发展，1962 年，天文学家利用射电方法测出了金星的自转周期。金星的自转周期很慢，要 243 天才自转一周，比公转一周的 224.7 天还长，也就是说，金星自转一周需要 1 年多的时间。金星自转为逆向，即自转方向和公转方向相反，是太阳系九大行星中独有的现象。因为金星是自东向西自转的，与我们地球的自转方向截然相反，所以，金星上的太阳是西升东落。金星自转周期是 243 天，比公转周期还长。金星上的一昼夜相当于地球的 117 天。也就是说，在一个金星年中，金星上只能看到两次太阳西升东落。

要解开金星逆向自转之谜，首先应当弄清楚行星自转是怎样来的，这个问题又与行星的起源问题有密切的关系。

目前，对行星的起源问题还没有受到大家普遍承认的成熟理论。我国学者戴文赛先生详细研究了各种学说之后，提出自己的行星起源学说。这一学说可简短说明如下：约在 50 亿年前，在离银河系中心 3.3 万光年处，就是我们现在太阳系所在的位置上，弥漫的星际物质聚集成一个巨大的星云。由于引力作用，这个巨大星云收缩，同时云中出现了湍涡流。后来这个云碎裂成一二千块，其中有一块就是形成太阳系的，我们把它叫做原始太阳星云。由于它是在涡流中产生的，所以从一开始原始太阳星云就在自转着（其他星云碎块也都有自转，后来演化成恒星）。

我们的原始太阳星云的质量比今天太阳系的质量要大些，它一面收缩，一面自转，收缩的结果使自转角速度加大，越转越快，这很像张开手臂旋转的滑冰运动员，在收拢手臂时旋转就会加快的现象。物理学上把这种现象叫做角动量守恒。由于旋转的加快，在星云的赤道部分惯性离心力最大，它抗拒星云的引力作用，所以赤道处星云收缩得比较慢，而两极处收缩得比较快，原始星云便逐渐变扁。

当原始星云收缩到一定大小，例如具有现在太阳系的尺寸时，赤道处的自转速度已经足够大，使得那里的惯性离心力等于星云对赤道处物质的吸引力。这时候，赤道上远离中心的那部分物质就不再收缩，而是留下来围绕星云其余部分旋转。原始星云其余部分继续收缩，在赤道处又留下一部分物质。这样演化下去，逐渐形成一个环绕星云中心的星云盘。剩余的星云物质进一步收缩，最后演变为太阳。而星云盘中的物质粒子互相碰撞吸积变成足够大的团块，我们把它叫做星子。其中较大的星子由于进一步碰撞，吸积周围的物质粒子逐渐变成更大的行星胚胎。具有较大质量的行星胚胎的引力强大到能够吸引周围的星子（引力吸积），使行星胚胎体积增大，逐渐演化成行星。

行星自转又是如何起源的呢？上面所叙述的假说也提出一种初步的看法:原始星云物质一开始就有自转,因此当尘埃和星子落入行星胚胎时,也把角动量带给行星胚胎,使行星胚胎自转起来。

不过也有人提出不同的看法。美国一位天文学家提出自己的太阳系演化理论,他认为在原始太阳星云盘内,不需要经过星子——行星胚胎这样的过程。在太阳形成以后,星云盘的物质很快就聚集成一些很大的原行星,原行星的质量很大,在原行星内部,高压使得气体尘埃物质凝聚成为固体沉降到核心部分,而外部气体受到太阳光热和太阳发出的粒子辐射(太阳风)的作用而逸散开去,最后演化为现在的行星。

原行星不自转,太阳对它的吸引使原行星向太阳的一面隆起凸出来。当原行星绕太阳公转时,这个隆起部分偏离朝向太阳的方向,但太阳对隆起部分吸引,把它拉回到朝向太阳的方向,这样就强迫原行星自转起来。看来,在行星起源和自转起源这一问题的领域,可让人充分发挥思维的创造力,去提出更为合理的假说。

大多数行星是直立着或斜着身子顺向自转,而金星则逆向自转,这给各种行星演化理论提出了难题。

金星逆转,可能是从金星轨道里侧的一个比月球还大的大星子斜着落在金星胎上,把很大的角动量带给金星胎,由于星子大都是顺向绕太阳运转的,从里侧斜着撞向金星胎的星子,其运动方向和金星胎的自转方向相反,这样一来使得金星胎的自转就从顺向变为逆向了。

金星上的古海之谜

太阳系九大行星之中,要算金星与地球最相似。在很长的一段时期里,大家把地球和金星称作为"姐妹"行星。既然这两颗行星这么相似,地球"姐"行星上又有那么多的水;不少人认为,金星"妹"行星上一定也存在着大量的水。想象力丰富而走得更远的人甚至认为,大海孕育着生命,覆盖着大面积海洋的金星面上,很可能是个动植物繁衍茂密、生机盎然的世界。

现代科学已经完全证明,金星面上是个奇热、无水,干旱到了极点和没有任何生命的世界。不少人的意见是,过去金星有过波涛汹涌的大海洋,只是后来才消失的。是这样吗？这个谜般的问题在科学家中间是颇有争议的,一直引起科学家们的关注和浓厚兴趣。

被称作金星"古海"里的水,究竟哪里去了呢？认为金星上过去有海洋的人,曾提出过这么几种可能性:(1)海洋大量蒸发,水蒸气被太阳分解为氢和氧两种气体,氢由于太阳风的影响等原因,逐渐逃逸到宇宙空间去;(2)金星曾在早期的某个历史阶段,从体内向外散发出大量的像一氧化碳那样的气体,这些气体比较容易与水发生作用。可以想得到,在这类作用的过程中,大量的水被一批又一批地消耗掉;(3)从金星内部喷发出来的岩浆的温度,一般都达到炽热的程度。水与岩浆特别是其中的铁等相互作用而大量消耗;(4)与地球一样,金星表面大量的水原先也是从自己体内来的,由于某些人们还不太清楚的原因,这些水又回到了金星内部去。

这类解释没有得到大家的承认。如果事情真是这么简单的话,那么,使金星表面大量水消失的原因,同样可以成为使地球上的水不复存在的原因。为什么地球上依旧有那么多的水呢?

另一种解释是这样的:在太阳系形成的早期,太阳没有现在这么热,金星面上的气候也自然比较凉快,大片海洋的存在使得金星风光绮丽,甚至生命已开始在海洋中生长起来。随着太阳系演化的发展,太阳变得越来越明亮,越来越热,这下子把金星表面也烤得越来越热,金星海洋的蒸发变得越来越快,大气中充满着水蒸气。水蒸气让越来越强的阳光穿过大气层,射在金星表面上,并转化为热。可是,热量转过身来向太空散射出去时,却受到了水蒸气的阻碍。这样,金星表面附近的温度就日积月累,越升越高,一方面海水大量消耗,而温度高到一定的程度,存在碳酸盐岩里的大量二氧化碳就会被"赶"出来。

大气中水蒸气和二氧化碳成分的增加,使温度持续上升,而温度增高的结果是水蒸气和二氧化碳继续大量产生出来,形成所谓的"温室效应",这种恶性循环使得金星表面的情况越来越严酷。同时,在紫外线的作用下,水蒸气分解为氢和氧,而氢又由于种种原因,脱离金星而逃逸到太空去。其结果是,金星海洋中的水越来越少,直到完全干涸,停留在大气中的水蒸气也微乎其微,金星表面的温度则维持在400℃以上的酷热状态。

这样的解释并没有得到普遍的承认。有人认为:现在金星上的水,很少有机会到达大气的上层,因此不会遭到分解和被"迫"逃到空间去;即使按现在水分消耗的速度来考虑,在太阳系的全部漫长历史中,金星也根本不可能失去那么大量的水。

不承认金星过去有过海洋的人,对于大气中的少量水蒸气,自有其独特的解释。有这么一种假说,认为:金星最初根本没有海洋,而是个干燥的星球。由于金星没有磁场,太阳风就直接"吹"向金星大气,太阳风所带的氢成为大气中很少量水的来源。可是,金星上不存在大量水的问题就算这样解决了,地球上大量水的来源问题怎么解决呢?为什么地球和金星都在相距不太远的宇宙空间形成,一个是"水"球,而另一个是干燥星球呢?显然这是说不通的。

有人把太阳风换成了彗星,认为彗星所带的水分和冰是金星大气中少量水蒸气的主要来源,并认为几十亿年来,有难以计数的彗星和微彗星撞进了金星大气层。还是同样的问题,为什么从一开始地球和金星上的水量就相差那么悬殊!

金星上面是否存在过大海?如果存在的话,它们又是如何消失的呢?这类问题有待进一步观测、探讨、研究、分析。我们必须认识到,金星古海之谜并不是一个纯理论问题,而具有非常重要的现实意义。金星大气中二氧化碳成分的增加,再加上"温室效应"的作用,使得金星成为生命的"禁区"。回头看我们地球的话,地球上的二氧化碳最低限度不少于金星,只是它们都被禁锢在各种岩石中。金星向我们提出的警告是:千万不能由于大量燃烧石油、煤炭和其他燃料,而无节制地增加大气中的二氧化碳含量;千万不能让大气中含太多的二氧化碳,产生像金星那样的"温室效应",致使岩石中的二氧化碳释放出来;千万不能使得大气中二氧化碳含量与地球表面温度持续上升之间,形成极大的危害生命的恶性循环,不论是现在还是将来。

金星上神秘的城市遗迹

1989 年 1 月,前苏联发射的一枚探测器终于穿过了金星表面浓厚的大气层,通过对其发回照片的科学分析,科学家们惊奇地发现,金星地表原来分布有 2 万座城市的遗迹。

关于金星的这一最新秘密,是前苏联科学家尼古拉·里宾契诃夫在布鲁塞尔的科学研讨会上披露的。

在这次会议上,里宾契诃夫说:"那些城市全散布在金星表面,如我们能知道是谁建造了它们就好了,……我们绝对无法在金星上生存片刻,但一些生物却做到了——并留下了一个伟大的文化遗迹证明它。"

"那些城市以马车轮的形状建成,中间的轮轴就是大都会所在。根据我们估计,那里有一个庞大公路网将它们所有城市连接起来,直通它的中央。"

不久,美国发射的探测器也发回了不少有关金星地表城市建筑遗迹的照片。经过科学的处理、辨认、分析,科学家们确认,那 2 万座城市遗迹完全是由"三角锥"形金字塔状建筑组成的,每座城市实际上是一座巨型金字塔,这 2 万座巨型金子塔摆成一个巨型的马车轮形状,其间的辐射状大道连接着中央的大城市。

研究者们认为,这些金字塔形的城市可以日避高温,夜避严寒,再大的风暴对它也无可奈何。

1988 年,前苏联宇宙物理学家阿列克塞·普斯卡夫宣布说,在金星地表也发现了像火星上那样的人面形建筑。这是不是意味着这两个星球有某种特殊的联系呢?

早在 1973 年,前苏联天文学家谢尔盖·罗萨诺夫教授提出了飞碟来自金星的假设,他说:"金星人数世纪来,就生活在金星地表下面,在那里,金星人构筑了真正的地下城,在人造环境中生存繁衍。金星上大气被毁坏,动物和植物被污染致死,金星因为金星人的文明发展走入歧途而失去了控制的缘故,后来,金星人慢慢地开发了他们的地下,在那里种植作物、饲养动物、制造大气和必要的热量。他们利用了原子能,但在地面留下了数以百万计的尸体,也许金星 3/4 的人口都死于核爆炸。既然金星人已取得了核力量,那么很难设想他们至今会不了解我们的存在。我个人认为,不时地出现在地球表面的飞碟是金星人派来侦察的飞行器"。

在金星的城市废墟下面,在金星地下是否真正还活着金星人,谁也很难作绝对的否定,外星人把金星作为飞碟基地,那更是完全可能的。因此,我们对金星人的寻访工作还并没有完成。我们也还不能够明确地肯定或否定金星生命及其文明世界的存在。因为在我们古老的神话传说或经典记载里,在遥远古老的洪荒时代,金星人就曾经来访问过我们地球,并且留下了许多他们殖民地球的历史遗迹。

金星电波之谜

在地球上,雷放电时将产生100赫兹左右的超低频电波,美国发射的"先驱者金星号"探测器发现在金星夜侧的电离层里,有同样的超低频电波。美国宇航局戈达德航天中心的格雷波乌斯基领导的一个小组,将金星的电波与地球极区的电离层内发生的超低频电波做了比较,结果发现,二者有很多相似之处:发生的场所都在夜侧的电离层,在这个场的磁力线方向都是放射线形状,电波所持续的时间都短于1分钟。

该小组根据这种现象推测:金星电离层的超低频电波与地球极区电离层的超低频电波有相同的机制,也许金星的超低频电波就是金星电离层内雷放电的结果。它的真面目还没有被真正揭开,尚有待科学家们作进一步的探讨和研究。

金星为什么会被浓雾笼罩

金星是天空中最亮的一颗行星,其亮度仅次于太阳和月亮。同时,它又是距地球最近的一颗大行星,距离只有4100万公里。然而,由于它周围有一层浓密的大气阻挡着人们的视线,使人类至今还难以看清金星的真面目。

金星与地球有许多相似之处,但在某些方面也有着明显的区别,最使人感到惊异的是金星的大气层。

前苏联"金星"11号和"金星"12号两个探测器,曾直接降落在高达500℃的金星灼热的表面上。经过探测发现,金星大气中有氩气,并在高空有神秘的放电现象。

探测器上配备了许多新的仪器设备,其中有质谱仪。虽然它外形小巧,但实际上是一个完整的分析实验室。它能从几百万个同类粒子中把任何一个异己粒子识别出来。人们通过质谱仪测出了金星大气层成分中氮的含量高达百分之几,氩含量高于地球大气层中氩含量的近300倍。为什么氮、氩含量如此之高,至今仍是科学上的谜。

金星为何如此明亮

在太阳系的八大行星中,最明亮的星就是那颗时而晨出东方、时而暮现西空的金星。它的亮度仅次于太阳和月亮。

金星的亮度为什么能称雄全天呢?

金星是距离地球最近的行星是原因之一,但更主要的当归功于金星周围那层浓浓的迷雾了。这层云雾反射日光的本领远远超出笼罩着地球的大气层,它能把75%以上的光线反射出来,尤其对红光的反射能力比蓝光更强,这就是为什么金星看上去全天最亮,而且金光灿灿的缘故。那么,这层使金星赢得"最亮之行星"这顶桂冠的迷雾又是什么东西构成的呢?

有人说金星的云雾中是大量的灰尘,有人猜测它是由一种叫二氧化三碳的物质构成的,或是二氧化碳受阳光的紫外线照射后变成的;也有人说金星的云与地球的云不同,不是由水蒸气构成,而是别的什么比水蒸气更能反射阳光的东西。

其实,金星的云雾中除了水蒸气和一些对人体有害的气体外,主要成分就是二氧化碳,比地球大气中的二氧化碳含量高出 1 万倍之多。而金星北极周围的暗色云带则是由水汽或水晶凝聚而成的卷云组成。

木星是候补"太阳"吗

木星是一颗以氢为主要成分的天体,这与我们的地球有很大的差异,而与太阳相似。木星与太阳这两个天体的大气,都包含约 90% 的氢和约 10% 的氦,以及很少量的其他气体。关于木星的内部结构,现在建立的模型认为它的表面并非固体状,整个行星处于流体状态。木星的中心部分大概是个固体核,主要由铁和硅组成,那里的温度至少可以有 30000℃。核的外面是两层氢,先是一层处于液态金属氢状态的氢,接着是一层处于液态分子氢状态的氢,这两层合称为木星幔。再往上,氢以气体状态成为大气的主要成分。

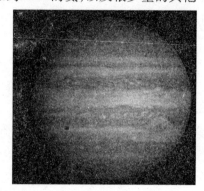

木星

具有如此结构的天体,其中心能否发生热核反应而产生出所需的能量来呢? 许多人认为是可疑的,甚至不可能的。况且木星的质量并没有达到太阳质量的 0.07。

比起太阳来,木星确实有点"小巫见大巫"。称"霸"其他行星的木星,体积只有太阳的 1/1000,质量只及太阳的 1/1047,即约 0.001 个太阳质量,而中心温度也只有太阳的 1/500。有人认为,这并不妨碍木星内部存在热源,因为它是在木星形成过程中产生并积累起来的。

前苏联学者苏切科夫等的意见是颇为新颖的,他认为木星内部正进行着热核反应,核心的温度高得惊人,至少有 280000℃,而且还将变得越来越热,释放更多的能量,释放的速度也将进一步加快。换句话说,木星在逐渐变热,最终会变成一颗名副其实的恒星。

我国学者刘金沂对行星亮度的研究,从一个侧面提供了证据。他发现在过去很长的一段历史时期里,水星、金星、火星和土星的亮度都有减小的趋势,唯独木星的亮度在增大。如果前述四行星的亮度减小与所谓的太阳正在收缩、亮度在减弱有关,那么,木星亮度增大的原因一定是在木星本身。刘金沂得出的结论是：在最近 2000 年中，木星的亮度每千年增大约 0.003 等。这无异对苏切科夫等的观点作了注释。

此外，太阳不仅每时每刻向外辐射出巨大的能量，同时也以太阳风等形式持续不断地向外抛射各种物质微粒。它们在行星际空间前进时，木星自然会俘获其中相当一部分。这样的话，一方面木星的质量日积月累不断增加，逐渐接近和达到成为一个恒星所必需的最低条件；另一方面，在截获来自太阳的各种粒子时，木星当然也就获得了它们所携带的能量。换言之，太阳以自己的日渐衰弱来促使木星日渐壮大，最后达到两者几乎并驾齐驱的程度，使木星成为恒星。

这样的过程据说大致需要 30 亿年的时间。那时，现在的太阳系将成为以太阳和木星为两主体的双星系统；也有可能木星在其"成长"的过程中，把一些小天体俘获过来，建立以自己为中心天体的另一个"太阳系"，与仍以现在太阳为中心天体的太阳系，平起平坐。不管是哪种形式的变化，目前太阳系的全部天体，包括大小行星乃至彗星等，都将有较大幅度的变动。

木星有颗"新月亮"

美国天文学家宣布，发现一个围绕木星旋转的"新月球"——木星的第 17 颗卫星。这颗新卫星是由美国马萨诸塞州史密斯索尼安天文台与亚利桑那大学的天文学家发现的。

新卫星的照片是在 1999 年 10 月和 11 月，美国亚利桑那州立大学史密斯天文观测中心在观测小行星和彗星的时候，拍下的。这个物体开始时被命名为 1999UX18 小行星，天文学家没有马上意识到这颗看似有些像慧星的星体就是木星的卫星。当史密斯天文台小行星中心在研究其运行轨道时，证实 UX18 实际上是一个围绕木星旋转的卫星，而不是围绕太阳旋转的行星。这是自从 1974 年发现木星的卫星之后第一次重大发现。

目前，这颗新发现的卫星编号为 S/1999J1，其直径大约有 4.83 公里，人类迄今为止发现的太阳系中最小的卫星。此前，木星的卫星当中最小的一颗是（Leda）"勒达"，该卫星发现于 1974 年，其直径为 5 至 10 英里。

根据史密斯天文台小行星中心的计算，这个新月球属于木星的外部卫星子群，在距离木星 2414 万公里的轨道上运行，运转周期为 2 年。到目前为止，天文学家尚未给 S/1999J1 进行永久性命名，是因需要对其运行轨道进行更加可靠的运算。

最后确认这颗卫星还需几个月时间。因为在未来几个月内，木星及其卫星的运行轨道距离太阳太近，不利于观测，但这段时间过去之后，大型望远镜很快就会重新发现它们。

史密斯天文台是利用一个拥有 79 年历史，91.44 厘米的望远镜在亚利桑那州肯特山顶对太阳系的行星和彗星进行观察的。如果被证实，那么 S/1999J1 将是木星的第 17 颗卫星,也是史密斯天文观测中心发现的第一颗不知名卫星。

木星是地球福星

可以想象,如果没有木星,整个太阳系大概都会是另一番模样。首先,太阳系中将会增加至少一颗行星,因为在木星和火星之间的小行星将会相互结合,而不是像现在一样被木星的引力驱散;火星的体积大概会比现在要大得多;太阳系中可能出现 3 个可以居住的行星,而不是像现在只有地球这 1 个;因为有了强大的引力,火星也可能拥有大气层,而不是像现在这样没有什么大气层;更大的火星内核会产生更强大的磁场,从而保护火星表面不像现在这样受宇宙射线的伤害;更大的质量还能产生足够的内热,驱动板块构造的进行,从而有助于稳定行星的气候和生成各种不同的地形;这颗假想的行星甚至可以长大到足以支持生命的成长。所以具有讽刺意味的是,当木星对地球上的生命起着促进作用的同时,却阻碍了生命在其他行星上的成长。

天文学家说,如果木星距离太阳的位置比现在更近或更远,所带来的后果都将非常可怕。如果木星距离太阳更近,将会使地球偏离轨道,可能朝着太阳的方向飞去,或者跑出太阳系;如果木星位于小行星带的中央,则可能会迅速驱散小行星,使它们的水分过早到达地球,而当时仍然非常炽热的地球会很快将水分蒸发掉;如果木星距离太阳更远,它对小行星带就不会产生多大影响,甚至可能允许在小行星带里形成新的行星,但同时它还可能从更遥远的地方引来彗星,从而给内行星提供水分。

木星形成的速度同样具有深远的意义。如果木星变得像现在这么大,所用的时间比实际少得多,那么它对其他行星所产生的影响会开始得更早,而且更富戏剧性。传统理论认为,木星是在长达 1000 万年的时间内形成的,首先形成一个岩质的内核,然后逐渐长大到地球质量的 10 到 15 倍,接着吸引气体使体积增大到现在的大小。但是在 1997 年,行星科学家阿伦·波士提出了不同看法。他认为,木星是由太阳系星云气体中的不规则物质直接聚合而成的,其形成过程仅需耗时几百年。如果像木星和土星一样的气态大行星果真是在如此短时间里形成的,那么它们就应该对像地球那样的邻居产生更大的影响。最后,木星轨道的形状也至关重要。幸运的是,它大致是一个圆形。如果一颗庞大行星的轨道呈椭圆或其他非正圆形状,就必然会扰乱其他行星的运行轨道,甚至打乱整个星系。这些行星或许最终能在非正圆轨道中达到平衡,但也有可能最终被抛出太阳系。对地球来说,哪怕运行轨道只比现在的轨道偏离一点点,地球上的生命都将遭遇到难以想象的酷暑和严冬。

揭开水星之谜

在肉眼能看到的水、金、火、木、土五大行星中,长期以来,水星是最使人难以捉摸的行星。因为它离太阳最近,它常常隐藏在强烈的阳光里,使你难以一睹它的容貌,就连波兰鼎鼎大名的天文学家哥白尼,也因没有看到过水星而终身遗憾。但是在机会碰巧的情况下,水星从太阳面前经过时,人们可以看见在明亮的太阳圆盘背景上出现了一个小圆点,那就是水星。这种现象叫做"水星凌日"。上一次看到的水星凌日在 1993 年 11 月 6 日中午前后。水星凌日时,水星在太阳明亮的背景上呈现一个黑点,仔细观察会看出水星的边缘异常清楚,这就告诉我们,在水星上是没有空气的,由于这一点,就使水星世界具有许多特色。

首先水星离太阳比地球近得多,比日地距离的一半还近(0.38),所以在水星上看太阳就比地球上看到的大得多,当然也更耀眼。更为奇特的是水星上没有大气,因而星星和太阳同时辉耀在天空中。太阳的面貌也很不一般,除了它那光辉巨大的圆盘外,在太阳周围有飘动着青白色的面纱,那是太阳外围的大气——日冕;在靠近日面的边缘还有红色的火舌——日珥,它是太阳上汹涌奔腾的"火焰",高度高达几万公里到几十万公里。而且日冕的长度可达百多万公里! 在静寂无声的水星世界的天空中却呈现出这样不平凡的奇异风光,真是令人叫绝。要知道日珥和日冕的壮观景象在地球上只有日全食时才能看到。

水星和太阳的平均距离为 5790 万公里,约为日地距离的 0.387,是距离太阳最近的行星,到目前为止还没有发现过比水星更近太阳的行星。

轨道速度最快,它离太阳最近,所以受到太阳的引力也最大,因此在它的轨道上比任何行星跑得都快,轨道速度为每秒钟 48 公里,比地球的轨道速度快 18 公里。这样快的速度,只用 15 分钟就能环绕地球一周。

地球每 1 年绕太阳公转 1 圈,而"水星年"是太阳系中最短的年。它绕太阳公转 1 周只用 88 天,还不到地球上的 3 个月。这都是因为水星围绕太阳高速飞奔的缘故。

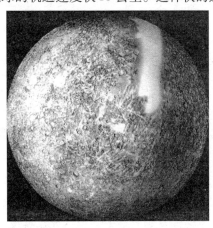

因为没有大气的调节,距离太阳又非常近,所以在太阳的烘烤下,向阳面的温度最高时可达 430℃,但背阳面的夜间温度可低到零下 160℃,昼夜温差近 600℃,夺得行星表面温差最大的冠军,这真是一个处于火与冰之间的世界。

水星

在太阳系的行星中,水星"年"时间最短,但水星"日"却比别的行星更长,在水星上的一天(水星自转一周)将近两个月(为 58.65 地球日)。在水星的一年里,只能看到两次日出和两次日落,那里的一天半就是一年。

为了揭开水星之谜,美国宇航局在 1973 年 11 月 3 日发射了"水手"10 号行星探测器,前往探测金星(1974 年 2 月 5 日)和水星(1974 年 3 月 29 日)。"水手"10 号在日心椭圆轨道上的水星有两次较远距离的相遇,拍摄了第一批水星有大量坑穴的照片,拼合起来很像是半个月球。从此水星表面的真面目被逐渐地揭开了。

"水手"10号拍摄了水星表面大约2000多张照片,清楚地看到水星表面有大量的坑穴和复杂的地形。在水星上有一个直径1300公里的巨大的同心圆构造,这很可能是一个直径有100公里的陨星冲撞而形成的,它很像月球背面的"东方"盆地的情况。这个同心圆构造位于水星赤道地带,特别酷热,所以用热量单位"卡路里"来命名,叫做卡路里盆地。其中有的坑穴还有着像月球上某些环形山具有的辐射状条纹。这也许是因为小的天体撞击水星时,产生了许多小碎片,一齐向四方飞散而造成的,有的长达400公里。水星表面共有100多个具有放射状条纹的坑穴,大多以艺术家的名字命名。

现在的水星表面是平静无事的。可能过去有过火山活动,现在在水星上还可以看到几处貌似火山熔岩形成的平面状地区。

水星还有一个特征,就是它的表面到处都可遇到3~4公里高的断崖地形,有的长达几百公里,这些被认为是水星冷却收缩而形成的。因为水星上没有水和大气,所以这种地形可以长久存在并保持原状。

水星的赤道半径虽然只有地球的2/5,但密度和地球接近,因而可以认为构成水星的物质比地球物质为重。这就使科学家推论,水星中心有一个铁镍组成的核心,大小可能和月球差不多。

水星也有磁场,大约为地球磁场强度的1%,比火星的磁场要强得多,这已经是被"水手"10号探测水星时所了解到的了。谜一般的水星现在已经被我们揭开了它的不少秘密,进一步的探测还有待于未来。

水星上有"冰山"

1991年美国科学家在对水星进行雷达回波实验时的发现,从水星北极反射回来的信号特别强,这表明水星北极表面物质与其他地方不同,有很高的反射率,而水或者水冰是其中最简单的解释。在这么恶劣的水星环境下,怎么可能存在水或水冰呢?

水星的自转轴几乎垂直于它的公转轨道面,水星两极一些深陷的陨石坑可能永远照不进太阳光,里面的温度可能低达零下160多摄氏度,因此科学家猜测,太空陨石坠落时带来的水冰或者内部挥发出来的水汽能够一直保留在水星两极一些深陷的陨石坑内,因而不会挥发到太空中。当然究竟有没有水冰,还有待于实地考察。

尽管如此,地球上的雷达成像系统显示,水星的南北两极附近对雷达波有着很高的反射率。这种现象可能预示着这些地方有水冰存在。雷达图像还显示,在这些地方还有几十个环形山区域,可能是彗星撞击后留下的痕迹。这些地方阳光可能永远都照射不到,并且温度足够低,这为水冰长期存在提供了可能。同时,关于对月球上是否有水存在的探测与讨论,更激发了科学家对水星上是否有水存在的兴趣。

尽管现在还没有直接的证据表明水星的两极区域内有冰存在,然而雷达图像的大块明亮区域对应的由环形山造成的几乎是永久性的阴影地带,可以看成是水星上存在水冰的有力证据。然而,对雷达波的积吸反射也可以被理解成是由其他的一些物质所造成的结果,比如,一些金属的硫化物、金属的冷凝物、钠盐的沉积物等。当然这和冰的存在没有任何关系。

水星的磁场之谜

"水手"10 号第一次飞越水星时,最近时距水星只有 720 多公里。探测器上的照相机在拍摄布满环形山的水星地貌的同时,磁强计意外地探测到水星似乎存在一个很弱的磁场,而且可能是跟地球磁场那样有着两个磁极的偶极磁场。水星表面环形山和磁场的发现使科学家很感兴趣,因为这些都是前所未知的。但是,磁场的存在必须得到进一步的证实,这就要等待到"水手"10 号与水星的另一次接近。

"水手"10 号探测器的飞行轨道是这样安排的:在到达水星区域时,它每 176 天绕太阳转一圈。我们知道,水星每 88 天绕太阳一周,也就是说,水星每绕太阳两圈,"水手"10 号来到水星附近一次,飞越水星并进行探测。

"水手"10 号第二次飞越水星时,距表面最近时在 48000 公里左右,对水星磁场没有发现什么新的情况。为了取得包括磁场在内的更加精确的观测资料,科学家们对探测器的轨道作了校准,使它第三次飞越水星时,离表面只有 327 公里,而且更接近水星北极。观测结果是十分令人鼓舞的:水星确实有一个偶极磁场。从最初发现到完全证实,刚好是一年时间。

水星的偶极磁场与地球的很相像,极性也相同,即水星磁场的北极在水星的北半球,其南极在南半球。

磁场强度一般用一种叫做"高斯"的单位来表示,水星赤道上的磁场约 0.004 高斯,两极处略微强些,约 0.007 高斯。跟地球磁场强度比较一下就更清楚些,地球表面赤道上的磁场强度在 0.29～0.40 高斯之间,两极处的强度也略大,地磁北极约 0.61 高斯,南极约 0.68 高斯。大体上说来,水星表面磁场的强度大致是地球的 1%。与地球磁场相比,水星磁场强度不算高,更不要说与其他强磁场行星——木星和土星相比了。但是,除了这三颗行星之外,在太阳系的其余行星中,水星还是可以称得上是有较强磁场的一颗行星。

水星磁场与地球磁场还有一点很相像的地方,那就是磁轴与自转轴并不重合,两者互相交错而形成一个夹角,水星的这个角度是 12°,而地球则是 11°多。磁轴指的是北磁极和南磁极之间的连线。

既然存在磁场,磁场在太阳风的作用下肯定会被局限在一定的范围内,这个范围就是所谓的磁层。太阳风基本上不可能进入到磁层里面。水星和地球都有磁场,也都有磁层,水星磁层冲着太阳那面的边界——磁层顶到水星中心的距离,大致相当于 1.45 个水星半径,地球磁层顶到地球中心的距离约 11 个地球半径。所不同的是,地球磁层是不对称的,有点像是条头大尾小的大"鲸鱼",而且"尾巴"拉得很长;水星的磁层则是比较对称的。

有人认为:在水星形成的早期历史阶段,它的液态核心还没有凝固,水星磁场是在那个时候产生的,并一直保留到现在。这种观点遭到许多人的反对,认为根本是不可能的。主要理由是:在过去的几十亿年当中,由于放射性元素产生热能,或者其他像陨星袭击等原因,使得水星内部相应部位的温度上升到物质丧失磁性所必需的最低温度之上,从而使残留下来的磁场完全消失。所以,即使当时保留了部分磁场,现在也早已消失了。

还有人认为,水星与太阳风持续不断地相互作用,也许会由此而产生磁场。对这种主张的深入研究结果表明,这种相互作用虽然会由感应而产生磁场,但不可能产生与自转轴平行的对称性磁场。

看来,水星磁场是由某种我们还没有想到或还不理解的原因造成的,这还是个难解的谜。不仅如此,有待完善的磁场成因理论,还必须能同时回答:地球磁场是怎么产生的? 为什么有的天体没有磁场? 为什么金星有一个比水星更大更热的内核,却没有明显的磁场等问题。

美丽的土星环之谜

土星光环结构复杂,千姿百态。光环环环相套,以至成千上万个,看上去更像一张硕大无比的密纹唱片上那一圈圈的螺旋纹路。所有的环都由大小不等的碎块颗粒组成,大小相差悬殊,大的可达几十米,小的不过几厘米或者更微小。它们外包一层冰壳,由于太阳光的照射,而形成了动人的明亮光环。

土星光环除了明亮还又宽又薄。土星环延伸到土星以外辽阔的空间,土星最外环距土星中心有 10 ~ 15 个土星半径,土星光环宽达 20 万公里,可以在光环面上并列排上十多个地球,如果拿一个地球在上面滚来滚去,其情形如同皮球在人行道上滚动一样。土星光环又很薄。我们在地球上透过土星环,还可见到光环后面的侧面闪烁的星星,土星环估计最厚不超过 150 公里。所以,当光环的侧面

土星环

转向我们时,远在地球上的人望过去,150 公里厚的土星环就像薄纸一张——光环"消失"了。每隔 15 年,光环就要消失一次。

奇异的土星光环位于土星赤道平面内,与地球公转情况一样,土星赤道面与它绕太阳运转轨道平面之间有个夹角,这个 27°的倾角,造成了土星光环模样的变化。我们会一

段时间"仰视"土星环,一段时间又"俯视"土星环,这种时候的土星环像顶漂亮的宽边草帽。另外一些时候,它又像一个平平的圆盘,或者突然隐身不见,这是因为我们在"平视"光环,即使是最好的望远镜也难觅其"芳踪"。

土星环不仅给我们美的享受,也留下了很多谜团。目前还不知道组成光环的这些物质,是来自土星诞生时的遗物呢? 还是来自土星卫星与小天体相撞后的碎片? 土星环为什么有那么神奇的结构呢? 这些都是有待科学家们研究探讨的问题。

土星极地上空的神秘辉光

土星表面的温度一直让科学家们感到困惑不已:这颗气态巨型行星的实际温度要远远高于理论计算值,也就是说,其所具有的热量似乎要远高于从太阳获得的辐射能量。为了解开这一谜团,来自英国伦敦大学学院的阿兰·埃尔沃德等人对土星进行了长期观测。他们发现,土星所呈现出的复杂程度要远远超过先前人们的想象。

科学家们长期以来一直在寻找土星表面"多余"能量的来源。他们认为,分布在土星极地上空的神秘辉光在不断地加热着土星大气的上层,之后,这些被加热了的气体又随着某种未知的循环过程被带到了土星的赤道地区,导致整个土星表面温度的升高。不过,正如埃尔沃德等人所发现的,如果上述大气运动过程真的存在于土星上,那么它所起到的作用应该正好相反,即:逐渐冷却土星赤道大气。如果科学家们的结论正确,那么当土星赤道区域的温度达到200K时,极地地区的就应达到400K。

埃尔沃德表示,目前面临的难题并非是土星大气底层所具有的温度低于理论值,而是极地地区所具有的热量"太多"。遗憾的是,科学家们现在还未开发出能够反映土星大气特性的计算机模型。要想解答土星大气温度异常之谜,可能先要对现有的有关行星大气的理论进行修订。

木卫二上也有断层

"伽利略"号航天器发回的照片显示,木卫二表面有一道断层。一些科学家认为,木卫二的冰层下面可能存在生命赖以维持的水。

参加美国地球物理学会会议的研究人员说,这条断层带与加利福尼亚有名的圣安德烈亚斯断层相似,并且使木卫二看起来像一个"破裂的主球"。

这道断层——也许在整个冰层——的下面可能存在着一个海洋。如果这一点得到证实,木卫二将成为太阳系中除地球以外的第一个有液态水的天体。这将使木卫二和木卫四(另一个可能存在液态水的木星卫星)成为寻找生命痕迹的最佳地点。

这条长800多公里的断层横跨木卫二的南部。断层中约有50公里长的部分出现了位移。

与圣安德烈亚斯相似,这是一个平移断层。断层呈水平交叉,就像相向行驶的车流一样。

木卫二上海豚音之谜

据国外媒体报道,科学家们一直在努力研究动物的语言,他们相信,倘若我们能破译地球上高级生物的语言,那么人类离破解外星信号的梦想就更近一步了。比如海豚,海豚是一种性格复杂、情感细腻的群居动物,它们以独特的语言进行沟通。美国肯尼迪航天中心天文学家西蒙·克拉克的最新一种理论认为,木卫二上的生命形态与海豚十分相似,并且也说海豚语。

木卫二

美国宇航局最近解密的文件称,几年前,美国宇航局(NASA)发射的"伽利略"号探测器在木卫二海拔 400 公里的上空掠过时,敏感的无线电探测器上感应到,木卫二厚厚的冰层下方传出一种吱吱的叫声。美国当局的高层人士当时曾对 NASA 下过命令,要他们对"伽利略"号所获得的资料严加保密。

经过近年来的电脑分析,科学家们发现,这种吱吱声竟然与海豚发出的声音十分相似,误差率仅为 0.001%。虽然说不清在木卫二海洋中"讲话"的到底是什么生物,但科学家大胆猜测,如果木卫二上真的存在某种形式的生命,它们最有可能与地球上的海豚相似。

这个假设是肯尼迪航天中心工作人员西蒙·克拉克提出来的。根据他的说法,海豚是木星一个卫星上的老住户。克拉克在新闻记者招待会上曾说:"别再提那些'蓝色小精灵'了,除了人类,太阳系就数海豚最聪明。"

在美国佛罗里达的秘密海洋实验室里,生物学家进行了一项最复杂的试验。他们让海豚们听用磁带从木卫二录下来的那些神秘的声音,试图让它们能听懂这些地外生物的语言。等到下一次再赴木星考察,还打算将海豚的"谈话"录音带去,用无线电发射机将信号发射到木卫二。

我们不妨设想,科学家截听到了外星人的谈话或直接收到他们的来信。那么,如何破译它们呢?美国加利福尼亚州芒廷维尤地外理性研究所(SETI Institute)的研究人员劳伦斯·道尔认真思考过这个问题。他提出了一种非常别致的方法,可以辨别出海豚彼此间是在用外星球的语言交谈。这是通信技术中常用的办法,基础是能用来对任何一种信号序列,如能对 DNA 盐基、数字、字母或含有信息内容的句子等一序列数据进行分析的数学手段。

首先要弄清楚信号到底是怎么回事,是真的有信息,还是普普通通的噪声。哈佛大学的语言学家乔治·济普夫研究出一种能辨别陌生声音中有无含义的方法。他先统计出一段常见的文字中各种字母能碰到多少次，因为一般有含义的文字不可能连续包含好几个相同的字母，字母碰上也有一定的周期性。然后按字母出现的频率，以一种固定方式画出一张表格，最后以对数比例画出一条带角系数的斜线，蕴涵有某种意义的语言文字的角系数便是这样，而没有任何意义的随便一种字母组合在图表上的排列应该是水平的，没有任何斜度。就这样，科学家运用济普夫的方法研究了海豚的叫声，结果得出的斜度系数跟人说话一模一样，也就是说，它的叫声是带有信息的。

相比之下，猿猴的"啼鸣"就简单多了，它的系数勉强达到 -0.6。这表明，就智力而言，海豚更接近我们。

俄罗斯生物学家塔尔切夫斯卡娅对海豚的声音有过多年研究，她认为，人和海豚很有可能是宇宙间最有理性的生物。海豚声音信号频率的音域超过了人，如果说人的声音来往频率可达 20 千赫，海豚却能达 300 千赫。

除此之外，研究结果表明，海豚和人一样，其声音组成也是由发声、音节、单词、句子、段落和上下文等 6 个阶段组成。从声音信号组成的复杂性来看，海豚和人几乎完全相同。

总之，人和海豚两个物种有许多共同之处。海豚和我们一样，随便吃用别的动物，它们的寿命也大致同人一样，在同一个年龄段长成年，也是非常合群，过的是家庭生活，并且它们还有自己的方言。

科学家们同时指出，在现有条件下，肯定木卫二上是否存在生命形式还不太可能，但是他们猜测，如果木卫二上存在某种形式的生命，它们最有可能与地球上的海豚相似。

揭开海王星的神秘面纱

在大型天文望远镜里的海王星，呈现出淡蓝色的圆面，人们自然而然地联想到蔚蓝色的大海，海王星绕太阳运转的轨道半径为 45 亿千米，是地球距离太阳的 30 倍，公转一周需要 165 年。从 1846 年发现到今天，海王星还没走完一个全程。

海王星的直径是 49400 千米，和天王星类似，质量比天王星略大一些。因此海王星的内部结构与天王星极为相近，所以说是天王星的孪生兄弟。

海王星表面也有厚厚的大气层包围着，大气中含有氢、甲烷和氨等气体。由于海王星离太阳遥远，表面有效温度为 -230℃，但在红外波段，海王星的辐射能量超过它所吸收的太阳

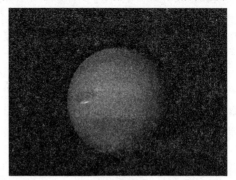

海王星

能量，这表明海王星也可能存在内部局部能源。从1989年8月"旅行者2号"考察海王星时发回的照片上发现，海王星上面有一个大鹅卵形黑斑，两个暗斑和三个亮斑。黑斑的直径约为1.28万公里，看上去像一只大眼睛，大约每10天逆时针旋转一周。这个大黑斑实际上是一个气旋，它是海王星大气的高压区，在它上面约50公里处有一些像卷云般的云朵。分析表明，在海王星大气中含有高浓度的甲烷和氢硫化物。

天王星和海王星的内部结构既不像类地行星富含硅、铁，又不像巨行星那样富含氢、氦，它们基本上是由水、甲烷、氨等氢化物构成；而硅酸盐、铁、氢和氦只是次要成分。这就是说，虽然天王星和海王星也像巨行星那样是液态行星，但它们的化学成分已不是原始星云物质。

现在认为天王星和海王星的大气中氢仍是主要成分，其内部结构分为三层：富氢的大气层，其质量为1~2地球质量；由甲烷、氨和水构成的液态幔，其质量约为地球质量的10倍；岩—冰核，其质量约为地球质量的3倍。

根据地面观测，天王星和海王星也有磁层。为此，"旅行者"2号的探测项目中设置了对天王星、海王星磁层的探测项目。"旅行者"2号在到达天王星最近距离点之前，就探测出天王星发出的射电信号和带电粒子流。经测定，天王星也有磁层结构，其磁层中主要是由质子和电子构成的等离子体。磁层在朝向太阳的一面至少延伸到59万公里的高度，其磁尾延伸到600万公里。天王星也有与地球范艾伦带类似的辐射带。

1989年8月24日，"旅行者"2号抵达海王星近区，对海王星进行多方面的探测。观测资料向我们展示了海王星的"画卷"。海王星是一颗蓝绿色的行星，大气层内十分活跃，各层的云都在高速流动，风暴层出不穷。在大气层中存在两个暗斑和3个亮斑。其中一个大暗斑在东西方向上达12000公里，南北方向上达8000公里，位于海王星南半球南纬21°，与木星大红斑一样，是沿逆时针方向运动的气团。大黑斑的南部还伴有明亮的白斑。"旅行者"2号还新发现海王星有6颗卫星，使海王星卫星总数达到8颗。发现海王星有5条光环。迄今为止，木星、土星、天王星和海王星都具有光环。它们同属类木行星。这给关于太阳系起源和演化的研究注入了新的活力。

冥王星被降级为"矮行星"

2006年8月24日在捷克首都布拉格召开的国际天文学联合会上，包括中国科学家在内的来自76个国家的2500多名天文学家以投票表决的方式，将冥王星"淘汰"出了行星行列，降级为"矮行星"

冥王星是1930年被美国人克莱德·汤博发现的，在当时的天文观测水平和观测条件下，科学家高估了它的质量，认为它比地球还大。可是，随着哈勃太空望远镜等现代天文观测设备的不断出现，人们对宇宙的认识逐渐加深，科学家们发现实际上它的质量远非当初观测的那样大，而是比月球还小，它的直径只有2300公里。

可是待人们发现这是个错误的时候，冥王星已经作为第九大行星被写入了教科书，因此不少科学家认为冥王星的发现如果推后几十年，它根本不可能跻身"九大行星"之列。太阳系"九大行星"中，冥王星是距离太阳最远的一颗，其椭圆轨道比其他各大行星的都要扁长，而且也最为倾斜，这也是它饱受质疑的原因。

在发现冥王星后相当长的时间里，天文学家们一直认为，太阳系中在海王星以外更遥远的区域，除了冥王星外，再没有什么其他的天体了。这一观点遭到了荷兰裔的美籍天文学家柯伊伯的质疑，在1951年他首次提出了"柯伊伯带"假说，即在海王星轨道之外的太阳系边缘，可能还有类似彗星的天体存在。

但柯伊伯的这一假说一直缺乏切实的发现来证明。直到"柯伊伯带"假说提出41年后，美国夏威夷大学天文学家于1992年利用2.2米的天文望远镜，首次观测到这一区域有天体存在，才证明了在太阳系的边缘，确实有着一个原先不为人知的广阔世界，这里被天文学家称为"短周期彗星之家"。

近10年来，科学家在"柯伊伯带"不断有新的收获。据中国天文学会常务理事卞毓麟介绍，"柯伊伯带"离太阳约30～100个天文单位，已观测到的柯伊伯天体直径大多为一二百公里。位于"柯伊伯带"内的天体，统称为"柯伊伯天体"。到2005年底为止，人们发现的"柯伊伯天体"已经近千个，其中直径上千公里的有10来个。"齐娜"是迄今为止发现的"柯伊伯带"中最大的天体。

因此，"齐娜"的发现者布朗博士说："如果冥王星也能称为行星的话，那么"齐娜"完全可以进入行星之列。"

不少天文学家主张将冥王星列为"柯伊伯天体"中的一员；另一些天文学家考虑到历史原因，则认为还是应保留冥王星的大行星地位；至于"齐娜"是否应列入大行星，天文学家认为还需谨慎对待。

那么如果"柯伊伯带"还有更多更大的星体存在，只是尚未被发现怎么办？如果大家都以冥王星为参照，那么大行星家族就会不断"添丁"。这也正是不少天文学家反对给"齐娜""名分"的理由。

天文学界的权威机构——国际天文学联合会专门成立了一个行星定义委员会。经过两年多的研究讨论，行星定义委员会提出了一种方案：太阳系的行星由9颗增至12颗，其中有8颗是经典行星（俗称大行星），不仅大，而且大体上以圆形的公转轨道在黄道平面附近公转；同时有4颗包括冥王星在内的二级行星。然而，这个用了两年时间产生的方案在还未进行最后表决就被当初的提出者推翻。

这次投票表决定义了太阳系中其他三类天体："行星"、"矮行星"和"太阳系小天体"。"行星"指的是围绕太阳运转、自身引力足以克服其刚体力而使天体呈圆球状、并且能够清除其轨道附近其他物体的天体。正是这个标准才将冥王星拦在了行星的"门槛"之外，符合这一条件的行星只有水星、金星、地球、火星、木星、土星、天王星和海王星，而冥王星不在其列。

小行星会撞击地球吗

在整个地球的历史长河中，小行星与地球"擦肩而过"甚至撞击地球的事不乏其例，难道我们生活的地球真的是危机四伏吗？

2002年1月7日，除了几个知情的天文学家外，恐怕再没有人会觉得这天与往常有什么不同了。然而正是这天，一枚直径300米的小行星以11万千米/小时的速度与地球"擦肩而过"，确切的时间是北京时间15点37分。小行星在地球门前掠过并非第一次，然而这次却令科学家们至今心有余悸。道理非常简单，尽管这枚小行星很久以来一直朝着地球的方向飞速运行，但直到2001年12月26日，即直到小行星驶向地球近地点前的12天，它才被美国国家威夷天文台的一台小型天文望远镜所发现。

这枚小行星的编号是2001YB5。当美国的天文望远镜捕捉到它时，它正朝着地球的方向迅速逼近，当时看上去，它的大小也就与从地球上观测月球表面一块直径1米大的岩石相似。刚发现它时，美国天文学家曾异常紧张，因为一枚直径300米、可能是以坚硬的岩石组成的小行星一旦以11万千米/小时的速度撞上地球，其能量至少可以将方圆150千米内的所有建筑和自然物夷为平地，甚至对方圆800千米以外的地区也会造成不可估量的损失。直到科学家们以最快的速度计算出小行星的运行轨道后，他们才松了一口气：这枚小行星不会撞上地球，在距离地球83万千米时，它将转向为逆地球运转的方向而去。事实验证，小行星的运行轨迹与科学家的计算毫无二致。83万千米，从常理上看是个不近的距离，但从天文学上看，在太阳系里，它已经驶进地球的"近郊"。换句话说，以它的运行速度，小行星从其轨道近地点到地球的距离仅有不足8个小时的路程！

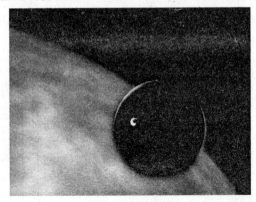

电脑模拟小行星撞地球

如果这枚小行星真的驶向地球，那么人类只能坐以待毙，因为以现在的科学手段，科学家虽然能很快计算出它的运行轨道并预见到它所威胁的具体地区，但却没有能力在12天的时间里采取任何有效的预防措施。

2002年6月14日，一颗小行星从地球附近飞过，当时它与地球的距离比月亮还近，人类却没任何表示，3天后才反应过来。虽然这颗小行星只有足球场那么大，但如果它与地球相撞，足以将一座繁华都市夷为平地。天文学家们6月17日才发现这位"地球访客"，他们将这颗小行星命名为2002MN。据估计，它的直径大约在45米到109米之间，从地球旁边疾驰而过时最近距离为12万千米,运行速度为3.7万千米/小时,位于美国新墨西哥州的林肯近地小行星研究项目的科学家首先发现了这颗小行星。现在,这颗小行星已经飞到离地球几百万千米以外的地方了。

在人类的记录中,只有一颗小行星比2002MN飞得离地球更近,那就是1994年的XMI,当年12月9日它离地球的最近距离只有10.5万千米。2002MN是一颗轻量级小行星,它围绕太阳飞行一周需要894.9天,一旦撞击地球,只会危及一定的地区,并不会对整个世界构成危害。

英国国家空间中心近地目标信息中心公布的一份新闻稿称:"如果2002MN撞上地球,它带来的危害会跟1908年西伯利亚通古斯卡遇到的撞击差不多,当时2000平方千米的森林被铲平。"当年,袭击地球的巨石长60米,其威力相当于广岛原子弹爆炸的600倍。据科学家猜测,一旦2002MN撞击地球,很可能会在大气层发生爆炸,产生巨大的冲击波。

但是,地球遭遇小行星或者彗星撞击的可能性非常小,绝大多数宇宙访客都不会像2002MN那样与地球这样亲近。它的这一"亲近"着实让一些科学家震惊,所幸的是,它今后不会再飞得离地球这样近了。它下一次光顾地球会在2061年,但距离地球会比2002年6月14日时要远得多。天文学家们正在努力测绘大一点的小行星的飞行轨迹,它们的直径超过1千米,一旦撞击地球会完全改变世界的气候。

但是,人类对轻量级小行星的观测和研究明显不足,科学家们对此十分担心。要知道,科学家们发现行星靠的是它们能够反射太阳光,而轻量级小行星反射的光不强,只有在距离地球十分近的情况下才会受到人类的关注,因此它们的危险性不可忽视。此外,天文望远镜多集中在北半球,南半球成了人类的盲点,一旦小行星飞向那里,人们毫无防备。

据称,如果小行星一旦进入撞地轨道,不仅人类发射导弹拦截为时已晚,而且紧急疏散居民都来不及。事实上,在整个地球的历史长河中,小行星与地球"擦肩而过"甚至撞击地球的事不乏其例,最令人心悸的就是6500多万年前一颗直径约10千米的小行星以9万千米/小时的速度与地球相撞,撞击点在今天墨西哥的尤卡坦州。世界各国科学家对墨西哥尤卡坦半岛陨石口地区的研究工作有了初步结论,这为陨石坠落和地球随后的演化理论提供了物质依据。在研究中发现了硫酸盐类矿物——石灰石和硬石膏。

专家们认为,这证明了小行星坠落致使地球上50%动物灭绝的理论。硬石膏的存在是硫大量集中造成的,硫与碳酸盐结合形成了硫酸,硫酸雨"杀死了"陆地和水中的生命。撞击还引起了小行星大爆炸,发生了多次破坏性严重的强烈地震和其他灾难。爆炸产生的尘埃充斥了整个地球大气层,阻挡了阳光,致使气温骤降,植物枯萎。有科学家认为,正是这次小行星与地球相撞,导致当时主宰地球的恐龙及其他许多大型动物完全灭绝,恐龙和其他许多动植物正是在那时从地球上消失的。

在 20 世纪 70 年代,取自月球的岩石显示,月球的最大峡谷,或者说是盆地,几乎所有的大峡谷都处于相同的年龄,即形成于 38.8 亿年前与 40.5 亿年前的时间。这表明月球和其附近的地球受到了巨大岩石不断的撞击。

这为一个具有争议的学说提供了佐证,即在 40 亿年前,少年时代的地球和月球曾被突然出现的巨大宇宙岩石所撞击。就地球来说,这方面的证据已被湮灭在其作为行星的地质活动之历史长河中,并且该地质活动至今仍在持续。

几十年来,科学家们一直奇怪于其他的年轻行星是如何咆哮着向地球和月球抛物撞击的。他们猜测,由于外层行星的形成和轨道的转换,使得彗星和小行星轨道偏离,进而向太阳系内层爆撞。科学家们首先比较了月球岩石和小行星的残片,发现它们具有相似的特定元素的浓度。然后,他们检验了在火星和木星之间的小行星带,发现它们就像在小行星乱阵之中的囚徒一样,正在四分五裂。对已经从小行星带坠落的和大约 40 亿年前碰撞形成的小行星的关键同位素进行配对比较,结果发现其中的一些同位素,其实是从小行星带飞出来的。在南极洲找到的陨石和最初萎衰的火星面貌,显示出在地球和月球被撞击时,它们皆已被部分地熔化。科学家们的研究,支持了有关在月球盆地形成时,整个太阳系内部都在被小行星撞击的学说。

而有些科学家认为,该小行星学说仅仅是假说,并不见得就是事实。他们认为,月球在被彗星撞击形成盆地之后,在更小的小行星的撞击中,月球岩石上的微量元素,可能已经沉淀。同时,有些科学家则怀疑,彗星或小行星是否真正与月球发生过撞击。月球的盆地可能永远具有相同的年龄,因为在 40 亿年前,当时仍在形成的月球遭受到了许多的冲击,以至于其表面不能再被修复。而瑞士联邦科技研究所的科学家通过对美国阿波罗号宇宙飞船从月球带回的岩石进行研究,发现了月球与地球曾经相撞的最新证据。

目前,科学界有一种月球生成的理论认为,月球最早的时候是和火星一样大的星球,大约在太阳系形成 5000 万年后,也就是地球生成的早期,该星球与地球相撞,并激起大堆大堆的熔岩,其中某些熔岩后来就形成了今天的月球。此次瑞士科学家们发现,月球岩石里面氧气的同位素比例和地球的一模一样。另外,科学家通过计算机对碰撞进行模拟,显示月球主要是由"月"星球的材料所构成。为此,瑞士的科学家们断定,月球和地球同位素的比例既然一样,就可以证明"月"星球曾经同地球发生过碰撞。

难道我们生活的地球真的是危机四伏吗?其实不然,为使研究人员、新闻媒体和广大公众能够准确掌握某星体对地球的实际威胁程度,避免让公众产生不必要的恐慌,1999 年,国际天文联合会在意大利都灵制定并通过了小行星对地球威胁的险级标准,并将此标准命名为小行星险级都灵标准。根据国际天文联合会报告,迄今为止,天文学家还没有观测到超过都灵 1 级的小行星,也没有发现在相当长的一段时间内会对地球造成重大威胁的天体。至于刚刚光临过地球"近郊"的 2001 YB5,它下次再接近地球的时间是2052 年,但与地球的距离将是 2700 万千米,即便在更远的未来,它撞上地球的可能也是微乎其微。从科学上分析，只有直径超过 1 千米的小行星才能对地球带来灾难性的毁灭。天文学家估计，对地球有潜在威胁的这类小行星大约超过 1000 个，但现在已知的只有 300 多个。

目前，美国正全力支持对直径超过 1 千米的小行星进行观测，截至到 2008 年以前，所有对地球存在潜在威胁的小行星都将归档登记并被追踪轨迹。针对小行星对地球的威胁，科学界已经有了许多设想，如向对地球具有威胁的小行星发射核弹，将小行星击碎。

有专家评论说，这种方法不难达到，但并不理想，因为每个小行星的物质构成不一，科学界尚无法知道核弹的力量是否足以使小行星粉碎成不会对地球造成任何威胁的直径不足 10 米的碎块，如果小行星不能被击成足够小的碎块，被击碎的直径为数百米的大型天体可能会变成众多直径为数十米的行星碎块，沿着原来的轨道像行星雨一样降到地球上，这样虽然减少了局部的撞击，但却会使撞击面增多。

在这种情况下，有专家提出了改变小行星轨道的方法，让它偏离可能与地球相撞的轨道，如在小行星表面放置离子发动机，或借助太阳风，或向小行星周围发射核弹等等。

但无论是发射核弹击碎小行星，还是使用各种方法让它改变运行轨道，前提条件都是要提早发现，发现得越早，成功的可能越大。但是，依目前的技术能力看，仍然存在着太多不确定的地方。

哈雷彗星之谜

在天文学界，哈雷彗星非常有名。因为它的 76 年周期是英国天文学家哈雷发现的，故起名为哈雷彗星。哈雷彗星于 1682 年、1758 年、1834 年、1910 年和 1986 年都出现过。这在天文资料上都有记载，而且还曾都准期地出现过彗星蛋事件。

然而，对这颗哈雷彗星的更多神奇特性，天文界还在研究中，在这期间，更为神奇的现象又被发现，哈雷彗星能喷发出几万倍的亮光，令人惊奇和不解。是什么原因能使彗星产生亮度喷发现象呢？对此，中国科学家曾撰文进行过报道和引证了外国专家分析。文章中说：1991 年 2 月 12 日，欧洲南方天文台发现，哈雷彗星的亮度突然猛增 300 倍，从 25 星等增亮到 19 星等，并冒出一团很大的彗发。当时它位于土星与天王星轨道之间，这是首次观测到离太阳那么远的彗星的爆发现象。

人们对遥远的彗星能发生如此激烈的活动感到疑惑。英国天文学家休斯认为，很可能是一颗直径 2.6～60 米的小行星横向"袭击"了哈雷彗星，使得大约 1400 万吨尘埃（相当于哈雷彗星总质量 0.02%）撒向太空。但休斯假说遇到了疑难，首先是在土星与天王星轨道之间，迄今只发现过 3 颗小行星，其中最小的也比哈雷彗星大 5000 倍。但休斯认为，太阳系有许多直径在 60 米以内的小天体，它们在土星轨道附近时的亮度只有 30 星等，连哈勃空间望远镜也难以探测到，但不能因此就忽略它们。

许多天文学家不赞同休斯的说法。彗星专家马斯登说，彗星是不稳定的天体，只要有很少一点阳光照在它们的裂隙上,就可能引起物质蒸发和逃逸。休斯和马斯登都认为只有观测到更多遥远彗星的爆发现象后,才能下结论。

如果休斯的猜测是事实,那么2061年哈雷彗星再度回归时,航天器将会看到它的表面有个约2千米大小的"新"伤痕。

另外,还有两位美国天文学家从另一个角度解释了这次哈雷彗星的爆发。他们认为是太阳耀斑的激波撼碎了哈雷彗星薄弱的外壳,致使尘埃大量外逸。行星际的激波早就被"先锋"10号飞船在离太阳40天文单位以外探测到。两年前金星探测器也观测到多次太阳耀斑引起了激波。1991年1月31日,太阳上出现了特大耀斑,据信这次耀斑产生的强激波于两星期后抵达哈雷彗星,引起了爆发。

总之,关于哈雷彗星爆发之谜,是由于太阳风暴激发引起,还是与小行星碰撞引起,还是另有他故,目前还无法定论,只有通过进一步的观测、探索,相信最后会真相大白的。

第七节　UFO谜案追踪

飞碟是从哪里来的

1947年6月24日,肯内斯·阿穆尔特驾着自己的小飞机在华盛顿看到了9个不明物体飞过雷诺山。事后,他描绘道:"这些不明飞行物像个飞行着的碟子,飞起来犹如穿过水面的水瓢一样。"当地报纸在选登这一新闻时还特地加了"碟"的标题。从此"飞碟"一词(又称UFO)便逐渐为全世界所接受了。

有关UFO的来源有许多假说,尚未完全定论,其中以外星人制造最为流行,但是其他假说仍各有其理论根据,值得研究探讨。

飞碟

(1)地球外文明说

此说认为在宇宙其他星球上住有科技文明高出地球人的生物,这些外星人时常乘坐UFO在宇宙间飞行,也常常到地球来,在远古时代曾在地球上建立高度文明国家。后来离开地球,留下了许多无法解释的"遗迹",因而,产生了"宇宙考古学"这门新学问。

在广大的宇宙中,与地球同样环境的星球肯定不止一个,而比地球更文明更发达的外星人存在的几率事实上也很高。目前UFO的来源以此学说较为大多数研究人员所接受。

(2)秘密兵器说

这个学说认为 UFO 可能是地球上某一国家所开发的秘密兵器,但此一学说有若干疑点。假若 UFO 这类具有特殊飞行性能的兵器为某一国所开发的话,那么必然会运用这种兵器征服全世界,但到目前为止尚无此种国家出现。

研究 UFO 的人却认为基于种种理由开发这种武器的国家尚不愿正式公开,美俄等先进国家可能都在研究。而为了与外星人的飞碟区别,特称秘密兵器 UFO 为 UFOO。

(3)地球空洞说

地球中心是空的,而有高度文明的生物住在里面,UFO 是他们乘坐的飞行器。

有许多人称曾到过地底王国,北极地区及喜马拉雅山均有通往地底的通道,因此有不少探讨地心世界的研究著作出现。据传已故美国总统罗斯福先生也有到过地心的经验,因此他将美金一元纸币的背面改用金字塔,塔顶置有水晶及一只眼睛,用意在传讯息,说明地底世界也是靠着水晶与金字塔吸收太阳能加以利用。

(4)水中文明说

此说主张水底有高文明人类,时常搭乘 UFO 到地面来。

持此说的研究人员认为古代有比人类更高等的种族沉入海中,也有些人认为来自地球外的 UFO 以海底作为基地,因此海底曾发现有非潜水艇的不明物,称为 USO(不明潜水物),并有许多目击报告。

(5)空中生物说

此说认为 UFO 是生存在空中的另一类生物。

在深海中至今仍存在着许多人类尚不清楚的生物,同样道理,空中也可能有高等生物存在,UFO 为其中一种。

但到目前为止并没有人捕获此类空中生物,因此科学家认为此说的可靠性不高。

(6)时间旅行说

此说主张 UFO 是超越时间屏障,由未来世界来到地球的。

持此说的人认为 UFO 是人类进化后所创的飞行器,进化以后的地球人成为头大、手脚变细的模样,这与目击 UFO 的人所看的外星人是一致的。

目前人类尚无法制作超越时光的机器,但将来也许有此可能,所以时间旅行说具有若干真实性。

(7)超地球人说

此说主张 UFO 是从异次元世界或是平行宇宙来到地球的。

在我们所居住的三次元世界之外有更高次元的世界,纵使在同一地球也居住着许多次元不同的生物。

所以,居住在异次元世界的人就搭乘 UFO,到达三次元的地球来。还有,同样住在同一地球,但由于地球的不同次元处也有生物存在,也会搭乘着 UFO 到达地球人的世界,这叫做"超地球人说"。此说很难简单说明,一般人不太容易接受,但 UFO 研究人员主张此说的却不少。

但为何这些超地球人会出现在我们地球上呢？持此说的人认为地球人的活动也会直接地影响到他们。

可惜此说并无直接具体证据，但由于能清楚地说明 UFO 各种现象，因此很受注目，是一种可能性较高的学说。

（8）集合无意识说

主张 UFO 是人类在无意识下所产生的。

人类内心深处可分为显在意识及潜在意识两部分。

前者为自己知道的意识，后者又叫无意识部分，是存在于较深处不为自己所知的部分。此一无意识部分隐藏着种种不满与欲望，有时这部分能令人产生虚幻与臆想。

此种人类的无意识下愿望产生 UFO 就叫集合无意识说，因此 UFO 并非来自其他世界，而是人类愿望所产生的。

此说非常有趣，也具有几分真实性。

（9）幻象说

这是许多正统的科学家所持的看法。他们认为，所谓飞碟云云，只不过是某些人的脑海中出现的幻象，是虚无缥缈的乌有之物。英国心理学家詹姆斯·麦奎恩就这样对《世界科学》月刊的记者说过："飞碟实际上是一种心理活动的反映。"

（10）地光说

英国保罗·迪弗雷克斯等人根据英法两国飞碟现象都与地质断层活动有关，因此认为，"飞碟是由地质的变化过程而产生的。也就是说，实际上，飞碟就是'地光'。"

（11）等离子体火球说

日本的本田伸二等人认为："UFO 是一种等离子体火球。"那么，什么是等离子体火球呢？"是一种被电离的气体，由闪电放电、地震岩石放电、空气中电磁强烈振荡而产生。它在地球大气的电离层中普遍存在。这种由离子、电子以及未电离的中性粒子组成的气体，在上空飞行时，有时便是以火球形式出现的高频放电等离子体。当大气平流层高空的上下层气流流动速度相差悬殊或流动方向相反时，强烈的振动产生了波动，于是，这些波动之间的复杂相互作用导致了火球的产生和变化，因此火球运行时形状各异。"

（12）气镜说

中国的徐仁江认为，飞碟是一种可见但不可及的大气现象，即大气层的小水粒形成的"镜子"，映射地上或空中物体的结果。当"气镜"稳定不变角度和被反射物为静物时，通常出现"飞碟"停留现象。当"气镜"角度变动和被反射物为动物时，"飞碟"则出现稍纵即逝的现象。

真的是众说纷纭，莫衷一是啊！在数以万计的飞碟目击报告中，的确，有一部分是流星，有一部分是地光，有一部分是等离子体火球，有一部分是气镜现象，有一部分是人类的幻想,但是,还有一小部分是无法解释的。那么,这些无法解释的一小部分是什么物体呢?

飞碟光照射的奇异效应

美国俄亥俄州的不明飞行物调查员特里·布莱克经常在州电台讲解 UFO 现象。有一天,当他在电台介绍飞碟的光之后,接到一封注明 1975 年 5 月 30 日写的信,发信者是感化院里的犯人。这位犯人后来又给布莱克写了几封信,告诉他一束来自不明飞行物的光使他从此失去了理智。当时,他曾经有 5 个小时失去了一切记忆。事情发生在 1968 年 1 月。犯人说,此事弄坏了他的神经,要求监狱当局谅解他。他在信中写道:1968 年 1 月,在一次暴风雪中,我驾驶着巴尔加公司的一辆带拖斗的卡车行驶在密执安州的一条公路上。我刚刚在东海岸出了一趟远车。我在离开 M77 公路干线拐入 M88 小公路时看了一下手表,已经是半夜 12 点了。

M88 公路是一条笔直的路,穿过密执安三角洲的一块平坦却又荒芜的开阔地。那夜大雪纷飞,汽车挡风玻璃上的刮水器被冰冻住动弹不得。深夜 12 点 15 分左右,我已无法继续行车,便停下来走出驾驶室去消除刮水器上的冰雪。我刚走下车,一道强光照得我头晕目眩。周围一切都被照得亮如白昼。我的第一个想法是,前面有一架飞机出事故了。那强光只持续了几秒钟,接着我就仿佛跌进了一个淡绿色的世界……我和我的卡车再次被巨大的强光包围。我想到了自己可能是发疯了。但我清楚地看到鹅毛大雪还在飞舞——不过,这雪不再落到我身上和卡车上来,我感到一种灼人的热量。

我突然看到自己离卡车有 7 米的距离,但我不知道是什么时候和怎样走到那里去的。周围的积雪有 15 厘米厚,而雪地里一个脚印也没有。我感到失去了控制。我回到了卡车,它已灭火。我的卡车是柴油发动机,按理说这种发动机在当时的气温下是不会灭火的。我爬上车子,多次点火启动都没有成功。我摸了一下发动机,发觉它十分烫手,等了 3 小时后,它才冷却下来。这个现象我百思不解。

我以为刚才在雪地里只呆了几分钟,当我再次看表时不禁吓了一跳,已是清早 5 点钟了。我十分吃惊,我丢失了 5 个来小时!回到驾驶室里后,我的头痛得厉害,而且常常恶心,这种现象持续了 4 天。另有一件怪事是,我总闻到一种奇怪的气味,直到 1972 年才消失。如果你感到我的这个遭遇值得研究的话,请你独自研究便是,不必找我,因为我目前的处境不便……

这个犯人在 1975 年获释出狱。据 UFO 研究得知,飞碟的光具有不同颜色,各种颜色的光对人体或运动产生的影响也不尽相同。有的光可使人瘫痪;有的灼伤人、动物;有的会使人精神失常;但也有产生良好影响的,如有的飞碟光束会使人产生异能、聪慧、智商提高;有的能使人产生巨大力量,成为大力士;也有的飞碟的光(尤其绿光)能治病,有的会使盲人复明。这些现象甚至使研究者感到惊讶和不解。

UFO"观摩"世界大战

1939 年到 1945 年,是血雨腥风的 6 年,整个地球都被历史上最可怕的屠杀震撼着(死亡人数达五十多万)。在此期间,空军第一次成为决定因素,不仅决定着陆战和海战的胜负,而且决定着战争的进程,如进攻英国、盟军对德国的战略轰炸、日本以及后来美国空军在太平洋战线的胜利等,莫不如此。

1944 年,冲突各国总共拥有 6 万架飞机,而主要交战国英、美、苏、德、日每月生产飞机 300 架。在 5 个交战大国的军队人数中,空军占 35% 。飞行员以其特殊的心理和身体素质、复杂的训练,以及武器特点,无可争辩地成为军队的王牌。而经常面对死亡,又训练出了他们超常的反应能力。因此,1939 年 ~1945 年间空军飞行员提供的有关发现不明飞行物体的报告具有特殊的重要性。在这些情况下,任何观察失误都可以排除。参加第二次世界大战的飞机驾驶员不可能看错他们面前的敌机型号,因为,他们的生与死取决于能否快速和准确地发现敌机。

在此类报告中,经常提到无法辨明的空中物体的活动,这对那些了解正在执行战斗任务的飞机发出的报告当是多么严肃而简洁的人来说,无疑是有说服力的。显然,报告中描述的两方面情况特别引起交战国参谋部的兴趣,这就是:有关飞行物体所达到的令人难以置信的速度;它们尽管表现出"机敏的好奇心",但并不参与冲突,不进攻,特别是在受到地球飞机攻击时也不还击。这种难以解释的表现,比采取公开敌对行动更令各国军界担忧,因为,战争结束后,每个交战国都曾把这些奇怪的空中物体当成是敌人的秘密武器。大国之间相互猜疑,无法理解这些奇怪的空中不速之客的行动和操作方式的各国参谋部,对这种现象展开了认真的考察。

早在 1942 年 ~1943 年间,英国、美国和德国都组成了由科学家、军事专家和王牌飞行员组成的研究小组,并配备了现代化的研究仪器和当时最好的飞机。

正如飞行员们所说,这种措施太及时了,因为,在一些王牌空军大队的飞行记录中,越来越频繁地提到了"不明空中现象"。而这些歼击机、侦察机大队是由出色的飞行员和飞机组成的,指挥它们的是大名鼎鼎的驾驶员凯萨达、尤勒、杜里特尔、施拉德、狄雷、贝格兰德或克洛斯特曼(盟军方面),以及诺沃尼、加兰德、戈洛布和冯·格拉夫(德军方面)指挥的。他们的飞行员在空中飞行时间在 1000 小时 ~6000 小时之间,每天都在打残酷的硬仗,不可能被怀疑缺乏经验或胆量。但是,可以明显地看出,他们对自己遇到的空中物体的奇特性能感到震惊……

从战争档案中发现,同奇怪的空中物体有过"遭遇"的著名空军大队和中队有如下这些:

——皇家空军方面:英国 611、616、415、122 和 125 大队;加拿大 124 和 49 大队;挪威 177 大队;新西兰 286 大队;自由法国阿尔萨斯 374、346 和 341 大队;捷克斯洛伐克 311 和

68 大队;波兰 303 大队,以及国际格拉斯戈 602 大队和孟买 132 大队。

——德国空军方面:神鹰 JGZ、JG26、JG52 和 JG53 大队。

——美国空军方面:第8、第9军备飞行大队。

许多这方面的报告引起了军事家和科学家的共同兴趣。

英国皇家空军

1942 年 3 月 25 日,英国皇家空军战略轰炸机大队的波兰籍突击队员罗曼·索宾斯基奉命对德国城市埃森进行夜袭。任务完成后,他驾驶的飞机升到 5000 米高空,借助漆黑的夜色掩护,返回英国。经过 1 小时的艰难飞行,飞机飞出了德国领空。正当索宾斯基和他的伙伴们松了一口气时,后机关炮炮手突然发出警报说,他们的飞机正被一个不明物体跟踪。"是夜空猎手吗?"驾驶员问,他心里想的是危险的德国空军驱逐机。"不,机长先生!"炮手回答,"它不像是一架飞机! 没有清晰的轮廓,而且特别明亮!"不一会儿,机上的人员都发现了那个奇怪的物体。它闪着美丽的橘黄色光。于是跟任何处在敌国上空的有经验的驾驶员一样,索宾斯基机长当即做出反应,"我想,这大概是德国人制造出的什么新玩意儿。"于是下令炮手开火。但是,使全体机组人员感到惊愕的是,那只陌生的"飞船"尽管离轰炸机只有将近 150 米,又被大量炮弹击中,但并不还击,而且显出满不在乎的样子。炮手们惊惶失措,只好停止射击,那个奇怪的物体就这样静静地伴着轰炸机飞行了一刻钟(此间机上人员的神经紧张到了极点)然后突然升高,以难以置信的速度从波兰飞行员的眼前消失了。

1942 年 3 月 14 日 17 时 35 分,德国空军设在挪威巴纳克的秘密基地突然进入紧急状态,因为雷达上显示出一个陌生空中物体正在飞行。基地最优秀的飞行员,工程师费舍上尉立即驾驶一架 M—109G 型飞机起飞,并成功地在 3500 米高空截住了该物体。这位德国飞行员后来在报告中写道:"陌生的飞船似乎是金属制造的,形状如一架机身长 100 米、宽 15 米的飞机。前端可以看见一种天线一样的装置。尽管没有机翼,也看不见发动机,这艘飞船在飞行中能完全保持水平。我跟踪了它几分钟,然后,它突然升高,以闪电般的速度消失了。"费舍上尉截住它的打算失败了。基地雷达站再没有找到它的影子。尽管这位德国上尉是造诣很高的军事专家,但他承认自己鉴别不出这艘飞船。他深感惊叹的是,它的速度非常快,机身没有机翼却操作异常灵活,而且不倚仗自己的优势把费舍上尉的飞机击落。

1942年2月26日，荷兰巡洋舰"号角号"被一个陌生的空中物体连续跟踪了3个小时。巡洋舰上的船员说那个物体是"一个像铝制的圆盘"。银灰色的"圆盘"并不攻击巡洋舰，而只是好奇地尾随着它，也不害怕舰上全都向它瞄准的炮口。荷兰人发现这个奇怪的物体并无恶意，于是放弃开炮的念头，只是惊愕地注视着空中"圆盘"的复杂操作。为巡洋舰"护航"了3个小时之后，"圆盘"突然加速升高，以每小时大约6000公里的速度消失了。

1943年10月14日，拥有全欧洲最重要的滚珠轴承厂的德国城市施魏因富特遭到盟军的空袭。在这次著名的大空战中，参加攻击这一头等重要目标的有美国空军第8军的700架"空中堡垒"波音B17型和"解放者"联合B24型重型轰炸机。担任护航的有1300架美国和英国歼击机。空袭的目的达到了，施魏因富特滚珠轴承厂被夷为平地，但盟军损失很大：111架歼击机被击落，将近600架轰炸机被击毁击伤；而德国人只损失了300架飞机。德国人在这次空战中投入了3000多架飞机，第一次突破了盟军轰炸机的密集队形（每70架飞机组成一个方阵）。看来，那个空中战场确实像一个地狱。法国驾驶员皮埃尔·克洛斯特曼把它比作"一个大鱼缸，里面的鱼全发了疯；一场真正的噩梦，任何人除了奋力保命而无暇他顾"。

编入一个B17轰炸机方阵的英国少校R·T·霍姆斯却报告说，在他的飞机编队到达目标上方开始发起攻击时，一些闪闪发亮的大圆盘突然迅速地靠拢过来。那些奇怪的"飞船"（其大小与一架B17型轰炸机差不多），穿过美国轰炸机方阵，似乎对机群的700门机关炮的疯狂射击以及地面上无数高射炮组成的火网并不在意。美国飞行员们惊讶地发现那些奇怪的"无翼飞盘"并无恶意，对他们的疯狂射击也不反击，只是静静地飞远了，一点也没有妨碍他们的轰炸。不过，驾驶员们也没有时间按照美国的高贵传统问一问："这些疯子是什么玩意儿？"因为正在这时，德国的歼击机群出现了……霍姆斯少校的座机侥幸得以平安返回基地，下飞机后他的第一件事就是向皇家空军统帅部递交了一份详细报告。英国的军事专家和科学家们对报告的内容既感兴趣，又迷惑不解，猜测它们可能是德国人研制出的新型秘密武器，因为飞盘刚巧在德国飞机到来前10分钟出现。1943年10月24日，作战部对情报部发出一份指令，命令火速查明这件事。三个月后，英国情报部门汇报说，奇怪的闪电圆盘跟德国空军以及世界上任何一国的飞机都毫无关系……它们纯粹是一些UFO——不明飞行物。

1943年12月18日，从11时45分起，德国设在赫尔戈兰岛以及汉堡、维腾贝格和诺伊特雷利茨市的雷达站相继发现一大群圆筒形物体以每小时3000公里的速度静静地从空中飞过。德国空军拥有当时世界上飞行速度最快的飞机（Me－262：时速925公里），但是，德国指挥官们一想到这些魔鬼般空中圆筒可能是盟军投入战斗的新武器时，心中就不寒而栗……

　　1944 年 2 月 12 日，在许多将领的参与下，在德国的秘密基地孔梅尔多夫发射了第一枚 V—2 型导弹。这次试验的目的是为了检验这种超音速导弹（当时还没有任何武器可以将它截击）的性能。当然，这一事件从头至尾都被拍成电影。但是在冲洗胶片时，技术人员惊愕地发现，他们那无与伦比的导弹在飞行过程中始终被一个不明的圆形物体跟踪。那物体竟然还若无其事地绕着导弹飞行。基地上的人们发现不了那个物体，因为它的飞行速度超过导弹：时速 2000 公里。这件事当然发人深思，引起了巨大恐慌。希特勒和戈林都很恼火，认为盟军通过发射间谍装置把他们寄托全部希望的 V—2 型导弹秘密武器了解得一清二楚，而且敌人研制出的武器超过了它。在他们看来，那个奇怪的飞行物如果不是敌人的武器又是什么呢？可笑的是，英国人也为同样的问题大伤脑筋。海军元帅严厉地斥责飞行员，因为他们在 1943 年竟然允许一个陌生的物体在英国庞大的海军基地斯卡帕弗洛上空自由自在的翱翔。当然，奥尔卡德群岛基地上的喷火式战斗机没有能够拦截住一个时速达 3000 公里的飞行物体，这对海军元帅来说无关紧要，他只是不失身份地警告皇家空军："这样的事不容许再次发生！"

　　1944 年 9 月 29 日，在德国最大的秘密试飞基地正在检验一架 Me—262 型飞机。在 1.2 万米高空，驾驶员发现一艘奇特的飞船，纺锤形，无翼，但是有舷窗和金属天线。据德国驾驶员估计，飞船长度超过 B17 型飞机，它以 2000 公里的时速从基地上方掠过，德国喷气式战斗机尽管超高速飞行，也没有能够截住它。

　　1944 年 11 月 23 日 22 时，美国空军第 9 军 415 大队的两架野马 P－51 型歼击机在他们设在英国南部的基地上空巡逻。驾驶员 E·舒勒和 F·林格瓦德中尉对这种老一套的飞行腻味了，打算进行一些完全非军事性质的动作，好让基地的雷达兵们开心。突然，两位中尉惊慌地报告说，发现一个由 10 个明亮的大圆盘组成的飞行大队快速地掠过他们上空。两架野马式歼击机立即上仰，组成战斗队形想截住那些奇怪的圆盘。但尽管开足了最大马力，时速达 730 公里，两个驾驶员仍觉得他们简直是在圆盘后面爬行。基地雷达站指挥官 D·麦尔斯中尉一直注视着这场空中的疯狂追逐，认为"猎物"的速度至少要比"猎人"的快 4 倍，于是建议他们最好放弃跟踪。这正是驾驶员求之不得的，因为他们飞机的发动机已经热得很厉害，有爆炸的危险。就这样，经过 13 分钟毫无结果的追踪之后，两个驾驶员返回了基地，他们汗如雨下，大声地痛骂那些"该死的怪物"。

　　如此众多的报告汇集到各国参谋部办公桌上来，终于使军界要员们恼羞成怒，三个空军大国（美、英、德）政府命令着手进行一系列正式的（当然是秘密的）调查。在美国空军的强烈要求下，情报部门早在 1942 年率先开始调查。但是，鉴于这些空中不速之客的表现，总的看来并不构成对盟军的威胁，而且它们不太可能属于德国人，这个问题被排除出了紧急军务之列，只是建议专家们继续进行研究。可是由于某种原因，美国空军一点也不喜欢在这些陌生的空中物体（不论它们属于谁）面前表现出明显的低人一等。于是，美国空军就同不明飞行物结下了"深仇大恨"，这种情况至今还给美国官方对飞碟的态度打下了烙印。可是在英国,皇家空军成立了一个由许多科学家和航空工程师组成的专门小组和一个受过专门训练、配备有英国最先进飞机的拦截大队。该小组由空军元帅 L·梅塞领导,这充分证明英国空军对研究不明飞行物的重视。

这些研究是为了弄清这些经常出现在盟军飞机附近,而飞机上的火炮损伤不了它们一根毫毛的物体究竟来自何处,它们行动的目的是什么。不幸的是,飞碟研究小组得出的结论过去和现在都是"绝密"……在德国,空军对飞碟的兴趣也一样大。

1942 年,成立了"13 号专门小组"。从那时起,直到 1945 年,这个小组在"天王星行动"计划内,一直从事对奇怪空中物体的研究。这个小组拥有第一流的专家和最先进的仪器,而且在那样一个时期,当国内一切资源都用于前线时,还调了整整一个 Me—262 型飞机中队供小组使用。这充分说明,德国空军意识到必须高度重视这个问题。

当然,在历史上这场最可怕的战争中,交战各国的空军参谋部都不太情愿考虑这些飞行物体有可能是一些外星文明的信使。普遍同意的理论认为这些飞行物属于敌方,而它们同我方飞机相比所具有的明显优势造成了内心的恐惧,在战争结束之后,当研究专家们有可能看到部分档案时,这种恐惧才被暴露出来。弄清一些问题,以保持公众舆论的斗志,这种办法在战争期间经常使用,战后也被延续下来。今天人们对待飞碟的态度和方式仍然打着它的烙印。

形形色色飞碟

一般来说,飞碟的形状是一个盘子上放着一个圆形的东西,可有人的发现与此不同。1973 年 2 月 11 日夜晚,英国的德塞特州亨吉斯特贝利,当地的报纸《晚间音乐回声》(Band—master Evening Eeo)的记者卡尔·惠特里先生所看到的飞碟的形状是环状的、车轮一般的模样,窗户和星点模样的东西都围在那上面。

同卡尔在一起的渔夫麦克·派卡,他们两人用望远镜观察了 45 分钟。车轮形的飞碟倾斜的很厉害,放出耀眼的光芒,慢慢地朝西面飞去。看上去整个飞行体缓缓地转动着。

当天晚上是个满月之夜,不可能把云彩、飞机和气球误认为飞碟。而且它的高度使人把轮廓看得很清楚,不可能搞错。人们把它推断为:那可能是一只 UFO 的母舰或者是 UFO 基地。

加拿大安大略州明顿的波休康格湖的周围,从 1973 年 12 月开始,人们不断地发现奇怪的飞行体,数量很多,集中在湖边出现。终于在 1974 年 5 月有人忍不住向国防部提出申请,要求调查此事。提出申请的人是当地居民安休利·卢纳姆先生。

根据卢纳姆夫妇的反映,UFO 几乎每天出现,三角形和椭圆形都有,发光的颜色也很多,什么红色的,蓝色的,绿色的和白色的,真所谓形形色色,不一而足。还有九根天线插在上面,灯光一亮一暗,好像在跟什么地方通信联系。

特别是 3 月份发生的事情,那简直是件怪事!从湖边出现的 UFO,接近了居民的住宅,它向住房的窗户射出一道光线,把已经结冰的窗户上的冰霜融化开来,窗户的木框是木头做成的,被加热以后,房间里的人甚至可以闻到那木头烤焦的气味。令人不明白,UFO 此举目的何在。

那一带目击飞碟的人很多,还有不少飞行员和记者发现在 3 月的雪地上有三角形飞行物留下的痕迹。当地居民被 UFO 搞得心神不宁,卢纳姆先生为此向国家发出呼吁。

同时在别的地方,也有不少人目击了向附近飞去的 UFO。

"UFO 照射到我的脸上啦!"1973 年 10 月 4 日,美国米苏里州盖普·吉拉尔德的东南面的米苏里医院,大型汽车的司机埃迪·D·威勃先生这么喊道。当威勃太太被热气薰得昏过去的时候,他眼镜的塑料镜片仿佛被火烧过似的,高热烤焦痕迹历历在目。他的眼睛也发红了,一时之间什么都看不见。

根据他们的证词,当他们在高速公路上行驶的时候,从反光镜中看到后面的路上半浮着一个杯形的奇怪物体,红色和黄色的灯一亮一暗的闪烁着,中央部分看上去很费劲似的忽上忽下的转动。

那时威勃先生把睡在身旁的太太叫醒,他把头伸出窗外向后张望,突然一个火球飞过来命中他的脸。急忙停车,当太太向后面探望时,已经什么都看不见了。

同医院的物理博士哈莱·鲁特雷基检查了眼镜的镜片,他说:"这里面的物质似乎是被超音速音波所破坏,镜片内部被加热处理了。"

南半球的新西兰,从 1973 年年底到 1974 年左右,目击 UFO 的事件频频发生。这些事情几乎都是与火山爆发同时发生的。"飞碟与喷火是不是有连带关系呢?'人们不禁提出这样的问题。

1973 年 10 月,努卡沃尔霍埃山火山爆发,连续不断地喷发,10 月 17 日,附近的居民开始看到"飞碟母舰"。到 11 月,火山还在喷发,飞碟每天出现。到了 12 月情况也是一样。

UFO 追击汽车事件

日本《周刊时事》记者岩田郁弘曾以《母子四个奇遇 UFO》为题,报道了发生于悉尼的 UFO 追击汽车事件。

遇到 UFO 的是居住在西部的费伊·诺尔兹女士和她的三个儿子。

一天,费伊一家为了休假和找工作驱车去帕恩,汽车风驰电掣般地奔驰在纳拉博平原的公路上。

清晨,5 点 30 分左右,汽车行驶到南澳州门德腊比腊时,车内的四个人注意到高速公路前方出现了一个闪光明亮的物体。开车的费伊女士谨慎地避开它,快速开过去。但是,肖恩说:"总觉得那是个奇怪的东西,为了搞清楚,我们一定得再返回去看上个究竟。"

于是他们开车返回！开始了与 UFO 的接触,长约九十分钟。

UFO 呈一米左右直立着如鸡蛋形状,中心部分为黄色,周围发出白色的光。它不仅颜色和形状奇特,而且还发出令人恐惧的轰鸣声。母子四人都十分害怕,没等到 UFO 近旁就慌忙开车逃去。

不料,UFO 竟追了上来。费伊拼命踩油门,汽车以 100 公里的时速飞驶在高速公路上。但 UFO 一会就赶了上来并且沉甸甸地落在了四人的汽车顶篷上,不久,整个车子便升到了空中！

"哎呀",费伊紧张得不由自主地大叫起来。三个儿子也惊恐万状,叫喊不迭,但他们听到的却是有点异样的回声。

尽管如此,费伊还是鼓足勇气把手伸到了车顶上。"车顶微暖,像海绵一样柔软","我感到非常奇怪。于是便把手缩回来"。

这时,UFO 突然把汽车扔到地上,四个人争先恐后地跑出车,躲藏到道路旁边的丛林里。他们从树叶缝隙里窥视,UFO 好像在搜寻他们。大约 15 分钟后它不知飞到什么地方去了。

四个人提心吊胆地回到车子里,车内和车顶布满了灰黑色的灰尘。一个后轮已破裂。他们迅速地换上备用的轮胎。在极度恐惧中他们开动了车,没想到 UFO 又追了上来。四个人拼命向迎面来的车发信号,但所有的车都像什么也没有发现似地飞快开过去了。

他们一口气跑了 600 公里,在南澳州塞杜纳停下来。这时才发现车顶上的四个角都已凹下去了一大块。在他们四人与 UFO 遭遇的那段时间里,在附近海域航行的渔船员们也看到了空中有一闪光的物体,听到了同样异常的声音。另外,还有一名叫卡萨根罗的卡车司机在"事件"前一小时也看到了他们所说的不明飞行物。

与这母子四人的遭遇相比较,麦克默多和鲍勃在非洲的奇特经历,更使许多人感到吃惊和不可思议,一时间 UFO 很少光临的非洲大陆,也蒙上了神秘的色彩。

一天中午,两人乘车进入丛林。他们的任务是进行野外作业。下午 2 时,两人正沿一条不大的河流逆流步行而上,麦克默多突然发现正前方有一闪光的庞大物体。鲍勃也发现了这一情况。

两人不知是何物,躲在树丛后观看。

"……那个玩意我乍一看很像一只大圆球,但事实上却有棱有角,它发着光而不是反射的太阳光。光的颜色先是白色的,后来可能是因为久看的缘故又泛出一股股的气流扑向我们。温度很高,我只觉嗓子眼被刺激的直想咳,却又咳不出来……"

"……是的,它整个儿密封着,至少在我们这一面没有任何窗子之类的开口,只是在底部好像有几个支架伸出。我和麦克默多正惊惧地望着,只见从那怪物体的底部探出一支软管,闪着与那物体不同的淡蓝色的光,而不是本身就是蓝色的。它插入河水中并微微颤动着。当时我们的右脚正插在水中，突然感到一阵火烧火燎的剧痛。我跳了起来，右脚已成奇怪的黑紫色。我的同伴吓得叫了一声，他说他从来没见过这么可怕的颜色和伤势。"

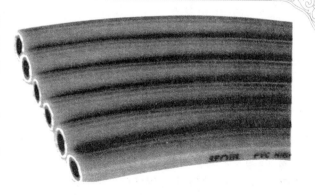

现实生活中的软管

"我又望了一眼那飞行物，软管周围的水竟冒出气泡。我怕极了，背上鲍勃就想跑，可双腿却迈不动，一使劲就瘫倒在地上。可怜的鲍勃疼得直叫。我好像被轻微过电一样身体发抖，直抖得恶心死了！我又试着站起来，这回没事，我背上鲍勃就往回跑，直跑到我们的汽车前，竟跑了一百多米！"

在记者的询问下，两人谈起接下去发生的更奇特的事，他们驱车返回的途中，两人惊魂未定，鲍勃大声呻吟，麦克默多则不知所措。这时 UFO 第二次出现了，一个直径达 4 米的圆球体悬浮在两人的视野之内，它与上次的有所不同，发出淡蓝色柔和的光比较强一些，并且"好像在变换着光度，强弱不太分明。"二人一动也不敢动，紧盯着那静止的发光体。此时鲍勃感觉右脚不怎么疼了，但他仍盯着那东西。

"车子不知什么时候在接受检查。我没有不舒服的地方，相反却有种飘的感觉。我的手仍在方向盘上，但并没有感觉到它的存在。我也不知道过了多长时间……"麦克默多显得很费劲地想着，回忆出当时的情景，"后来，我们第一次见到的怪物出现了。它似乎是从我们后面过来的。那小的斜着飞到大的背后，大个的好像是旋转起来，白光闪闪地一拐弯飞上了高空。再没看到小个的，它似乎是藏到大怪物肚子里了。车子又开动起来，我直接开车回到了基地。一路上我那可怜的同伴却没再哼哼……"

1959 年 9 月的一天晚上，阿根廷的一名青年司机开着汽车从首都布宜诺斯艾利斯出发，在行驶到布兰卡港公路上时，已是午夜 23 点时分。

突然，一道强烈的光闪来，晃得他睁不开眼睛。他不知何缘故，急忙将车停在路边。此时，他感到不知为什么非常困，于是就迷迷糊糊睡着了，半个小时后，他突然从沉睡中惊醒，发现自己躺在草地上，仔细再看看身边的路标，他吃惊非浅，因为自己是在 1.3 公里之外的萨尔塔，而他的汽车却不见了。

这个年轻司机失魂落魄地来到萨尔塔警察局，前言不搭后语地向值班警察讲述了所发生的这一切。警察们感到很好笑，以为站在面前的是一个神经病患者，根本不予理睬。年轻的司机苦苦哀求，一定要警察查个水落石出。值班警察无奈，只好给相距 1.3 公里之外的布兰卡港警察局联系。谁知，对方回答说他们的确在一条公路旁发现了一辆车，车的型号同那个年轻的司机讲的一模一样，原先不以为然，只想敷衍了事的值班警察一听不禁大吃一惊。

有关汽车被 UFO 跟踪的报告层出不穷,其中有若干个案是汽车内的人被 UFO 绑架,下落不明。

例如 1974 年 11 月 20 日晚上,巴西圣保罗郊外就曾发生一件非常可怕的事件,一家三口当着警官的面被 UFO"吸走"。

当晚 11 时,一辆载着 3 名警官的圣保罗警方巡逻车接获"有一部轿车在公路上起火燃烧"的通知。警官赶抵现场,走下巡逻车,附近的草丛有一对夫妇带着 1 名男孩出现,向他们求救。就在这个时候,有个直径大约十米的碟形黑色物体突然出现在他们的头顶上。三名警官吓得愣在原地,飞碟底部放出一道苍白的光筒,笼罩着那对夫妇和孩子。三个人的身体便顺着光筒被吸向飞碟后飞走了。

经过事后的调查,被飞碟即 UFO 劫走的被害人是在圣保罗经营餐厅的达贝拉先生及其家人,当晚他们开车到亲戚家玩,在回家途中被飞碟劫走。

又根据另一位目击者的证词,出事前他看见达贝拉的车子在公路上全速奔驰,后面有一架飞碟在追赶。

1980 年 12 月 29 日晚上,多位民众目睹巨大的飞碟在德克萨斯东部的上空飞行,其中以贝蒂·凯舒(当时 51 岁)、比琪·兰道姆(57 岁)、柯比·兰道姆(7 岁)三个人的遭遇最为糟糕。

这一天傍晚,住在德州休斯顿郊外的贝蒂与比琪开车载着比琪的孙儿柯比到附近新盖尼镇玩。

到了镇上才知道由于圣诞假期的关系,他们想玩的宾果游戏玩不成了。三个人只好到新盖尼镇的汽车餐馆吃晚餐,然后回家。

晚上 8 时 30 分左右,三个人离开汽车餐馆。一直下着的毛毛雨停了,雨过散去,冬天的天空有星星在闪烁。

"好冷!"贝蒂坐在驾驶座说道。

柯比坐在贝蒂旁边,比琪钻进车内,用力关上车门,说:"开暖气,贝蒂,别让柯比着凉。"

贝蒂开着车,朝狄顿的方向行驶。一路上几乎没有遇到其他车子。

车子在松林间的道路行驶一会,前方森林的上空出现一大片光芒,明亮异常,他们以为是开往休斯顿机场的飞机,也就未放在心上,他们的车子仍旧朝着狄顿的方向行驶。

但转过弯道驶进直行的国道时,前方突然大为明亮,光源便是刚才松林上方那种异样的亮光,现在就浮在数百米前方的国道上空。

"看来蛮恐怖的,快停车。"比琪声音颤抖地说。但贝蒂不想在悄无人迹而且又是夜晚的国道停车,只是略微降低车速。随着越来越接近,逐渐看得出那是一个发光的巨大物体。当车子来到物体前 40～50 米处,物体下部还喷出熊熊的火焰。

贝蒂握着方向盘，吓得直发抖。但比琪经过短暂的恐惧之后，竟涌起一股强烈的感动。笃信宗教的她认为她亲眼目睹了世界末日与基督出现。她搂着孙儿柯比，说："乖宝贝，别害怕，耶稣基督从天而降，他不会伤害我们。"

面对这样的景象，贝蒂的安慰似嫌牵强，柯比用着畏惧的眼光望着那个依然在喷火的物体。

飞碟所发出的亮光把附近照得一片通明。贝蒂打开车门，随即有一股热风吹进车内。贝蒂走到外面，绕到车前，面对飞碟，比琪也跟到外面，但柯比哭起来，比琪连忙回到车内。飞碟大小如同狄顿市的给水塔，颜色属于没有光泽的银色。飞碟的形状恰如去掉上下尖端的菱形，中心有若干蓝光环绕。从菱形的下部喷出的火焰像太空的喷射火焰那么激烈，形成倒圆锥形。

随同火焰一起散发的热气使得附近的温度急剧升高。贝蒂所站的地面热得像火在烤，贝蒂及车内的比琪、柯比脸、手都因高温而产生灼热感。

到了这个时候，比琪也发觉眼前的物体跟宗教体验无关，她为了从前窗玻璃看外面的情景而把身子伏低，双手则按在仪表板上面，霎时感觉双手像被烧到一般，还有金属被高温烧得软绵绵的感觉，她叫了一声，把手移开。仪表板上面清清楚楚的烙印着她的手掌印。车体的金属部分已经热得碰不得了。贝蒂想返回车内，用身上所穿的皮衣抓着门把，好不容易才把车门打开。

飞碟下部的火焰时喷时停，喷出火焰便上升数米，不喷却又下降。

大约贝蒂停车的10分钟后，飞碟最后一次喷出火焰，而且升高一大截，火焰消失之后，飞碟继续缓缓上升，越过松树林的林梢。

就在这个时候，随着一阵噼里啪啦的声音，四面八方都有直升机飞来，就像大规模的军事演习一般包围了飞碟。当飞碟与直升机消失在松林对面，附近又恢复一片漆黑。贝蒂立刻开动车子，大约行驶5分钟到达一处十字路口，贝蒂转弯，前方再度看见一大群直升机包围着飞碟在飞行。贝蒂在路边停车，数一数直升机的数目，总共23架。飞碟发光的光线把每架直升机都照得清清楚楚。

直升机大多属于前后有螺旋桨的"双旋转翼型"。

贝蒂再度开动车子，紧跟在这一群不可思议的飞行物体后面，一直跟踪到车子抵达通往狄顿的道路；接着，车子背向着飞碟，但仍可从后窗后见飞碟达五六分钟之久。

从发现国道上空的飞碟到飞碟从他们的视野消失，外在紧张与恐惧中的这三个人，感觉时间过得相当长，实际上大约为20分钟而已。

午后9时50分，贝蒂在比琪家前面让他们下车，然后开回家，她的朋友维尔玛就在她家等她。但在开车途中，她感觉深度的疲劳与不快。

她好不容易回到家，对着出来接她的维尔玛说"看见飞碟，觉得很不舒服"，然后就倒在寝室的床上。

贝蒂表示头痛欲裂,而且想呕吐,不久她的脖子开始长出若干不小的疮,头、脸等处的皮肤红肿起来,随着时间的流逝,她的双眼也红肿到无法张开,脖子的疮则恶化成烫伤,然后就是上吐下泻。

另一方面,比琪与柯比也发生胃痉挛、呕吐、下痢等症状;也许她们待在车内的时间较长,所以症状较轻。贝蒂的情况则持续恶化,连意识也不清,无论食物或饮料,一入口即呕吐;她一天比一天衰弱。

隔一年的 1981 年 1 月 3 日,贝蒂到巴克维医院入院治疗。她有多处皮肤红肿、脱落,头发则一撮一撮地脱落,身体衰弱到无法步行的地步。以后一度出院,但后来又恶化,再度住院又出院。

比琪与柯比经过两三周后,胃痉挛与下痢的症状便好转,但比琪也掉了许多头发,双眼均患严重的白内障,视力大减。在与飞碟的遭遇中一直留在车内的柯比,症状最轻,但因精神上遭受极度的震撼,夜夜做噩梦。

他们的病因是什么呢? MUFON 的辐射线学顾问仔细检查过这三个人的状态,做出以下的结论。

"这些症状可能是电离放射线所引起的副次障碍,除此之外,可能受到红外线、紫外线的伤害。"

出现在贝蒂、比琪、柯比眼前的菱形飞碟,除了发光、喷出火焰之外,也发出对人体有害的电离辐射线、过量的红外线、紫外线。

UFO 攻击人类之谜

在所有与飞碟进行的接触中,第三类接触无疑是最惊心动魄的。有相当多的专家认为,地外生命对我们并无恶意;否则,凭借他们的科技水平完全可以征服地球上的任何一个国家。然而,飞碟或神秘的外星来客攻击人类的报告还是从世界各地传来。

官方公认的第一例"飞碟攻击案"发生在美国,那时是 1948 年 1 月 7 日,美国上尉托马斯·曼特尔奉命从肯塔基机场起飞拦截一架不明飞行物。他向基地报告了这个物体的形状、质地后就开始跟踪。当跟踪到 6500 米高度时,无线电联系突然中断,接着人们发现了曼特尔所驾驶的飞机的残骸。专家们认为,这就是神秘飞行物对飞机进行攻击所造成的可怕后果。

1978 年,澳大利亚的一位年轻飞行员华伦也遭到了类似的命运。那是 10 月 21 日傍晚,华伦驾驭着轻型飞机在澳大利亚最南端的巴斯海峡上空飞行。他当时用无线电向基地报告,说有一个很长的绿色不明飞行物在他头顶上盘旋。那个飞行物的体积非常大,使华伦十分吃惊,他正在跟踪那个不明飞行物的时候,基地的领航员听到从无线电中传出了一阵连续不断的金属噪音。然后无线电就中断了,从此再没有人见过华伦和他的飞机。

就在同一时刻,在巴斯海峡岛屿上有许多人看到天空中有一个绿光闪烁的轮状物体,那个物体体积很大,飞行速度也很高,瞬间就在墨尔本海岸的方向消失了。

华伦和曼特尔是否都遭到了 UFO 的攻击呢? 我们还无法确定。不过,有一点都相同,那就是他们都是在跟踪一个不明飞行物,而这样的跟踪很可能对那个不明飞行物造成了威胁,使它动用了武力。这个猜测在另一个更具典型性的事例中得到了进一步的证实。

那是 1974 年秋季的一天,朝鲜半岛滨城海域浓雾弥漫,陆地上的空军部队严密地监视着海空,一枚枚隼式导弹在发射架上随时准备攻击入侵者。上午 10 点左右,一个幽灵般的物体从公海上空迅速飞来,闯入了滨城海岸的警戒系统。不一会儿,人们就能看到浓雾中有一个十分庞大的黑影,又过了一会儿,大家看清楚那是个椭圆形的金属物体,发出红黄两色的光线。进入 640 米范围后,它突然停住了,周围的光辉急速闪动着。基地指挥部仔细观察了这架飞行器,发现它上面没有任何标记,立刻断定这是一架怀有敌意的飞行器。第 4 发射台的上尉马上下令发射导弹,一枚隼式导弹立即腾空而起,直扑不明飞行物。这时,令人意想不到的情况发生了,导弹并没有命中目标,相反,一道白炽的强光准确无误地击中了运载火箭和弹头,转眼之间就把导弹熔化了,就在这时,那个不明飞行器骤然地加速,几分钟内便从雷达荧光屏中消失了。

很显然,这架 UFO 用激光之类的武器保护了自身,轻松地击溃了价值数百万美元的隼式导弹。而且从这个例子看来,对方并没有恶意,是人类自己的不友善行为酿成了不良后果。在人类与外星人的接触中,这也是导致人类遭受神秘力量攻击的致命原因。

1967 年 5 月的一天,巴西一位农民从林中打猎归来,在自己家附近,他看到一个碟状飞行物从天空降落到了他家的田园里。

在飞行物附近,有 3 个巨大的人形生命体飘浮在空中。这个农民想都没有想就举枪射击,打中了其中一个人形生命体。这时,一道强光从地面上的碟状飞行物射出,击中了开枪农民的肩头。之后,三个巨大的类人生物立刻飘进他们的飞行物中,飞碟马上升空飞走了。那个农民回家后便卧床不起,他受到光击的那侧肩头上留下了一处直径达 15 厘米的灼痕,两个月后便死在家中。医学检查表明,他的死因是一种强烈的辐射破坏了他的红细胞。在新西兰的奥克兰城郊外,一个正要接近 UFO 的农民也遭遇了同样的攻击,时间是 1963 年 2 月,他在受到来自 UFO 的怪光照射后,头部的一部分"融化"后当即死去。

1975 年 2 月 14 日下午 1 点多,法国青年安托万在珀蒂岛的卡尔韦山顶上看到了飞碟和外星生命,当外星人发现他后便用一束强光击倒了他,使他患上了一种怪病。

当时,21 岁的安托万看到一架椭圆形的发光飞行器降落在山顶上,有 3 个奇怪的生物从飞碟里走出来。他们穿着银白色的衣服。只有 1 米左右高,每个人都背着一根天线。三个矮人下了飞碟后就开始采集土样,后来他们发现了正在偷看的安托万,就发射了一道强烈的闪光击中了他。

当安托万醒来的时候，他感到极其疲乏、虚脱、恐慌，部分丧失了说话能力。

还有一些事例不属于出于自卫的攻击，而是地外生命主动攻击无辜的人类。这样的事件虽然较少，但却存在。

在巴西，发生过4起奇怪的案件，它们都与UFO有关，而且案情中有几个相似的疑点，令人百思不得其解。

第一起发生在1981年10月，巴西一座小镇的两个年轻人相约要去森林里打猎。10月17日这一天，他们一起来到了猎物经常出没的地方，分别爬上一棵矮树。突然，一个像卡车轮子一样的飞行物向他们飞来，它向四周发出强光，把其中一个年轻人吓得从树上摔了下来。这时，一束光射在另一个年轻人身上，他尖叫了一声也掉了下来。没被光射中的青年吓得回身就跑。第二天，他带人回来寻找他的伙伴，却发现他已经死了。奇怪的是，他身上没有致命的伤痕，只是全身的血液都没有了，就像被一只巨大的吸血鬼吸干了一样。

10月19日，同样的事情发生了，另一个青年也在打猎时被强光击中后死亡，尸体里也没有鲜血。

不久之后，一个在山顶干活的人被不明飞行物射出的强光击中，几天后在精神失常的情况下死去。接着另一个人又在狩猎时遭遇飞碟，被攻击后丧生。

这4起疑案发生后，警方对证人和目击者进行了测谎和调查，结果表明他们没有撒谎，UFO中射出的光线确实杀死了人类。

在其他攻击事件中，攻击方式依旧是通过神秘的光束。虽然这些攻击都给人造成了极大的伤害，但还都不能说明UFO是怀有恶意，因为这样的主动攻击案例在所有的飞碟案例中是微乎其微的。究竟有没有飞碟，飞碟上的乘客是否对人类抱有不良的企图，我们谁都不知道。我们只希望如果这一切是真实的，外星人是我们友善的朋友，而不是敌人。

魔鬼降临莫斯科

1981年11月16日晚上8点多钟，前苏联莫斯科市区东部的依兹玛伊公园的无线电工程师蔡伊特斯基和好些路人，看见一架发光的圆形UFO从公园的树丛后面突然升起，飞行于夜空之中。

蔡伊特斯基等人听见树丛后面有妇女在狂喊："魔鬼降临了！"

妇人指着雪地上一个完整的圆形的痕迹，说："有一架飞碟降落在这里，飞碟门一开，走下来了个怪物。它的头像是倒置的漏斗，两眼又大又圆，毫无表情，它的手只有四个指头。身体有四肢，像男子的身材，好像没有穿衣服或者只穿紧身衣服。"

怪人听见妇人的呼叫，立即返回飞碟内，旋即腾空而去。

UFO 登陆莫斯科并非第一次。1981 年 4 月初的一天夜里，天还没有亮，大约 4 点多钟，住在一幢政府公寓的几个高级工程师、前苏联国防部的官员和一位医生，早起准备上班，在他们各自的房间和浴室里都看见天空列队飞行的四架发光的飞碟。

莫斯科大学物理教授齐高率领 20 位科学家调查了这一报告。他说上述目击证人都有身份地位，也非常可靠，并非捏造。

证人述说四架飞碟都有透明的塔形驾驶舱，可以看见里面驾驶员的肩部以上，四个驾驶员都是类人形状，头戴透明的太空盔，面部严肃。飞碟低飞掠过窗外，毫无声音。每架飞碟都向地面射出一道绿色的光。

1981 年 8 月 23 日晚上，莫斯科的退休医生博加特列夫，因失眠起来到厨房喝牛奶，突然看见窗外出现一个奇怪形状的像面团一般的发光的飞碟，浮悬在距他寓所仅约 30 米的空中。

医生吓了一跳，仔细一看，更吃惊了，那飞碟好像有眼睛一样地对他注视。突然，UFO 向他射出一道闪电般的光芒，将窗户烧了一个直径约 8 厘米的洞。玻璃圆片掉在地上，洞口十分光滑。

那天夜里，莫斯科有 60 多家的窗户被神奇的力量射熔了三个约 8 厘米的圆洞。博加特列夫是唯一目击飞碟如何袭击窗户玻璃的证人。

太空物理学家艾沙沙博士带领一批科学家调查后向当局报告："当夜至少有 17 架飞碟袭击莫斯科。"艾沙沙博士访问了很多证人，各人叙述如下：

当夜 7 点 12 分，首批飞碟出现在莫斯科的上空——是两架雪茄状太空船，长达数千英尺，停在约十英里的高空，两船并排，20 分钟后飞向北方。

9 点 20 分，许多人看见一架大小如半个月亮、白色发光的圆形飞碟。

著名的前苏联太空学家史尼博士也报告说："当夜他看见一个飞碟，飞行速度估计每秒 50 英里。不久，他又看见第二架飞碟，状如巨鲸，喷射出蓝色光芒，在上空盘旋了很久时间。玻璃被烧熔的情况，恰似 1977 年 9 月在彼得市发生的一样。"

前苏联的专家们研究不出到底是什么力量能使窗户玻璃的分子结构完全改变。

艾沙沙博士说："专家们都无法解释，这是一件不解的飞碟神秘事件。国营玻璃公司的专家们无法复制跟飞碟射熔的玻璃片一模一样的物品。"

大批飞碟光临莫斯科，引起了政府的忧虑和科学家的关注，可到目前为止，还不知道这飞碟是什么，来自何方，怎么对付……

1980 年 6 月 15 日午夜时分，飞碟出现在莫斯科上空时被一位科学家拍摄了下来，对于这次飞碟的出现，齐高博士在调查报告中说："前后在 40 分钟之久，最后向东方飞去。至少有数千市民目击。飞碟的形状像球，直径约 300 英尺后面拖着一条很长的光芒尾巴。它还多次吐出较小的分子飞船，分散在空中。"

前苏联军官卡雅坚中校在书面报告中说："从寓所的窗户看见大约 100 英尺的空中，

出现一架小型飞碟，直径约 12 英尺，放射出浅红色光芒，飞得很慢。我想上前观察，但被一种无形的力量所阻止，像是碰在一面无形的墙壁上，被反弹了回来。"

中校的邻居看得更清楚，他报告说："看见飞碟上有一个矮小的人，身着太空服，头戴太空盔，坐在透明的飞碟驾驶舱内。"

莫斯科国家电视公司的一位节目制作导演柯列斯夫报告说："一架飞碟在窗外出现，向室内射出光芒，把我妻子的手臂烧灼成伤。"

当夜，前苏联空军的喷气战斗机紧急升空迎战，但在飞机到达之前，飞碟突然高飞失踪。

前苏联地球物理学家左洛托夫博士说："月形的母船飞碟及子船群在数秒钟内东飞，一闪而逝，我空军机群追之不及。"

当晚莫斯科数百万市民惶如世界末日降临，奔走呼喊。隔不久，1981 年 5 月 15 日晚上，飞碟再度威胁莫斯科，再次造成首都百万人民的惊慌失措。这次，有数十万市民看见首都上空的飞碟，前苏联国家安全部部长兼克格勃负责人玉里·安德洛普夫立刻下令调查。

克格勃派了 5 名高级人员率领 5 名顶尖科学家实地勘察，访问了 25000 多名目击者和数十位科学家，调查报告列入最高机密。

专案调查小组成员之一的齐高博士后来透露了部分内容。

他说：

"5 月 1 5 日凌晨 1 点 27 分，一架巨大的圆球形不明飞行物体，出现在莫斯科以南 100 英里的土拉镇。1 点 30 分，该飞行物飞临莫斯科市区上空。3 分钟内飞行了 100 多英里，可见速度极快。"

前苏联外太空研究主任委员艾沙沙也透露说："这个巨大的球停留了约半小时又起飞了。飞碟一闪之间飞临北郊，并在该处施放焰火似的光芒。"

莫斯科的一位机构工程师拉颇钦报告说："我起先看见飞碟中央爆发一阵白色强烈闪光，后来变成巨大的橙色光芒，中心仍是白光。继之像流星一般的火点射向市区地面。这回母船放下了 3 架小飞碟，然后飞走了。"

"母船放出的第一架子飞船飞临克里姆林宫。第二架子飞船飞临莫斯科火车站。"艾沙沙博士也说："第二架飞船在火车站上空浮悬了两个小时，然后飞到附近的一个湖面上几秒钟后，它沉入湖底。"

艾沙沙博士认为这次的飞碟，可能是 1980 年 6 月 15 日那次来访问的飞碟，此次大概是再访。

除莫斯科之外，前苏联其他地方也出现了飞碟：

1980 年 6 月 14 日，一架前苏联空军的喷气式战斗机，在执行巡逻时遭遇到一架雪茄状的飞碟。空军基地的雷达也发现了它，并命令战斗机的驾驶员艾柏拉克辛前去截击或追降。

战斗机截住了飞碟，还未开火，对方先发制人，向他射击。射出的是扇形强光，喷气机的引擎立刻失灵，同时驾驶员双眼失明，艰难地操纵着飞机，滑行着陆。

1981年10月22日，前苏联空军上尉杜柏斯妥夫驾机在北极圈内的北冰洋上空巡逻，突然发现一架巨大的圆形飞碟，直径大约274米，正浮悬在低空，几乎贴着水面。上尉立刻电告基地，上级令他追踪飞碟。于是他向飞碟飞去，他绕着飞碟飞了半圈，飞碟立刻向他射出圆锥形的强烈光柱，飞机的引擎和所有仪器立马失灵，飞机急速下降，而那架巨大的飞行物也突然加速，无声地从飞机旁一掠而过。旋即直升高空，瞬间消失得无影无踪，只留下一条蓝色的喷气。

雪地

上尉好不容易才把失灵的飞机开回基地，向上级报告经过，地勤人员检测机件，无法查出让仪器失灵损坏的力量是什么射线。

艾沙沙博士说："北极圈前苏联的领海内，在过去的5年里已出现过36次飞碟事件，其中许多报告看到飞行物体出没于北冰洋冰冻的海水之中。在日本海和前苏联沿海出现的飞碟更多，在过去的7年里达190件，大多出没于海水与天空，经查证完全属实。"

艾沙沙博士等科学家调查的飞碟事件中，有一件是外太空人或其机器人降落的。

1980年1月7日下午，两名前苏联林场管理员，在前苏联与芬兰交界的山林中巡查，突然看见一架银光闪闪的球形飞行物体浮悬在积着白雪的山坡上空，它没有窗洞，没有门，也没有接缝。

这两名林场管理员一个是38岁的艾柯，一个是36岁的沙维，他们熟悉山林的情况和各种景象，他们从未见到过这样的东西。正在猜疑着，圆球着陆了，从底部伸出一支圆支柱，竖立在雪地上。

后来，圆柱开了门，走出一个0.9米高的人，全身穿着深绿色紧身衣服，闪闪发光，没戴太空盔，手戴白手套，一直到肘部。他的面部皮肤惨白可怕，鼻子很钩，耳朵竖起有尖挑，很像狼狗的耳朵，肩部很窄，两手很小，跟小孩的手差不多。这人面无表情，行动不太灵活，不像是活人，倒像是机器人，颈上挂着一架好像是单筒望远镜的东西。

两个山林管理员大骇，沙维举起雪橇板指着向他们走来的怪人，两个人慢慢后退，怪人突然取下挂在颈上的圆筒向他们一指，射出一束强光，把两人的眼睛照盲了，两人躲闪不及,失去了知觉。等他们苏醒过来,视力恢复了,那怪人已经失踪,那巨大的金属球已经飞上高空,消失在一团红光云雾中。

据当地医生柯索拉诊断说:"两人是被辐射所害。"

两人跟医生叙述了经过,医生报告了当局,艾沙沙博士等赶来询问,认为两人讲的是实情,这一件外太空飞球与机器人的降临,确实发生在一处山林雪地,地名叫克斯坦加,位于彼得市西北百余里。

前苏联对飞碟的关注远比美国要认真,因为前苏联疑心那些飞碟是来袭击他们的,而且更怀疑是美国放出的秘密太空侦察武器,而不是什么外太空的来客。

在空中行驶的火车

1994年11月29日午夜,贵阳城区的百万市民已沉入梦乡。谁也想不到,凌晨3时20分,一架神秘的不明飞行器,竟然使北郊都溪林场马家塘林区的森林遭毁,留下白花花的数百亩被折断的树桩。

11月29日午夜,像平常一样,砂石场老板兰德荣看管着采下的砂石,防止碎石机等设备被盗。除了他,还有砖房北面铁架工棚里的一位老年人。

30日凌晨3时,滴滴嗒嗒下起雨来,远处有闪电、雷声。3时30分左右,兰德荣听到轰隆隆声由远及近,由小变大,就像蒸汽火车行进声。忽然,这声音逼近房子。他从床头边上的窗口看去,急忙喊妻子涂学芬:"学芬,好像火车开到我们这里来了哩。"只见一股强光朝前方射来。天黑,强光后面的物体是什么样儿,看不清。轰隆声中,夹着东西断裂的声响。兰德荣认为是砂石堆垮塌。

涂学芬听到声音,看到强光,迷糊中抓起铁棒,门都无法打开了,似乎有一种神秘的力量。与这砖房相隔不远的工棚内,50多岁的任志奇老人也听到"火车"的声音,看到强光,还觉得"火车"就在房子上,吓得躲到床下,十多分钟后,没动静了才出来。

林场职工李兴华的妻子说,她从窗子看见,像是大卡车的东西,有两股灯光从车头射向前方。第二天,林场职工查看林区,有四大片林木遭毁,损失商品木材2000立方米。从西南端马家塘起,到东北端砖窑坡止,足有3公里,面积400多亩,条带最宽处有300多米,最窄处150米。起始的西南端树桩高2米左右,终止的东北头,有一片树桩高4米左右。

贵州省UFO研究会的专家听到消息后,组织天文、气象、物理、化学等学科专家及林业、机械制造专家等前往考察,并进行研讨。

有人认为是气象现象,有人认为是人的幻觉,但多数人认为,可能是某种不明飞行物体。飞行器采用半着陆状态行走,其形体下部撞折树干。它的前面有强光做照明或做光感导向。有专家说,1994年11月30日,太平洋、南美洲、大西洋、印度洋一线发生日全食。在地、日、月呈直线排列时,空中干扰力小,是外星飞行器探测地球的好时机。正好,这次选在贵州的林区之中。

1994 年 12 月 25 日，来自北京的 6 位专家到都溪林场考察。他们当中有机械制造、化工和环境监测高级工程师。贵州省宗教界的一位法师也同往。考察虽未有一致的明确结论，但专家们认为，这是有研究价值的现象。

巴普岛上的飞碟事件

"那里真的有 4 个人呀！我向他们挥手，他们也向我招手！"

新几内亚岛威廉·布斯·吉尔神父如是写道。这里所说的"人"，是在空中飞行的 UFO 甲板上出现的。

这件事发生在 1957 年 6 月 27 日，地点是新几内亚岛东端附近，面向古特伊那福湾的一个小村庄波亚那。时间大约是傍晚 6 点左右，太阳沉到山的那边，但整个天空仍是明亮如昼。

一个巴普人护士亚妮洛莉·波娃，在传道本部前的空中，看见一架大型 UFO。波娃马上叫神父吉尔过来看。和神父住得很近的老师亚那尼斯也出来观看，只见一架大型的 UFO，附近还有两架小型的 UFO。这个圆盘形的大型 UFO 的顶端有人影，而且是 4 个，因为它停在高度 150 米处静止不动，所以在地上可以清楚看见他们的动静。

吉尔神父便试着向他们招手。于是有一个透过扶手的栏杆往下看的人，也同样向他们招手回应。亚那尼斯老师也试着挥舞双手向他们打招呼，结果，有两个人有同样的回应。吉尔神父和亚那尼斯一起挥手，这次他们 4 个人一起挥手。几分钟后，UFO 上青色的前灯亮了两次，三架 UFO 一起消失了。晚上 10 点 40 分，村子进入了静静的睡眠状态中。吉尔神父因飞碟事件和傍晚做礼拜疲惫不堪，也躺在床上睡了。这时，砰的一声，很近的爆炸声，神父马上从床上跳起来，他想该不会是 UFO 着陆了吧！于是马上到外面去察看。可是外面似乎一点动静都没有。本部的职员们都出来看这大声响是怎么回事，可是睡得很熟的巴普人，没有一个人探出头来。

飞碟盘旋了 4 小时之久

事实上，UFO 的出现是从 6 天前就开始的。6 月 21 日，巴普人牧师史蒂夫·吉尔摩伊，在传道本部附近的家里，看到一个"像倒扣的咖啡杯碟"的飞行物体接近传道本部。

而且，在 6 月 26 日，在同样的地方又出现了数架飞碟，是晚上 6 点 52 分开始，一直到 11 点 4 分下雨为止，它们共在空中飞了 4 小时，而且在隔日，27 日也出现过，这次有吉尔神父等 38 人亲眼目睹。以下是目击者的描述中所获得的 UFO 的样子。

其中一架飞碟是大型的，白色还发着淡黄的光，从底座下伸出一块甲板，甲板上，有 4 个像是人的身影，好像正在工作，不停地进进出出。

如果他们是人类的话，大概就是白人了。若穿着衣服，那必定是非常紧身的。

"假设他们的身高为 180 厘米的话，那么飞碟的基部的直径为 11 米，甲板的直径约 6

米左右。"吉尔神父说。

整个飞碟和乘员,都被灯的光芒所笼罩,从甲板以 45 度角的方向对着天空照射出一道青色的光线。也有人看到 UFO 有 4 个窗户。

可是这些描述,却未给人一种神秘恐怖之感,这真是 UFO 吗?

有不少人认为巴普人没知识水平、很迷信,且为了讨好白人而乱吹牛,所以并不相信他们说的话,可是,吉尔神父并非巴普人,而是白人,并且是个传教士。老师亚那尼斯和史蒂夫牧师虽说是巴普人,却都是受过高等教育的知识分子。所以他看见的飞碟,而且向他们招手的"人"绝非幻觉,亦不是胡吹乱编,而是千真万确的存在,是个事实。

或者,飞碟是美国或者是前苏联的秘密武器之类的东西,那么在挥手的乘员,如吉尔神父他们说的"人",就是白人啰!

但是,如果是秘密武器的话,没有理由在众人面前盘旋 4 个钟头。而且乘员还跑到甲板上挥手,不是一种示威吗?

另一方面,美国空军在调查了这次波亚那事件之后,发表了下列的结论。

"吉尔神父等 38 人所看到的飞行物体,不是载人的航天飞机。分析了它的方位和角度后,我们认为那些光体其中的 3 个,分别是木星、土星和火星。"

对岸的贸易商亦看到绿色的光体

6 月 26 日,在波亚那村,数架 UFO 于空中狂舞的同时,在对岸基窟的海上,亦有人看见 UFO。此人就是贸易商阿涅斯特伊布涅。他在自己船的甲板上,发现了一个往东北方向飞的绿色光体。在离地面 150 米高的地方停下来,同时光芒也消失了,一个像橄榄球样子的物体浮现出来。可以看到有四五个半圆形的窗户。机身的长度大约是 18 至 24 米吧! 大约静止了 4 分钟,然后发出"嗯——噗! 嗯——噗!"的声音,飞往波亚那西方的山脉中消失了。

可是,这个 UFO 的目击报告于 6 月、7 月、8 月,在吉特伊那福海湾沿岸各地相继获报,至于多少没一个统计,但至少有 40 件以上。有人看到在光体的后面接着一个青铜色的飞碟,有的人是看到以逆时针方向在翻筋斗的飞碟,有的是看到黑点的银色的皿状飞碟,有的人看到的则是雪茄型的 UFO。

虽然各有不同的样式和不同的飞法,但他们都有共同点。那就是他们的飞行技术很高超,能够不发出任何声音静止不动,也能以各种速度前进、后退,重力和空气阻力都对它产生不了作用,简直像没有重量的幽魂似的。

这些是同一架飞碟呢? 还是大规模飞行部队的其中一部分呢? 不管是什么,都和地球上现有的飞行物体相差甚远。飞碟甲板上挥手的人,这样奇特的事真是意味着外星人友好的态度吗?

近年我国的"飞碟"事件

在我国,不明飞行物的事件也时有发生。

1979年9月9日夜9时40分,湖南省常德县樟木桥的湖南柴油机厂内,正在放映露天电影。突然,观众哗然,纷纷回头仰望天空。只见西方约1500米的空中,有一呈椭圆形的物体,发出比满月更亮的强烈红黄光芒,拖着一条光尾,像是喷射出来的气体,无声地平行于地面,由北向西南飞去,约3分钟后消失。同一天晚上,位于常德西北的湖北省监利县,有一个农场技术员也见到了类似的不明飞行物。监利距常德约140余千米,发现的时间比常德早10分钟。如果这是同一个不明飞行物,那么,推测它的飞行速度大约每秒230~240米。

1980年6月29日凌晨1点多,诗人流沙河正在四川省成都市文联的宿舍中伏案工作。突然电灯熄灭,空中一片漆黑,他不得不脱衣就寝。就在这时,他忽然发现室外有强光透过已闭的窗户射入,持续约2~3秒。几分钟后,窗户又再次被照亮,持续不到1秒。与此同时,《四川音乐》月刊编辑朱晓麒在家里,也同样经历了电灯熄灭、天上出现奇光的现象,而且还注意到空中有一种像是巨大的变压器发出的"嗡嗡"声。朱以为是地震的前兆——地震光和地声,赶忙出门去打电话,想向有关单位询问。但电话打不通,连拨号也没有。除了他们之外,住在成都市东城区的许多人也都看到了天上的强光。遗憾的是却没有人看到发光体是什么。

1991年5月17日晚,驻昆明空军航空兵某部正在按计划紧张而有序地组织夜间飞行训练。22时05分,突然空中传来正在飞行的二大队副大队长的无线电报告:"发现正北偏西60°,距离150千米,高度5000米处一不明飞行物。"不久,在地面工作的几百名航空工程机务及后勤保障人员,也纷纷看到了这个不明飞行物。它刚出现时呈光点状,后变为光盘,并拖出光带边圈。空中看它的最大直径在100米左右:地面看最大直径10米左右。它的中心发出火样的光,还喷吐着烟雾,逆时针高速旋转成螺旋光体,旋转速度逐渐减慢,以大约每小时1200千米的速度向西偏北方向飞去,历时约10分钟。

大胆假设,小心求证

1. 飞碟有何目的

如果飞碟是天外来客,他们历尽艰辛,一定是抱着考察目的"访亲问友"而来,就如同我们地球人到月球和火星上去考察一样。可是,从报道的情、况来看,无论飞碟的行为或者它们出现的地点,都与考察的目的格格不入:它们要么躲躲闪闪,回避人类,要么向人类袭击甚至绑架;它们往往出没于无人之境,或沙漠,或荒山,或海洋……而对文明繁盛的地区却反倒不感兴趣,这是完全不合情理的。一位外国记者说得好:2000年前,如果有一位想了解地球情况的天外来客到达地球,他会要求去罗马;100年前,他会去伦敦;今天,他会在华盛顿着陆;50年后,这位客人很可能首先去北京了。换句话说,天外来客为考察地球,无论是过去、现在或者将来,首先应去最发达的地区。

事情很简单,只要放弃天外来客这个诱人的假说,承认飞碟是自然现象或者地球人自己制造的器械,飞碟的神秘外壳也就可以剥开了。

数以万计的飞碟案例当中,绝大多数已经搞清楚了,剩下的就是疑难案例。有人就凭有疑难案例,断定这些飞碟不可能是地球自身的现象或者地球人自己的产品。能不能这样说呢? 疑难案例,不过是客观世界无数"未知"之一,诚然今天的科学还不能解释它们,但没有理由就把它们作为天外来客的证据。

对于那些疑难案例,可以继续研究。比如,与飞碟有关的许多大气现象,大多是由空中的无数冰晶形成的。但是,这些现象究竟是怎样产生的,至今仍然是物理学上的难题。

十几年前,前苏联科学院对某些飞碟现象进行了研究。他们的考察表明,在一定的条件下,大气中会形成碟状的湍流,体积可达 100 立方米。这些碟状湍流的密度和温度等特性都与周围大气不同,它们可以维持较长时间,并在气流的作用下移动。它们最常出现的大气性质有明显改变的区域,比如山坡的迎风面就可能是这样的地方。倘若在阳光下或月光下看,它们就成为传说中的飞碟了。

另外,某些飞碟可能是秘密武器。比如,有一种新型飞艇,它的外形就是一个圆盘,结构紧凑,重量又轻,既能垂直升降,又可在超低空飞行以避免雷达跟踪。而且,飞艇上有大功率电子侦听设备和大型干扰机,十分适合军事侦察之用。还有一种新型飞机,机身细长,机翼像一个扁平的大圆盘,和机身连在一起,可以做各种角度的转动,甚至可以调转机身,反方向飞行;而且,由于它的机翼面积大,也可以在低空飞行。这些情况与传说中的某些飞碟完全雷同。

从报道第一个飞碟到今天,40 多年过去了,从来没有一个人找到一个天外来客的一点真凭实据。然而,不少人还寄希望于飞碟,想在飞碟身上看见天外来客的影子。科学需要等待历史。我们相信,随着科学知识的不断普及,将会有越来越多的人承认,飞碟不是天外来客。而当有朝一日,真正的天外来客登临地球的时候,飞碟最终将作为"以假乱真"的例子载入科学史册。

2. 不愿与人类接触

与前面说法不同的是,不少人提出,既然飞碟可能来自外星,那么为什么它们不与人类接触? 据专家们分析,大体有如下原因:

(1)地球人把飞碟的到访视为入侵,往往以袭击与进攻来接待他们。

(2)根据互不干涉的宇宙准则行事。

(3)他们的使命仅限于监视与考察地球。

(4)与人类的生理结构不同,不能承受我们的动物性低频振幅。

(5)对我们实行一个临时性的隔离检疫期。

(6)兰德公司的一份专家报告认为,两种文明高低差距过大,过早接触对双方都有害而无利。

(7)人类也没有正式要求接触。

（8）早已摸清地球人的情况，不必要接触。

（9）据了解，人类的宇航员出航前均得到训令：当发现外星生命体时，不准随意接触，可保持警惕，首先要弄明对方意图，进行试探等等。同理，外星飞船上的乘员在出发前可能也得到相似的训令。

（10）最后一种可能性是飞碟由于种种原因不可能与我们接触：①它们并非实体，不过是外星人放过来的影像（犹如电视图像）。②他们在另一维空间飞行，偶尔闯入我们这维空间。③多个宇宙论：宇宙中套宇宙，多宇宙的交叉，平行世界。他们并非在我们这个宇宙中。④他们是反物质结构，无法与我们亲近，避免双方伤亡。⑤心理学说：UFO是形体化的思想或意念形式、人类集体的潜意识的典型创造、意念造型遥探催眠术。

一些坚持"地球中空说"的学者认为，我们所看到的飞碟来自地球内部或海底，并非来自天外。"地内人"千方百计避免与人类接触，以防地下家园遭到侵害，有时他们伴称自己是外星人，以转移人类的视线。

但是，另外还有一种截然相反的意见，认为飞碟与人类早已接触。许多有影响的UFO专家几乎都同意这种意见，他们指出，这种接触可能早已在外星人认为的相应的水平上建立。自远古时代以来他们一直与我们保持着多种方式的接触，他们一直在帮助我们发展科技、提高文明程度，他们也许有一个提高人类"宇宙觉悟"的时间表，可能他们认为目前公开见面的时机尚未成熟，他们宁愿继续在暗中不露声色地给我们以大量援助。甚至有一种说法认为，外星人已大批混杂在地球人中。

3. 科学家的看法

世界上第一个亲自研究UFO的科学家是弗尔曼·奥伯特博士，他被誉为"宇宙航行法之父"，是建立现代火箭理论基础的伟大科学家。他受德国政府之托，从1953年起的3年内，在约7万件目击报告中选出最可信赖的800件，从中推算UFO的航空工程性能，并得出这样的结论："科学可以把不可能和不能证实的问题看作可能，为了说明观察事实，必须有效地考虑作业假说。在已有作业假说中，UFO是地外智慧生命操纵的飞行物，最适合观察事实。"

法国天文学家、计算机学家贾克·瓦莱博士（现为美国斯坦福大学教授），1954年对从西欧到中东集中发生的200件以上的着陆搭乘目击事件，进行统计分析（他是第一个用统计学手法研究UFO的科学家），结果发现很多推翻否定论"法则性"根据的东西。

如目击事件与人口密度成反比，这和人口越多越易产生集团幻觉说相反；目击事件发生在日常生活中，且目击者无性别、年龄、职业和学历方面的偏颇，这和幻觉与病态妄想说相矛盾；从着陆痕迹测定或从状况推测的UFO的直径，都为5米左右，这暗含UFO现象与其说是心理的，不如说是物理的；目击的时刻分布显示着存在智慧控制。

1966年，瓦莱博士在公布他的研究成果时说："只要不拒绝把UFO作为空中物体来研究，那么不把UFO着陆的报道作为研究对象是没有道理。只要承认有被智慧控制的可能性，就没有理由否定 UFO 着陆和搭乘员降落的可能性"。

目击 UFO 的科学家很多。较早的是著名天文学家、冥王星的发现者克·汤博。1979年 8 月 20 日，他和妻子、岳母在新墨西哥州拉斯克鲁塞斯的住宅之外看到"6 至 8 个长方形的绿光群"，"这是在夜空模糊地浮现出轮廓的巨大船体的舷窗，随着远去，逐渐变小，最后消失。如果这是地面上某个物体的反射物，同样的现象应该频繁出现。我经常在自家庭院进行天文观测，但这样的现象也仅在那个时候见过一次。"

克·汤博（天文学家）

1973 年，斯坦福大学等离子体研究所的物理学家斯塔洛克，以全美职业天文学家为对象进行调查，在 1356 位回答者中，有 56% 的人持肯定态度，认为"值得进行科学研究"，有 4.6% 即 62 人"亲眼见过 UFO"。如新墨西州萨克拉门托峰天文台一个台员说，1974 年 10 月 11 日傍晚，"我驾驶的小犁卡车在山道上蜿蜒行驶，突然与前方上空水平飞行的 UFO 相遇，引擎停车，卡车不能前进。这是个圆盘形物体。接着，它突然在垂直方向加速，几秒钟内变小、消失。此时车子恢复正常"。

1979 年，产业科学的专业杂志《工业调查》（92% 的读者具有博士、硕士或学士学位），对整个科学技术界进行调查，有 1200 名读者寄回调查卡片，其中"目击过 UFO"的占 8%，"见过类似 UFO 的东西"的占 10%，回答"UFO 确实存在"和"多半存在"的读者共占 61%，44% 的读者认为"UFO 来自太空"。

UFO 研究中的主要流派的根本观点是：地球之外存在智慧生物，而 UFO 就是这一观点最现实的证据。但是，由于近几年来，UFO 虽然仍在不断出现，而人们却没有充分证据来证明 UFO 就是外星智慧生物的宇宙飞船，因而一度使 UFO 研究陷入窘境，甚至有的主张以上观点的 UFO 专家的信心也开始动摇，认为 UFO 研究已经步入歧途。UFO 研究真的步入歧途了吗？回答是否定的。80 年代后期出现的一些证据是令人鼓舞的，它们可能对 UFO 的研究产生重大影响。

1988 年 9 月初，秘鲁星际关系研究所所长卡洛斯·帕斯对新闻界说，1988 年 9 月中旬，当火星靠近地球时，将同以往几次一样，有大量飞碟前来地球拜访。他的预言很快就得到了证实，秘鲁和南非不久分别出现了飞碟群，目击者甚多。帕斯是位研究外星文明的专家，已从事该项研究 20 多年，在他出版的新书《我们认识的其他世界》一书中，他详细介绍了几十年来，他和他的同伴们的研究成果。他说，他们通过 26 年的研究表明，迄今已证实存在 86 种外星人,这些外星人矮的只有 2 厘米,高的则达 10 米,其中 85% 能够呼吸地球上的空气,20% 戴着假面具,5% 穿潜水服,好像来自有水的世界。其中有极小部分根本就没有鼻腔,它们可以用皮肤进行呼吸。

1988 年底,前苏联一支由科学家组成的探险考察队,在对戈壁沙漠进行科学考察时,有了更令人吃惊的发现。他们在沙漠发现了一个直径为 22.78 米的不明飞行物,但这个不明飞行物并不是在空中,而是半埋在沙堆中。更让人吃惊的是,在这个飞碟中居然发现了 14 具外星人的尸体。据前苏联当时的科学家推测,这架飞碟至少坠毁在 1000 年前。由于沙漠非常干燥,坠毁的飞碟乘员的尸体还没有腐烂。现在,前苏联科学家正在积极对这些尸体进行更进一步的研究。以前虽然也报道过飞碟坠毁事件,但都没有找到它的残骸,所以其可信性值得怀疑。这次不仅找到了飞碟残骸,而且还发现了外星人尸体。它不仅证明了外星人的存在,而且对研究多年的外星人宇航技术,也是不可多得的宝贵实物资料,其价值是难以估量的。这一消息是前苏联科学家杜朗诺克博士 1990 年在南斯拉夫宣布的。

4. UFO 存在与否

在众多的自然之谜中,UFO 是最大的一个谜,它最使人感到神秘莫测,引起了亿万人的强烈兴趣。可是,30 多年来,UFO 问题不仅没有明朗化,反而被搞得混乱不堪。虽然越来越多的公众,相信部分 UFO 是外星人的飞碟,但正统的科学界(包括绝大多数科学家)和各国政府(法国等除外),却否认飞碟的存在,认为 UFO 无非是一些探空气球、流星、虚无缥缈的幻影或未知的大气物理现象。确实,限于目击者的知识水平,大部分目击事件是把飞机、气球等当成飞碟,有些确实是一些未知的大气物理现象,如地光等等。1997 年的 8 月初,美国的一家报纸曾发表文章称:在 50 年代出现的大量 UFO 现象,其实是美国军方进行的秘密实验。此话一出,引起世界一阵哗然。虽然如此,但美国军方并没有站出来证实这一点。除此之外,也确有相当一部分 UFO 是无法解释的,其中不少是科学家和飞行员目击的,难道一个天文学家能把一颗流星当作飞碟?难道飞机上所有人员都同时产生幻影?

UFO 的一个特点是无法在实验室研究,也无任何公式可用,连确切的证据都没有。这正是它不为正统科学界承认的一个原因。人们习惯于借助电子和光学等等仪器提供数据,用公式演算分析去验证一个发现。但研究 UFO,却无任何仪器可用,也无法重演,故很难使人接受。一架飞机在我们头顶飞过后,我们可以继续知道它在哪里,在它飞行方向的下一个地方,人们也会看到飞机。但曾经是一个固态和有形的 UFO,昨晚干扰了汽车、飞机以后,现在它在哪里?在它消失的方向上,可能再也没有人看到它,监视整个地区的雷达、红外探测器也没有发现它。事实上,它从现实中消失了。可见,对 UFO 的研究,同目前的传统科学有很大的差别。同时由于一批狂热的 UFO 主义者常常夸大其词,甚至弄虚作假,凭空杜撰与 UFO 接触事件,伪造 UFO 照片,结果使 UFO 研究声誉大跌,使大部分科学家对 UFO 现象产生反感,他们既无兴趣也无时间进行研究。在这种情况下,就很容易得出 UFO 根本不存在的结论。

否定论者往往用科学法则来说明 UFO 的不可能,如"大气中不可能有飞碟那样高的速度,否则就要产生冲击波"、"这么大的加速度会把任何东西压碎"、"飞碟那么小,若是从别的星系飞来的,它的燃料放在什么地方?"等等。他们还往往把爱因斯坦的相对论搬出来,指责"UFO 研究不按科学规律行事"。如果笼统地问,爱因斯坦的相对论绝对正确吗?可能人人都会持否定态度,但在具体问题上就是另一回事了。现在人们正在努力研究统一理论和白洞问题,也有越来越多的人,倾向于瞬时完成宇宙航行,起码不需要原来认为的那么多时间。UFO 否定论者曾嘲笑说:"对于 UFO 研究者来说,只要有解决不了的问题存在,那就需要修改现代科学的理论。"

英国"飞碟"研究协会曾就这个问题,对所收集的"飞碟"资料中有关"飞碟"的特征加以分类、比较和研究,结果认为传说中那种神话般的"飞碟"现象是不存在的。现在看来"飞碟"并不是什么"天外技术"的具体表现形式,可能是发生在地球上的一种自然现象。它的出现与地理条件关系密切,有可能是一种不明大气现象。例如,某些材料中谈到的一种"飞碟"呈卵形,直径1至3米,绕主轴旋转,接近地面并发出大面积电磁辐射的就属这类。现在科学家利用一定手段已能证实它的存在。并把它命名为"不明大气现象"(VAP),以便与可能存在的"飞碟"(UFO)相区别。

总之,"飞碟"现象是值得探讨的,它是一门值得研究的科学。

当然,科学界的大势仍是对 UFO 实在性的怀疑。但"观察事实"却导出了"地外宇宙飞船"的假说。美国声望很高的 UFO 学者 J·哈依内克博士,曾是一位有力的否定论者,但他接触了大量的目击报告和目击者后改变了态度。他曾担任过大学天文系主任、天文台台长等一系列科学职务。1976 年,他在伊利诺州 UFO 研究中心对采访记者说:"对这样的资料假装不知,直到否定目击者的人格,这是科学家的良心所不允许的;轻蔑与无视,绝不是科学方法的一部分。"

看来 UFO 存在与否的科学争论,在未来还会长期地进行下去。但是有一点是确定的,轻易地否定,结果并不能改变轻易的肯定,这样做是不科学的。

5. 假说四种

具有这样神秘莫测的形态和飞行能力的飞行体接连不断地出现,人们对此关心备至,探究工作也一直在各国悄悄地进行了。美国空军制造厂同美国科罗拉多大学联合成立了 UFO 调查委员会,委员会成立于 1948 年。1976 年前苏联国防部成立了 UFO 研究会等国家级研究机构。他们对 UFO 现象提出假设,研究结果大体有以下 4 种:

第一,自然现象学说。把闪电、流星、飞鸟群、人造卫星、气象观测器等错认为飞碟。它的代表性假设是"放电现象假设"。这种放电体形成了 5～10 万伏特强大电压,从暴风云中分离出来游荡在大气层中,并在发生闪电后瞬间消失。这种放电体就是 UFO 整体,晴天也会时常出现。这种假设能够解释有关 UFO 大部分特征。但是,放电现象最长不过十几秒,且同暴风雨密切关联。而多数不明飞行物却同气象无关联。放电大小只有 4～5 厘米宽,UFO 比它大数百甚至数千倍。所以,这种学说没有多大说服力。

第二,同地球上文明体有关联的学说。提出强国秘密兵器说,如第二次世界大战的法西斯余党制造碟形飞行体,并进行试飞。这种假设根据不充分,并且在常识上不合逻辑,所以这一学说没有多大说服力。

第三,全身投影学说。即人类无意识的内在心理原形的投影现象说。也就是说,把虚幻错觉为实体。这种理论说明不了 UFO 的全部现象,只能说明瞬间消失、分离与合体选择性出现的现象。但虚幻不能被捕捉在雷达中。它也解释不了分明有飞碟着陆的痕迹,及飞碟被照相和摄像等事实。

第四,外界起源学说。就是说,飞碟是从地球以外的遥远的宇宙行星上飞来的飞行物体。他们是比人类更发达文明的生命体,像我们去月球或火星探索一样,他们也到地球上来。这种学说按现代科学原理不可能完全说明 UFO 现象,但现在绝大多数人相信外界起源说。

认为 UFO 是外星人的飞行器者,据此提出了种种理由,归纳起来有以下几条:

(1)外星人之所以不与地球人进行公开的正面接触,是由于我们地球人的文明程度比他们低得多,他们还不能与我们直接沟通,正如人不能与猴子沟通一样。

(2)外星人已掌握无限延长生命的方法。同时,他们已不像地球人那样依靠食物维持生命,他们已能利用气功辟谷来维持生命,并且已能利用宇宙射线作为飞行器动力(能巧妙地转化宇宙的能量),因此不必携带食品和燃料。

(3)人类的历史在宇宙的演化中只是短短的一瞬,现有的科技水平只是人类认识自然世界过程中的一个阶段,并不是认识自然世界的顶点。客观世界的更为广泛、更为基本的运动规律尚未被人类揭示。因此我们不能用我们现有的科技水平来判断外星人的科技、文化发展概况,外星人的文明程度很可能遥遥领先于我们。

(4)按照宇宙全息统一论的观点,宇宙各处是全息的。既然太阳系这个较为年轻的天体系统中能产生高级生命,那么我们就没有理由怀疑宇宙中的某些星球上,也能形成与地球相似的条件,其生物也必然从低级向高级逐渐发展。最后产生出高级智慧生命体。如果外星人比地球人早诞生几千年、几亿年,其智慧可能远远高出我们。

6. 地震预兆

有人将地光看作 UFO 或将 UFO 视为地光现象。UFO 和地光两者容易混同并非偶然,也许弄清地光的成因,不但能将前面奇异的位移和"佛灯"现象得以澄清,更重要的是可将 UFO 与地光现象严格区别开来,并为最终弄清 UFO 运动机制提供线索。

地光是强地震前后常见的一种自然现象。1975 年 2 月 4 日傍晚 6 时许,辽宁南部海城与营口一带,虽然天色还未完全黑下来,但能见度已很低了,马路上已不能骑自行车,汽车也只有打黄灯才勉强行驶。突然，暗淡的天空豁然开朗，人们重新看清了道路，甚至能看清室内的物品。在海城招待所，人们甚至看到了满天的红光，后来又变为白光。这就是一种强烈地震前兆现象——地光。

地光闪耀的同时，往往伴随着轰隆隆的地声。如在海城地震前，在辽河职工医院，有人看见像电弧光似的一片白光，持续约一分钟，并伴有腥臭味；北镇赵屯公社，人们看到的是东南方的天空有两道很亮的白光，像拖拉机的灯光在晃动，也持续了一分钟左右，不久就听到了轰隆隆的地声。地光也有许多不同的表现形式。在锦州铁路局，人们看到的却是火灾似的粉红色光亮持续了4分钟。在海城、营口和盘锦一带的许多地区，还有许多人看到从地裂缝中喷出火球状光亮，就像信号弹一样，不带尾巴，各色都有。

地光形形色色的形态，归结起来可分为闪电状、朦胧弥漫状（片状）、条带状、柱状、探照灯状、散射状和火球状等等。就光的颜色来说，有红、橙、黄、绿、蓝等，但以蓝色白色和红色较多，黄色次之。一般地说，片状光、带状光，以蓝色光居多；而火球、火团、火焰、火柱多为红色、红黄色和白色。不过，这不是绝对的，有时地光的颜色还随时间变化。

这些形态中与UFO最为近似的是火球现象。在1969年，美国加利福尼亚州圣罗萨镇连续遭到两次强地震的袭击。和其他地区的强地震一样，当地居民看到了多种地光现象，其中有许多是一种球形的闪光。例如，有人报告说："发震时，头顶上方，向空中升起几道直直的光条。""镇西方看到像流星一样的光。""看到了3米左右的火球，拖着红的尾巴，3秒钟移动了几米。""看到火球从前右侧跑到左侧，在很短的时间内，由蓝色发绿，散乱地变成红色。"……

1976年，我国松潘地震时也有大量火球出现。仅8月16日晚发震前后，江油的一个农民就看到400多个火球。有人这样描述道："我们先看见几处冒出零星的火球，以后越冒越多，难以计数。球刚冒出时有碗口大，当升高到10多米后，就变至簸箕般大；先是白色，后变为乌黑，还伴有响声。在白色的火光中，还有一股黑色烟雾在翻滚，同时闻到一种火药味。出现火球的范围估计约有3000～4000平方米，持续约15分钟。在火球发生的时候，收音机、罗盘、广播等均未出现任何干扰，也未发现物质的放射性增高。"

我国黄录基、邓汉增在研究火球时认为应区分两种类型：A型火球，通常在地震前不久和震时发生。它们主要出现在震中区，没有明显的分布规律，也看不到来自地下的通道，总是突然出现在空中。球体大小不等，一般直径二三十厘米，红色居多，间有蓝色、白色，移动迅速，有时带有响声，同时可见到其他形态的地光。B型火球，是信号弹式或流星式的球状光体，发震前后都有，出现的范围也较广，但与一定的地质构造及地理条件有关，常直接从地面裂缝、冒水孔、河沟等处升起。上升高度一般为一二十米。球体大小较悬殊，小如鸡蛋，大如脸盆。颜色以红色居多，绿色次之，再次是白色或蓝白色。它们的移动速度以A型为快。有时随风飘忽不定，也常伴有响声，并往往带有一股难闻的气味，如硫磺味等。严重时，可灼伤人畜。

可见，火球具有随风摇曳和只能上升、无磁场干扰的特征，说明它与 UFO 有本质上的区别，但是它的发光现象及有硫磺味产生等一些特征，又与人们遭遇的 UFO 有相同之处。它们之间究竟有什么联系呢？

地光现象已引起人们的广泛注意，特别是近代，它更是地震工作者苦心研究的对象。人们试图用不同原理来解释它。

1966 年，原前苏联塔什干大地震前几小时，塔什干上空突然发生了一次电子暴。天空中耀眼的白光像镁光灯一样，使人目眩。更令人奇怪的是，地震前后都有人发现，室内的日光灯"无缘无故"地自动闪烁。科学工作者也测到了电离层中电子密集度达到顶峰。

早在 1961 年，日本学者安井丰等研究地光时，就注意到了大气电场的问题，后来他研究了日本、美国等地的地震发光现象。于 1972 年提出了"地光现象是地震时剧烈的低层大气振荡"的看法。他认为：在地震区常会有以氧为主要成分的放射性物质，被从地里"抖"到大气中。特别在含有较多放射性物质当中、酸性岩石分布区和断层附近，大气中的氡含量将有显著提高，这也将大气离子化增强，导电率增加。如果这时地面存在一个天然电场（这个电场可以由压电效应产生），那么就会发生向空中的大规模放电，使地光闪烁起来。大面积放电和氡蜕变时放出的射线都有可能激发荧光，使日光灯管闪亮。

另外，也有人用压电效应理论来解释地光。物理学的实验发现，许多晶体在受到挤压拉伸时，会在两个平面上产生相反的电荷，称为"压电效应"。压电石英就是一种具有压电效应的晶体。如果沿着石英晶体的垂直轴切制一个薄片，并沿薄片厚度的方向施加一定压力，这时薄片的两个受压面将产生不同的电荷，且电荷的密度与压力成正比。

美国的科学工作者为揭开地光之谜作了大量的研究工作，已迈出了重要的一步。据报道，他们在实验室里对圆柱的花岗岩、玄武岩、煤、大理石等多种试样，进行压缩破裂实验时发现，当压力足够大时，这些试样会爆炸性地碎裂，并在几毫秒内释放出一股电子流。正是这股电子流，激发周围的气体分子，使它们发出微弱的光亮。芬克尔斯坦和波威尔认为，当石英在地壳岩层中作有规律排列时，如果沿长轴排列的石英晶体的总长度，相当于地震波的波长时，就会产生地震等压电效应。若地震压力的压强为 30 ~ 300 帕，就有可能产生 500 ~ 50000 伏/厘米^2 的平均电场，这个电场足以引起闪电那样的低空产电现象，产生地光。

众所周知，石英是地壳中分布最广的矿物之一。这些地光"佛灯"和"鬼火"是否都与石英释放的电子流有关，以及这些地光是石英受压后释放的电子流，还是其他原因使其抛射电子流的，这有待于进一步探讨。

7. 探寻 UFO 飞行原理

UFO 之谜究竟是客观存在的自然之谜，还仅仅是由种种自然现象所引起的错觉或纯粹是某些人的主观幻觉呢？若干年来，这一问题深深地吸引住了不少科学家的注意力。坚信飞碟是来自外太空宇宙飞船的科学家，对此作出了自己独特的解释，尽管他们的看法可能在这一方面或那一环节上存在着不够完善之处，但就总体而言，这对启迪人类的智慧，开阔人类的视野还是很有意义的。

人类进行宇宙探索过程中，所碰到的最大困难之一，就是能源障碍。我们人类在不同的历史发展阶段，用不同的方法获得能源。获取能源的不同方法正与人类文明不同的发展水平相适应。科学发展史告诉我们，对微观世界研究得愈深入，人类所获取的能源也愈经济、愈强大、愈充足。如今我们如果要得到比原子能更为经济和更为强大的能源，那唯一的途径只能是研究微观世界更深层的结构。地球人类对原子及原子核层次物质结构的研究已取得了丰硕的成果。更深一层的研究，应该在物质结构的哪一个层次上来进行呢？科学家认为，应从基本粒子着手。

我们一般所谓的基本粒子事实上并不基本，而是自然界中更为深层过程的产物，夸克就是构成这种基本粒子的更小单位。在未激状态中，夸克场在量子物理中被科学家称为物理真空，亦即空虚的宇宙空间。所谓真空，并不是传统意义上的空无所有。把真空理解为空无所有，那仅仅是人们对"真空"一词所作的庸俗化解释而已。事实上，真空本身就是一种物理介质，如果把外部的能量施于真空，或者用重力场使其变形，那么从真空中就会产生出真实的粒子，而且进而使真空具有独特的能量。科学家在极为精确的实验中，已经发现了真空的这一特性。有些科学家已经预言，随着科技水平的不断提高，及微观世界深层结构奥秘的不断揭示，我们应该对空间和时间的基本概念重新进行审查，而一些以前和现在我们无法加以想象的现象也即将成为人们无法否认的事实。

有人提出了一种崭新的理论模式，根据这种模式，真空中存在着不受限制的内部能源，它以我们目前还无法了解的自身重力进行代偿。银河核、类星体及宇宙本身爆炸就是这种真空能的表现形式。如果这一理论模式是正确的，那么为了探究真空能之谜，就得深入到微观世界的更深处。自然规律对于整个宇宙来说都是相同的，高度发达的球外文明正是在深入到微观世界的基础上洞察了真空能的奥秘，用它来武装飞碟。他们的宇宙飞船在茫无际涯的宇宙中漫游时，从周围不断地汲取原动力，因此能作超越我们地球人想象的超远、超高速运动。

目前所观察到的大量事实证明，飞碟不仅有高速飞行的惊人能力，同时又能克服加速飞行时所产生的超重障碍。正是宇宙中普遍存在的惯性力引起了超重，要抵消这种异乎寻常的超重力，就得依靠处于同飞行相反方向的某些巨大天体所产生的巨大引力。但使人担忧的是，引力场是所有物理场中最弱的场，整个地球所产生的引力，也仅有用来抵消自由落体的惯性力那么大。

非常可能，在微观世界的深处，我们目前关于引力本质的认识已经历了根本性的变化，外星人在那儿已经找到了一个能产生强大重力场的新机制，并且人为地设立了一个"大场"，正是依靠这种对我们来说还完全是幻想式的重力场机制，来克服超重的困难。飞碟给人类的启示的确是十分巨大的，现在某些科学家正在研究这种"大场"。

飞碟能以超光速飞行,这是部分飞碟学家的设想。这究竟是否可能呢?要解决这一使人感兴趣的问题,人们首先面临的问题是宇宙中有没有以超光速运动的物质。

20世纪物理学领域中最伟大的成就之一,就是发现了光速在任何自然环境之中都恒定不变。它同光源的运动速度或光接收器运动的速度都没有关系。按照爱因斯坦的相对论原理,光速是自然界中传递任何物理相互作用的极限速度。可是在若干年前,天文物理学家却发现了一个十分神奇的现象:一个类星体正以超光速把大量的物质抛入宇宙中去,同时释放出巨大的能量。这一发现曾轰动了整个天文学界及物理学界。但事后却证实,那是因观测及计算不精确所造成的错误。可是这一错误的观测结果,却成了一个巨大的推动力,促使物理理论工作者提出了一个十分严肃的问题:宇宙中是否存在着以超光速运动的物质。人们把这一假想中物质称为高速物质。

爱因斯坦

在原则上,以超光速运动是完全可能的。物理大师爱因斯坦所创立的相对论,在逻辑上也允许存在两个世界:一是我们目前所处的慢速世界,即以不超过光速运动的世界;一是快速世界,即以超光速运动的世界。

从整体上来看,高速物质的主要特点在我们慢速世界里无法发现。它们以一种任何力量都无法超越的界线,把我们同它们相隔离,并且永远不同我们发生任何关系。高速世界是组成我们慢速世界的基本粒子的独特对映体,它们所积聚的能量不是随速度的提高而增加,而是随速度的提高而减少。这是一种十分奇特的物理现象。在慢速世界中零点能同静止状态相适应。理论计算表明,物质以接近光速或以光速运动时所要消耗的能将达到无限,可是在这想象的快速世界中,零点能同无限高速运动相联系,一旦速度减慢到接近光速时,能量会骤然增加,以至达到无穷,正如在慢速世界中一样。因此,无限的能源障碍,也把我们的慢速世界同快速世界截然隔开。从快速世界进入慢速世界时到底是怎样越过这一障碍的呢?

周围世界远比我们所习惯的要复杂得多,尽管高速物质目前还仅仅是个假设,但我们不能排除这样的可能性,随着我们地球人类知识水平的提高,在世界科学五彩缤纷的图景中,令人惊叹不已的超光速物质会占它自己应有的一席之地。

域外文明

1.联合国的讨论

来自外太空的不明飞行物体访问地球的事件,曾在联合国会议中被提出讨论过。

1971年11月8日,联合国总会第一委员会中,乌干达联合国大使曾发表演讲,说道："不久的将来,人类将可自由进出外太空,亦即将会与外星人有所接触,事情搞得不好的话也许会造成全面性战争。这并非仅是一个大国单独的问题,而是全体人类共同的问题。现在许多国家的政府均否认有UFO出现,但是,美、英、前苏联及其他国家中有许多科学家,正担心UFO是来自其他星球的太空船。UFO应该在联合国会议中提出讨论,并列为重要问题……"

1976年10月7日,第31次联合国总会中,某国的首相亦提出下述言论：

"地球是全体人类所共有,与其有关的知识理应让全人类知道。但是,某一国家把UFO存在之证掩藏在其情报保存中心。某国更把UFO当作军事上的机密资料处理。事实上UFO是我们地球人与外星人生命相关的大问题。人类有权利知道这项可怕的情报,并早作心理准备。"

此处所提到的某国是指美国。美国政府机构,隐藏UFO情报的事情,已逐渐被揭露而为世人知晓了。

在1966年2月,联合国进行了首次"联合国UFO研究计划"：

①对UFO在全球的活动,处理各国间的合作、协调问题。

②即刻停止敌对举动,以避免任何星际战争。

③面对UFO问题,必须有正式接触机构,且经政府同意许可而设立。

联合国还曾多次讨论UFO问题,1987年,里根总统曾在第42次大会上指出,地球人类应该打破自私与地域观念,共同讨论如何面对来自外太空的威胁。

有一些地球人类自称曾与外星生物有过直接接触,就连登陆月球的人都目睹过月球上的外太空生物,这些有第四类接触经验的人号称是预言者,如美国的亚当斯基及法国的雷尔等,依圣经上的预言推算,人类约有四亿人要受到灾难,这些是否与UFO及外星生物有关都是值得探讨的。

美国政府在二次大战期间,就开始注意UFO问题,在战后也曾成立特别机构进行UFO现象的资料收集与研究,而美国CIA(中央情报局)在这一方面则扮演掩蔽真相的角色。

美国与前苏联政府曾多次共同讨论联手对付入侵地球的外星人问题,1989年美国总统与前苏联总理戈尔巴乔夫在马尔他举行了高峰会议,内容主要谈到SDI(战略防御协定)及星际战争问题,美、前苏联手要对付的对象除了入侵的外星生物外,在地球上还有哪一国呢？1987年2月16日,前苏联总理戈尔巴乔夫演说时也指出,人类现阶段要解决的问题最重要的是 UFO 与外星生物，现在不着手进行，将来就太迟了。事实上早在 1971 年，美、苏两国就已签了一份合作对付外星人的合约，70 年代以后，两国时常密谈此问题的细节。

2. 美国的战略

1960 年，美国射电天文学家达莱克首先开始地外文明探测工作。他在美国国家射电天文台利用直径为 26 米的射电望远镜探测离我们最近的两个太阳系星球。探测波长为 21 厘米。

随后，一些国家曾采用天文望远镜探寻外星人的踪迹，但收效甚微。目前，美国宇航员正在贯彻一项探索外星智慧生命的大规模计划。科学家用带有巨型天线的射电望远镜接收下大量无线电讯号，然后通过电脑控制的新型信息处理装置，同时在 13.1 万个频道上进行迅速的分析和处理，将传递信息的信号与杂音立即区分开来，使观测效率大大提高。1988 年 6 月，一座精度更高的射电望远镜又在波士顿投入工作，它的天线直径 28 米，可以同时在 20 多万个频道上进行观测。据乐观人士估计，借助先进的空间科学技术，在未来 50 年内将可望接收到外星人的信号。

美国科学家还打算派遣由宇航员或机器人驾驶的高速宇宙飞船拜访外星人。事实上，1983 年 6 月飞离太阳系的"先驱者 10 号"无人驾驶宇宙飞船，就已作为人类派出的第一位友好使者，携带着地球和太阳系的方位图，以及特制的裸体男女图像，向茫茫宇宙进军。为了加快未来星际飞行的速度，科学家们正在研究新的动力装置。利用热核反应可使飞船速度达到光速的 10 ~ 20%，即到达最近的恒星只需 20 年左右。被人誉为"第二代航天器"的"光帆"又叫"太阳帆"，是在飞船上挂起一张厚度只有大约百万分之一米超薄铝箔制成的巨帆，借助太阳和其他恒星的光压飞行，而无需消耗任何燃料。光帆通过加速度，可以在较短时间内达到可观的速度。如与激光器配合作用，还可双倍加快飞行速度。据分析，若在绕太阳的轨道上安置一台大型激光器，就能使光帆的速度接近光速，这将大大缩短星际航行的时间。有了成本低廉而高速的光帆，银河系就不再像原来那样遥不可及了。可以相信，人类与外星人建立起联系，为期不会太远了。

为了解开外星人之谜，美国航宇局从 1988 年开始把预算一下增加了 5 倍，拿出 1000 万美元添置必要的设备，争取在 1992 年正式开始探寻外星人的工作。

这项工作是美国生命科学计划的一环，它从 1985 年已经开始着手，正式名称是"探索外层空间智慧生物计划"，由美国宇航局的艾姆斯研究中心和喷气推进研究所负责。这项计划的基本考虑是"如果在宇宙中真存在具有一定文明的外星人的话，他们也会和人类一样利用电波向外发送某种信息。因此，将在地球上放眼整个宇宙，截获这些信息"。

负责截获电波信息的天线是喷气推进研究所现有的射电望远镜和位于菲尔特里克的直径 305 米的世界最大的射电望远镜。科研人员把这些天线接收到的大量数据分成

1000 万个波道的频率,然后用先进的计算机来分辨这些电波是在宇宙中自然生成的还是外星人发射的。

搜寻方法一是用天线对宇宙每个角落进行全面探查,二是把重点放在围绕类似太阳的恒星旋转的行星上。

美国宇航局制订了分两步的宇宙生命探索计划。第一步 5 年,主要任务是研制、设计和测试各种装备和仪器。第二步 10 年,进行全球范围大规模观察。预期各阶段都会有所发现。

如果确有外星人,天文学家们信心十足地指出,随着太空探索计划的实施,外星人迟早会被发现。首先应探索小行星带,就是基于这样的设想:外星人已进入太阳系或其附近,并在小行星带某个原材料和能源丰富的星球上建立了自给自足的太空栖息基地。

预计在二十一世纪中,探索外星人会取得重大突破。要么发现外星人的某种信号,要么证明地球人类确实在银河系独一无二。前者只要一个信号就能分析出宇宙中生命的性质、分布和形态。后者也不能理解成探索外星人的失败。明确人类是银河系唯一的文明生命,人类应加倍珍惜自身的存在避免不必要灭亡。

3. 前苏联的秘密行动

在 50 年代整整 10 年间,UFO 的研究以美国最为热闹和集中,前苏联一直缄默不语。前苏联《真理报》甚至把飞碟作为西方帝国主义腐朽的产物而加以指斥,但暗中则加紧研究。针对 1967 年以来的碟现象,写出了《对前苏联大气层的反常现象之观察、统计性分析》的详尽报告。60 年代中期,他们成立了宇宙委员会,呼吁研究飞碟,前苏联宇航员曾经在宇航飞船上看到过"不明圆柱体",在乌拉尔山区经常见到不明发光体。但是他们的研究,主要还似乎在于对外星生命、外星智慧生物存在的兴趣上。由于他们迫不及待的热衷,所以有人说,前苏联人比西方人更相信外星智慧生物。70 年代中期,前苏联人竟在高加索的泽连丘克建成了世界上最庞大的射电望远镜,并立即投入使用。这个望远镜的天线系统可以收听几十亿光年以外宇宙间的任何"脉动",可能收听波长为 1 到 30 厘米的无线电发射波。由于氢在宇宙无处不有,因此推断先进的文明会选择这个波长来发射信号,而泽连丘克射电望远镜,可以收听到外星人以氢波长发来的信号,而且收听时间比当时同类望远镜都长。前苏联人毫不放弃加入有关与外星文明通讯联系的会议,不论是1964 年的第二次国际外星文明的星际无线电通讯代表大会,还是 1976 年的讲座同外星文明通讯联系问题的巴黎会议等等,他们都十分热衷,每会必赴。前苏联制定了"塞蒂 1号计划"(1975～1985),"塞蒂 2 号计划"(1980～1990),将投以巨款大干。可见,在探索外星生命方面,前苏联有领先于美国的趋势。

前苏联是从 1968 年开始着手外星人探索活动的,政府多年来对探索活动相当重视。1981 年底,前苏联在塔林召开了国际讨论会,总结交流各国的探索活动的经验。大多数前苏联科学家对探索工作抱乐观态度,他们认为,宇宙中生命的形成不是一个偶然现象,而有其必然性。纳安院士认为："只要有来自恒星的强大能量流,并提供合适的容器——如行星,使这种能量流持续发生作用,那么,就有可能诞生生命"。

前苏联科学家认为,现在已有确凿证据表明:波江星座、巴尔纳尔达星座和御夫星座等都存在行星系。因此,不排除在这些星系存在生命的可能性。

至于地外生命是什么模样,前苏联的特伊茨基通讯院士认为:"既然宇宙中的物理定律到处都是一样,那里的生物定律也应该是一样的。"

特伊茨基通讯院士认为,由于对情况估计错误,讯号收听工作不完善,因此探索工作目前未能获取成果。他认为,宇宙中根本不存在能掌握某个外星系能源的超级文明人,我们不可能指望接收功率强大的讯号。我们必须大大提高接收机的灵敏度,选择合适的天线,合适的波长,对宇宙某些部分进行重点探测。他透露,一年半到两年内一架多波段扇形天线将投入使用;射电望远镜的灵敏度将增加 100 倍;将能收到 300~500 光年距离处发来的讯号。

1971 年 9 月,在前苏联布拉干天文台举行了第一届美、苏"与地球外文明社会建立联系"学术讨论会。当时认为存在地球外文明社会是不成问题的,而且数量众多,有成千上万,问题仅仅在于如何建立联系。

早在 1964 年前苏联科学院通讯院士卡尔达金夫提出,按能源消耗水平来说,地外文明社会可划分为三类:第一类,其工艺水平和能源需求相当于地球上的人类社会;第二类,其能源水平大大高于第一类,能掌握运用太阳型恒星的辐射能量;第三类是超级文明社会,能控制整个星系的能源。按照这种估计,当时认为,既然第二、第三类外星人的能耗水平如此之高,其无线电发射功率也一定高。我们不需要灵敏度很高的接收设备,就能接收到第二、第三类地外文明社会发出的讯号。

可是,前苏联学者在高尔基城附近利用射电望远镜逐个探测了距太阳系 20~30 光年范围内的 1000 多个星球,并未发现外星文明社会的蛛丝马迹。

前苏联《在国外》周报就当前探索太空人活动发表了评论,标题为《仅仅是开始》。

该报认为:60 年代兴起的,对地球外文明生物的科学探索,目前正面临危机。

众所周知,尽管作了大量探索,甚至使用了大型探测工具,但未能发现太空人的无线电信号,也未发现任何宇宙奇迹。例如:高度发达的文明生物所创造的天文工程。它们也未曾来侵略和占领我们的太阳系。于是,出现了一些偏激论调,认为地球上的人类文明是独一无二的,在银河系,甚至在整个宇宙,也是唯一的。

当然,并非所有研究人员同意上述观点。实际上,上述观点把问题过于简单化了。他们把人类在当前发展阶段所持有的倾向,如对科学、技术、发展道路的看法,强加给别的文明生物。最近的一些著作,批判了太空侵略的可能性,也否定了能掌握星系的超级文明生物存在的可能性。

评论认为,探索对太空无线电信号的工作未能成功是早就可以预见到的。首先,当初误认为在最近星球的附近就存在着文明生物;其次,又误认为这种文明生物与人类近似。现在已很清楚:这仅仅是一种可能性,而且是概率很低的可能性。未来的星际通信应是另一个样子。而探索性的工作,仅仅是开始。

如果

如果说,过去人们对寻找外星球文明还只是停留在幻想和文字的阶段,那么,到了上世纪六十年代,大胆的想象已经变成了严格的科学研究,文字的描述已经转向实际的探索。现在,美国、前苏联和加拿大等国的电子"耳",正在聚精会神地搜听着可能来自文明星球的信息。天文学家们还对其他资料进行了研究,希望找到证明外星球文明存在的信息。

1975 年,加利福尼亚理工学院的天文学家们说,他们曾探测到银河系中心一个非常紧凑的无线电源,这个无线电源发射出随着时间变化的信号。

同时,在平常室内温度状况下,在银河系中心发生过大面积非常明亮的红外线光源。这些是不是来自先进文明世界的信号,还有待进一步研究。

上世纪二十年代,荷兰和挪威天文学家,在向星际空间发射探测性无线电波时,发现了奇怪的滞留现象。如在正常情况下,无线电接收器应在七分之一秒收到反射波,可是他们却收到 3 至 30 秒之间的间歇性的反射波。后来,有个科学家把这种间歇电波记录在千分纸上,意外地发现这些间歇性无线电波,竟然描绘出一幅牧夫星座的天文图。根据某些星星的移动位置,推算出这是一幅 1 万 3 千年前牧夫星座图。难道这是 1 万 3 千年前牧夫星座的文明生物发射到地球高空的探测器在作怪吗?

1960 年,科学家们拟定了搜寻地球外文明的"奥兹玛"计划,利用美国国家射电天文台搜听太空无线电通讯信号。在进行第二个"奥兹玛"计划时,用精良的射电望远镜考察了将近 6 百颗我们邻近的太阳型恒星,据说其中有十几个恒星的讯号有异常现象,究竟是来自文明生物还是地球上的无线电干扰,目前还不能作出准确的判断,有待进一步研究。

英国当代著名的天体物理学家霍伊尔在 1968 年宣布,人类已经收到 50 种新的信号,它很可能来自外太空一个非常先进的文明世界。

有人推测,如果外太空文明生物要考察地球的话,他们不会不利用月球这颗地球卫星。果然,不少科学家发现月球上确有许多奇异现象。

早在 1877 年,英国和美国天文学家就看到过一个令人难以相信的奇景:月球上的几个环形山同时发出光点,并穿透柏拉图环形山的山壁,在里边汇集,排列成一个巨大的发光的三角形。

英国天文学会的月球部主任在 1953 年 12 月,也证实了他从月球表面上观察到的奇怪现象:他看见了一些半球形的圆顶建筑,呈耀眼的白色,最小的直径大约也有 3 公里。

从清晰的投影来看,他断定那上面还有一座长3公里,高1500米的桥形建筑,这些看来像是工程师的杰作。

此外,一些天文学家还多次观察到月球上出现的不同颜色的闪光和绕月球飞行的飞行物。阿波罗号宇航员还拍到了一些似乎经过人工修整的环形山照片,其中有的环形山可以看到明显的几何图形,等分线和像是标杆的投影。因此,有的科学家认为,我们应该重新认识月球。

前不久,俄国科学家透露了一个更加令人吃惊而又使人振奋的消息:有一艘瘫痪了的外星球生物的飞船,正在环绕着地球运行。俄国天体物理学家波契兹教授和莫斯科的物理学家阿隆博士透露,这艘飞船是由于技术故障于1955年12月18日爆炸的,已经碎成了十块碎片,其中最大的两块直径达30米。这些碎片,目前仍在离地面2000公里的高空沿着一定的轨道运行,这些现象他们是在60年代初期发现的,经过多年研究,最近才公之于世。

他们认定,爆炸的这艘飞船是人造天体,是外星球的太空飞船,因为地球上的第一颗人造卫星是1957年才上天的。阿隆博士说:"流星是没有轨道的,它们只会毫无目的地掉下来,不规则地穿过太空。我们过去十年所搜集的证据,都指出了一个事实——一只外来的太空船,由于技术上的故障残废了。"美国著名的科学家力克德博士也认为:"流星能够留在地球的轨道上只有一百万分之一的机会","同时没有一颗流星被我们探测到它的一定位置","流星是不会自行爆炸的"。

对这些碎片经过复杂电脑的追踪以后,可以看出两块最大的碎片的体积和形状,并进一步推断这艘宇宙飞船爆炸前的体积和设计情况。它大约长60米,宽30米,里面可能分五层,有几个安装了望远镜的圆顶,有碟形天线,还有几个舱口。俄国的科学家认为,它里面可能到现在还保存着外星球文明生物的尸体。

其实,早在1969年,美国的天文学家比波就已经在一本名为《伊卡尔》的杂志里说道:至少有十块小碎片在运行,这些碎片是从一个巨大的母体爆发出来的。他指出的爆炸时间和前苏联科学家得出的时间不谋而合——1955年12月18日!

目前,俄、美等国的科学家,都急于想把这艘宇宙飞船的残片,带到地球上来作进一步的研究,科学家们甚至设想把这些残片重新组装起来。美国核物理学家蒙狄夫博士说:"如果那是一只外星球的太空船的话,那就是当今最重大的发现。也许,这会最后证明宇宙中确实存在着其他智慧的生命吧。"

捕捉天外飞船不仅是科学家们感兴趣的问题,也是举世瞩目的一件大事。它不但是我们认识另一个世界的教科书,而且也将是揭开包括UFO在内的许多自然之谜的金钥匙、人类的科学技术,也许因之而获得巨大的飞跃。

第八节　探寻神秘的外星人

"外星婴儿"与外星人基地

前苏联曾获得过一个外星婴孩。

1983 年 7 月 14 日傍晚 8 时左右,前苏联中亚吉尔斯加盟共和国咸海东侧索诺夫卡村的村民们目睹了一次大规模的奇异现象,并一个个惊得目瞪口呆。当时,一个火红的发光体突然出现在天空,将群山、村庄照亮。几秒钟后,空中传来几声巨响,爆炸声震动山谷,天空一片紫红,异常耀眼。

前苏联与中国新疆接壤区域的边防军立即派出军队对边界进行严密监视。当晚伏龙芝市又出动 3 架军用直升机,用强大的探照灯将索诺夫卡村一带照得亮如白昼,并封锁了它的空域。空中发现,在山村一片空地上有一堆冒着烟火的残骸。待天明不久,军人们找到那堆仍然烫手的黑色灰烬。

此事惊动了伏龙芝新闻界和军政当局。前苏联军队立刻将该村和周围山地严密包围。事件发生 24 小时之后,有消息说,出事的飞船很像几个月前飞越前苏联上空的那艘宇宙飞船。7 月 15 日晚 10 时,一支部队进入该村东南 4 公里的一个山谷,他们得到报告,一个牧羊人看见天上又掉下来一个东西。两架直升机立即向牧羊人报告的地点飞去。

边疆军区佐尔达什·埃马托夫上校也乘车赶到现场进行实地调查。上校看见了一个椭圆形的金属物体,它的长、高、宽均在 1.5 米左右。金属球体下部有短而粗的支脚,还有一个反推力制动装置,物体上部有一扇紧闭着的门。军事专家们用仪器探测了这个物体,结果表明球体内没有炸弹。

凌晨 3 时,上校命令打开球体的门。当此门被打开后,专家们发现里边有一个男婴。乍一看,他像地球人,他呼吸缓慢,像在熟睡。随后,他们将孩子与球体一起运到伏龙芝研究中心。

埃马托夫上校后来对新闻记者说:"种种迹象表明,那是一个外星婴儿,是一架出事的宇宙飞船在危急时刻释放在空间的。那个球体十分平稳地着陆了。我们完全有把握说,这个球体是一个宇航急救系统。孩子没有受伤。"照料婴孩的一位医务人员说:"说真的,那孩子很像我们地球的婴儿。是活生生的人。所不同的是,他的手指、脚趾之间有蹼,这说明他曾在水中生活过很长时间。另一个不同点,是他的眼睛呈奇怪的紫色。X光透视结果表明,他的肌体结构与我们人一样。只是心脏特别大。他的大脑活动比我们成人还频繁,很可能他有心灵感应和图像遥感的特异现象。"

有8个护士参加了护理这个外星婴儿的工作。其中一个人介绍说："这个婴儿可能有一岁的样子,体长0.66米,体重11.5公斤。他没有头发,没有眉毛和睫毛,好像没长眼皮。他睡觉时,眼睛也是睁着的。他不哭也不笑,但很聪明,在给他换衣服时,他配合得很好。他最感兴趣的是一个闪光铝片制成的机械玩具,也许是因为它像他们所乘的飞船一样发亮吧。"

很可惜的是,这个外星婴儿先是在伏龙芝医学研究所,然后在阿拉木图儿童医院生活了近一年之后,突然发病死去。

另有一件大事也让人惊喜万分,瑞士人类学家波顿·史皮拉宣布,他于1988年7月14日在巴西原始森林中发现了"一个被遗弃的外星婴儿"。那个婴儿被喂饱后,证实他是一个不属地球人的健康婴儿。这名婴儿的年龄在14个月至16个月之间,他与人类婴儿有点相似。不过,他的耳朵呈尖角形,双眼无色,而且鼻子像管子。史皮拉说:"这是本世纪的一项科学发现。"他又说:"那个婴儿是一个活证据,证明地球以外存在智慧生命。"据说这个婴儿已被带到阿诺里市以南的一个军事机构接受研究。

另据外电报道,前苏联人曾发现过外星人基地,但当局对发现了外星人这一惊人事件严格保密,怕引起世人惊恐。不过他们私下向美国作了通报。一位不愿透露姓名的五角大楼的高级官员称:"我们有根据相信,在美国和前苏联领土上存在外星人和他们的基地。重要的是,我们终于和我们共同存在的外星人面对面遭遇了。克里姆林宫向我们提供了外星人的照片和其身体构造的详细资料。"

这一事件是由UFO在前苏联连续出现所发生的。一次,一个闪亮的红球在前苏联的一个城市公园降落,从中走出了两个高大的长有3只眼睛的外星人和一个机械人。其中一个外星人用激光枪向一个站在附近的儿童发射,使那小孩暂时消失直到外星人离开后才出现。整个事件过程中有26个前苏联人失踪。前苏联的雷达站追踪到外星人飞船降落在西伯利亚和阿拉斯加他们的基地中。卫星照片显示,在西伯利亚和阿拉斯加的荒野中有一个银色的圆点。于是,前苏联派遣一个精干的突击队和科学家前往调查。

一位参与此事的苏军高级军官叙述说,当他们的直升飞机降落在冰天雪地的西伯利亚时,他们便可以看到远处有一个巨大的银色圆点。遗憾的是,外星人觉察到有人到来,便立刻离开。突击队员们惊奇地发现,一个巨型耀眼的球从那圆点顶部突然腾空而起,消失在空中。在飞球不见之后,突击队员进入了那个有足球场大小,到处是闪亮灯光的圆点中,意外地发现有个受伤的外星人被遗留在那里。那个外星人有2.1米高;四肢细长,最突出的是他那大大的银色头颅和黑色的眼睛。外星人身穿绿色的紧身衣,脑门上有一个奇怪的标志。突击队将这个外星人用飞机送往一个军事基地接受治疗和研究。

另外,前苏联在那个外星人的基地设立了研究站,对那些建筑物进行研究。据前苏联有关部门的消息透露,那个外星人身体恢复了许多,他喜欢吃含有丰富铁质的土,讲起话来声调很高,类似人类的婴儿讲话。

五角大楼的官员说:"由于至今无法与外星人沟通,因而无法知道失踪的前苏联人的下落。前苏联已要求美国协助研究,但我们还未决定是否参与。"

来自火星的外星人

美国俄亥俄州的弗兰克林住着一位离婚的女性,芭芭拉·乌莫斯(47岁)。1981年2月15日夜半2时,突然卧室里多了一道强烈的光芒,她大吃一惊,从床上下来,奔到了窗前,想看一下究竟发生了什么事情。

就在窗外,一个圆盘型的发光体浮在半空中,没有声音。当她看到这些的一瞬间,便不知发生什么事情——

不知过了多久,她仿佛从梦中醒来:眼前的UFO不见了,发现自己莫名其妙地站在窗口前,看了一下钟,已经是夜半3时15分。大约有1小时15分钟的"时间和记忆"失落了。后来芭芭拉接受了催眠实验。催眠实验是在新西纳琪市心理治疗医学者罗拔特·休纳特和纽约市的一家研究组织,还有UFO科学调查局的协助下进行的。

芭芭拉的"绑架体验"被唤醒以后,根据她的回忆是:在飞碟内部,从透明圆顶的天花板上有一道光柱笔直地照耀在床上。里面的生物身高二米左右,身穿紧身的灰色金属制服,从头到肩膀穿戴着一个头盔。开口的地方像猫一样的嘴巴,黄色的。

他们通过神经感应的方法,告诉她:"我们来自火星,请别害怕,我们绝不会伤害你的。"反反复复地跟她沟通。然后从一个箱型的盒子里伸出了两根探针,自动地从芭芭拉的头部开始移动到她的指甲上,可是一点也没碰到皮肤。

芭芭拉在半年后又一次遇上了"绑架",她有2次的"绑架体验"。后一次是在她住所附近的高速公路上行驶时,突然遇上了一道银白色的光芒,后来她的车子被强制地拉上空中,有2个小时的记忆"失落"。她被带进了一个实验室模样的地方,坐在一个大椅子上,对她进行"身体检查"的生物模样与前一次都一样,服装也相同。没有戴头盔,脸露在外面。黄色的眼睛,此外没有耳朵,鼻子长而细,下巴很尖,嘴唇一点血色都没有。

芭芭拉现在还相信那些外星人将来还要"绑架"她,这话听上去有些可笑,简直毫无根据,真是地道的无稽之谈,可后来发生的事实却证明她的感觉没错。

外星人并非来自同一个星球

据研究飞碟问题的专家说,至少有下列四种外星人经常访问地球:

(1)矮小的大头怪物:他们平均高度1.15米。头部特大,眼睛圆形,但没有瞳孔,有耳朵及鼻梁,在鼻的部位有两个小孔,他们的嘴巴只有一条缝,并无嘴唇、头发或牙齿,指缝间长蹼而没有拇指。

(2)试验用的动物:这种来自外星球的长毛动物,外貌像猩猩,全身有毛,手臂特长,牙齿锐利,最高达2米,体重约200公斤。科学家认为这是外星人用来做太空飞行试验的动物,就像我们用猴子做试验一样。

(3)类似人的外星人:他们的外形和地球人类一样,但也有些与人类有别的特征。如美国怀俄明州的目击者见到外星人有1.8米高,两腿弯曲而没有手掌,一只袖管只伸出一条长杆,每次他挥动那根杆,周围的物体就会移动或消失。

(4)机器人:和地球上的机器人一样,他们有多种样子。有两名男子在美国密西西比州遇过两个这样的机器人。"他们"外形相同,大约一米高,有头,但是没有颈,也没有眼和鼻,头顶有天线伸出。

下面我们再进一步分析类似地球人的外星智能生物:

(1)矮小人类智能生物:通常他们身材矮小,头部和眼睛很大,其他器官不发达,但十分精灵。思维远胜过地球人,没有毛发。

但他们的行动非常灵活,而且有特殊的超人功能。估计他们可能是外星球上的一种比外星人落后的种类,但智力、功能比地球人先进得多,也许他们是外星人用遗传因子人工合成的生物种类。

也许外星人就潜藏在我们中间

在美国有一个事例,目击者看到一个不到1米高的外星矮人,头很大、前额又高、又凸,好像没有耳朵。

有的目光迟滞、双目圆睁,有的鼻子很像地球人。目击者说,矮人的鼻子是在面孔中间的两道缝里,它的嘴不像一个有唇的口,而是一个圆的,有奇怪皱纹的孔。

他们下巴尖又小,两只手臂很长,脖子肥大,好像没有一样,但肩又宽又壮,身穿金属制上衣连裤服或是类似潜水服,左部似乎比右部肥大一些。

阿根廷有一个事例,目击者看到飞碟上外星人,他们平均高度为1.06米(3.5英尺),脑袋特别大,有两个圆而没有瞳孔的眼睛,没有耳朵,鼻子已退化成两个气孔,嘴没有嘴唇,只见有一道缝,无头发,没有牙齿,其中目击者看到一个手脚带蹼的趾掌,这种生命体是常见一类。

巴西有一位目击者看到一个身高1.2米的矮人生物,头很大,戴着头盔,有的类似风帽,也有的光着脑袋,并有类似无线一样的东西。他们眼睛大,眼珠圆,皮肤灰褐色或浅绿色,下巴尖削,鼻子扁平,有的没有鼻子,有的耳朵极长,嘴巴小的几乎看不出来。

由这些目击案便可得知,他们根本没有年龄的概念,由各种迹象表明,他们主要的任务是为了收集地球上的标本、样品、石块,动物中的野兔、小鸡和乳牛,还有狗、马,植物中的葡萄、花和其他作物,还有香烟、肥料、石油制品等等。

由另外的目击案例中显示,他们的手似乎像磁铁一样,能吸取物品。只要他需要,物件自会到他的手中。可见他们的生理结构和地球人完全不同,和地球人高级气功师以及特异功能倒很近似。

在南美洲有一个事件,目击者看到一个矮人有鼻孔,但没有呼吸系统,耳朵接近地球人的耳朵,有关外星人的脑子和心肺迄今没有报道。

这些外星人只是在外表上和地球人有的相似,但在皮肤生理结构上则完全不同,他们的演化过程和我们根本不一样。这完全取决于该星球上的光源、电、磁、引力生态的环境。

有些案例表明,外星人沉入水里多年不会腐烂,但却会被烧焦,同时外星人总是千方百计救回受伤的同伴,可见他们是可以死而复生的,任何伤痛,他们都会使它痊愈的,甚至根本消除了任何疾病,在千万件飞碟事件中这是已被证明了的事。

(2)巨大人类智能生物:外星人系列。当飞碟外星人有特殊任务时,才有他的出现,否则在一般情况下,不易看到。

他们的身高一般都在2米以上,有的甚至10米,这些仅是目测,并不是以仪器测量。

在美国有一个事例,目击者看到巨大的智能生物,身高180多厘米到300厘米之间,但不像矮小智能生物那么多,他们皮肤淡色,身上没有保护的东西,不穿太空服,像地球人。

这类巨人的智能生物,所来的本土星球可能和地球环境相近似,在地面行动比较自如。他们接近地球人,但同地球人的联系是以心电感应而不使用语言,他们的心理特征:慈善、和蔼、通情达理。但他们在地球上不常见到。

在英国有的目击者看到巨人型智能生命体,身体十分高大,几乎达到250厘米,他们的眼睛炯炯有神,有的在前额中央长着第三只眼睛,大体来说,这些外星人的面庞有这几个共同点:形状基本成三角型,薄唇或无唇,两眼睛相距较远。

在巴西一家豪华的餐厅酒店里,突然出现了一个3米多高的巨人,他手里拿着类似罐子的东西,打着手势要水,得到水后,他走出饭店,在离餐厅100米的地方有一个飞碟,等他上去后,飞碟就消失了。

1963年7月23日,美国俄勒冈州有人发现类似像人样的庞然生物,他身高4米多,灰色的头发,绿色的眼睛。

几天后又有目击者看到巨人型外星人,穿着风帽一样的护身服,身高不下4米。

有关专家到现场调查后发现巨大的脚印,长有40厘米,宽15厘米,以仪器测定,估计留下脚印的生物体重量超过350公斤。甚至可达400公斤,两脚印距离有2米,这样的生物实在不可思议!

1952年9月,美国弗吉尼亚州一个小村庄,突然有一个巨大的类人生命体从森林里走出来,它身高 4 米,脸型和人相似,身穿上衣连裤服,类似橡胶之物做成的衣服,头上戴有防护帽,面孔呈红色,两只大眼睛棕红色,全身发出一种难闻的气味。

另有目击者在弗吉尼亚州,看飞碟乘员中,有个身高 3 米,头上戴着一个奇怪的头盔,身穿像是腰间有松紧带的棉衣,体呈灰绿色,眼睛橘红色,面部通红,口中还发出嘘嘘声,全身散发一种难闻的怪味,人们嗅到感到难以忍受。

1988 年 6 月 29 日,下午 2 点,美国加利福尼亚州南部,尤里沼泽地区目击者达维斯发现在距他 25 米处有个巨型生命体怪人,朝他走来。

一只眼睛红得冒火,双手只有三根手指头,而且又黑又粗又长,绿色的皮肤非常粗糙,身体高大魁梧,强健极了。他和世界各地发现的大脚巨人很相近。

这类外星人可能是属于外星球上的一种族类,不是纯粹的外星人,他是专门用来作某种试验用的高级智能生物。

另外,外星人的相貌有下列特征——

皮肤:大部分是灰色、蓝色、棕色,也许目击者看到的是穿着薄的防护衣。有的则说,皮肤柔软,而且富有弹性。

眼睛:很大,但距离较宽,有一种倦倦的样子。有的事例表明没有眼珠,也没有眼皮,有的目击者说,眼睛很大,而且是炯炯有神,估计可能宇宙人种类不同,眼力也不一样。

嘴巴:有一道裂缝,或很小或完全没有开口,有的目击者说,嘴巴很小,就一个洞,或者一条细缝,几乎看不到嘴唇。

鼻子:只有两个小的呼吸孔,有的目击事例中是鼻孔十分清楚。

行为:非常警觉,严肃,很坚定,看起来似乎麻木不仁。

脖子:几乎没有,或极短,不长汗毛,没有头发。

声音:低哼声,像呼呼的声音,有的从头到胸像电子装置一样,嗡嗡作响。

身高:一般在 91~150 厘米,有身高达 3 米以上,体重 150 公斤,脑袋硕大,下巴窄而尖。

耳朵:不显眼,没有耳壳,或耳朵很小。

胳臂:细且长,下垂过膝,手各不相同,有的只有四指,二长、二短。有的则像地球人有五个指头,少数只有二个指头,像钳子一样,有的无脚趾。

生殖器官:大部分外星人没有生殖器官,少数只有一条缝,难以判断男女性别。

外星人儿的石像

美国有一个目击者说,他看到飞碟里的外星人长得十分丑陋,头颅很大,没有头发,眼睛凸突,腿部充满皱纹,显得异常衰老。

关于外星人的服装,也各有不同。

美国一些专门研究 UFO 不明飞行物体的科学部门,在电脑里都储存着有关光看身子的外星人事例。多数目击者报告指出外星人从头到脚穿戴整齐,这些穿戴不是为了御寒。更不是出于羞耻感,这衣服无疑是用来抵制放射线或防制污染的,也许还能防热。

在有些目击事例中,外星人告诉目击者说,他们害怕太阳,总之保护肢体为主要目的。

除个别情况外,外星人的衣服几乎是千篇一律的,整块的料子,制成的上衣连裤服,没有缝制的痕迹,也没有口袋或纽扣之类的东西,区别在于衣服的颜色,有白色、灰色、金属色、红色、蓝色,大部分飞碟乘员衣服的颜色和所乘的飞碟外表的色泽一样。

有些外星人衣服上有某种标志或其他附属物,有的胳膊上有金属板,似乎用于电子通信。美国拉克德福勒斯案例中,就有这类情况。

有的外星人前部有金属十字架或金属环,1979 年 6 月 28 日,巴西米拉索金案件中飞碟乘员的身体前部都挂着一个金属十字架。1978 年 1 月 20 日,巴西库依巴事件中,飞碟上外星人身前部都挂着金属圆环。

这十字架和金属圆环都闪着金属的光泽,其用途不详。也许是某一种外星宗教的标志……

有的外星人左臂有一只展翅欲飞的鸟。此类现象罕见,只发现一例。1967 年 5 月,马达加斯加岛上的一些人,目睹几个站在飞碟旁的外星人左臂上都有一只展翅欲飞的鸟。

有的外星人腰带上挂着一个星型饰物、发光的椭圆形,或发光的环形物,这类现象不少呢!

有的外星人头上有斗篷,这斗篷跟上衣连裤服是连在一起的,有的外星人戴着面具,最常见的是戴一顶宇航员那样的头盔。

不过它与地球人的头盔不同,这些头盔通常跟背部的一个盒子相通,它是专有特殊用途的。

有的专家认为,外星人的穿戴是不尽一致的,从表面看来,大部分外星人有一种上衣连裤服,全身没有一点空隙,类似地球人的太空服。外星人可能没有地球人这种无线电通信之类的东西,完全用的是遥感先进的技术。

从一些报告事例来看,外星人没有温度概念,无须穿衣服保暖,完全不用地球上太空人那一套装备。

外星人何时来过地球

古人对外星人的描写除了出现在各民族的神话或文字记载中,也出现在大量的岩画中。岩画为史前的百科辞典，弥补了史前没有文字记载部落大事的空白，也为我们研究外星人是否曾经来过地球提供了可靠依据。

1956年法国民族学家亨利·罗特在北京撒哈拉大沙漠的搭西里·纳基尔山中发现400多处共有15000幅的岩石绘画，那地方现在已是不毛之地，但在公元前6000年到4000年前还是一片草木繁茂的肥沃土地。人类很早就在这里定居，他们饲养牲畜、种植五谷，并创造了许多美不胜收的艺术作品。塔西里岩画反映撒哈拉地带沙漠化以前原始人的生活和作为猎物的各种动物。

在这些岩画中，可以看到有角的人物像，有戴着头盔被称为"大火星人"的人物像和看起来像在空中浮游的人物像。虽然塔西里岩画的大部分人物都是表现我们人类的生活，但是戴头盔、身穿类似航天服那样的衣服的人物像，给我们的印象却像是外星人。一般来说，画家总是根据自己熟悉的东西作画的。即使是想像力丰富的画家，也只能在所熟悉的基础上稍加夸张或想像而已。创作这些岩画的古人既然能惟妙惟肖地描写出猎人、大象、牛、马、羊等，那么有关外星人岩画也绝不是凭空捏造的，也应是古代人亲眼目睹到外星人之后，才能以生动的表现力创作出来的。他们把自天而降的外星人视为神灵，用岩画的形式记录下来，由此可以推断，外星人可能是真的来访过地球，否则他们就不可能作出那样的画面。

荒凉的土地

在澳大利亚的西北部有许多荒凉的土地，现在已没有什么人居住。在这个半沙漠状态的广大地区，有一个金伯利山脉，在那里也可以找到很多岩石绘画。那里的先民留下了如此不可思议的传说：有一种奇异的人类，自天而降，将自己的形象刻画于岩壁，而后又返回天空。先民们把这些不可思议的人物像视为神圣，保存至今。这些人物像身穿宽敞、舒适的衣服，没有嘴，在头部有像释迦牟尼那样的光，即使今天看起来，也给人以很强烈的冲击。

宽敞的衣服是航天服，没有嘴是因为戴了头盔，或他们的嘴已退化，头部特别大。头部有层光，说明这些外星人能发光，尤其是在脑后最亮。这说明，在远古时代外星人访问过澳大利亚的金伯利。

同样的岩画在澳大利亚中央部分的巨大岩石——阿尔兹·洛克附近也可以找到。显然，外星人以这个巨大的岩石山为目标，曾在阿尔兹洛克附近降落，从而使澳大利亚的先民们看到了他们的形象，并将其记载于岩画之中。

在南美的提亚瓦纳科有块红色砂岩上雕刻着一个巨大的偶像，上面布满着上百个符号。考古学家们经研究认为,这些符号记录了无数的天文知识,并且这些知识是建筑在地球是圆形的基础上的。其上还记录了27000年前的星空。据估计,这可能是外星人给玛雅人留下的。

除非洲、澳大利亚之外,在意大利、俄罗斯、南美等许多地方,也有外星人岩画发现。最新发现的外星人岩画是在北美大陆。

北美大陆的岩画与其他地区的岩画相比,有关外星人的画法虽稍有不同,但都有带天线的头盔和航天服一样的衣服。从岩画中还可以看到从母船降落到地球的着陆船或在天空中移动的小型飞船。

在智利的复活节岛上的断崖处及洞窟里还有数百幅壁画,仅"鸟人"就有150幅,鸟是先民美拉尼西人崇拜的神像。他们传说,鸟人——一些会飞的神从天上飞来,曾在这里着陆、居住。岛上睁大着眼的雕像,就是这些飞人的肖像。

除了大量的岩画上忠实地记录了外星人来到地球的场面及其形象外,在不少的出土文物中,也常常可以看到外星人的影子。

20世纪20年代,来中国考察的瑞典学者安德森在甘肃宁定(即今广河)买到几件新石器时代的陶塑半身人像,属于马家窑半山文化类型(时期)。这个陶塑模特儿,戴着透明的头盔,上面有对称的"风镜"。

浙江省海宁马家浜文化遗址于1959年出土。其中有一陶片形象似猿,在头部有不知是象征头盔还是光环的三个圆圈饰物。

仰韶文化遗址50年代开掘,出土了大量珍贵文物。其中有一套(五件)绘有珥鱼人面纹的彩陶,极具特色,成为陕西临潼的古代宝藏。考古学家将珥鱼人面纹认作半坡氏族崇拜的鱼神。这些祭礼图画展现了半坡人的生活习俗、祭礼教义,同时也记叙了外星人乘具、天外来客和半坡人的联系。世界上以幼童作为祭品的古民族比比皆是。这里的意境为外星使者接受仙童的祈求,乘飞碟来到地球的"外星使者,自天而降"之描绘:中间头像鼻梁粗大,从双肩之上向下耸立,头部正中之上闪烁着三角形光辉。双肩呈互相倒扣之碟子,状似UFO,这个飞行器,周围闪烁耀眼的光芒。随后,半坡鱼神,即仙逝的儿童,乘坐UFO降落水下,在"水下停泊,静听鱼诉":仙童之双肩由倒扣着碟子的飞行器组成,左右并无鱼尾图案。在"仙童施法,水中获鱼"时,仙童头上的灵光关闭,额头全用深色,意在水中停泊,惟独飞行器表面略微发光。接着"仙童升空,苍天有眼"中,仙童睁眼,其双肩仍为一对倒扣的碟子。头部上方闪烁着明亮的"圣火",丁字形的一对帽珥变成两个半圆型双曲线,显露出光芒。

这些图案里双肩部位很可能是碟形UFO的想像画。从五个图画的内容上联系起来看,这是反映外星人接受人们的祈求,帮助人们在水中捕捉大鱼,献给父老乡亲食用,赐予地球人幸福欢乐。生活乃创造之源,史前居民通过对外星使者的描摹,才描绘出祭祀用的模特儿,通过目击UFO在水中升降特征,才构思出一整套庄严、优美,并融古代风尚、思想、生活于一炉,汇真、善、美于一体,显示出和谐、统一、完美的画面。

21 世纪找得到外星人吗

一个亘古弥新的话题近日又渐渐地热了起来。2000 年 7 月在波兰华沙举行的第 33 届国际空间大会和 8 月在英国曼彻斯特召开的第 24 届国际天文学联合会大会上,相继传来消息,国际科学界已将寻找太阳系外行星和地外生命痕迹作为未来的重点研究领域之一。之后又有振奋人心的消息,据最新一期美国《科学》杂志报道,在我们地球的大哥——太阳系最大的行星木星的一颗卫星"木卫二"上,可能存在着细菌等低等生命生存的条件。这样一来,在太阳系大家庭中,地球上的芸芸众生也许就不再孤独了。

研究人员说,最新证据非常令人信服地表明,在木星一颗卫星的冰层下藏着生命生存必需的由盐水构成的海洋。

科学家说,美国航天局的伽利略号探测器发回的数据显示,与月球大小相仿的木卫二上可能有水。

伽利略号探测器 2000 年 1 月曾在离木卫二很近的地方飞过。洛杉矶加利福尼亚大学的玛格丽特·基韦尔逊说,测量到的磁场数据使科学家认为,水是这颗卫星上存在一个导电层的"最可能"的解释。

他们在报告中说,根据伽利略号收集到的磁场数据,科学家发现数据模式显示出存在水的可能性。虽然他们没有排除其他可能的解释,但是他们认为从这些模式上看水是最可能的解释。

加利福尼亚理工学院的戴维·史蒂文森说,伽利略号发现的磁场证据"非常令人激动……整个卫星被与地球海水的成分相似的水层包围并且水层深度超过 10 公里才有可能解释这些数据"。

那么,"地外生命"是否真的存在? 我们有什么办法找到它们? 搜寻它们有什么意义呢?

从"嫦娥奔月"的神话传说,到"地球人大战火星人"的科幻小说,人类对于外星生命的兴趣始终不减。随着科学技术的进步,探索地外生命已经从文学描述转向科学观察、飞船探测和着陆器勘察的崭新阶段。

现代科学讲求实证,由于我们现在只有地球这么一个适合生命孕育、生存、繁衍的研究样本,因此我们只能以目前的生物科学研究成果和地球上生物的演化史来推测地外生命存在的可能性。基于这一点,并根据已经获得的大量探测资料,科学家确认,除了地球之外,太阳系内其他行星上肯定不存在高等生物,但是是否存在类似蛋白质、单细胞生物等低等生命形式,目前尚无定论,还有待于科学家进行更深入的探测和分析。这也就是近来"火星热"、"木星热"持续升温的重要原因。

那么太阳系以外情况怎么样? 从科学的角度看,只要在太阳系外存在一颗与我们地球条件相同的行星，就完全有可能诞生生命，只要该行星系演化的时间是够长，就没有理由不产生智慧生命。如果相信只有地球上才能存在生命，那么这与信奉上帝没什么两样。

地球上从出现最简单的生物到现在，大约经历了 35 亿至 40 亿年的时间，这说明诞生高级生命需要各种自然条件的配合，需要经历一段相当漫长的进化时期。首先，生命不可能在恒星上生存，但又离不开恒星的光和热。还是以地球为例，它和太阳之间的距离1.49 亿公里，恰到好处，有利于生命的孕育、成长和进化。所以，要寻找地外生命，第一步必须寻找恒星周围是否有行星。

天文学家估计，大约只有半数恒星周围有行星围绕，但是，要探测究竟哪些恒星周围有行星，难度很大。因为恒星非常亮，而行星本身是不发光的，仅能反射恒星的光芒，所以它的亮度就远不及其所围绕的那颗恒星。加之它们距离地球非常遥远，至少在数十万亿公里以上，这样就无法观察到恒星周围是否有行星存在。近 5 年来陆续有科学家报告说寻找到了太阳系以外的行星，事实上，这些行星没有一颗是通过天文仪器直接观察到的，而都是依靠计算恒星运行轨迹的极微小摆动后推算出来的。根据现有技术条件，还只能推算出类似木星或土星大小的行星，即相当于地球质量一千倍左右的大行星，而且根本无从了解这些行星上的自然状况，有无生命存在更是无从谈起。现在，美国、日本、欧洲等正在设想建造直径更大的望远镜，或采取更加有效的观测方法，以更精确地了解太阳系外行星的真实状况。

除此之外，科学家还通过向一个 1.5 万光年以外的星团发射无线电信号的方法，希望有朝一日外星人能够接收到这些信号并进而了解到在遥远的太阳系中有我们人类存在。但是，这项计划很有可能毫无结果，即使有结果，那也将是 3 万年以后的事了。

还有就是美国的"旅行者"飞船曾经将我们人类的形象刻在金属板上，并设法说明这是来自太阳系第 3 颗行星的礼物。据说这艘飞船上还携带了地球上各种有代表性的声音，诸如鸟鸣、古典音乐，以及包括在汉语在内的各种语言问候语的录音资料。希望某一天地外智慧生命能够了解我们和我们这个星球，并与我们取得联系。当然，这可能是几千万年甚至是几亿年以后的事了。

以上这些都是人类搜寻地外生命所进行的种种努力。根据目前的技术和正在开展的工作，很难推测什么时候会有令人满意的结果，可能在整个 21 世纪都很难有所作为。但是再看看人类在 20 世纪取得的飞速进步，100 年前有谁能想象出今天的喷气客机、计算机、因特网和移动电话？因此，探寻外星人的工作也许会出现人们所始料不及的结果。

探索地外生命之所以持续升温，表面原因是研究手段越来越先进，科学家不断获得大量第一手的探测资料，进而得出一些新的令人感兴趣的结论。更深层次的原因则是这项研究的科学地位。毛泽东曾经将科学研究归纳为 3 个基本问题，即生命起源、天体演化和物质结构，而搜寻太阳系外行星和寻找地外生命的工作则涉及到其中的两项，它回答的是整个科学的基本问题,其重要性不言自明。

外星人是否是地球人的未来形态

从这些地球人被外星人绑架的经验里,人们产生了种种猜想,提出了种种假说。与其注意"体验"的细节,不如对"被绑架者"的共同的要素作必要的注目。从这里开始探寻科学的可能性。

最重要的一点是所有被绑架者都曾经面对过不少外星人,这是他们的"记忆"的共同特征。外星人大致可被分为两类,小人型和巨人型。关于细节,上面已经谈得很多。

根据人类学的观点来看,这两种类型都可能是我们人类未来发展的方向。比如小人型,也就是他们那些巨大的头和贫弱的肢体,如果我们的子孙今后智能越来越发达,注重精神生活,单纯的劳动由机器人替代,那么未来人类的头越来越大而身体却越来越小,也许真会发展成那副模样。

另一方面,巨人型的大头和向上翘的下颚也暗示了智能的发达。高大的身体就如同人类中的运动员的体魄,文明化的过程中,身体与精神同时得到了锻炼。人类的平均身高,比起原始时代的人类,已经大大增加了。如果重视肉体健康和精神的话,人类长得更高完全是可能的。如果这样的推测能够成立的话,其中似乎还隐藏着某些重大的含义。

外星人是宇宙的具有知性的生物,他们都是碳素生物,这一现象强烈地暗示了他们可能属于"人类型"的一种宇宙生物。那样的话,宇宙中普遍存在以碳素为主要成分的有机物。这些证据正在不断地被发现。知性生物为什么以人类型的形式出现比较合理,已经有了不少研究论证。

古玛雅的外星人浮雕

1948～1952年间,墨西哥籍考古学家路利教授在巴伦杰神殿的"碑铭神庙"中发现,在巨大石室的墙上刻有九位盛装的神官,及一位带有奇妙头饰的青年浮雕。看到这些浮雕的研究者都说:"浮雕与太空人非常相似,此墓埋葬的一定是外星人。"在内部往下72阶的房间中,发现了一间封埋的密室。密室中有一身穿华丽的衣服,且身高比玛雅人高出20厘米的尸体。除此外还有多种陪葬品,其中还有一个石制浮雕像,被称为"玛雅的火箭图"。

石雕绘像

路利教授在巴伦杰神殿所发现的青年浮雕和玛雅碑文有密切的关系。被解读出来的碑文中,就有一节:"白色的太阳之子,仿效雷神,从两手中喷出火……"这段恐怕是古代玛雅人对太阳崇敬所想像出来的情景。但是据路利教授所发现的石雕,及碑文中所记载的内容是"真实",仔细考虑后,我们只能说那一定是飞行物体。

浮雕像的穿着与当时的玛雅人决然不同,他的下颚下边是套头羊毛衫之类的圆领,贴身的上装在手腕处有反折过来的袖口,腰际围着一条有安全扣的宽皮带,裤子上有网状花纹,直到脚踝是紧贴的吊袜状衣物,用我们今天现代人的眼光来看,这无疑是一副标准的太空人打扮!

火箭设计图

在密室发现的诸多陪葬品中最受瞩目的是一个石制浮雕像,这是令今日的人百思不解的一件"艺术品",被称为闻名的巴沦杰神殿的"玛雅的火箭图"。

以另一种眼光来看,在浮雕中暗示着各种现代技术特征。有一个前端尖形的流线型物体上,坐着有独特体形的人物——太空人,头戴盔甲,盔后飞扬着两条辫子似的管子。这个人弯着腰和膝盖双手正在操纵着一些操纵杆,位置较高的一只手似乎正在调节把手般的东西,较低那只手的四根指头,似乎在操纵类似摩托车把手般的控制器,双眼前视。左脚踏在有好几道槽痕的踏板上。操纵杆前面并排着许多复杂的仪器,操纵者后面有个类似内燃机的机关枪物体。有中央控制系统的氧气瓶,放在鼻子前面的束缚皮带中,"能量"的供应系统和通信系统也是如此。在太空船舱内,中央系统前面,可以清楚看到大形磁铁,它们的用途显然是在制造太空船舱周围的磁场,以便阻止在太空中高速飞行的太空船与浮游在太空中的分子碰撞。太空人的后面,我们可以看到一座核子融合炉,两颗可能是最后出现的氢和氦的原子图案呈现在那炉中。而更重要的一点,是在这流线型物体尾部,还画有类似瓦斯喷出的气,显然是火箭上排泄出来的废气,都表现在太空船尾部外面的架子上。

发现者直觉地反应"这是火箭吧!"现代学者以现代画法将这幅画重新描绘一张,那是个单人的火箭。解析如下:从最前端开始分析有传送电波的电线、空气出入口、双压缩机、操纵计器板、操纵席、燃料库、燃烧室、内燃机和喷射口。

因碑文上有玛雅人正确的天体运行图和太阳之子,若将浮雕的各点综合起来想像,当时玛雅可能已设计出这种形式的火箭,也有宇宙飞行的经验。然而看这张火箭图,可知当时尚欠缺最高水准的机械制作技术、冶金术、燃烧工学和正确的电脑技术。而且当时的玛雅人尚不知有金属,也不知车子的用法。因此,假若图中所画的果真是火箭的话,也绝不可能为玛雅人所造。事实若真如此,那火箭又是何人所造?造于何时?难道是比玛雅人更早以前来过此地的外星人吗?碑文和传说中的太阳之子是外星人吗?

外星人传说

继玛雅文化之后的阿斯地加文化有"从星星来的白色人,在 6000 年后会再回到地球"之类的传说。世界各地也有"从空中来的人"的传说,而不单是古代人的愿望和想像。例如日本的拇指公主、中国的孙悟空、希腊的伊嘉露斯以及印度叙事诗中的"空中飞车"等,不就是因为人类无法自由自在地翱翔天际,而想像出来的神话故事吗?

或许这是因为古代人惧怕雷和闪电、彗星和流星,以及地震所产生的发光现象,他们看了神秘的神画像,而产生山神是空中飞人的传说。

古代玛雅的"火箭图"并不是很具体,这是因为他们并没有实际看到外星人设计火箭,才会画出这么不成熟的图。也正因为如此,当我们看了玛雅的图后,才有"古代的外星人"之类的传说出现。对于古代玛雅的遗迹,如谜一般,这个谜底只有等到"超古代科学"明朗化之日才可得到答案。

玛雅象形文字

这个浮雕像要告诉我们些什么? 是否玛雅民族将"天上信使"的信息,用他们熟悉的象形文字及绘画天才表现于石墓中,作为一位来访的太空人驻足地球的证据? 如果没有真实的形体出现在他们面前,以当时人的智慧,绝对无法想像一个乘坐太空船的人类所使用一切复杂的装备。那么这群来自外星的太空人是否将文化教导给这群尚未开化的玛雅人,使他们能在公元前就有空前的文化水准?

目前为止,考古学家们对于玛雅人所创造的象形文字只能了解三分之一,仅在数字方面稍能了解,其他则仍在摸索阶段,使得这个在百冷阁被发现的石刻浮雕,虽然上面载有玛雅文字说明,但至今仍未能得知究竟这个浮雕人像是谁? 这个浮雕,究竟想告诉我们些什么?

考古学家发现外星神像

近日,一名考古学家在罗斯韦尔附近的沙漠中发现了一座有角雕像,估计可能是外星人供奉的神像。

发现雕像的帕索斯博士在最近的 20 年以来一直在进行外星生物研究,而罗斯韦尔就是它研究的一个中心。他曾在这里发现了 26 个外星生物头骨和一艘能源耗尽的不明飞行物。在 1947 年,美国官方曾证实有 UFO 在罗斯韦尔坠毁,不过第二天,他们就否认了这种说法。帕索斯说,他一直怀疑官方将那些证据藏了起来,不过有了这次发现之后,他终于可以证明关于外星人的事情了。

这座雕像非常吸引人,它有 1.2 米高,却只有 7 克重,而且从分子结构上来看,并不是地球上的物体。目前,考古学家正在对雕像做碳定年检测,以查明雕像的制作时间和运到地球的时间。有一些专家表示,这座雕像可能对古代玛雅人的艺术产生了巨大的影响,如果这样的话,这座雕像的年代可能会追溯到公元前 800 年。

研究人员并不敢断言这座雕像到底有什么意义,也许这只是普通的外星艺术品。但是计算机扫描显示,这座雕像内部有大量金属线和微芯片,如果这些东西可以被激活,那么这座雕像很可能含有某种人工智能。但就算这只是一尊普通的雕像,它也为继续发现外星生物提供了线索。科学家认为,通过研究这座雕像,人们可以不断了解制作它并带它来到地球的那种生物。在外星现象爱好者们眼中,罗斯韦尔一直是"外星生物"最常出现的地带,不过就目前来看,这次新的残骸并没有帮助人们揭开外星人之谜,反而令此更加复杂了。随着发现的增多,我们心中的谜团也在加大,只能期待科学家们的研究,能尽快揭开这个谜底。

托素湖"外星人遗址"揭秘

在中国广袤的版图上,大自然留给我们无数未解之谜。

这座传说中的"外星人遗址"位于柴达木盆地的德令哈市西南40多千米的白公山。白公山北邻克鲁克湖和托素湖,这是当地著名的一对孪生湖,一淡一咸,被称为"情人湖"。

"外星人遗址"就坐落在咸水的托素湖南岸。远远望去,高出地面五六十米的黄灰色的山崖有如一座金字塔。在托素湖以东的巴音诺瓦山脚下,人们发现在山的正面有三个明显的三角形岩洞,中间一个最大,离地面2米多高,洞深约6米,最高处近8米。洞口为三角形,如人工开凿一般,清一色的砂岩几乎没有杂质。

山洞深处,有一根直径约40厘米的管状物的半边管壁从顶部斜通到底。另一根相同口径的管状物从底壁通到地下,只露出管口。在洞口之上,还有10余根直径大小不一的管子穿入山体之中,管壁同岩石嵌合得天衣无缝,不见头尾,好像是直接将管道插入岩石之中一般。这些管状物无论粗细长短,都呈现出铁锈般的褐红色。而东西两洞由于岩石坍塌,已无法入内。

在巴音诺瓦山和托素湖之间的河滩上,有更多让人兴奋的神秘管状物。湖边和岩洞周围,散落着大量类似锈铁般的渣片,各种粗细不一的管道和奇形怪状的石块。有些管道甚至延伸到烟波浩渺的托素湖中。

这里的一些管片曾被送到距这里不远的中国第二大有色金属冶炼集团——西部矿业下属的锡铁山冶炼厂进行化验。冶炼厂化验室工程师化验后认为,管片样品成分中氧化铁的成分占30%以上,二氧化硅和氧化钙含量较大,这与砂岩、沙子与铁长期锈蚀融合有关,说明管道的时间已久远。此外,样品中还有8%的元素无法化验出其成分。

这一化验结果更增加了管道的神秘程度。有人大胆设想:在戈壁滩上这些突兀而来的管状物只能有两种来历,不是来自地球人,就是来自外星人柴达木最早有人类活动的历史距今约3万年之久。当地出土的文物中从未发现铁器,加上柴达木盆地自然条件差、人烟稀少,除了白公山北面草滩上的流动牧民外,这一带从没有任何民定居过,更谈不上有什么工业活动了。因此这些管状物可能是外星人构建的管道群。

同时,柴达木盆地地势高,空气稀薄,透明度极好,是观测天体宇宙极理想的地方,它被认为是亚洲最理想的天文观测点。中国科学院紫金山天文台就在距此仅70多千米的德令哈野马滩草原，安装了具有国际先进水平的直径137米的大型射电望远镜，建立了国内惟一的毫米波观测站，这个站点的主要研究课题之一就是探索星际生命的起源。每年都有许多国内外专家来这里做天文观测，几年来从这里共发现近百个星系。这些不由使人们相信，宇宙使者可能曾光临柴达木盆地，醒目的托素湖或许就是外星人的坐标。

在巴音诺瓦山的背后，有一块异常平坦的开阔地出现在起伏的戈壁滩上，如精心夯实的机场一样。有人认为，这也许就是外星人飞行器的着陆点。上述的神秘管状物很可能是外星人制造的，而托素湖一带是外星人在地球上的活动遗址，巴音诺瓦山的那个神秘山洞就是外星人发射塔建筑的遗址。

专家认为，托素湖边的白公山岩洞是"外星人遗址"这一猜想是可以理解的，把它作为一个可能性是值得研究的。但他强调说：'科学必须要有实证去证实。"

而今天，经过科学考证，"外星人遗址"再次向我们见证了自然界的伟大力量。

中国科学家组织科考队奔赴青海研究管状物的由来，提出这样的假说：

距今数百万年前，柴达木处于亚热带环境，植被茂盛，洪水不断。激流携带泥沙覆盖了树木，大树从此进入漫长的演化过程。后来，喜马拉雅山急剧升高，印度洋季风带来的雨水被挡在喜马拉雅山南坡。柴达木盆地气候变干变冷，发生了沙漠化和干旱。之后，托素湖一带的地层开始了剧烈的沉积作用，使大树被土壤和砾石深埋在地表之下数百米甚至上千米，这个过程需要几十万年的时间。地表下的树木经过脱水，自由氧逐渐消耗，环境由氧化转为还原，这是铁质管状物形成的关键时期。转变还原以后，管状物内木质的东西较为疏松，周围铁质逐渐向疏松多孔的木质结构流动。按照地质理论，地层下每一千米深度，温度就要增加33℃，在这种条件下，树木木质逐渐腐烂，铁质元素发生化学反应，吸附在不易腐烂的树木韧皮部，这就是铁质管状物最初的形状。

尽管托素湖"外星人遗址"之谜经历了一波三折，最终演变到了柴达木久远的地质变化之中。但尘埃并未最终落定，科学家的假说还没有得到确切的证实，还有疑问没有答案。对于人类，大自然依旧谜团迭出。

古籍中的"外星人"

外星人之谜是当今世界的热门话题。有趣的是，我国古代的作品中对此也有记载。

最早的外星人出现在7000年前的贺兰山岩画中。在那些记载氏族公社生活的画面上，可以看到头戴圆形头盔，身穿密封宇航服的人，与现代宇航员的形象极其相似。最令人惊叹的是贺兰山南端、宁夏冲沟东的一幅岩画。画面左上方有两个旋转的飞碟，飞碟开口处，一个身穿"宇航服"的人飘然而下，地面上的动物和人群在惊恐地跑散。这可能是外星人在贺兰山一带出现时的生动写照。

东晋干宝的《搜神记》中，还记载着一件与火星人接触的故事。在三国时期的吴国，一群玩耍的小孩子中出现一个长相怪异的孩子,他身高 1.2 米,身穿蓝衣,两眼闪着锐利的光芒。

孩子们因从来没有见过他,纷纷围上来问长问短。蓝衣孩子说:"我不是地球的人,而是一个火星人。看你们玩得开心,所以下来看看你们。"还说:"三国鼎立的局面不会太长久,将来天下要归司马氏。"孩子们听了这一消息都吓坏了,一个孩子飞快地去报告大人。当大人赶来时,火星人说声"再见",立即缩身跳到空中。大家抬头看时,只见一块白色的绢布拖着长长的带子,正疾速地向高空飞去。当时谁也不敢将此事张扬出去。此后过了 4 年,蜀亡。又过了 17 年,吴国也灭亡了。三国分裂混战的局面结束,由司马氏统一了中国。这正好印证了火星人的预言。不管上述记载是否客观,古人可能真的见过一些异于地球人的人。

《宋史·五行志》记载,宋干道六年,西安官塘出现了一个鸡首人身的怪物,高约丈余,大白天从高空中降落下来,在田野上行走,还试图与人交谈。有关专家认为,这可能是个戴着鸡形头盔的外星人。

《五行志》还记载清康熙十二年三月发生的一件追捕外星人的事。当时有人看到一个黑面人在空中飞驰,身上红光闪闪,熠熠生辉,像是在空中放火的样子。当官府捕快闻讯赶来时,那人却忽然不见了踪影。

《清史稿·灾异志》则载有一例极似当今外星人掳人报道的事例。在清雍正三年七月,灵川五都廖家塘有一村民与众人入山砍竹。忽然在众目睽睽之下失踪了,140 多天之后又莫名其妙地在家中出现,但是说话已语无伦次,怪诞不经。

史料中的外星人记载不仅反映了我国古代灿烂辉煌的历史文化,而且为长期未解的外星人之谜增添了古幽神奇的色彩。

巨人外星人

资料显示,在马来西亚的沙劳越一带,流传着巨人的传说,20 世纪初,有人在沙劳越的密林叶,发现了一些巨大的木棒,这些木棒长达 2.5 ~ 9 米,据说是巨人使用的工具。

其实,在很多民族的古代神话中,都有关于巨人的故事。著名的希腊史诗《奥德赛》中,也写到希腊英雄俄底修斯在海岛上遇到独眼巨人的情节。18 世纪以来,随着近代人类学的研究,有关巨人的神话色彩逐渐消退。但仍有某些发现巨人遗迹的消息,引起了人们的关注。

美国内华达州垂发镇西南 35 千米处,有一个叫做垂发洞的山洞。据在这里生活的源龙特族印第安人的传说,很久以前,他们曾受到一些红发巨人的威胁。这些巨人十分凶悍。他们战斗了多年,才把巨人赶走。这些传说一开始并没有引起人们注意。但 1911 年,一些矿工来到垂发洞挖掘鸟粪之后,竟发现了一具巨大的木乃伊,身高达 2.2 米,头发红色。

这个发现使人们想起了印第安人的传说，也引起了学者们的兴趣。1912 年，加州伯克利大学和内华达州历史学会派人前往山洞调查，但山洞已受到开矿的破坏，学者劳德只找到几件印第安人的遗物。他又发现了更多的大型人类骸骨，垂发镇的采矿工程师李德和其他人员测量了挖掘出的一些股骨长度，推断股骨所属的那些人，身高可达两三米。在这里也发现了一些红发。不过有人指出，尸体的黑发从黑暗处移到阳光下后，往往会变得发红。不知垂发洞木乃伊的头发是否发生过这种变化，一些骸骨被内华达州的亨波特博物馆收藏，直到现在还在那里。

在人类漫长的发展史上，是否有巨人存在过？这些巨人是否和野人一样，是外星人发射到地球上的工具呢？抑或他们就是外星人失事飞船上的来客，因为飞船动力被破坏而不得不停留在地球上成为巨人一族呢？如果说没有，那么在垂发洞发现的巨大骸骨是怎么回事？如果有，后来他们又到哪儿去了呢？

神秘的雕像——神秘的接触

夕阳西沉，起伏的地平线上一抹血红。广袤无垠的沙漠在夕阳余晖的映照下显得空旷、永恒。沙漠中有两座神奇的雕像，在雕像前站着一个人。这人是前苏联考古学家米哈伊尔·葛科戈甲取维奇·布加金。他仔细端详着这两尊巍巍耸立的雕像，陷入了迷惘："这儿有什么东西变了吗？又有什么东西可能发生变化呢？"他环视周围的沙丘，过去发生的事又一幕幕出现在眼前。

5 年前，在前往古城遗址的途中，米哈伊尔和三名同伴掉队，在沙漠中迷了路。偶然间发现的这两座雕像，男的比女的略高一些，而且身材很不匀称，躯干和胳膊很长，两腿却又细又短，令人诧异。男雕像的脸是用粗线条雕刻出来的——几乎分辨不出鼻子和耳朵，宽阔的嘴巴只是个窟窿，一对轮廓分明的眼睛显得极不自然，只有菱形的瞳孔，直撅撅的梳状睫毛十分醒目。米哈伊尔简直无法把目光从这对眼睛上移开，好像受某种莫名其妙的外力驱使，竟伸开双臂，向雕像慢慢走去。当他的胸口撞到雕像的脚时，感到大腿好像被什么东西灼了一下。他将一只手伸进口袋不禁"哎呀"一声，黄铜烟盒滚烫，像被火烤一样。他偷偷地干了一件考古学家最忌讳的事情，从女雕像脚上敲下八块碎石作标本，打算带回去进行研究，以确定这雕像取材于什么物质。几天以后，一架飞机发现了迷路的考古队员。他们怀着早日重返沙漠研究这些雕像的夙愿，飞往列宁格勒，可是，卫国战争爆发了，米哈伊尔和斯维特兰娜双双上了前线。

5 年以后，战争结束。米哈伊尔组织了一支新的考察队向沙漠进发。途中，向导给他们讲了一个有趣的传说：很久很久以前，一群加兹鲁弗族人，为逃避敌对部落的残杀而背井离乡在沙漠中迁徙跋涉，由于炎热干渴，人们一个接一个地死去，活着的人也已是骨瘦如柴。部落的酋长把一个最美丽年轻的姑娘作为供物祀神灵。一天，迁徙者们突然发现有一块东西飞离太阳，直奔地球而来。物体越来越大，并夹杂着怒吼声，霎时，竟又变成了一柄弯曲的火箭。所有的人都捂起耳朵害怕听到那令人心惊胆战的声音。不一会,一阵可怕的飓风袭来,顷刻间,天昏地暗。等大风过去,尸横遍野,仅剩下 3 个幸存者。3 人在沙漠中又跋涉了整整 14 天,才看到远处有些熠熠发光的山峦,光秃秃的,样子就像两个相互衔接的巨环,他们惊恐万状地狼狈逃窜。最后,仅有一个人死里逃生,他向人们讲述了这一切。这条消息传出以后,伊斯兰的教士们便发布了一条严格的禁令:"所有商队都必须绕道而行"。因为,如果行人迷路走近那些圆环,哪怕离它们还有五箭之遥,也会莫名其妙地死去。米哈伊尔听完传说后冥思苦想,寻找原因,他终于在一个古代历史学家的手稿中看到了证实这一传说的依据。这位历史学家谈到了陨落到地球上的星辰、飓风和迁徙部落的毁灭。

他产生了一个不大肯定的设想:也许某个时候曾有一艘宇宙飞船在沙漠中着陆,或者正是飞船中有理性的生物留下了这些雕像,作为到达地球的标志。

多少年以来,从未有人谈过神秘莫测的生物从沙漠走出来。如果真有天外来客,肯定会对所发现的行星上的居民感兴趣,就会想法与他们交往。米哈伊尔迫不及待地希望尽早验证自己的假设。考察队的一架飞机在飞越沙漠上空时终于发现了寻觅已久的雕像。他带队立即踏上了征途,他拿出 5 年前在雕像旁摄下的一张照片,让队员们仔细观看。不料,当他们到达目的地后竟发现女雕像已改变了姿势:两膝微屈,一只手伸向曾被米哈伊切敲掉几块碎石的脚。男石雕则向前跨了一步,朝女雕像侧过半边身子,右手拿着武器伸向前方,仿佛在庇护她。这情景与 5 年前的照片大不相同,令人惊愕! 眼前的变化占据了米哈伊尔的整个思维,他想起了同伴斯维特兰娜第一次见到这雕像时讲过的话:"我无论如何也不能摆脱这样的印象——它们是活的。"

一个个知识画面在他脑海里浮现。大象能生存几十年,而某些昆虫却只能活几个小时。但是如果对某只大象和昆虫一生的动作分别进行统计,就会发现它们的动作次数几乎相等。葶苈属植物的全部生长过程仅五六周就结束,而红杉属植物却能生长几千年。生物的新陈代谢和生命持续的时间并不固定,它们因物种而异,相差幅度极大。老鼠消化食物至多需要 1~1.5 小时,而蛇却要几星期,某些细菌的细胞每隔一两小时就分裂,而许多高级组织细胞却要好几天才能分裂一次。每种生物都有自己的时间、空间的概念,都有自己的生命期限。对于动作迅速的蚂蚁来说,软体动物简直就如同化石。从中他领悟到这雕像静止不动仅仅是一种假象。它们根本就不是雕像,而是来自其他行星的生物,它们有自己的时间,地球上的 100 年,也许只等于它们的一瞬间。"瞬间"是一个相对的概念,不同物体的"瞬间"千差万别。

一秒钟内,地球运行一定的路程,风掠过一定的距离,蚂蚁爬过一段小路……时间是自然的万物之主,而人则是时间的主人。

米哈伊尔经 5 年的考察,终于识破雕像的奥秘,他由此意识到:在茫茫的宇宙间,一个人的生命是何其短暂,何其渺小。沙漠尽头火红的地平线正在渐渐地暗淡下去,余晖告诉人们,太阳是被不可抗拒的时间送走的。天外来客的身影和米哈伊尔的影子交迭在一起,他们彼此对峙着——都是高级生物,如此差异悬殊,然而又如此相似⋯⋯地球上的人们对付这些天外来客是轻而易举的,只要谁的时间推移得快些,谁就将取得胜利。是的,只有他们才能不受时间的制约,使自己的生命毫无价值或者流芳千古⋯⋯

腾空而起的外星人

法国记者若埃尔·梅斯纳尔和克洛德帕维曾经对发生在法国古萨克高原的"外星人"着陆一事进行了详细的调查。

1967 年 8 月 29 日,在离圣弗鲁尔市 20 千米外的古萨克,有一片平坦的牧场,周围筑有一道矮墙,高大的树木沿墙而立,一派高原风光,牧场旁一个山冈上,零星的住着几户人家,这就是远离繁华城镇的古萨克村。

上午 10 时 30 分左右,在 57 号省公路旁的一块牧场上,十来头奶牛在悠闲地吃着嫩绿的青草。看守这群奶牛的是兄妹俩,哥哥 13 岁半,名叫弗朗索瓦·德尔珀什,妹妹安娜·玛丽刚满 9 岁。一条名叫梅多尔的小狗跟在他们后头。这天风和日丽,晴空无云,吹着微微的西风。

奶牛有点不老实,准备跳过矮墙,去吃人家牧场上的青草,弗朗索瓦立即追了过去。当他无意中扭头时,发现在公路另一侧有 4 个"孩子"站在绿篱后面,离他约 40 米远。他扒去墙上几块砖,以便更好地看看那 4 个小朋友。可是,他认不出那些孩子是谁。他们的样子很古怪,脸和衣服均为黑色。弗朗索瓦和安娜·玛丽还看到,这些怪人身旁有一个极其耀眼的巨大球体,它有一半被篱笆挡住。那球体发着强光,使人不能正视。

4 个黑人中有一个弯着腰在地上忙着什么,另有一个人手中握着某个反射阳光的物体。弗朗索瓦事后说,那东西像镜子一样耀眼,握东西者挥动着手,仿佛在向他的同伴们做手势。

这时,弗朗索瓦大喊道:"过来跟我们一起玩,好吗?"那几个人发现有人在窥视自己,于是,第一个矮人垂直升起,飞到发光球体上方,头部倒了过来,钻了进去。第二个矮人以同样的方式进了球体,第三个也是这样。至于第四个矮人,当他飞到球体上方时,忽然又拐了下来,似乎在地面拣了什么(弗朗索瓦推测,他把那镜子忘在了地面),然后又腾空而起。这时,球体已经飞入空中,他追了上去,一头钻进球内。那球体画着圆圈上升,离地面已约 15 米高。在飞行体旋转升腾时,弗朗索瓦他们听到了呼啸声,声音相当尖利,同时还伴有轻微的气浪。

飞行器继续绕了几圈,向高空腾去,它的表面发着越来越强烈的光芒。过了一会儿,呼啸声消失了,飞行物以罕见的速度向西北方疾驶而去。

在这过程中,弗朗索瓦兄妹俩闻到了一股硫磺气体的味道。奶牛露出惊慌的神色,张大了嘴吼叫着。300 米开外的另一个牧场里的 25 头奶牛也不约而同地大叫起来,纷纷跑过来同弗朗看护的奶牛聚集在一起。小狗梅多尔一个劲儿地朝空中的球体狂吠,还跟在后边追了一阵。

因为他们的奶牛十分惊慌,孩子们比往常提前半个小时把牲口赶回了圈里。并且弗朗索瓦的眼睛因受了极大的刺激,一直流着泪水,医生给他戴上了太阳镜,几天以后才恢复正常,但他妹妹没有什么异感。

事后,研究人员特地到现场进行调查,并获得下面这些信息。兄妹俩看到的是一个标准的球体,直径约 2 米,呈极其耀眼的银白色。在那球体表面没有发现什么附件,它是光滑完整的,既无文字标号,也无门窗一类的出入口。一个矮人好像是穿透球壁进入内部。安娜看到的唯一情节,就是球体底部有一个起落架,由三四个支架组成,支架末端各有一个直径为 10 厘米的滑动轮子,可是,弗朗索瓦没有看见这一装置。可以设想,当飞行器运动上升时其光闪得十分耀眼,球体的各个部位被强光包围,弗朗索瓦的眼睛受到光的刺激,没能看到起落装置,这也是合情合理的。

恐怖的入侵者

许多自称遭遇过外星人劫持的人,回忆起劫持过程,总有一种深深的恐惧。不管这种劫持过程是否真实,但这种恐惧感是真实的。而且,人类的恐惧心理与日俱增,这从美国近期出品的一系列灾难片中可见一斑:有吞噬上千条人命的海难,有淹没洛杉矶的火山熔岩,有海底冒出来的怪兽,有来自外星的侵略者,有彗星撞击地球……

对于会不会出现外星人入侵,人类产生担心也是正常的。会不会有外星人的入侵?有人从实证上寻找答案,即寻找存在不存在外星人的证据,寻找外星人是友好的还是敌意的证据。其实这些都没有用,只是一种进入既定思维的安慰剂。

因为人类有理由认为,凡是我们还无法了解的,就必然是充满敌意的。这是我们对UFO 及外星人最基本的态度。我想说的是,这个态度是正确的。最好的外星人无非是白求恩式的外星人,即便如此,面对他们手里的手术刀地球人也未必消受得起。

我们应当从宇宙进化的角度来分析所谓外星人入侵地球的问题。如果出现外星人入侵地球,那么毫无疑问的前提是这些外星人所掌握的科学技术要比地球人先进得多。我们从一般推理上说,外星人入侵地球后能在地球上住下来吗? 答案是否定的。从生产力高的地区来的“人”是不可能在生产力低的地区住下来的,正如城市人不会成群地迁到农村去住,美国人不会成群地迁到非洲去住一样。那他们可以奴役地球人为他们工作,有人可能会这样说。大家知道,在国外有“地球人是外星人制造的生物人”的说法。按照这些说法,外星人完全不必像地球上国与国之间的战争那样入侵,只要在生物基因上略做点手脚就行了。从种种传闻和图片看,外星人和地球人很相像。这点最让我们怀疑,外星人是真的,还是一些人想像出来的? 外星人很像地球人,就说明他们也有生老病死,也是凡人,也必须遵循宇宙中的一般规律。

从宇宙的一般公理看，外星人入侵是不可能的，毁灭地球人更不可能，人类最大的敌人其实还是自身。不论我们从社会科学的角度还是从自然科学角度看，任何事物变化的根本原因都是其自身，外部原因只是次要的因素。

当然，人类需要提高警惕保证自身的安全。警惕性的最大方面是警惕对环境的破坏。宇宙中既然诞生了人类，只要他自强不息，在忧患中奋斗，人类更灿烂的明天就会到来。

其实，所谓"外星人入侵"只不过是按照人类的思维和思考方法提出的：如果外星人具有高度发达的科学技术，那么，他们的社会形态和思想也应是先进的，是超过地球人的水平的。可能地球人的想像只是"以小人之心度君子之腹"。外星人的思维以及思想、道德是有别于地球人的，这些，只有随着地球人类的发展才能深刻地理解。

人类所观察到的未知事物会越来越多，人类还会产生新的恐惧对象。有恐惧是正常的。产生恐惧不可怕，只要能正确认识它。其实能真正打垮人类的，是人类自身产生出的克服不掉的恐惧感。也就是说，恐惧的对象并没有产生，而我们自身已经在虚无的对象面前垮掉了。总之，我们必须正视有可能来自太空的敌意。爱因斯坦在遗嘱里告诫说，如果那一天真的到来，人类千万不要试图对抗。差距

前苏联军用望远镜

将是显而易见的，一切抵抗都是徒劳。似乎美国电影特别喜欢表现这种战争，就算人类整体不敌，也总会有大英雄出来救苦救难，在一部火星人入侵的片子里，大英雄居然用摇滚乐克敌制胜。

如果外星人是真实存在，则人类应该庆幸，它们至今还不愿和我们正面接触。如果能够彼此相安无事，将是最好的结果。

外星人话题本身就是一个非主流话题，它往往在某些边缘人群里更有市场，而拥有话语权的人则不屑一顾。但无论如何，调查显示，世界上大多数人还是相信外星智能生命的存在。毕竟，假装视而不见，不是人类的天性。

外星人和人类之间那种亦友亦敌的微妙感觉很难说得清楚。自从人们在天文学和物理学上有了突飞猛进的进展后，这个蓝色星球上的生物在数百亿光年的宇宙中感到莫名的孤寂。寻找和呼唤外星智能生物的行动一直都没停止过，人们怀着惊奇、激动、期待、害怕、崇敬的复杂心情等待着，期盼着，寻找着。他是什么样子的？他会是友好的吗？他是不是比我们更文明发达？他们是否一直在我们身边参与了我们数亿年的发展进程？

他们是否曾经以神的形式出现在我们人类古老的梦中？他们……无数个疑问萦绕在心中，最终我们心底的呼唤还是这样——朋友，你在哪里？

与外星人通电

在我们搜寻的过程中，也不可避免的会有一些悲剧发生。

依据 20 世纪 90 年代公布的信息，前苏联曾于 1956 年发生过一桩秘而未宣的意外事件，苏科学家接到了外星来电，回电联系时竟使 8 个研究员全都头颅爆裂而死于非命。

死亡的 8 个研究员之一——伊格·瓦伦科夫博士的日记记述了这一事件。根据他的描述，2 月 3 日早晨研究室的扫描器收到了一个不寻常的信号。4 月 14 日的时候，他的同事贝拉·楚兰科终于破译了那个密码，并认定它是来自另一星球的一个信息，破译的来电原文是："有人在吗？我们没有恶意，这是一种试验，如果你们能理解的话，请用这一波长回答我们，我们祝你们和平……"但科学家却接到对此事件保密的指令。

到了 7 月 3 日的时候，发来电波的远方朋友试图与我们直接交流，显然这些外星人的技术要比我们先进得多，科学家们希望在 8 月 1 日能与他们直接通电。但却在通电的当天发生了不幸。侥幸活下来的一名实验室工人亲眼目睹的全部过程是这样的。8 月 1 日的中午，科学家们将波长调到外星人来电的位置，当时这名工人站在房间后面控制发射机。但不料接着却发生了无法想象的意外，8 位戴上耳机头套的科学家的头部却像气球似地鼓了起来，他们都挣扎着用手臂去摘耳机头套，可谁也没有能够将它们取下来，在他们痛苦的尖叫声中，头颅一个接一个地爆裂了，血和脑浆喷得到处都是。于是"与外星人通电"事件就这样以 8 个人的死亡悲剧而告终。

事后，一些科学家调查了这一事件，他们认为这是由于外星人的脑力与地球人相比较显得太强大，太紧密了。以致在通电中引起了地球人脑子致命的超负荷。而参与"通电"的科学家事先却根本不知道他们与外星通电所面临的这一多么巨大的危险，因而导致了这一悲剧的不幸发生。

现在，俄国官方仍然不时警告他们的宇宙探测科学家："危险依然存在着，对这一探索的新努力一定要更加谨慎地认真对待。"这句警告我想也是针对我们所有搜寻中的人们的。希望我们能尽快找到我们的外星邻居，并避免此类悲剧的发生。

外星生命的新探索

美国科学家 1996 年说，一块名为 AL84001 的陨石结构非常奇特，看起来像细菌化石。新的证据来自对 1911 年坠于埃及奈赫莱地区的奈赫莱陨石的研究。这块陨石已裂为多块碎片。许多年以后，对该陨石的详细分析表明，它是已知从火星上坠落的所有 13 块陨石中的一块。据估计，这块陨石的寿命约为 13.7 亿年；几亿年前，一颗巨大的小行星在与火星发生猛烈碰撞时把这块陨石抛入太空。它在太空飞行数百万年之后，于 1911

年坠落到地球上。

美国航天局约翰逊航天中心的一个研究小组在戴维·麦凯博士的领导下,利用一台光学显微镜和一台功效更强的扫描电子显微镜,对奈赫莱陨石进行了研究,他们发现陨石中存在粒度极小的圆形粒子。

这些研究人员认为,这些颗粒结构是曾经生活在火星上的细菌的矿化残留物,它们的体积与地球上发现的细菌相似。

科学家们在仔细考察了这些所谓的细菌化石以后说,它们使人联想到处于分裂过程之中的微生物。其中一块陨石的结构甚至可能长出了在地球细菌中偶尔也有发现的原纤维。他们甚至说,他们认为奈赫莱陨石可能繁殖过两代细菌。

美国一位研究人员1999年6月1日说,一种制造甲烷的厌氧微生物能够在类似火星环境的实验室培养皿中生存,这一实验给火星上有可能存在生命带来了新的希望。

阿肯色大学的蒂莫西·卡尔说,这种微生物在地球上的其他大多数生命根本无法生存的模拟的火星环境中"活得很潇洒"。

他在芝加哥召开的美国微生物学会全国大会上公布了这一实验报告。他说,他和同事柯蒂斯·贝卡姆在培养皿中营造了一种类似火星的环境。这些培养皿中没有氧气,但是含有二氧化碳和氢气。实验用的土壤与已知的火星土壤相似,其中只含有微量的水分而不含有机质养分。卡尔说:"我们假设在火星的表面下存在液态的水。"

他把一群称为甲烷细菌的微生物放入到培养皿中。他说:"这些细菌就像在正常环境中那样制造出了甲烷。"

英国伦敦大学的科学家们说,虽然生命形式看起来也许不像外星人,但他们存在于地球之外的可能性却是千真万确的。尽管外星人E.T.在好莱坞1982年一部电影巨片中仅仅是一个可爱的生命,但展示了外层空间生命比较友善的形象。当外星人首次出现在银幕上近20年以后,科学家们仍然没有发现任何此类活体生命,但他们认为,其他星球也具备养育生命的条件。伦敦大学的唐·考恩博士在皇家天文学会召开的一次会议上说:"作为生物学家,我们有充分的理由认为,在其他地方也存在生命。"

但是,其他星球上的生命更可能是一种能够在极端条件下生存的单细胞生命,而非许多科幻电影中描绘的3只眼动物。考恩接着说:"从进化上来说,生命将是非常原始的。"

考恩说,即使是最简单的生命也需要液态水;适宜的温度、食物来源等最基本的生存条件。他根据温度的上、下限描绘了生命存在的范围以及此类原始生命可能茁壮成长的地方。他说,热液地、蒸汽出口、沸泥浆地和地下热液出口等等,这些被视为地球生命起源的地方也是其他星球简单生命诞生的理想环境。

伦敦自然历史博物馆的莫妮卡·格雷迪博士支持考恩的观点,并且进一步提出,火星和木星卫星等星球的某些地表或地表下面可能存在生命。美国航天局新成立的天体生物学研究所已经拟订了探寻外星生命的正式行动方案。所谓的天体生物学研究所是一个"虚拟"研究所，由通过因特网联结起来的11个不同的"实验室"组成。

在加州阿纳海姆召开的美国科学促进协会会议上，航天局宣布了探寻外星生命的行动方案。该方案显示出一条迂回曲折的路径：首先经海底温度极高的火山口，深入到冰封的南极大陆下，并穿越海洋，之后再向火星和木卫二、甚至更遥远的太空发射探测器。

新成立的这个研究所已获准将在1999年和2000年分别获得900万美元和2000万美元的经费，以便设法确定生命能够在什么样的条件下得到维系并茁壮成长，这些条件是否曾经存在于太阳系的其他地方，以及地球人是否能够在太空中制造出这样的条件。

生物学、化学、天文学、物理学以及其他领域的大批专家将一起参加被美国航天局称为"独一无二"的这项研究活动，以便对这些重大问题作出回答。他们将对生物体能够在状态极其恶劣的各种地方生存的惊人发现进行研究。这样的地方包括：深海火山口和黄石公园热水泉等温度高于沸点的地方、压力巨大的地球深处以及地球两极的冰冻荒原。

那么，为什么迄今还没有在地球上找到一个外星人呢？科学家们的回答是：因为他们在有可能到达地球之前，就被伽马射线杀死了。

伊利诺伊州费米加速器国家实验室的詹姆斯·安妮斯博士说，外星人尚未到达地球的原因是：只是直到最近，我们的银河系才为生活于太空中的生命提供了繁荣发展的机会。

安妮斯说，直到几亿年以前，我们的银河系还经常受到伽马射线爆发的辐射：死恒星

黑洞

碰撞和黑洞都释放出大量致命射线。只是到了现在，这些碰撞才变得稀少起来，外星生命才有可能出现并从自己居住的行星旅行到相当遥远的地方。

安妮斯希望，他在1999年1月发表在英国《新科学家》周刊上的理论，将能解决有关外星生命是否存在的最著名争论之一——费米悖论。这个悖论是根据印度裔物理学家恩里科·费米这位诺贝尔奖获得者名字命名的。据说费米在50年代提出了这个悖论，其要点是：如果外星人确实存在，他们在什么地方呢？

这个问题之所以具有说服力，是因为它是基于我们银河系的两个事实：一是银河系非常古老，已有约100亿年的年龄；二是银河系的直径只有大约10万光年。所以，即便外星人只能以千分之一的光速在太空旅行，他们也只需1亿年左右的时间就可横穿宇宙——这个时间远远短于宇宙的年龄。所以，外星人究竟在哪里呢？

费米显然把这个理由当成了根本不存在外星人的证据。如今安妮斯则声称,他发现费米的这个推论存在一个漏洞:外星人很可能存在,但直到最近伽马射线的爆发周期越来越长才为外星人提供足够的时间来做星际旅行。

寻找外星智慧生物

当人们放眼太空,看着那些数也数不清的星星时,马上会想到,那些星星上也有人居住吗? 难道只有地球才有智慧生物吗? 有地外文明和外星人吗? 确实是很有意思的问题。

生命是天体演化的结果,生命存在的条件又是非常苛刻的。根据地球型的生命域来考虑,首先,生命一定要生活在有坚硬外壳的行星上。那里要有适当的大气,要有适宜的温度,还必须有一定数量的水。同时,行星绕着的中心大体必须是一颗稳定的中年恒星,就太阳系来说,比较适合生命存在的环境是金星、地球和火星。其中,地球又处于最理想的环境之中,金星和火星现在还没有发现有任何生命的痕迹。

恒星都是炽热的"火球",上面不可能有生命。生命只能存在于围绕恒星旋转的行星上。因此,寻找其他恒星的行星系统,是探索地外文明的首要内容。

如果万一发现有其他行星系,这里也存在一个问题:那里的客观环境一定能适合生命存在吗? 这就需要具体分析了。如太阳系内的九大行星中也只有地球上才有生命;如果有比较适合生命存在的行星环境,也必须考虑。

许多科学家都坚定地相信,既然地球上有智慧生物,其他星球上也一定会有。这一观念,在 20 世纪 50 年代,就已被一些人所接受。到了今天,探索地球以外智慧生物的脚步加快了。有些人通过对银河系星球的概算,求出了有智慧生物生存的星球的个数。美国著名的天文学家、科普作家阿西莫夫通过估算,认为银河系有 50 万个星球上有智慧生物。康奈尔大学行星研究室主任卡尔·萨根估计有 100 万个。德国天文学家基彭哈恩通过有趣的计算,估计有 250 颗。探索的范围首先是太阳系内的行星世界,然后是比较近的恒星周围有无行星系。对恒星世界的搜索主要有以下三种方法。

1. 接受和研究来自太空的电磁波信号

如果地外文明比我们的科技发达,相信它们会向地球发出电磁波信号。

1960 年,美国著名天文学家,国家天文和电离层中心主任、康奈尔大学教授弗兰克·德雷克,首先领导了探索其他星球文明的奥兹玛工程,他们利用直径 25 米的射电望远年的鲸鱼座 τ 星和距地球 10.8 光年的波江座 ε 星两颗类似太阳的恒星观测了 150 个小时,结果一无所获。但锲而不舍的德雷克并未灰心,仍在从事这项工作,他于 1971 年提出了著名的"宇宙文明方程式",于 1974 年组织发射了第一封"宇宙电报"。

1971 年,美国国家射电天文台又对最靠近地球的几十颗恒星进行了类似的观测,前苏联、加拿大也进行了类似的试验,亦无确切结果。从 1983 年 3 月 7 日开始,美国又执行了一项极其庞大"探索外星人"的计划。在西班牙、澳大利亚和美国分设三座巨大的无线电天线，连续观测 4 年，到 1987 年 3 月告一段落。观测了整个天空中距地球 80 光年以内的 773 颗中年恒星。1992 年，美国航空航天局开始实施"高分辨率微波巡天计划"，开始大规模搜寻地外文明的信息，计划用世界上一些最大的射电望远镜，在 2 亿～16 亿个狭窄频道上搜索 80 光年内的 1000 颗类太阳恒星。截止到 1995 年底，共对 311 颗恒星进行了 23000 次的观测，从接收到的几千种信号中，经过筛选，对其中近百种信号进行确认，目前还在研究之中。

不管怎样，认为其他星球上也存在智慧生物是一致的。因此，寻找外星智慧生物的庞大的 SETI 计划便轰轰烈烈地开展起来了。它得到了世界上许多国家的射电天文学家、天体物理学家和其他科学家的响应。所谓 SETI 计划，就是"寻找外星智慧生物"的英文缩写。

为了推动 SETI 计划向深入发展，1983 年春，由卡尔·萨根起草，14 个国家的 72 名科学家（其中有 7 名获诺贝尔奖金）联合签署了一项国际性呼吁，倡导建立国际性组织，合作进行 SETI 研究。有两项主要研究在美国正在进行，一是制造一部可以同时监听 12.8 万路相邻频道的射电天文系统。二是计划在加利福尼亚、西班牙和澳大利亚设置 64 米直径深空间射电望远镜监测网，使接收系统的能力最终增到至少 800 万个独立频道，对无线电频道中天电噪声小的所有区域进行监测。

据了解，美国在 1992～1999 年间，为 SETI 计划提供 4000 万美元的研究费用，计划对 800 颗类似太阳、距地球最近的恒星进行监测，希望能找到一颗与地球相似的星体。同时，还对一旦收到星际间电讯号怎么办的问题，制定了一份《原则宣言》，要求把信号通过华盛顿国际天文学联合会控制的专用电话线，把发现结果通知全球各地的观测人员。还要求在答复外星人电信号之前，应进行广泛咨询。

假如外星智慧生物的秘密一旦揭开，那该是多么激动人心啊！

2. 主动向地外太空发射信号

用宇宙飞船与外星人建立联系太缓慢太渺茫，人们想到了第二个办法——用无线电波"发电报"。无线电波的速度是每秒 30 万公里，比我们的太空使者——宇宙飞船快 18000 倍。

1974 年 11 月 16 日，美国利用设在波多黎各的阿雷西博山谷 305 米直径的巨型射电望远镜，对准武仙星座球状星团，发出人类第一组信号，共发射 3 分钟。电波以每秒 30 万公里的速度传播，到达武仙星座球状星团要 2.5 万年。如果那里真有我们的知音，他们迅速回电，又得 2.5 万年后才能到地球。来去匆匆的电波也得 5 万年。

美国发射的"先驱者"10 号和 11 号，"旅行者"1 号和 2 号，都已在完成了太阳系内的探测后，肩负着人类的嘱托，飞出了太阳系。它们携带着人类的许多信息，作为人类的特使漫游在恒星际空间。比如，"先驱者"10 号正以每小时近 5 万公里的速度，朝牛郎星方向飞去。如果一帆风顺的话,估计今后 80 万年内,它将从银河系中的 10 颗恒星附近掠过。

3. 有可能存在外星文明的星球

前面已经讲到,恒星上不可能有生命,生命最有可能存在于围绕恒星旋转的行星上。因此,凡有行星系统的恒星,是考虑是否有外星文明的首选。

近几年,天文学家通过地面大望远镜的观测,发现近距的一些恒星运动有周期性的摆动,推测它们是受一颗或几颗行星引力的影响。据美国《天空和望远镜》杂志 1998 年 3 月的报道,哈勃空间望远镜已拍摄到猎户星云中类似原行星的盘状物,从中间的暗区到边缘有冥王星的轨道那么大。自 1996 年以来,天文学家发现了一批恒星具有行星系统,如室女座 70 和大熊座 47 星,飞马座 51 等,这些发现给探索外星人和外星文明带来了希望,它再次使我们确信,我们的地球并不孤独,地球并不是宇宙中惟一有文明的行星。

寻找外星人的途径

1. 外星人知道我们地球吗

如果有那么一位宇宙邻居,和我们一样还不具备进行长距离宇宙飞行的能力,但正在努力搜寻太空的信息。那么,他们会不会得到我们地球的消息呢?

我们说,这是可能的,因为地球已不是一个沉默的哑巴。我们知道,地球的大气上部有一个特殊的层面叫电离层,它的本领是能阻挡频率小于 20 兆赫的电波泄露到宇宙空间去;可它并非法术无边,对于频率大于 20 兆赫的超短波和部分短波,就束手无策。

在第二次世界大战前,由于技术上的原因,我们发射的电波都是一些受电离层束缚的长波和中短波,所以那时候的地球,对于外部太空来说,是一个"哑巴"星球。

后来,我们使用的电波波长越来越短,特别是前苏联和美国在接近北极地区建立的弹道导弹早期报警系统,所使用的雷达电波不仅是波长短的超短波,而且输出功率达 2 亿千瓦,能比其他电波发射到远 10 倍以上的距离。还有世界各地电视台发射的强大的电波,也已越出地球的范围向着宇宙深处传播。

我们发出的这些电波,就像是向茫茫宇宙中的外星人发出的呼唤,推想起来,这第一声呼唤大致是 1950 年发出的。那么,这一电波现在已经到达距我们 40 多光年的地方。

假如离地球方圆 50 光年内的邻居,他们的技术水平能建立一个由 1000 架直径为 100 米的射电望远镜组成的天线阵,他们又能非常凑巧地收到这一电波,就能从电波的信号中分析出我们的一些情况。

如地球有绕太阳公转的 1 年周期,电波也会反映出这种周年的变化。在经过精密的测量以后,邻居们甚至有可能求出日地之间的距离和地球公转轨道的偏心率,进而还可分析地球接受太阳的热力强度,并估计出地球的气候环境。

如果他们的接收装置能精确地着眼于每一个发射台,那么,他们还会从为期 1 年的周期中,分辨出1天的周期,进而推断出地球的自转周期,甚至地球的半径大小。假如他们能结合对电波发射时间的观测,则还会进一步了解到地球的昼夜变化。如果他们还能精确地测出电视发射台的相对位置和疏密程度,那么,他们将知道地球上有水陆之分和存在着技术水平发展程度不同的区域……

2. 我们怎样寻找外星人

我们的宇宙邻居和同伴,你们在哪里?我们怎样才能找到你们?

经过讨论,我们以为,找到地外文明世界的途径,不外以下四个。

第一个途径是外星人光临地球,使我们能面对面与之接触。当然,这个主动权不在我们手里,我们无法知道外星人究竟什么时候才会来到地球。虽然许多人相信"飞碟"是外星人派来的宇宙飞船;相信早在上古时期就已经有外星人光临地球,并留下种种令人叹为观止和不可思议的文明遗迹。然而,它对我们寻找外星人毫无帮助。因为我们既不知他们从何而来,又不知他们去向在哪。

第二个途径是注意收集外星人发出的有关信息。我们认为这具有比较现实的可能性。一个具有技术文明的外星世界,他们必定也会使用无线电通信,而且随着技术文明程度的提高,所使用的无线电波波长必然会愈来愈短,发射功率愈来愈强。他们可能像我们一样,为了寻找宇宙同伴而有意地发射寻求的信号,还可能在无意中把他们自己使用的无线电波泄露到外部世界中去。因此,只要我们倾注巨大的精力,耐心地进行搜寻,总有一天,我们会收到来自遥远世界的问候或他们泄露出来的电波。

第三个途径是发射宇宙飞船去太空搜寻。这个主动权在我们手中。大家知道,尽管我们已经派出了地球的使者访问过月球、火星、金星等太阳系的天体,而且从70年代开始,还先后派出"先驱者10号"、"先驱者11号",以及"旅行者1号"和"旅行者2号"飞船,让它们飞越太阳系,到茫茫宇宙中去寻觅知音。然而,由于飞船的飞行速度实在太慢了,即使能到达距我们最近的比邻星,也要有几万年的时间。因此,我们只有希望设计出速度更快的飞船来,真正担负起寻访宇宙人的任务。

第四个途径是通过传输信息与外星人取得联系。这方面我们已经开始尝试,但遗憾的是,在满天闪烁的繁星中,我们不知道应该把电信发向何方?目前我们地球人只能像是一个在无垠沙漠中的旅行者那样,盲无目的地向四周大声呼叫。我们衷心期望外星人早一点知道我们地球人的心愿,听到我们发出的召唤。

3. "奥兹玛计划"为什么失败

奥兹玛是一部童话故事中的美丽公主。她住在非常遥远的叫做奥兹玛的地方。人们想象中的外星人,就像奥兹玛一样遥远,一样美丽,于是就采用这个名称来形象地比喻遥远世界的宇宙朋友。

30多年前,美国国家射电天文台的年轻天文学家弗兰克·德瑞克和威利姆·沃尔特曼率先开始了搜寻可能来自遥远天体的电波的工作。他们把这项计划称为奥兹玛计划。

他们使用当时很先进的、直径26米的巨大射电望远镜，从1960年的4月8日清晨4点开始工作。无线电有很多的波段，他们选用21厘米波长，将射电望远镜对准距我们大约10.8光年的波江座ε星和约12.2光年的鲸鱼座τ星。他们认为这两颗星和太阳非常相似，希望从那里可以收到任何有价值的信号。

然而，一个月过去了，两个月过去了，从春光明媚的4月到了酷暑逼人的7月，他们在连续累计达150小时的监听过程中却一无所获，没能得到宇宙中发来的任何可疑的信息。

后来因为经费不足，他们不得已停止了搜寻。充满希望的"奥兹玛"计划宣告失败。

科学家不甘于现状。1968年，前苏联的科学家在21厘米和30厘米波长处又监听了太阳系附近的12颗恒星。美国的帕尔马等则从1972年后期到1975年，执行了第二期奥兹玛计划，使用了两台口径更大的天线，和更精密的检测仪器，仍然选择21厘米波，对地球周围80光年范围内的约600颗与太阳近似的恒星进行监测，平均每颗恒星监测6~7次，每次持续4分钟。遗憾的是，所有这些监测均无功而返。

为什么奥兹玛计划失败？是宇宙中没有我们的朋友吗？虽然这种可能性存在，但人们认为更可能的是，我们本身的监听工作存在漏洞。

因为我们并不知道外星人可能使用的电波波长。就像收音机和电视机那样，如果你不知道电台或电视台的播放频率，显然无法接收到你想收听或收看的节目。事实上，可供外星人选用的频率可以从几十兆赫到几万兆赫（相当波长几米到0.001米），而在我们已进行的监听中，仅选用了21厘米和30厘米两种波段。这好比在无数张奖券中，我们仅抽了其中的两张，这两张没有中奖，不等于其他奖券都没有奖。

其次，在茫茫宇宙中，天体的数目是无穷无尽的，而拥有高级文明的星球微乎其微，这就使监听对象的选择带有极大偶然性。何况，人们还不是24小时地连续监听，而是走马观花般地匆匆而过，这就存在监听对象中即使真的存在着技术文明，也难免被我们所遗漏的可能。

第三，奥兹玛计划失败还与人们所使用的监听设备的精度不足有关，仪器的缺陷会使我们难于清晰地分辨来自遥远天体的微弱但却是有用的信号。

4. 为什么选择21厘米波

在"奥兹玛"等计划中，人们都把监听的注意力集中在21厘米波处，这是为什么呢？我们知道，电波的波长从几米到0.001米，有相当宽广的范围，选择21厘米波有什么道理呢？

原来，早在第二次世界大战中，荷兰天文学家范德胡斯特曾作过研究，发现在宇宙条件下，处于接近绝对零度（−273℃）时的氢原子会发生一种变化，它将会放射出一个波长为21厘米（1420兆赫）的微波光子。1951年，美国物理学家柏赛尔果真测到了这种波，证实了范德胡斯特的计算。

在搜索外星人发射的信号中,如果我们把注意力集中在外星人无意中泄露出来的电波上,成功的希望是非常渺茫的。

因为随着通信技术的日益发展,智慧生物可能发射出来的电波,将越来越明确地具有定向性、保密性,从而使有可能泄露出来的信息变得越来越少,致使外部世界无法检测到。因此,外星朋友若要向外联系,必定是发射出那些有意向的无线电波段。而有意向的电波,很可能就是21厘米波。

1959年,美国康奈尔大学教授莫里逊和柯康尼指出,外星智慧生命在选择发射电波的波长时,一定会考虑到以下三个因素:

第一,由于宇宙中自身会发出强烈电波的天体相当多,为避免这些"宇宙噪音",选择的波长必然限定在30厘米以内;

第二,能接收电波的外星人居住的天体,必然存在有大气层,为减少大气分子对微波的散射,波长又必须限定在1厘米以上;

第三,氢原子是一种普遍存在的电磁辐射,它所产生的21厘米波段在任何地方都可以被收到。

所以,假如外星人与我们地球人一样,也有以上考虑,就可能选择21厘米波的电波来传送他们对外星世界的问候。

因此人们在执行"奥兹玛"计划时,选择以21厘米波作为监听的波长。但两次"奥兹玛"计划及其他类似搜寻计划的失败,则使一些人怀疑,选择21厘米究竟是否正确?

5. "独眼巨人"是什么意思

"奥兹玛"计划失败之后,一次规模更加巨大的搜寻工作又开始策划,这一计划取名自希腊神话中的"独眼巨人"。

策划者设想建造一个规模空前的射电望远镜天线阵,总共由1026架口径均为100米的射电望远镜组成,由计算机进行操纵,使它的灵敏度可以达到即使每秒钟在每1.61平方千米面积上仅接收到5个光子也能辨认出来。因此,可以有效地在一些波段上对来自遥远星体的即使是十分微弱的信号进行监听。但这项"独眼巨人"计划相当庞大,真正付诸实施还需要相当的时日,需要耐心等待。

当然,我们不会因"独眼巨人"计划还未实施而无所事事,一些不同规模的搜寻工作仍在进行中。

在前苏联解体前,曾在高加索山脉上建成一台口径576米的强有力的环状射电望远镜,用于在不同波段上搜寻有无来自远方的问讯。

1983年1月,美国人使用海特·克顿克天文台的26米口径的射电望远镜,检查了1000万个频道,并记录到4000个可疑的信号。但后来发现,其中3900个是来自地球本身的信号源。剩下的100个信号中,又有90个来自卫星和飞机,因此真正值得怀疑的信号只有10个。至于它们是不是地外文明发来的,人们还无法作出明确的判断。

从 1995 年 2 月起，美国和澳大利亚的科学家，又联合执行了"凤凰"计划，使用两台口径分别为 64 米和 22 米的射电望远镜，昼夜不停地对南半球星空中邻近太阳系的 200 个天体进行扫描，但直到 6 月为止，没能捕捉到一点有价值的信息。

6. 有"牧夫座"飞船飞临太阳系吗

1972 年春的一天，年轻的苏格兰天文学家罗伦，在格拉斯哥大学图书馆翻寻资料，一份非常有趣的记录，引起了他的极大注意。记录是由挪威教授史托马留下的，记述他于 1928 年 4 月 3 日在荷兰菲利浦实验电台工作时，为了校正一座 PCJJ 电台，无意中收到了一些奇怪的、每隔 3 秒钟出现一次的信号。由于信号非常有规律，显然不是机械故障引起的。史托马感到非常奇怪，就把这件事报告菲利浦电台的通信总监温达波。温达波也很感兴趣，猜想它也许来自外太空。于是，他们安排了一个计划，把摩氏电码中的"S"，即信号"嘟——嘟——嘟"，按波长 31.4 米，间隔 20 秒发射出去。从 1928 年 9 月 25 日开始，连续发了 16 天，可惜没有收到任何回音。

同年 10 月 11 日，来自哈尔斯的电报声称，也收到了那奇妙的每隔 3 秒钟出现一次的信号。史托马立即赶到现场，听到了最后 3 秒钟的信号。以后，这奇怪的信号突然在 3~15 秒的间隔内不规则地重复出现，就像有人正企图和我们取得联系。

史托马惊喜交集，于 10 月 24 日又安排了一次信号发射。结果，在奥斯陆又收到了同样的奇怪信号。这个消息立刻引起了许多人的注意，许多实验电台都把注意力集中在这奇妙信号上。其中英国的亚毕顿爵士报告说，曾在 1929 年 2~4 月间，收到过 10 次这一信号。1929 年 5 月 9 日，又有一艘正在印度海域观测日食的法国科学考察船，无意中也收到了同样信号。然而，这奇怪的信号究竟意味着什么，没有人能够解答。

在 1929 年以后，除了 1934 年有一位业余无线电爱好者诉说曾收到这一信号外，再没有音信。

看了这些记录，罗伦深信，这一信号来自地球之外的文明世界。他用尽一切科学的逻辑推理，企图破译这一信号。经过一番努力，他宣布他终于明白了信号的大意："一艘来自牧夫星座的飞船，正环绕着现星系(指太阳系)运行"。

后来，罗伦与美国史坦福大学白士维教授合作，对史托马当时的记录进行了更详细的分析，进一步确定，飞船来自牧夫座 ε 星。由于我们地球文明受当时技术的限制，没能抓住这有利的机会与飞船取得联系。那时史托马虽发出了信号，但发出的信号波长太长，无法穿越大气电离层，飞船不可能收到。飞船的驾驶者收不到我们发出去的信号，以为我们的太阳系是个没有智慧文明的不毛之地，就在环行一段时间之后失望地悄悄离去。

当然，以上只是罗伦的论断。

7. 你知道"宇宙语"吗

地球上，不同国籍的人在进行信息交流时，常会受到语言和文字的限制。自然，在我们与外星世界交流时,也会受到同样问题的困扰。尤其是当我们企图用电信号向外星世界表达问候时,怎样明明白白地将信息的内涵倾诉呢?

一些科学家想到,应该设计一种"宇宙语"。早在 1896 年,数学家和人类学家弗朗西斯·哥尔登就作过这方面的探讨。它指出,在一个发达的文明社会中,数学必定是科学的皇冠。没有数学,也就没有文明。因此,设计数学化的语言,把语言用数学方法来表达是最理想的,最易于被外星人所接受的。

从月球上看地球

1960 年,荷兰数学化汉斯·弗洛依登萨尔循着这一思路,正式设计出一种"宇宙语"。他指出,凡是智慧生物都会懂得 $1+1=2$,$2-2=0$,$1<2$,$5>3$ 这些基本的数学概念,所以我们有可能设计出一种大家都能明白的数学化的宇宙语言。譬如,我们可以用发射电波的长短传出如下信息:·· — — —;··· — — ·。其中点(即短信号)代表数字,1 个点为 1,2 个点为 2,3 个点为 3,以此类推;1 个短破折号(即长信号)代表"等于",2 个长信号则是"加"的意思,尽管这种信号在刚发射时,收听到这种信号的外星人也许不会明白什么意思,但在经过类似信号的大量发射以后,他们终将明白其中所包含的意义,明白上面的信号是 $2+1=3$ 和 $4+2=6$。当我们再发射··· — — — ··· 的信号时,他们将很快猜度出其中的 — — — 是"大于"的意思。再譬如我们再发射以下的一组信号:— · — — — —;— · — — — — — ·;— · — — — — — — ·,经过不断重复以后,宇宙收听者将会发现,信号中的长破折号(即最长的信号)的长短与后面的点数相适应。从以前的信号中他们已经明白,点数是数字的表现,单个短破折号是"等于",于是他们将会明白前面同时出现的信号"— · — ·"是表示时间的间隔,也即这一组信号是分别表达时间间隔为 4、5、6。当我们再为时间单位秒、分、时设计出一个合理的信号以后,就还可以使他们知道不同的时间单位。诸如此类,经过多次播发以后,外星人就会和我们慢慢地建立起互相交谈的语言来。

这套宇宙语的设计虽然比较周到,但比较复杂。它只适宜在我们与外星人建立联系以后,进行长期的信息交换用,不适合最初的问题。因此,科学家又设计了一种更加简便明了的图像语言。

8.激光能不能助我们一臂之力

早在无线电通信使用之前,19 世纪初,德国的著名数学家、物理学家高斯,就曾提议在西伯利亚的广阔平原上种植松树林带,并让其围成一个巨大的直角三角形,中间则种植小麦,以便与周围的林带形成鲜明的对照;在冬季,雪则会成为另一种对照物,以引起宇宙人对我们的注意。

1840年,维也纳天文台的冯里特路也提议,在撒哈拉沙漠挖掘直径30米的圆槽,灌满水,然后在水面上点燃煤油,以便让外星人看到火光。

当然,这些方法实在太原始了,信号的传送距离也非常有限。30米直径在100千米远处看去,只有1视秒的角距,不要说是在遥远的星际,就是站在月球上也难以发现。

现代的无线电通信比起上述方法,不知要先进多少,但也不是最理想。它存在着大量的、既有来自地球本身的、也有来自宇宙间的天然电波的严重干扰。

当代技术的发展,已使我们有可能制造具有高能量的和良好定向性的激光束,来与外星世界进行联系。

1980年,美国天文学家发现,火星大气中的二氧化碳在阳光激发下,会发出天然激光。这使人们相信,可以利用火星激光来同外星人联系。他们设想,在火星上空20400千米的同步轨道上,面对面地设置两个巨型的聚光反射镜。当火星大气二氧化碳在阳光激发下发出激光时,有一部分将照到这两个聚光镜上,并被聚光镜反射到遥遥相对的另一镜子上。这些光辐射在两面镜子之间来回反射,便不断增强,形成一股能量集中、方向一致的激光束。这时,只要再借助一面可调节方向的平面反射镜,便能向太空中的任何角落发送激光信号了。

科学家们还指出,如果那两面聚光反射镜的直径为50米,则激光的输出功率达200~2000瓦。这个数字看上去不大,但对于一个外星观测者来说,会发现在狭窄的二氧化碳发射波长上,比太阳要亮700倍。如果外星观测者有一台高分辨率的、能看清火星表面的观测仪,他还将发现这束激光的亮度胜过太阳10万亿倍。如果我们把那两台聚光镜的直径扩大到10千米,它的输出功率就可达800万~8000万瓦。这样,即使在远离地球6万光年以外的外星人,只要凭借一台口径10米的中型望远镜,就会很容易看到这一激光信号的闪烁。这样,我们就可以用闪烁信号给外星人发电报了。可惜这一设想限于目前的技术手段,暂时还不能实现。

9. 有没有超光速飞船

无论是光子火箭,还是引力屏蔽装置,它们的最高飞行速度都以光速为极限。驾驭这样的飞船,遨游于直径达10万光年的银河,仍然令人有望洋兴叹之感。如果要实现探访银河外星系的理想,更是路途遥遥,希望渺茫。于是,我们更企望能有一架比光速更快的飞行器。

上世纪最伟大的科学家爱因斯坦指出,光速是一切运动物体的极限。

然而,有一些科学家则相信超光速存在,并提出了"快子"的概念。他们认为,能量等于零的快子,将以无限大的速度运动。这恰恰与我们熟悉的情况相反,在我们的世界里,能量为零的物体只能静止不动。而快子则随着它获得能量的增加,运动速度也随着降低。当获得能量达到无限大时,其运行速度也降低到接近光速。一些支持"快子"概念的研究者认为,也许有朝一日,我们能制造出用"快子"作推力的"快子火箭",那时要进行远距离的宇宙探访将不在话下。

1988年12月,美国《电子与无线电世界》发表了工程师奥博伦斯基的实验结果。据说在他的实验中,已发现有比光速快100倍的信号。这无疑给"快子"论者以莫大的鼓舞。

但也有许多物理学家对奥博伦斯基的实验不以为然,认为试验存在着漏洞,实验的结果不足为凭。

1995年,英国伦敦大学的伊恩·克劳福德宣称,根据现代物理学理论,有两种进行超光速飞行的可能。一种是通过所谓的"蠕虫洞"(物理学理论中假设的由强重力场造成的缝隙)来实现;另一种办法是通过压缩自然距离的方法来实现,这种方法叫"空间翘曲推进器"。克劳福德的这些主张新鲜大胆,具有开拓的思路,受到许多人的赞许。

总之,我们究竟能否进行超光速的太空旅行,至今还无法作出确切的回答。

10. 什么时候能找到外星人

少年读者可能会非常关心,我们到底什么时候才能找到外星人? 这里我们只能根据人类科技发展的前景来作预测。

1950年,前苏联发射的第一颗人造卫星,是人类真正迈向宇宙探测的第一步。回首近半个世纪的历程,我们惊喜地看到,空间科学已取得了十分巨大的进展,我们的无人宇宙探测器,已几乎探遍了太阳系的各个天体,而且还跨出了辞别太阳系、远航其他星系的征途。我们不仅有了可在地球轨道上长期飞行的载人太空站,还实现了登月飞行,不久还将实现踏上火星的壮举。在监听地外信息方面,我们已执行了一期、二期"奥兹玛"计划,以及"凤凰"等计划。我们还制造出了不受地球大气干扰,能对宇宙看得更远更清晰的太空望远镜……

近50年来的伟大成就,使许多人对未来充满乐观,预计用不了很久,我们将会建成具有极高的监听分辨能力的"独眼巨人"工程,也可能在外太空建成不受地球大气屏蔽影响、不受地球人为电波干扰的太空监听站,甚至也有可能实现利用火星激光束发射给外星人信号的设想……因此有人预计,在下一世纪的上半世纪,大约2030～2050年左右,我们就有可能接触地外文明。当然,这将主要是通过无线电通信或激光通信来实现的,而且接触的是一些相距我们"较近"的邻居。

11. 在哪里可以找到外星人

科学家们认为,为了提高寻找外星人的效率,我们应该由近及远地找起,决不应舍近求远,舍本逐末。

已知在距太阳系不超过13光年的范围内,有恒星22颗,其中有7颗是双星。双星是由两颗互相绕着旋转的恒星构成。所以如果它们也有行星系，那么，它们的行星系很可能是不稳定的。这样，就只有 15 颗恒星可供选择。

我们还知道，恒星并不都是一样的，它们有的大，有的小；有的表面温度可达好几万摄氏度，有的只有几千摄氏度或更低（太阳的表面温度近 6000 摄氏度）；有的寿命长，有的寿命短，还各自处于不同的发展阶段。根据地球的经验，人们认为最有利于生命存在的恒星，是那些与太阳差不多大小，其质量为太阳的 0.8～1.2 倍的恒星。

因为太大的恒星其寿命也较短，使它没有足够的时间来孕育和发展有智慧的生命；而太小的恒星，虽然寿命长，有足够的时间，但它们发出的光和热也要小得多，使适合生命繁殖的行星，只有在离它们较近时才能获得必要的能源。而离得近又会使行星受到较强的引力吸引，产生明显的潮汐。长期的潮汐作用会减慢行星的自转，甚至使行星老是以同样的半球面对恒星，就像月球始终以"老面孔"对着地球，水星也几乎以不变的一面对着太阳一样。而这样又会使行星一半过于酷热，另一半又过于寒冷，不利于生命的繁殖和发展。

选择的结果，科学家认为在不超过 13 光年的 15 颗恒星中，最有希望能找到的外星世界，可能位于波江座 ε 星或鲸鱼座 τ 星。前者距我们 10.8 光年，质量为太阳的 0.80 倍，后者距我们约 12.2 光年，质量为太阳的 0.82 倍。

这两颗恒星的行星上究竟有没有外星人呢？我们将满怀希望，期待着更进一步的搜索报告。

12. 为什么要进行太空检疫

航天器骄傲地在太空活动，它来往于太空与地球之间，它是人类智慧和文明的体现。可是也许你不会想到，它也会给地球造成不可收拾的灾难。

我们从一件地球两大洲间交流所发生的事说起。

1956 年，为了发展养蜂业，巴西圣保罗大学的研究人员，从同纬度的非洲引进一些蜂种。这种非洲蜂工作勤勉，产蜜量高，但脾气狂暴、毒性大，一遇挑战，就群起而攻之。圣保罗大学的研究人员，准备对它们适当改造之后，让它们为巴西的养蜂业作出贡献。为防止其在未驯服前逃逸，特意在蜂箱外加上铁丝网。不料，有人擅自取下了铁丝网，竟闯下了大祸，引入的 35 只非洲蜂中有 26 只逃之夭夭。

在自然环境中，这些非洲蜂与当地的巴西蜂交配后，竟形成了一种繁殖力很强、毒性很大的杂种蜂。从此以后，先是巴西，然后是南美和中美洲其他国家，继而还扩展到美国南部，人畜受到这种杂种蜂围蛰的事件不断发生，有的甚至中毒致死。直到今天，人们对这种繁殖力极强的"杀人蜂"的危害，尚无良好的对策。

由洲际间交流而发生的事件，还发生在植物界。

"凤眼莲"俗名水葫芦，本是一种生长在南美的水生植物。上世纪初，一位传教士把它带到阳光灿烂的非洲刚果河畔。没想到，这里由于生长环境优越，又缺乏敌害，水葫芦在这里便迅速地繁殖了起来,几年之后,原本宽畅汹涌的刚果河,竟有多处被水葫芦堵得水泄难通,造成河道阻塞。居民们不得不背井离乡,迁往他处。

随着航天活动的开展,有人担心星际的交流也会带进其他星球的生物;造成的后果,令人难以预料了。

航天活动不仅有可能带来地外生物,也可能无意中带走地球生物。1969年,美国"阿波罗12号"飞船在从月球返回地球时,人们在检疫中发现,它所携带的相机底部,沾染了一种地球上十分常见的革兰氏阳性菌——缓症链球菌。显然这种菌是从地球上带出去又带回来的,它们很可能在月球上已留下了一些。虽然月球上恶劣的自然环境,使它们无法在那里繁殖,但却可能以休眠状态存在上百年到几百年。它们很可能由于长期受到太空中紫外射线、宇宙射线的作用而发生某些变异,变成一种新的具有强烈毒性的菌种。那时,如果我们再去月球,就说不定会受到它的侵扰,而染上一时的无法对付的怪病呢!

所以科学家提出了太空检疫的措施。它不仅为防止航天器携回外星生物与微生物,也为了防止地球生物污染其他天体。

13. 遇上外星人怎么办

我们相信,只要宇宙中确实存在外星世界,外星人就有来到地球的可能。

那么,如果有朝一日外星人真的来到地球,又让你恰好碰上时该怎么办呢?

如果你真的不期而遇见到了外星人,那么,你切莫惊慌,也切不要企图采用武力对抗。要知道,一个既然有能力来到地球的外星人,他们在科学技术水平方面一定远比我们高明,所以对抗是无济于事的。正确的态度应该是尽可能做到不卑不亢,并尽量表达我们的友善。当然,外星人与我们之间会存在语言交流的困难,因此科学家们建议可使用绘画和图片来表达我们的思想。

美国亚历山大大学的卡尔顿教授建议,在我们向外星人展示的图片中,最初应该是外星人能懂得的自然事物,例如有关海洋的图片、山川河流的图片和极地冰原的图片。因为这些事物和现象,在不同的星球上应该是一样的。接着,可再显示男女人体的图片,以便与外星人在感情上建立起纽带。此后,可再向他们展示内容更丰富、更复杂的图片,并逐渐配上数字和文字说明。经过大量的这种图片交流以后,外星人和我们之间自然会逐渐增进了解。

在你和外星人逐渐建立了解的过程中,如果有可能,你还应尽快地把外星人到达地球的消息告诉政府等有关部门,以便动员社会的力量更妥善地处置与外星人的交往。

据说,已有许多科学家上书联合国,要求联合国投资数亿美元,营建一个可用于接待外星人的接待站,并制订一些"指导性方针"来告诉地球人,如何与第一个来到地球的外星人打交道,以便让外星人的造访既安全又有利于双方的进一步了解。

14. 宇航员能否克服生命的限制

我们即使拥有以光速进行飞行的太空飞船,要想到达相距几亿,几十亿光年遥远的天体,时间将是一个令人沮丧的问题。人的生命是有限的,有没有办法克服生命的限制,完成漫长的星际旅行呢?

有一则神话故事讲到"洞中方七日,世上已千年"。故事讲的是有个樵夫,一天他上山打柴,无意中在山里迷失了方向,走着、走着,来到了一个山洞旁,看见有两位老者正在下棋。樵夫也是一个棋迷,禁不住站在边上津津有味地看了起来,一直看到老者们对弈结束,他才离去。没想到当他回到山下老家时,已时过境迁,他所认识的人竟无一人在世。细细打听方才知道,当他在山上观棋的几天里,世上却已经过去了千年以上的时间……

这虽是个神话故事,但现代科学认为,这种情况却有可能在星际航行中出现。早在上世纪初,科学家爱因斯坦就指出,时间会随速度的增加而变慢,这就是所谓的"时间膨胀效应"。在高速运动的太空船上,一切东西,如原子的运动、人体组织的新陈代谢都会变慢,而且由于飞船上的一切都是以完全相同的程度在变慢,所以生活在该飞船内的人,是不会感觉到这种变化的。他们只不过会觉得飞船外的一切都在加快逝去。

根据爱因斯坦的理论,物体运动的速度越快,时间的变慢就越明显。如果宇宙飞船的飞行速度能达到每秒 293800 千米,即相当光速的 98%,飞船上时间的流逝就只相对静止状态的 1/5。也就是说,飞船上的一天,将等于地面上的 5 天。如果速度更高,达到每秒仅比光速慢 1 千米时,那么,飞船上的人每度过 1 分钟,就会相当地面上几乎一年时间。因此,对于相距 10 光年之远的天体来说,一个用接近光速飞行的宇航员,将会感觉到他只花了一星期的时间就可以到达。若用 60 年的时间,则可登上距我们 230 万光年的仙女座星系。假如飞船的速度比光速还要快,宇航员们甚至会发现时间在倒流,今天出发,却在几天前或几年前、甚至几万年前到达。这就是许多科幻小说中常常描绘的回到从前的情景。

不过,时间膨胀效应只对飞船中的宇航员有效。再快的飞船也无法帮助我们迅速获悉遥远天体的信息。

15. 怎样使宇航员的生命延续更长

现在,我们的宇宙飞船以每秒 17.2 千米的速度在飞行。下个世纪,我们的目标是达到每秒 3000 千米。它将是一个多么了不起的进步!然而每秒 3000 千米还只是光速的 1/100。在这样的速度条件下,时间膨胀效应将是微不足道的。而以这样的速度飞行,即使到离我们最近的半人马座 α 星(比邻星),也要将近 450 年的时间。

450 年,远远超过了人的生命极限。即使今后如某些科学家所预言的,人的生命有可能延长到 150 岁,那也要 3 代人的时间才能完成。何况我们还希望派出的宇宙飞船,在考察了当地的情况之后能返回地球。这样往返一次,就需要有 6 代人的连续努力,时间跨度达 900 年。

为了解决这一飞行时间与生命极限之间的矛盾,科学家们认为有 3 个可供选择的

世界传世藏书

中外未解之谜

宇宙未解之谜

一八五

方案。

第一是让宇航员组成一个家庭,使他们在飞行途中同时完成延续后代的任务,但这样做就不能只有一对宇航员,否则必然导致近亲繁殖,要保证宇航员在 6 代人内不发生近亲繁殖,就必须有 6 对以上的宇航员参加这次飞行。而这样势必大大加重飞船的有效负载,使飞船难于成行。

第二,有人设想让宇航员处于冰冻的休眠状态,让其生命能无休止地延续下去,等他们到了目的地以后再让他们复苏。如果真能做到这点,这将是解决宇航员寿命极限的良好办法。然而,冰冻有生命的人体,再让其复苏的可能性,人们至今还没有一个成功的实验例子。

第三个可供选择的方案,是利用克隆技术,让宇航员能一代,又一代地自我更替、自我再生。克隆是英语 clone 的音译,意为无性生殖。由于它是直接利用个体的某个有效细胞来培育出新的个体,所以上一代与下一代的遗传基因完全相同。因此,从理论上来讲,下一代将是上一代的"翻版"或"复制品"。下一代将具有与上一代同样的智力和身材。这就足以保证宇航的顺利延续。

当然,要实现这种宇航员的克隆技术,也必须在飞船配备相应的装置,估计这相对简单而易行。所以它应该是实现远距离宇航克服生命极限的一种选择。

16. 搜寻地外生命

远离扰乱视线的城市灯火、炫目光辉和黄色烟雾,夏威夷岛上海拔 4205 米的冒纳凯阿火山的顶峰直插云霄。因为夏威夷岛被温度变化非常稳定的海洋所包围,所以冒纳凯阿火山的顶峰得以沐浴在清洁、平静、干燥的空气中。对于天文学观测来说这是一个十分理想的环境——至少有一打世界上最好的望远镜架设在这里。

其中特别重要的是 WM 凯克观测台,它由两台安装了直径达 10 米的巨大反射镜的天文望远镜组成,其中每台都有 8 层楼高、300 吨重。这两台分别于 1993 年和 1996 年安装完成的。凯克望远镜一直在帮助主要的行星搜寻者——加利福尼亚大学的保罗·巴特勒和卡内基学会的杰弗里·马西探测太阳系外行星。

在过去的 5 年时间里科学家总共发现了大约四十颗围绕着遥远的恒星旋转的太阳系外行星,其中 25 颗是巴特勒和马西发现的。这些太阳系外行星中的大多数是像木星一样被气体包围着的巨大行星,它们的运行轨道与其中心恒星的距离非常近,而且这些行星太大、太热,就我们所知,任何生命形态都无法在这样的行星上维持生存。但是 2001 年 3 月 29 日,巴特勒和马西报告说他们发现了两颗体积比土星还小的行星——这是朝着发现像地球一样的适于居住的太阳系外行星迈出的重要一步。

因此,这两位行星搜寻者不仅在天文学界享有很高的声望,而且任何对于"地球是不是宇宙中惟一有生命存在的星球,或者宇宙中是否有其他的生存形式存在?"这样的问题感兴趣的人都知道他们的鼎鼎大名。凭借自己丰富的想象力和不辞辛劳的工作,他们找到了一种方法来确定有可能产生生命的行星的位置,从而将上面提到的这个问题从人们的推测变成了科学。他们的努力已经使人们对于地外生命存在的可能性产生了很强的信心,以至于一个全新的科学领域天体生物学——研究宇宙生命的科学——迅速发展了起来。

目前,科学家还无法对太阳系外行星进行直接搜寻。恒星发出的光芒使科学家不可能看到任何也许正在围绕它们旋转的天体。巴特勒和马西发明了一种极具独创性的方法:多普勒技术。这种方法的工作原理与多普勒效应(当汽车或火车从你身边经过时它们发出的声波听起来好像一直都在改变频率)的原理一样。

多普勒效应在天文学上的对应现象被称为红移。从1987年开始,巴特勒和马西花了8年时间全力研究红移现象。他们认为,如果一颗恒星周围存在着一颗围绕它旋转的行星,那么这颗行星的引力就会使恒星出现轻微的"摇摆",就像地球和太阳系中的其他行星使太阳发生摇摆一样。这种摇摆会使恒星的光波在恒星朝向地球和背离地球的摇摆运动过程中在光谱的蓝端与红端之间交替运动。他们认为,如果你可以测量到这种红移——蓝移现象,那么你就可以发现太阳系外行星的存在,而且利用这些数据你甚至可以分析出它们的质量和运行轨道。

但是,这种红移——蓝移现象在穿过遥远的宇宙空间之后会变得非常微小——如果你从30光年以外的地方观察太阳,它的周期性摇摆的弧形角的大小将只有七百万分之一度。为了利用多普勒方法对恒星及其行星进行准确的分析,你必须使恒星摇摆速度的测量结果精确到10米/秒以内。

马西和巴特勒是在1995年12月30日发现第一颗太阳系外行星的。那时马西已经回到他加利福尼亚伯克利的家中,和他的妻子一起准备新年前夜的聚会。巴特勒还在办公室凝视着计算机屏幕上显示的看起来好像是一些随机数据点的东西。他正在寻找一种可以告诉自己他们已经取得了成功的数据点模式——一条将所有的数据点连接到一起的蛇形曲线,就像心脏监护示波器上显示的心跳曲线一样。只有这样的曲线才可以证明他们正在寻找的摇摆,进而证明太阳系外行星的存在。

当计算机软件显示出这样一条曲线时,屏幕上的每个数据点都正好位于这条曲线上或者与这条曲线非常接近。计算机屏幕上没有一个远离这条曲线的数据点。这正是巴特勒和马西8年来一直在梦想能够找到的数据点模式。

这些太阳系外行星使天文学界感到震惊并且动摇了所有现存理论的主要原因是它们的运行轨道都呈现出非常明显的椭圆形。太阳系的大多数行星都在沿着近似于圆形的轨道运动,当你考虑到行星很可能是在圆形的原行星气体、冰和尘埃组成的盘状物(就像我们在猎户座星云中看到的圆盘一样)中形成的时候,你就会觉得行星沿着圆形的轨道运动是很有道理的。那么太阳系外行星的运行轨道为什么会呈现出明显的椭圆形呢?

巴特勒和马西指出,解释这一现象的最佳线索来自彗星。彗星形成时的运行轨道是圆形的,但是如果它们从距离行星很近的地方经过,彗星的运行轨道就会在引力的作用下迅速变成非常明显的椭圆形——这就是为什么我们很少在内太阳系看到它们的原因。

这一理论还可以解释为什么科学家目前发现的太阳系外行星中有许多是被气体包围的巨大行星,而且它们的运行轨道与其中心恒星的距离近得令人难以置信。任何体积与地球相当的行星如果与其中心恒星过于接近都很有可能被其强大的引力甩出该行星系。

巴特勒和马西指出:"我们的银河系中一定存在着数以万亿计、体积与地球相当而且正在四处闲逛的行星——它们是一些毫无目的在星际空间中游荡的阴暗的巨型岩石。"他们得出结论认为,太阳系可能是一个比较少见的行星有序排列的例子,八大行星静静地溜到各自的圆形轨道上,而且在这一过程中奇迹般地避免了任何,形式的碰撞。

但是,天体生物学家们并不希望听到太阳系可能是一个反常的完美特例的说法。运行轨道呈现明显的椭圆形的行星不可能成为生命的避风港——行星与其中心恒星距离的变化引起的巨大温度波动会敲响代表死亡的丧钟,甚至连最顽强的生物化学分子也无法幸免。同样,这些巨大的被气体包围的行星的运行轨道与其中心恒星的距离如此之近,以至于在某些情况下它们的公转周期只有 3 天,而 1500℃的表面温度对于任何生命来说都实在是太高了。

但是这并不等于说地外生命存在的希望已经完全破灭。为什么只有一些巨大的行星在与其中心恒星距离非常近的轨道上运行? 到目前为止,科学家已经发现这可能只是因为它们是最容易发现的行星。

这就是为什么人们对于巴特勒和马西发现的两颗比土星还小、围绕鲸鱼座 79(也被称为 HD16141)和 HD46375(这两颗恒星与地球的距离均为大约 110 光年)运行的行星会感到如此兴奋的原因。

尽管巴特勒和马西认为有许多行星被其所在的行星系甩了出来,但是他们对于适合生命生活的理想行星(被称为"金发女郎"行星)的存在仍然充满了信心。巴特勒指出:"银河系中的 2000 亿颗恒星中大约有 10% 拥有巨大的、很容易发现的行星。看起来很有可能其余恒星中的大多数周围也有行星存在,但是我们目前还没有掌握探测这些行星的技术。"

在这些统计数字的鼓舞下,美国航天局现在对天体生物学事业充满了信心以至于它已经建立了一个被称为"起源"的大型研究计划,该计划在未来的 20 年时间里把更为精密复杂的天文望远镜送入太空,以便对那些拥有适当的条件、可以维持生命存在的行星直接观测。

科学家对于生命存在到底需要哪些条件仍然争论不休。因为目前我们对于可以维持生命存在的行星只掌握着唯一一个例子——我们自己的地球——所以我们几乎没有办法知道答案。巴特勒指出:"(宇宙其他地方的)生命很可能必须建立在碳和水的基础上。

不然的话,我们所有的推测就都会失去依据。"因此,一颗"金发女郎"行星的运行轨道必须是圆形的,而且它与其中心恒星的距离应该为大约一个天文单位,这颗行星的表面温度必须使水可以以液态形式存在。

哥白尼、牛顿和开普勒等天文学家通过计算行星围绕太阳运动的规律改变了我们对于自己在宇宙中位置的看法。而这些行星搜寻者通过发现宇宙中其他的行星正在造成同样的影响。他们发现类似地球的天体以及我们最终确定地球生命是否是宇宙中惟一的生命形态只是个时间问题。

火星人警告人类

在莫斯科一个大型记者招待会上,前苏联一位太空专家于特·波索夫宣布了一个惊人的消息:一艘由前苏联发往火星进行探测任务的无人太空船,在1990年3月27日从火星荒凉的表面上,拍到一个奇怪的警告标语后,便突然中断了一切讯息。一些科学家分析,它可能是被火星人给击毁了。

这个警告标语是用英文写着的"离开"两个字,从无线电传回的照片上看,这个巨大标语好像是用石块雕刻出来的,按比例估计,这两个字至少有半英里长,75米宽。标语似乎是依着巨型山石凿出来的,从其光滑的表面看,可能是用激光切割成的。这条标语是最近才出现的。

火星人为什么要写这么两个字呢?波索夫博士说:"显然是针对地球人的。我想那一定是由于我们派出的火星太空船太多,骚扰到火星上生物的安宁,所以便发出这个警告,叫我们离开。"

波索夫博士透露说,他们派出的太空船,开始时一切都很顺利,但当它把上述写了警告字句的照片传回地球后,便神秘地失踪了。那太空船是被火星上的生物毁灭了,还是暂时被他们扣押了,现在还弄不清楚。他说:"如果我们先用无线电与那些火星人联络上,然后再派人到他们的星球,与之建立外交关系,我想他们是会接受的。"

波索夫博士公布的内容,立即震动了西方科学界,不少科学家对此深信不疑,认为这是人类太空史上一项最大发现。

有生命的行星在何方

自古以来,许多人就好奇地问:大千世界中,我们人类是孤独的和惟一的吗?要回答这个问题,首先得回答:"太阳系中别的行星上有生命或智慧生物吗?""在太阳以外也有类似我们这样的行星或行星系吗?"

今日天文学家的研究表明,在太阳系内至少在现阶段,除了地球以外,还没有适合于我们这样的人类生存和繁衍的天地,我们人类在太阳系中是惟一的。

但在太阳系以外呢?现代天文学告诉我们,在恒星周围拥有由气体和尘埃组成的星周盘,乃是天体演化过程中的普遍规律。我们太阳系就是从这类围绕着原始太阳的气体和尘埃物质演化而来的。星周物质盘的存在已为天文观测,特别是红外波段的天文资料所证实,我们银河系内约有 1000～2000 亿($10''$)个恒星。据统计,拥有行星或行星系的单一恒星达 10 亿(10^9)个,其中具有可存在科技文明条件的行星 1000 万(10^7)个。在银河系之外还有千千万万个与其类似的星系,也应该有为数众多的行星和行星系。从这个意义上讲,我们人类绝不是孤独的,而该是朋友遍宇宙。因此,多年来科学家苦苦探索着地球外的智慧生命。

智慧生物与生命是两个不等同的概念。尽管我们现在已能十分有把握地断定,在太阳系诸天体中,除地球外没有任何一个天体拥有智慧生物,但仍不能肯定在其他天体中也不存在任何生命活动,特别是那些低等的微生物。

经探测发现,地球外可能存在有生命的行星。

1. 火星

在 20 世纪 70 年代中,"水手号"和"海盗号"宇宙飞船对火星的探测,终于否定了"火星人"的神话。然而,从"海盗号"所做的三项实验来看,却不能绝对地肯定,那里不存在任何生命形态。

其中,第一项实验是检查有无光合作用为基础的物质交换,结果是否定的。第二项是仿效地球上的物质交换,以澄清土壤样品中有无微生物。实验时在土壤样品中加入含碳 - 14 的培养液,若土壤中有生物,会吸收与消化养分,会排出有放射性的碳 - 14,这可在计数中进行检测,结果果然记录到了;而预先经过消毒处理的土壤则没有。第三项实验是测量生物与周围环境所发生的气体交换。在加入培养液的土壤样品中,质谱仪记录到有氧的发生,但两小时却突然停止,不过微量二氧化碳的析出却持续了 11 天之久,有人指出,如果土壤中存在过氧化物,那么氧的析出就可能不是生物造成的。因此,根据这三项实验的结果,我们既不能肯定火星上有生命存在,也不能否定火星上有生命存在的可能。

即使退一步说,这三项实验证明了火星没有生命,但它毕竟只能反映实验地点的情况,而不能以点代面地说明整个火星的情况。要知道,40 多年前我们对地球南极环境极为恶劣的地区进行考察时,也曾认为那里是不适宜生命存在的,在早期的考察活动中也确实没有发现"定居型"的生物。然而,1977 年人们却在那里的石缝中找到了地衣和水藻。此外,一些火星研究者还指出,在火星赤道附近有两个地方,土壤中水的含量要比别处丰富得多。每天每平方厘米的地面至少能释放出 100 毫克的水。一到夜晚,水汽则凝结为霜,因此这两个地方从地球上看去要比火星其他地方明亮得多。他们认为,这两个地方的环境比地球上一些已发现有微生物的极端恶劣环境,更适宜于生命的存在。

总之,对火星是否拥有低等的生命形态这一问题,目前还无法作出肯定与否的回答。

2.土卫6

"土卫6"是土星的第六颗卫星。它的直径约5800千米，是太阳系中最大的一颗卫星。它也是太阳系里已知的惟一具有真正大气层的卫星。

根据著名科学家米勒等人对生命起源的实验研究，用紫外线照射甲烷和氢，就能形成许多有机化合物，如乙烷、乙烯、乙炔等。事实上，1979年9月，"先驱者十一号"宇宙探测器在距离"土卫6"35.6万千米处拍摄到的照片显示，这颗卫星呈现桃红色。这表明它的大气中确实含有甲烷、乙烷、乙炔等，还可能有氮的一些成分。乙烷、乙炔的存在使人相信，"土卫6"表面有可能找到更复杂的有机物。因此我们认为，在"土卫6"表面可能存在一层由较复杂的有机物构成的海洋和湖泊。其情形也许十分酷似地球生命发生前夕的所谓"有机汤海"。如果这一推测是可能的，那么"土卫6"上就很可能有一些原始的生命形态。

1980年底，"旅行者号"飞船飞临土星上空时，我们曾期望它能给我们带来更多的有关"土卫6"的信息。遗憾的是只发现"土卫6"的大气并不像早先所认为的以甲烷为主，而是以氮为主，约占98%，甲烷仅占不到1%。此外，还有乙烷、乙烯、乙炔和氢。值得高兴的是，在红外探测资料中发现其云层顶端含有与生命有关的分子，可能是属于生命前的氢氰酸分子。但是，由于它的大气几乎完全呈雾状，妨碍了飞船对"土卫6"表面的观测。1986年美国宇宙探测器"旅行者二号"飞临"土卫6"时，发现它的大气里出现了有机分子的"踪影"。因此，"土卫6"上是否真有生命，也还有待进一步证实。

3.木卫2

第三颗引起我们注意的可能拥有生命的天体是"木卫2"。

"木卫2"是木星的第二颗卫星，直径是3000千米左右，在木星的卫星中属第四大卫星。依据近红外波长的光谱分析，这个卫星的表面存在大量由水构成的冰。而根据其平均密度为3.03克/厘米^{3}来估算，它可能有一个厚约100千米的冰和液态水组成的壳层。

1979年3月，当"旅行者号"飞船飞越"木卫2"上空时，我们曾非常惊奇地注意到，"木卫2，'具有奇特的与众不同的外貌，分布着许许多多纵横交叉的条纹，犹如一大堆乱麻。经分析，这些条纹应是"木卫2"冰壳上的裂缝，其中有些裂缝的宽度可能达数十千米，长达上千千米，深为100米至200米。更有意义的是，我们还注意到，这种像乱麻一般交叉的裂缝具有褐色的基调，与其周围颜色浅得多的部分相比，显得轮廓分明。对这种褐色物质所作的光谱分析表明，它们很可能是有机聚合物。据此，科学家推测当"木卫2"从原始星云中形成时，可能也和地球等天体一样，聚集有一些来自原始星云的甲烷和氨。以后，这些气体可能在内热的作用下不断地释放出来。当其渗透到表面时，便会在太阳紫外线辐射和来自木星的带电粒子的激发下，合成为有机物。尽管同样的辐射也会摧毁这些有机物，但液体水却能保持它们，促使它们进一步水解，复合形成氨基酸，为生命的形成提供了条件。

来自地球的一项发现也启迪着我们的思想。那就是在南极的干谷,有一些常年冰封的湖泊。极地微弱的阳光在透过上部厚厚的冰层以后,到达湖底已是微乎其微。然而,当我们潜入这冰冷的、幽暗的湖底时,却意外地发现那里生活着一大片蓝绿藻。它们就靠这微弱的阳光生活。"木卫2"尽管离太阳比地球远得多,温度低、阳光弱,但并不比南极冰湖下的环境更差。而且由于自转和公转的偶合关系,它有长达60小时的白昼。因此在一些冰裂缝刚刚破裂开来的地方,其水体有可能接受到较充足的阳光,从而使生命有可能在那里繁殖存在。一直到5年至10年后,当裂缝重新为厚厚的冰层所覆盖时,生命也就暂时地潜伏起来,等待另一次机会。

南极的干谷

当然,以上所述还只是一些推测,要证实这一猜想,需要有一个能潜入"木卫2"冰壳下的太空潜水装置。

4. 金星

不仅是上述三个天体,就是对金星、木星、"木卫1",甚至我们的月球,是否就没有任何生命形态,也没有完全排除怀疑。

金星以其表面具有高达400℃以上的温度,而一直被我们认为是不适宜生命生存的。可是,1977年以来,科学家在调查海底的地壳裂缝时,却发现在一些摄氏二三百度,甚至更高温度的海底喷泉旁,生活着许多可耐高温的生物。这使我们认识到,生命对环境的适应能力远比我们想象的大许多。因此,我们不能保证金星对生命来说就是绝对的禁区。何况,即使金星地面没有生命,也不能肯定排除在它的大气层里和温度适宜的地方,就没有漂浮着一些含微生物的云层。

5. 木星

木星是一个主要由氢和氦组成的天体。理论分析表明,它的云层厚约730千米,下面是厚约2.4万千米的液态分子氢组成的木星幔,然后才是一个可能由硅和铁组成的石质木星核。木星距太阳较远,理论计算表明,其云层顶部的表面温度应在 -168℃左右,但实测的结果比理论值高出20℃至30℃。这表明它有来自内部的热量。因此可以算出,在云层底部,温度可达5500℃。

1979年"旅行者号"飞船飞临木星上空所作的光谱分析表明,在木星大气中除了氢、氨、甲烷和水外,还可能有乙炔、乙烷、硫化铵、硫化氢铵、磷化氢等各种有机或无机聚合物。科学家还发现木星上不时发生闪电。这使我们推测出,在木星的大气层里完全有可能合成复杂的有机物,甚至出现生命。一些研究者认为,由于木星大气存在着垂直湍流运动,来自云层低部的高温、高压气流会对生命造成毁灭性的破坏。

金星上的外星生命

早在18世纪,俄国著名科学家罗蒙诺索夫在观测研究金星时,发现金星外围也有大气,于是他预测那里也有一个类似地球的世界。

1918年,瑞典物理化学家、"宇宙种子论"的倡导者阿列纽斯认为,金星是一颗形成时间晚于地球的行星,它目前的演化阶段,相当于地球2.5亿年前的情形。他还认为,在那里有着潮湿的高温气候环境,有着茂密的森林,生长着高达10米的蕨类植物,还活跃着像蜥蜴那样的爬行动物……

然而,由于金星的大气就好像是美女的面纱,严严实实地遮住了它的面容,使人们即使利用当时最好的大倍率光学望远镜,也无法一睹它的芳容,使许多研究者失去继续研究的兴趣。而且,当时的人们热衷于"火星人"的探索,对金星不那么感兴趣。

第二次世界大战以后,观测技术有了发展,特别是宇航技术的应用,终于为金星的研究开创了良好的条件。1975年,一则来自前苏联的消息引起了人们对金星的极大兴趣。那一年,前苏联发射的"金星9号"探测器在拍摄到的金星照片上,发现有一个"人面形雕像",直径足有1000米。它给人们提出了这样一个问题:这个雕像是谁建的呢?

一些主张"飞碟"是外星人派来的宇宙飞船的人如获至宝,纷纷主张也许金星是"飞碟"的派出地。特别是当人们相继在火星和月球上也发现了类似的"雕像"之后,金星上可能有智慧生命的讨论热情更加高涨。随着天文学家们对金星了解的不断深入,越来越详尽的事实给金星生命说泼了一盆冷水。

首先人们发现,金星是一颗非常奇特的行星,它的自转方向与地球相反,而且是非常缓慢的,自转一圈需要243天。

接着,人们又发现它拥有非常浓密的大气,是地球的95倍。不过金星大气中97%是二氧化碳,此外,还可能有一氧化碳,水蒸气的含量不会超过0.1%;而最令人吃惊的是,在金星大气中竟有硫酸、盐酸等强酸存在的痕迹,而它们的存在,对生命将是致命的威胁。然后,人们又测得,金星表面具有非常高的温度,达480℃。这样高的温度,液态水是绝对不可能存在的,甚至一些低熔点的金属,如铅,都会熔化。毫无疑问,在这样的环境中,生命是不可能存在的。即使来自外星球的外星人,也不会自讨苦吃地去选择这个环境如此恶劣的星球作为栖息地。

由此可见,"金星人"之说是站不住脚的。至于那金星上所谓的雕像,则很可能是大自然的杰作,只是自然地貌的巧合罢了。

土星上的外星生命

土卫六是土星的第 6 颗卫星。它的直径约为 5800 千米，比水星的直径大 1000 千米，比月球的直径大 2400 千米，是太阳系里最大的一颗卫星，也是太阳系里已知惟一具有真正大气层的卫星。它的大气主要由甲烷和氢组成，气压大约在 0.1 ~ 1 个大气压间。由于离太阳较远，气温大约维持在 - 150℃ 左右。

在实验室里，甲烷和氢在紫外线的辐射下，有可能形成许多有机化合物，如乙烷、乙烯、乙炔等。1979 年 9 月，"先驱者 11 号"宇宙探测器在距离土卫六 356000 千米处，探测到这颗卫星呈现桃红色。这表明它的大气中含有甲烷、乙烷、乙炔，还可能有氮。乙烷、乙炔的存在，使人们相信在土卫六上有可能找到更复杂的有机物。

有机化合物越是复杂，分子中碳原子的数目也就越多。如甲烷是由 1 个碳原子、4 个氢原子组成的，而乙烷则由 2 个碳原子、6 个氢原子构成。分子中碳原子数越多，一般它的液化点也越高，例如打火机中的液体，就是一种含有 5 ~ 6 个碳原子的有机化合物。科学家们推测，在土卫六表面，有可能存在一层由类似化合物构成的海洋或湖泊。在这些湖泊和海洋的岸边，会沉积一些泥状的有机物，酷似地球生命产生前夕的情形。因此，我们可以相信，在土卫六上存在着一些原始的生命形态。

1980 年底，"旅行者"号宇宙飞船飞临土星上空时，人们满怀希望地等待它能给我们带来更多的有关土卫六的信息。遗憾的是，它的发现和我们预测的并不一样。它发现土卫六的大气并不以甲烷为主，而是以氮为主，约占 98%，甲烷仅占不到 1%。此外还有乙烷、乙烯、乙炔和氢。

值得高兴的是，在红外探测资料中，发现其云层顶端含有与生命有关的分子，可能是氢氰酸分子。由于它的大气几乎完全是雾状，妨碍了飞船对土卫六表面的观测，无法证实有没有有机物。

木星上的外星生命

木星是太阳系九大行星中的老大哥，半径是地球的 11 倍还多，体积是地球的 1316 倍。不过，它的平均密度很低，每立方厘米只有 1.33 克，说明它是一个主要由气体物质组成的天体。

观测资料"告诉"我们，它的组成成分与太阳非常相似，以氢和氦为主，最外圈由厚厚的大气层组成。从望远镜里观测，它那具有不同明暗条带的表面，其实是木星大气层中位置较低的云层顶。当"旅行者号"宇宙飞船飞临木星上空时，发现这些明暗的条带呈现不同的颜色。经光谱分析识别，在木星大气中，除了氢、氦、氨、甲烷和水外，可能还有硫化铵、硫化氢铵、磷化氢等各种有机或无机聚合物，正是它们使云带披上了不同的色彩。云层厚约 730 ~ 1000 千米。

它的下面是厚约 24000 千米、由液态分子氢组成的上部木星幔,再下面是由具有金属特性的液态原子氢组成的下部木星幔,然后才是一个可能由硅酸盐和铁组成的石质木星核。

木星由于距太阳较远,相当地球到太阳平均距离的 5.2 倍,云层顶的表面温度在 -140℃左右,而云层底部的温度,可高达 5500℃。

木星的这种环境状态"告诉"我们,它不可能拥有生命。但是近年来人们发现,它的大气中不仅拥有乙炔、乙烷等碳氢分子和水,而且还不时发生闪电。我们知道,闪电能为更复杂的有机化合物的出现提供条件。

另外,在地球上 85 千米高空大气中,科学家发现存在生命,从而大大增强了人们对木星的大气层中可能也存在生命的信念。有人推测,由于木星大气存在着很强的垂直湍流运动,来自云层底部的高温、高压气流,会对生命造成毁灭性的破坏,所以,木星生命可能存在于气流运动相对平稳的两极。

为什么说木卫二上很可能有生命

木卫二是一颗最可能拥有生命的卫星。它距木星 670900 千米,相当月球到地球距离的 1.75 倍,在木星的 16 颗卫星中,按距木星的远近排列,它处于第三位。

木卫二在木星中属第四大卫星,直径为 3000 千米左右,个子比月球稍小。但在天空中,它比地球的卫星——月球更明亮,能反射 70% 的阳光。根据红外波段的光谱分析,这颗卫星的表面可能存在大量由水构成的冰,还可能有一个厚约 100 千米的冰和液态水组成的壳层。

1979 年 3 月,当"旅行者"号宇宙飞船飞越木卫二上空时,人们曾非常惊奇地注意到,木卫二具有与众不同的奇特外貌。它几乎没有其他天体上普遍可见的陨石撞击坑,但却分布着许许多多纵横交错的条纹,犹如一大堆乱麻。科学家们认为,这些条纹应是木卫二冰壳上的裂纹,其中有些裂缝的宽度可能达数十千米,长达上千千米,深度为 100 ~ 200 米。

这些裂缝可能是木星对它吸引的结果,这种吸引力可使木卫二向着木星的一面微微隆起,但在自转和公转的过程中,又使这种隆起的幅度与位置不断发生变化,所以导致它的冰壳反复破裂。

这些裂缝也有可能是木卫二的内核拥有较多的放射性物质的缘故。它们所释放出来的原子能,加上摩擦所产生的热能,会加热冰壳之下的海水,使其因热膨胀而突破冰壳,像火山喷发一般喷发出来,从而形成这种宽达几十千米的大裂缝。

1996 年 8 月 13 日,美国航空航天局公布了"伽利略"号木星探测器,在距木卫二大约 160000 千米处拍摄到的照片,再次证实了木卫二可能拥有深部热源的推测。人们还估计,木卫二的固体冰壳层大约只有 8 ~ 16 千米厚,下面便是液态的海洋。这一消息大大鼓舞了人们在那里找到生命的信心。因为早在 1977 年,人们在探查地球太平洋海底时,便曾在水深2500米的深海底,发现有不依赖阳光而只靠海底热源生活的生物群落。显然,同样的情况也可能在木卫二上出现。何况阳光还可能进入木卫二冰壳的裂缝,为依赖光合作用生存的生物提供了生存可能。

在木卫二那乱麻一般交叉的裂缝上,常常带有褐色的基调,与周围浅色部分相比,显得轮廓分明。光谱分析告诉我们,这种褐色物质很可能是一种有机聚合物。所以我们说,木卫二上存在生命的可能性是非常大的。

雕像告诉我们

当人们不断发现原始壁画上有神奇图像时,人们在考古挖掘出的文物中也发现了一些奇特的塑像。它们比那些壁画更令人激动,因为它们立体地展现了古人留给我们的记忆。

20世纪20年代,瑞典学者安德森在中国考察,他在甘肃省宁定(今广河)的集市上看到几件奇怪的人头陶塑像。头像的头部是圆的,眼、鼻、嘴非常清晰。头像似乎有透明的罩子,额头有对称的两块圆形物,很像是一副挡风镜,下部切成锯齿状,画着彩色的图案。估计头像是从身上取下的。有一个还伸长了脖子,脖子上有包裹物把身体和头部连成一体。

安德森如获至宝,把它们全买了下来。事后研究发现,这些头像属于新石器时代的马家窑半山文化,距今已经有4500年历史了。它们像宇航员吗?很像。可惜,它们的身体已经找不到了。不然的话,我们很有可能发现这些人物的衣服跟宇航员的衣服是多么相似。

这并不是我们在胡乱猜想,因为类似的事情在日本也发生过。

日本青森县龟丘出土了一些土偶,它们是5000多年前的作品,但土偶的头上戴着的东西很像是密封的盔形帽子,帽子中部有可以观察外部的眼镜,还有可以伸脑袋的领子,这使人觉得很像是宇航服。土偶面部呼吸用的"过滤器"和"口罩"塑造得十分逼真,它的后面还有一个类似观察口的长方形。密封的帽子塑造得很细致,连结头部与身体的部位做得也很细致。这难道不是一件宇航服吗?

这件土偶距今这么久远,而且是在交通不便的山区发现的。这怎么解释呢?

有位美国船员叫查伊希,他在日本看到这个土偶后,便把它拍成照片,并写了一封信寄给美国航宇局,提出了他的设想。

不久,美国航宇局给他回了信,回信中写道:

我们对您来信中提到的有关宇航服的设想,抱有浓厚的兴趣。我们设计了同类的服装,送到航宇局的载人宇航中心,现正在改进中。在此,我们通知您,您寄来的照片中的通信设备、眼镜框的安装、柔软接头装置等部分,以及您关于金属卡子采用滚珠轴承的建议,都被采纳,并付诸宇航服设计方案中。

科学家们在对这个土偶的进一步研究中还发现,土偶的"宇航服"由坚硬部分和松软部分构成。"宇航服"中充满空气,所以"宇航服"是胀鼓鼓的。而且,藏在衣袖里面的,不是一只手,而是只机械手,因为袖口那儿好像有个铁爪一样的东西,机械手可以在柔软的袖口内外活动。

这一切表明,这个土偶的原形居住的地方空气比地球大气要稠密,而且比地球暗,它是不适应地球上的生存环境的。因此,才有着这样的装置。

当然,说土偶是外星人宇航员,这只是根据土偶的外形进行推测的,但当更细致的画面展现在你眼前时,你就可能会认为这样的推测也不是毫无道理的。

1948 年,墨西哥人类学家阿尔伯特·卢兹开始对墨西哥境内的帕伦克铭文殿金字塔进行发掘研究工作。帕伦克是玛雅人的天文学家们经常聚会的地方,可以说是一个科学中心。

玛雅人的金字塔是小庙宇的基础部分,庙宇则建造在塔顶。出乎卢兹教授意料的是,在金字塔底部的深处,有一个石棺,里面放着一具男人的尸骨,头上戴着一个绿玉面具,还有许多珠宝。他可能是一个头领人物,一只手拿着一个小立方体,另一只手拿着一个圆球,埋葬时间是公元 633 年。

但坟墓石盖上的浮雕却叫卢兹教授看不懂了。这是一个类似火箭飞行器的剖面图。这个飞行器头部尖尖的,稍后是几个形状奇特的凹口,再后面渐渐变宽,尾部排出一股火舌。浮雕上的人双手握在一些把手或旋钮上,左脚踏在一块踏板上。他穿着束有宽带子的短裤,手臂和脚腕有带子紧箍着。他的座椅用支架撑着,把飞行器一隔为二。

用我们现有的知识不难理解:他正操纵着火箭一类的飞行器在飞行。前半部是驾驶舱,后半部是动力舱。

另外,值得注意的是驾驶员的形象。他有着一个与额头相连的大鼻子。在石棺中的玉像,以及帕伦克当地武士和妇女的雕像上,都有着这样一个长鼻子。然而,到目前为止,地球上还没有发现任何现代人种里有这样的怪鼻子。不过,这些高而长的鼻梁的塑像,却与玛雅人传说中的"额鼻人"很吻合。据传说,驾驶着飞行器的"额鼻人"曾经从天而降。

这些雕像更清晰地向我们传达了这样的信息:古人也许看到过外星人,甚或上过他们的飞行器。

泥版上的秘密

20 世纪初,考古学家们找到了苏美尔人留下的 12 块泥版。上面刻着一首英雄叙事诗,名为《吉加美士史诗》。它的主要情节和《圣经·创世纪》中的很相近。但在这些泥板上却又留下了许多谜。

在第三块泥板上写着:从远方卷起一阵尘土,天摇地动。紧接着,太阳神出现了,他用巨大的翅膀和爪子抓住安吉杜。太阳神像一块铅一样沉重地落在安吉杜的身上。安吉杜感到自己的身体重得像磨盘一样。

在这里，重要的不是太阳神的出现，而是太阳神抓住安吉杜，向上飞升的时候，安吉杜的感受。我们知道，当人体在很大的加速度作用下，身体会变得沉重起来。比如，宇航员起飞时，会感受到一股强大的力，将自己压在座椅上。可苏美尔人在数千年前是如何有这种体验的呢？

第七块泥版讲述的内容更离奇：安吉杜被一只巨鹰抓住，升到空中。诗以安吉杜的口吻写道：

他对我说："你向下看看大地，大地像什么？你再看看大海，大海又像什么？"大地像高山，大海像湖泊。他在空中又飞了4个小时，再对我说："你向下看看大地，大地像什么？你再看看大海，大海又像什么？"大地像个花园，大海像花匠的水槽。他又飞了4个小时，说："你向下看看，大地像什么？你再看看大海，大海又像什么？"大地像稀粥，大海像个水盆。

当载人飞船进入太空后，人们发现，安吉杜的三次从高空看大地比喻实在是太妙了。因为从不同的高度看地球上的景象确实是这么变化的。每一个见到过卫星拍摄的地球照片的人，一定会觉得安吉杜的比喻是最形象的。但苏美尔人难道也见到过这样的照片，或是升到空中去过吗？如果不是这样的话，这些知识又是从哪里来的呢？

如果用常规的、呆板的思维方式来解泥板上的谜，那将很难得出正确的结论。而如果我们了解了苏美尔人的另一些情况，我们就会找到那些泥板上的秘密了。

苏美尔人曾居住在中东的幼发拉底河和底格里斯河流域，他们创建的巴比伦王国，是世界四大文明古国之一。

他们的肤色为黄色，更接近亚洲人，但在他们同一地区周围居住的却多是白种人。考古学家们也不知道，这支民族是从哪里冒出来的，又怎么悄悄消失的。只知道在距今三四千年前，他们便已拥有了非常灿烂的文化，他们的知识显然高出周围其他民族一大截。苏美尔人给阿拉伯人和犹太人带来了非常先进的文化。

他们的生活习惯很奇特，总是在山上祀神，如果住的地方没有山，他们就会在平原上堆起假山。苏美尔人崇拜的每个神都与一颗星星有关。他们绘出的星图居然和今天的一模一样，每颗星还有几个小星围着旋转。有证据表明，苏美尔人早就留下了观测木星四大卫星和土星七颗卫星的记录。可这些卫星都必须在望远镜帮助下才能看到的啊！他们对月球自转的观测结果与今天的只差0.4秒。

最让人称奇的是，1938年德国考古学家柯尼在巴格达附近发现的一个陶制粗口瓶。

这个瓶高约10厘米，约有2300年以上的历史了。被挖出来时，它正混杂在许多陶器和泥版中，呈乳白偏黄色。这是一只花瓶吗？考古学家发现它不是花瓶，因为瓶里装满了沥青，当中埋着一根铜管，铜管当中还有一根细铁棒，也被沥青包裹着。铁棒顶端高出铜管1厘米,高出的部分虽然布满铁锈,但个别地方却有一层灰色偏黄的物质。铁棒下端则塞有3厘米厚的沥青,使铁棒与铜管完全隔离。

这个奇怪的东西是派什么用处的呢?考古学家请来了化学家帮忙。化学家通过对沥青混合物的分析,并配出同样的酸性物质,灌进陶瓶,把它们用铜丝与一只小灯泡相连,灯泡居然亮了。这不就是一个电池吗?而且是2300年以前的古电池。然而它的工作原理与现代的伏打电池相同。但伏打发明世界上第一节电池是在1800年。另外,根据出土文物的碎片来看,有足够装配10节电池的材料。而地上散落的铜线则表明,这些电池是被串联使用的。

古电池

可这些电池是派什么用处的呢?考古学家发现,它们的用途是通过电解法将金镀在雕像和装饰品上。于是,人们仿制了类似的电池,倒入新鲜的葡萄汁,电压表上显示出0.5伏特电压,并成功地进行了电解镀金试验。电池连续工作了18天之久。

这一系列看上去奇特的发现和记录至少向我们说明一点:苏美尔人有着超过当时任何一个民族的先进科技知识,有些甚至接近现代化的水平。是谁教会他们这些的呢?这个来去神秘的民族在史诗中记载的“神”,是不是曾将他们的祖先带到了天上“神”的飞行器中,并教授了他们先进的知识?

泥板上其实讲述的是真实的事件,根本没有什么秘密可言。我们对几千年前的史事能作如此大胆的假定吗?

飞碟残片和外星人尸体

飞碟热从20世纪40年代起,席卷了地球的每一个角落。越来越多的人从不相信飞碟、外星人的出现,到怀疑它们的存在;直至在越来越多的事实面前,坚信飞碟和外星人的存在。

虽然人类还无法获得完整的飞碟,也难以向公众展示活的外星人,但越来越多的照片表明了飞碟的存在。

1947年,美国就开始进行搜集工作了。在1950年的一次搜集过程中,还发生了一件怪事:

这一年12月7日凌晨4点30分,空军上校威廉和上尉巴金斯驾驶一架喷气式战斗机,在得克萨斯州上空飞行。突然,空军基地发来紧急命令:“有一架UFO正向我方靠拢，请加以确认。"大约5分钟后，他们果然看到一个圆盘状的物体，发着琥珀色的强光。它以超过每小时3500公里的速度向墨西哥方向飞去。突然，UFO像是发生了故障，几乎是拐了一个90度的直角弯，向墨西哥境内落下去。威廉上校请求追踪，但基地命令他们返回。

上午10点，威廉上校回到基地报告了情况，可上司说："那是我国的火箭，出了故障。"但威廉上校和巴金斯上尉决定去探个明白，下午3点多，他俩租了一架小型飞机赶到了现场。那是一片沙漠，已搭起了帐篷和伪装网。他俩走近伪装网，发现一个直径有10米的金属圆盘，所有的接缝处都没有用铆钉。它的上部有个高达1.8米的圆顶，顶上炸出了一个洞。他们想靠近看个明白，却突然冒出几个穿便衣的美国人来，命令他们马上离开。两位飞行员只好走向自己的飞机。

突然，巴金斯脚下发出"咔嚓"的声响，他低头一看，是一块从来没见过的金属，发着异样的白光，有一半还插在土里。威廉悄悄地拾起来，把它藏进了口袋。

回家后，威廉觉得碎片不像是这个地球上的东西。它像镜面一样光滑，闪耀着银白色的光，长10厘米，厚2.5厘米，宽7.5厘米，表面呈圆弧的曲面。奇妙的是，它的侧面有上下两排圆孔，呈蜂窝状，看起来是什么机器的一部分，也许是那个圆盘顶上的外壳，蜂窝状圆孔能用于防热、冷却。

威廉上校把它带到附近的一家工厂，想切断它，但锤子、老虎钳、钻石刀对它丝毫不起作用，用乙炔焊枪烧，用电钻钻，也没留下一点痕迹。威廉想，这一定是外星人的东西。那它的成分是什么呢？他决定去罗基多的航空实验所化验一下它的成分。接待他的是菲西亚博士，他体魄健壮，戴着高度近视眼镜。他看了一下这块碎片后，约好威廉上校两个星期后来听结果。

过了两个星期，威廉兴冲冲地赶到实验所找菲西亚博士。奇怪的是一位工作人员告诉他，博士早在他第一次到实验所的前一天就失踪了，威廉惊呆了。工作人员还告诉他，菲西亚博士是个清瘦的人，而且并不近视。显然，两个星期前接待威廉的那个人骗走了金属片，他根本不是菲西亚博士。那么，那个自称是菲西亚博士的人究竟是什么人呢？有人猜测是外星人。

据说前苏联、挪威、法国、美国都得到了飞碟的残片，在美国还秘密地保存着至少30具以上的外星人尸体。

曾在美国空军第二情报部工作的波斯特维特，翻阅了大量的最高机密文件。他曾看到一份文件报告了发生在新墨西哥州怀特桑基地的UFO坠落事件。

那是1952年春季的一天，UFO在怀特桑导弹实验场的沙漠中坠毁。立刻有一支小分队赶赴现场。考虑到有危险，小分队只是包围了现场，并没有采取直接的行动。12小时过后，一切都平静无事，于是小分队又组成了10个人的敢死队。为防止触电，他们手持木棒，走近UFO，试图开启门一类的装置。UFO直径约有25米，周围有一排窗户一样的东西,有一部分因坠落时受到冲击震动而破碎。

敢死队成员把木棒从"窗户"口插进去,触到了按钮,门被打开了。立即露出了通往UFO 中心的台阶。敢死队员全副武装,小心翼翼地冲了进去。

他们发现里面躺着 5 具尸体。其中,四具尸体身长 1 米左右,它们身穿闪闪发光、材料异样的服装。

小分队接到分解机体、分批运走的命令后,便用乙炔焊枪去切割,但试了好长时间,就是无法将 UFO 的表层切开,虽然它的表层金属只有纸那么薄。

那些外星人尸体上的衣服也很薄,但剪刀剪不开,脱又脱不掉。没办法,只好将整架UFO 和尸体都运到了俄亥俄州的莱特帕塔逊基地。

这样类似的事件据透露在美国已发生了至少 46 起,飞碟残片和外星人尸体都被极秘密地藏在美国的一些军事基地和情报部门的研究机构中。最引人注目的是莱特帕塔逊基地第 18 号机库的地下设施,那儿至少保存着一架完整的飞碟,另有几架是有故障或有破损的。但美国人并不懂得如何启动它。

证实这类消息的人员不少都是原情报人员、专业研究人员和一些高级官员。只是美国一直将这类事件当作一级国家机密加以封锁,再加上 MJ－12 小组的插手,使得事件更具神秘色彩,要了解真相,看来还有待时日。

相比之下,前苏联的情况要稍好一些。

1979 年,前苏联的科学家向报界宣布了一条惊人的消息:宇宙轨道上有飞碟碎片存在。顿时,世界各大报纸纷纷在头版刊登这一消息。

前苏联天体物理学家鲍什卡教授披露,早在 20 世纪 60 年代,前苏联科学家就在距地面 1240 公里的空间轨道上发现了太空残骸。他们辨认出其中的 10 块碎片中,有两块直径达 30 米。根据计算机测算,它们是 1955 年 12 月 18 日进入地球轨道的。估计进入轨道前它已爆炸。它至少长 60 米,宽 30 米,有小的圆顶形望远镜、碟形天线、舷窗等,约有五层楼高,内部可能有外星人的尸体。

这的确不可能是人类的东西,因为人类首次发射太空火箭是 1957 年的事了,晚了近两年。对此,美国的天文学家也加以证实。

但结果怎么样却谁也没有提起,也许已被某国悄悄收回,也许它还在轨道上飘荡。

类似的事件在世界各地的媒体上都有报道,但它们的真实性也引起了许多严谨的科学家的怀疑,因为没有实实在在的证据,我们也只能暂且将它们当故事来听。

当人类迈入太空,我们开始认识到更多的宇宙奥秘,开始知道了人类的渺小,也开始理解了许多以前难以理解的事物。

更令人惊叹的是,那些勇敢的宇航员们,为我们带回了他们在太空中与外星人相会的奇特经历。

1968 年 12 月 21 日,美国为选择最佳的登月着陆点,发射了"阿波罗－8"号,宇航员是博尔曼、洛弗尔和安德斯。"阿波罗－8"号进入月球轨道后，一边接近月面，一边察看选择着陆点。突然，他们发现一架巨大的飞碟正在月面上降落，他们手忙脚乱地抓拍了几张照片。当飞船再次来到发现飞碟的月球背面时，宇航员们准备再拍一些照片，可那个巨大的飞碟已消失得无影无踪了，连一点着陆的痕迹都没留下。要知道，那可是个直径达10公里的庞然大物啊！这一地区被地球人类命名为静海。但事情还没完。1969年5月22日，"阿波罗－10"号再次飞临月球，为"阿波罗－11"号开道。当登月舱下降到离月面只有10多公里处时，突然一个飞碟垂直上升，向"阿波罗－10"号飞来。三位宇航员目击了这个过程，并将它摄入了16毫米电影摄影机的镜头，还拍了好几张照片。这次相遇，还是在静海地区。

在"阿波罗"以后的飞行中，还多次与飞碟相会。

"阿波罗－12"号，在距月球还有一半路程的时候，宇航员们看到三个飞碟，同时，宇航员与地面控制中心的通话，被类似警笛的干扰声打断。当他们返回地球，溅落在太平洋之前又看到一个飞碟。

"阿波罗－15"号的宇航员在月球上空发现一个闪光的飞行物一掠而过。

"阿波罗－16"号在月球轨道上飞行时，宇航员看到一个发光物体横穿过月球上空，两三秒钟后在月平线上消失。

"阿波罗－17"号的宇航员也看到了两个飞碟。

在"阿波罗"系列飞行的相遇飞碟事件中，还值得一提的是"阿波罗－11"号的飞行经历。

1969年7月19日，"阿波罗－11"号正飞向月球。奥尔德林操纵着登月舱，阿姆斯特朗一边听着指挥中心的指令，一边用16毫米电影摄影机拍摄月面。此时，两个飞碟出现了，其中一个比另一个要大得多。它们向已进入月球轨道的"阿波罗－11"号飞来，它们以惊人的速度飞到"阿波罗"的水平位置，又急速地改变方向，在左侧消失。

不一会儿，它们又出现在"阿波罗"的上方并不断降低高度。宇航员将镜头转了90度，拍摄它们，它们开始停着不动，像是愿意让人拍摄。

过后，两个飞碟又急速离去，随即有一个又飞了回来。不久便消失了。

7月20日，当阿姆斯特朗踏上月球时，他说："我，阿姆斯特朗，以全人类的名义宣布：我们为和平而来！"过后不久，当阿姆斯特朗和奥尔德林在月面采集岩石样品时，奥尔德林叫道："有一些像巨婴一样的东西，还有别的飞船，它们排列在火山口边缘，正在监视我们！"

这段对话没有实况播出，但却被一个无线电爱好者用高频接收装置捕捉到了。"阿波罗－11"号的宇航员遇到的似乎是外星人。

我们已经看到了一些史实；我们已经听到了若干披露的内幕事件；我们也作了不少推测。推测自有其依据，那么我们说外星人在宇宙中存在着，你相信吗？

科学家的态度是严肃的。在世界上享有盛誉的中国著名科学家钱学森教授就曾在给《飞碟探索》的信中断言：飞碟"是一个客观现象"。

说美国已与外星人建立了所谓的"外交关系"，这很难让人相信，不然的话，美国为什么还要花费大量的人力、财力去发射地球人的"名片"呢？他们完全可以依赖外星人的通讯或交通工具与外星人来往了。

同样，简单断言宇宙中根本不存在外星人也不科学。那科学家们又何必去研制种种望远镜、信号监测器、宇宙飞船去探测地外文明呢？

然而，没有证实的事实是难以有说服力的，但也不能一概否定，说那不存在。我们需要推测，需要大胆的幻想。前人的多少幻想，今天已成现实；古人多少断言，今天已成笑柄。

曾有人认为，地球上出现生命是宇宙中非常偶然的现象：地球上恰好有水，有足够的氧气，大气层又挡住了极具破坏力的紫外线……因此，他们认为，人类是宇宙间唯一的智能动物。

然而科学家们在孜孜不倦地揭示地球秘密和探索宇宙空间的过程中，发现在原来以为不可能存在生命的地方，竟有生命在活动。

科学家在漆黑的大洋底层发现了生物，可我们原先以为强大的水压和海底岩浆的高温会使所有的生物难以生存。

科学家们发现了不靠氧气生存的厌氧细菌，超过一定浓度的氧气对它们来说就像毒气一样。生命离开了氧气也能够生存的。

科学家们在茫茫的宇宙间，已经在一些星球上发现有稀薄的空气、大量结成冰的固态水。

更令人感到惊奇的是，科学家在受到核辐射的水中，发现了好几种细菌生存着。要知道，那些仪器测到的放射量足以致它们于死地了。

越来越多的发现使越来越多的科学家们相信，生命在远比地球条件更恶劣的环境下，还能顽强地生存。而认为没有水和氧气生命就不可能存在，现在是完完全全地错了。

科学家们现在对寻找外星人的信心大大地增强了。天文学家开始搜寻可能存在外星人的星球。

权威天文学家曾估计，仅仅是银河系，就大约有300亿颗恒星，天文学家们一致公认至少有180亿个行星系。我们根据行星产生生命可能的条件假设，在100个行星系中，只有一个行星系的一颗行星的轨道处在恒星的生物域内，那么仍然剩下1.8亿颗行星可能有生命存在。

如果我们再进一步假设，在100颗行星中，只有一颗真正能容许生命存在，我们得到的数字是，180万颗有生命的行星。

我们再假设，每100颗有生命的行星中，只有一颗居住着智力水平与人类相似的生物。这样,银河系中有人居住的行星仍有 1.8 万颗之多。

如果只有 1% 的生命超过人类,能在空间自由航行,那还将有 180 颗这样的行星。

高等智能的生命产生,不是地球的专利。科学家们从 1960 年起,用射电望远镜对星际展开了大规模的射电探测。结果发现,形成生命的基础——碳、氢、氧、氮等元素遍布宇宙。

不仅如此,前苏联高尔基射电物理研究院曾从太空收到某种逻辑严密、仿佛是人工编制的电脉冲;美国阿里赛勃天文台在对银河系 LEO－1 的观察中,曾探测到来自太空中六个不同方位的智力信号;1975 年,美国加利福尼亚理工学院奥文斯谷天文台的研究人员曾在银河系中心,探测到了一个非常紧凑的无线电源。

最震惊的信号是 1960 年截获的。

当时,设在美国西弗吉尼亚州的美国国家天文台着手实施"奥兹玛"计划。"奥兹玛"是希腊神话中的一个地名,意思是一块远在天边、难以到达的世外桃源。

美国人用 3 架 26 米长的射电望远镜,对波江座和鲸鱼座作了为期 3 个月的监听。结果从波江座星系中接收到工异常的间歇脉冲,时间为 22 小时 53 分钟。

科学家们用电子计算机所使用的二进制来换算,就可得到 1271 个 0 和 1。我们把 1 的地方点上点,而 0 的地方空着,就构成了一幅图案。图案编出来以后,可以清晰地看到:左侧的圆和点似乎表示波江座的 e 星和它的行星系。在第三颗行星上引出波浪状的线条,似乎说明这颗星被液体覆盖,水下有与地球上鱼类相似的生物。从第四颗行星引出的图案,则是一对明显雌雄区别的、类似地球人类的生物,并携着他们的后代。举起的上肢附近,二进制表示的数是 6,这或许是表明他们有 6 个手指,或许是表示他们是 12 进位的数学计算方式。最上方的图形,似乎是对氢、碳、氧元素的碳氢化合物的描述。

这无疑是个有价值的发现,也为我们的推测提供了想象的翅膀。

外星人是可能存在的,也很有可能已经光临地球。我们有理由相信,如果宇宙中真的存在外星人,那随着人类科技水平的发展,总有一天,我们会与外星人联系上,并建立真正平等的、友好的关系。到那时,我们人类的科技水平将会有一次大飞跃!

第二章 人类未解之谜

第一节 人类起源探秘

人类究竟从哪里来

人类从哪里来？这是千百年来中外科学家、哲学家不断思索和探讨的奥妙，人类的起源已经与宇宙的起源、地球的起源和生命的起源并列为四大起源之谜。而这四大起源之谜，又纵横交错、互相联系，若能揭开其中一个谜底，对揭开另外三大起源之谜，就是一个重大突破。

人类从来就对自己本身是怎样来的、怎样产生的关心备至，这关系到人在自然宇宙中所处的地位问题。人的地位是至高无上的，还是卑微的？

人的本质是什么？人对自然界应有什么作为？人的能力如何？……这都是我们想知道的，需要探讨的。因为，它是我们的根。

人类只有找到自己的根，才能在历史的潮流中找到发展的基点，在这个基点之上，建立起文明的灯塔，守住自己、地球以及整个星球的命运。

对于人类的起源问题，一直众说纷纭。

达尔文是 19 世纪英国学术界破旧立新的大师。他身患痼疾，为探讨自然规律，苦学终生。1859 年他的《物种起源》一书问世，总结了他自己多年在世界各地亲自观察生物界的现象，发现自然选择在物种变化上起的作用，探索了物种的起源和进化的规律。尽管当时达尔文并没有把物种起源直接联系于人类，他只说了一句话：通过《物种起源》的发表，"人类的起源，人类历史的开端就会得到一线光明"。这本书的发表，对上帝造人的宗教神话和靠神造论来支持的封建伦理不啻发起了空前未有的严重挑战。当时保守势力的反扑顽抗和社会思想界的巨大震动，使一贯注意不越自然科学领域雷池一步的达尔文也不能默然而息。他发愤收集充分的客观事实来揭示人类起源的奥秘，终于在 1871 年《物种起源》出版后 12 年，发表了《人类的由来》这本巨著，用来阐明他以往已形成的观念，即对于物种起源的一般理论也完全适用于人这样一个自然的物种。他不仅证实了人的生物体是从某些结构上比较低级的形态演进来的，而且进一步认为人类的智力、人类社会道德和感情的心理基础等精神文明的特性也是像人体结构的起源那样，可以追溯到较低等动物的阶段，为把人类归入科学研究的领域奠定了基础。这是人类历史发展的一个空前的突破。

马克思主义诞生以后，恩格斯运用辩证唯物论和历史唯物论综合了科学的成就，全面地分析了从猿到人的过程，创立了"劳动创造人"的理论，从根本上粉碎了上帝造人的宗教迷信神话。在从猿到人的转化过程中，劳动起着决定作用。无论是手足分工、制造工具，还是语言的产生、脑的发展和思维的出现，都是在劳动中出现的。所以恩格斯说："劳动是整个人类社会的第一个基本条件……在某种意义上不得不说劳动创造了人本身。"

1960年，英国人类学家利斯特·哈代爵士提供了一种新的假说，他认为化石空白时期（在距今400万～800万年前这一时期的化石资料几乎空白）的人类祖先，不是生活在陆上，而是生活在海中；在人类进化史中，存在着几百万年的水生海猿阶段，这一阶段在人类身上至今留下许多"痕迹"——解剖生理学方面的特征，这些特征在别的陆地灵长类动物身上都是没有的，而在海豹、海豚等水生哺乳动物身上却同样存在。例如：所有灵长类动物体表都有浓密的毛发，惟独人类和水兽一样，皮肤裸露；灵长类动物都没有皮下脂肪，而人类却有水兽那样厚厚的皮下脂肪。人类胎儿的胎毛着生位置，明显不同于别的灵长类动物，而与水兽接近。人类泪腺分泌泪液，排出盐分的生理现象，也是水兽的特征，在灵长类动物中是绝无仅有的。哈代指出：地质史表明，400万～800万年前，在非洲的东部和北部，曾经有大片地区生活着一种海猿。几百万年以后，海水退却，已经适应水生生活的海猿，重返陆地，它们就是人类的祖先。海猿历经沧桑，在水生生活中进化出两足直立、控制呼吸等本领，为以后的直立行走，解放双手，发展语言交流等重大进化步骤创造了条件。这使得他们"得天独厚"，超越了其他猿类，进化成为地球上最高等的智慧动物。

把不同动物的生理特征进行比较，可以看出他们之间亲缘关系的远近，这是比较生理学的研究方法。澳大利亚墨尔本大学的生物学教授爱彼立克·丹通，研究了人类和其他哺乳动物控制体内盐平衡的生理机制。他发现，在这一方面，人类也与所有的陆生哺乳动物不同，而与水兽相似。

还有专家指出，人类的潜水生理相当出色，在古代猿人生活的地方，人们发现一种有名的古迹：史前贝冢。贝冢是一堆堆的贝壳，这是史前古人采食贝类动物的证据。1983年，英国科学家爱尔默和戈顿在发现直立猿人的非洲坦拉、阿玛塔等地，研究了那儿的古代贝冢，发现这些贝冢都是生活在深海中的种类，如牡蛎、贻贝等。得掌握屏息潜水的技术,才能采集到这些贝类。很明显,这些猿人具有出色的潜水本领,这在灵长类动物中也是绝无仅有的。人类是天生的潜水家,他们屏息潜水的时间远远超过其他生物。人类在潜水时,体内会产生一种潜水反应:肌肉收缩,全身动脉血流量减少,呼吸暂停,心跳也变得缓慢。这种反应与海豹、海鸭等水生动物潜水的反应十分相似。潜水反应不是条件反射,而是由大脑高级中枢加以控制的。这种控制同时也有意识地控制着呼吸,对呼吸的精确控制调节是人类发展语言的基础,没有这种在海猿阶段形成的控制呼吸能力,人类不可能发展如此复杂的发声方法。

近些年来,一系列发现又重新唤起了人们对生命天外来源说的热情。首先是人们注意到,地球上的生命尽管种类庞杂,但却具有一个模式,具有相似的细胞结构,都由同样的核糖核酸组成遗传物质,由蛋白质构成活体。这就使人不能不问,如果生命果真是在地球上由无机物进化而来,为什么不会产生多种的生命模式? 其次,还有人注意到,稀有金属钼在地球生命的生理活动中,具有重要的作用。然而钼在地壳上的含量却很低,仅为 0.0002% ,这也使人不禁要问,为什么一个如此稀少的元素会对生命具有如此重要的意义? 会不会地球上的生命本源于富钼的其他天体里? 第三,人们还不断地从天外坠落的陨石中发现有起源于星际空间的有机物,其中包括构成地球生命的全部基本要素。与此同时,人们也发现在宇宙的许多地方存在着有机分子。这使许多人深信,生命绝不仅仅为地球所垄断。再者,一些人还注意到,地球上有些传染病,如流行性感冒,经常周期性地在全球蔓延。而其蔓延周期竟与某些彗星的回归周期吻合。于是这使他们有理由怀疑,会不会有些传染疫苗来自彗星? 如果是,则人是天外来客吗?

古猿是人类的远祖吗

1. 达尔文的非洲猿说

英国学者达尔文在他的(《人类起源与性的选择》一书中指出,人类是由已灭绝的非洲古猿进化而来的。在这本书中,达尔文既肯定了人与猿的亲缘关系,表现在身体结构、心理特征和生理特点方面;又肯定了人与猿在直立、双手、牙齿、脑、智力等方面的区别。他认为支配人猿分化的不是超自然的东西,而是生物演化的规律,即用自然选择和性选择来解释人类的起源过程中的一切变化。

达尔文认为非洲的大猿与人类最为接近,从而推测人类起源于非洲。他指出人和猿最重要的区别在于两足直立行走的行动方式,以及小的犬齿、高的智力和能使用工具等,而这些是与从树栖转变到以狩猎为主的地面生活有关的。他说,在地面生活的灵长类能两足行走,使其双手能空出来携带狩猎使用的武器。用这些武器作为一种适应方法,用增长的智力来指导武器的使用,致使大而突出的犬齿由于不起作用而变小了。

虽然也有人提出灵长类中的长臂猿甚至眼镜猴与人最为接近，但大多数人承认非洲大猿与人最为接近，详细的解剖和行为研究以至生化特性都表明了这一点。达尔文提出非洲大猿是我们最近的亲属的论点，长时期来得到各方面的支持。只是最近才有人提出亚洲的猩猩比非洲大猿与人的关系更为密切。

古猿

人类和猿类的共同祖先是否树栖？从东非中新世的原康修尔猿以及埃及法龙姆渐新世发现的可能是猿类祖先的化石表明，它们确是树栖的。这也表明达尔文的论点是正确的。对现代人和现代猿的比较解剖学研究，也证明它们许多相似之点是由于树栖生活产生的。

由达尔文的上述论点，演变成多种假设。

2. 腊玛古猿与南方古猿

这是以达尔文进化论为基础而提出的传统说法。

19世纪中叶，达尔文提出了人类起源于古猿的理论。长期以来，新第三纪（中新世、上新世）的森林古猿被认为是人和猿的共同祖先。但究竟是哪一种森林古猿，在第三纪的哪一时期，都不明确。

学者们有以下几种推测：

一是腊玛古猿。它生存在距今1400万年至800万年前，身高1米多，脑容量约300毫升，能够直立行走，可能已有说话功能。而最有力的证据是它的牙齿珐琅质"棱柱晶体"呈锁孔状，与人类的很相近。但也有学者持不同意见。

二是南方古猿。有的古人类学家认为，南方古猿是人科早期成员，它的脑容量已达现代人的1/2或1/3。但也有人认为，南方古猿与"完全形成的人"是并存的，但它没有发展成为人，而只是人类旁系，并在100万年前就灭绝了。

20世纪60年代末，西蒙斯和皮尔比姆提出，人和猿是第三纪的中新世开始分化的，腊玛古猿是最早的人科代表，而森林古猿属里的几个种则是各种现代猿类的祖先。还认为腊玛古猿是在大约1500万年前由一种森林古猿演化而来的，以后再由腊玛古猿演化成400万年前的南方古猿，进一步发展成现代人。

人的起源大致的路线是这样：中新世出现的森林古猿演化出腊玛古猿。腊玛古猿生活在距今1400万年到800万年之间，在距今800万年前，腊玛古猿几乎全部灭绝。腊玛古猿以后便是南方古猿。南方古猿生存的范围从大约距今400万年到100万年前。在它们身上,一方面仍然保留了若干由人猿超科祖先的主干继承下来的原始特征,另一方面,更重要的是已经进化出现了人这一支所特有的、而与猿那一支区别开来的人科的特征。

在初步解决了人的起源问题后,随着时间的流逝,科学的不断发展,化石的大量出土,古人类学家们不断深入地研究,又发现了不少新问题。最突出的问题是叫做"化石缺环"的现象,即存在着从距今 800 万年到距今 400 万年前的这一段 400 万年的化石缺环。在这段 400 万年的长时间里,没有找到任何能证明关于人类起源的中间过渡生物的化石,这就给经典的关于人类起源的理论提出了难题。在目前,西方有一部分学者认为,全世界的人种是由各种不同的古猿演化而来,此说被称为"多祖论";另有许多学者则认为,世界人类起源于另一种古猿,属同一个物种,此学说被称为"一祖论"。

3.巨猿

巨猿也是很引人注意的一个种类。巨猿是在 1935 年由荷兰人孔尼华定名的。他在香港的中药铺里购得了大量哺乳动物牙齿化石,其中有一颗巨大的高等灵长类下臼齿,他认为代表一个新属新种,定名为孔氏巨猿。他推测这种巨猿化石产于我国华南,地层时代大概是更新世中期。1954 年,原籍西德后入美国籍的魏敦瑞,又根据孔尼华后来购得的另两颗牙齿(前后共三颗牙齿),认为巨猿具有明显的人的性质,因而主张把巨猿改称"巨人",并提出了人类的巨人起源说。他推论"巨人"可能是人类的祖先,然后体型逐渐变小,经爪哇直立猿人、北京猿人而发展到现代人。后来孔尼华又去南洋一带中药铺里收集到五颗可能是属于巨猿的牙齿。1952 年他根据先后得到的八颗牙齿发表论文,放弃他原来的看法,转而同意巨猿确是巨人;但认为它是人类进化系统上的一个特殊的旁支,而非我们的直系祖先。世界各国的人类学家对巨猿是人还是猿,意见分歧,对巨猿生存的地质时代、分布地区和演变过程等也一无所知。巨猿从而成了研究人类起源一个重要问题。

1956 年初,我国科学工作者在广西各地进行洞穴调查和发掘,在大新县榄圩区那屯村的牛睡山黑洞中发现了三颗巨猿牙齿。同年秋,广西壮族自治区柳城县凤山区新社冲村的农民覃秀怀在楞寨山的一个山洞里发现了一个巨猿下颌骨。有关的科学部门对这个山洞进行了长期的发掘,又发现了两个巨猿下颌骨和 1000 多颗单独的牙齿以及大量的哺乳动物化石,从而确定了柳城巨猿的地层时代为更新世早期。

吴汝康于 1962 年对这些材料进行了研究,表明巨猿下颌和牙齿的多数特征介于人类和猿类之间。猿的两侧齿列是平行的;人的齿列是向后张开的;巨猿的则既不互相平行,而向后分开的程度又远不及人类的大。人类齿列呈曲线形,没有明显的转折;巨猿在犬齿处有显著的转折,但不如猿类的显著。猿类犬齿的前后都有间隙,不与其前后的牙齿接触;巨猿的没有前间隙,但有比较小的后间隙;人类则一般是没有齿隙的。巨猿犬齿的形状、与其他牙齿的比例、磨耗情况以及两性差别也介于人、猿之间。下第一前臼齿既约成扇形(似猿),又有双尖及前后小凹(似人)。

巨猿的门齿小,位置垂直;臼齿齿尖呈方块型,咬合面脊纹少而较粗,有第六齿尖。这些特征都是与人类相似的。

这些新的巨猿材料,使我们对巨猿有了深入的了解。由于迄今所发现的巨猿材料仅限于下颌骨和牙齿,没有发现头骨、体骨和肢骨,它的分类位置至今仍有争论。有人认为它是人科系统上早期分出的一个旁支,有人则说它是猿类的一种特殊类型。由于其年代太近,体形太大,似乎不可能是人类的祖先,而更可能是猿类系统上的一个灭绝的旁支。魏敦瑞的人类的巨人起源说是没有根据的。现有的一切人类化石材料表明,人类的身材在进化过程中是逐渐增大而不是减小。现在也已知道,巨猿生存的时期从第三纪上新世纪更新世早期到更新世中期,分布的地区从亚洲南部的印巴次大陆到我国南方的广西和湖北一带。巨猿的身材也随着时间的推移而逐渐增大以至最后绝灭。这些研究有助于我们对人类起源问题的理解。

4. 黑猩猩

美国加州大学伯克利分校的华什伯恩和他的学生以及其他一些人设想:人和猿的共同祖先最像现生的黑猩猩,人类的起源正像现在狒狒那样对稀树干草原的适应。但由于黑猩猩的解剖结构和行为特征不同于狒狒,而且两者之间存在着重要的差别。像黑猩猩那样的灵长类一旦开始像狒狒那样适应草地的生活,其结构便是向人的方向发展。因为在这种情况下的古猿,为了能够生存,必须依赖工具的使用,这从犬齿的变小上可以反映出来。工具的使用促使两足直立行走、群体关系的增进和复杂化等等。再从现生灵长类中母子关系可以终生维持的现象进一步推论,早期人科成员可能也是如此。女性对周围的环境更为熟悉,在群体中的作用比男性更为重要,因而在早期原始文化的形成中也比男性起着更大的作用。

概括来说,他们认为工具的使用、直立行走、犬齿的变小以及智力和社会行为等四种特征的相互作用是人类起源的因素。

5. 小猿和残猿

塔特尔的小猿假设认为人科成员最早是由小型的猿进化而来。东南亚的小猿、长臂猿在树上经常站立起来,在地面时几乎总是两足行走,虽然这并不表明它比非洲的大猿更接近于人类,但也暗示一种在非洲的小的猿演化出了类似的行动,从而设想人类是从另一种较小的猿进化来的。它的较小的身材可以演化成像长臂猿那样的在树上两足直立行动,用手抓取食物,或是在树上垂直爬行,躯干都在垂直位置,在下到地面活动时,已能两足行走。

在第三纪后期,东非等地发生了地质上的大变化,高山地区开始变低,发生了多次火山喷发,雨量减少;许多地区因严重干旱,热带雨林为稀树干草原和空旷的干燥或半干燥的草原所代替。过去广大的连成片的森林地区成了森林、稀树干草原和草地的镶嵌物。小猿下到地面,使用工具来获取和制备植物性食物,也猎取小动物为食。杂食的食性使其有广泛的食物来源。小猿也使用棍棒来自卫,这比利用犬齿更有利:一者可与敌害进行相隔较远的打斗,二者棍棒折断时可用新的代替,而不像犬齿折断后不能代替。在地面生活,需要携带食物和棍棒,更多地使用前肢,因而能更有效地两足直立行走,向着人的方向发展。

"残猿进化说"是两位法国人——生物学家夏尔·德维耶和地球古生物学家让·夏利内在1990年出版的一本题为《进化论》的书中提出,人类的起源很可能要归功于一只有生理缺陷而不能同它的同伙一样用4条腿走路的残猿。由于在猿群中,直立的姿势更有利于吓唬对手,所以,这只病猿的生理缺陷反而成了一种优势,使它更容易接近和占有雌猿,并将"直立"遗传给下一代,从而成了两足行走的猿类以及以后的人类的始祖。

有争议的祖先栖息地

关于人类起源于非洲的看法有很多,在非洲发现了人类远古的足迹,因此,正统的理论认为人类的发源地在非洲。但是,通过对非洲狒狒所携带的一种标志基因的研究,可以断定人类不大可能发源于非洲,至少,不会是发源于非洲的大陆地带。

1976年,三位美国癌症专家在研究非洲狒狒身上携带的一种病毒时获得了一个惊人的发现。他们发现在很久远的年代,这种致命的、传染性极强的病毒曾在非洲的灵长目动物中引发了一场毁灭性的大瘟疫。在与瘟疫进行惨烈搏斗的过程中,非洲灵长目动物的体内逐渐培育出一种可以抵制该病毒的遗传基因。三位专家发现,尽管这种病毒后来逐渐失去了危险性,但曾起到抗病毒作用的那种遗传基因至今仍存留在所有非洲灵长目动物的体内,而起源于其他地区(如亚洲和南美洲)的灵长目动物则不携带这种基因。

可以说,这种基因是所有非洲灵长目动物的一个"标记"。通过研究,一些科学家发现人类体内并不存在这种基因,他们从这个有力的依据中得出结论,人类最早的发源地并不在非洲,在亚洲的可能性更大。

然而,伊莱恩·摩根认为,仅仅根据在基因问题上所取得的研究成果并不能完全把非洲排除在外,她仍然认为后来进化成人类的那些古猿最初是生活在非洲丛林中的,只不过因为某种原因它们离开丛林来到了一个与大陆隔绝的水乡泽国。在那里,它们用了几百万年的时间完成了向人类的进化,后来又回到了大陆之上。为了给这一设想寻找依据,伊莱恩来到非洲进行考察。

可以断定,如果古猿们真的做过伊莱恩所设想的那种迁移,它们肯定是出于被迫,而不是出于自愿。它们不可能主动来到有水的地方开始学着吃力地站起身子过日子。尽管在许多年后它们的后代最终习惯了这种直立姿势，但是当时的它们是不会情愿放弃自己已经很适应了的丛林生活的。同理，在完成第一次迁移之后的几百万年里，那些古猿的后代已经适应了水中生活，当然也不会情愿回到阳光灼人、猛兽横行的陆地上去。也就是说，它们迁回陆地的举动也是被迫作出的，尽管再过几百万年后，它们的后代又能过惯陆地生活了。

迫使古猿进行迁移的最大可能的原因就是自然环境发生了变化。没有任何一片陆地的自然环境可以完全保持稳定不变，而在从坦桑尼亚一直延伸到埃塞俄比亚的东非大裂谷地区，自然环境的不稳定性更为明显。这种不稳定性的影响极为显著，它意味着，生活在这里的任何物种要么去顽强地适应环境的变化，要么在环境变化时被无情地淘汰。在非洲大陆，恰恰有这样一个自然环境变化无常的地区，在这里，环境的变化完全有可能促使生活在此的古猿作出伊莱恩所设想的那种迁移。

地质学家研究发现，在大约 700 万年以前，当时还被森林所覆盖的埃塞俄比亚北部阿法尔地区（在非洲大裂谷的北端）发生了地壳下陷，从而形成了一个内海。这个内海的北端连通红海，南端连通亚丁湾，它把一块陆地从大陆分割开来，变成了一个岛屿。后来，由于地质运动，阿法尔海的两个出口都被阻塞，它变成了一个内陆咸水湖。在以后的几百万年时间里，这个咸水湖逐渐干涸，最后成为一片盐碱地。这就是我们今天所看到的盐碱地层达几千英尺厚的达纳基勒沙漠。今天，这片广阔的盐碱地带的东面为达纳基勒高地，这就是当年被阿法尔海从大陆隔离出去的那个长满森林的岛屿。

根据地质学家的上述分析，伊莱思·摩根作出了这样一个推测：在阿法尔海形成的时候，一群猿猴被隔离到了现在是达纳基勒高地的那个岛屿上，并在这种独特的环境下开始了向人类的进化。正因为这里与世隔绝，所以当那场瘟疫在非洲大陆的灵长目动物中肆虐时，它们才幸免于难，这就是为什么它们没有产生那种标志基因的原因，也是它们的后代——人类——不具有这种基因的原因。在海岛上，当海水上升时，它们被迫过一种半水生的生活。后来，海水减退，达纳基勒岛重新与大陆连为一体时，它们又回到了陆地上。

由此可见，在埃塞俄比亚北部地区很可能会找到一些极具研究价值的化石。这些化石作为考古学上的发现，也能为生物学家研究人类某些特征的形成原因提供实物资料。事实上，近来已经有越来越多的科学家将注意力投向这一地区。1995 年 12 月，一群来自意大利和厄立特里亚的科学家在盐碱度极高的达纳基勒沙漠地区（以前为阿法尔海）进行了一次考察。他们在这里发现了一块头盖骨碎片化石，一块髋骨碎片化石和一块指骨化石。经确认，这些化石的产生时间大约在 200 万年以前，它们是在这一地区首次发现的古人类化石。一位科考队员、来自意大利佛罗伦萨大学的地理学家厄内斯托·阿贝特兴奋地说:"这仅仅是一个开始。"

人类祖先为什么直立

人类是自然界中惟一能够直立的动物。在广大的自然王国中,没有一种动物能够像人类那样直起腰板,挺起胸膛,抬起头来,没有一种动物能够昂首阔步地行走。就是人类的近亲黑猩猩、大猩猩、类人猿也只是偶尔地直立行走,而且还是佝偻着背,弯着腰,并且只是危险来临或争斗时才这样半直立行走。其他高级的哺乳动物,无论是食肉类还是食草类,都是四肢着地,头颅在前,低着脑袋,双眼向下。

人类的直立是非常早的。1978年,人类学家玛丽在坦桑尼亚北部地区发现了几个珍贵的足迹。它们产生于400万年以前。当时,由于非洲大峡谷的桑迪曼火山突然喷发,又下了一小雨,几个人类祖先在经过时留下了具有历史意义的足迹。从足迹看,它们已经能够直立行走。1924年,南非人类学家达特在南非发现的早期的人类祖先南方古猿,尽管其头颅还非常原始,但是脚和腿却比较进步,已经具有了直立的能力,他们的大腿骨,与现代人类相差并不大。1902年,荷兰人类学家杜布哇发现爪哇猿人的化石,推断爪哇猿人能够直立行走。但因为直立的脚和原始的脑袋之间的巨大反差而遭到种种反对意见,气得杜布哇把猿人化石锁在箱子里,谁也不让看。1929年,北京猿人洞中发现著名的北京猿人,它们的大腿骨已经很进步,而头骨低平,人类学家不能理解头骨和腿骨的这种不协调,就认为这里生活着两种不同的猿人,一种是进步的猿人,直立行走的脚是它们的代表;另一种是落后的猿人,低平的头骨是它们的代表。

人类为什么会直立?这个人类学上的重要问题,有很多种假说。

一种是劳动说,或者称之为使用工具说。这种理论认为,人类祖先为了弥补体质上的不足,必须使用工具,必须解放双手;而双手的解放必须手足分工,手从行走功能中解放出来,直立有利于手的解放,以直立方式行走的类人猿在生存斗争中处于比较优越的地位,因此,这种行为方式被大自然选择了下来。同时,使用工具又促进了直立行走姿势的确立。但是,对于这种理论,有些人类学家认为尚未得到化石证据的证明。在埃塞俄比亚阿尔法地区发现了最早的人类祖先化石"露茜",却没有发现其使用的工具或狩猎的化石证据。因此,这个理论,人类学界认为还只是一个假设。

另一个理论是美国肯特州立大学人类学家欧文·洛夫乔伊提出的携带说。认为人类祖先经常过着迁移性的生活,男性成员经常出去狩猎,寻找食物。他们的配偶也要经常地带着子女、携带食物进行迁移。女性成员迁移时要抱着孩子,带着食物,携带的能力越强,带的子女越多,食物越多,生存的机会就越大,自然选择中就越成功,就能有更多的后代。而四足着地的行走方式不利于携带食物和子女。直立行走可以用手抱孩子,可以用背背食物,在生存斗争中占有较大的优势,因此这种行为方式就被大自然选择了下来。

英国人类学家皮特·惠勒则提出了生理因素说。认为人类祖先生活在热带地区的开阔林地,那里阳光终年直射,光线强烈,气温很高。气温过高会影响大脑的功能。而直立行走的方式有利于防止高温对人体的损害,有利于保护大脑。第一,直立方式可以大大减少阳光照射在身上的面积,身体吸收的热量就大大减少。惠勒做了直立姿势和四足行走姿势接受阳光的比较研究。他发现,在中午,直立方式比四肢着地方式接受阳光的面积减少60%,也就是说,直立方式少吸收60%的太阳光热量。第二,直立方式也有利于散发热量。在接近地面的地方,因为地面和地表植被对气流有阻滞作用,大气的流动比较缓慢。风大空气就流通,热量就容易散发。直立以后,身体与地面拉大了距离,上半身远远高出于地面,身体周围的空气流速较快,就比较容易散发热量。第三,热带草原地区的地面长满了植物。由于植物的蒸发作用,近地面的空间的空气比较湿润。人体的水分的排泄与空气中的湿度有很大的关系。空气湿度大,动物身上的汗水就不易蒸发,热量散失就慢。越是干燥的地方蒸发越快,越是潮湿的地方,蒸发越慢。四肢着地的动物由于比较接近地面,它们的汗水不易挥发,而直立则比较容易散发。

直立行走使人的头长在了身体的上方,使紧固在头颅上保持头颅稳定的肌肉减少,从而有利于大脑的发展;直立使它能够眼观四方,不再只望着地面,扩大了感觉器官接收的信息量,使大脑得到丰富的信息营养,迅速地发达起来;直立也促进了手的解放,使手越来越灵巧有力,为它进一步的发展创造了有利的条件。所以,恩格斯认为直立是从猿到人过程中的具有决定意义的一步。

当然,事物有一利必有一弊。直立虽有不少好处,但又容易暴露自己,被食肉动物所发现。直立也使虚弱的下腹部暴露在敌人面前,容易受到攻击。直立也使跑动的速度慢了下来。四足行走的黑猩猩、狒狒的奔跑速度比人类快30%～40%。由于人类的直立行走姿势在进化上年代不够久远,进化还不够完善,也带来了一些新的问题。四足类动物的脊椎是拱形结构,而人类直立以后的脊椎是S形结构。从力学角度看,拱形结构比较稳定,S形结构需要强大的肌肉帮助固定。人类中间经常发生的骶棘肌痉挛、腰痛等疾病,可能与直立后提高了肌肉的固定功能有关。人类直立后,也引起了骨盆的变化,使原来的产道系统发生了改变,人类生育孩子会有长时间的阵痛,人类的难产率比较高,这可能也是直立所引起的新问题。这些问题,只能通过进化过程使各个器官进一步调适。进化不会达到尽善尽美的地步,进化常常要付出一定的代价。直立就是一个很好的例子。

人类祖先究竟为什么直立?解开这个谜还有待干进一步的考古发现。

人类的身体为什么光洁无毛

人类为什么身上不长毛,大自然出于何种原因,使人类远古的祖先身上的浓毛脱掉的呢？它身上的浓毛又是什么时候才脱掉的呢？

有人认为，人类远祖在进化中出于卫生的原因才将浓毛退化掉的。这种理论认为，人类祖先身上的毛皮是各种寄生虫的孳生之地。虱子、跳蚤等寄生虫潜伏在人的毛皮中，不仅吃人的血，而且传染疾病。特别是，人类祖先学会了狩猎以后，食肉和狩猎更容易使人的毛皮弄脏。有一种秃鹰以动物的尸体为食。吃食的时候，它常常将头伸到尸体中去，头部搞得血肉淋漓。也许头上的毛对吃肉不利，或对卫生不利，因此，秃鹰的头部的毛就渐渐褪去。人类的毛可能也是由于类似的原因而褪去的。但是，反对"卫生说"的人提出，毛皮对人类来说是不卫生的，但是对猩猩等动物同样是不卫生的，也不利于它们的生存。为什么猩猩们至今还是浓毛遍体，而独有人类赤条条来到这个世界？再说，猴子会互相理毛，人类为什么不会用工具理毛呢？

有的人类学家提出，无毛是人类学会用火后的一种自身调节现象。人类的毛皮原来是大自然赠给人类用来保暖的。在夜里，寒气袭人，有了毛皮，能够御寒。但是，人类学会了用火后，人类祖先就能在寒夜围火而坐，依火而卧，用火来驱赶寒意。而在白天，热带地区气候炎热，毛皮就显得多余。因此，人类学会用火以后，用于御寒的毛皮就渐渐脱落，成为光洁无毛的动物。但是，目前还没有证据证明人类是在学会用火以后开始成为无毛动物的。

有的学者认为，人类脱落身上的毛，是有因为这样有利于改善人的社会性。人是一种社会性动物，他要依靠社会的力量生存和发展。浑身长毛的人，彼此间比较难以识别，脱掉了毛以后，脸就具备了更典型的个体特征，更便于相互辨认。特别是，毛皮的消失对于加强人类男女之间的性的结合，稳固配偶关系有很大好处。性与触觉有密切关系。性科学的研究指出，性的结合常常依赖于抚摸、拥抱等触觉机制。人的皮肤上有许多性敏感区，这也可能是脱去了毛皮以后形成的。

还有的学者提出了狩猎说。这种理论认为，人类失去身上的浓毛，是适应狩猎生活的结果。狩猎时，猎人要对野兽进行长途的追逐，狩猎的长途奔跑又会产生许多热量。浑身长毛的动物不能迅速地降低体温，而脱去毛能更好地散热，就能在狩猎过程中处于更加有利的地位。皮毛在狩猎时显得多余，而在夜晚寒冷时，却有重要的保温作用。失去毛皮会使人类祖先耐受寒冷的能力大大下降。作为一种补偿，人类的身上产生了一层厚厚的脂肪，它在平时起着保暖的作用，但在狩猎时不影响出汗。这样，人类以脂肪代替毛皮，既能出汗降温，又能在寒冷的夜晚保暖，可谓两全其美。

近年有学者提出惊人之论，认为人类可能起源于海猿或海豚，因而身体光洁无毛。但是，也有一些学者反对这种解释，指出不一定是海生动物身上无毛，有些陆生动物也是身上无毛或少毛的，例如大象、犀牛等全身也少毛。这是因为他们身体较大足以保温，可以不需要长毛的缘故。另外,从进化看,猴子出生时全身有毛;长臂猿出生时,背部有毛,身体其余部分的毛是出生一周后才生长的。大猩猩出生时只有头部有毛,身体其余部分无毛,在成长过程中,毛才长满它的全身。人类出生时,也只有头部有毛,成长后体表局部有毛。从猴到人,体毛是逐渐退化的。这不能支持"海生"假说。也有的学者提出,海洋生活的某些动物,如海狗,身上也有毛。有毛无毛,是在于体形的大小是否足以保持体温。

人类为什么光洁无毛,它究竟给予人类以什么样的好处,至今还是众说纷纭。还需要人类学家继续深入的研究。至于人类是什么时候脱去了毛皮,是在腊玛古猿、南方古猿、还是直立人阶段或别的人类发展阶段完成了脱毛的变化,人类学对此更是所知甚少,悬案甚多。

神秘的人大脑

我们对具有特殊才能的人,开始从科学上加以探索,一直到今天,人们正期待着哪怕是最微小的突破,都可以推进研究。但是,目前人类对于自身大脑的了解还不多,真正想揭开这个谜,恐怕还有待来日。

每个人都知道,智力是人类的特性之一,简单地说,智力就是成功地进行心智活动的能力。它涉及记忆力、推理力、创造力以及其他许多的心智能力。在表现形式上,有的人记忆强,但创造力差;有的人不善于抽象推理,但只要粗略地看一下图纸,就能做一个复杂的小橱柜;还有的人,对周围的环境毫不关心,沉湎于幻想,致使他感情或表情、行动、意志的表达、学习等方面表现很差。这种病态表现在医学上称之"孤独症"。但另一方面,这种人对于自己感兴趣的事却又表现出异常敏锐的反应,显示出天才的能力,心理学上又将这类人称之为"白痴天才"。像这样具有特殊才能的人,在孤独症患者中约占百分之十左右。

美国青年迈克尔·希基已经20岁了,可至今尚没有说过一句完整而通顺的话,他一双清澈明亮的大眼睛炯炯有神,与其举止十分不谐调。他仿佛像丢了魂似的,天天坐在椅子上,常常晃动着身体,嘴里总是在不停地嘟囔着。但是,每当他玩起复杂的魔方时,犹如换了一个人,他那么专注,聚精会神。一个乱了套的魔方很快就能调好,比魔方大师詹·诺尔斯的最快记录还快了8秒,表现出让人难以理解的非凡才能。

美国纽约州立发育障碍基础研究所的心理学家路易·希尔曾对美低能者作了一次调查。他说,低能者与孤独症患者在缺陷和才能方面有很大差异。但在发挥特殊才能方面有相似之处。如日历计算、艺术才能、摆弄机械、数学、特殊记忆,以及由于嗅觉等感觉器官发达所特有的异常识别能力。一般具有最后一种能力的人很少见。例如在阿斯伍德精神病院被称作天才的普莱恩(1912年病逝)他在机械方面就有惊人的才能。他做了一个名叫"格莱德·伊斯"号客轮的模型,光是固定船体 3 米长的板材就用了 125 万根销针,整个模型十分精致,而且能在水上行走。令人惊讶的是,普莱恩从来没见过大海和湖泊,就连轮船也没见过一次。他仅仅是根据手帕上画的船这点线索而制作的。

为了查明这种特殊的才能,希尔专程去拜访了住在纽约斯塔滕岛一位年近 60 岁,名叫罗巴特的低能者,花了 7 年时间,对他进行彻底的调查。

罗巴特只要听一遍乐曲,就能用 11 种乐器演奏出来。他能记住所有重要的日期。特别是他具有日历计算才能。只要随便给他一个 1937 年以来的日期,他马上就能说出该日期是星期几。反过来,如果告诉他星期几,也能正确说出它的日期。

对于这种日历计算,学者历来认为是来自"电影式记忆",但希尔表示异议。他曾让罗巴特看几张照片让他记忆,可过了一会再问,罗巴特什么也想不起来了。这说明他的特异才能并不是因为学习能力强。通过实验,希尔发现了罗巴特所具有计算日历奇能的秘密在于自始至终地集中精力,不知疲倦和不厌其烦。希尔说:"他把世界中的其他一切事物排除在外,只对自己感兴趣的事集中精力"。至于他如何产生这种集中力还没有搞清楚。

时常有人问:"特殊才能者为什么能完成一些不可思议的事情?"对此,圣达戈儿童行为科学研究所所长利姆兰德说:"正常人自己想干什么就动手去做。譬如签名、把匙子放入口中等简单行为,没有必要做什么说明。但是特殊才能者就完全不一样,因为他们考虑问题时集中百分之百的精力,而我们只集中百分之五十的注意力。看来,他们的脑子确有一些缺陷,主要表现在只存贮记忆而不能处理从外部来的刺激。"因为对刺激可能反应的范围被限定,所以,他们不可能进行一般化、抽象化思维,可是却表现出非凡的集中力。利姆兰德将这样的功能叫做"缺陷滤波器",并推测这种滤波器存在于大脑中与"敏捷性"有关的区域,即在网状激活系统附近。但遗憾的是,这种滤波器至今尚未被科学家们发现。

人类已对大自然认识的很多、很广了,但是对自己的大脑却了解得太少太少了。在古时,人类将自己的功能活动错误地认为是心脏的作用。所以,"心里想"这句话流传到今天仍被人们常说。其实"想"是大脑的功能。

那么,人的大脑是怎样进行思维的呢?这仍是个不解的谜。经过研究,人们仅能知道,人的大脑平均有 1400 至 1600 立方厘米,包含有 150 亿个神经元(细胞),每个神经元可以接收几千或几万个神经元传来的信息。同时,它也可以向几千或几万个神经元传出它的信息。就是说,进行信息传递。后来又发现,在信息传递过程中,有些物质参加传递活动,例如乙酰胆睑和 5－羟色胺。而且还知道这种信息传递是分区域的,视觉、听觉、触觉、味觉、嗅觉等感觉都可以在大脑皮层上找到相应的区域。但是,我们在认识自然和社会的时候,经常是既看又听或尝、或触同时进行的。那么,大脑是如何进行这种复杂的综合性活动的呢?

还有,部分科学家认为,人的左边大脑管抽象思维,右边大脑管形象思维。可是,因病或因伤而切除半边大脑后,并不影响他的正常抽象思维和形象思维,这是为什么?

在美国加利福尼亚州,有一个美丽的姑娘维娜,现今已有 24 岁。她一生下来就右半身麻痹,丧失知觉。每隔 3 至 4 天还要发一次精神性癫痫病。经检查发现,维娜姑娘的病是大脑左半球先天性缺损引起的。根据医学上的理论,人体大脑分左右两个半球,中间被白色的纽带叫做"胼胝体"串联着。胼胝体由大约 20 亿根神经纤维组成。每根神经纤维每秒内约可传递脑电脉冲 20 次,整个大脑之间一秒钟便可以传递脑信息 400 亿次。因此,我们的身躯才能灵活协调地生活和劳动。人体的大脑左右半球各有分工:左半球管右半身,右半球管左半身。维娜姑娘因大脑左半球先天缺损,使得右半身先天麻痹。当代医疗科学的发展给维娜带来了希望,这就是切除她缺损的大脑左半球,使她成为一位半脑人,从而医治她的麻痹瘫痪症。起先,其父母和她本人说什么也不肯做这样的手术,要打开头颅壳,还会有命吗?

医生在进行"半脑人"手术之前已经进行过大量动物的实验,并取得了成功。医生用事实说服了维娜和她的父母,同意做切除手术。果然,手术后她不但没丧命,而且活得很好。右侧手脚也可以活动了。两个月后出院时,她的四肢可以行动了。

这个奇迹轰动了世界医学界,人们无不惊讶:世界上竟然出现了半脑人!

喜讯又传,第二个半脑人又出现了。他与维娜姑娘不同,是个 57 岁的老司机,因车祸脑震荡而不会讲话,右半身也瘫痪了。外科大夫说服了家属,给他做了切除脑左半球的手术。5 个月后出院时,老司机又可以自由行动了,这又是一桩奇迹。

这意外的成功,给人以极大的启示,作为大脑两个半球,并非缺一不可,它完全可以像人肺一样,切除一半后,留下的部分仍能使人正常生存。

人体的潜力之谜

人体的潜力是指人体内暂时处于潜在状态还没有发挥出来的力量。科学家发现,人体的潜力相当惊人,有待于人们研究、挖掘。

炼钢炉前,炼钢工人挥汗如雨。正常人究竟能耐受多高的温度呢?英国皇家学会的医学博士布勒登,就这个问题亲自进行了一次试验。他钻进一个正在加热的密闭屋子里,温度逐渐升高,甚至超过 100℃,他在那里待了 7 分钟,感觉呼吸尚好。后来他感到肺部有"压迫感",心里有"焦虑感"。他走出热屋子,自己数了数脉搏,每分钟跳 144 次。若不是他亲身进行了这次试验,谁会想到人体能耐受这么高的外界温度呢?

在智力方面,人的大脑大约共有 1 40 亿个神经细胞。而经常活动和运用的不过 10

多亿个,还有80%～90%的神经细胞在"睡大觉",尚未很好地发挥作用。美国的一位科学家认为,健康人的大脑,如果一生中始终坚持学习,那么它所容纳的知识信息量可达到52亿多册书的内容。

人的毛细血管,占全身血管总长度的90%,它的血容量比动脉里的血要高600～800倍。但是,在一般状态下,只有1/5到1/4的毛细血管开放,其余全部闭合,处于没有发挥作用的状态。人体肺脏中的肺泡,经常使用的也只是其中一小部分。不论是血液循环系统,还是呼吸系统,潜力都是很大的。通过锻炼身体可以发挥潜力,提高肺活量和增大血管容积。

人在遇到紧急情况时发挥平时所没有的力量,如为了救人,一个弱女子猛地掀起了重物;一个老婆婆在夜间碰上恶狼,结果将狼打死。这都是人体潜力在紧急关头发挥出来的结果。原来,人体的肌肉和肝脏里在平时贮存着大量的"三磷酸腺苷",简称ATP。ATP就是能量的来源。在正常情况下,人体只需要一部分这种ATP提供能量就可以了。一旦遇到紧急情况,大脑就会发出命令,让全身所有的ATP立即释放出来。命令下达后,身体能量剧增,就能做出平时想象不到的事情来。

科学家估计,目前世界上大约有50%以上的疾病不需要治疗就能自愈,这也被认为是人体潜力的作用。这种潜力包括人体免疫系统的防御作用和自身稳定作用等。能不能让更多的疾病不经治疗而自愈呢?这是现代医学探讨解决的问题。比如癌,现在被认为是"不治之症",可是也有靠人体潜力使癌消退的例子。人体使癌消退的潜力在哪里?这还是一个谜。

人体最引人注目的潜力是"自调自控作用"。中国的气功和印度的瑜伽术,就是这方面作用的例证。气功师的表演,常常令人瞠目。在我国,气功已经有效地应用于治疗多种疾病和保健。

人体具有多方面的潜力,有些已经通过体育锻炼和练气功等方法发挥出来,并在理论上得到阐明。还有更多的潜力尚没有被人们所认识。进一步研究人体潜力,挖掘这种潜力,对于增强人类体质和工作能力都有重要意义,同时也是人类对自身的深入认识。

人有"第三只眼"吗

在神话传说中,许多神仙有3只眼睛,除正常的一双眼睛外,另有一只眼睛长在额头上,而且这只眼格外有神力。《西游记》中的二郎神就是用这第三只眼看出小庙是孙悟空变的。《封神演义》中的闻太师也有3只眼。民间传说中的"马王爷"同样有3只眼,民间不是有句"不知马王爷,长着3只眼"的俚语吗?

神话归神话,自然与现实不同。不过,也许你想不到,其实你、我、他,虽然不是神仙,却同样长着3只眼!

希腊古生物学家奥尔维茨，在研究大穿山甲的头骨时，发现它两个眼孔上方还有个小孔，成品字形，这引起他很大兴趣，经反复研究，证明这是个退化的眼眶。这个发现，在生物界引起了震动，各国的生物学家纷纷加入研究行列。结果发现鱼类、两栖类、爬行类、鸟类、哺乳动物甚至人类，都有 3 只眼睛。我们通常忘记了自己的第三只眼，或是从来没有想过它的存在，这是因为这只额外的眼睛已离开原来的位置，深深地埋藏在大脑里，位于丘脑上部，并有另外的名字——松果腺体。

在大多数脊椎动物中，例如蛙，第三只眼见于颅顶部的皮肤下。蜥蜴的第三只眼虽然被鳞片遮盖着，但也能在皮下找到。科学家们发现，冷血动物把第三只眼当做温度计了，可以测量周围的温度。在两栖动物中，第三只眼可根据光的强弱调节皮肤颜色。而人的第三只眼已经变成专门的腺体，而且很独特，除了松果腺体以外，再也没有其他腺体具有星形细胞，这不是普通的细胞，它在大脑半球中含量十分丰富。至于腺体和神经细胞为什么如此盘根错节地缠绕在一起，人们还不太清楚。

现在第三只眼的功能和眼睛相比虽是"差之千里"，但还是有点"藕断丝连"，松果腺体对太阳光十分敏感，它通过神经纤维与眼睛相联系。当太阳光十分强烈时，松果腺体受阳光抑制，分泌松果激素则少；反之，碰到阴雨连绵的天气，松果腺体则分泌出较多的松果激素。松果激素有调节人体内其他激素含量的本领，因此当阴天时，松果腺体分泌出较多的松果激素，而甲状激素、肾上腺素的浓度相对降低，这些激素是唤起细胞工作的，若相对减少，人就显得无精打采、萎靡不振；天气晴朗时，松果腺体受到强光的抑制，体内其他激素增多，人们就显得生气勃勃、情绪良好。另外，通常人晚上的血压比白天低，这也是因为晚上没有阳光，人的松果激素增加，压抑了其他激素的缘故。

在人和动物身上的实验表明，尽管松果腺体的功能可能随时间推移发生变化，但是从生到死，它一直在积极地起着作用。这是因为，人们发现在第三只眼的组织中含有钙、镁、磷、铁等晶体颗粒。新生儿根本没有这种奇怪的"脑砂"，在 15 岁以内的孩子中也很少见，但是 15 岁以后，"脑砂"的数量开始逐年增加。俗语说："眼睛里容不得沙子。"如果眼睛里落进小沙粒，人无法忍受。可是第三只眼中有那么一小堆沙子，竟不会影响它本身的功能，这真是令人难以置信。

人的智慧来自何方

美国《科学》杂志公布了有关人脑研究的最新成果，对已经争论了一个世纪的问题进行了总结：究竟人的智慧是从哪里来的呢？

20 世纪的 100 年间，科学家们对这个问题的争论分成两派：一派叫做共同派。他们认为：人类总的智慧是整个大脑共同区域的产物，但是不同的人也会在不同方面有自己的特长。这种观点在 20 世纪上半叶占上风；当时科学家们通过一系列的智商测验发现，有些人在一系列领域一系列科目分数都很高。

另外一派叫做特别派。他们认为人类完成某一种具体任务的时候，需要某一种具体的智慧，他来自大脑当中的某一个具体的区域。这种观点在20世纪下半叶占了上风。目前世界各国的学生教科书里，大致上采用这种说法。

但是，美国康涅狄格州著名的耶鲁大学心理学家罗伯特教授经过长期研究，和同事们取得了以下共识：如何去检测人类的能力？不能光是从分析能力来看，而是还应该从创新能力、实践能力来分析。而这么多能力，并不是在人类的头脑的某一个具体区域产生的，它是人脑各个区共同的结果。而长期以来反映人类智慧的种种测试，包括大学入学考试，大部分片面强调分析能力，忽略了创新和实践的技巧，而这些对于21世纪人类的发展来说则是特别重要的。

美国耶鲁大学科学家们还指出：特别派科学家们依据的是实证法，他们发现：当人们从事某一种具体活动的时候，大脑某一部分特别兴奋特别活跃，但是这并不能说明就是这一部分产生了具体的智慧。美国科学家们强调说：绝对不能说，大脑的某一部分好像有一根电线那样接通人类从事某一种具体活动的智慧；尤其是，人们在学习、实践、创新的过程中，会反过来改造大脑。

在探讨人的智慧的来源的同时，美国科学家在最新一期英国《自然》杂志上报告说，脑细胞是可以"涅槃"的。他们通过激活实验鼠大脑皮层深处的干细胞，成功地使干细胞发育成脑神经细胞，取代了受损的脑神经细胞。这是科学界首次发现哺乳动物的脑细胞可自我修复。

美国哈佛医学院的科学家杰弗里·麦克利斯等人的这项新成果，被认为是神经细胞生物学研究中的一个新突破。如果深入了解其中机理并控制这一过程，有可能为治疗各种脑损伤疾病找到新途径。当然这一成果离临床应用还有较远的距离。

此前科学界一直认为，哺乳动物的脑部过于复杂，其脑细胞病变、损伤或死亡后是无法自我修复的，因此目前治疗脑病主要靠体外培育脑细胞，然后移植到脑部。直至不久前人们还认为，在胎儿期非常活跃的干细胞，在成年人的脑部已经不存在了。但近来有研究发现，鼠类的前脑中存在有这种未成熟的脑细胞，而且在大脑皮层的特定区域，干细胞能发育成为成熟的脑神经细胞。

麦克斯等人认为，在成年哺乳动物脑部，胎儿期控制干细胞发育为神经细胞的机能虽然受到抑制，但这种机能还应该存在于DNA编码中。如果重新激活这一机能，脑细胞就能自我修复。他们设法使实验鼠大脑皮层部分自然死亡，并激活干细胞。结果发现，干细胞开始增殖，并逐渐发育成为脑神经细胞，而且其轴突与其他细胞相连，完全取代了死亡的脑神经细胞。

人类聪明已到极限了吗

近10年来,全球信息总量爆炸性增长,世界上每过1小时即产生20项新发明,每过1年就会新增790万亿条信息。世界发生着翻天覆地的变化,人类将进入经济全球化、知识密集化、信息网络化的知识经济时代。20世纪下半叶人类发明的电子计算机,对人类的贡献惊人。仅在美国,每年由计算机完成的工作量可代替4000亿人的劳动。由于当代科学技术的突飞猛进,人类一年创造的财富是20世纪初的19倍。

人类是否会以近10年来的速率,继续创造发明,越来越聪明?是否会随知识、信息的加速增长,聪明程度也会加速提高?

以研究未来学著称的一个英国科研小组提出,人类大脑的进化已接近极限。也就是说,如果不借助外来因素,未来人类不会比现在的人聪明很多。这个科研小组根据他们给出的人类大脑进化数学模型,分析指出:人的神经元数与神经网络规模,决定人的大脑接受、处理、利用信息的能力,也就是决定人的聪明程度。而人的大脑的脑容量是所有灵长类动物中最发达的。其中包括100亿到1000亿个神经元与100万亿个神经元之间的联结线路。由于直立行走,大脑处于供血的心脏的上方,限制了大脑调动全部神经元与联结线路的能力。该模型认为,人类目前只能使用大脑最大的信息处理能力的20%。如果超过这一极限,大脑会出现供血不足的现象。只要未来的人类直立行走的模式不变,这一情况好不到那里去。

但也有科学家不同意人类聪明已到极限的悲观主张。认为在知识经济的时代,人类接受与处理信息能力的极大提高,会促进大脑进化出现结构性变化。人的不同区域的神经元与神经网络可能出现进一步分工以提高信息接受与处理效率,这很可能使未来的人类比今天的人类聪明得多。

还有科学家从人类基因的角度探讨人类聪明问题。英国伦敦精神病学会最著名的行为遗传学家罗伯特·普洛明领导的研究小组,研究了智商悬殊的300多人的遗传基因——脱氧核糖核酸(DNA),从被试者身上采集到的细胞,已作为永久性活体培养基因存了起来,以供随时从中离析出任何与智能有关的基因。研究小组报告指出,基因对各人在智商测验中的智力差异产生约2%的影响,这一比例虽然微不足道,但对人的聪明程度与智力遗传产生很大的作用。人的聪明程度与智力遗传取决于许多不同的基因,其数目可能多达100多种。普洛明强调,基因在人们的智力方面扮演较环境更为重要的角色,"教育固然使他们的智力大为改善,但他们的差异多半是由基因造成的。"按照普洛明的研究成果,基因限制了未来的人类比今天的人类加速地聪明起来。

普洛明的研究成果引起一些科学家的批评。分子医学会会长哈珀教授在《行为遗传》杂志上著文,认为普洛明研究会导致人们为追求聪明的后代在缺乏科学依据情况下对胚胎与胎儿进行"基因筛选",因而是不可取的。由于科学界的异议,英国医学研究委员会决定暂缓考虑对普洛明的研究小组追加数百万英镑的科研经费。

近年又有学者用重大创造发明衡量人类聪明程度,认为人类的重大发明基本上已到极限,科学发展已到终结阶段。但这一观点很快遭到众多学者的批评与否定。持乐观论的学者甚至认为,从人类长远的未来来看,今天的科学水平远未成熟,还只是处于相当幼稚的阶段。

人类聪明究竟是否已到极限?人的智力是否真像人的100米短跑速度与人的跳高高度等已近体力极限?是否必须依靠外来因素,例如植入具有聪明基因的芯片,才能在聪明程度上再作飞跃?这一大难题在21世纪是否能作出满意的答案。

人脑存在特殊的"记忆区"吗

1998年3月6日,美国白宫为迎接纪元千年盛事,邀请了英国著名物理学家斯蒂芬·霍金,作题为《想象和变革:未来一千年的科学》的"千年系列讲座"第二讲。克林顿总统夫妇与几十位科学家饶有兴趣地听霍金上课。霍金的讲课幽默、深邃,内容涵盖时空、宇宙、生物技术、信息科技等,其知识之丰富令人叹为观止。这位出生于1942年的当代科学家,在宇宙黑洞、量子论与宇宙起源等方面提出许多重要理论,被公认为继爱因斯坦之后最伟大的物理学家。

早在21岁时,霍金就被诊断患有神经元系统绝症,逐渐发展为身体瘫痪与不能讲话。但他靠顽强的思考与记忆,在与疾病作斗争中进行他的科学探索。他回忆道:"当我上床时,我开始想到黑洞。因为残疾使这个过程变得很慢,我有较多的时间去考虑。"科学天才霍金为人类的记忆之谜提供了一个全新的研究资料。

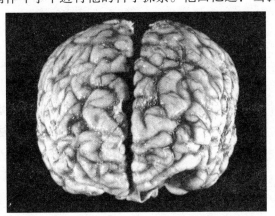

人脑

传统心理学认为记忆是过去的知识、经验在人脑中的反映,而认知心理学则认为记忆是信息的输入、储存、编码和提取的过程。一个正常成人的大脑重约1400克,分为左右两个半球。大脑皮层是脑的最重要部分,是心理活动的重要器官,其展开面积约有2200平方厘米,厚约1.3~4.5毫米,结构和技能相当复杂。那么,输入的记忆信息储存在脑的什么部位呢?不同的学者有不同的看法。

持定位学说的学者认为,不同类型的记忆信息储存在大脑的不同部位。早在1936

年,加拿大著名神经外科医生潘菲尔德在癫痫病人完全清醒的条件下,为病人进行大脑手术。当他用微电极刺激病人的"海马回"的某些部位时,病人回忆起了童年时代唱过的但却早已忘记了的歌词。在潘菲尔德的开创性发现之后,又有许多研究者为这种定位说提供了临床上的证据。前苏联神经心理学家鲁利亚研究发现,大脑额叶与语词类的抽象记忆有关,丘脑下部组织则与短时记忆有关。还有一些研究成果表明:"杏仁核"与内部事态的记忆有关;"尾核"与自我中心的空间记忆有关;"海马回"与时间、空间属性的记忆有关。

持均势说的学者则认为,人脑中并没有特殊的记忆区。美国心理学家拉什利在动物身上所做实验表明,学习成绩与大脑皮层的特定部位的切除关系不大,而是与切除的面积大小有关。切除面积越大,对学习成绩的影响也越大。因此,拉什利认为,每一种记忆痕迹都与脑的广泛区域有联系,保存的区域越大,记忆效果越好。

另外一种关于记忆的学说是"聚焦场"理论。它认为神经细胞之间形成复杂的神经网络系统,没有一个神经细胞可以脱离细胞群而独立储存信息。记忆并不是依靠某一固定的神经通路,而是无数细胞相互联系作用的结果。

近年来,由于激光全息理论的出现,有人提出了记忆的全息解释,认为记忆储存在脑的各个部分,而每一部分都有一个全息图。因此,虽然每人每一时刻要死去一些脑细胞,但这并不影响记忆的存储。心理活动必须以一定的生理机制为基础,因此揭示记忆的生理机制之秘会为记忆之谜打开一条通路。但由于生物神经系统的复杂性,有关记忆的生理机制仍然有许多问题悬而未决。

神奇的心灵感应

其实,人人都有"第六感觉",即心灵感应。做母亲的"第六感觉"是任何人都无法比拟、无法了解和解释的。尤其是,当她的子女发生危险时,她的这种感觉最强烈,而且有时竟能把心中的呼唤用一种神秘的人体波发射到子女的身边,为他们指出求生之路。

这里有一个典型的故事可以印证以上的说法。世界上著名的逃脱专家侯蒂尼可以被关在一个上几道锁的铁箱里,放在冰窟窿之中后神奇般地脱险,而且无人知道其奥秘。但有一条,他在水中的箱子里时,如果在几分钟内没有出来,就会发生危险。有一次表演中,几分钟过去了,观众们认为侯蒂尼的这次表演注定失败了。但他的一位好友坚信他一定会从冰窟窿中爬上来,他绝不会死去。果然,被冻得半死的侯蒂尼艰难地爬了上来。他一苏醒过来,便告诉好友:铁箱子入水后,没想到顺水而下了。等他从铁箱子中出来,却找不到原来的冰窟窿了。在危难之中,他突然听见了母亲在呼唤他,于是他顺着母亲的声音又游到了原来的冰窟窿处而脱离危险。

令人不解的是,侯蒂尼的母亲当时住在另外一个城市里,对侯蒂尼的举动是看不见的。可是更令人不可思议的是,当侯蒂尼脱险后向母亲打电话报喜时,有人告诉他说,他的母亲已在几小时之前离开了人间。那时,侯蒂尼的表演还没开始呢!是什么原因使其母在逝世前预测到儿子的大难临头呢?又是什么原因能使一个母亲在死后为儿子引导求生之路呢?但有一点是任何一个人都无法否定的事实:母亲的爱是最伟大的,最有力的!

这个事例实际上就是母子之间的心灵感应。

在100多年之前,人类之间所蕴涵的心灵感应现象就已引起了科学家的注意。

1882年,美国芝加哥大学的物理学家洛斯冒天下之大不韪,创办了一个"神灵学研究会",专门从事一些令人难以捉摸的"荒诞"事的研究。他的研究当时被学者们认为是蛊惑人心的巫术,而受到猛烈的围攻。

洛斯把他精心收集的一些事例,记录在《神灵学会会志》一书之中。

有一次,洛斯把两名具有心灵感应的妇女迈尔丝和兰希琼,分别安排在相隔百公里之遥的两个城镇,使她们没有任何联系,然后让她们进行传感接收。迈尔丝在尉尔特市拍下一张纺织厂的外景照片并默记下来,用她的"心灵感应"把纺织厂的形象传给在苏格兰的兰希琼。

兰希琼从来没到过尉尔特,但在她接收了迈尔丝的"传感"之后说:"那边有一瀑布,似人工所造,广而平,高约二三米。也可能是工厂排出的污水。还有栋房屋,旁边有一棵白杨树。"随手她画出了一张草图,这张图与纺织厂外景相片相差不远,而她所说的景色,与相片中几乎完全一样。

另外还有一件事也说明人能传感。一位有传感能力的人在自己脑海中想到一本小说的一段情节:灯塔内有一个男人倒在地上,一个妇人正俯视他时,发现他已死亡。

另外一位心灵感应者在一间密室中,两个人互不相识,在密室中他接收到了前者的传感,并且说:"我知道他在想什么,这是个恐怖的场面。在一个圆塔内,有一男一女,女的已看见男的死了。这是书中的情节,我曾经看过这本书。"

当时在场的10多位学者都感到惊诧。他们要再作一次试验,以求这个测验的准确性。

传感者在默想:"两个儿童在火车站台上奔跑着,欲登上将开动的火车。"不久,密室中的接收者便对学者们说:"这与火车站有关,两个孩子在人群中奔跑,我想这与巴锡尔车站有关。"

完全正确!传感者正在巴锡尔,他想象中的车站确是巴锡尔车站。

人的心灵感应就如古诗中所说:"心有灵犀一点通。"而这种现象在双胞胎之间显得更强烈一些。

现今世界上每诞生 96 个婴儿,就有一对是双胞胎;每诞生 400 个婴儿,就有一对是同卵双胞胎。同卵双胞胎儿是同一个受精卵分裂发育而成,他们有着完全相同的基因,就是说,他们按照同样的基因图纸发育而成。他们绝大部分是同一性别,面容酷似;爱好、成就、行为方式也十分相似。

同卵双胞胎儿之间的信息感应现象至今令人难解。美国有对叫吉娜和吉尼的同卵双生女,姐姐吉娜有一次患阑尾炎,吉尼陪着姐姐去医院动手术。姐姐被抬进了手术室,妹妹在门口等候,约过了半个小时,吉尼感到肚子仿佛被刀割破了,她疼得脸色发白。与此同时,医生们正在给吉娜动手术,她在手术台上痛得大叫。在同一个时间里,在同一个部位,手术室内外的姐妹俩有着相同的反应。研究人员指出:同卵双生子还常常在相似的时刻和相似的部位生相同的病。有一对从小分离的双生子,哥哥在城市里长大,弟弟在乡下长大。17 岁的时候,哥哥的肺直尖患了结核,乡下的弟弟也同样生了此病。

那么,同卵双胞胎为什么会有感应现象呢? 信息是怎样在两个大脑之间传递的呢? 双胞胎的同步生病现象又是怎么发生的呢? 这些都是科学家们感兴趣而又正在探索的难题。

"超感知觉"的奥秘

20 世纪以来,随着人类对自身心理、生理及各种超常规现象的探索和研究,超感知觉也日益引起人们普遍的关注和浓厚的兴趣。同时也引起不少的争论,人类究竟有没有超感知觉? 这是个困扰人们多年的谜团,虽然现代科学家、心理学家对此进行了不少深入研究,但仍没有确凿的定论,反而又增添了新的谜点。

据有关资料多次报道,有些举足轻重的人物,在生活中面对一些极端重要甚至涉及到自身前途和命运的大事需要做出重大决策时,往往并非绞尽脑汁,深思熟虑,而是凭借自己的某种感觉去决策行事。美国通用汽车公司已故总裁小艾尔弗雷德·斯隆就曾经这样评论通用汽车公司的创始人威廉·杜尔特:"据我所知,他往往灵机一动之后,便完全跟随感觉去做一件事,他从来没有觉得有必要像工程师那样去搜索论据。"据有关报道,一直依赖预感做出决策的也并非只有杜尔特这一个大企业家。鼎鼎大名的希尔顿酒店创始人希尔顿本人也公开说明自己处理事物的方法:"我碰到问题时便反复思考、估量、计划,但若是竭尽全能也不能解决时,我反而知道该怎么做了,我就集中精力听着自己静寂的心,到我听见'卡嗒'一声时就觉得这就是最正确的答案。"

对希尔顿靠凭空臆想而取得酒店的成功,人们虽然难以置信,但发生于石油大王之间有关超感知觉的故事,当时却引起人们极大的兴趣。1969 年,在美国有两大石油集团将以密封投票的方式竞争美国阿拉斯加普洛海湾一片面积为 6.4 平方公里地段的钻油权,后来的事实证明这块地方石油藏量极为丰富,但当时的价值却没有一个人知道。参与竞争的是来自加利福尼亚州的美孚—菲利普斯—标准集团和阿默拉达·赫斯—格蒂集团,竞争的价钱同是 7210 万美元。然而,临到开标前,后者参加竞标的负责人利昂·赫斯突然预感到按原价会投不到标,便当即把标价调高到 7230 万美元,事后证明,他以微不足道的 20 万美元差额获得这片价值珍贵的土地。

从 20 世纪初开始,有些科学家及心理学家对于超感知觉进行了比较深入、广泛的研究,美国的赖恩博士,是现代超常感研究的创始人。他最早研究心理学,1920 年获植物生理学博士,又转为研究心灵学,先是在哈佛大学,后转到杜克大学任心灵学实验室主任。1934 年,他发表了名为《超感知觉》的论文,在论文中发表了有关超感知觉的部分实验结果,包括心灵感应能力、预感和超距视觉的能力。在科学界引起了广泛的兴趣,同时也激起科学界激烈的争论,甚至猛烈的抨击。其原因,一是因为从物理学的角度出发,赖恩的实验结果(特别是所谓千里眼)显然违背了物理学的原理,二是因为整个科学界竟然受到一名德高望重的大科学家对最基本的科学常识的挑战。因此,批评赖恩的人以前还鉴于他在科学界的威望,而不愿意当场反驳,现在便毫不犹豫地发表各自的看法。汉塞尔是英国著名的心理学家,也是极力反对超常感研究的学者。他在所著的《超感知觉:科学上的批评》一书中坚称,对超常感的实验,若是有什么巧合以外的因素在起作用,这种因素可能是欺骗。后来为了避免欺骗和断章取义,科学界里有很多的科学家表示实验必须重做。这样,赖恩宣称的实验结果造成当时美国国内外的超常感研究不断激增。重做实验的方法和步骤也引起激烈的争论,后来这些人实验的结果有的说和赖恩的相同,有的说根本不同。有意思的是,连赖恩博士本人也不断地一遍又一遍重做自己的实验,其结果也是成败参半。这样造成的结果是:一方面持传统观点的科学家大多数鉴于无法获得屡试不爽的相同实验结果,便干脆对赖恩的实验结果置之不理或者加以排斥。另一方面赖恩博士和其他持相同观点的心理学家却认为失败是一种线索,有助于更好地研究超常感现象的本质。于是赖恩博士又继续对此研究了 30 年,鉴于赖恩半个世纪的研究成果,1971 年,在美国人类学家玛格丽特·米德的建议下,“美国科学促进协会”正式接纳美国“心灵学家协会”为科协附属组织。当然,赖恩并不是第一位在实验室里研究超常感的科学家,法国巴黎的利克特、美国斯坦福大学的库弗、哈佛大学的埃斯塔·布鲁克斯等人都研究过超常感现象。

尽管人们对超感知觉的研究有了一定的进展,需要说明的是,超常感研究至今仍未进入科学的主流。一些比较严谨的科学学报仍然不愿意刊载有关超常感的文章,目前在美国也只有少数大学愿意资助超常感研究。美国杜克大学在 1965 年赖恩退休之后,便撤消了对心灵学研究的支持。

心灵学与传统科学持久分裂的原因之一是有些别有用心的人捏造实验的结果,作假证和伪证,搞欺骗行为,因此不同程度地玷污了心灵学研究的名声和信誉。

超常感研究未能获得传统科学界承认,有的科学家认为,目前最大的障碍既不是实验方法上的争论,也不是绝对怀疑这是欺骗行为。而是在于超常感研究没有办法发展成为一种严谨、可信的理论学说,去解释一些仿佛超越我们现有时空观念的现象。因为科学的基本精神要求任何一种科学基本学说既要铁的事实,还要找出解释事实的方法。

大约一百年前,曾经获得诺贝尔奖的生理学家李克特教授,对超常感现象下了也许是最恰如其分的评语:"我绝不是说这是可能的,我只是说这是确有其事。"

神奇的梦境

1. 为什么有人"托梦"

1985 年 5 月 2 日,日本北海道稚内市的市民聚集在体育馆里举行一次祭灵式,以祭奠在 4 月 23 日"日东丸"渔轮海难事件中失踪的 16 名船员,有消息说这 16 名船员全部遇难了,无一幸免。

5 月 4 日,按习俗,失踪船员家属之一的松田富美子一家人正在彻夜守灵。松田富美子始终深信自己的丈夫还活着,因为丈夫在每次出海捕鱼归来之前,她总会梦见自己的丈夫,这次她也做了一个同样的梦。

果然,她的梦应验了。她的丈夫松田二等航海士和池田良助甲板员、加川武太郎甲板员在大海中漂流了 17 天,奇迹般地生还归来了。

梦的内容是丰富多彩的,也是充满奇异现象的。

俄国有一个名叫加里娜的女青年出差到基辅,就在她到达基辅的第一个晚上就做了一个梦,梦见母亲病倒了,在叫她快回家。当时这个女青年并没有在意。可第二天晚上,她又梦见大家在为母亲料理丧事。她感到吃惊,天一亮就赶到邮电局往家打电话询问。哥哥立即回电说:母亲病重,速归!她连忙赶回去,终于在母亲病故前见了最后一面。

以上的事例,实际上就是俗称的"托梦",目前,在科学上还无法解释清楚这一现象。

在波兰的捷尔那克也发生过一段与梦有关的感人故事:当地的少女梅娜与青年斯塔尼·劳斯相爱着,由于第一次世界大战的爆发,将他们拆散。斯塔尼当兵离开心爱的人上了战场,从此,梅娜便一心一意盼着战争早日结束,以便与心爱之人喜结良缘。就在战争结束前的一个月,梅娜始终被一个噩梦所萦绕:斯塔尼在黑暗之中,他被巨大的石块阻止在一个无法脱身的地方。他试图推开身边的巨石,都没有做到。他绝望的神情,深深留在梅娜的记忆中。梅娜对这个梦感到奇怪,但又说不清是为什么。到了第二年的夏天,梅娜依然在做男友的梦,在梦中她看见山上的城堡,城堡崩塌了一大片并把城堡的出口堵住。她还在梦中听见了斯塔尼的呼救声。这个梦天天在继续,它使梅娜终于有一天领悟了,她决定必须找到这个梦中的城堡,看看到底是什么事在干扰她。

梅娜踏上了寻找城堡的道路,然而她并不知道这个城堡在什么地方,只能漫无目标地在全国寻找。她在寻找的过程中,遇到的千辛万苦是可想而知的。

1920年4月的一天,梅娜来到一个小村庄外,在她眼前的山顶上出现了一个城堡,令她激动万分。她兴奋地大喊:"我见过你,我在梦中无数次见过你!"村民们对这个不速之客都感到奇怪,他们好奇地随着梅娜来到了城堡倒塌的地方。她求几个男人帮忙把倒塌的石块搬开。第一天没发现什么。村民们听梅娜讲了梦中的事,虽然都认为有些好笑,可又不愿伤一个姑娘纯洁的心,到了第二天依然来帮她搬石头。就在干到快天黑时,人们听见石头下有男人的呼救声,不由大吃一惊。很快他们将一个人从洞口里弄了出来。那人正是梅娜的男友斯塔尼!原来,斯塔尼在战斗中以城堡为掩体,可是炮火击中了城堡,把他掩身的地方堵死了。战斗结束后,人们也没发现他。幸亏在洞中有食物和水,他就这样一待就待了两年,直到梅娜来救了他。

是谁让梅娜做这个梦的?她又是如何了解这个从来没见过的城堡的呢?此事让人感到有些玄平,但又无法否定它的真实性。因此,我们只能说:梦,太神奇了!

还有的人在做梦时,感到了危险的临近,正是由于他做好了应急的准备,才使得自己化险为夷。

至今在俄的伏尔加河流域的城市中还流传着这样一件怪事趣闻:有一个人进城办事,他所带钱款不多,只好住进一家便宜的旅馆中。他住在一个单间里,晚上睡觉时,总是做噩梦,闹得他心烦意乱,身上总感到特别别扭,也不知为什么。这样,他被这种倒霉的思绪折腾了一天。第二天睡觉时,他的这种感觉更强烈了,他考虑了许多,最后他把床挪到另一个角落里。就在这天半夜中,屋子的房梁突然断了,正好砸在他原来放床的地方。当他被响动震醒后,一见此情,不由地吓出一身冷汗!后来,当他回忆这段往事时,他自己也弄不清为什么就把床搬了。反正搬床之后,他心里就立刻感到了舒服。人们还没有科学地解释这件事的因果关系。

在桑夫兰斯科郊外有所阿拉眉达医院。有一天晚上,院长哈罗德十分清楚地梦见在1972年之后,将有一架喷气式飞机坠落在医院的附近。他梦醒之后,认为这种可能性是存在的,便连夜着手准备了一个非常事态下应急训练抢救计划,并很快交给医院实行。到了1972年2月7日,一架海军的喷气式战斗机,不幸在医院的公寓中坠落,数分钟后,医院的救护队就赶到现场,并像平时训练那样迅速展开救护,一切都是有条不紊。经过及时救护,虽然最终有10人死亡,41人受伤,但是如果没有院长梦后那个应急训练计划,这次事故死亡人数肯定会大大增加。

2. 梦中启示为什么能解难题

每个人都做过梦。梦中的事情千奇百怪,五花八门。千百年来,人类就在探索"梦"

的奥秘,可是一直到今天,人类对"梦"的了解就像对人本身的了解一样贫乏,甚至几乎还不知道什么是"梦"? 对梦的作用及过程是怎么一回事,也是一无所知。

梦,仍是神秘莫测的。

一般人做梦,可能仅仅是做做而已,并且过后就忘。但梦对某些科学家或艺术家来讲,有时竟会产生不同寻常的意义。

英国剑桥大学曾对许多创造性学者的工作进行了一次大型调查。在最后的调查结果中表明,有70%的科学家从梦中得到过有益的启示。

著名的物理学家波尔在梦中看见自己站在充满了热气的太阳上,而行星似乎被一股细丝拴在太阳上,并在绕太阳转动。他醒后,立刻联想到原子模型的实质,原子核就像太阳固定在中心,而电子则似行星围绕中心在转动,这就是著名的"原子模型结构"。

梦的创造性也能使艺术家得到灵感。意大利作曲家塔蒂尼在睡梦中突然涌出一种奇妙的创作冲动,耳边响起了一支优美的曲子。塔蒂尼忙从床上爬起来,拿来纸与笔,把那尚没消失掉的曲调记录下来。就这样,他靠梦的帮助,谱成了闻名世界的奏鸣曲《魔鬼颤音》。

意大利伟大的艺术家达·芬奇有一个特殊的笔记本,上边专门记录在梦中出现的各种幻觉和意念。他说,他在艺术和科学上的成功秘诀都在此,从中能促进他在科学上的新发现和艺术上的创造。

梦中能发现,梦中有构想,梦中有创造,这一功能有点离奇古怪,但又并非天方夜谭。只要我们调动所有的智慧,这梦的内幕总会有揭开的那一天。

3.梦游探索

梦游是一个迷惑了人类几个世纪的问题,人们一直在争论。夜间的梦游者是清醒的? 还是睡着的? 科学家的看法各占一半,目前对这个问题还没有一个确定的解释。

但有些事让人称奇:梦游者可以爬上陡峭的屋顶;可以解出平时不会的数学难题,能在钢琴上奏出动人的音乐;还会越过有玻璃的窗户在睡觉时谋杀犯罪,而醒后却一无所知。

有一些梦游者,为了阻止自己的行为,他们常常在睡前把门锁好,藏起钥匙,插好窗户,安上各种装置来随时叫醒自己,然后再把自己捆在床上。可是在他们睡着后,仍能用一种奇特的方法来摆脱这些束缚,走到户外去。

对此,专家们也无法解答。

秘鲁东南部的一个小城,城内有2万多人口,大部分人都患有梦游症。白天,市内一片寂静,行人不多。可一到深夜,人群熙熙攘攘,十分热闹。这些人都身穿睡衣,四处游荡,行为怪诞,处在梦游之中。初来此地的游客,往往会被这种怪现象吓一跳。

法国有一名警探，奉命去调查一宗谋杀案。该案受害者胸部中弹，因流血过多而死，尸体倒在一处海滩。由于案件发生在深夜和偏僻的海滩上，没有目击的证人，因此破案非常困难。这名警探以锐利的目光寻视现场，从遗留在沙滩上的痕迹发现，凶手没有穿上鞋子而右脚只有 4 只脚趾印。这一发现使他大吃一惊，因为他的右脚只有 4 只脚趾，他本人又患有梦游症。后来他把射入受害者身上的弹头取出来化验，结果证实正是自己使用的枪弹。他立即向当局自首投案。由于他是在梦游症发作时误伤人命，故判无罪。

南斯拉夫莫斯塔尔市一名叫赖丝·特洛克丝的妇女，在梦游中飘飘忽忽地行走，醒来时发现自己已经在离家 160 多公里远的一棵树上。她吓坏了，因为她有惧高症，可是她怎么也搞不清楚自己怎么会爬到树上去的。

赖丝说："这次梦游和以往不同，我感觉到风吹过我那张开的手臂，那种感觉既让我害怕，又难以相信。"现在已是两个孩子的母亲的赖丝今年 32 岁，她回忆说，梦游开始时，她听到夜莺在窗外歌唱，它好像在唱"跟我来，跟我一起走。"赖丝说："于是我起身走到窗边，随后跃身窗外，不知不觉双臂上下摇动，就像鸟儿振翅高飞一样，而那只小鸟就飞在我前头，于是我便随它飞越城市到了郊外。"

在梦游中，赖丝可以看到河流、山岗、村庄等的轮廓，走了很久很久，她渐渐感到疲劳，便在一个小镇外爬到一棵大树上休息了。

赖丝说："等我醒来睁眼一看，我的心脏病差点发作，我坐在离地面约 40 多米高的树杈上，我大叫起来，于是引来一些过路人，并找来消防队员用云梯将我放了下来。"

她的丈夫又惊又怕，他接到电话后立即赶到离家 160 公里外的地方接回太太，他还将卧室的所有窗子装上了铁栅栏。他说："我不能相信她真的能徒步走那么远，竟然还爬到那么高的树上去！我可不想冒险让这种事再次发生。"

梦游这个稀奇的现象究竟应该怎样解释呢？有一种解释认为梦游乃是将梦境的内容用外在行动逼真地表现出来。这多是由于人们内心世界的各种情感波动引起的。一个典型的例子就是莎士比亚笔下的麦克托夫女士，她之所以梦游，是因为她为自己犯下的凶杀案感到异常内疚。治疗梦游的方法就是将梦游者内心的所有烦恼和忧虑统统赶跑。

有一个很老的问题：那些梦游者到底是睡着的还是醒着的？专家们认为他们是处于半睡半醒状态。铁普里特兹博士曾花了 10 年对这个问题进行研究后说："梦游者的运动器官是醒着的，而感觉器官却睡着了，起码是部分睡着了，换句话说，他们可以在睡眠状态下走路做事，但却不知道自己正在做什么。"

关于梦游还有其他一些有趣问题。例如人们通常认为把梦游者突然叫醒是非常不好的，甚至会造成难以想象的后果，然而专家却认为这种影响和用闹钟把沉睡的人唤醒所造成的影响差不多。梦游者会不会做出凶杀等意外事情呢？这种事的确有过报道，但所幸的是，绝大多数梦游者有较强的反对凶杀和暴力的约束心理，他们不会在梦中做出任何违背他们道德标准的事情。

英国伦敦圣·乔治医院的克利斯普教授最近则提出一种看法，他认为，梦游者实际上是醒着的，只是他们的大脑处于一种"分裂状态"，在这种状态下，大脑的完整功能被阻断，但大脑的某些思维过程仍在继续进行。大脑的这种"分裂"状态是一种保护性机制，它可以反映出梦游者受压抑时的心态。

圣·乔治医院对"睡眠障碍专科门诊"收治的病人进行一系列常规的个性检查。检查结果发现，梦游者在这些检查项目中，有许多指标与一般人之间没有显著差别，但是在特殊项目检查中，某些检查指标很高，有些人表现出过分喜欢热闹、好动、爱出风头的个性，而在全醒时患有人格分裂症的人、容易从深度睡眠中突然惊醒的人以及处于惊恐状态的睡眠者中间，此个性特征亦明显。

测量的结果表明，在梦游和夜惊发作时，患者表现的生理变化与一个沉睡的人被突然唤醒时表现的变化非常相似。

圣·乔治医院的研究人员认为，梦游患者的脑活动状态与我们常人在沉睡中被叫醒时感受到的暂时性定向力障碍相似，梦游者突然惊醒的现象是很普遍的，只是这种定向力障碍进一步发展和延伸为一种精神上的分裂状态。

令人费解的无痛人

20 世纪 30 年代，布拉格的唐鲍博士就见到一位奇特的患者。他 53 岁，与常人完全不同的特殊遭遇使他过早地衰老，弯腰弓背、步履蹒跚、瘦骨嶙峋。他自述从出生起，就不知道什么叫疼痛。从小跌打摔伤、火烧水烫，从没喊过一声痛。长大后，成了一名水手，走南闯北，什么苦头都吃过，可还是不知道"痛"是个什么滋味。艰难困苦，给他精神上带来巨大的创伤；而无数次的外伤流血，又在他肉体上留下了重重叠叠的疤痕。离奇的无痛生活给予他的恰恰是人世间最大的痛苦！

唐鲍博士半信半疑地听完这传奇式的病史，小心翼翼地开始检验病人，结果使他大吃一惊：病人果然像他自己叙述的那样，无论是锐利的针刺，还是重重的敲打，都毫无疼痛的感觉，他确实是一个没有痛觉的人。

唐鲍博士以"先天性痛觉缺失症"为题第一个报告了这种罕见的怪病，并把这种病人称为"无痛人"。这个首例报告引起了医学界极大的兴趣。从 1932～1973 年全世界共发现了 49 例。在我国，也发现过两例"先天性痛觉缺失症"患者。其中一个是江苏省阜宁县的 5 岁男孩，他是在右肘关节跌伤脱位、继发骨髓炎求医时被发现的。小小年纪同样也有一部不知疼痛的病史。出生后半年，他和其他小孩一样双手着地爬行，可是他的手指被抓伤、刺伤出血时,他却从来不哭。有一次患骨髓炎住院,动手术时锋利的手术刀切开了肘关节的脓腔,脓液涌了出来,再塞入引流纱条。这种疼痛在常人是钻心的,坚强的人也难以忍受,可他竟然在一点麻药都没用的情况下照常嬉笑自如。

令人费解的"先天性痛觉缺失症"的出现,向现代医学提出了新的挑战。医学家们一直在寻求解开"无痛人"之谜的钥匙,但迄今为止,对于痛觉感受器是否存在的问题仍是议论纷纭。一般认为痛觉是由位于皮肤内的细小的无包膜的神经末梢感受的。外界痛能刺激引起的神经兴奋由感觉神经传递,经脊髓后角进入脑干,再到后脑丘外侧核,最后抵达大脑皮质的中央后回。

所以最初人们怀疑"无痛人"是否存在痛觉感受器,以及传导路径是否畅通无阻? 检查的结果表明,从神经末梢开始至大脑皮层为止的整个组织结构是正常的。"无痛人"的冷、热触觉与位置本体均属正常。按现有的理论来看,人的痛觉与温差觉(冷、热觉)这两种感觉神经纤维密切伴行,其传导路径是共同的。"无痛人"温度觉的正常,间接证明了他们的痛觉传导途径也是正常的。于是矛盾就集中到大脑上去了。

有的学者提出了"大脑痛觉失敏感"的说法,认为大脑对传送上来的痛觉刺激不起反应。但究竟为什么大脑会对如此重要的神经冲动"无动于衷"呢。科学家进行了各种研究、推断,认为人脑里存在着称为"内啡呔"的物质,它与吗啡的作用相似,有着强烈的镇痛作用。"无痛人"脑中内啡呔含量超过正常人 3~5 倍之多,于是上传至脑的疼痛刺激便被超量的内啡呔镇痛作用所掩盖了,"无痛人"便失去了痛觉。那么"疼痛"的本质到底又是什么呢? 看来,这个谜底还有待科学家的进一步研究和探索。

返老还童之谜

1956 年,意大利的西西里岛上爆出了一个新闻,15 岁的妙龄少女安达尼娜·达密尔,突然身子日渐变矮缩小,口齿也变得模糊不清,3 个月内安达尼娜的身高竟然缩短了1/3。

在我国,也发生过类似的怪事。我国科学家沈括就曾在《梦溪笔谈》中记载过一位名叫吕缙叔的人,他在颖州做官时,忽然怪病缠身,身子越缩越短,临死时身高只有幼儿般大小。

安达尼娜和吕缙叔是不是真的返老还童了呢? 科学家告诉我们,这不是真的返老还童,而是患了一种称为"返老还童症"的病。由于病人体内蛋白质的合成量渐渐地减少,于是身高便慢慢缩短。造成这种可怕后果的主要原因,就是因为控制蛋白质合成的酶突然失去了活力。

但是,即使如此,成年人的骨骼缩成只有幼儿般长短,还是难以理解的。所以,科学家至今还没有弄明白其中的原因。

其实，古往今来，返老还童的事例还真不少。

在我国山东省桓台地区的唐山镇，有一位年过百岁的张次珠老太太。1986年，本已自发苍苍的张次珠，却又长出了乌发。

关于头发的更新，专家们是这样认为的，头发的颜色是由毛发中的色素细胞决定的。色素细胞产生的色颗粒，会使人的头发乌黑发亮。年龄大了，色素细胞的功能就减退了。一般地说，人在35岁以后，头发色素颗粒就会逐渐减少，于是就出现了白头发。不过，有个别身体健壮的人，由于机体功能比较旺盛，到了老年仍然是满头黑发。

那么，一些满头银发的人为什么会长出黑发呢？科学家认为，这可能是因药物、保健和饮食等原因引起的。可是，为什么只有少数老人的银发能变成黑发呢？科学家还回答不出这个问题。

1982年3月，在我国江西省宜春县新坊乡，一位101岁的老人罗世俊，突然长出了满口新牙。罗世俊老汉80岁时牙就全掉了，1980年7月却开始长新牙。最后，他的上牙床有8颗牙龄撑破牙龈，下牙床则长满了16颗整齐的白牙。有人想试试他新长出来的牙齿，拿了几颗刚炒熟的黄豆给罗老汉吃。罗老汉想都没想就朝嘴里送，不多一会便咯嘣咯嘣吃了个干干净净。在土耳其，有一位叫哈蒂杰·于勒盖尔的105岁老妇，十多年前牙齿早已掉光，可不久之后，她的口腔中居然又长出了10颗新牙。

科学家认为：由于少数人在胎儿时期多生了一套牙坯。因此，当恒牙掉完以后，又长出了第三套牙齿。照他们的说法，一般的人在胚胎时期只具备了一套乳牙坯和一套恒牙坯，只有万分之一的人才具备第三套牙齿。他们的说法到底对不对，目前尚未找到充分的证据。

然而，光是头发和牙齿的更新还不算是真正的返老还童，真正的返老还童应该是全身器官的更新。在这一方面，丹麦哥本哈根的妇女艾莎则是一个极好的例子。

文莎年已52岁，可看上去仍像18岁的姑娘。她的牙齿和内脏与年轻人不相上下。1987年，经丹麦遗传学家赞森检查，艾莎的身体确实不见衰老，岁月似乎没在她的身上留下痕迹。

对于那位名叫艾莎的妇女身上所表现出来的返老还童现象，人们进行了十分细致的研究。可是，找来找去，找不到肯定的答案。人们只是猜测，会不会因为艾莎身上具备某些抗衰老的遗传物质，才使得她青春永驻。可惜，科学家们至今尚未找到这种神奇的物质。

如今，科学家们十分关注返老还童原理的研究，各种各样的推测假说纷纷纭纭，众说不一。

假说之一，要想使人类真的返老还童，必须向癌细胞"学习"，"学习"它们青春常在的本领。因为专家们发现，即使是再老的体细胞，只要变成了癌细胞，就不会进一步衰老。因此，人们将癌细胞称作是"不死的细胞"。癌细胞为什么不会衰老？这是因为它能够将内部的遗传物质重新组合。那么，照此推断，如果人们能人为地将遗传物质重新组合，就能使老人长出一口新牙，长出一头乌发，从而青春焕发。

假说之二，人类衰老是因为大脑中一种叫多巴胺的化学物质明显减少了。多巴胺对于人类的生理功能至关重要，因为它能传递细胞之间的信息，充当"信使"。很明显，"信使"少了，信息的传递就不畅通，人体的机能就要衰退。为了证明这种假说的正确性，科学家用培养了25个月的老年大白鼠，往它们的大脑中注入一定数量的多巴胺，原先老态龙钟的大白鼠竟然又重新充满了活力。

假说之三，人体的老年细胞存在一种物质，这种物质会使细胞进一步老化。如果没有这种物质，细胞的衰老会延缓。如今，为了证明这个假说，美国科学家已经在人体细胞中分离得到一种特殊的蛋白质，而这种特殊蛋白质只有在老化的细胞中才能找到。这就使人们进一步想到，如果衰老确实是由于这种蛋白质造成的，那么只要清除这种蛋白质，人就能返老还童，大大延长寿命。

假说之四，人体脑下垂体的"死亡激素"会使人体老化，若能抑制脑下垂体分泌"死亡激素"，衰老就能得到控制。但遗憾的是，人类至今尚未找到这种"死亡激素"，而只能通过动物实验加以间接地证明。有人摘除了大白鼠的脑下垂体，它们的寿命大为延长。

有关"返老还童"的争论进行了一年又一年，却总是得不到结果。看来，要争论个水落石出，不假以时日是万万不行的。

探究人体"超距视力"

在美国加利福尼亚州门洛园镇斯坦福研究所实验室里，普索夫和塔格这两位物理学家所主持课题"远隔观察——探究超距视力"的实验正在进行之中。一位名叫哈密德的自愿接受实验者试图描述她所"看见"的建筑物是附近一个小高尔夫球场上一间4.5米高的红色古老学校模型："我看见一间用层层叠叠的红色木块盖成的小房子，有白色的木框、又高又尖的房顶。但我觉得它是假的，像电影的布景。"哈密德的实验只是刚刚开始，紧接着，她要试图描绘出斯坦福研究所实验室在半小时车程范围之内九个独立的实验目标。

从1972年至1975年，普索夫和塔格在门洛园镇进行了一系列的远距离观察实验。实验的过程一般是受实验者在斯坦福研究所内接受测试时，先有二到四名工作人员赶到某一地点，这个地点连他们自己事先也并不清楚，而是从100个预先选定的目标中临时选出的。工作人员在这里要停留15到30分钟，并要求他们一面随处走动，一面仔细观察周围的环境。在这段时间内，受实验者要试图口述和笔画出工作人员见到的事物，口述录音后,再整理成文字和画成草图一起送交另一位鉴定人进行专门的鉴定。鉴定人员随后前往各个受实验者的目标地点,根据实际的景物给受实验者进行评定。在对哈密德的一系列实验中,鉴定人员把她所描述的九个目标中的五个评为一级,表示直接命中,并把她对其余的四段描述评为二级。研究人员不容置疑地说,假如纯粹凭借偶然机会想达到这样接近事实的结果,那么偶然的机会只有五十万分之一。

然而,当别的科学家继续进行超距视力观察实验时,很多研究人员也做了像对哈密德一样的同类实验,但是却都没有达到普素夫和塔格二人实验的效果。事实上,有的科学家仔细研究了他们的实验方法,特别是涉及到鉴定过程中的程序问题时,曾对此严加批评,并持怀疑和否定的态度。新西兰心理学家马克斯和凯曼就曾经针对这种所谓的超距视力实验中的种种疑虑公开提出过尖锐的批评。

那么是普素夫和塔格等人的实验结果正确还是批评他们的人正确呢?或者说,人的超距视力究竟存在不存在?对这个问题双方各执一词,现在科学界还很难作"是"或者"不是"的回答。必须指出,即使是支持超距视力观察学说的人,也对这种实验的结果困惑不已,因为他们也无法回答"为什么"和"怎么能"之类的疑问。有人说,假如真是存在超距视力的话,也许这可能与西方人的左脑过度发达有关。也有人说,假如实验结果成立的话,也许这是从前人类本来就有的一种官能,只是现在已经退化了。总之有关人类究竟是否存在超距视力的谜底,目前还在不停的实验和争论之中。

人的头颅可以移植吗

在清代蒲松龄所著的《聊斋志异》中,有这样一则故事:有一名姓朱的书生,结识了阴间姓陆的判官。朱生的妻子脸长得不漂亮,陆判官就将一个死去的美女的头换在朱生妻子的身上,使朱生妻子也有了花容月貌。

《聊斋志异》是一部专门描写鬼狐的小说,所说的事当然不会是真的。但是,随着现代医学技术的发展,心脏,肾脏等重要器官已能移植,那么,"换头术"是否也可以做到呢?科学家们对此进行了研究。

早在70年代,美国科学家罗伯特·荷华就提出,人类的大脑可以移植,最完美的方法,就是把整个人头原封不动地移植过去。这具有爆炸性的医学论点曾被人当做无稽之谈,但也是美国医学界争议的话题。

为了给"换头术"做准备,医学专家首先在动物身上做了实验。罗伯特·荷华早在1980年就成功地把一只猴子的头颅移植到另一只猴子的脖子上。这只经过换术后的猴子竟活了2星期左右。前苏联医学专家则成功地接合了双头狗,他们采取植物上最常用的"接树法",把一个狗头接合到另一条狗的头旁侧部位,只是这种用"接树法"诞生的双头狗,因中枢神经未和移植的狗头相连,因此移植的狗头要指挥躯体行动是不可能的,移植的狗头可以自由转动。

医学专家认为,事实上大脑移植要比换肾容易,这与人体移植器官时常见的"排斥反应"有关。

"排斥反应"即"自动防御系统",是当人体有异物入侵时,体内的淋巴细胞能马上识破异物的动向,展开猛烈的抗拒行动。假如该移植器官的抵抗力弱,而且又是人体不可缺少的器官,那么它不仅要防御淋巴细胞的抗拒,同时也要防止本身随时会并发其他的疾病,不然就会造成生命危险。因此,换心换肾的失败通常是"排斥反应"造成的。而脑与其他人体部分完全不同的是,它本身没有淋巴细胞,不会产生"排斥反应"现象,但是有"脑血液关门"的特别机能,也能使异常物质不易进入脑内。

话虽如此说,但要做到头颅移植,又谈何容易。不仅头颅移植手术精细复杂,而且中枢神经是否能再生,成为"换头术"的关键。人类的神经大致分为中枢神经和末梢神经两类。中枢神经传达"意志",而末梢神经则起着"把脑的意志改变为行动"的作用。如果切断了某个部位的末梢神经,肉体上的某部分就不能活动,但不致影响其他部分的机能。切断了中枢神经,脖颈以及身体以下部分便麻痹,不能动弹,所以人遇到车祸时,往往因脊髓受破坏而引起残废或瘫痪。

在临床中,末梢神经被切断后,由于再生作用,不久还能恢复正常,断指再植就应用了这个原理。而中枢神经则没有再生现象。如何使中枢神经再生,直接关系到"换头术"能否成功。

令人兴奋的是,美国、前苏联医学专家在中枢神经再生方面取得了很大进展,前苏联医学专家在脊髓再生实验的 350 只老鼠中,有 140 只再生成功。在美国也有人研究后证明借助某种发热物能使中枢神经再生。

如果"换头术"有一天能实现的话,像车祸中头颅完好但身体毁坏的人与头颅毁坏但身体完好的人就可以"合二为一",将完好的头颅与完好的身体连接起来。诸如此类原因进行"换头术"后,可能会遇到严重的法律问题,这个换头者究竟是谁?是那个拥有躯体者,还是那个拥有头颅者?这在将来有待于从法律上予以确认。

人的左、右手的奥秘

在动物身上,虽然没有什么明确的手脚分工,但据观察,它们使用左前肢和右前肢的概率基本上是相等的,无论是低等动物还是灵长类动物均无例外。而作为万物之灵的有着灵巧双手的人类,左手与右手的使用概率却极不相同,大多数的人习惯于用右手,而使用左手的人仅占世界人口的 6% ~ 12%,为何比例如此悬殊?

有的人试图从左右脑的不同功能,即做与想的密切关系,以及心脏的位置等角度来解释人们为什么大多数都习惯用右手这一问题,然而,并未获得圆满的答案。

最近，瑞士科学家依尔文博士，提出了一个新的假设。他认为在远古时代，人类祖先使用左右手的几率与其他动物一样，都是均等的，只是由于还不认识周围的植物，而误食其中有毒的部分，左撇子的人对植物毒素的耐受力弱，最终因植物毒素对中枢神经系统的严重影响而导致难以继续生存；而右撇子的人以其顽强的耐受力而最终在自然界中获得了生存能力，并代代相传，使得使用右手的人成为当今世界中的绝大多数。

美国科学家彼得·欧文名也通过实验证实了依尔文的假说，他挑选88名实验对象，其中12名是左撇子。他对这些志愿者用了神经镇静药物后，通过脑照相及脑电图发现：左撇子者大脑的反应变化与右撇子者有极大的不同，几乎所有的左撇子都表现出极强烈的大脑反应，有的甚至看上去像正在发作癫痫病的患者，有的还出现了精神迟滞和学习功能紊乱的症状。

如果同意依尔文的假说，那么，左撇子者少，就成了人类历史初期自然淘汰的结果，左撇子实际上是人类中的弱者。

的确，在一个多世纪前，人们普遍认为左撇子是一种不正常的生理现象，甚至把它看成是一种疾病，以为这是由于产妇遇到难产时，婴儿的左侧大脑受到了损害，使控制右手以及文字和语言功能都产生障碍，婴儿在以后的生长过程中经常地用左手。

然而，事实却与一个多世纪前人们的认识以及依尔文假说推论出的结论有很大的出入。我们生活中的左撇子大多是一些聪颖智慧、才思敏捷的人，特别是在一些需要想象力和空间距离感的职业中，左撇子往往都是其中最优秀的人才。据调查，美国一所建筑学院29％的教授是左撇子，而且准备应考博士或硕士学位的优秀学生中，左撇子占23％。不仅如此，世界上最佳网球手的前四名中有三名是左撇子，而乒乓球队、击剑队、羽毛球队中的左撇子的选手也相当多。

现代解剖学给了我们如下的解释：人的大脑的左右半球各有分工，大脑左半球主要负责推理、逻辑和语言；而大脑右半球则注重几何形状的感觉，负责感情、想象力和空间距离，具有直接对视觉信号进行判断的功能。因此，从"看东西"的大脑到进行动作，右撇子走的是"大脑右半球——大脑左半球——右手"的神经反应路线。而左撇子走的是"大脑右半球"——"左手"的路线，左撇子比右撇子在动作敏捷性方面占有优势。据此观点，左撇子者又是生活中的强者。

那么，以上两种截然相反的观点，究竟谁是谁非？左、右手真正的奥秘何在？这需要进一步探索、比较和分析，才能得到圆满的答案。

木乃伊的来龙去脉

木乃伊这个词并不是埃及文，这个词大概源于波斯文，意即沥青或焦油。木乃伊所以得名，是因为保存下来的尸体因年深日久而变成黑色，最初发现木乃伊的人看了，以为埃及人保存尸体的办法是把尸体用焦油浸泡，后来证明他们的想法不对。埃及最早的木乃伊大概从来没有用过什么东西加以浸泡，完全是偶然之中产生的。远在埃及法老王于5000年前兴起之先，尼罗河流域的人因为不愿意把原来已不大够用的肥沃土地辟作墓地，所以将死者光着身子埋葬在流域附近沙漠边缘的沙土中。因为埃及人埋葬尸体只埋入大约一米深，过了一些时候沙层逐渐漂移，必然会让一

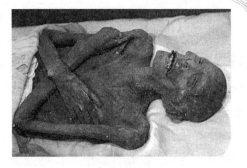

木乃伊

些尸体暴露出来，这些尸体给滚烫的沙炙得干透，正常的腐烂作用根本没有发生，因此几百年以前的尸体，皮肤、头发以及样貌看来莫不如刚下葬时一般，令人啧啧称奇。这些尸体从专门术语方面来讲并非木乃伊，直到现在有不少还保持当时的样子。公元前3100年以后，埃及社会在法老的统治下，组织日趋严密，宗教方面的来世信仰实际上发展成为对死人的崇拜。虔诚的人逐渐相信应该妥善保存尸体，如果要让死者进入天堂，更有必要这么做。他们认为尸体如果在坟墓中烂掉任何一个部分，那个部分即会永世丧失。这也许就是为什么埃及人装饰先人坟墓所作的人物雕像，一定是四肢齐全的。

　　保存肉体一旦成为死后再生信仰核心，人死后能埋在牢固的石砌坟墓中，不再埋于沙土里，就成为很有必要的事情，至少那些有钱建筑石坟的人会这么想。既然尸体不再是埋入沙土，那么自然需要运用另一种防腐方法，取代干沙的防腐作用。因此替尸体做防腐工作的新行业应运而生，而防腐师也将尸体防腐技术视为祖传秘方，代代相传。埃及尸体防腐师不用沙，而用一种叫泡碱的天然产岩盐，即碳酸钠和碳酸氢钠（也就是我们现在日常使用的洗涤碱和发酵粉）混合成的一种粉状物处理尸体。泡碱的作用犹如海绵吸水，能将埋进泡碱粉末的尸体水分抽吸出来。防腐师并用香料和各种溶剂清洗尸体内脏，最后，用一幅几百米长的裹布把尸体包裹起来。层层裹布之间往往夹住些贵重的精制护身符，借以保佑死者，以免在往天堂的路上受妖魔鬼怪侵扰。

　　就我们所知，最早经过仔细防腐然后以裹布包扎的木乃伊，约开始于公元前2600年。尸体防腐术在公元前1085年到公元前945年间，即第21代法老王朝时期，臻于登峰造极地步。随后，宗教虔诚精神逐渐被商业态度取代。尸体防腐师不再设法保存尸体完好，反而舍本逐末，只注意木乃伊外表（这倒有点像现代承办殡仪的人替死者化妆供人瞻仰遗容）。防腐师将尸体内外用厚厚的松香封好，偶尔也用蜂蜜，只是掩藏而不能抑制尸体腐烂。防腐师还用气味浓烈的香料遮盖殓之不散的尸臭，在盛载木乃伊的木箱上，绘些栩栩如生的画像便交待过去，从前用心用力永保尸体完好的技术已不复通行。因此较

后期的木乃伊往往保存得不好，裹布内可能只余骸骨。

晚至公元前一世纪，尸体防腐师因所操技术而依然受人敬重，凭着防腐的本事都能赚到大量金钱。据那个时期在埃及居住的希腊作家戴奥多勒斯记述，公元前一世纪的尸体防腐师替尸体防腐，分上、中、下三等不同服务。戴奥多勒斯说第三等是最便宜的一等，价钱相当公道，虽然并没有记载实际是多少钱；但不管收费若干，也恐怕是大部分古埃及人负担不起的，靠劳力为生的人和农民能在哪里找到地方就把死者埋葬在哪里。第二等索价20米那，估计约相等于3000美元。第一等全身防腐要花费古币一他连得，兑成现在的钱，就超出10000美元了。

大多数穷人没有能力拿出这么大地一笔钱去为尸体进行防腐，仍然将死者葬于沙土里，这些穷人的尸体都比经过人工防腐的尸体更少发生腐化分解。在法老统治埃及的漫长时期内，几乎所有坟墓，只要稍微埋了些值钱的东西，莫不被盗墓人掘开劫掠。这些盗墓人对死者完全没有宗教上的惧讳，不但打开棺椁，还把木乃伊裹布撕开，将藏在层层裹布中值钱的东西拿走。这些饱受亵渎、弃置一旁的尸体最后虽然由祭司重新包裹，但是不得其法。从外表看来好像保存得还不错，其实，不少木乃伊经 X 光透视照相，往往显示裹布里面尽是一块一块碎布和七零八落的骸骨。

前后3000多年时间内，古埃及人将尸体制成木乃伊的方法有不少改变。不过多数学者专家认为防腐方法在公元前 10 世纪左右发展至巅峰，当时一位第一流的防腐师大致依下述步骤制成木乃伊：

首先用燧石刀在尸体腹部左侧开个 10 厘米长的切口，从切口处把心脏（防腐师和他的主顾都认为心脏是感情的根源）以外所有其他内脏掏出来，逐一用酒和含有没药、桂皮的香料加以清洗。防腐师还用香柏油冲洗尸体腹腔，把余下的柔软组织分解，接着准备取脑，他用一种带钩的工具从死者鼻孔穿入头颅，钩出里面的脑髓，然后灌入香柏油和香料，冲出脑壳中的残余组织。

尸体全身每部分都彻底清洗后，防腐师把所有器官和尸身埋进泡碱（碳酸钠和碳酸氢钠混合剂）粉末堆中，抽干水分。尸身、器官大概要埋在泡碱粉末里约一个月，拿出来后把每一部分再用香液和香料洗涤。尸体防腐工作自始至终的每一个步骤，防腐师必须认真从事，比如开始时便把尸体每个指头包好，以免指甲损坏或脱落失去。

跟着，防腐师把干透的内脏逐一以麻布包好，放回腹腔（或者个别放置于陶罐或石罐里）用锯屑、麻布、焦油或泥巴之类的填料填好腹腔。填放完毕，随即将切口缝合。因为泡碱已损坏一些头发，所以必须补上一些假发，与未脱的真发编结一起，眼眶里面也需要装入假眼。这时剩下来的工作是使尸体外观复原，也是最费工夫的，因为要把干瘪的尸身恢复生前模样实在不容易。

防腐师进行这项古代整形外科手术,要在尸身各处小心地割开很多微小切口,往皮肤里填入依身体轮廓模造的麻布填料,就如 20 世纪的整容师注射矽剂替活人整容一样。甚至尸体面部和颈部也整得像生前一般,嘴里塞以麻布使双颊饱满。最后防腐师还要充当化妆师,用称为赭石的有色泥土将死者面部以至全身染色(男死者染红色,女死者染黄色)。染色完毕,尸体即可包裹。防腐师将尸体四肢分别以抹过松香的麻布一层一层地密实包裹,然后包裹头部和躯干,最后全身裹起来。这项包裹工作做起来缓慢费时,有几个木乃伊现在被人解开,裹布的长度加起来竟然超过二公里!

防腐师包好尸体,做成一具木乃伊,前后约共花 70 天时间。跟着防腐师把木乃伊送还丧主,丧主此时大概已另外备好人形棺木来装木乃伊,并且已筑好坟墓。总之,埃及人是殚精竭虑,尽了人事,死者则肉身不灭,可以侧身神之列了。

久放不腐的人体

具有悠久历史的意大利西西里岛的古老遗址中,还保留着旧石器时代绘画的驿罗萨里奥洞窟教堂。从外表看,它很普通,可是它的另一个神秘之处更令人吃惊:在这里的地下,竟沉睡着 8000 具木乃伊!

这里有个地下墓室,在墓壁两侧密密麻麻地立着许多木乃伊,令人心惊胆颤。

而真正使这座地下墓室闻名于世的却是这 8000 具木乃伊中一个年仅 4 岁的女童木乃伊。

这个女童名叫伦巴尔特·劳扎丽亚,她死于 1920 年 12 月 6 日。她死后,她的母亲十分悲哀,特将巴勒莫的一位名叫萨拉菲亚的医生请来了,向他恳求:"请您设法让我孩子的遗体永不腐败,这是我惟一的祈愿。"

萨拉菲亚医生为这个女童做了特殊的注射,据说他使用了数种药剂。

如今 70 年过去了,这个女童仍安眠在一个单独的玻璃棺内,无论怎么去看,她都令人觉得依然是活人一般。凡是看见了女童的人,都会情不自禁地发出感叹:呵,她还活着!

她依然那样可爱、美丽,面庞仍像生前那样红润、丰满,肌肤也是那样粉嫩、光滑。此时此刻谁会相信,她已死了 70 年了呢? 事实上,即使对于众多的科学家来说,女童的存在也是一个无法解开的谜团。

遗憾的是,那位萨拉菲亚医生在给女童做了不腐处理之后不久,便猝然死去,死因也无法查明。在他死前,对保存遗体的秘方一直只字未露。因此,那个秘方也成了永远的秘密。人们期待有那么一天能解开这个谜,使女童再复活。

据报道,我国九华山双溪寺僧人大兴于 1985 年死亡,其肉身迄今仍保存完好。

我国僧人用秘方保存肉身,可谓古已有之。唐代高僧元际禅师的肉身,历年过千而至今仍然保存完好,被学术界视为"世界惟一奇迹"。可惜的是,这国宝级的文物现在却不在国内,而在日本。

在唐贞元六年(公元790年),91岁高龄的元际禅师自知来日不多了,他悄然返回故乡湖南衡山的南台寺,停止进食。只嘱门徒将他平日搜集来的百多种草药熬汤,他每天豪饮10多碗。饮后小便频繁,大汗淋淋。门徒见情,纷纷劝阻,元际禅师只是笑而不答,继续饮用这种散发芬香的草药汤。一个月后,他清瘦了,但脸色红赤,两目如炬。有一天,他口念佛经,端坐不动,安详地圆寂了。又过了月余,禅师的肉身不但不腐,而且还芬芳四溢。门徒们大感惊诧,认为这是禅师功德无量的结果,便特建了庙寺敬奉。千百年来,香火甚盛,历久不辍一直到清末民初。

20世纪30年代,军阀割据,战乱频繁。潜伏在湖南一带,以牙科医生为掩护的日本间谍渡边四郎早就知道禅师肉身的价值,便乘乱毒昏寺内的小和尚,将元际禅师肉身移放在寺庙外,隐藏了起来。不久,该寺庙毁于兵火,世人都以为禅师的肉身也一起遭劫了。

抗日战争末期,渡边见日本侵华军的大势已去,便偷偷地将肉身伪装成货物,装船经上海偷偷运到日本。

开始,辗转放置在他所在的乡间,后来移置在东京郊外一座小山的地下仓库里,秘而不宣。1947年,渡边病重身死,人们在清理遗物时,从他的日记本中得知这一重大秘密。当局立即派人打开仓库,只见禅师盘腿如坐,双目有神,俨如活人。专家认为,一般木乃伊的保存,是人工药物制的"躯壳",并不稀奇。但暴露于空气中的肉身千年不朽,实为世界一大奇迹。经检查,禅师腹内无污物,体内渗满了防腐药物,嘴及肛门均被封住,这些可能都是肉身不朽的基本原因。至于他临终前饮用的大量汤药究竟是什么草药,已经无从考究了。

元际禅师的肉身现存于横滨鹤见区总持寺,并被视为日本"国宝"。

冷冻技术能使人起死回生吗

在美国亚利桑那州首府菲尼克斯,有28个按20世纪死亡标准,生命已"停止"的人,他们以完整的尸体或只留个脑袋用低温冷冻技术保存在液氮中,等待将来有一天医学的进步足以克服癌症和艾滋病的时候,他们能够再次回到人间,重新过正常的生活。按照病人的遗嘱,对他们生前的宠物如狗和猫也做相同的处理。这一方面可以充实实验数据,一方面也可使他们于复生后在现今亲人都不在世时不感到寂寞。

主持这项工作的是奥尔科尔基金会,它在世界各地已有400多名会员,这些会员都希望在他们生命的最后一刻被冷冻起来,在未来的几十年或几百年之后复活。他们的这个愿望能实现吗?

这个似乎异想天开的做法一开始就受到专业的生物学家和医生的质疑。他们指出，躯体在冷冻时会发生大范围的细胞破裂，这就使得修复工作变得不可能。还有，大脑流血不畅造成局部缺血 10 分钟后，脑细胞就会有不可逆地损坏，导致病人成为植物人，一个被冷冻起来的植物人还有希望恢复成一个健康人吗？

但奥尔科尔基金会的工作人员对他们从事的事业充满了信心，会员按照要求办好人寿保险，这就为手术的费用提供了保障。在医生确诊病人死亡后，工作人员就开始按照事先安排的程序严格进行操作。先是用冰水降温，使躯体温度保持在 2℃ 左右，这样既可以防止细胞死亡也可以防止其冻裂。然后做气管插入术，继续为细胞供氧，同时将血管内的血液抽出来，从静脉向体内输入人工营养液和各种不同的药物。接着，在病人的大腿动脉处装一只血泵，向体内灌入一种特殊的保鲜液，这种液体在今后的冷冻过程中将起到至关重要的作用。当一切就绪后，病人马上被送入基金会的总部，那里早已准备好的一个冷藏罐，病人将被长期贮存在那里。

人体冷冻术遭到了一些病人家属的反对，他们难以接受将亲人的躯体保存在 -196℃ 的低温中。人体冷冻术还带来了一些法律与伦理问题，美国的法律界和伦理学界不得不加以考虑。

当然，目前人们关注的焦点仍然是病人能否复生？何时才真正有把握使冷冻的机体恢复生机？目前，有两项技术是关键性的，即"控制基因"和"毫微工艺学"。现在脱氧核糖核酸的译码工作进展迅速，平均每天就能辨认出一个新的基因。虽然基因的辨认离基因的复制和表达还有相当距离，但给人的感觉是人体的秘密将会越来越少，总有一天我们可以把自己的生命掌握在自己的手中。

但事情真如想象得那么顺利吗？系统学家指出，"控制基因"和"毫微工艺学"只能解决微观的复杂性，却无法解决宏观的复杂性。而人体并非是简单的细胞堆积，它在整体上蕴含了许多单个细胞所不具备的功能。奥尔科尔基金会的科学家能不能克服这个难题是让人怀疑的。还有，正如一些社会学家所指出的，即使这种技术可能会成功，那么它也是反人道，不利于社会发展的。因为老的生命会占据更多的生存空间而影响到人类未来的发展。所以人体冷冻术面临着技术和伦理的双重困难，那些冷藏起来的躯体是前途未卜的，这项技术将如何影响我们明天的生活方式，也是悬案。

何时"克隆"人类

几乎世界所有民族的史前文化在解释人类的起源时，都说是神创造了人，那么，就有了一个纯技术的问题：人是可以被制造的吗？

创造与发明是现代人的拿手好戏，从 60 万年以前，那个想吃果子的原始人制造第一块石器开始，人类就步上了制造业的道路，这种方式使我们培育出了一代物质文明。随着科学技术的进步,人类制造的本领越来越高,我们不但可以制造那些没有生命的东西:像一张床,一部电话,一台机器,一辆汽车等,我们还可以在生命的基础上再造新的生命。

前不久,美国的研究者莫尼卡·博诺其与罗·卡诺成功地从一只被包裹在琥珀中的蜜蜂身上使4000万年左右的细菌复活。1994年,北京大学的生物研究者们从尚未完全石化的恐龙蛋化石中分离出了6000万年以前的恐龙基因片断,使人们真正看到了恐龙复活的希望。我们不知道高科技给人们带来的是喜还是忧,也不知道随意改变自然规律是好还是坏。从哲学的意义上讲,每一种生物都有维护自己遗传基因,以本来面目出现在这个世界的权力,更有权力拒绝进入人类的实验室。但这个世界从它产生以来就不是公平的。

现在遗传工程已经发展到了相当可怕的地步,有人不但要干涉植物和动物的生命过程,而且已经在打人的主意。前苏联的科学家将一个人的受精卵,移入一只母猩猩的子宫内,让猩猩代人育儿,9个月以后,这只母猩猩顺利产下了一个人类婴儿,体重3600克。1987年,有报道说,新加坡遗传工程学家正在进行让母牛或母羊替人类怀胎的试验。据意大利佛罗伦萨遗传学教授查利里博士说,有一些人正在做另一项实验:将人类的精子与黑猩猩的卵子结合,然后培育出一种非猿非人的东西。他说:"进行这样的实验,从技术上来说是毫无困难的。"试想这个胎儿一旦出生,必定是一个半人半兽的怪物。难怪有些国家,甚至联合国都要下令限制遗传学的某些发展。他们担心什么呢?大约是担心有一天,突然从遗传工程实验室里跑出一个比人还聪明,比猴子还敏捷,比大象还力大,比狼还凶残,既能在陆地上行走如飞,也能在水中自由来去,更能像鸟一样在空中飞舞的怪物,这绝不是吓唬人。

既然植物和动物可以被制造,那么人是否也可以被制造呢?

虽然有许多生物学家站在维护人类尊严的立场上否定制造人的可能,但从纯技术的角度来看,人也是可以被制造的。

如果以是否可以造人来衡量传说里的神,那么,人类马上就要成为神了。可要知道,人类的文明史不超过6000年,而在广大的宇宙之中,比我们历史长的生命是否存在呢?按道理他们是存在的,比如,现在天空中飞行的UFO的制造者,他们能穿行于漫长的宇宙星空,表现出目前我们尚无法企及的技术,那么,像制造我们人这种生物技术,对他们而言,就像是玩一样简单。

如果按我们对神话的解释,即我们先民崇拜的神就是来自于宇宙的高级生命,那么神话中造人的记载恐怕就不再是神话,而是某种真实的记录。请按照我们的这个思路假设一下:数万年前,地球正像神话中最早描绘的那样,是一个没有人类但勃勃生机的蓝色星球,陆地上长满了各种植物,丛林里自由自在生存着各种动物,鸟儿在空中飞翔,在枝头鸣叫；海洋生物在大海中嬉游，猿猴类灵长目动物安然自得地生儿育女。突然，来自某个宇宙空间的高级生命，驾着他们的宇宙飞船降落到这个有趣的行星上，出于某种目的，他们采用先进的遗传基因科学，从猿猴、狼及海洋生物身上提取出遗传基因，将这些基因进行分离、剪切、组合、拼接后创造出一个既具有海洋生物特点，又具有陆地生物特点的新物种，那便是人类。在世界造人的神话里，还普遍存在无性生殖的思想。所谓无性生殖就是单性生殖，即精子和卵子不结合的生殖。

1902 年，奥地利的生物学家哈布兰特曾预言：人类终究会有一天成功地实现无性生殖。20 世纪 60 年代，英国牛津大学的生物学家高登，成功地实现了非洲青蛙的无性生殖。据最近的有关报道，人体无性生殖的技术已经突破，从技术上讲，目前复制一个人已不再是幻想。美国就有一位大富翁要求"复制"一个自我，以补偿幼年的不幸。

1994 年 1 月 3 日，美国《时代》周刊公布了刚刚评出的"1993 年科学之最"项目，其中"克隆人胚胎"一项震惊了全世界。美国华盛顿大学的霍尔博士与斯蒂尔曼教授合作共同研究人类遗传技术，他们在实验室里利用 17 个人类显微胚胎进行"克隆化"（即无性繁殖）实验，总共复制出 48 个新的人类胚胎。做父母的可以要求将这些胚胎冷藏起来，一旦他们的孩子发生不测。马上可以得到一个相貌、智力、性格等方面分毫不差的复制人。当 199 3 年 10 月，美国《纽约时报》首次报道这一研究时，整个世界为之一震，法国总统密特朗看完这则报道后声称对此"颇感惊诧"。据《时代》周刊的调查显示，四分之三的人反对类似的科学实验。

同样，复制人的技术现正引起科学界的极大争议，它涉及人类道德及有关社会管理方面的问题。不少科学家认为，复制人体技术不利于人类总进化。诺贝尔奖得主、遗传学家列德·波克也指出，人类的无性生殖技术不仅可能，而且会"将人类驱逐到进化道路上的混乱边沿"。

所有的学术性争议留给科学家、社会学家和法律学家去解决，我们需要考虑的问题是：无性生殖这一高科技思想怎么会出现在上古神话当中？如果我们将无性生殖这类神话，与女娲和伏羲用高科技造人的传说联系起来，不难发现神话内在的一致性和连贯性，它们反映了同一个内藏着的主题：神用高科技创造了人，无性生殖的遗传学成果只是造人过程当中的一个细节而已。因此，我们认为，上古神话中无性生殖的思想来自于人类被创造的记忆。

第二节　奇异民族揭秘

地球上的怪异人种

达尔文在他著名的《物种进化论》中提出这么一个论点：一切物种都是在进化中求生存，人是由猴子进化而来的。达尔文的观点在今天看来也许不完全对。人是由猴子进化而来，那为什么猴子并没有都变成人或与人接近？为什么世界上的人种分成了3种截然不同的外观肤色呢？

从体质人类学来看，白人与黑人很相近，而黄种人与他们不同。从这个角度来考虑，黄种人与白人或黑人的分化从很古远时代就开始了。

正如日本东京大学教授老孟司所说："关于人种的差异，至少可以指出这样或那样的不同。至于为什么不同，回答是：完全不清楚。"

而且据英国生物学家赫胥黎发现证明，人与高级猿类之间有一个缺环，就是说，从高级猿向人过渡中缺少有力的证据。近代日本人类学家也认为，在猿与人之间应该有一种"类猿人"的过渡阶段。这一看法也是当今科学研究中的一大悬案。

还有，在6400万年前，曾在地球上大量繁殖、横行一时的恐龙突然灭绝，可据考证，在同一时期的猿类却没有消失。这就令人产生一个疑问：是谁对恐龙斩尽杀绝，而对猿类则手下留情呢？答案似乎有一个：有"人"要这么做。可这个"人"是谁呢？为什么要这样做？以下的这种假设能回答以上的问题：当年有一批外星球人来地球考察，不幸的是，他们的宇航器损坏了，而无法再离开地球，他们便将能威胁他们生命的恐龙逐渐杀掉，并在多种动物身上作人工授精试验，并对这些动物产下的后代进行观察、对比，直至选留下几种他们较为满意的后代再进行优化。由此而大胆推测：黑种人是外星人与黑猩猩产生的后代；黄种人是外星人与猴子产生的后代；白种人是与一种高大白巨猿产生的后代。

除了以上3大类人种，外星人在与其他动物作试验所产生的后代，可能在智力、体力方面都达不到要求，而最后都被淘汰了。

如今在太平洋的岛国上还有许多棕色人种，可能属于幸存者。

在此基础上，便有了人类起源的"外星说"。

"外星说"即"人类的始祖来自外星球"，是一位来自北大西洋公约组织的科学家马莱斯提出的新见解。他认为大约在6500年前，一批有着高度智慧和科技知识的外星人来到了地球。他们发现地球的环境十分适宜他们居住。但是，由于他们没有携带充足的设施来应付地球的地心吸引力,所以使其改变初衷,决定制造一种新的人种。

这种新人种是由外星人跟地球猿人的结合而产生的。当时地球十分原始,最高等的生物只是猿人,尚未发现火种。外星人选择具有高智力和精力充沛的雌性猿人作为对象,设法使她们受孕,结果便产生了今天的人类。

马莱斯提出了证据,他对最近在圣地亚哥发现的一个5万年前的头骨的研究结果表明,后者的智慧远远高于今天的人类,从而推断他就是当时来到地球的外星人之一。

马莱斯认为目前惟一的问题是找出他们来自哪个星球。他指出,安第斯山脉的巨型图案,有可能是外太空船降落地球的基地。

最后,马莱斯下结论说,人是由外星高级生命和地球的猿类相结合而生的。当然,在这方面进一步的深入研究有待于各学科专家的通力合作。这里只是联系神话中的"处女生殖"现象作些探讨。

在各民族早期的英雄神话中,英雄或者圣人常常表现为处女所生,这是一个比较普遍的现象。就我国古代神话来看,这方面的材料也不少。如《太平御览》中保存有一种古老的传说,书中记载了禹的母亲"见流星贯昴,梦接意感"而后又"吞神珠"生下了禹。关于黄帝的记载也是如此,《初学记》说,黄帝的母亲"见大雷绕北斗,枢星光照郊野"然后"感而孕"。对于诸如此类的神话记载,古人有一个重要的结论性观点,那就是先秦典籍《春秋公羊传》所说的:"圣人皆无父,感天而生。"

19世纪末,英国著名的生物学家赫胥黎说过:"古代的传说,如果用现代严密的科学方法去检验,大多像梦一样平凡地消失了。但是奇怪的是:这种梦一样的传说,往往是一个半醒半睡的梦,预示着真实。"

德国语言学家史密特神父在研究中发现,在印、欧民族的宗教中,上神(天主)一词的语根是"照耀"的意思。而且《圣经》中"上帝"一词在古希伯来语中的意思更明确,它是"来自天空的人们"。

当然,马莱斯的新论断还待论证,不过,近来许多发现似乎可以为他作出例证。

据美国《新闻周刊》报道:在墨西哥一个孤独的村庄里,发现了一个不可思议的狼人人种。科学家们闻讯后大为震惊,吵吵嚷嚷地要对这个奇异的种族进行研究。

狼人除了身体上下(包括脸部)都覆盖着黑色的卷毛以外,这个奇怪的种族从各方面看都像人。

专家们不能明确地解释这些狼人是怎样形成的。但在关于他们来源的理论中,也包括了这样一种可能性,即他们是外星人的后裔!

他们总共有16个,即15名儿童和1名成人,共同生活在扎卡铁斯州的劳列托村里。他们都是一个名叫玛丽亚·露伊莎·迪亚兹的老妇人的子孙。孩子们绝顶聪明,但是,有关他们的情况却知道不多。这些狼人都是贫苦的农民，他们不喜欢抛头露面。

科学家们研究了遍体长毛的孩子，不少人因而得出结论说，他们的情况是遗传的。狼人家庭里的孩子，并不都有这种情况，但却使那些看来正常的孩子，也可以在下一代中生出长毛的后代。

另一些看到过狼孩的人认为，他们可能真是一个新的种族，由来自另一个行星的父亲繁衍下来。

支持这种理论的事实是，玛丽亚·露伊莎·迪亚兹对自己的身世一无所知。

几年前，有一支考察队在非洲北部的一个与世隔绝的山区中竟发现了一个庞大的蓝色皮肤人的家庭。他们不但肤色发蓝，而且血液也是蓝色的。在这件事公开之后不久，美国的加利福尼亚大学医学院的著名运动生理专家韦西，他到南美洲智利安第斯山脉探险时，在奥坎基尔查峰海拔6600米高处，也发现了适应力极强的浑身皮肤都发蓝光的人种。韦西说，在这么高的山峰上，空气含氧量比海平面少50%，连身强力壮的登山运动员都感到行动吃力，但是这种奇异的蓝色人却能进行各种剧烈的体力劳动和奇特运动，真令人称奇。

另外，在喜马拉雅山脉，美国生理学家也在空气稀薄的6000米以上高度曾发现过一些蓝皮肤的僧侣。令人吃惊的是，这些蓝色的僧侣都能做一些笨重的工作。

对于这种蓝色人现象，科学家经过旷日持久的讨论，但仍众说纷纭。有的说是缺氧；有的说是缺铁；有的说缺乏某种酶；还有的说是基因变异。蓝色人种究竟是一种退化，还是一种为适应环境的变异？都无定论，仍有待探索。

有一种可能为，蓝色人种是一种再现外星人某特征的返祖现象。

在我国古代传说中，大都有一种"自天而降"的黄色脸的瘦脸人，他们个个大脑袋，矮个子。对于他们的由来，由于历史条件限制，现代人了解得太少。

半个多世纪以来，我国的考古学家在西北、华南、西南、东北等地的古洞穴中相继发现过这个特殊人种的残骸，可令人遗憾的是，由于某些原因，至今还没有将这些头骨复原成头像，因此人们也就无法一睹这种人的真正风采了。

由上所述，我们可以这样推论人类的起源，通常从考古学和人类学出发，把知母不知父的古时代称为母系氏族社会，并且认为是由群婚现象所造成的，而所谓处女生育的问题只是表示一种禁忌。"处女生殖"的确是上古时代的一个事实。最初的人类根本就没有今天我们所认为的那种"人类父亲"。人类的"父亲"可能就是外星人，而所谓的"母系"实际上就是地上的母猿。因此，人一方面作为物质生命体，具有动物性的欲求和局限；另一方面，作为精神生命体又具有一种潜在的特异能力。

奇特的种族

尽管我们每个人的外表形态和内部构造基本相同,然而在茫茫人海中也有不少例外,在这些人身上,存在着某些常人所不具备的奇特的特征,有些种族则有着他们独特的体质特征。

通常,成年妇女的臀部比较大,也比较丰满。可是,南非的霍屯脱妇女却与众不同,她们臀部的脂肪异常集聚,屁股圆滚滚的,成斗形,又大又突,既向外突出,又向上翘起,背部则颇显弯曲。这种奇特的臀部,简直令人难以想象。然而,这确实是他们种族的一大体质特征。

更为奇特的是,不管哪个种族,都有臀部长尾巴的人。1959 年,我国沈阳某医院曾发现一个六个月的女婴,有一条长达 12 厘米的尾巴,上面还长着少量黄褐色的毛。

同样,国外也有报道,1884 年,巴特尔斯曾报道过 125 例有尾人(其中男 52 人,女 16 人,性别不明的 58 人),1892 年,夏菲又增加了 24 例。1885 年,李士纳记录一女孩,有一条真正的尾巴,长 12.5 厘米,是脊柱的继续。爱立西夫报道一女孩尾长 36～45 厘米,上覆长毛。1983 年 12 月 27 日,马来西亚发现一个刚出世的男婴,长有一条长达 7.6 厘米的尾巴。

更离奇的是,在我国西藏和印度阿萨密之间,有一片辽阔而人迹罕到的地方,叫做巴里柏力区域。近来有人发现,那里住着一个奇异的小族群,几乎每个人都托着一条猩红色的、已经退化的短尾巴呢!

我们两只眼睛的颜色(指虹膜的颜色)理应一样的,或至少是很接近的。奇怪的是,有的人左右眼色却大相径庭,一般是一只眼蓝色,另一只眼却是褐色。

对于以上这些奇特的体征如何解释呢?一般认为,是遗传基因发生突变而引起的。比如,造成一双眼睛颜色各异有几种可能,一种可能是,这个人从近亲遗传到一个褐眼基因和一个蓝眼基因,如果在发育早期,原始细胞中褐眼基因在一侧发生了问题,它的地位就让位给了蓝眼基因。另一种可能是,两侧最初都是蓝眼,因为某种病理原因,使一侧眼的色素增加了。再如,蓝绿皮肤的人,尽管他们的生理生化机制还没完全搞清楚,但是引起蓝绿皮肤的原因可能是某种"与世隔绝的基因"造成的。

需要指出的是,上述的解释仅仅是初步的,有的甚至很肤浅,许多原因尚未搞清,如是什么东西引起遗传病变?"与世隔绝的基因"又是什么?若要进一步追究下去,还有很多问题有待探索和解决。

美洲小人国

20 世纪 50 年代,几名受联合国教科文组织派遣的地质学家,在南美洲安第斯山脉一个被莽林掩盖的山岩上,发现了好几十个1尺多高的龛式洞穴。洞穴不深,但看得出已经历了漫长的岁月。扫去积聚的尘土,现出几排雕刻精美的洞壁。但见这奇异的画图间,竟赫然摆放着仿佛人头般的头颅!这头颅比拳头大不了多少,不仅五官俱备,而且经过生理切片等等检验,证明跟成年人的细胞组织一样……这真是不可思议!成年人的头怎么会那么小?这头颅属于世界上哪个民族?神龛又是谁建的?真有英国著名作家斯威夫特笔下的"小人国"吗?

这个"袖珍头颅"后来送到人种学家手上,简直被奉为至宝。要知道,假如这些小人头真的属于现存世上的某个人种,那么,经典的人种学和人类学者就得重新研究了!

1. 高不及膝的小人妖

令人吃惊的是,这还不是惟一的例子。早在1934年冬天,美国报刊曾报道过一件惊人的事件:阿拉斯加州的两个职员,假日到洛基山脉的彼得罗山去采挖金矿。他们在陡峭的含金砂岩上拉响了一个爆破筒,一时间飞沙走石、尘土漫天。待尘烟过去,炸开的岩壁上却蓦地露出一个高宽不过一米的窑洞,洞口搭着几根立柱,仿佛是探矿场的坑道。洞内漆黑如墨,他俩赶紧打着手电往里探视。这一看非同小可,直把这两个美国人吓得瞠目结舌:天哪!洞里有一个高不及膝的小"人"端坐在石凳上,正睁着一双可怕的大眼紧盯着他们。他俩掉头就跑,以为碰到了印第安传说中的"巨眼小魔王"!可是,这只小怪物却并不想有所动作。他俩跑了一段距离后定了定神,壮着胆子再回洞中,这才看清了那不过是一具干尸。然而,人有这般矮小的么?会不会是洛基山脉的一个新人种?还是几千年甚至上万年前的古人类?……他们感到一阵莫名的兴奋与激动,用一块大手帕小心翼翼地把这干萎了的小人包起来,连夜下山报告当地政府。政府工作人员也极感惊奇,立刻把这"似人似妖"的怪物送到卡斯珀市医院去鉴定。医生们一打开手帕也吓呆了,一个护士甚至当场晕了过去。后来经过X光透视以及多项化验,当地政府公布了这个惊人的结果:此"小人"身高48厘米,皮肤铜黄色,脊椎骨和四肢骨骼与人类的结构一致。左锁骨有明显的重伤痕迹,身上还留存不少伤痕。牙齿整齐,犬齿尖长,可能习惯于掠食生肉。前额很低,头盖和大鼻子也很扁,而眼睛(按面部比例)却比人类的大。囟门已完全闭合,证明不是婴孩,从整个体形及发育程度来看,这是个60多岁的男性成年人!

2. 真有"小人国"吗

此事一传出,有关"人妖"的故事便续有所闻。原来在此之前,卡斯珀市的一个律师、一个买卖旧汽车的商人、一个矫形学专家和一个墨西哥牧羊人都曾有过"小人国"的惊人发现。可惜大都失落了,只有矫形专家理查德珍藏着一个人妖头颅,在他去世后,他女儿把它赠送给怀俄明州立大学作研究之用,至今得以妥善保存。其实,这些年来,科学家们沿着洛基山脉——安第斯山脉作了大量的考察,都证实了这个木乃伊"小人国"的存在。

令人百思不解的是,既然小人国幅员辽阔,纵跨南北美两大洲的丛山峻岭(这在欧亚文明古陆里也不多见),总应该有过极其繁荣鼎盛的时期吧? 可是,他们是怎样建成这个辽阔国家的呢? 为什么没有留下一点儿灿烂文化的痕迹? 他们是什么时候绝灭的? 假如还有生存在世的,又藏到哪儿去了呢?

3.“小人国”覆灭的传说

学者们为此访问过住在这一带山区的印第安老人。很多部落都留下了“小人国”的种种传闻,索松尼族的印第安人还称小人为“尼米里加”(意即“吃人肉者”)。这些小人强悍不羁,背负整只鹿或山羊飞跑上山,如履平地;而箭法尤其了得,喜欢在奔跑中发射冷箭,百发百中。他们常常带着用山羊角刨制成的弓,背着成筐剧毒的小箭,藏在草丛、石隙、洞口、树上,出其不意地伏击比他们高大 4 至 10 倍以上的印第安人和猛兽。一次,有 300 多个西奥兹族的牧民,骑马牧羊不小心闯进了小人国的领地,被小魔王们用毒箭围攻袭击,直杀得人喊马嘶,几至无一生还! 阿拉巴霍族人与“吃人小妖”之战也总是败得那样惨,不但从未杀死或活捉过一个身长盈尺的小家伙,而且自己的种族却要濒于绝灭了。全族人只好向上苍求救,发疯似地狂舞祷告了三天三夜。据说终于感动了神明,当晚,天降神火于洛基山峰,火山爆发,终于摧毁了无敌的小人国。

4.缩头成拳的殡葬仪式

然而,更多的科学家却认为,小人国是不存在的,各地发现的干尸小人(或小头)恐怕另有别种意义。后来有个叫弗格留申的医学教授冒着生命危险几度深入南美密林,这才初步弄清了一些真相:小头颅不过是印第安希巴洛斯族特有的医药缩头术的结果! 原来,这个民族盛行一种奇特的殡葬仪式:族里人死了,祭师就把首级割下,用一种名叫“特山德沙”的神奇草药制剂来泡浸,即可把头颅缩制成拳头大小,组织经久不败。而有地位的酋长、元老死了,则全躯处理,以供奉祀。

“楼兰遗民”的神秘面纱

早在 2100 多年前就已见诸文字的古楼兰王国,在丝绸之路上作为中国、波斯、印度、叙利亚和罗马帝国之间的中转贸易站,当时曾是世界上最开放、最繁华的“大都市”之一。然而,公元 500 年左右,它却一夜之间在中国史册上神秘消失了,众多遗民也同时“失踪”。他们到底去了哪里? 多年来这一直是个难解之谜。1998 年春节过后,忽然从新疆传出一条“爆炸性”新闻:人们在大漠边缘的米兰,发现了原属楼兰王国臣民的古罗布泊人后裔! 他们真是谜一样的“楼兰遗民”吗?

翻开中国地图,在新疆南部,有一块布满黑点的硕大空白区。这里没有城镇村落的圆点,没有河川溪流的绿线,甚至没有山陵沟谷的等高标志,这就是总面积与韩国相当的特大荒漠罗布泊湖畔。

楼兰王国为西域 36 国中的闻名古国,立国 700 余年。它国力强盛时期疆域辽阔,东起古阳光,西至塔克拉玛干沙漠南缘尼雅河畔,南自阿尔金山,北到哈密,是西域一个著名的"城廓之园",有人口 1400 万,可谓是一泱泱大国。汉朝曾在此设西域长史府。三国、两晋时,划归凉州(今甘肃武威)刺史管辖。

深居欧亚大陆腹地的楼兰王国,为国际间的经济交往发挥过重要作用。驼队从这里把中国的丝绸、茶叶和瓷器等带到西方,再把欧洲的黄金、玻璃器皿和银器带到东方。特殊的地理位置,使它成为中西文化荟萃之地。这里不仅楼兰人自己开创了楼兰的历史,形成了灿烂的罗布泊文化,更重要的是它联结和传播了古老的黄河文化、恒河文化和古希腊文化,在人类文明进步史上留下了浓墨重彩的一页。

据史料记载,2000 年前,罗布泊湖滨的楼兰王国绿树成荫,芳草萋萋,境内的森林鸟禽翩翩。公元 3 世纪后,流入罗布泊的塔里木河下游河床被风沙淤塞,改道南流。楼兰绿洲因得不到水源灌溉,绿洲被沙漠吞噬,草木枯死,部分人口迁移。加上公元 500 年左右被零丁国所灭,楼兰王国最终神秘消失。

中国社会科学院文学研究所杨镰研究员经过实地考察后认为,废弃于 20 世纪 20 年代的阿不旦渔村,便是古。"楼兰遗民"的最后聚集地。据考察,罗布泊古海面积有 2 万多平方公里,昔日碧波万顷,水草连天,鱼虾肥美,水鸟密布。杨镰认为,在罗布泊湖畔,始终生活着一支以渔猎为生的民族,他们是随着罗布泊的不断"飘移"而转到这里定居的,他们在此至少生活了 200 年,是"楼兰古国"的最后遗民。

据史料记载,20 世纪前后,俄国探险家普尔热瓦尔斯基和世界著名探险家瑞典人斯文赫丁都到过阿不旦渔村,并雇佣村民寻找古城遗址,他们受到罗布泊人首领昆齐康的热情接待。随后,尽管一些中外考古工作者找到了楼兰王国遗址,并发现大量文物及号称"楼兰美女"的干尸等,但除了阿不旦渔村的村民外,人们再没见过楼兰王国的任何遗民。所以,专家们一致认为,这个神秘的阿不旦渔村,就是古楼兰遗民的最后聚集地。

那么这个渔村后来是如何废弃的?人们为何要离开自己美丽的家园远走他乡?他们到底去了哪里?这一直是人们关注的焦点。

随着考察的不断深入,在地处塔克拉玛干大沙漠边缘的米兰,人们见到了生活在这里的三位百岁以上的老人:乌兹曼尼雅子、亚森尼雅子,以及热合曼阿木拉。

据乌兹曼尼雅子老人讲,当年他们居住的阿不旦渔村,是罗布泊西南岸,靠着米兰河的一个渔村。村民们经常乘着用胡杨木凿就的独木舟沿米兰河北下,到罗布泊去打鱼。当时,阿不旦渔村的村民们过着自给自足,几乎与世隔绝的平静生活。他们依靠捕鱼和猎杀野鸭为生,并将多余的鱼鸭晒干贮存。除此外,他们还放牧,以羊为主,也有牛。但买来的牛放养一段时间后便成了"野牛",要经过狩猎才能吃上牛肉。

最让这位老人难忘的是当时他们捕获最多、最爱吃的新疆大头鱼。他说这种鱼头较大，头扁平，身体呈梭形略侧扁，胸部没有鳞，一般长约1米，体重达40~50公斤，行动十分威猛。这种鱼肉质丰腴可口，炖出来的汤白得像牛奶，肉像豆腐，颤巍巍的十分诱人。据有关专家介绍，新疆大头鱼曾是生活在喀喇和淖、喀喇库勒以及阿不旦渔村等地的古罗布泊人的主要食粮。这个"大家族"因为当时不吃五谷，只靠捕鱼过日子，所以被称作"吃鱼民族"。

另外两名"楼兰遗民"热合曼阿不拉和亚森尼雅子介绍，他们的祖先当时吃大头鱼不用油盐，只用清水煮着吃，有时也从一种叫香浦的植物上采浦草花粉熬汤一起喝。因这种鱼营养和保健价值很高，以至当地出现了不少百岁老人。后来这种土著鱼种逐渐引起了外界的极大关注和兴趣，尤其一些西方探险家到罗布泊考察后，使新疆大头鱼的美名一下就传到了国外。它的食用和科学价值，被传得像《西游记》中的唐僧肉一般。

乌兹曼尼雅子记得他小的时候，罗布泊湖水波连天，一望无际。经常能看到成群的鹅鸭在碧湖里嬉戏，鹤鹳游涉水沼觅食。每当春秋转移之时，常有几百种候鸟在这里栖息。后来由于注入罗布泊的孔雀河和塔里木河改道，罗布泊湖逐渐干涸，阿不旦渔村捕鱼日见艰难。他18岁那年，一场罕见的瘟疫袭击了整个村庄，全村100多户居民被迫全部迁往阿尔金山脚下的米兰、若羌、洛浦等地。这场"突然袭击"，使这个"桃花源"似的阿不旦渔村，最终彻底荒废了。

从现在的情况看来，每年七八月间，阿尔金山冰雪消融，泛滥的洪水在沙漠里冲刷出一条条淤泥地带，年长日久生长起一片片胡杨林；丛生着茂盛的矮芦苇、红柳、骆驼刺一类的沙生植物，构成一块块与黄沙竞存的方圆数公里的"绿色飞地"。这些古罗布泊人后代，为了活命，率领妻子儿女，赶着牛羊，骑着骆驼逃离疫区后，就在这些"绿色飞地"上定居了下来。他们远离尘世，过着极其封闭的生活。

罗布泊人世代以捕鱼为生，不谙稼穑，所以在大漠上种粮生存，对他们来说简直是无法想象。饥饿的严重威胁，逼着他们在一块块"飞地"上拓荒种粮。这些"楼兰遗民"回忆说，那些日子简直不堪回首。开始禾苗常被风沙掩埋，有时天一下雨地上就出现一层白花花的盐碱，且这层"外壳"坚硬无比，庄稼根本无法成活。不过后来经过多年的努力，他们在找水、挖渠、开荒、播种、防沙、治碱等方面，终于摸索出了一套完整的经验。他们历尽艰辛后，苞谷、小麦等先后试种成功。在这块荒漠上，人们像生命力极强的胡杨一般，历经风雨总算顽强地生存了下来。

这些"楼兰遗民"民风淳朴，路不拾遗，夜不闭户。他们对客人非常热情，日子再艰难也要倾其所有来款待。隆重些的还要从几里外邀来邻人，夜晚燃起篝火，烤上整只肥羊。

女主人穿着缀着闪闪发亮的银元扣饰的"葵尔拉克"（有领无袖的连衫裙），不停地周旋在客人之间；男主人弹起用沙枣木和羊肠线制作的热瓦甫，唱着悠扬的民歌向客人祝福。男男女女围火吃喝、跳舞，通宵达旦。

严酷的沙漠生活造就了他们高大强健的体魄、勇猛犷悍的性格和崇尚勇武、富于牺牲的精神。这些来自阿不旦渔村的"楼兰遗民"，年轻人只身敢与大漠上凶猛的野猪搏斗；七八岁的孩子就敢外出放羊；八九十岁的老人依然坚齿满口，须发浓黑，终日劳作不辍。百岁老人，不在少数。他们长于在连绵起伏的沙丘间疾行和长途跋涉，善识足迹。

有关专家认为，散居各地的阿不旦渔村村民，是 20 世纪探险史的主人和证人，而他们大多已是百岁，对他们的专题考察迫在眉睫。值得庆幸的是，目前一些科学工作者、考古学家和新闻记者等，已赶往该地区考察。也许在楼兰神秘失踪背后，还隐藏着更多的秘密。也许还会有石破天惊的新发现，让我们拭目以待。

"小矮人"人种为什么矮小

当今在地球上，还生活着一批被称为"小矮人"的人种，例如，在非洲刚果河畔的热带森林中的俾格米人，身高只有 1.3 米左右，他们生活在森林中，居住的屋棚只有 1 米多高，棚子的顶上盖着树叶，地上铺着芭蕉叶。丛林中还有布须曼人，是个以狩猎和采集为生的民族，尽管他们身材矮小，但是，他们能用自己制作的弓箭，涂上森林中的一种毒箭木的毒汁，用来杀死大象。他们过着迁移性的生活，他们常被捕捉，然后送到别的种族的王宫中作为杂役，或成为供人玩笑的小丑，他们有着自己的语言。

目前，布须曼人一共只有大约 5.5 万人，生活在博茨瓦纳、纳米比亚和安哥拉的沙漠中干旱地区，文化上仍然处于旧石器时代晚期。

在美洲也有小人国。不久前在南美洲哥伦比亚和委内瑞拉的交界处发现了一个叫做耶瓦的小村庄，这里住着原始的小人种，名叫尤卡斯人，这种人身高只有 80 到 90 厘米，最高的也只有一米左右，他们也世代住在森林里，以野果、兽肉为生，穿的是树叶和兽皮，他们有自己的语言，也有自己的原始宗教，他们崇拜太阳、月亮、星星和高山。

在亚洲也有小人国的居民，在隋炀帝时，就有过一个机智的矮人被进贡到皇宫中。

从化石看，人类不同时期的祖先，身高虽然有一定的差别，但是，从来没有发现过只有 1 米左右的矮人的化石，就是说，人类历史上还没有发现存在过如此矮小的人种，小矮人是怎么形成的，是什么时候形成的，是由什么样的祖先形成的？这些都还是人类学上没有解开的谜。

有些科学家提出营养说，认为小矮人是营养不良引起的人种退化造成的。例如布须曼人在历史上曾受到力量比较强大的邻近民族的压迫，他们被赶入森林，由于没有种植业，加上森林条件较差，他们长期营养不良，使人种退化。他们有一种别的民族所没有的进食现象，他们很能吃，也很能挨饿。探险家们在考察中发现，他们一顿饭能吃好几斤肉几十个香蕉。进食这么多的食物，只能躺着让食物慢慢消化，人类学家认为，这种暴食现象正是对食物缺乏所造成的一种适应性行为，吃不饱的时候就挨饿，有东西的时候就尽量地吃饱，这样，就比较容易度过饥荒。同时，由于自然选择的作用，在食物贫乏的情况下身材矮小的人反而因消耗较少而容易生存，因而身材矮小的人就得到了选择，而身材较高的人因容易饥饿而被自然所淘汰，总之，身材矮小是一种自然的适应，是食物不足所造成的退化现象和选择现象。

有些科学家提出小矮人是由于其内在的生理机制所造成的。美国盖莱恩斯维尔大学的梅里米研究布须曼人身体中的一种生长激素 IGF—I，发现这种激素与人类的生长发育有很大的关系，小矮人血液中这种生长激素只有一般人种的三分之二，梅里米认为，这种生长激素的分泌量的减少，正是他们成为小矮人的直接原因。但是，小矮人身体内部的生长激素为什么比较少，是种族原因还是营养原因抑或是生存环境的原因，还不得而之。

有些人类学家认为小矮人是古代就存在的。他们认为，在非洲南部和偏东地区考古挖掘中个子较小的古人类化石代表着小矮人的祖先，民族学家乔治·西尔鲍埃认为，小矮人的祖先在遥远的古代就生活在南非和东非。但是，问题依然很多，小矮人经过多少历史年代才变成了小矮人？他们祖先的身高情况如何？这些都是人类学家迫切希望解开的谜。这些问题的解开，不仅将使小矮人的历史大白于世，而且将对人种形成和变化年代提供深入的认识。

巴斯克人是欧洲最古老的民族吗

巴斯克人，这个居住在西班牙北部的古老的民族，以让西班牙政府颇伤脑筋而闻名于世。一些巴斯克人为了争取他们的权利，采取了包括暴力在内的一切手段，常在国内制造流血恐怖事件，使西班牙陷入惶恐不安的境地，他们的这些举动给自己罩上了许多神秘的色彩。然而，世人很少知道，比这更神秘的却是巴斯克人的身世来源。

巴斯克人是生长于欧洲本土上的一支有着悠久历史的民族。据说，他们从史前时代起就已生活在今天西班牙和法国交界处的比利牛斯山以西地区。"巴斯克人"这个名称最早出现在古罗马时代的编年史中。据史籍记载，在公元 7 78 年，这个弱小的民族曾在龙塞斯瓦列斯山口打败了当时不可一世的法国查理曼大帝的军队。所以，在历史上，巴斯克人素以勇武、顽强和质朴著称。然而，令人奇怪的是，一些学者的研究结果表明，巴斯克人不属于印欧人种，在血缘关系上，他们与相邻的西班牙人、法国人和其他欧洲人没有丝毫联系；在语言上，尽管由于长期与相邻民族交流融合，巴斯克语已吸收了不少西班牙语、法语等外来语，但巴斯克语中的基本词根、语源与任何一种印欧语系都不相同，它是一种完全不同于印欧语系的具有极强独立性的民族语言。因此，不少学者认为，巴斯克人是一个在种族、血缘和语言等许多方面，与欧洲其他民族有着严格区别的特殊的民族。

巴斯克人

既然如此，那么，巴斯克人是什么时候进入欧洲的呢？对于这个问题众说纷纭，尚无定论。一些学者认为，巴斯克人的祖先早在 7 万年前就已进入比利牛斯山地区。而另一种观点则认为，巴斯克早期居民的历史可以追溯到克罗——马格农岩洞居民创造洞穴壁画的旧石器时代。大多数学者认为，巴斯克人是在公元前 5000 年进入比利牛斯山定居的。上述观点虽有不同，但可以确定的是，巴斯克人是远在"印欧人"，也就是雅利安人进入欧洲之前，便在欧洲本土繁衍生息的一支最古老的民族。

巴斯克人虽然世代居住在欧洲，但让许多研究者百思莫解的是，数百年前就在北美洲流传着不少巴斯克人善于航海的传说。在这些传说中，巴斯克人个个都是航海专家、捕鱼能手，甚至早就掌握了在大海中捕杀鲸鱼的技术。由于查无实据，直至 20 世纪 70 年代前，大多数研究者只把它看作捕风捉影的无稽之谈。首先证明这些传说确有其事的，是加拿大女学者萨尔玛·巴克汉姆。她从 1965 年起，整整耗费了 10 年时间，考证出巴斯克人曾在 16 世纪到过北美洲，并且还考证查实了巴斯克人在现属加拿大的拉布拉多半岛沿岸活动过的红港、卡罗尔·科夫等 12 个港口的名称。她还吃惊地从 1540～1610 年的原始材料中发现，这一时期的巴斯克人已经掌握了捕鲸技术，并以捕鲸作为谋生的主要手段之一。巴克汉姆的考证被 70～80 年代的考古发现所证实。由加拿大皇家地理学会等机构组成的考古队在拉布拉多半岛沿岸、萨德尔岛和特温岛等地，发现了许多巴斯克人的墓葬、捕鲸工具和生活用具，这些考古成果进一步验证了"巴斯克人是世界上最早的捕鲸能手"的传说言之不谬。

目前的研究虽然证明，巴斯克人的确是一个素有航海传统和高超航海技术的民族，他们早就凭借依傍比斯开湾沿海的自然条件开创了具有民族特色的航海业，但依然让人们困惑的是，在 16 世纪那样落后的技术条件下，巴斯克人究竟靠什么使它的航海技术，尤其是捕鲸技术达到了即便是在如今的高技术条件下，也堪称一流的水平？也许，随着历史研究和考古发掘的不断深入，笼罩在巴斯克人头上的迷雾将会慢慢驱散！

米纳罗人是希腊军团的后裔吗

在喜马拉雅山南麓克什米尔的赞斯卡谷地,至今仍生息着一个属于印欧人种的土著民族米纳罗人的部落。由于当地山高谷深,交通极其不便,几乎与世隔绝,至今这个部落依旧保持着原始社会的形态。

生活在喜马拉雅山南麓的这些米纳罗人,具有非常明显的印欧人种的特征:高鼻蓝眼。眼睛除了蓝色外,还有黄、棕、绿色,就是没有大多数亚洲民族的那种黑色。米纳罗人没有文字,他们的语言可以分辨记录下来的约有 600 个单字,明显属于印欧语系。和大多数土著部落一样,米纳罗人的主要生产活动是狩猎,狩猎用的弓是用羱羊角剖成条后做的,和两千年前欧洲斯基泰人的弓几乎一样。猎物是他们赖以生存的主要食物。他们也会种葡萄,而且能用葡萄酿出一种味道不错的酒。米纳罗人尚处于母系社会,实行一妻多夫制。妻子在家中享有绝对的权威,丈夫多数是兄弟。这种婚姻制度在米纳罗人中并未造成性别的不平衡,原因大概是这个部落中妇女人数较少,由于卫生条件太差,妇女在分娩时的死亡率很高。米纳罗人的住房是平顶的,夏天喜欢露宿在屋顶,冬天则住在地窖里,全家人和牲畜同处一室。

使人惊奇的是,这个米纳罗人部落还保留着十分古老的习俗。这些习俗多与欧洲民族新石器时代的习俗十分相似。例如,他们喜欢在石上作画,其风格同欧洲几个著名石器时代的洞穴中的壁画十分相近;他们也像欧洲的史前居民一样,在山顶上建起用于判断季节的石桌、石棚,在山崖下建起祭神用的石桌、石棚;他们的墓葬也保持着欧洲原始时代的样式,土葬的尸体呈蜷缩状,双臂弯曲,两手托腮。

米纳罗人是印欧语系诸民族中惟一处于原始生活状况的一支。他们对于自己民族的历史有着惊人的记忆。先民的生活,他们道来栩栩如生。这大概是依靠整个部落的集体记忆而保存下来的。但是,迄今为止,还无法确知米纳罗人究竟是怎样从欧洲来到亚洲喜马拉雅山南麓的。学者们就这个饶有趣味的问题提出了种种假说。有的认为,他们就是历史上著名的下落不明的以色列部落。有的则认为,他们是亚历山大大帝远征时留驻的希腊军团的后裔。这后一种说法是很有意思的。因为根据希腊史书记载,当亚历山大大帝率军到达这一带时,便已发现有白种人居住。当时的传说认为,他们是酒神狄俄尼索斯的后裔。看来,要揭开这个谜,还有待于进一步的探索。

"灌木人"的祖先是谁

布须曼人是生活在非洲南部地区的一个原始狩猎——采集民族。在西方殖民主义者到达非洲南部之前,布须曼人至少有 20 万,而今只剩下 5.5 万人了。现在,他们之中的一半以上生活在博茨瓦纳,其余则生活在纳米比亚和安哥拉。

直到 20 多年前,布须曼人依然处在史前时期,几乎无人知晓。他们生活在最贫瘠和荒芜的沙漠地区,像旧石器时代那样,以狩猎和采集植物的根、茎及野果为生。为了获得生存所需要的水源和食物,布须曼人在夏季常常聚族而居,而到冬季,当水和食物不能满足需要的时候,便开始以家庭为单位向不同方向迁移,四处寻觅食物和水源。但也有些布须曼人在冬季最干旱的季节里被迫集中在惟一的水源周围。

在布须曼人部落中,男人负责外出狩猎,他们常常两人一组,每星期外出二至三次,所捕获的动物在亲戚和朋友之间分享。女人们则负责采集,她们通常以四至五家为一组外出采集一切可食用的植物的根、茎和果实。布须曼妇女在集体和家庭中有一定的地位,受到重视,同时也享有决定权。这也许是因为她们的采集常常提供了布须曼人每年60% ~80% 的食物,而男人们在狩猎季节里只能提供全年食物的20% ~40% 。

20 世纪 70 年代以后,文明之风吹到了布须曼人部落中,几千年来的传统迅速遭到破坏。今天,布须曼人的传统绝大部分已属于回忆中的往事,也许在某些早已被遗忘、处于沙漠中心地带的小部落中还存在,但他们还能坚持到什么时候呢?

然而,令人困惑不解的是,从人类学的角度来看,布须曼人属于什么人种类型,直到今天仍是一个没有揭开的谜。布须曼人身材矮小,最矮的女人只有 1. 38 米左右,而男人最高也不超过 1. 60 米。布须曼人有着黄里透红的皮肤,蒙古人的眼睛,高高的颧骨,浓密而卷曲呈颗粒状的头发。"布须曼人"这一称呼,实际上源自于当年的荷兰殖民者,意为灌木丛中的人。至于他们的祖先,谁也不知道。

近年,一些民族学家根据考古发现认为,在旧石器时代中期和晚期生活在南非的制造石器的原始人有可能就是布须曼人的祖先。他们继续作出推论说,布须曼人的祖先曾经占据过卡拉哈里的绝大部分地区,后来由于文化比较发达并已使用铁器的班图人祖先的入侵,才被驱赶到贫瘠和荒芜的沙漠地区。当然,这在目前还仅是一种假设,还有待于得到各方面研究的进一步证实。

埃尔莫洛人是非洲人的祖先吗

在非洲东部肯尼亚境内的图尔卡纳湖东南岸,居住着一个称作"埃尔莫洛"的神秘而又古老的原始部落。这个部落人数极少,总共才 300 来人,过着与外界完全隔绝的孤独生活。

至今仍然处于原始社会父权制氏族阶段的埃尔莫洛人,与邻近的一些土著部落不同,既不狩猎,也不养蜂,而是与湖为伴,以捕鱼为生。他们用装有木柄的鱼叉和棕榈纤维织成网下湖捕鱼,乘坐的则是用棕榈树干扎结成的十分简单的木筏。捕鱼归来,居住在坐落于湖边用湖草搭盖的草棚中。埃尔莫洛人不种庄稼,专食鱼和兽肉,体魄强健,精力充沛。历史上曾有外族入侵,但都遭到顽强的反抗,不得不败退而去。人们普遍认为,埃尔莫洛人正在消亡之中,然而事实并非如此,他们的人口在缓慢地增加着。近一二百年来,埃尔莫洛人也顺应了邻族的变化,吸收了邻族文化中的某些成分,少数人还养起了牲口,但他们基本的生活方式并没有变。

20世纪60~70年代,随着图尔卡纳东部有关石器和人类化石的重大考古发现,许多考古学家和人类学家断定,东非是人类的发源地之一。就是说,今天埃尔莫洛人生活的地区,在200~300万年前曾经是早期猿人生活过的地区。于是,有

埃尔莫洛人

学者作出推测,这种早期猿人是埃尔莫洛人的祖先?然而使人感到惊奇的是,根据人种学的分析和考察,埃尔莫洛人不属于非洲的任何一个种族。谁也不知道这个神秘的部落来自何处。这样,埃尔莫洛人究竟是不是非洲土著居民?如果不是,他们又是在何时何地迁徙到非洲来的?这些问题成了至今无法解开的谜。值得庆幸的是,由于这个谜关系到人类起源,关系到非洲远古文明历史真相,它已引起各国考古学家和人类学家的重视。

俾格米人与黑人有渊源关系吗

俾格米人是生息在赤道非洲森林中的矮小土著民族。有关他们的记载,最早见于公元前3000年古埃及的铭文中,稍晚见诸于古希腊时代的荷马史诗中,而后在十六七世纪一些西方人的游记中也经常提到。然而,直到19世纪,俾格米人的存在才为欧洲的探险家所证实。20世纪上半叶,随着欧洲学者对非洲俾格米人的考察的逐步开展,人们才开始了解这个独特的非洲土著民族。

非洲俾格米人是一种非常独特的人种类型:身材矮小,成年男子的平均身高仅142~143厘米;皮肤呈暗黑色,有时黑里透黄或透红;鼻子宽宽的,鼻梁低而窄;唇薄,上腭没有凸畸形;头发为黑色卷发,全身毛被极为发达;身躯大而手脚短。非洲俾格米人曾经是非洲中部地区的主要居民,后来被大多数讲班图语的黑人挤走了。估计现在生活在卢旺达、扎伊尔、中非、喀麦隆、加蓬的森林中的非洲俾格米人不会超过10万人。

非洲热带森林中的俾格米人至今仍过着原始生活。他们以采集\狩猎为生,不知农耕和畜牧,也没有石器工具,但他们能使用喂过毒的铁制箭头的弓箭进行狩猎,铁器是从邻近部落交换来的,毒液则是自己从植物中提取的。他们的住屋非常简陋,先用木棍搭成棚架,再盖以树皮或兽皮。他们的服饰也极为简单,一般成年人只在腰间围以树叶、树

皮或兽皮做的短裙,装饰也很简单。

非洲俾格米人部落一般分为若干松散的集团,每个集团包括几个家族。设有酋长、祭司或首领。由夫妻及其子女组成的一夫一妻制家庭,是他们社会组织的惟一形式。尽管俾格米人7岁时随着性机能发育成熟便开始过毫无约束的性生活,但婚后(通常是10岁)却实行极为严格的一夫一妻制。他们还通过祈祷和献祭,崇拜一种神灵,并把它看做是全能的主宰和一切法律道德的创始人。俾格米人没有自己的语言,几乎所有的俾格米人部落都采用与自己保持有关系的周围部落的语言。

自从非洲俾格米人被发现以来,有关非洲俾格米人的人种类型,更确切地说,他们与非洲黑人种族之间的关系问题,始终成为人类学家所关注的问题。自20世纪以来,一种广泛流行的观点认为,非洲俾格米人人体构造独特,诸如个头不高、身体比例特殊、毛被发达等等特征,足以与黑人区别开来。他们似乎更是人类发展的“童年”阶段和现代人种的祖先,其文化则是远古“纯”文化的残余,这种文化的突出点是一神教、一夫一妻和从远古起就存在的私有制。与此恰恰相反,现代更多的人类学家却认为,上面提及的人类学的特征是次要的。根据有关生物发生的标志来判断,俾格米人与黑人非常接近,而生态特征可以用外部环境、与世隔绝和生活类型等有选择的资料来加以解释,在这些条件下隐性基因明显地表现出来。当然,即使是目前占优势的后一种观点,也很难说已经成为定论,尚有待新的材料和新的研究成果来加以证实。

恩加诺人的“球籍”还有多久

恩加诺人是生活在位于印度尼西亚南苏门答腊西侧100公里的恩加诺群岛上的土著居民。自19世纪末20世纪初以来,恩加诺人的闭关自守的状态受到破坏,人口日益减少。10多年前的一次统计表明,恩加诺人已不足400人,仅占该岛总人口的10%左右。他们在地球上还能生存下去吗?

值得注意的是,恩加诺人的物质文化和精神文化也在迅速消失之中。时至今日,有关恩加诺人的文化传统,只能根据16～17世纪西方旅行家文集中的片断记述来加以推断了。当时的恩加诺人还处于刀耕火种的原始农业社会。他们用长柄铁刃手斧开垦森林地段,用削尖或烧尖的木棒翻掘土地,主要种植芋头、木薯之类的块根作物充作粮食,也种植芭蕉树、椰子树和莎面树。除了种植作物外,沿海捕鱼也是恩加诺人的传统作业。家庭手工业中最能代表恩加诺人传统文化特点的是竹木加工。他们用植物韧皮制作衣服、睡席,用竹篾编制筐篮,尤其善于木器雕刻,能在木器上雕刻出奇妙的图案。恩加诺人居住的,是建在木桩上的圆形房屋,这是一种与其原始生活方式相适应的住所形式。

恩加诺人社会是母系氏族社会。但任何一个氏族都没有统一的住地,各氏族的人们分散居住在岛内各地。即使是到了20世纪60年代,当小家庭已经成为恩加诺人社会的基本细胞时,按母系继承仍是这种小家庭的主要特征。恩加诺人的传统宗教观念的基础,是万物有灵论。他们供奉家神,祭祀祖先。但到了 60 年代,早已改信伊斯兰教和基督教了,传统的宗教仪式只有老一辈的人还能记得。

恩加诺人在地球上生存的"球籍"问题,引起了人类学家们的关注。有的认为,这个民族的迅速消亡是由于本身所具有的明显的退化特性。有的认为,恩加诺人急剧减少是由于传染病流行和缺医少药所致。也有的认为,是由于缺少新鲜血统。因为恩加诺人盛行近亲通婚,严禁同外族人联姻,尤其反对与前来岛上做生意的马来亚、爪哇和米南卡保商人发生两性关系。或许,这种种意见还远未能把问题解释清楚,但可以肯定,随着研究的深入,不仅对于恩加诺人,而且对于现今世界上所有的原始土著部落,都将具有重要的意义。

第三节　世界奇人奇事

人体自燃

1. 典型案例:班特莱医生之死

1966 年 12 月 5 日清晨,阳光明媚。美国宾夕法尼亚州库迪尔斯堡城早已沸腾起来,人们忙着做早饭,准备上班。顿·古齐尼尔像往常一样吃完早饭,来到煤气公司,开始了日常的工作。他首先看了一下城中家庭使用的煤气计数表。首先映入他脑海的是此地区人们十分熟悉和喜爱的一个人:琼·艾尔凡格·班特莱。这是一位医生,半个世纪来一直在此地行医,治好了许多病人,可算是德高望重的人,今年他已 94 岁了。由于年龄过高,他辞去了工作,一个人待在家里,依靠两只拐杖在家里自己料理自己,确实够受的。"应该帮助这个好人。"顿·古齐尼尔决定到他家去看看,顺便查一下他的煤气表。

"努尔斯·明·穆斯达大街 403 号。对! 就是这里。"古齐尼尔走到门前自言自语地说。"好! 医生在家!"他庆幸地说,于是,立即上前按门铃。

人体自燃

铃声响了好半天，但无人出来接客。古齐尼尔感到有些奇怪。于是，他推开门，走进屋内。"贝纳塔利医生！您好呀！"他大声地叫着。医生在餐厅会听到他的声音，但是连叫几遍，仍无人应声。古齐尼尔更加奇怪了。

"还是先去看看煤气表吧！"他经常来这里，门径熟悉，于是便向厨房走去。这时他开始闻到一股奇怪的气味，越向厨房走气味越浓。不是香味，而是一股好像开动中央暖气机所发出的气味。

"什么东西烧煳了？"他自言自语地来到厨房门口，只见厨房中央地上堆着一堆圆锥形黑灰，高约 35 厘米，估计可以装满一小吊桶。古齐尼尔用脚拨了拨黑灰，发现地面上并没有烧过的痕迹。

"一切都很正常！"他说着，来到炉灶旁，看了看煤气表，记下了数字。"贝纳塔利医生也太不友好了，叫了他半天也不出来应酬一下！"他一边想着，一边走出厨房。"这老头也许病了！那么，既然来了，就应到楼上看看去，看他需要什么！"

想到这儿，他径直向楼上走去。来到卧室，推门一看，屋里满是浓烟，再看看床上，连个人影也没有。他开始有些慌了，赶忙四下瞧看，当目光转到卧室内的厕所时，他一下惊呆了。厕所的门敞着，坐式抽水马桶旁，立着两个拐杖，拐杖下面，地板上有一个黑黑的洞，洞旁边的景象令人毛骨悚然：医生已成为一堆黑炭，只有右腿还完好地保留在地上，脚上还穿着皮鞋。

古齐尼尔一见此状，头嗡地一声，赶忙回头就跑，一口气跑出房门，来到大街上，径直奔向煤气公司办公室。一进门，人们只见他气喘吁吁，面色苍白，结巴地说："班……班特莱医生被……被火烧……烧死了。"

当煤气公司和警察局的人来到班特莱医生家时，发现厕所内的黑洞下面正是楼下的厨房，黑洞呈不规则形，长 1.5 米，宽约为 0.5 米，洞周围全被烧焦。班特莱医生身体的灰烬顺着洞落到楼下厨房内，才在地上形成了一小堆黑灰。典型的人体自燃事件，受害人只剩下一只小腿古齐尼尔看到的是世界上一次极为罕见的现象——人体自焚。

不久，警方赶到现场，但对其死因无法理解，最后草草结案。宣布死者因在床上吸烟，睡着后衣服着火引起火灾，醒后去卫生间取水灭火，在那里失去知觉，被火烧成灰烬。但是，一位火葬专家指出，一具尸体化为灰烬，先要经过 2200 华氏度高温烧 90 分钟，再经过 1800 华氏度高温烧 60～150 分钟。即使这样，尸体火化后只是碎骨残灰。最严重的房屋火灾，温度也不会超过 1500 华氏度。因此老人不可能因火灾而烧成灰烬。况且，能将他烧成灰烬的大火，不要说整个房子要付之一炬，就是手扶拖拉机的铝制框架也会熔化的。

科学家认为，班特莱医生死于人体自燃（SHC）。人体自燃指的是人体没有和外部火焰接触,内部自发燃烧,化为灰烬,而在灰烬周围一切可燃性物品都保持原样的现象。

历史上第一个人体自燃事件记载在 1673 年意大利的一份医学资料上,有个叫帕里西安的人,躺在草垫床上化为灰烬,只剩下头骨和几根指骨。但草垫床除他躺的部位外部保持原样。1744 年,英格兰的伊普斯威奇城有一位 60 岁的帕特夫人,一天早上她的女儿发现她死在地板上,好像一段被烧光的木头,在附近的衣物却完好无缺。类似的历史记载有 200 多起。

19 世纪德国化学家利比克设想人体自燃可能是由于体内酒精含量多引起的。他做过一个试验,想找出充满酒精的新鲜肉类到了多少浓度能发生自燃,却未成功。1861 年,著名法医卡斯波在其《实用法医手册》中,对人体自燃给予了否定。他认为根本不存在这种现象,"在 1861 年的今天,如果还有诚实的科学家想去解决人体自燃的神话,那真是太可悲了。所有关于'自燃'的证明都是完全不可信任的,是没有专业知识的人提供的。"

尽管卡斯波否定了人体自燃,许多科学家仍致力于研究和调查这一现象。一位叫查尔斯·福特的人,曾详尽地收集了 1961 年以来发生的几起人体自燃事件。

如 1957 年 5 月 18 日,在美国费城,一位 68 岁的寡妇安娜·马丁在一间没有火源的房里化为灰烬,只剩下鞋和一小部分躯干。法医说达到这种程度,温度至少要高达 1700～2000 华氏度。然而炉子是熄灭的,全部物品,包括离死者二英尺的报纸都没有变化。

福特记录最详尽的一起人体自燃事件发生在 1951 年 1 月 7 日的佛罗里达的圣彼得斯堡。傍晚,67 岁的王骊夫人舒适地坐在软椅上,他的儿子离去时看见母亲还很好,可是不到 12 小时,他儿子来到母亲房间,却见到极可怕的景象,闷热的屋子里,母亲和椅子都没有了,地面上有几块烧得腐蚀变形的发卡,表明哪儿曾是一堆头发,剩下的是几小块焙干的椎骨,一个缩成棒球大小的头骨和一只完好无缺的左臂。离尸体很近的报纸和几英寸以外的一块亚麻布却无燃烧的痕迹。

享有"骨骼鉴定专家"声誉的克洛格曼医生调查了王骊夫人的死因,结果是:

(1)整个室内找不到任何助燃化学物品,而只有经过 3000 华氏度高温,她的骨头才会成为那种样子。

(2)没有发生火灾,整个室内找不到火源。房屋火灾最高温度一般为 1500 华氏度,而实际存在过的温度比这高一倍,在那种情况下,整个公寓都应烧尽。

(3)夫人体重 77 公斤,烧成灰后,整个楼内竟没有任何气味。

(4)收缩的头骨,法医专家了解,能将死者脂肪组织烧尽脱水的高温应同时把头盖骨软组织全燃毁,而玛丽夫人却不如此。

克洛格曼对上述四点都无法解释。

300 多年来,科学家对这个问题不断探索,从 200 多个案例中,科学家发现:男女比例大约一致，年龄从 4 个月到 114 岁都有。饮酒程度和身体胖瘦都有。有的案例发生在走路、开车、划船、跳舞过程中。

有的人认为人体自燃与体内过量的可燃性脂肪有关，把这种脂肪比喻为燃起的烛油，衣服如同烛芯。有些人认为人体内有种天然的"电流体"，它能造成体内可燃性物质燃烧以至于造成高度可燃性物质结构的"体内分解"。还有人体为体内磷积累过多，产生了"发光的火焰"。

新近一种解释是从物理学角度讲的，有人认为体内可能存在比原子还小的"燃粒子"，可以引起燃烧。

不论怎样，人体自焚现象仍是今科学家和研究人员感到奇怪的奥秘，班特莱医生自焚的情况就是一例。法医琼·迪克教授看了班特莱医生自焚现场后十分困惑，以致对提出的一些问题根本无法解答。

另外一些人则试图以纯理论来解释。如班特莱医生人老体弱，但却长年抽烟斗，估计当时他是坐在屋内抽烟，烟火掉在他穿着的外衣上，但他未发觉。当他来到厕所后，外衣才烧着了，于是他将外衣脱下，扔到澡盆里……这种论断主要依据班特莱医生的外衣上有许多被烟灰烧成的洞。但是，这种论断却无法解释为什么班特莱医生烧成灰烬而他的外衣却未烧成灰烬，而且烟灰也绝不会有这么大的能力烧起一场火。

其次，烧着了的衣服也绝不会产生出那样巨大的能量将一个活人烧成灰烬。而且着火的地点是一间厕所，房子很小，要想焚烧掉一个人，这间房内空气中的氧气是不够的，那么，哪儿来的这样大量的氧气呢？

此外，当煤气公司的职员顿·古齐尼尔走进班特莱医生的家时，为什么又没有闻到烧焦了的人肉气味呢？假如说是失火，火首先从寝室烧起，那么寝室内为什么没有任何火的痕迹呢？此外，距班特莱医生自焚的地方仅有几厘米处就是洗澡池。人们发现，洗澡池外面黑色的油漆仍在，未有一处脱落。更奇怪的是，为什么身体被烧得只剩下一条腿，而腿仍完好无损地保持着原来的样子，脚上的皮鞋也未有任何火烤的痕迹？

迪克教授说："我们发现的只是身体的一部分——一条小腿。此外在楼下厨房内的地上有一堆灰烬，灰中发现了这条小腿上部的膝盖骨。"

迪克教授是个法医，他分析说："我曾见过一次车祸。几辆汽车相撞，产生大火，车内共有三人。由于火势很大，以致任何人都难于接近汽车救人。大火后，车内的三人被火烧焦，从身体的很多部分仍能辨出一些轮廓，即胸腔、四肢和牙齿。但人体自焚现象却截然不同，身体的 90% 以上全变为灰烬，确为罕见，令人迷惑不解。"

2. 国外人体自燃现象种种

在美国某镇的一家小旅馆里，旅馆东主米勒有一个絮聒不休的太太，每天都喝到酩酊大醉。1725 年 2 月 19 日晚上,由于很多人前来参加次日的盛大交易会,旅馆全部客满。米勒和妻子很早便上床休息。米勒太太不能入睡,独自下楼去。她平时常到厨房点燃的火炉前喝到烂醉。这时米勒已进入梦乡,但到凌晨两点钟左右,突然惊醒。他嗅到烟熏的气味,连忙跑到楼下,沿途拍门把客人叫醒。张皇失措的住客走到大厨房时,看到着火焚烧的并非厨房,而是米勒太太。她躺在火炉附近,全身几乎烧光,只余下部分头颅、四肢末段和几根脊骨。除了尸体下面的地板和她所坐的椅子略有烧痕外,厨房里其余物品丝毫未损。

这时一名警官和两名宪兵恰好在附近巡逻,听见旅馆中人声鼎沸,于是入内探询。他们看见米勒太太冒烟的尸体后,立即把米勒逮捕,怀疑他是凶手。镇上的人早已知道米勒太太不但是个酒鬼,而且是个泼妇,因此怀疑备受困扰的米勒蓄意把妻子杀死,以便和旅馆一名女仆人双宿双飞。控方指米勒在妻子喝醉后把酒瓶里余下的酒倒在她身上,然后放火烧她,事后设法布局,使人相信这是一宗意外。

话说那位青年医生李加特在事发时也跑到楼下,亲眼看到米勒太太烧焦的尸体。他在审讯过程中为米勒作证,说受害人的身体全部烧光,却留下头颅和四肢末段,而附近物体也丝毫没有波及,这显然并非人为因素造成。法庭上的辩论非常激烈,控方坚称米勒是杀人凶手。米勒被裁定罪名成立,判处死刑。然而李加特仍不断陈辞,指出这件事绝不可能是普通的纵火杀人案,而是"上帝的惩罚"。结果,法庭撤销判决,宣布米勒无罪释放。然而,可怜的米勒也就此断送了一生。他经过那次打击后,精神极度颓丧,从此在医院中度过余生。

另有一位意大利教士贝多利,在祈祷时身体突然着火焚烧。他是遭遇身体自燃后尚能生存数天的少数受害人之一。报道这件事的是曾替他治疗的巴塔利亚医生,见于 1776 年 10 月佛罗伦萨一份学报。

事发期间,贝多利正在全国各地旅行,有天晚上抵达姊夫家里,由姊夫带领到暂时歇宿的房间。由于他穿的衬衫是用马毛做的,把肩膀刮得很不舒服,他一进房就要了一条手帕,把衬衫和肩膀隔开。接着,他独自留在房中祈祷。

过了几分钟,房中传出教士的痛苦呼叫声,全屋人立刻冲进他的房间。他们看见贝多利躺在地上,全身给一团小火焰包围,但上前察看时,火焰便逐渐消退,最后熄灭了。次日早上,贝多利接受巴塔利亚医生检查。他发现伤者右臂的皮肤几乎完全脱离肌肉,吊在骨头上。从肩膀直至大腿,皮肤也受到同样损伤。烧得最严重的部分是右手,已开始腐烂。巴塔利亚医生虽然立即进行治疗,但伤者的情况不断恶化,老是说口渴想喝水,而且全身抽搐得令人吃惊。据说,他坐过的那张椅子满布"腐烂和使人恶心的物质"。贝多利一直发热,陷于谵妄状态,又不断呕吐,第四天在昏迷中死亡。

巴塔利亚医生无法在贝多利身上找出染病迹象。最可怖的是，在死亡之前，他的身体已发出腐肉般的恶臭。巴塔利亚医生说，看见有虫子从贝多利身上爬到床上，他的指甲也脱落了。

巴塔利亚记得贝多利最初给送到他那里时，右手好像给人用棍棒打过似的，衬衫上还有"摇曳的火焰"，很快便把衬衫烧成灰烬，袖口却完整无缺。而且奇怪得很，放在衬衫与肩膀之间的手帕竟未烧着，裤子也完好无损。虽然他的头发一根也没有烧焦，帽子却完全烧毁。房间里并没有起火的迹象。可是本来盛满油的一盏油灯已完全枯竭，灯芯也烧成了灰烬。

另有一例，奥弗顿医生在《田纳西州医学会学报》发表一篇文章，记述该州那士维尔大学数学教授汉密尔顿因"局部自燃"受伤的情形。1835 年 1 月 5 日，汉密尔顿教授从大学返家，那天天气很冷，温度表录得的气温只有华氏 8 度。

突然间，他觉得左腿灼热疼痛，就像给黄蜂叮了一口似的。他朝下一看，腿上竟有一团十几厘米高的火焰，直径如一个银币大小，顶部则呈扁平形状。他立即用手拍打，但无法把火焰拍熄。幸而汉密尔顿教授保持冷静，想起如果火焰没有氧供应就会自动熄灭，于是两手拱成怀状盖在燃烧之处，火果然熄了。

可是，他仍然感到剧痛，进屋之后，便立即脱下长裤和内裤，检查伤口。他看见伤口约宽 3 厘米，长 10 厘米，干爽，呈青黑色，在左腿下方斜向伸展。他又检查了内裤，发现正对伤口之处已经烧穿，但洞口周围丝毫没有烧焦的痕迹。最奇怪的是，长裤竟然完好无损，只是底面靠近内裤烧穿的地方有许多暗黄色的绒毛，用小刀便可以刮去。

伤口虽然有些地方与普通伤口不同，但为汉密尔顿诊断的医生经过检查后，仍然当作普通烧伤一样医治。伤口很深，过了整整 32 天才愈合。治愈之后，伤口周围的肌肉依然有一段很长的时间不断隐隐作痛，而且疤痕呈现一种很不寻常的青黑色。

在英国，南安普敦附近一个乡村发生的一场怪火，夺去了基利夫妇的性命。1905 年 2 月 26 日早上，邻居听见基利家中传出尖叫声，进去时即发现屋内已经着火。

基利先生躺在地上，已经完全化为灰烬。基利太太则坐在安乐椅上，"虽已烧成黑炭，但仍可辨认"。警方发现屋内有张桌子翻倒，油灯也掉在地上，但他们不明白一盏油灯怎能造成这场灾害。最奇怪的是，基利太太所坐的安乐椅竟然没有烧坏。

1907 年，印度狄纳波附近曼那村的两名巡警发现一具烧焦的妇人尸体。他们把这具衣服无损但仍然在冒烟的尸体送到地方法官那里，据巡警说，发现尸体时房间里并无失火迹象。

英国布莱斯附近的怀特利湾有一对姓迪尤尔的姐妹，是退休学校教员。姐姐名叫玛格丽特，妹妹名叫威廉明娜。1908 年 3 月 22 日晚上，玛格丽特跑到邻居家中，慌张地诉说妹妹已经烧死。邻居进入她家里查看发现成廉明娜烧焦的尸体躺在床上。床和被褥并无火烧的痕迹,屋内各处也没有失火迹象。

在死因侦讯中,玛格丽特一再誓言发现妹妹尸体躺在床上的情形,正如邻居所见一样。但验尸官认为睡床安然无损,而躺在其上的人竟烧成灰烬,简直荒谬绝伦。他斥责玛格丽特撒谎,声言要起诉她,并在死因侦讯间暂时押候。

邻居和舆论都不相信玛格丽特的供辞,玛格丽特备受压力,在重新开庭侦讯时承认作伪证。她说自己实际上是在家里楼下看见威廉明娜身体着火,但仍然生存,她把火扑熄后,便扶妹妹上楼,安置在床上,但不久妹妹便死去了。

虽然楼下也没有起火迹象,可是验尸官认为这个说法比玛格丽特原来的口供合理一些。

验尸官宣布裁定威廉明娜的死因是"意外烧死"。不过,他事后说,这宗案件是他历来侦查过的最奇特案件之一。

1953年3月1日,南加罗来纳州缘镇的伍德先生被人发现在他紧闭门窗的汽车前座上烧成黑炭。当时他的汽车停在291号公路旁边,油箱里还有半箱汽油。除了挡风玻璃因受热而起泡及向内凹陷外,全车并无损坏。

78岁残疾老人杨锡金住在檀香山冒纳基亚街1130号,1956年12月,邻居发现他遭蓝色火焰包围。15分钟后,消防员到来时,他的躯体和椅子已烧成灰烬。可是,搁在对面轮椅上的双脚完整无损,连周围的家具和窗帘也没有损坏。

人体自燃的遇难者很少是儿童,伊利诺伊州洛克福镇的普鲁伊特却是一个例外。这名四个月大的婴孩于1959年春因严重烧伤致死,可是他的衣服并没有烧焦的痕迹,床上的被褥也没有损坏。

1950年10月的一个晚上,年方19岁的安德鲁斯小姐和男朋友克里福德在伦敦一家夜总会跳舞。突然,她胸前和背部起火,瞬间即烧及头发。克里德福和其他客人设法把火扑灭,但始终无法救回她的性命。

克里福德在法庭上作证说:舞池中没有人吸烟。桌子上没有蜡烛,我也未看见她的衣服给任何东西烧着。我知道说来令人难以置信,但事实上我觉得火焰是从她的身体内发出来的。

其他证人也同意他所说的话。结果,法庭裁定安德鲁斯小姐是"死于原因不明的一场火"。

密歇根州旁提亚克市的30岁汽车工人彼得森,由于健康欠佳,几个月来一直心情沮丧。1959年12月13日下午7时45分,有人发现他死在自己的汽车里,看来是自杀。当时驾驶座侧边的座位仍在冒烟,排气管已经扭曲,伸进关闭了门窗的车厢里。

医生检验过他的尸体后,宣布他是中一氧化碳毒致死,这与自杀的推测正好吻合。可是,他们无法解释彼得森的背部、大腿和手臂为什么会三度烧伤,以及他的鼻子、喉咙和肺部为什么会灼伤。最奇怪的是,他的衣服甚至内衣裤丝毫没有损坏,烧焦的皮肉上还竖起没有烧毁的体毛。调查人员起初认为汽车的排烟可能带有热力,后来又怀疑有谋杀成分,但都不能解释彼得森死时的情况。

在一宗人体自燃事件中,受害者不止1人,而有6个。以下是1976年12月27日《奈及利亚先驱报》有关该次事件的报道:

拉歌斯市一户7口之家,有6个成员烧死的事件……目前已成为最难解答的谜团。

据昨日的现场调查显示,该木房子中一切物体完好无损,甚至两张棉褥也仍然整齐地铺在两张铁架床上……

这场烧死6个人的大火对整个房间似乎无损……但从死者被焚的严重情况看来,房中物件,包括木墙和屋顶的铁皮,本应荡然无存。

虽然早时传说有人乘那家人睡熟时,从窗口泼进汽油,然后点火焚烧,但昨日的调查已证明此一说法不确。

比利时布鲁塞尔有一对名叫雷斯和蒙娜米的男女,在林荫道上接吻时,突然背上起火,火一起窜到4.6米高,在30秒钟里他们都化为灰烬。

1985年伦敦。那天晚上,19岁的波利·列斯里在大街上散步。突然,他感到周身发热。他低头而视,发现自己的身体竟喷出火来。火瞬时在他上半身燃烧起来,难以忍受的高温及疼痛同时向他袭来,列斯里双手蒙脸,保护着他的眼睛,但是火势凶猛,他的胸、背、腕都像被烙铁烫着那么疼痛,大脑有煮沸的感觉。他想奔跑,但是没跨出几步就重重地摔倒了。当死神向他步步紧逼时,突然身上的火焰一下子熄灭了。好在列斯里年轻力壮,在医生的精心治疗下,几个星期后痊愈出院。

人体自燃的现象,并不为20世纪科学界所承认,既未被列入世界卫生组织编订的"国际疾病分类法"中,也不是美国或国立医学图书馆生物学与医生图书索引的一个条目。尽管警察、消防员、纵火案专家、验尸官和病理学家提出不少证据,但大多数医生和科学家仍然认为那些看来不容争辩的事例未经彻底调查。

不过,并非历代的人都抱这种怀疑态度。17和18世纪时,人体自燃现象,特别是发生于酒徒身上的事例,一般视作上帝的惩罚。到了19世纪,由于生物学与化学的进步,研究人员得以从非宗教的角度找寻这些难明火灾的成因。他们提出了更多种可能性,包括以下列举的一种或多种的结合:

★肠内的气体容易燃烧。

★尸体产生易燃气体。

★干草堆及肥料堆产生的热力,足以引起自燃。

★某些元素或混合物一旦暴露于空气中就会自动着火,如人体元素之一的磷。

★有些化学品本身并不活跃,但与其他物品混合时会引起爆炸。

★某些昆虫和鱼类发光表示可能有内火。

★静电产生火花,在某种情况下可能引起人体着火。

然而,越来越多的事实证明上述各种假设都不是人体自燃的真正成因。1951年时,一位德国化学家已经指出,喝了大量白兰地酒的人即使接近火也不会着火。其后在19世纪末期,几位医生曾声称不明白水分含量多而酒精含量相当少的人体为什么会着火。1905年4月22日,《美国医学》杂志对相信人体自燃的人予以迎头痛击指出"在全部发表过的人体自燃事件中,几乎半数来自法国这个神经过敏的国家"。

为了验证酒精可使人体变成高度易燃的说法,科学家先把老鼠放在酒精中浸一年,然后点火焚烧。结果,老鼠的外皮腾起烈火,皮下外层肌肉也烧焦,但内部组织及器官则依然无损。

后来他们又用在酒精中浸了更长时间的博物馆标本作试验,结果也是一样。

消化系统产生的易燃气体的确可能在人体聚积,造成危险。英国有位牧师便受到警告,不可吹熄圣坛的蜡烛,以免呼出的气体着火。

静电也可能是一个原因。据美国防火协会的防火手册说,人体聚积的静电负荷达数千伏电力可通过头发放出,一般不会造成伤害,但在某些特殊情形下,例如在制造易燃物品的工厂或使用气体麻醉剂的医院手术室中,这种人就可能引起爆炸。

3. 国内公开报道的人体自燃现象

我国曾发生过这样一件有关人体自燃的案例,也引起了广大读者的兴趣。

在1990年4月15日早晨,湖南省某村村民唐某的4岁男孩裤裆处突然冒火燃烧,大人们急忙脱下了3条裤子察看:穿在里面接触皮肤的第一条布裤和第二条晴纶裤都烧有3厘米左右的洞,第三条巴拿马料子外裤也被烧焦,同时在双脚处发现两个11.5厘米的烧洞。再看看小孩的身体,双脚小腿处有烧伤的浅黄色点,当母亲为小孩刚穿上一条内裤时,在相同的部位,再次出现裤子燃烧的情况。

大人们为了孩子的安全起见,就把小孩全身脱光,包床小棉被送到中心医院治疗。医师诊断为过敏性静电反应,并安慰说不要紧,吃点药就没事了。不料,小孩回家后,躺在床上不到3分钟,又惊叫起来。家人掀开小被一看,只见右大腿处有一个1厘米大的火球,带蓝火苗落到床单上,随即烧穿床单。在场的人迅速扑灭火球。小孩的大腿上烧出一个2分硬币大的泡来,全身还发出类似打火机打出的火星,小孩自己用手去抓,十指均被烧成浅黄色的烧伤点泡。

大人们又把小孩送到医院。经医疗仪器对小孩作了身体健康状况检查，一切正常，无任何异常情况。医生介绍说，这种人体自燃在我们建国以来还是首例。

4."神秘射线"是自燃的罪魁祸首吗

德国一名女性为了使自己的皮肤变成棕色而去海滩晒太阳。没想到，她第一次晒太阳就出了怪事，身体被晒着火了。

28 岁的杰达和好友凯瑟林来自德国法兰克福，她们从事秘书工作。1990 年夏季的假日中，为了消遣，她们决定到多米尼加去旅游。第二天，两个人神采奕奕地乘飞机赶到了多米尼加的海边游览。当时天气很热，她俩在海滩上晒太阳，一个小时后，凯瑟琳便觉得热得不行了，便独自一人到不远的树荫下休息，并不知不觉地睡着了。3 个小时后，她醒来一看，杰达仍在阳光下曝晒。凯瑟琳跑过去劝杰达到阴凉处躲一躲。这时的杰达在灼热的阳光下已被晒出了水泡，但她没有听从好友的劝阻。

就在这时，凯瑟琳突然闻到一股烤焦的臭味，再看杰达，有一股烟从她口里冒了出来，凯瑟琳急忙去拉她的手，感到她的皮肤已到了烫手的地步。杰达开始呻吟起来，接着浑身都燃烧起来。

所有这些，都发生在一瞬间，凯瑟琳被吓得大声惊叫起来。呼救声惊动了救生员，当他们赶来用水泼在杰达身上时，一切都为时太晚了，她已变成了一堆冒着青烟的灰渣。

验尸官在检验尸骨后说，这是一宗少见的自发起火现象。对这一现象，人们的了解仍不完全，就如人体自燃的现象一样。但有些专家认为这起事件与太阳强烈辐射有关，并提醒喜欢阳光浴的人不要过分晒太阳，并且在晒太阳之前要做一些必要的预防准备工作，以防不测。

历史上，国外有过多起人体自燃的记载。但最令人吃惊的一例是棺内起火，尸体自燃。

此事发生在 1973 年 12 月 7 日，美国威斯康星州一个年约 50 岁的妇女因煤气中毒而身亡。两天后，当人们在教堂为死者举行悼念仪式时，突然棺内尸体起火，并且越烧越旺，还发出啪啪的响声。当人们将火扑灭时，棺内的尸体化为灰烬，而周围的一切可燃物却完好无损。事后，经法医调查，证实棺材是金属的，没有可燃物燃烧过的痕迹，因此，尸体起火的原因是自燃。有人认为，这种尸体自燃现象很可能是人体放电的结果，据此有人提出，人体本身就是一个充满能量的带电体。至于如何由此放出静电而引起自燃就不知其所以然了。

1983 年 1 2 月的一天，在一片困惑气氛中，意大利一家法院正式开庭审理一件奇特的纵火案。

被告人卡罗拉，是英国苏格兰姑娘，她肩披金黄色长发，雪肤花貌，一对清澈湛蓝的眸子,穿着十分动人,她曾在意大利两个富翁家担任家庭保姆和家庭教师,但两家雇主都指控她犯有故意纵火杀人罪。

卡罗拉原籍是英国苏格兰,在一次偶然的机会,她邂逅一位潇洒英俊、风度翩翩的意大利青年,两人一见钟情,如胶似漆。可好景不长,正当他们准备结婚时,那个青年接到通知,回意大利服兵役。

热恋中的卡罗拉,不甘寂寞,毅然背井离乡,随郎君来到意大利。为了生存下来,她找了临时工作,到一个富翁家当保姆。但刚刚工作没几天,这个倒霉的富翁家便发生了一次大火,烧得他家一无所剩。火灾后,那富翁只好在附近租了所房子,暂时存身。不料在4天之内新居又连续发生了3次大火。虽然没有人员伤亡,但新居已被严重破坏,无法使用。于是,那个倒霉的富翁只好把家迁往罗马,临行前把可疑的卡罗拉辞退了。

没过几天,年轻貌美的卡罗拉又被另一个富翁看中,做了他的家庭教师。可是奇怪的事又开始发生了,卡罗拉来到他家不到24小时,这天晚上,富翁小女儿的床下突然冒出了大火,几乎把孩子烧死。这个富翁怀疑是卡罗拉干的,于是,他联合前一个富翁指控卡罗拉犯有故意纵火杀人罪。

在法庭上,两家的女佣人都出庭作证说卡罗拉身上有股特殊的力量,当她不允许他人靠近她时,人们就会感到有股看不见的力量向后推。有个女佣人还说,她亲眼看见卡罗拉走进厨房时,厨房的墙壁上突然出现了五颜六色的身影。

有一位应法庭邀请而来的火灾分析专家大声指出:他调查了这前后发生的5场火灾,发现火灾现场与一般火灾不同,一般火灾之中,火苗是从下往上卷的,而上述5场火灾中,火苗是从上往下卷的。这说明有一种无法解释的力量在发生作用,可以称这为"魔火",这证明卡罗拉身上确有一种魔力。

对这一动人的事例,1983年12月30日黎巴嫩的《时事周刊》曾详细报道过。

类似的事,在蒙古也发生过。蒙古一名叫温杜尔玛·巴特蒙赫的妇女身上能放射一种神秘射线,1990年4月8日到5月2日,她身上放射出的这种射线在乌兰巴托已造成65起火灾。只要她在场,即使衣服和纸类可燃性东西存放在衣柜里也能够自燃,而且很奇怪的是,燃烧后的东西连灰都不留一点。

每当她经过的地方着火时,消防队员根本查不出东西自燃的原因。因此,他们只好得出这样一个结论:她身上能放射出一种神秘可燃烧的射线。

我国新疆和硕县有一姓马的人家,也发生了这样一件怪事。只要马某的妻子在屋,每隔三五天,都会发生一起火警,不是床围子起火,就是门角处、窗户上的塑料布莫名其妙地着起火来。是谁干的呢?马家以为有人故意纵火便处处注意,事事小心,可火情仍时有发生。

有一次，马某家的一个远房亲戚带着一大包衣服来串门，他们把衣服放进一个柜厨里。过了不大一会儿，柜厨就冒出缕缕青烟，待把衣服抢出来一看，已大半被烧毁。

马某的母亲认为是儿媳的屋子不吉利，怕儿媳担惊受怕，于是给小俩口另换了一间住房，可火情仍不间断，一连换了3次房，那火就像着了魔似的，与马某的妻结下了不解之缘，仍不时在她身边来上一把火！马家人，只要一提火，如谈虎色变，连连摇头叹息。

不用说这一件纵火无头案与意大利那纵火疑案一样，至今没有被侦破。是意念起火？还是人体磁力引发起火？或是特异功能起火？至今无人能加以证实。

人体自焚的情况虽各不相同，但却有一些共性。一位研究人体自焚现象的学者说："它们的共性是，自焚一般会冒烟、着火、燃烧速度很快，但焚烧面积却不大。这种火则是由一种水无法扑灭的使人困惑的燃料引起的。而这种燃料燃烧的方式也十分特别，人体有的局部烧了，有的局部未烧，即部分肢体烧成了灰烬，而部分肢体仍然存在。更令人奇怪的是，有的身体被焚烧了，而外面的衣服却完好无损，以致产生衣服罩着一堆人体黑灰的现象。"

倘若人体自焚现象同巨大的天灾相比，那么它仅仅是人类中某个人的灾难。目前这种自焚现象是否也出现在动物身上仍不清楚。迄今为止，人体自焚现象尚未在医学角度上得到认真的研究。因为这种现象有许多矛盾，以致在理论上被认为是很难发生的。

因为至今科学尚无法断定，人体组织是怎样产生出这样巨大的热力焚烧掉整个肢体的。倘若我们设想，这种热力是由于某一种原因而产生的，那么，这种热力的影响就决不会仅停留在人体的范围内，而会向临近人体的其他东西蔓延、燃烧。但事实上，这种热力的影响并未蔓延。在讨论人体自焚过程中，个别几次使用了"燃烧的不规则的承受力"现象这一名词。暗指这种现象在历史上是反复发生的。1961年伦敦法医加芬·苏尔斯顿教授曾撰写一文，登载于官方医学报上，他说："有一些可接受的现象，即人体无外界燃料而自动起火燃烧，在此情况下，身体周围的其他东西明显未遭到任何损失。"

异食者

毒蛇、蜈蚣、蟾蜍、稻草、石砂、泥土、煤炭、汽油、书本、衣服、玻璃……这些都可以列入异食者的"食谱"中。

英国26岁的青年詹姆斯，因在计程车排班处闹事被捕，送进了西约克郡警察局的一所监狱。但在审讯时，他却穿了一套警察制服出庭。原来，詹姆斯有一种怪癖，对衣物胃口极佳。他在狱中吃光身上的所有衣物，包括衬衫、长裤、内裤、袜子甚至鞋，他出庭时穿的警察制服，是辩护律师临时给他找到的。

美国华盛顿州40岁的妇女艾玛也喜欢以衣服为食。她说："我看到美丽的衣服时，往往会流口水。尤其看到较厚的外套时，很想放到嘴里咀嚼。然而，最使我垂涎的是丈夫的衣服。"

据她说,丈夫的衣服最合她的胃口。她丈夫对衣服常丢失感到奇怪,后来才知道被妻子吃掉了。

这类事情从"食癖"的角度来看不难理解,因为人的胃口的容纳与消化能力毕竟是相当强的。

16世纪时,英国有位吃书的妇女,开始每天吃一本,后来索性把书当饭吃。医生曾让她禁吃"书餐"3天,她竟苦熬不过,百病全生。到了第4天继续吃书,便又精神焕发。丈夫和子女为她四处选购"书食"。她吃的书,首先要干净,最好是新书。这位"食书癖"患者在当时被称作"把书店吃进肚子里的人"。

真正令人不可思议的是,那些看来根本不可能为胃口所接纳的东西,在有些人那里却被身体完好吸收,而无任何中毒和受损迹象。

南非青年萨尔门素以生吞毒蛇驰名于世。他说:"我捉到毒蛇后用木棍把它打晕,才容易吞到肚子里,但不久毒蛇会苏醒过来,在肚里乱撞,我心里感到非常舒服。"其胃何其异然!

中国喜食蛇者不乏其人。桂林市的尧某喜吞眼镜蛇、蟾蜍等,几天不吃就会感到周身无力。山西的孙某是当地出了名的"蛇阎王",多年来他生啮活蛇达800多条,其中包括剧毒的五步蛇。他吃法独特,将蛇头拉直。用齿噬开蛇腹,先将蛇血吮尽,然后饱啖蛇肉。

在一次庙会上,人们正在看晋剧演出,未防一条2米长的毒蛇从戏台角窜出,它蓝鳞披甲,毒信吐沫,惊得众哗逃避。孙某却大喝一声:"吠!"上前擒住其蛇。随后当众将毒蛇生啖,见到那蛇在"蛇阎王"嘴中半露尾巴甩来甩去,众人个个心惊。

摩洛哥有个20岁的青年阿蒂·阿巴德拉,他每天要吃掉3个玻璃杯。他说,咀嚼玻璃杯就像咬脆苹果一样爽快。从14岁起,至今阿蒂已吃掉了8000个玻璃杯。好奇的人们都以观看他进"玻璃杯餐"为乐事。

吃玻璃杯并非这位摩洛哥青年生来俱有的能力。当他14岁时的一天午夜,从睡梦中醒来,一股咬嚼硬物的感觉促使他抓起床沿的玻璃杯便使劲地咬,并将裂片咯咯地嚼成碎片。从此玻璃杯成了阿蒂每日必备的特殊"食品"。摩洛哥健康中心的医生从阿蒂的X光片中检查不出任何结果,他的口腔、胃肠都没有损伤的痕迹,也找不到玻璃的碎末。医生说,这是医学常理无法解释的奇异现象。

印度的库卡尼吞食日光灯管时,就像品尝甘蔗一样津津有味。他经常为观众表演这种"进餐"。观众常自费买来日光灯管供他咽食。只见他敲去灯管两端的金属接头,抱着玻璃管子,狼吞虎咽地吃了起来,仿佛他不是在吃玻璃管,而是吃甜脆可口的甘蔗。他一面咀嚼一面翘起大拇指，说："好吃，好吃！"

"进餐"表演结束，还让观众检查口腔，他的嘴唇、舌头、牙床乃至咽喉都无出血或破伤，实在令人惊奇。医学专家曾用 X 仪器和最新技术，对库卡尼进行过全面的细致的检查，没有发现任何与众不同之处。

我国黑龙江省有个人叫王某某，也喜食玻璃。1987 年他 53 岁，他从 10 岁开始吃玻璃，每次吃碎玻璃块 0.5 公斤左右。就是在走路时发现玻璃，也要拣起来擦净，把它吃下去。遇到大块玻璃，就砸碎了再吃。他牙齿很好，吃玻璃时，口腔也不会割破。

一次，他到药房买药，医生问他："你现在还吃玻璃吗？"他回答说吃，随手把放在桌子上的一个葡萄糖注射液空瓶子拿起来砸碎了像嚼冰糖一样，吃得一干二净。在场的人无不感到惊奇。他不但能吃玻璃，而且能吃酱油或大酱，每次能喝七八两。据医生说，他体内可能缺少某种元素。

法国的洛蒂图能吞下铁钉、刀片、螺栓。先前他也是喜好吃玻璃。依他的习惯，吞吃硬物时，需伴以开水"助膳"；由于吞吃金属比玻璃所需开水少，使他对"金属餐"产生了偏爱。

在一次记者招待会上，洛蒂图当众吃下一份夹有刀片、铁钉、硬壳果等馅料的三明治。会后，记者们立刻要求洛蒂图到就近医院检查，X 光师指着当时拍下的洛蒂图的 X 片表示，他的胃里有一大堆金属。洛蒂图甚至还用 6 天时间，吃掉了被解体的电视机。医生说，洛蒂图的胃、肠、喉部壁膜看来特别厚。这位法国异食者已提出他死后将献出身体供科学研究。

美国堪萨斯州惠灵市，有个叫约翰·基顿的，他的胃特别好，人称铁胃。

他不但能使苏打水和鸡蛋皮、玻璃、香蕉等一起吞下去，而且还能把水泥像砂糖一样舔着吃下。他能把 18 公斤的甜瓜和生的牛肝以及报纸、杂志等一起吃进胃里。还有，他能连续不断地吞下 128 个鸡蛋，连续吃下 45 公斤的生牛肉。

如果说吞食毒蛇在于人体异常的解毒能力，吞食玻璃、金属在于人体异常的消化能力，那么不需要饮食而只喝进棉油或汽油的人，他们的生理特殊性又该作何等推论呢？

湖北省公安县农民梁某 1987 年 44 岁，已有 15 年只喝生棉油的历史。1972 年秋，她生了一场大病，不想吃东西，喝生棉油却感到全身分外舒服，从此就一直靠喝生棉油度日。15 年来共喝下生棉油 55000 公斤，平均每天 1 公斤。梁某的身体也一直健康无恙。

江西省玉山县樟村乡程汪村 18 岁的男青年曹某食砖成瘾，他每天要吃 0.5 公斤的砖头，至今已有 8 年的历史。

8 年前，刚满 10 岁的曹某得了一场暴病，难受起来就将砖头放在嘴里咀嚼，病愈后竟上了瘾。3 年后才被周围的人发觉。于是，他干脆将砖头大口大口地咀嚼起来，人们问他有什么味道,他笑着说:"爽口,就像抽烟上了瘾一样,隔一两小时不吃,就有点难受。"

东北的李某提起吃煤,说:"我吃煤是在1987年,当时家在农村需要用煤烤烟,记得第一次不用柴禾用煤烤烟时,我就特别爱闻煤烟子味,后来到了不闻就想的地步。别人家生炉子冒烟都要躲得远远的,可我专门往有烟的地方钻,一点也不呛还特别愿意独享那股气味。"

有一天,李某突发奇想:煤烟子味这么好闻,这煤是不是也能吃? 她找了几块用水洗洗就放进嘴里,越嚼越香,从此一发而不可收拾。家里人知道她这怪癖后,都帮她戒也戒不掉。她自己也想戒始终戒不成,不吃就想。来沈阳后,找煤也困难,感觉瘾头越来越大。每天早上卖豆包的时候,兜里都要带上煤块,隔一会儿就会吃上几块,然后再用雪糕漱漱嘴。

李某说她吃煤,很多人都不信。然而,她吃煤日渐严重。为了能找到可吃的煤块,每逢看到街上有用三轮车推煤的,她就要急不可待地要下几块。开始推煤人不给,问她干什么。她说吃,人家不信便和她打赌:"你能吃一块,我这一车煤都给你吃。"李某当着推煤人的面吃了一大块。一车煤没赌来,她吃煤的场景却让人们大惊失色,以后推煤人看到她都主动地送她几块。

她自己和家里人总觉得吃煤不是什么好习惯,但无奈又没别的办法。她曾到过医院,中医、西医都看过,医生也解释不了这种现象,更无法确诊。

有人问:"你吃煤后的感受怎样?"她说:"没什么特别的反应,就是有时候吃多了感觉鼻子发干发热,再就是吃煤以后,抽了四五年的烟给戒了,而且从不再想抽。我的家族也没有吃煤的人。"

据李某自己介绍,她以前还大量吃过黄泥,吃过生姜,只吃了一年时间,没有像这次吃煤时间这么长。她也想能有个人给她解释清楚吃煤这种现象究竟是怎么回事,最好是能治好。因为每天吃煤终归不是一个常人的行为和生活方式。

沈阳有过吃灯泡、刀片的奇人,据医生讲有此现象的人是因为胃酸浓度高于正常人的几倍所致。李某吃煤这一现象目前仍是个谜,有待营养学、医学的进一步研究。

法国水手华安列克已年过60岁,他此生虽无异食之好,但以从不喝一滴水而出名。有人不相信,邀他去非洲撒哈拉沙漠旅行,那人用5只骆驼带足了水,走了20天,华安列克滴水未进,一路上还大嚼饼干。看到这位长得又壮又胖的水手,谁也不会相信他是不喝水的人。

会发光的人

我国宋代大科学家沈括写过一部科学著作,名叫《梦溪笔谈》,里面记述过一件鸭蛋发光的事件。1707年,欧洲人保林纳斯也发现了发光的鸡蛋。其实,自然界能发光的东西是很多的。有些朽木的腐败细菌菌丝，有时也会发出可见的"冷光"；在漆黑的夜晚，有时可以见到飘荡的"磷光"；非洲有一种"恶魔树"，能够日夜发光；我国也有"夜光树"；就是在浩瀚的海洋里，也有一些鱼类和浮游生物会发出光来，那是因为它们体内含有发光物质。

现代科学证明，我们每个人的身体也会不断发出光来，只是这些光太弱了，肉眼看不见的。但也有一些人能够发出可见的光来。

早在 1669 年，丹麦著名医生巴尔宁就发现一个意大利女人的身体会发光。20 世纪30 年代，意大利又发现过一个发光的女子。她在夜里走路的时候，好像有光环环绕她的全身。

有的科学家认为，人体发光是一种荧光现象。因为这些人血液里的有丝分裂射线特别强，体内的某些物质在这种射线的激发下，就会发出荧光。

还有科学家认为，有些虔诚的信徒，在神经系统高度兴奋，全神贯注在宗教信仰之中的时候，皮肤也会发出光来。

我国科学家在研究中发现，人体每时每刻都在发光，这种光跟温度变化无关，肉眼看不见。这种超弱冷光的亮度，只相当于在 200 千米以外看一只手电筒的光。人死以后就不再发光。

为什么少数人能发出可见光来？科学家们还没有圆满的解释。

身体发电和不怕触电的人

人的身体上是存在生物电的，但正常人的电压微乎其微。可有的人却突然会产生强大的电压，甚至把人打倒在地。

我国新疆就有这样一个奇人，他叫薛某，是某工厂的工人。1988 年 2 月 8 日，他的妻子从街上烫发回来，他想摸一摸妻子的头发。没想到，他的手还没碰到妻子的头发，就把她打倒了。薛某当时也不知道自己身上有强电压，当他去挂衣服的时候，金属挂钩立即发出火花和丝丝的响声。这件怪事儿立刻传开了，人们前来想亲眼看一看，当来访者要跟薛某握手的时候，突然发出丝丝声并且闪出火花儿，来访者的手也被弹了回去。

英国也有一个身体会发电的妇女，名字叫宝莲。她在接触一些东西的时候，常常会发出电光和响声。有一次，她把饲养在水箱里的鱼都电死了。她曾经多次烧断电熨斗的保险丝，跟她握手的人也会被她击倒。据专家测定，她手上的电压高达 1500 伏。

有个印度人身体也能释放电能。他是尼赫鲁大学国际关系研究员，名叫萨蒂亚巴卡什。在他放电的时候，能把放在他身上的 60 瓦特灯泡点亮。

除这些身体能发电的人之外，还一些不怕触电的奇人。

我国青海省有一个叫黎瑶的人，就有这样的特异功能。除了脸和脖子以外，他身体的其他部位都能承受350伏以内的电压。他可以毫不在乎地接触通电的220伏电线,这时候别人抓住他的手也不会触电。医学家的初步解释是,黎瑶所以不怕触电,是由于患有无汗症,缺乏能导电的电解液的缘故。

英国还有一个没被雷电击倒的小女孩。据记载,当时雷电追逐她有30米,她被包围在一片火花之中。令人惊奇的是,小女孩并没有被击中,她旁边的一棵樱桃树却被击倒了。另外,美国的一个警察曾7次被雷电击中,但都活了下来。对于这样的怪事,科学家们还没有一个圆满的解释。

能预知地震的人

在地震之前,很多动物都焦躁不安,行为异常,好像是知道大祸临头,作为高级动物的人,能不能预先感知地震灾难的来临呢?回答是肯定的,确实有这样的奇人。

美国俄勒冈州有一个名叫荷洛塔·金的女子,就能"预感"地震和火山爆发。专家们对她进行了观察和研究,发现她的头痛差不多都跟这一地区的地震和火山活动加剧有关;4月26日和7月17日,她又准确预告了加利福尼亚的两次地震。

加利福尼亚州的夏洛蒂更奇特,她可以根据声音的微弱变化和自己头痛、胸痛的部位,提前几天预测地震将在哪些地区发生。1984年5月5日,她打电话给一家通讯社,说她预感到加拿大、阿拉斯中州、阿留申群岛或日本这一地带将有一次大地震。结果,两天之后在阿留申群岛果然发生了7.9级的大地震。5月28日,举世瞩目的世界杯足球赛将在墨西哥开幕,她又通知墨西哥大使馆,告诉他们会有一次强度地震,结果在第二天,墨西哥再次发生了一次6级地震,使许多球员和球迷大吃一惊。1984年9月墨西哥大地震发生的前9天,记者就报道了夏洛蒂的预感。

更让人惊奇的是,在意大利的西西里岛,有一个男子能用脚趾预报地震,并且救过很多人的性命。这个叫卡达治的村民说,每逢发生地震的前几个小时,他的脚趾就感到疼痛。他第一次用脚趾预报地震,是在1951年11月,当时他的脚趾就感到疼痛难忍,不能站起来,他好像感到整个大地都在旋转。于是,他半夜叫醒了村长:"地震来啦,快通知村民疏散!"村长接受了卡达治的警告,敲响了警钟。果然,没过多久,这个村落真的连续发生三次地震,整个村子成了一片平地。由于卡达治的准时预报,才没有人伤亡。

1977年,罗马尼亚的符兰查市区曾发生过一次强烈地震,在震前的几小时,这个城市的一些人就有一种异常的恐惧感,心脏跳动加快,身体变得特别虚弱。耳科专家解释说,动物能感知低音波,人类也或多或少保留着这种本能。地震前的这些感觉,可能是这种本能的表现。

从不睡眠的人

传统的医学观点认为,睡眠是大脑的食物。既然如此,又该如何看待那些并不需要睡眠的大脑呢?大脑与睡眠的实质关系究竟何在呢?

瑞典妇女埃古丽德自1918年母亲突然去世后,过度的精神刺激使她再也不能像以往那样睡眠了。医生给她开了许多镇静药和烈性安眠片,但没有任何效果。每逢夜间,她都在不停地干家务活,疲倦时就上床休息一下。埃古丽德到1973年已86岁,住在养老院。她的身体一向健康,并没有受到多年不眠的什么影响。

古巴有位退休的纺织工人伊斯,他从13岁开始,40多年间从未睡过觉。据他本人说:"我失去睡觉能力,大约在脑炎后进行扁桃腺切除手术时,当时心理上受惊吓,从此就不能入睡了。"

1970年,一批精神病院医生对他进行了2个星期的全面观察。仪器监测表明,伊斯即使闭上眼睛躺着,脑子仍然和醒着的人一样活动,绝对没有睡着。

美国在20世纪40年代出了一位著名的不眠者奥尔·赫津。这位居住在新泽西州的老人,家里从未置床,甚至连吊床都见不到。他一生中连小睡也没有过。许多医生轮班监视了他,竟发现缺乏正常睡眠的奥尔,其精神状态及生理状态反而超过一般人。晚上当体力不佳时,他就坐在一张旧摇椅上读点什么;当他感到体力恢复,又继续投入劳作。医生对奥尔的不眠现象无从解释。奥尔的母亲则以为这可能与自己在生下奥尔前几天受到严重的伤害相关。

奥尔到了90岁的时候,他已经活得比许多有正常睡眠的医生更为长久。

无法睡眠是否属于脑功能障碍呢?事实上,有些不眠者的智力倒显得更高一些。法国人列尔贝德1791年生于巴黎,至1864年逝世,在这73年的生涯中,居然有71年没有睡过一次觉。

这种情形源发于他2岁时的一次事故。1793年他和父母一起去看国王路易十六被处绞刑的场面,不料观众席倒塌,将他压在下面,昏迷过去,虽被在医院中抢救复生,但他的头盖骨却破裂难补了。由于这个缘故,他一生中都无法睡了。但这并没有妨碍他的读书与考学,以至后来成为颇有名望的学者。列尔贝德的脑究竟是怎样像心脏那般无止歇地工作下来的呢?

西班牙的塞托维亚在19岁那年从睡眠中被惊醒,此后睡眠日减,到了1955年,睡眠就完全与他无缘了。33年来,这位西班牙人已经度过了12000多个不眠的昼夜。国内医学界对他极感兴趣,然而各种措施均属徒劳;数十年从未能使塞托维亚安眠一次,尽管塞托维亚长期不眠,他却体格强壮,精力旺盛,看上去无丝毫倦意,反倒显得朝气蓬勃。每天晚上他都像正常人一样躺在床上,但不是睡觉,而是读书、听收音机;清晨他就和大家一样起床,开始一天的工作。就这样,日复一日,年复一年。

不怕冷的人

任何事情都是有极限的。生理学家们警告说,如果在零下 40 摄氏度的时候不穿衣服,就是身体再强壮的人,也活不过 15 分钟。

20 世纪 80 年代,在伦敦曾举行过一次科学讨论会,专门研究因海难落水的人能活多久的问题。科学家们的研究成果表明:水温在零摄氏度的时候,人可以忍受 15 分钟;5 摄氏度的时候,可以忍受 1 个昼夜多一点儿。难怪安徒生童话里那个卖火柴的小女孩,就是冻死在圣诞之夜的。

让人惊奇的是,世界上也有极少数生来就不怕冷的人。

在意大利海滨城市里雅斯特的大街上,人们纷纷向巡逻的警察报告,说有一个只穿游泳短裤的小男孩,每天身背书包顶着刺骨的寒风去上学,他肯定是受了家长的虐待。

警察听了也很气愤,就拦住这个 8 岁的男孩。

"孩子,快告诉我,是不是你父母不给你衣服穿?"

"不是的,警察先生。"

"可怜的孩子,你不要害怕,他们这是犯罪,我们是为你伸张正义的。"巡警越说越气愤。

"警官先生,您听我解释,不是我的爸爸妈妈不给我穿衣服。而是我从小就不怕冷,只穿这件游泳短裤和拖鞋就行了,我必须光着身子。"

"真的是这样吗,你的父母带你到医院检查过吗?"巡警关心地问小男孩。

"好多大医院都去过,医生们也弄不清楚是怎么回事儿。"

"快回家吧,孩子,多冷的天气呀。"

望着这个不怕冷的孩子的背影,巡警也莫名其妙地耸了耸肩。

其实,这种数九寒天不怕冷的孩子,在我国也有发现。

在南京市郊有一个小男孩,一生下来就不怕寒冷,他一年四季不穿衣服。就是在大雪纷飞的天气里,他仍然光着身子在外面玩儿,从来没有伤风感冒过。

1979 年 8 月,四川绵阳市郊有一个叫"火娃"的小女孩降生了。她喜冷厌热。天气再冷也不穿衣服。如果有冷水洒在她身上,也跟没事儿一样。就是在冬天睡觉,她也从不盖被子,只睡在草席上。假如给"火娃"穿衣、盖被,她就会发烧生病。

在江西安义县,也有一位不怕冷的女孩,名叫复为莲,她在气温零下 3 摄氏度的时候,也只穿一身单衣服、一双胶鞋,不穿袜子。她的父亲告诉来访的记者,他这个女儿一出生就不爱穿衣服,一给她穿就哭。两岁之前,只好不给她穿,后来才勉强穿上单衣,但从此就不加衣服了。

这些人为什么不怕冷？现在还是个不解之谜。

长有"雷达"眼睛的人

埃季延·博季诺，1739年出生于法国里思卢阿尔省的桑托斯。从1762年起，他经过多年的刻苦训练，终于练成了一种神奇的本领。这一本领就是他能够利用自己的肉眼看清楚远距离的船只，并能预见到几天后将会出现的军舰。他这一神奇的遥感功能超过了普通雷达的视野，被人们称之为"雷达"人。"雷达"人的奇异功能并非天生造就，而是有一天，他突然萌发了奇想，能不能用感觉导航。于是，他就利用空闲时间进行练习，慢慢地他就"看出了"地平线后面的船只，试验成功了。

1763年，他来到毛里求斯担任了工程师。在这里每天都有许多过路的客船绕过这里远去，这样就为这位"雷达"人练习观察船只的能力创造了良好的机会，从而使他的功夫达到了纯青的程度，能准确预报出3天内出现在地平线上的船只。博季诺具有特异功能的消息传到了当时法国海军大臣杰·卡斯特里耳中，他命令博季诺登记所有能感觉到的可疑船只，他照办了。

1872年5月15日，他"看到"有3条船正在向毛里求斯靠拢，并预测他们在3天内将分别靠岸。事实证明他的预测准确无比。6月20日，他观测将有大批船只朝毛里求斯而来，结果丝毫不差。原来是法国皇家舰队的一支先遣队在向岛内驶来。这样博季诺的名字随着他的特异功能很快传遍了毛里求斯及其他许多地区及国家。慕名而来的人们纷纷要求博季诺公开自己的秘密。然而，博季诺自己也搞不清楚自己这神奇的雷达般魔力来自何方。

从1778年到1782年的5年时间内，他预测了575艘在普通人视线外船只的动向，准确率达到了百分之百，在一次航行的途中，他准确地预告了27艘船的行动情况。当时，这些船只都在几十公里、几百公里以至几千公里以外的海洋上。"雷达"人准确无误的预测能力为他带来了盛誉，许多地方邀请他前去做现场表演。这样，他所到之处都是热烈非凡，他那神奇的表演则更令那些目睹者感到惊叹不已。

"雷达"人的奇异功能，简直令当时的人们都倾倒于他的脚下，人们只有对其崇拜而忘却了对这奇异功能的探究。后来一位叫皮托的学者，对"雷达"人发生了兴趣，他为了弄清这一奇人神功的来历查证了许多跟博季诺有关的档案材料，通过这些材料的考证他认为博季诺身体完全健康，精神也十分正常，他那特异的本领是令人信服的。然而，造成这种奇迹的原因是什么？皮托则无法肯定。今后能否再出现类似的奇人？人们谁也说不清楚。

毒人

在大千世界里，有些人的体内有剧毒，可他自己并不受毒素的伤害，却能毒害别的生物。他们是一些有毒的人。

美国匹兹堡有一个叫格兰的工人。一天，他去上夜班，被草丛里的一条响尾蛇咬了一口。响尾蛇是一种毒性非常强的毒蛇，可格兰却跟没事儿一样，而那条咬人的响尾蛇，没爬多远就死了。消息传开之后，人们对格兰的血液进行了化验，发现血里含有氰化物，所以才把响尾蛇毒死的。学者们推测，由于格兰在工作中经常跟有剧毒的氰化物打交道，日久天长，他可能对氰化物产生了适应性，身体里也蓄积了大量有毒物质。任何动物咬了他，都有可能中毒而死。如果格兰咬了别人或别的动物，挨咬的也可能性命难保。

在印度北方邦，有个中年人不幸被一条毒蛇缠住，他怎么弄也甩不掉，还是让毒蛇咬伤了脚。当过路人帮他把蛇从腿上拉开的时候，这条毒蛇当场死了。原来，这个中年人经常服用大麻，这条蛇是被此人体内含有的大麻毒素毒死的。

更让人惊奇的是，现在还有些人专吃毒蛇。他们可不是把毒蛇打死，经过剥皮、清洗，弄热了再吃，而是生吞下去。南非的克鲁格斯多普有个专门靠生吞毒蛇为生的人，名叫列支维·加伦尼。在医生的监视下，他能把活生生的毒蛇吞下去，让围观的人惊叹不已。据说，他每星期至少要3次吞食各种各样的毒蛇，医生和科学家们认为，加伦尼的体内可能含有一种抗毒素，毒蛇的毒素已经对他不起作用了。南非的另一个耍蛇人，不但能生吞毒蛇，还能产生毒素。有一次跟人斗殴，他咬了人一口，使那人中毒身亡。

这些"毒人"和不怕毒蛇咬的人令人惊叹。但对其中的奥秘，到现在还没有彻底弄清楚，仍是不解之谜。

超感人

在意大利的一个小镇上，有一位叫比素娜的老妇人，已经80岁了。她虽然没有接受过专门的训练，但她有一双比"X"光还厉害的透视眼，据说诊断病症的效率，差不多是在百分之百。

任何病人只要坐在她的面前，根本不用说出自己的症状，老妇人只有稍微审视病人一下，便进入昏睡状态，等她恢复清醒以后，就能判断出病人得了什么病，她的诊断往往跟医生所作的诊断完全一致。在过去的50多年里，她每天能接待病人50多名，后来由于身体的原因，她才把门诊数减少到每天10名。

意大利安科纳大学医院的医学专家们，经常邀请比素娜来医院，为病人确定肿瘤或结石到底长在什么地方。医生还请她现场指导手术的进行，因为她不用犹豫就能判断应在病人的什么部位开刀，从没有出现过差错。

前苏联有一位姑娘,也是著名的"超感人"。她的一双透视眼,能"看穿"人体,看到心脏在跳动,血液在奔流,简直就像一部彩色 X 线摄像机。

我们国家也有这样的奇人。他是哈尔滨市的一位医生,名叫李星周。他用他的透视眼能看出人体骨骼出现的断裂、增生或别的变化,而且还能看出人体内脏在形状和颜色上出现的异常。

更让惊奇的是,前苏联还有一位女起重机司机,名叫朱莉娅。她因触电昏睡过两天,醒后就发现自己有了特异功能。她不但能透视人体的内脏,而且还能看到太阳的紫外线和柏油路下面的洞穴。她也帮助医生看病,还能预报风暴的来临。但她自己却患有严重的头痛病。

电脑人

现代奇人中,俄国的米克墨尔·库尼算得上是很让世人瞩目的一位。库尼 12 岁时,有位朋友把火柴盒碰翻了,地上掉了一堆火柴,朋友觉得火柴盒里还剩了一些,估计也有半数以上,懒得到地上去拾。谁知一旁的库尼却突然冒出一句:"还不到一半呢,地板上起码要有 31 根呢。"朋友怪异地看了看他,也想证实一下他的结论,两人便蹲下身子数了数,果真地板上的火柴不多不少,整整 31 根。这下更让朋友吃了一惊,问他是怎么猜的,是什么诀窍,还是偶然的巧合。库尼说他并不是猜出来的,他脑子里确实就知道有这么多根。不过他并不知道自己怎么会那么有把握,那么准确无误。

库尼还能当众表演他惊人的心算功夫。库尼的助手把观众事先写的数字抄在库尼背后的黑板上,三位、四位、五位数都有,把五块黑板全部写满。库尼一转身,迅疾算出每块黑板上的总数,以及五块黑板的数目总和,从来没出过任何差错,有时他甚至同时算出每块黑板上总数的平方根来。观众看得瞠目结舌,连一些权威数学家也不得不为此动容。也正因如此绝技,使库尼赢得"电脑人"的美誉。

虽用电脑来比喻,但实际上库尼能做出电脑绝对做不到的事。比如,他后来设计了可以旋转的黑板,这样,写满数字的黑板在别人眼前,只是一闪而过,根本来不及看清数码,而库尼还是能够心算出正确答案。人脑和电脑的本质区别在于:人脑具有创造力和心灵力量,这两种力量可以说是无可估量的。比如他可以说出任何一个人的生日。过程是:自愿者先把自己的生日写在库尼根本看不到的黑板上,等库尼猜出他写的日期后,黑板才转过来面向观众,请他们来判别两者是否完全一致。有人认为库尼这一手肯定是借助什么人或物的帮助才做到的。可是一位女观众推翻了这些猜疑。这位女士在黑板写了:1933 年 9 月 19 日。没等黑板转过来,库尼就向她道贺:您的生日是 1925 年 5 月 15日,刚刚才过,祝您生日快乐。没想到这位女士惊喜之中显得十分窘迫不安。原来,她想库尼一定是设法说出她写在黑板上的日期,因而故意捏造了一个生日,事后她承认库尼所说才是她真正的生日。

库尼的确具有超人的脑力。他能把观众给他的 20 位到 40 位数记在脑子里,还可以说出哪个是排在第 14 位。一些著名的核物理学家也曾当过他的观众,为此库尼又表演了一个特别节目。他请他们中的一位在黑板上画圈圈,随意画多少。画多大,画成什么形状,圈与圈可以相交,可以包容。那位先生画圈的同时,尼库背过身去和其他人攀谈。九分钟后,画圈完毕,库尼转过身一看,黑板上满是白圈圈,几乎找不到一块黑的地方。即使这样,库尼只用了几秒钟就算出黑板上总共有 167 个圆圈。其他人又用了五分钟去慢慢数,最后证实库尼的答案完全正确。不仅如此,库尼还能在迅速地瞄过一眼画满圆圈的黑板之后,在另一块黑板上画出一模一样的圆圈来。这些核物理学家集体签署了以下评价:"如果我们不是物理学家的话,怎么也不会相信人脑能和外物'合作'出这样奇迹般的表演。"

库尼这样的奇人不是世界上惟一的,由此产生一个发人深思的问题:"到底他们只是罕见的人类突变呢? 还是他们预示着人类会演化到另一个阶段——全人类都将和他们一样?"

静电携带者

在英国的利物浦,有一位名叫天娜的妙龄女郎,今年刚刚 18 岁。她最近找到了自己如意的男朋友。一天,在利物浦公园里,这对情侣愉快的谈情说爱,兴奋之际,天娜姑娘情不自禁去吻自己的男朋友。谁料,当姑娘的红唇一触到男朋友的脸颊时,那男士大叫一声! 眼前金星乱舞,头发直立,一阵剧烈的疼痛,差点昏死过去。

从这一天起,这位美丽的天娜姑娘才发现自己有一种特异功能。她的香吻竟然能发出一种电压极高的静电电流,可将她献吻的男朋友电得魂飞魄散,再也不敢对她有任何友好的表示了。自此,天娜姑娘终日烦恼,十分担心永生永世也难找到如意郎君。平日里,偶然有极少数敢于冒险的小伙子,也只能敬而远之地与天娜姑娘谈谈话,而不敢冒斗胆接受她的香吻;另有几个小伙子期待着天娜的香吻有"大停电"的日子。可是这日子何时才能到来呢?

与自燃者不同,带电者或致火者能够对周围环境及其所接近的人产生影响。

英国曼彻斯特城的普琳夫人,是 3 个孩子的母亲,她带有的一个活动电源组静电,使医生迷惑不解。这位 41 岁的中年妇女接触任何东西的时候,经常有电光和响声。当她洗熨衣服时,电熨斗经常发出爆袭声。她曾在家中的温水养鱼缸中"电"死了 9 条鱼。其丈夫说,她躺在床上的时候便会引起静电感应,从而发出劈劈啪啪的声音,同妻子接吻时也会有痉挛感。

科学家介绍说,普琳夫人一天冲几次凉,并在足关节都缠一段铁线,这样她可以接

"地"将电流导入地下。牛津大学天体物理学家尚理斯说,我们不知道为什么普琳夫人不能像其他人那样摆脱电流,她所带静电超过常人 5 倍。

在马来西亚的一个垦殖区里,一家 7 个孩子的体内都有超人的静电。当孩子们骑坐童车让身体离地时,头发就会竖起,其中 6 岁的女孩索英哈带电更强,人们触摸她时会有轻微的电击感。孩子们的父亲索嘉布拉说,素英哈是一场小病之后身上才带电的,接着其他孩子也变得像她一样带电了。

詹妮·摩根是生活在密苏里州的一位美国姑娘,1895 年期间,她的身体突然变得像个强大的蓄电池。她伸手抓门把柄,电火花连续从她的手指放出,高电压火花灼痛了她。她的一只心爱的猫被她几次电击后,总躲得远远的。阿什克拉夫特医生不相信这位少女身上带有高压电,他伸手去碰她,一下子被击倒,隔了好一会儿医生才睁开眼睛,发现自己仰面朝天躺着,身边围着一群为他担心的人。

英国女子保琳·肖的身体可以把体内静电贮存起来,突然把它们放出来。在她手指外近 8 厘米处会发出电火花。凡她所接触到的电视机、洗衣机、摄像机、电饭煲等电器均遭破坏,至今她所破坏的电器价值已达 1.5 万美元。

当她和家人肌肤接触或与人握手时,往往把对方电得跳起来。

一家超级市场一台电冰箱被她放电而烧毁,为此,她被宣布为不受欢迎的人。

她去银行,银行电脑系统立即出现故障,为此银行方面请她委派别人替她办理一切手续。

在家里,也因她放电,两次烧毁了全屋电线。

微波炉烘烤时的电压是几百伏,而保琳身上放出的电压却有八万伏,她真是一台人体发电机。当她努力使自己成为不可思议的电能发动机时,就会发生某些事情。

保琳现住在英国一个平静的小村庄里,强迫自己过着一种流放式的生活,因为她的闪电式接触会使其他人有疼痛、被电击的感觉,并会弄坏大多数的家庭用具。

由于带电的缘故,保琳没有电话、收音机,也没有电视。她用气体煮饭,用手工操作的打字机通信,晚上点蜡烛照明,熨衣服也不用电。

据科学家推测,导致保琳出现这种罕有的放电现象,可能是情绪异常引起的。保琳的父亲十年前去世,而保琳为此情绪异常激动,使她体内的静电积聚起来。

保琳的家人渴望能早日为她寻找出一个治疗办法,她的丈夫说:"我们家不用化纤做的东西,衣服也穿纯棉的。现在惟一能减低保琳发电机会的办法是多洗澡。保琳一天洗澡达四次之多。"

保琳说她预感到什么时候将放电,因为放电前她必然会出现头疼现象。一旦出现征兆,她就禁止自己和别人接触,也不外出,更不走近任何电器。

正在对保琳·肖进行研究的一名牛津大学科学家说："我们推测,世上可能也有不少像这名女士一样有放电能力,只不过情况不至于像她那样严重而已。"

还有一位自身放电500伏的"电女",使科学家们感到惊奇。她在使用电炉时,只要用手抓着电线插头,就能将水很快烧开。

这位"电女"名叫罗莎·莫斯科妮,今年48岁,是意大利南西西里人,家居西利修斯以南的邦塞拉村。意大利医学专家在对罗莎的奇异功能研究后表示,她体内有类似电鲇鱼和电鳗鱼的器官组织,这些器官生在手臂和肩膀处,那里的肌肉组织与众不同,并与脊神经相连。

一位西利修斯大学教授介绍说:罗莎体内可随时发出高达500伏的电,但一般情况下是120伏的电,她处于这种状态比较舒服。

罗莎的丈夫说:"幸好她能控制放电,不然我们的婚姻生活会触电。"罗莎在一般情况下能控制放电,但在发怒或特别兴奋时就难以自控。她曾发生过两次难忘的失控现象。一次是8岁那年,警察发现罗莎在村庄附近的树林哭泣,在她旁边躺着两名试图强奸她的男子,早已不省人事。从此,人们便发现她身体具有发电功能。另一次发生在新婚之夜,她发出的电流竟把新郎从床上打倒在地上。

带电者是否会因电招灾呢?美国俄亥俄州发生过这样一件事。一家电机厂曾频频发生小火灾,有时一天竟达8次之多。为此厂家特意请来一位专家对所有的员工进行检查。专家让员工们轮流手握电线站到金属板上。其中有位女工刚踏上金属板,电压计就急剧地狂跳不止。这位女工身上的静电是3万伏特,电阻是50万欧姆。当她接触易燃物品时,随时都可能引发火灾。那个女工调走后,电机厂果然没有再发生过火灾。

但有时从致火者那里找不出任何原因:前苏联乌克兰加盟共和国的"火孩儿"萨沙就是这样。这是一位14岁的男孩,他有一种令人莫测的奇能:不管他出现在谁家的房间里,室内的家具和衣物就会无端地起火。

从1987年11月起,这个"火孩儿"已引起100多次火灾。所以,左邻右舍的人都迫使他们全家搬走。可是,无论搬到什么地方,他只要一进房间,屋内的地毯、家具和电器都会莫名其妙的瞬间起火燃烧。这样一来,闹得萨沙全家都不敢与他同睡,只好轮流站岗,以防患于未然。最后,实在没法,只得让萨沙一个人搬到祖母家里去住,可是他所到之处,依然火灾时起。"火孩儿"萨沙的致火奇能引起了有关科学家的关注和重视,但对他的调查和研究表明,他身上并未发现带电现象。

翼人

1966年11月15日深夜,两对青年夫妇驾车经过西弗吉尼亚州快活角附近的一座已废弃的TNT炸药工厂时,看到了两只大大的眼睛,每只都有2英寸大,两眼相距6英寸,

"附"在一个形似人体的东西上面。但这东西比人体要大,约有 6 英尺至 7 英尺高。一对大翅膀折在背上。目击者们都承认,这双眼睛具有催眠作用。当这只动物开始移动后,四个被吓坏了的人立即加速逃跑。但他们在道路附近的一个山坡上又看见了同一或类似的动物。它展开像蝙蝠那样的双翼,升到空中跟着这辆车,这时的车速是每小时 100 英里。

目击者之一的罗杰·斯卡伯里对调查人员约翰·基尔说:"这只鸟一直跟着我们,它甚至都不用扇动翅膀。"目击者们对当地副治安官米勒德·霍尔斯特德说,它发出的声音就像高速放音时所发出的那种耗子般的尖叫声。它在 62 号公路上一直跟着他们直到快活角城。这两对夫妇并不是那天晚上惟一看到这只动物的人。另外一个四人组声称不是一次,而是三次看到它!那天晚上的第三次目击案发生在 10 点 30 分。当时,家住西弗吉尼亚萨利姆郊外(距快活角约 90 公里)的建筑工人内维尔·帕特里奇正在看电视。突然屏幕上一片空白,然后"一个人形物出现在屏幕上,同时电视机里传出嗞嗞的声音,音量不断加大,达到最后突然停止了"。帕特里奇的狗班迪在门廊中狂吠,甚至在关掉电视后仍不停止。

帕特里奇走了出去,看到班迪正朝向 150 码外的草料仓大叫。"我于是打开手电筒向那个方向照去,"他对西弗吉尼亚作家格雷·巴克叙述着,"看到了两只红色的眼,就像是自行车的后反光镜,但要比它大一些。"这一场景中的什么东西一定是他吓坏了,因为他当时肯定这不是动物的眼睛。

班迪是一条训练有素的猎狗,它咆哮着向这只动物冲了过去。帕特里奇叫它停下,但这条狗根本听不进去。他回到房中取枪后,感到还是待在屋里为妙。夜里睡觉时他把枪就放在身边。第二天早晨,他意识到班迪还没有回来。两天后,这条狗还不见踪影,这时帕特里奇从报纸上看到了快活角目击案的报道。

报道中透露的一个细节引起了他的注意:罗杰·斯卡伯里叙述说,当两夫妇即将进入快活角城前,曾经看到路边有一条大狗的尸体。几分钟后,在他们从城里返回的途中,发现那条狗又不见了。帕特里奇立即想到了班迪,他再也见不到它了。那条狗留下的只是在泥地中的脚印。他回忆说,"这些脚印组成了一个圆圈,好像这条狗正在追逐自己的尾巴,但班迪从未有过这种举动。"此外就再没有任何脚印了。

两个目击案之间还有一个联系。副治安官霍尔斯特德开车到达那座 TNT 工厂时,他的那部警方无线电受到了奇怪的干扰。噪声很大,听起来像是高速回放录音带的那种声音。他最后不得不关掉了无线电。

第二天,治安官乔治·约翰逊召开了一个记者招待会,于是这个故事一下轰动了全国。一个新闻工作者以《蝙蝠侠》中那个坏蛋的名字"翼人莫斯曼"为这只怪兽命名。

更多的目击案：

自那时起到1967年11月间，又发生了一系列的目击案。1966年11月16日晚，一男两女三个成年人（其中一个妇女抱着一个婴儿）在朋友家作完客后正离开他家走向自己的汽车。突然，什么东西从地面上慢慢地升到了空中。目击者之一的玛塞拉·贝内特女士受到了如此大的惊吓，以至于怀中的婴儿都掉在了地上。那是一个"巨大的灰色物体，比人大"，但没有头。而它的躯体上部却有两个大大的、发光的红圆圈。当它正打开背上那对巨大的翅膀之际，雷蒙德·万姆斯里赶紧从地上抱起孩子并把两名妇女领回他们刚刚离开的那所房子。那只动物跟踪他们一直到门廊前，因为他们可以听到那里传来的声音，更可怕的是，他们还看到那双红色的大眼睛正透过窗户盯着他们。当警察赶到时，怪物已经走了。随后的几个星期里，贝内特女士心中都烦乱得不行，像其他那些见到翼人的目击者一样，最后她不得不求助于医生。

翼人目击案的主要调查者约翰·基尔写道，至少有100个人曾见到过这种动物。他把这些目击案汇总在一起，得出了这种动物的大致形象。它站起来有5英尺至7英尺高，比人的身体宽，两条腿像人，走起路来蠢笨缓慢。发出"吱吱"的声音，眼睛位于肩膀顶部，比它那巨大的身体看起来更为可怕。它的翅膀有些像蝙蝠，但在飞行中并不扇动它。当它离开地面升空时，就像一架直升机那样径直升了上去。目击者们描述它的肤色是灰色或褐色。两个目击者说，当它在他们头顶上飞行时，听到了一种机械的"嗡嗡"声。

1967年以后，除1974年10月在纽约州埃尔玛的一次目击报告外，翼人的目击案就再也没有过。但基尔访问的一个妇女说，她曾于1961年的一个晚上，在西弗吉尼亚州俄亥俄河沿岸的一条公路上发现过这样一只动物。她对基尔说："它比人要大得多，是一头灰色的大家伙。它站在公路中间，然后从背后打开了一对巨大的翅膀，翼展开后有路面那么宽。它看起来简直就像一架小型飞机。后来它径直升到空中，几秒后就从视野中消失了。"

第四节　人间离奇怪事

穿越时空的再现

穿越时空的再现，即神秘的失踪与神秘的出现，引起了人们极大的兴趣，也真正地难倒了科学家们。

那么，什么叫"时空隧道"呢？迄今为止的说法，主要有三种。

其一称，"时空隧道"就是"时间停止"。即是说，"时空隧道"与地球不在一时间体系内,它的时光是相对静止的。凡进入"时空隧道"者,即意味着失踪;而且无论失踪多少年(三年五载或几十年数百年),都等于零。因此当失踪者再现时,便同失踪前的面貌一样了。

其二称,"时空隧道"是"时间逆转"。当失踪者进入这种时间体系里时,即有可能回到遥远的过去;而当其退出这种体系时,即又回复到失踪的那一刻。这种进入与回复的过程,就是时间逆转与再逆转的过程。

其三称,"时空隧道"乃为"时间关闭"。对于人类而言,它是看不见、摸不着的(但却是客观存在的),因此可视作关闭。有时它偶尔开放一次,即人类进入到它里面去了。从而造成所谓的失踪;但当它再关闭时,即会对人类造成排斥,于是失踪者便又再现了。

1. 在夜空中重现的古代战争

1951 年 7 月 26 日,诺顿太太等一行 5 人来到法国海边的一家小旅馆度假。11 天的假期很快就要结束了。然而就在他们准备返回伦敦的时候,经历了他们一生中最不可思议的事情。

1951 年 8 月 4 日凌晨,他们一行人中的两名女子,被一阵阵的炮火声惊醒,她们看了看手表,指针正对着早上 4 点 20 分。她们从床上跳起来,冲向阳台。远远地望着黑暗中通往海边小路模糊不清的轮廓,想要找出发出声音的原因。

但是,她们张望了许久,始终没有看到有什么不平常的事情发生,没有来往的车辆,没有军队,没有炮火,什么都没有。只有阴暗的悬崖顶,黑暗的屋顶和寂静的夜空。

然而声音又的确存在,而且越来越猛烈。战士的喊叫声在逐渐增高,炮火越炸越响,还有一架架飞机在夜空中怒号,并不时伴有呼啸而来的一颗颗炮弹。

"战争"在继续。她们中其中一人曾当过兵,因而,她很快从惊恐、疑惑中缓过神来,对照着手表按顺序记录下所有"听到"过的事情过程。

事实上,在 3 个小时时间里,她们所听到的枪炮声、飞机轰鸣声等等,正是 9 年前发生在这里的那场战斗的再现,她们的叙述和军事记录上的记载几乎相差无几。

她们叙述说:上午 4 时左右,听到喊声"如雷轰鸣",其间有炮声和越来越响的轰炸声。

盟国正式军事记录是:上午 3 时 47 分,同盟国战斗机与德国战舰交火。驻扎在海滩的部队互相射击。

当年的那场战争

她们叙述说:4 时 50 分,突然一切都静寂了下来。

军事记录上记载:4 时 50 分,为部队在普维斯登陆时刻。然而计划执行比原定时间晚了 17 分钟,在此期间枪炮声停了下来。

她们叙述说:5 时 7 分,巨大的声浪,主要是俯冲轰炸造成,同时伴有微弱的喊叫声。

军事记录道:5 时 7 分,登陆船只在猛烈炮火下冲上海滩,接着驱逐舰炮击达埃比,飞机袭击海滨建筑物。

她们叙述:5 时 40 分,重新静寂。

军事记录:5 时 40 分,海军停止炮击。

她们叙述:5 时 50 分,大批飞机轰鸣声,伴有微弱嘈杂声。

军事记录:5 时 50 分,盟军空军增援部队到达,与德军飞机遭遇。

这两个妇女所住的地方,是靠近达埃比港的一个沿海村子,这里是当年 3 个登陆点中的一个。

科学家们调查了附近所有的居民和客人,在这一地区,再也没有任何人听到过什么异常的动静。因此,他们大感不可思议:这两名英国妇女并没有参加过那场战斗,当时也没有留下任何现场录音,她们虽然看过有关的故事,但决不可能看到过极为机密的军事记录。那么,为什么她们居然在 9 年后在当年登陆的地方听到同那场残酷战斗如此相符的声音呢?

科学家兰伯特教授面见了两位女子,并严密地询问了她们。后来他在报告中说"她们是两个身心健康的妇女"。

类似的怪事在我们中国也有数度发生过。

在中国山海关附近的某地,也曾发生过类似怪事。一天夜晚,露宿在森林开阔地带的一支地质队,忽然听到帐篷外杀声震天,刀剑碰击声和战马嘶鸣声交织成一片。天亮以后,地质队员们看到的依然是青葱一片,古木森森,任何战斗痕迹也没有。第二天夜晚又发生了类似现象,队员们迅即冲出帐篷,用手电筒四处照射,可什么也没看见。有地质队员后来在史料中发现,这里曾是一个古战场。

1980 年 6 月的一天,湖北省水文地质大队的几名地质人员路过陕西省旬阳县境内一条深窄的峡谷时,随着阴雨阵阵,山风萧萧,峡谷中突然传出一阵振耳的枪声,大人、小孩的哭喊声……而此时的峡谷看上去却是一片空空荡荡。怪哉!这恐怖声来自何处呢?

解放前夕,有一个马戏班路过这条峡谷,遭到了一支国民党军队的疯狂屠杀。当时,正值阴雨季节,也同样是阴雨阵阵,山风萧萧。据说枪声、男女老幼的惨叫声响彻了这条峡谷。以后每到这个时节,一遇上阵阵阴雨、萧萧山风便会复现当时的情景。这离奇的枪声复现,引起人们的兴趣和猜测。有一种观点认为,峡谷两侧高峻的山岩中,可能含有一种磁性矿物,在某种情况下能像磁带那样录下当时的声音。一旦外界条件具备,"磁带"中的声音便会被释放出来。此说是否属实,有待科学的证实。

除了有上述的"录音"外,更为神奇的是"录像"。

17 世纪的一天半夜,在英国的凯车地区,夜空中曾出现两支穿戴着金盔铁甲的军队,在横刀跃马,互相厮杀。据历史记载,这个场面是刚发生于两个月前的希尔战役的重现。此后,上述影像又重复出现过多次。

一些科学家认为,地球是个大磁场,除磁铁矿以外,很多东西都可能具有磁性,只不过强弱有别罢了。在磁强度较大的环境里,并在适宜的温度、湿度、地电等条件下,人物的形象、声音就很可能会被周围的建筑物、岩石、铁矿或是古树记录并储存下来。在相同的温度、湿度、地电等条件下,这些被录存下来的图像或声音就可能会被重新再现出来。也有一些科学家认为,这是自然界里的激光在起录影、录音和再现作用。还有人认为,可能是具有"记忆"的铁钛合金一类的物质所起的录影、录音和再现作用。真伪如何,尚待证实。

2. 失踪半个世纪的客机再现

一架失踪了差不多半个世纪的双引擎客机,在 1985 年 3 月突然被人们发现了。它被弃置在新几内亚一座森林间的沼泽地段。令人最感惊异的是,它居然和半个世纪前一样簇新。

1937 年 2 月 15 日,一架银光闪闪的双引擎客机从菲律宾马尼拉飞往民琴那峨岛。可是,在起飞后不久,这架客机和它满载的旅客一起销声匿迹了。

一项来自印尼雅加达的消息说,由军方派出的一组航空专家,经过数小时在该架客机内调查,出来时莫不面色大变、震惊万分。

负责调查的主管官员立即下令军队封锁该地区。但是,迟了,早已有当地居民去过那里查看。

一些不愿透露身份的知情者对有关当局说:"当我第一眼见到它时,我简直认为是我的眼睛出了毛病。它的外壳是那样新净,机身完全没有丝毫瑕疵,太阳下犹如镜子在闪闪发光。"

"它就像飞机在 48 年前误入了'时光隧道',穿越时空,走到了未来,然后又神奇回来一样。"

"我本以为机门一定会生锈了,很难打开,可是它却一扭即开,没有一丝吱吱声。在进入前,我不由得犹豫了片刻,因为我实在无法知道我将会见到什么。"

人们见不到任何活的人和死的人。虽然机舱内就像最近刚有人乘坐过一样:空的纸杯,刚熄灭的烟蒂,几份完全没有变黄的 1937 年的报纸。在其中一个烟盅内,还放了一个空的香烟盒，它是 1930 年十分流行的香烟，而于第二次世界大战后就停止了生产。

但最令人惊讶的还是飞机的状况。它的电池仍充满电，当人们扭开几个掣时，机内的灯光皆亮起来，甚至机上的保暖瓶内还有烫热的咖啡，其味道还十分鲜呢！放在旁边的还有三明治，也是同样的新鲜。油缸的油几乎全部是满的。飞机落在沼泽的软泥上，完全没有丝毫的损坏。

真是奇特的失踪、奇特的再现！秘密在哪里呢？

3. 两年后走出水面的失踪者

1987 年 12 月 13 日晚，在日本群马县的剑持一家接到了一个电话。来电话的竟是两年前失踪、大家都以为已经死亡的剑持贡一。

1985 年 8 月 7 日，26 岁的剑持贡一和林业事务所的另外 13 名同事，兴高采烈地前往新地县石地海岸游泳。两点半左右，剑持贡一在离防波堤 80 米处附近游泳。这里本是禁游区，可是，胆大的剑持贡一又往更远的地方游去。到达距岸边 100 多米远的岸礁时，剑持贡一对同伴说了一句："再游一会儿便回来。"后来就再也没见到他。直到 3 点 30 分，同伴们见他久未归来，便赶往救生站求救。

救生站的负责人德永丸吉事后回忆说，事发当时海面平静，海流缓慢，而且岩礁虽然离岸边有百米之远，但水浅而清澈，还有足以站立的地方。可剑持贡一的失踪，连尸体也没有浮出水面。这是他任职 8 年多来从未见过的。

最后，救生站在剑持贡一家人的要求下，出动了搜索艇、蛙人和直升飞机搜索了整整 10 天，花费了 40 万日元，可什么也没有找到。剑持贡一的父亲仍不甘休，又继续在海滩进行了寻找，最后还是杳无音讯。

事隔两年后的 1987 年 12 月 11 日，剑持贡一居然在距离失踪地点 1600 公里的冲绳万座海滩出现了！他失踪时只穿着泳裤，可是，当他从海水中走上岸时，却身穿破旧的恤衫和长裤，肩负的背囊内，还有一个装着 2 万多元日元的钱包。剑持贡一回忆说，他穿着那身衣服，在万座海滩及胸的水中行进，不小心喝了一口海水，便突然恢复了记忆。他登岸后，乘坐巴士到了冲绳岛最大的酒店，就在那儿打电话回家，重新返回社会。

可惜直到现在，剑持贡一仍无法回忆失踪的两年间，到底到哪儿去了？做了些什么？是如何失踪的？又怎样在冲绳出现的？所以，他的失踪及重新出现，至今仍是一个不解之谜。

航空航海史上发生的"神秘再现"事件

据英国劳埃得保险公司的机密报告：1970 年至 1971 年，短短一年之中，共有 350 艘船只失踪，特别奇怪的是，失踪的船只绝大部分是悬挂着利比亚国旗或巴多马国旗的据美国海军部的资料记载,1945 年 7 月 30 日,美国海军"印第安纳堡利斯"号在西太平洋被日本潜艇击沉,当时大致有 25 名官兵乘救生艇逃离沉船,因为太平洋舰队司令部收到他们发出的求救讯号。后来,舰队立即派出飞机与船只广泛搜寻,却无功而返。

可是时隔 46 年整,即 1991 年 7 月 31 日,菲律宾的一队拖网渔船却在菲律宾群岛以西的西比斯海域,发现一条救生艇,上面拥挤着 25 名美国海军将士,但其制服却与今日不同。一问,他们说,是昨天从"印第安纳堡利斯"号上逃出来的。他们的船被日军击沉了。菲律宾的渔民们好生奇怪:怎么日本又同美国干开了? 但没听说呀! 渔民们将这些美军人员送往菲律宾的美军基地,更令美军专家困惑万分:这些获救人员所报姓名,竟能同"印第安纳堡利斯"号中的 25 名海员的姓名一一对上号。问他们对当时太平洋舰队、当时"印第安纳堡利斯"号的情况,其回答竟丝毫不差!

对于在航空史上"神秘再现"的事件更是不胜枚举。

在第二次世界大战期间,美军在北美战场的一支空战队,战斗结束后整编时发现少了一架 P－38 战斗机。编队飞机立即在附近空域搜索,但是没有发现失踪飞机的残骸,也没有发现飞行员跳伞。后来,这架失踪的飞机却神秘地归来,但在机场上空爆炸,飞行员跳伞了。

基地官兵目睹了一件不可思议的事。机身编号证明,这架飞机正是失踪的那架 P－38 战斗机。但它的油箱早已用干,怎么可能飞返基地? 而那名跳伞的飞行员前额中弹,又怎么还能跳伞? 这一奇案被引入美国空军机密档案,档案上附有基地指挥官和所有目击者的签名。

1990 年 9 月 9 日,在南美洲委内瑞拉的加拉卡斯机场,有位机场控制塔人员,发现天空出现一架"式样古老的客机"。机场官员通过无线电传呼,要求那架"不速来机"报出自己的身份,客机上的飞行员感到十分困惑,他大惑不解惊问:"究竟发生了什么? 我们现在在什么地方?"

官员回答说:"这里是委内瑞拉,请问,你们是不是出事了?"

"飞往佛州的,怎么会飞到你们这里来呢?"

官员不由也吃了一惊,他接着问道:"你们几时从纽约起飞的?"

"我们是 2 号早上 9 点 55 分起飞的。"

官员有点头晕:今天是 9 号,于是他又问:"你们是几月 2 号起飞的?"

"这还用问?"飞行员很不耐烦地说,"先生,我们是 1955 年 7 月 2 日起飞的!"

官员身边的人都听得清清楚楚,大为震惊。官员将手握紧,摇头道:"天哪! 今天是 1990 年 9 月 9 日了,你有没有搞错哇?"

事后经过了解，这架突然出现又突然飞去的 DC—4 型 914 号班机，是在 1955 年 7 月 2 日由美国纽约起飞，飞往佛罗里达州的迈亚米市去的。但它在途中突然失踪，与地面失去了任何联系。然而，当它再度出现在"人间"，却是 1990 年，距当年足足 35 年整了。

1935 年，英国"阿兹台克"号船上的水手们在大西洋海面上看到一只所谓的"鬼船"。这只鬼船的名字是"拉·达哈马"号。好几名船员曾登上鬼船察看，发现它上面没有一个人影，连一具尸体也找不到。这只船天窗破碎，船板断裂、桅杆落在船外，只有航海日志完好无损，仿佛船长不过刚搁笔离开。

然而不久，意大利班轮"雷克斯"号船传出更为惊人的消息。据说在"阿兹台克"号遇到鬼船之前，他们在大西洋海域偶然遇到一只已经损坏的船，名叫"拉·达哈马"号，当时那只船在急速下沉，桅杆已经折断，拖翻在水里，船员们在绝望中竭力挽救它，然而无济于事，在狂风巨浪的拍击下，沉船没入了茫茫的大海……

船已沉入水底，何以又重新漂浮上海面？是它有神出鬼没的特殊功能？还是"穿越时空"的再现呢？

1990 年 5 月，在奥地利发现这么一件怪事：人们在一座古堡地底下挖掘时，找到一具十分奇异的骷髅头骨。在这个头骨上，有两个对穿的子弹孔。

本来，这也不是一件奇怪的事情。但是，令考古学家爱德华·桑马博士也颇感纳闷的是：这具骷髅头骨不是现代人，而是一名中世纪的武士。据维也纳大学的科学家们鉴定，这名武士大约死于 1450 年。15 世纪的武士为什么会死于现代的一点四五口径步枪的子弹之下？这个难题令所有的科学家们都步入了迷宫，没法找到合情合理的答案。

于是，有人大胆提出，那位古代武士之死极有可能和"时光隧道"有关，那名武士无意之中闯进了"通往未来世界"的"时光隧道"，来到了第二次世界大战战场，不幸被流弹击毙，造成意外丧生。

前些时，在文明古国埃及曾发现一桩时光倒流 4000 年的人间奇迹，当今的科学家们绞尽脑汁也找不出正确的答案。

法国一个考古工作队，来到尼罗河流域最早有人类生活的地区考察。经过多日的艰苦努力，他们终于发现了一座建于公元前大约 2000 年的太阳庙遗址，这里没有人烟，四周荒凉。

法国考古专家们对该遗址进行了认真考察，当他们掘开一块古老的石碑仔细寻找时、发现一枚深深埋藏在地下的银币。

令人惊叹的是，这是一枚美国早已铸造好了，还没有正式发行的一枚面值 25 美元的硬币。一枚藏在美国金库中尚未在市场流通的银币怎么会"超前行动"，"跑"到 4000 年前的古埃及神庙的地底下去呢？真叫考古学家们百思而不得其解！

全副武装的4000名士兵突然失踪

自有人类以来,就有人失踪的现象。按照唯物主义及现代社会人们的普遍观点,认为某个人的失踪,往往和能使人灭顶的天灾以及刑事案件有关。然而,在世界历史上,由成百上千人组成的全副武装的整支军队突然失踪的事也不止一次地发生过。

史载最早的一宗整支军队的神秘失踪,发生在1711年西班牙内战期间。一天晚上,一支4000多人的西班牙军队在比利牛斯山区扎营,计划第二天早晨在该处与另一支部队会合。但当前来会合的部队按时到达后,只见原扎营的军队点燃的灶火仍在燃烧,火炮和车辆均安然无恙,但这支军队的4000多人却全部失踪了,西班牙军队在该地区搜索了几个月,始终找不到半点线索。

最令人震惊的失踪案发生在本世纪初的土耳其。在第一次世界大战开始后的第二年,即1915年8月12日早晨,在土耳其的沙尔瓦湾地区,英国军队和土耳其军队进行了一次空前激烈的战斗。当时,该地区晴朗无云,视线清晰。激战之后的下午,天空中突然出现了七八朵浅灰色的云朵,这些云朵离地面约150米,呈60度倾斜,不偏不倚地笼罩在土耳其军队占据的60号高地上。就在这些云朵的下面,另一团云弥漫在地面上。它呈长方形,长约240多米,高约65米,宽约60米。这是一团密度极高的云。

由数百人组成的英国皇家诺福克军团第五营慢慢朝土军占据的60号高地推进,他们毫不犹豫地走进云里。约半小时后,这团停留在地面上的云突然腾空而起,并和天上的其他云朵会合,朝北移动。15分钟后,云朵便消失得无影无踪。令人吃惊的是,这数百人的英军竟也随之消失得无影无踪。

1953年11月25日,美军的两名飞行员驾驶着一架F-89式歼击机从密执安州金罗斯基地起飞,基地控制塔的雷达操纵员在屏幕上清晰地看到这架飞机穿过一片淡红色的云层之后,就永远消失在屏幕上,雷达操纵员肯定地向指挥官报告说并没有发生任何事故,也没有和其他的飞行物相碰撞,对于这一点,雷达操纵员是万分肯定的,但千真万确的是,这架"F-89式歼击机与两名飞行员却不明不白失踪了。

这些千奇百怪的失踪案,曾轰动了整个世界,尽管谁也未能解开其中之谜,但又是千真万确发生了,并非以讹传讹,那么这些无法解释的超自然现象只能有待于人类去进一步探索。

空中呼救的"透明人"

在美国田纳西州的北部,即伊利诺伊州的南贝特市附近。

这次消失的是李奇家中的次子——当时年方20的奥立佛。而且,奥立佛消失的情况相当富有戏剧性,连局外人都会不寒而栗。

当天，李奇家邀请了20余名亲友，享用一顿丰盛而热闹的圣诞大餐。

话说当时，即使在美国，像这样的乡下人家尚没有装设自来水，家庭用水都是取自于庭院的水井。

晚餐过后，客人都回到客厅闲话家常。

正在厨房忙着清理膳后的李奇太太，发现储水槽里没水了，便唤来次子奥立佛，告诉他说："你去提一些水回来。"奥立佛拎起水桶便往外走。

然后，大约过了两三分钟，外面突然传来一阵刺耳的哀叫声。

"救救我！救救我！快抓住！救我！"

宾客们都被这突如其来的呼救声震慑住，大伙儿纷纷朝传来声音的院子奔去，可是，那里已经没有奥立佛的影子了。

从厨房的门到水井之间，可以清楚看到雪地上的脚印只到了庭院中间就戛然停止。当然，这证明奥立佛尚未走到水井，也不可能跌落水井而死。

然而，就在人们的上方，依然传来"救命！救命！"的呼救声。

大家把头往上仰，可是在微暗的空中，却是什么也没看见。

偌大的院里，就只剩下一个滚落在地的水桶。

叫声忽远忽近，有一段时间似乎是从空中传来，不过不久之后，又归于寂静。

年轻男孩奥立佛·李奇就这样消失于世界上。

至于在场的20余名人所听到来自空中的奥立佛叫声，到底又代表什么意思呢？

奥立佛清楚地叫着：

"抓住。救救我！"

这正是问题所在。

在科幻小说里，有所谓的透明人。即是吃了某种特别的药物后，人体就会变为透明，使得一般人无法用肉眼看见。

这是欧洲人的想法。

而在中国古代，也同样有隐身术这种想法。

不过，隐身术并不是使身体消失，而是利用烟雾等障眼法，趁人疏于注意之际躲到暗处，以达到隐身的效果。

总归一句话，透明人毕竟只是幻想，在现实生活中是不可能存在的。

假定真的有透明人，他可能在一瞬间将所抓住的人弄消失，再把他拉到空中去吗？

1956年5月10日，在美国俄克拉荷马州一个欧达斯的小镇，也发生了不可思议的事情。

俄克拉荷马州是位于曾因"李奇事件"而名噪一时的伊利诺伊州之西部，至于为什么老是在这附近的几个州接二连三地发生怪事,这也是一个谜。

这一天,一名8岁的小孩吉米,与同伴凯恩和汤姆三人,正在玩"投环牛仔"游戏。这是美国小孩经常玩的游戏之一。汤姆扮演一个恶汉,绑住老实的农夫凯恩,带往自己的村里。就在途中,关于投环的牛仔——吉米出现了,他准确的把环绳投在恶汉汤姆的身上,拯救了农夫。整个游戏的架构就是如此。

一切准备妥当后,吉米便爬上附近牧师家的篱笆,躲起来等候。不久,汤姆抓着凯恩经过这里。

"你这个恶汉!"

吉米叫了一声,以汤姆为目标纵身跃下。可是就当吉米的脚还没来得及碰到地面,他的整个身影就不见了。

汤姆与凯恩当场愣住。

"吉米!吉米!"

"你跑到哪里去了?"

尽管同伴们大声呼喊,吉米的身影却再也没有出现过了。

到了晚上,吉米的母亲发现孩子还没有回来,便开始着急起来。当她问与孩子一块玩耍的汤姆与凯恩时,所得到得答案简直是扑朔迷离,对于吉米的行踪则全然无法交代。

然而,很意外的是,这个事件竟然还有一名目击者。

那是牧师的女儿——爱米莉。爱米莉由于身体情况不佳,因此长期卧病在床。

刚好事发当天下午,爱米莉来到房间的窗户旁透气,无意间看到了男孩们的游戏。爱米莉以充满疑惑的神情表示:

"吉米是在从篱笆往下跳的同时,消失无踪的。"

对于三个孩子的话,警方与大人都难以相信。

于是这便被当成是恶意的"绑票事件"处理。而且从州警察乃至于联邦警察,都出动进行全面的搜索。不过,却是一点蛛丝马迹也没有。

正当警方已打算放弃之时,惟一不绝望的是吉米的母亲。

"那孩子一定会回来的!"

吉米的母亲深信孩子不会无故消失,因此不管刮风下雨,她每天都到吉米失踪处一直苦苦等候。

就这样,大约过了一个月后,这一回轮到吉米的母亲也突然消失了。

不仅如此,不可思议的事还继续上演。

那是吉米的母亲消失数日后的事。爱米莉的父亲——马洛牧师听到女儿的房间传来不寻常的叫声,于是急忙飞奔过去。

当时，爱米莉一边颤抖一边用手指向窗外。那是使吉米与母亲消失的篱笆旁边。

"啊！那是什么？"

马洛牧师不由得大声喊叫。牧师所见到的，正是某种黑影瞬间消失之处。

我认为那个黑影确实是人类。但是他似乎被吸进某个裂缝般突然消失了踪影。我只能用不可思议来形容。"

牧师对于当时的情形做如此描述。

至于吉米与母亲，又是消失至何处呢？

突然消失的整个部落

事件是发生在 1939 年的 8 月，也就是二次世界大战正将爆发之前，地点是在阿拉伯半岛西南端、红海入口的英国保护地——亚丁港。

亚丁港在战后便独立成为"也门人民民主共和国"。

事件发生之时还是由英国统治，因此有英军驻守在当地，而发生问题的，是四周环绕着沙漠的部落——拉达。

这里的夏天，平均温度高达 45 摄氏度（相当于华氏 115 度），其酷热程度可见一斑。

尽管在这种酷热天气下，拉达部落的四周仍然长有枣树，驻守在附近的英国航空部队的士兵们，也经常来到这里购买枣子等物。

虽然土地炽热，但是有些地方还会涌出泉水，形成草木丛生的绿洲；因此绿洲的四周才会形成部落。

话说，拉达部落北方约 2 英里（相当于 320 米）的地方也有水源，这里便形成另一个叫巴尔的部落。

另外，其南方约 10 英里处，还有一个叫库阿鲁孙·伊文阿德宛的大型部落。

而在这些部落间，往来必须穿过岩石，经由惟一的一条通道联络。

不过，只要一个失足，就会跌到旁边滚烫的沙漠里，因此，这里几乎是人迹罕至。

俗语说："天有不测风云。"果真，拉达部落就发生了变故，因为在一瞬间，整个部落的居民全部消失，无一幸免。

依据发现离奇事件的英国士兵报告，最不可思议的是该部落的人家里，每户家中的家具都维持原样。此外，有些家里的餐桌上，还留有刚准备好而未动用的饭菜。

由此看来，拉达的居民也不像是移往南、北两个部落去。即使他们真的是穿越沙漠，应该也会被不断在空中巡逻飞行的英国军机发现才对。

为什么整个拉达部落的人会毫无理由的消失，难道是蒸发了吗？

就跟住在炎热沙漠中的族群一样，相反的，住在寒带地方的爱斯基摩人部落也发生了"消失事件"。

这个离奇事件被发现于 1930 年的 12 月初。

地点是距离加拿大北方蒙第联络基地约有 800 公里的安吉克尼湖附近,出事者为住在这里的 30 余名爱斯基摩人。

这一带均为酷寒的冻土地带,和阿拉伯半岛的拉达部落之酷热相比较,简直有天壤之别。

发现安吉克尼出事的,是之前就与这里的爱斯基摩人熟悉的猎人——约翰·拉斐尔。

那一天,他又如往常一样站在部落的入口大声喊叫,可是却没有人回应。约翰倍感纳闷,便走近最前面的小屋,打开海豹皮做的大门,又大叫了几声。

然而同样没有人回答。

约翰仔细查看了小屋,发现空无一人。接着,他又挨家挨户地敲门、打开小屋,依然不见半个人影。

令他觉得不可思议的是,其中一间小屋的炉子上还摆着锅子。掀开锅子一看,里面一些已煮熟的食物已经结冻而无法取出。

而在另一间小屋则放着一件正在缝制的海豹皮上衣,不过似乎只缝到一半,因为以动物牙做成的针依然刺在衣服上面。

由此看来,一定是在相当慌张的情况下,急忙夺门而出的。

加拿大西北部的派出所在接到约翰·拉斐尔的报案后,立即出动一队人马前往查看,并且在约翰·拉斐尔的指引下,巨细靡遗地清查了每一间小屋的里里外外,可是却有如陷入五里雾中,毫无头绪。

尤其是每一间小屋的步枪都原封不动摆在原处,这才是问题所在。

因为对爱斯基摩人来说,步枪有如第二生命。他们应该不可能不带步枪就去长途旅行的。

"说不定整个部落的人,是因为某种理由而集体发疯了!?"

不过各个小屋的内外都井然有序、毫无乱象。

而对爱斯基摩人来说,仅次于步枪之重要性的,要算是狗了。然而,有七条狗却被发现集体死在距离部落约 100 米左右的灌木林中,依据兽医的鉴定,这些狗都是饿死的。

另外还有一点也令人深思不解。

就是墓碑被铲除,埋葬的遗体也遭到移动。据说爱斯基摩人对死者非常尊重,像揭开墓碑之类的事是绝不会发生的。而且,那些墓碑还被堆积成两个石冢。

至于在这附近,除了人类之外,应该没有其他动物足以移开墓碑又把它们堆积起来。

由于单靠警方的力量无法做充分的调查,因此也请来专家协助。

经过两周的详细调查,结果推定:

"安吉克尼湖畔的爱斯基摩人,是早在猎人约翰·拉斐尔发现前的两个月就已消失了。"

不过,这个"推定"也是个问题。因为"推定"并不代表决定,只是依据想象来做决定的。那些专家是凭着锅中残存的树果之状态而作判断的。

总之,那些爱斯基摩人是基于什么样的理由而消失的,并没有人知道。不过可以确定的是,在这个离奇事件发生之前,他们仍照着日常的作息过活。

搜索队为了慎重起见,调查的足迹更遍于广大的冻土地带,不过,30 多名爱斯基摩人,还是没有一个人有下落的。

乘客全都蒸发了吗

这是 1873 年 12 月 5 日下午 3 点左右的事。

由美国经过大西洋,朝向直布罗陀港航行的货船——德克拉吉亚号,在海洋上碰到一艘奇怪的船。

船帆在北风徐徐的吹拂下,并没有完全张开,船身摇摇欲坠,如醉酒般的前进。仔细一看,才知帆已松弛下垂,只是顺着风向漂流而已。德克拉吉亚号的船长——摩亚哈斯以望远镜仔细观察船上的情形,却露出困惑的表情,一旁则站着轮机手——德勃。

"你看,那好像是玛丽·塞雷斯特号。它应该早我们几天就从纽约出航,现在应不至于还在海上才对,难道是出了什么问题。"

"船长,我也觉得奇怪。尤其是它的甲板上空无一人,实在是非比寻常。"轮机手德勃也感到不解。

就在此时,两船的距离慢慢逼近了。

趋近一看,方知该船有两根桅杆,大约有 200 多吨,而船身与其说是定点前进,毋宁说是漫无目标地随风打转。

摩亚哈斯船长不断发出信号,但丝毫没有回音。

于是德克拉吉亚号停止前进并放下小船。接着,船长带着数名水手乘船驶向前方的船。

结果发现,那艘奇怪的船果然是玛丽·塞雷斯特号。

德克拉吉亚号的水手们登上甲板,发觉所有的货物与船具都整齐排列着,不过小船却少了一只。

"有没有人在呢?"

打开船长室一看,虽然没有半个人影,餐桌上却准备着早餐。

其中一份似乎是给小孩子用的,半只蛋只挖了一小匙,应该是还在用餐的状态。

后来经过查证,得知玛丽·塞雷斯特号的船长确实是带着妻女同行的。

一般而言,货船应该不会搭载女人与小孩随行的,因此这实在有些反常。

不过,据说船长夫人是长期卧病初愈后,船长为了让她好好休养便做了特别的安排,打算把她带到货船的目的地——意大利南方,才让她乘船的。

德克拉吉亚号的船长等一行,认为这艘船一定发生什么变故,因此在船内做了彻底的调查。

他们发现船长室的桌子上,摊开着地图,还放着时钟,后面的墙壁上,则挂着船长的上衣。

另外,旁边有一台缝纫机,上面摆着尚在缝制的女性衣服。缝纫机的下方,则滚落一个填充的布娃娃。

到了水手室前面,可看见一些挂着要晒干的衣物,不过却还相当湿。

餐厅的桌上,摆着数人的早餐。此外,在厨房还可见刮过胡子的刮胡刀,但却未经清理,胡渣也到处散落着。

经过推测,断定是早餐时候,在这船上发生了某些变故。于是,再到船长室查看,发现重要的"航海日志"也不见了。"这一定不是件单纯的事。有必要做更详细的调查。"摩亚哈斯船长便指示用绳缆拖着玛丽·塞雷斯特号,慢慢驶入直布罗陀港。

到了直布罗陀港,才知道就在德克拉吉亚号碰到玛丽·塞雷斯特号之前一天的12月4日早上,在亚速尔群岛的岸边,一艘英国轮船高地号也与玛丽·塞雷斯特号擦身而过,当时,两船都还互相发出平安无事的信号。

而德克拉吉亚号是于翌日的下午3点左右发现玛丽·塞雷斯特号,所以其间仅隔一天半。

随着调查的进展,得知玛丽·塞雷斯特号是载着酒精,由纽约前往意大利热那亚的途中。

并且也同时得知,船上除了船长普利克斯及其夫人赛亚拉以及两岁的女儿苏菲亚之外,还有十名船员。

那么,玛丽·塞雷斯特号里的人又是为什么突然消失的呢?有以下几种可能:

①被海盗劫走。

但是,这个意见几乎没有人赞同。因为,如果遭到海盗抢劫,船内应该残留打斗后的迹象。可是,不仅完全无此迹象,重要的财物也没有损失。

②发现船侧受到轻微碰损,担心整个船沉浸,或是碰撞到大型流木之类,觉得危险才紧急逃生的。

虽然这个理由还说得过去,但是全员逃生不可能只用一艘小船。况且,因为惊慌失措而逃离主船的情况也令人难以理解。

③载运的酒精经过强烈的日晒后,突然释放大量的瓦斯,船员有感于船身会爆炸之虞,才匆促逃逸的。

这个意见似乎最有道理,然而同样的,仅靠一只小船能载着十三人逃生,这一点还是说不过去。

假定这个意见是正确的,后来该船并没有到达任一港口,而就算全员皆亡故,为什么没有一具尸体被发现。

美国政府相当重视玛丽·塞雷斯特号事件,其后的三年间也竭尽可能调查,但是终究无法解开这个"无人船"之谜。

不过,由于玛丽·塞雷斯特号的船体本身安然无恙,因此后来也找到了新的买主。而它也依然被作为货船使用。只是好景不长,数年后,它在大西洋上遇到暴风雨而沉没。

说起来,它还是一艘运气不好的船。

综观这些各式各样的消失事件,大概可归纳出几个共同点。

不论阿拉伯半岛的拉达部落、阿拉斯加的安吉克尼湖畔的人们,以及后来的玛丽·塞雷斯特号等等,全部都是在用餐时候出事的。

因为他们所吃的饭菜都还残留盘中,而锅内也还留着未用完的食物,这是不争的事实。

消失在星空下的飞机

这是 1945 年 12 月 5 日下午的事。

地点是在美国的佛罗里达州福特·罗达达尔空军飞行基地的上空,当时有五架鱼雷战斗机正在进行飞行训练。

他们所做的,是从基地向东飞 260 公里,再向北飞 60 公里,然后返回基地,做这样的三角飞行。

由于这是经常实施的训练飞行路线,所以机员都习以为常。

可是,到了下午 3 点 45 分,训练中的指挥机突然向基地发出谜样的无线电讯号。

"现在,位置不明。到底是飞向哪里? 既看不到基地……也不知道飞机的位置……"

仅留下这只字片语,载有 14 人的五架鱼雷战斗机就这么消失在空中。

在基地这一方面,为了赶着救援,便出动 13 人座的军用机立刻起飞。然而仅仅 5 分钟后,这架军用机也消失得无影无踪。

这到底是怎么一回事呢?

除了离奇之外,实在找不出理由。

依据收集到的科学资料来看,这的确是不该发生在军用机身上的离奇事件。

于是，美国军方派遣了300多架搜索机、21艘舰艇以及12支陆上部队，拼命的在飞行路线上做大规模搜索。

可是，最后连飞机的一片残骸都没发现。

另外，在1948年1月4日，一架由百慕大岛朝牙买加岛（位于加勒比海）的京士敦飞行的英国大型四引擎机"星虎号"，机上的6名空服员以及26名乘客一起失去踪影。

还有，1945年11月30日，从美国的马里兰海军基地朝葡萄牙西方，也就是大西洋上的亚述群岛前进的42人座军用机，也在空中消失了。

除此之外，尚有数起类似例子，其中最奇怪的，当属"塔克马事件"。

那是1947年的夏天，一架载着32人的双引擎机，坠落于美国华盛顿雷尼亚山的塔克马冰河上。

由于飞机是回旋坠落的状态，所以应该没有生还者。然而，不可思议的是，机舱里竟然连一具遗体都没有。

另外，机身也不是在空中分裂而坠地，所以里头的32名乘客应当不会弹到外面才对。

有关单位为了找出这起离奇坠机事件的真相，甚至提供5000美元悬赏金给发现受难者遗体的人，可是即使在重赏之下，仍一无所获。

这32个人，究竟是如何在空中消失的呢？至今还是个谜。

再者，这是1942年的事。也就是第二次世界大战爆发后翌年的事。在旧金山港有一座特里夏岛，由美国海军驻守。

当天，从海军基地起飞的飞机"L—8号"，里头的柯迪上尉与亚当斯少尉两人也消失了。

就跟所有的消失事件一样，这些人一旦消失，就没有再出现过，甚至连遗体也从未被发现。

航行中心飞船神秘失踪

1886年12月13日早上，日本的横滨港可说是热闹非凡。因为包括政府官员、海军将领以及众多民众在内的人潮都齐集在岸边，并以欢欣鼓舞的心情，等候新锐巡洋舰"亩傍号"的进港。

若是现在，应当会有许多各报社、电视台以及电台的直升机盘旋在东京湾入口一带的空中"恭候大驾"，只是当时还没有这么进步。

亩傍号是预定正午进港的，可是到两三点，大家望穿秋水仍不见亩傍号的英姿。尽管如此，在场人士还是耐心等候。

"可能是在途中遇到浓雾耽搁了。不然就是机械故障而临时停到某个港口。"

大家开始议论纷纷。然而，众所期盼的军舰过了 13 日、14 日，乃至于到了 15 日仍未进港。

"实在有点奇怪。似乎是出了什么问题。"

等到大家真正开始关心时，已是比预定进港时间晚了 10 天了。

对于此事，日本举国上下的惊讶程度当然不在话下，最后，连日本的海军总部也注意到事情的异样而开始慌张起来。但是，宙傍号的行踪还是不明。

经过将近一年巨细靡遗的搜查，甚至连一片痕迹都没发现，海军总部才死了心，并于 1887 年 10 月 15 日，发表"巡洋舰宙傍号沉没、乘员全部死亡"的告示。

自此以后，再也没有听过更大的谜样事件了。

不过，到了最后，在同样的海域上，仍然有大型货船消失的怪事发生。

宙傍号的消失，是日本明治时期的事。到了战后的 1954 年，同样在巴士海峡，也发生了一起货船行踪不明事件。而且，这次是当着三艘船面前所发生的怪事。

那是 5 月的事。出事者为新日本轮船公司的货船——"辰和丸"。当时，辰和丸搭载着包括船长在内的 50 名船员，满载日本政府所要输入的缅甸米，从东海朝向神户港航行。

日本的食品状况与现在完全相异，日本国民赖以维生的米粮相当缺乏，必须仰赖外国进口。

辰和丸的排水量是 7762 吨，速度为 14.5 海里（时速约 27 公里）。

它是英国制的德卡十二型，备有新式的雷达，是一艘即使在漆黑的夜里也能安全行驶的新式货船。

辰和丸为了补给燃料，曾在新加坡稍做停留，这是 5 月 6 日早上的事。当燃料很快补给完后，它于上午 11 时便出港驶向神户。

这艘船是载了近 7000 吨的缅甸米。在与狂风巨浪搏斗一阵子后，舱口逐渐破裂，大量的海水如瀑布般的涌进船舱。

大量屯集的米粮吸收水分后，体积大为膨胀，单单这样就使重量大增，货船处于相当危险的状态。若是情况一直持续的话，将有沉没之虞。因此，船员们也拼命起用排水的设施。但是，排出的水总远不及涌进的水来得多，所以要命的时刻步步逼近。

船长是在 10 日上午 11 点 2 分，发出求助信号。

"本船进入第三号台风风圈内。第一、第二、第三及第七舱口破损，船舱已浸水。"

很幸运的是，在不远的海上，有"东京丸"与"富士春丸"这两艘船在航行中。

当这两艘船接到求助信号后，便逐渐朝"辰和丸"的所在地点接近。可是，台风实在太强烈了，船只无法及时到达。只好一边以无线电联络，一边竭尽可能的前进。

台风在肆虐一天一夜后，到了 11 日早上，总算趋于平静。这时，辰和丸发了一通无线电到日本的总公司。

"本船的位置在东经 12 度 12 分、北纬 15 度，速力为 10 海里，安然无事。"

这个位置约是在南海的中央偏越南海岸处。

这通无线电连在寻找辰和丸的东京丸也接收到。

"啊，好险！"

东京丸总算松了一口气。再经过详细调查，发现两船的距离仅隔三个钟头的航程。

于是"东京丸"便加足马力趋近。此时，两船一边互以无线电联络，一边航行。只是就在这时候，又来了一阵疾风骤雨，由于这场骤雨，使得联络突告中断。

骤雨过后，东京丸驶往辰和丸应该所在的地点，不过，并没有发现辰和丸的踪影。这个时候，附近的"富士春丸"与"青丸"两艘船也来了。

如此强烈的台风都能平安无事的摆脱，一艘 7700 吨的大货船应该不会仅因海上的骤雨而沉没。

在日本物资缺乏的时期，辰和丸所运载的近 7000 吨缅甸米对日本国民来说，是极为珍贵的。经过 12 日、13 两天的搜索，并没有什么发现。到了 14 日，驻扎在日本的美军也开始担心起来，于是便出动 20 余架的飞机从空中展开搜索。

另外得知辰和丸行踪不明的消息后，航行于附近海域的 20 艘船只也自动加入搜索行列，只是全部都徒劳无功。

如果是沉船，应当会有重油的污渍及船体的残骸等特征，可是竟然连一个碎片都没发现，这是为什么呢？

依据专家的意见，一艘备有优质雷达的最新式大型货船，不应该就此消失，然而在现实中，这样不可思议的事还是发生了。

就这样，继军舰亩傍号消失之后，在同样的海面上，日本货船辰和丸也消失了踪影。

亩傍号是世界最新、建造技术也最高的军舰，而辰和丸也是连优质雷达都装备齐全的大型货船。

在美国，也有数起船只消失的例子。

其中一例是在河川上，另一例则在海上。这两起事件都发生于船刚出港的时候，因此引起很大的震撼。

在 1872 年 6 月 6 日的早上。

出事地点是美国西岸的俄勒冈州。那天早上，一艘名为爱隆·马文堤的曳船，从俄勒冈河对岸的比克斯堡离岸，朝着下游的路易斯比尔城前进。

这艘曳船的后面，拖着 30 艘载有约 90 吨棉花的舢板。

此时,河面平静无波,曳船如滑行般顺利前进。这是两岸人家经常见到的景象,因此也没有人特别注意。

但是爱隆·马文堤号在出了比克斯堡后,大概仅约20分钟的光景,就从河上消失了。

仅剩30艘仍载着棉花的舢板,摇摇晃晃、兀自随波逐流。

由于这一段的俄勒冈河并不太深,若是沉没的话,应该立刻可以察觉。可是它却还是消失得无影无踪。实在是一件引人猜疑的离奇事件。

在这么一条不太大的河川中,曳船究竟是消失于何处呢?

另外一起是发生于1928年12月14日正午前的事。

一艘丹麦的实习船哥本哈根号,搭载着50名实习生,从南美乌拉圭的首都——蒙特维多出港。

哥本哈根号出港时,与数艘正要进到蒙特维多的小型船以及货船擦身而过。

那几艘船当然看见哥本哈根号。

但是,正当"哥本哈根号"离开港口往右边的水道前进时,竟然连船带人消失于海上。当时,它也没有沉没。

而这件事是发生于阳光闪闪照耀的大白天。

同样的,这起离奇事件也震惊各地,然而消失的哥本哈根号依然没有再出现过第二次。

第五节　野人谜踪探寻

"野人"的来历

1.喜马拉雅雪山"耶提"

"雪人"是人们对传说中生活在喜马拉雅山南坡的高山悬崖间的奇异动物的称谓,尼泊尔的舍巴人称之为"耶提"。

矗立在中国和尼泊尔两国接壤之间的喜马拉雅山,不仅以其世界之巅的高耸吸引无数国内外的登山勇士,而且近百年来又以传说有雪人之谜,燃起众多考察者的揭谜热情。

对"雪人"的记载,最早可以追溯到18世纪,在一张描绘着西藏高原野生动物的中国古画中,就出现了"雪人"的画像。

早在1832年,尼泊尔的第一位英国公使B·H·霍德森在他的著述《阿尔泰·喜马拉雅》一书中描述了一种尚未为人知的生物,它"能直立行走,遍体长长的黑毛,没有尾巴"。自那以后，雪人常以这种或那种样子在人们的视线中时隐时现。

1887年，英国军医、法学博士兼林奈学会会员瓦德尔少校，在锡金5000米高的雪地上，看到一些像人脚印的巨大脚印，当地挑夫告诉他，那是"雪人"的足迹，瓦德尔在他所著的《喜马拉雅群山之间》一书中也写到了当地人讲的"雪人"，但声明他自己并没见过。从此，"雪人"这个名字便更广泛传播开来。

喜玛拉雅山

有关"雪人"的传闻由来已久，最早的文字记载可能要数清人纪昀所撰的《滦京消夏录》了。其一云："方桂，乌鲁木齐流人也，尝牧马深山，一马忽逸去。摄迹往觅，隔岭闻嘶声甚急。循声至一绝谷，见数物，似人似兽，周身鳞皮斑驳如古松，发蓬蓬如羽荷。目睛突出，色纯白，若嵌二鸡卵，共按马生啮其肉。"

20世纪50年代，由于攀登珠穆朗玛峰的成功，雪人的传闻迅速传到了世界各地，世界上很快形成了一股"雪人热"。很多国家纷纷派遣探险队进入到喜马拉雅山人迹罕至的雪岭冰峰进行考察。在中国国家体委组织的攀登珠穆朗玛峰的活动中，就曾有调查"雪人"的项目。

1951年11月8日，英国登山队队长锡普顿和华德从圣母峰勘察归来，正在探测万比冰川的西南坡时，在那里发现了一串像人的巨大脚印。锡普顿拍下了几张清晰的脚印照片。脚印长313厘米，宽188厘米，拇趾很大而且向外翻开，表示留下脚印的是一个约有2.2米高的直立两足行走的动物，而且动作很灵活，第二趾瘦长，其余足趾则较短，后部还连在一起，大足趾和其余足趾看起来是分开的。锡普顿深信，在喜马拉雅山"有一种像猿的巨大生物存在，这种生物是科学界还未能确定的，至少不在已知的中亚洲地区动物之列。"

锡普顿说，熊的足迹没有这么大；如果说是因雪融化而扩展了，则不可能这么清晰。他说："真正使我毛骨悚然的是，在那里，我们不得不跳过冰隙。才能清楚地看到，冰隙里有这个生物脚趾踏过的痕迹。"

1948年，挪威一位名叫简·弗罗斯特斯的探铀矿者声称，在锡金的泽莫·加普附近，他遇见了两个雪人，其中一个向他进攻并严重地打伤他的肩胛。

20世纪50年代，在尼泊尔发现了雪人的皮肤碎片，1个食指的关节和1个木乃伊状的拇指。经动物学家和人类学家鉴定,它们几乎和人的一样。在某些方面类似尼安德特人(更新世晚期、旧石器时代中期的一种古人)。

1952年意大利人汤布兹声称,他在喜马拉雅山脉的卡布尔山麓,看到一只"耶提"("雪人"的藏语音)在300米之外匆匆走过,随即消失在杂乱的冰堆后面。汤布兹写道:"耶提外形像人,周身长满了暗色的长毛,健步如飞……"

1954年英国到喜玛拉雅山寻找"雪人"的考察队,在尼泊尔一座喇嘛庙里发现这里保存着的两块已有三百多年历史的"雪人"头皮。皮上长满了夹杂着褐色的红色长毛。头皮曾被送往巴黎、伦敦、芝加哥的博物馆请专家鉴定。结果,证实为"雪人头皮"是用羚羊头皮伪造的。但英国著名的研究灵长类的专家奥斯曼·希尔不同意它是伪造的,他认为这块头皮的毛虽与羚羊毛有相似之处,但带有猿的特征,他将这些毛的色素与羚羊的相比较,发现它们之间的排列方式并不相同。

此外,头皮上的寄生虫也与羚羊的不同。这样一来,这两张头皮的真伪又成了一个有争议的悬案了。

1957年,在尼泊尔旅游的美国得克萨斯石油工人托马斯·斯利克遭到"雪人"追踪。尼泊尔乡民告诉他,四年来这里遭"雪人"袭击的人不下5人。

1958年,美国一登山队员在喜马拉雅山尼泊尔境内的一条山河旁,看到一个披头散发的"雪人"在吃青蛙。

1956年,中国科学院等单位曾派出专业人员对"雪人"进行专题调查。在海拔6000米的雪地上又发现了"雪人"的脚印,大小与登山鞋印相似。5月20日晚,队员尚玉昌正在营帐里写日记,突然听到山谷里两声枪响,只见藏族翻译气喘吁吁地跑来,大喊:"雪人! 雪人!"原来一个"雪人"从山谷下正往山顶走去,全身长毛。

翻译紧放两枪,但因天黑而未打中,"雪人"逃走了。这之前,绒布寺一喇嘛看到了"雪人",它的特征:全身长毛,身体比人大,直立行走。

1959年6月24日,在卡玛河谷中游的莎鸡塘。一个住在中国境内的尼泊尔边民报告说:他的一头牦牛被"雪人"咬断喉咙死去。"雪人"吸尽了牦牛的血。由中科院有关人员和北京大学生物学系教师参加的考察队赶到现场,在死牛附近找到一根棕色的毛,长15.6厘米。带回北京鉴定后,认为与牦牛、猩猩、棕熊、恒河猴的毛发在结构上均不同,但是当时也无法证明它就是"雪人"的毛发。但无论怎样说,这是一个十分珍贵的有关"雪人"的实物。

1972年12月17日,英国动物学家克隆宁、埃默瑞与两名尼泊尔舍巴族助手在圣母峰与金城章嘉峰之间3000多米的阿安谷地上扎营。他们宿在与康格玛山相连的山脊上。这个脊地形险峻,地上覆盖着白雪,雪地上完全没有兽迹。次日拂晓,他们钻出帐篷，发现雪地上有十多个清晰的脚印。这些脚印一左一右，排列得特别清楚，甚至显示出脚趾和脚掌的细节。每个脚印长 27.5 厘米，宽 15.2 厘米，两个脚印间距非常短，经常小于 30 厘米，似乎雪人在缓慢、谨慎地步行。

他们说，由于到达这里必须攀登一处非常陡峭险峻的山坡，如果不是力大无穷，身手敏捷的动物，是不能爬越这样的障碍的，他们拍下的足印照片同 1951 年锡普顿拍下的极为相似，看上去好像是一位直立的巨猿留下的。他们相信那是"雪人"的脚印。克隆宁后来写了一本书，认为："雪人"可能是远古时代亚洲巨猿的后代，这些巨形类人猿可能在新生代中期，与更先进的直立猿人竞争失败而逃进喜马拉雅山的山谷中。

1979 年 11 月，一支英国登山队从尼泊尔境内攀登喜马拉雅山。11 月 10 日，队员爱德华兹和艾伦在返回基地途中，在海拔 5000 米处的一个天然洞穴附近的雪地上发现了一些似人的脚印。

这时，两人忽然听到"长达五至十秒钟的尖叫声，完全不像人发出的，听了令人毛骨悚然"。他们相信，附近一定有"雪人"存在。

第二天，全体队员在队长怀特率领下来到那里，看到了更多的脚印，脚印有大有小，显示有两个或更多的"雪人"到过这里。怀特说："我相信……山上必有一种动物学家们所未知的动物。"

在喜马拉雅山北麓的我国西藏地区，也多次有发现"雪人"足迹的报道。特别是 1972 年 12 月，驻伸巴地区的边防部队曾接到边民的报告，说两个能直立行走的动物经常来偷牛羊，并说这两只怪兽不是把牛羊咬死，而是成群赶走，看管起来慢慢吃。边防军出于为民除害的目的，派一位副团长带着几名战士上了山，很快找到了两只怪兽。在相距 400 多米处，战士们开枪打伤了一只，另一只逃走了。但受伤的那只怪兽竟抱起一块三百多斤重的大石头朝开枪的人冲来，没冲多远终于倒下了。

据战士们说，这个怪兽长得像猿又像人，尖尖的头顶，长着二十多厘米长的棕红色头发，有眉骨，大嘴，牙齿尖利，前肢很长，没有尾巴。在场的官兵没一个人见过这种动物，但由于当时交通、通讯条件的限制，这个很可能是"雪人"的怪物尸体就被白白抛弃了。

1985 年 10 月，有一浙江个体户牙医到那曲羌塘为人医牙，在乘汽车返回拉萨途中，见一群驴从山中狂奔而出。后面有一棕色怪兽紧追不舍。野驴放蹄疾驰时，时速可达百里，但一会儿，一头落伍的野驴竟被棕色怪兽攫去。他认为这个怪兽与人们描写的"雪人"相似。

另有一则经由多方转述时间不详的传闻，据说有二人入藏贸易各剩一骡，山行迷路不辨东西。忽有十余物自悬崖跃下，他们疑是"夹坝（劫盗）"。走近一看，都有二米多高，身披黄棕色长毛，似人非人，语音清晰难辨，二人战栗地以为必死。这些怪物无加害之意,反把他们夹在腋下翻山越岭,轻捷有如猿猴飞鸟,送到大路旁而去。这一传闻被多种读物所援引收录。

居住在喜马拉雅山的舍巴族人早已知道"雪人"的存在,他们称"雪人"为"耶提",说它栖息于喜马拉雅山最高的森林地带。那里灌木丛生,人迹罕至。它离开密林到雪原上时,人们才得以看到它或发现它的足迹,舍巴人认为,"耶提"到雪原上来是为觅食一种含盐的苔藓。有的藏民把"雪人"叫做"岗位仓姆吉",意即雪山上的"野人"。据说"雪人"体型高大,二米左右,全身披浅灰色长毛,头发为棕黄色,直立行走,快捷如飞,以食草根、捕捉雪兔、雪鸡等小动物为生,力大惊人,敢与凶猛的灰熊搏斗。因为它生活在雪山之上的悬崖绝壁、冰川雪岭之中。毛色又几乎与积雪荆芥相混,发现它实属不易,兼之它极为机灵,一有响动就飞速避匿,所以照相机也很难捕捉。自1956年中国成立雪人考察队以来,几番探寻,也只拍得几个脚印,迄今未见到雪人的确切行踪。对种种脚印,学术界的看法不一,有人对其持否定态度,认为它可能是大型哺乳动物留下的,还有人认为它是经风吹日晒扩大和变形的结果。但克罗宁则根据自己亲眼所见脚印,认为这些脚印是新鲜的,不可能是风吹日晒变形的结果。

通过许多考察队的考察,得到的雪人印象是:身高1.7～1.8米,身体健壮,满身是棕红带黑色的毛,散披肩上;面部无毛,较为平坦,下颏粗壮,牙齿很大,口也很宽;头呈圆锥形,顶部尖;两臂几乎长达膝部;用足行走;能发出刺耳的大叫声;受惊时或在多石、雪深的地方则用四肢行走。

学术界目前对"雪人之谜"的看法颇不一致,有人根据此地险恶的地理环境以及没有找到"雪人"存在的直接证据而否定它的存在,认为可能是熊一类的大型动物。也有人认为"雪人"可能是大型灵长类动物。也有人认为"雪人"可能介于人和猿之间,即比猿高等些、比人低等些,为至今科学界尚不知晓的一种高等灵长类动物。

到目前为止,有关"雪人"的线索仍然停留在脚印、头发、传闻和目击者的报告上,还拿不出真凭实据。但是,据研究,雪人不仅仅是一种猿的活化石,而且是活生生的可供我们对现实的人类进化史研究的活标本。种种分析与推论中,呼声日益高涨的是:认为所谓的"雪人"可能是中国南部的巨猿保存到现在的代表。当然,要想揭开西藏"雪人"之谜,有待于科学家的努力和确凿的证据。

美国科学家伊·乌·克罗林论述巨猿在喜马拉雅山如何适应这种冰天雪地的环境时说,"雪人"或巨猿并非在雪地居住,而是隐蔽在丛林密集的深谷中。之所以在雪地上遇到"雪人"是因为如同发现它们脚印的登山者一样,它们不过是利用雪地作为途径从一个山谷到另一个山谷去。喜马拉雅山的地势迫使任何动物从一个地区到另一个地区的转移都必须利用有限的隘口和山脊作为途径。

崎岖不平的地势使大型灵长类得以容易地躲藏起来,就像传说故事中的妖怪一样。"雪人"可以在无数的溪沟、峡谷、悬岩、洞穴和崎岖的山坡上突然消失,在这个世界上最高的山区里,在平面地图上所看到的一小块面积,实际上在立体地形地图上却包括了很大的地区,重叠起伏的峰峦隐藏着大面积的土地。

由于"雪人"居住隐蔽,像其他许多哺乳动物一样,为了避免受人侵犯,"雪人"可能已经习惯于白天躲藏和睡觉,而在晚上行动和觅食,这就使得我们发现和捕捉如此困难。所以要想证实它的存在与否,我们还需耐心一些才好。

2.天山西部的"其伊克阿达姆"

位于天山西部,哈萨克斯坦共和国基什——卡印迪自然资源保护区,有个科学工作者带领一群中学生在这里进行野外考察活动。一天晚上,在他们返回营地途中,前面30米处突然闪现出一个身材高大、两脚直立行走的怪物。在月光下,这个浑身毛发灰白的不速之客同这群学生对视了一会,然后便消失在黑暗的密林中。

许多年来,这里一直流传着雪人出没的传说,这一次又证实了传说中的雪人确有其事。当地居民把雪人叫做"其伊克阿达姆"。由于没有捉到这种野生动物,雪人一直被蒙上一层神秘的面纱,引起生物界的浓厚兴趣。

为了探明雪人的行踪,一支探险队来到了位于天山南麓的阿克苏河谷地,并在这里的蓝湖湖畔安营扎寨。这里海拔4000米,森林密布,山洞点缀其中,是个人迹罕至的喀斯特地貌发育的边远地方。探险队决定从这里开始搜索。他们把灵长类动物经常分泌出来的一种信息素涂抹在作记号用的布条上,然后挂在可能属于雪人活动地域的树枝上,希望能把雪人引出来。

第二天夜里,一名探险队员被帐篷外沉重的脚步声惊醒,并闻到一股类似一个人多年设有洗澡所散发出来的汗臭味。由于外面漆黑,他不敢贸然爬出帐篷看了究竟。清早起床后,他们发现帐篷周围留下了几个巨大的与人相似的脚印,于是查遍了附近树丛岩洞,但雪人去向不明,他们只好悻悻而归。

第四天,自然保护区的几位野生动物饲养员骑马来到探险队营地,他们向探险队员报告,发现一些粗大的赤足脚印。队员们立即跟随他们去查看现场,在有信息素作记号的地方果然留下一些杂乱的脚印,脚印长33厘米,步距110厘米,非常清晰,谁也不怀疑它的真实性。

根据脚印的深度来看,这只庞然大物的重量可能不少于250公斤,队员们把脚印做成石膏模型,经过分析比较,形状与人的脚印大体相同,只是大得多,而且脚掌中部较深,现代人的脚尖大趾头到小趾头呈倾斜状,而雪人的脚趾头长短齐平,几乎成一条直线。

有一天晚上,队员帕维尔·卡扎切诺克被冻醒,他听到帐篷外有人在砂砾上走路所发出的脚步声。他立即从睡袋爬出来冲到帐篷外，发现一个模糊的黑影正往灌木丛里逃去，并听到从树丛里传来一声响亮的吼叫和树枝折断的咔嚓声。队员们随即跟踪追击，但怪物已消失得无影无踪。只见挂在树枝上作记号的布条已被撕成碎片抛在地上，而挂布条的树枝也被折断成几截，地上留下的脚印与上次的相似。

可以肯定，雪人已先后两次光临了探险队营地。是什么东西把它引来？是信息素，还是好奇心？也许两者兼而有之。

据专家们分析，雪人可能早已意识到人类已经发现了它们，而且正在想方设法捉住它们，因而它们远远地逃离人群居住的地方，躲避人类的追踪。尽管如此，探险队这次的考察活动还是有所收获，他们不仅肯定天山密林里有雪人存在，而且还肯定雪人就住在离他们营地不远的地方，只是山高坡陡林密洞深，一时难以捉到。

3.蒙古冰川上出现的"阿尔玛斯"

1998 年 7 月，英国人朱利安·弗理艾特伍德率领一支远征队进入蒙古冰川探险，在亚历山德若夫冰川带的雪山上，发现一长行大脚印，他们分析后认为这是传说中的"雪人"留下的足迹。

如同喜马拉雅山地区的发现过程一样，当时，3 名远征队员在冰川高山上安营扎寨，他们在一个寒冷的早晨起床后，发现营帐前几英尺的地方，有一长行神奇的大脚脚印，在地上的深度可证明这是一种巨大的毛茸茸的动物，即当地蒙古人称为"阿尔玛斯"的雪人。其中一组脚印每个长 35.56 厘米，留有 3 只脚趾的痕迹。朱利安说："从脚印看，估计该类动物重量超过 200 磅。可以证实，该批雪人刚在几小时前路经营帐，否则脚印很快会被风雪掩盖。我们沿脚印走了一段，最后发现在中国一侧的境内消失了。"

朱利安·弗理艾特伍德即时拍摄了脚印的照片，由英格兰若干所名牌大学的专家教授做进一步研究。为显示脚印的尺寸，朱利安把冰镐放在其中一个巨大的脚印上，并拍了照。

专家们看了照片后，都同意被传说几百年的雪人看来确有其事。这种雪人或许与北美发现的野人有亲缘关系。著名登山运动员克里斯·波宁顿说："以往人们确曾目睹两腿站立的雪人，现在又有照片为证，无人可否认雪人的存在了。但在提出实物验证前，如雪人骨头或尸体等，上述说法仍欠说服力。"

在离开营地返回英格兰前，朱利安曾找到当地一哈萨克族游牧人证实他们的看法，结果被告知远征队当时扎营处正是雪人常出没的通道。那游牧民说，4 年前他曾在近距离内与一雪人相遇，后来雪人逃跑。他形容雪人高大，全身毛茸，类似猿。他还说雪人通常喜欢在冰川中行走，并以野羊和山坡低处的植物为食。

4.北美洲野人"沙斯夸支"和"大脚怪"

在亚洲的其他地方，从北部的戈壁沙漠到南部的印度阿萨姆邦，野人的名字是梅蒂、舒克伯、米戈，或者坎米。而在美国西北部，住在偏远的伐木地带的人叫它"大脚"。在加拿大落基山的丘陵地带，它又被人称为沙斯夸支。

无论叫什么，野人的外形大致都是相同的：身高约三米，体重约一百三十六千克，外貌和头发像猿人，两腿直立行走，种属不明。

20 世纪 50 年代，在尼泊尔，一支由伦敦《每日邮报》赞助的探险队发现了雪人的足迹和粪便。据分析，这些粪便说明雪人食性同人一样，是既吃动物也吃植物的。

有一种说法认为，它们是巨猿的后裔。这是荷兰古生物学家拉尔夫·冯·凯尼格斯沃尔德的发现。1935 年，凯尼格斯沃尔德在香港中药店里发现了一些巨大的猿类牙齿。20 世纪五六十年代，在中国南部、印度和巴基斯坦他又发现了更多的这类巨兽化石。他在亚洲各地发现的牙齿，可以判定是属于身高 3.55～3.96 米高的无尾猿的。论证表明，在森林地带无力与人类进行生存竞争的巨猿，可能迁移到偏远的地区以避免灭绝。

怀疑者指出，就牙齿为"线索"而言，它可能是熊、叶猴、喜马拉雅山的狐狸、灰狼或雪豹留下的残存者。还有人猜测，雪人是高海拔地区缺氧使人产生的一种错觉。

但是，不是所有的证据都能满意地取消，也不是所有的怀疑——诸如在美国西北地区发现的相似怪物——都能得到解释。

在北美洲，有关怪物的报告源源不断地输送到加拿大的报纸上，并向全国传播。报告的次数简直成百上千。1973 年，加拿大的一家出版公司悬赏 10 万美元，奖给能活捉一只沙斯夸支的人。大脚怪的故事是美国西北地区历久不衰的传说。在 19 世纪，人们收到 750 宗有关发现它们遗下的巨型脚印的报告，地点大部分位于由北加州伸展至英属哥伦比亚的常绿森林。

在北美的印第安人中，早就流传着这种神秘大脚野人的传说。但确凿的足迹最早是在 1811 年发现的。当时探险家大卫·汤普逊从加拿大的杰斯普镇横越洛基山脉前往美国的哥伦比亚河河口，途中看到一串人形的巨大脚印，每个长 30 厘米，宽 18 厘米。由于汤普逊没有见到这种动物，只看到了大得惊人的脚印。他报道了这一消息后，人们就用"大脚印"来称呼这种怪兽。从此以后，关于发现大脚怪或其脚印的消息络绎不绝。至少有 750 人自称他们见到了大脚怪，还有更多的人见到了巨大的脚印。虽然不少科学家认为大脚怪是虚妄之谈，但有些报道不能不引起人们的注意。

美国总统西奥多·罗斯福不是一个轻信的人。但他在 1893 年出版的《荒野猎人》一书中曾记载了一名猎人亲口给他讲述的与大脚怪遭遇的可怕故事。那件事给老罗斯福留下非常深刻的印象。猎人名叫鲍曼，事后多年，他谈起这段经历时仍不住地哆嗦。鲍曼说，他年轻时和一个同伴到美国西北部太平洋沿岸的山地捉水獭，就在林中宿营。半夜里，他们被一些噪声吵醒，嗅到一股强烈的恶臭味，他在黑暗中看到帐篷口有一个巨大的人形身影,他朝那个身影开了一枪,大概没打中,那影子很快冲入林中去了。由于害怕,鲍曼和他的同伴决定第二天就离开。当天中午,鲍曼去取捉水獭的夹子,同伴则收拾营地。夹子捉了三只水獭,鲍曼到黄昏时才清理完毕,但他赶回营地时却大惊失色,同伴已经死了,脖子被扭断,喉部有四个巨大的牙印,营地周围还有不少巨大的脚印,一看就知道是那只怪兽干的。由于恐惧,鲍曼什么都顾不上收拾,连忙骑上马,一口气奔出了森林。

1924 年,伐木工人奥斯特曼到加拿大温哥华岛对面的吐巴湾去寻找一个被人遗弃了的金矿。一天夜里,他和衣在睡袋里睡觉的时候,觉得自己被抱了起来。天亮后,他从睡袋里钻出来,发现自己是在一个山谷中,周围是六个身材高大的毛人。这些毛人不会说话,成年的身高有两米多,体重大约五六百磅,它们前臂比人长,力气大得惊人。毛人们没有伤害他,整整过了六天,奥斯特曼才找到机会逃出来。

奥斯特曼许多年后才肯讲出自己的经历,他怕别人不相信,但据专家们分析,他讲的许多细节确实不像虚构的。

在 1967 年,华盛顿亚基玛地方的大牧场主罗杰用 16 毫米摄像机拍摄到一只个子高高的多毛动物。当时它正直立行走涉过 110 多米远处的小河。地点是在加利福尼亚州的尤里卡地区附近。罗杰拍的胶卷 8.4 米。他拍到这动物模糊不清、短暂连续的镜头。它长着下垂的乳房,是雌性,走路时步子很大,双臂摆动。它转过身来看了一下摄像机,随后消失在树林之中。

20 世纪 70 年代,加利福尼亚州所称的"大脚怪物"似乎又在美国南方的伊利诺伊州露面了。从大马迪河畔的一个名叫墨菲斯伯勒的小村庄发来了一些关于一只大得像无尾猿的怪物的报道。

1973 年 6 月 25 日午夜,当地一对夫妇正坐在停着的小车里,突然听到附近树林里传来怪异的尖叫。有一个高约 2.4 米、遍体淡色的毛并沾满泥浆的东西,正步履沉重地向他们走来。他们连忙开动车子,到警察局报告这件事情。

随后,关于这个墨菲斯伯勒的"泥妖怪"的报告接踵而来。有两名十几岁的小青年说他们闻到了它身上恶臭的河泥味;在附近的露天市场干活的工人们也说,他们看到怪物凝视着一些用绳拴着的矮种小马。警长托比·伯格下令搜查,但见到的只是草丛被踏过的痕迹、折断的树枝和几团黑泥。

美国《伊利诺斯南方报》的编辑托尼·史蒂文斯说:"这不是骗局,这是狩猎区。要知道任何披着动物外衣的人,他的伪装都将被子弹射穿。"

另一个美国人伊凡·马克斯是个擅长风景摄影的猎人。20 世纪 70 年代,他曾几次拍到"大脚怪"的照片。1977 年 4 月,他在加州的夏斯塔那附近拍到了许多"大脚怪"的珍贵镜头，根据马克斯多次拍摄到的照片、影片，美国惊异视野公司制作了一部名为"大脚怪"的电影，电影映出后引起了强烈反响，许多科学家认为，"大脚怪"可能是古代巨猿的后代。

5. 野人与人生育的"混血儿"

在海拔1150米的神农架廖家垭子有一个野人洞，洞口立有一块野人碑，立碑时间是清乾隆五十五年冬。

清同治五年修的《房县志》说："房山高险幽远，石洞如房。多毛人，长丈余，遍体生毛。时出啮人鸡犬，拒者必遭攫搏。以枪击之，不能伤……"

由于野人的智力不及现代人类，无法与人交流，因而每当野人与人遭遇，就有可能酿造祸端，上演种种悲剧。1976年冬，吴德立带着18岁的哑巴儿子到麦兰皮供销社去卖青藤。天黑时分，走到松望峡，突然从峡谷里的草丛冲出一个野人，把她拖进仁和寨大森林的山洞。哑巴跑回家求救，但人们找不到她。

在神农架，也有母野人裹掳男人的事发生。据当地的老人讲，1915年，房县一猎人正在树下打瞌睡，一个母野人突然出现，先撕死了他身边的猎犬，然后把他抱在怀中，翻山越岭，进入峭壁上的一个山洞，猎人曾趁野人外出逃跑过，但很快在岔洞中迷失方向。

中国湖北发现了世界首例活体"杂交野人"！这是一个惊人的消息。1998年9月26日，在总部设于武昌的中国"野人"考察研究会，一些传媒记者通过观看录像，亲眼目睹了这一世界奇观。

当地一些媒体的记者看到，屏幕上出现的"杂交野人"系雄性活体，它头部尖小，长有明显的矢状脊，身高约2米，赤身裸体，步幅很大，四肢及形体特征均似"野人"。但它无"野人"那样的长毛，也没有语言。

中国野考会负责人李爱萍告诉记者，这一珍贵的录像资料是她去年底清理父亲遗物时发现的。其父李建1995年去世，生前任中国野考会执行主席兼秘书长，毕生致力于神农架"野人"考察，享誉海内外。

现已查实，该录像资料是1986年由野考会员在神农架毗邻地区拍摄的。当时，"杂交野人"33岁，其母健在，该妇早年丧夫后一直守寡，对杂交孩子一事羞辱万分，始终不肯向调查者透露半点细节。

李爱萍女士说："好在她的大儿子、'杂交野人'的哥哥是队上干部，在得到野考会会员'保密'的承诺后，讲述了其母被'野人'掳去并杂交后代的'隐私'。"

据悉，"杂交野人"生母现已去世，野考会会员当初与其家人关于"不得在她生前公开'杂交野人'消息"的约定随之解除。李爱萍女士透露，据她获知的最新信息，该"杂交野人"至今健在。

曾任林业部野生动物保护司司长,时任湖北省省长助理的江泓在先期观看了有关"杂交野人"的录像资料后,表现出浓厚兴趣,并就如何进行科学鉴定和揭秘等问题提出了具体建议和意见。

自 1974 年湖北房县桥上公社清溪沟农民殷洪发遭遇"野人"开始,目击"野人"甚至与"野人"搏斗的人不断有所增加,规模不等的中国"野人"科学考察,至今已历二十余年。其间,尽管"野人"目击者不断增多,"野人"脚印、毛发、睡窝等实物也时有发现,但活体的"杂交野人"还是首次发现。李爱萍称:"根据本会掌握的资料表明,这也是世界首次报道。"

在中国历史上,"野人"掳人为偶的事古已有之。晋代的《搜神记》、宋代的《江南木客》、清代的《新齐谐》等都记载了此类奇闻轶事。最为详尽的是唐人笔记文《广异记》中记载的一件"野人"强抢妇人为妻之事。

据了解,在此之前首例见诸报道的"杂交野人"是三峡巫山"猴娃"。1939 年 3 月,巫山县当阳乡白马村(今名玉灵村)一妇女产下一个外表如猴一般模样的婴孩,这位取名涂运宝的男孩身上长有又细又长的毛,脑袋很小,直径约 8 厘米,脸型上宽下窄,腰背及两腿弯曲,手大且指头尖锐,似猴爪;他无论寒暑总是赤身裸体,还好吃生冷食物,颇似人们传说中的"野人",所以他便被当地山民称做"猴娃"并传播开去。

"猴娃"母亲智力、体态均正常无异,缘何生此怪孩? 一村上人说,这位母亲 1938 年 7 月间曾被"野人"抢进山洞生活过,孩子就是因此怀上的。可惜的是,"猴娃"因一次无意中让炭火烧伤了屁股,从此身体日趋衰弱,于 1962 年 8 月间病故。

"猴娃"的故事是一位四川工程师最早讲述给当时的中国"野人"考察队队员、上海师大学生李孜知悉的。李孜如获至宝,他曾与人多次前往探望"猴娃"生母,终因她不愿承认被"野人"掳去强迫生子的"丑闻"无功而返。

著名野考专家、原华东师范大学生物系讲师刘民壮闻说此事,急急赶到巫山,在当地有关方面协助下挖出"猴娃"遗骨,并进行了初步测量和研究。

在刘民壮先生 1979 年 9 月发布的《巴山猴娃科学考察报告》中,虽没有肯定"猴娃"就是其母与"野人"杂交所生后代,但对"痴呆症"、"特大返祖现象"等猜测予以了否定。其于 1980 年在《科学画报》第 4 期发表《猴娃之谜》一文,进而提出:"如果说猴娃是人与'野人'杂交的产物,那倒是很有可能的。因为巴山本是'野人'频繁出没之地,况且历史上也曾有过类似的记载。"

6. 冈底斯山中的"切莫"

西藏的萨嘎到仲巴一带,野人出没盛传已久。1996 年 9 月,中韩联合登山队攀登的冷布冈日峰,恰好位于萨嘎与仲巴两县之间。这就给了新闻媒体的体育记者一个了解这一带有关野人传说的机会。

冷布冈日位于著名的冈底斯山脉中段,也是冈底斯山脉的最高峰,海拔 7095 米。1996年 9 月 14 日,记者和登山队员一起到达冷布冈日,在海拔 5266 米的山脚下扎营完毕,营地旁的两户藏族牧民就来与登山队员寒暄,藏族登山队员扎西、拉巴则充当了翻译。

冈底斯山

聊天中记者得知,两户牧民的主人,一个叫尼玛,21 岁;一个叫赤丹旺加,38 岁。由于大雪封山季节将至,他们本已准备把牛羊从高山牧场转移到冬季牧场,看到登山队员来了,他们便决定再多住几天。

10 月 21 日,中方总队长李致新与拉巴去海拔 5600 米的前进营地,途中发现了一串奇怪的脚印。李致新"排除"了熊脚印的可能,并拍了照。藏语翻译拉巴这时说,当地老乡告诉他,这一带野人活动频繁。有个十几岁的牧民男孩晚上在羊圈睡觉时遇到野人袭击,耳根被扯烂,耳朵被拉扯到嘴巴的地方,现在还歪长在那里。

一回到大本营,拉巴就兴冲冲地向尼玛和赤丹旺加描述见到的脚印。

"那就是'切莫'了。这一带野人每年都会出现一两次。"

当地藏语的"切莫",就是野人。

冬季逼近,冷布冈日地区已经很冷,晚上气温通常在零下二十度左右了。

10 月 22 日,午夜刚过,帐篷外面突然传来群狗的狂吠,并且好像在追逐着什么。随队记者被狗叫吵醒了,怎么也无法入睡,便在那儿胡思乱想:是狼呢? 还是野牛? 是熊,还是野人?

第二天,牧民说,昨晚"切莫"经过了这里。秋季是"切莫"活动最频繁的季节,但帐篷多的地方"切莫"轻易不会靠近。

早餐时,野人成了大本营人员的热门话题。中国登协秘书长于良璞鼓动说,就野人这个专题,好好采访一下牧民如何?

10 时,尼玛、赤丹旺加被请来了。

众人在大本营的帐篷前围坐一圈,听他俩讲述冷布冈日一带野人的故事。韩国人也被这个全世界都很感兴趣的话题所吸引,也跑来听故事了。

尼玛说,他小时差点被"切莫"杀死,有一年在一个叫阿喀宗的冬季牧场。当时他正在放羊,忽然看到一个身上长毛、直立的庞然大物远远地向他走来,他吓坏了,立即找了个狭窄的石洞里躲了起来,"切莫"围着他躲藏的地方转了很长时间,因为进不了他躲藏的地方,先是急得"噢噢"叫唤,后来就沮丧地走了。

年纪大些的赤丹说,"切莫"杀人,也喜欢吃肉,但却不吃人肉。他指着山脚正东方向说,1984 年,我们村里,就是"虾给村",有个 43 岁的女人放牧时被杀,女人头皮被撕下,两肋被打烂,过了好长时间村里人才发现,但被杀女人身上没有嘴撕咬的痕迹。村里人发现后,带着猎枪沿着地上的血迹追捕"切莫",追了很远,但没有追上。

赤丹还描述"切莫"的形象说,"切莫"的嘴有点尖,会发出嘘嘘声。脸长有毛,但毛不多。耳朵很像人,能直立行走,大的二米多高。腿上毛比较长,身上毛较短,毛棕灰色,"切莫"都没有尾巴。它的力气很大,用上肢就可把牛羊撕开。"切莫"都是一家家地活动,每个家庭大概有五六个成员。

赤丹还用手在地上画出了野人的足印和手印形状。登山队随队记者看他在地上描画的手爪形状很像大猩猩,但登山队有人否定了这个猜想。因为这一带从没有猩猩活动的说法。

据中韩联合登山队随队记者披露,近年关于"切莫"活动最轰动的事,发生在 1994 年 8 月间。在登山队大本营东面的山坡下,有个名叫"良布"的村庄。那是 8 月的一个深夜,良布村牧民的羊圈突然遭到"切莫"的袭击。

羊群的惨叫声惊醒了牧民,5 个青壮牧民立即骑上马,带着网,向山上追去。途中,他们发现了一个母"切莫"领着四个小切莫正向山上逃去。赤丹说,不知为什么"切莫"特别怕马。那 5 个骑手很顺利地用网把这一大四小 5 个"切莫"全都困住,然后通通杀死了。

后来呢? 我问道。

"5 个牧民把杀死的切莫都丢弃在山上了。后来听说山外来了个人,用车把它们拉走了,但不知道拉到哪去干什么用了。"

大本营中有人怀疑是棕熊。但赤丹很肯定地说,"切莫"不是棕熊,因为他发现过野人的洞穴,里面有用来做垫子羊皮,这羊皮显然是"切莫"杀死了羊后自己剥下的。他还指着大本营正东方向的对面山坡说,他在那边就发现过切莫的洞穴,里面还有猎物的骨头。

故事听到兴头,记者问尼玛和赤丹:"你能带我们去找野人吗?"

"如果有枪的话,我们肯定能帮你们找到野人。"

为什么要带枪呢? 他们解释说,切莫一般不会主动袭击人,但面对面相遇,他会拼命的。

这时登山队有人插话说,日本有个机构悬赏活捉野人,奖金 50 亿日元,谁要抓到野人就"发"了。这天方夜谭把大家都逗乐了。

说笑归说笑，记者倒是真打算抽空专程下山一趟，去良布村采访捕杀五个"切莫"的当事人。但风云突变，后来就没有机会了。

23日夜，冬季的第一场大雪突然向冷布冈日扑来。

24日，为防止被大雪困在冷布冈日山区，中韩联合登山队决定立即拆除帐篷撤出冷布冈日。同时派人上山，通知前进营地的中韩双方队员紧急下撤，据这名记者所写，那天他也去了前进营地，在风雪弥漫的山途中，突然发现大约百米左右的地方，一头巨大孤独的黑牦牛正扭头打量着他。在西藏曾多次听说，野牦牛都是独自行动的，而且力大无比的野牦牛能把越野车顶翻，要是与心怀敌意的野牛遭遇，就死路一条了。

与这庞然大物猛然遭遇，记者心中一惊。此时他已经走得很累了，环顾四周竟无一巨石可供周旋。眼下这牛对他的威胁要比"切莫"现实多了，惹不起咱还躲不起吗？于是他朝着相反的方向走去，他一边走，一边回头打量，那牛竟一动不动地盯着他，直到看不见了那牛时，记者忽然发现，他竟出了一身汗。

7.高加索山区的"吉西·吉依克"

"雪人"不仅出没于喜马拉雅山、喀拉昆仑山、帕米尔高原以及蒙古高原的群山之中、冰天雪地的广阔空间，而且还活动于欧洲东南部的高加索山脉。它们在当地居民的记忆里至少存在有300年以上的历史，至今还被描绘得活灵活现，以致成百上千的科学家、探险家为之耗尽心力，苦苦探寻……在中亚和东亚的雪山间，雪人被称为"耶提"（或"耶泰""朱泰"等），意思为"怪物"。

据看见过耶提的山民讲，它们高1.5～4.6米不等，头颅尖耸，红发披顶，周身长满灰黄色的毛，步履快捷。其硕大的双脚可以在不转身的情况下迅速调向180度，以便爬升和逃跑。耶提生性羞怯，所以，高加索山民揣测：1920年初，一连红军战士的神秘失踪事件，极有可能是雌性耶提群体（它们有时是几十至上百的聚集成群）所为。

1907年至1911年间，年轻的俄国动物学家维·卡克卡在高加索山脉搜集到当地人称为"吉西·吉依克"的雪人的材料。1914年，他在圣彼得堡皇家科学院公之于众，不过当时并未引起人们注意。直到1958年，前苏联人类学家波尔恰洛夫才重新研读了这些材料。后者发现，当年卡克卡为"吉西·吉依克"勾勒出一个相当完满的复原像：像小骆驼那样高大，全身长满棕褐色或淡灰色的毛，长臂短腿，爬山和奔跑都极敏捷；脸阔、颧骨突出，嘴唇极薄甚至很难看出，但嘴巴宽阔。脸上皮肤色深且无毛，既食鸟蛋、蜥蜴、乌龟和一些小动物，也吃树枝、树叶和浆果。它们像骆驼那样睡觉，用肘和膝支持身体，前额突出，双手放在后脖颈上。

蒙古科学院院士赖斯恩认为，雪人的存在不容怀疑。由于现代人类的活动，以至雪人的生存空间越来越小。因此，应该像保护珍稀动物一样保护雪人——尽管对于它究竟是一般动物还是野人，至今众说纷纭。

1941年，前苏联的一名军医在今塔吉克斯坦的帕米尔地区的一个小山村里捕捉到一个浑身披毛的怪物，它不会讲话，只会咆哮。后来边防哨所的卫兵将它当做间谍枪杀了，这令军医很伤心。这位军医的名字叫维·斯·长捷斯蒂夫。他将这件事情写成通讯，发表在一份医学杂志上。继他以后不久，一个叫维·克·莱翁第亚的狩猎检查官报告说，他曾追踪过一个全身毛茸茸、扁脸孔的两脚怪物，并在距它五六十米处进行了观察。

不论从高加索、帕米尔还是从蒙古高原、喜马拉雅山传来的信息，都说存在真实的雪人的活动，而且大多数信息证明雪人属于"人科动物"。那么，雪人真的就是人科类野人吗？

英国女人类学家爱玛拉·谢克雷博士认为，雪人是尼安德特人的后代。这就是说，雪人介乎于人、猿之间。谢克雷博士研究了雪人留在雪地里的大脚印，指出它的大足趾很短，略向外翻。前苏联人类学家切尔涅茨基也认为雪人是尼人的后代，说尼人在与智人（现代人的直接祖先）的搏斗中，节节败退。其中的一支逃入雪峰，发展成雪人。

中国人类学家周国兴先生认为，雪人是巨猿（它不是人类的祖先，但同人类祖先有"亲戚"关系）的后代。在比较了雪人和猿类脚印之后，周国兴认为雪人更像猿。传说中的雪人直立行走，受惊时也匍匐疾跑——就很像古猿类。他推测，古代的巨猿并没有真正灭绝，它的后代潜伏生长在欧洲东南部及亚洲的雪山冰峰之间，成为神秘的雪人。但它们并没有语言的功能，只会发出模糊的叫声。因此，它们似乎没有走进人类的门槛。

也有学者否认雪人存在，他们认为传说中的雪人脚印可能是熊的脚印，也可能是山上的落石在雪融化后造成的。锡金政府曾组织过专门的考察队，考察区域是雪人频繁出没的世界第三高峰干城嘉峰山麓，可是一无所获。1959年，一支美国雪人考察队也在尼泊尔境内考察了一个半月，也没有发现雪人的任何蛛丝马迹。那么，前述各国各地区有关雪人报告甚或科学家调查都是在撒谎吗？显然又不像。

总之，雪人之谜和大脚怪之谜一样，令人既难以置信，又感觉不好轻易否定。

8. 奇怪的"大脚怪"

自从1955年开始，人们就传言在北美的原始丛林中，生活着一种类似于亚洲野人的"大脚怪"。报纸曾有捕获、杀死或发现尸体的报道，但目击者们都否认有这种"怪物"的尸体存在。

"大脚怪"多在夜间出动而又很聪明，极善于逃避敌害。为探索这种捉摸不透的"大脚怪"之谜，伊凡·马克斯凭着毅力和本领，从20世纪50年代起，通过访问印第安人和爱斯基摩人的知情者，一直对"大脚怪"进行追踪、考察。

1951年10月，伊凡·马克斯在加利福尼亚北部西克犹郡的死马山顶第一次见到了

"大脚怪"的脚印。在这之前伊凡并不相信这种生物的存在。

1958年伊凡·马克斯在内华达州的华尔特山狩猎美洲猴时，发现500米外的地方有一个黑色高大的可怕的生物。他立即用长焦镜头拍了下来，他说："那东西古怪、陌生，可能很危险，所以我不想再靠近它。"

1970年5月，他和一名瑞士"大脚怪"考察者雷内·达因顿在华盛顿州的科尔维尔追踪"大脚怪"中，再次发现众多的、分布广泛的"大脚怪"脚印，他们还做出了这种脚印的石膏模型。

华盛顿州立大学人类学家格罗弗·克兰茨博士鉴定模型后评论说：脚印异乎寻常地弯曲、隆起和细致，从解剖的精密度来说，是真实可信的。

同年10月份，有一个"大脚怪"在科尔维尔北边的公路上被汽车撞倒。马克斯闻讯马上赶到现场，他看见那个被撞但伤势不重的"大脚怪"浑身长着黑毛，它正在仓惶地逃跑，而且很快消失在丛林中。马克斯仅仅抢拍了一点这个动物蹒跚而行的镜头。不久，马克斯在爱达荷州的普利斯特湖东边加里布弯附近考察时，突然发现一个红褐色的"大脚怪"正朝一片沼泽地跑去，它的身体在树干之间时而显露出类似人的四肢与宽阔的背部。

1972年，有一个庞大的白毛"大脚怪"在加利福尼亚北部的暴风雪中四处奔腾、跳跃。据有人考证认为，雄性的黑猩猩也有在风暴中腾跃的行为，而且随着身体发育成熟，在身体某些部位的体毛会变得特别白。这个白毛"大脚怪"是否在习性上与黑猩猩有相同之处呢？

1977年4月，在加利福尼亚州夏斯塔郡的雪山附近，马克斯发现一个雄性"大脚怪"站在沼泽中用手舀水，并用力抖动身体驱赶成群的蚊子。它的皮毛像水獭那样光亮，头上的毛发在缝处分成前后两半，这是一种胚胎发育的特征。同年12月的一天，马克斯与妻子正沿着一串猜测可能是"大脚怪"的脚印搜索前进时，忽听一种树枝断裂的声音正在向他们接近。马克斯以为遇见了熊，他从肩上将枪取下来，正在这时，突然一个"大脚怪"晃动着脑袋十分迅猛地朝他们扑来，马克斯出于自卫，将它一下击倒。

"大脚怪"很快就一跛一拐地逃走，不久就不再跛行，而是精力充沛地大步离开。马克斯和佩吉谨慎地跟在"大脚怪"后面。

走了一段路后，"大脚怪"登上一个熔岩石脊停了下来，摆动着长臂，回过头来威胁的看着马克斯他们。"大脚怪"额顶部的顶毛直直地竖着，显然很可怕！为免遭它报复性的袭击，马克斯和佩吉急忙离开了。

人类学家认为"大脚怪"很可能是类似于粗壮南猿或包氏南猿的一种素食性的人科。他们喜欢居住在潮湿的森林中，雌体和雄体的两腿姿势、骨盆外状和阴部酷似于人类。

不过，多数猿类都不习水性，但"大脚怪"却极善游泳，甚至能潜水，并习惯以潮湿带、溪流、湖泊和沼泽中的水生食物为生。人类学家猜测"大脚怪"是一种生活在寒冷地区的水猿。

伊凡·马克斯花了33年时间在北美拍摄了很多"大脚怪"活动的珍贵镜头，并由惊异视野公司制成大型纪录片——"大脚怪之影"，生动地展示了这种动物的外观和行为，使全球为之赞叹。

9."鸟人"传说

据报道，有一队探险家在印尼婆罗洲的原始森林里，找到了一个被遗忘的史前人类部落，并发现这个部落的婴孩全部是由卵生孵化出来的。

探险队领队、西德人类学家沃费兹博士和他的10名探险队员为了研究原始部落生活，来到婆罗洲的热带雨林探险。当他们来到一处山脊，正要步入下面的山谷里，忽然，头上的大树上传来一阵尖叫声。只见在树枝上，一些全身赤裸的怪人蹲在一个个用树叶青草砌搭成的巢穴内，目不转睛地望着他们，并不时兴奋地像鸟雀般叽叽喳喳叫个不停。过了一会儿，约有二十多个怪人从树上爬了下来，慢慢地向探险队员们走来。

据沃费兹博士回忆说，这些怪人大约只有1.2米高，看来十分原始，样子虽然像人形，但却有着鸟雀的个性。它们只有一颗大牙，就像象牙一样，从口中凸了出来。它们来到探险队的面前，既不害怕，也没有显示出敌意。

这些"鸟人"叽叽喳喳地叫个不停，还不时用它们那鹰爪似的手，拿出一些大蚯蚓来，请探险队员们吃。

"那些蚯蚓正是它们的主食。"沃费兹说，"它们将它送给我们，就是作为一种友善的表示。"接着，这些"鸟人"带领探险队员们来到它们的家——一个建设在几棵大树上的巨大平台。

当探险队员爬上平台，立即看到一幕惊人的情景，一群大约三十多个女"鸟人"，正各自坐在一枚白色的大蛋上，进行着孵化。

沃费兹博士说："它就如我们的育婴室一般，那些女'鸟人'，就坐在那些蛋上，使它们保持温暖。在其中一个角落，一个婴儿用它那只长牙将蛋壳弄开，破壳而出。"

探险队怀着惊奇的心情在那里观察了一段时间。大家发现那些女"鸟人"在怀孕6个月后便生下一枚大蛋，跟着它们再把蛋孵化3个月。直至婴儿出生为止，9个月的孕育过程才告完成。这时，做母亲的就和常人一样，用母乳哺育婴儿。

当探险队离去的时候，那些卵生的"鸟人"，送给他们很多蚯蚓，还发出鸟鸣的声音欢送他们。

奇怪的"鸟人"，奇特的卵生人，又留给人类一个不解之谜。

10. 被密封 5300 年的"冰人"

在阿尔卑斯山南部发现的冰人,是一具最古老的完整无缺的人体。科学家们正在研究冰人和他那令人惊奇的极复杂的工具的线索:古人在 5300 年前是如何生活的。

在冰雪半融的高山上,法医专家雷英纳·汉恩发现一把尖刀般的打火石时,他就坚信:他们从冰中挖掘出的人可能是现代考古最重要的发现。冰人密封在阿尔卑斯山希米龙冰川中大约有 5300 年了。

冰人死时穿着鹿皮衣和草披肩,在附近有他的弓和箭,一把铜斧和其他工具,它们还保持着原状。冰人的皮肤、内部器官甚至他的眼睛依然保持完好,是至今发现的最古老的保存最好的人体。1991 年 10 月,当冰人通过直升飞机运到英斯布鲁克大学法医学研究所时,该大学的史前研究专家康纳德·斯宾德勒说:"这是对古埃及特德国王研究后的又一重大发现。"

事实上,这次发现可能证明比特德国王的发现更重要得多。因为特德的 3344 年前陵墓只是说明古埃及著名法老其豪华富裕的生活及其历史遥远悠久,而冰人要比其早2000 年,他能阐明一些更遥远的远古时代的奥秘,还可以探索新石器时代欧洲森林耕作狩猎的人们的踪迹。

冰人站起来有 157.6 厘米高,重 50 公斤左右。现在他只有 20 公斤重。冰人右耳垂有一深深的洞,说明古埃及人穿耳索。身上惟一饰物是 5 厘米枝状皮饰的白玉石圆盘,可能是穿在他的颈项周围的皮带。皮肤上的刺花纹十分好看。有 4 个 7.62 厘米长的带子在他的左脚上部。有一个十字形打点在其左膝盖上,还有 14 条细纹刺在背上。康纳德·斯宾德勒观察说,"这不像现代刺花纹,这些纹身必定有其含义。"奥地利研究人员研究这些纹身是这样刺成的:有些原始人纹身是用针刺皮肤,然后将灰抹擦或用颜色抹擦到伤口上制成。

对冰人的物理检验会影响其完整保存,研究人员正研制高效能计算机——允许他们详细研究冰人而又不必接触其木乃伊。利用计算机的轴向层面 x 线照相技术扫描获得三维立体图,研究人员能在计算机显示屏上观察到冰人骨骼和器官。结合计算机辅助绘图程序的一台 CAT 可以将此数据创制成三维塑料骨骼,即精确的原始器官的复制品。英斯布鲁克大学生理系主任瓦纳·普拉兹研究后得到结论是:这名男子死亡时侧身向左边倾斜,用右臂伸出放在其臀部。

冰人同样有纹身技术,在他的脚上和膝上都有纹身的标志,而在他背部的条纹,清楚地看出是另一个人所做。从他磨损的牙齿分析,科学家提出他的饮食包括磨料面包。从他外衣中发现的二粒远古麦子证明他住在靠近阿尔卑斯山脚下低地耕作社会。

新石器时代的欧洲大约在 7000 年前就扩大耕种维尔金土地。第一批农民在开阔的土地上砍树,燃烧硬木树,种麦;在森林附近放牧他们的牛羊。在这一地区他们已从事狩猎和钓鱼,逐步成为熟练的半游牧生活的人们。这两种文化终于结合。这一冰人反映了耕作与放牧的混合性。他可能靠面包生活,也可能从周围森林中用天然果实维持他的生活。当冰人遗体躺在英斯布鲁克大学实验室受到保护时,对他的附属物正在进行研究。德国美因兹市罗马——德国中心博物馆,考古学家马科斯·艾格已把冰人的皮制物品弄得干干净净,涂了油脂并进行脱水处理。草编手工制品已被冰冻消除湿气成为干制品。木制品在大盆里清洗过,并上蜡以防腐蚀。

发现的最显眼的木制品之一长弓用紫杉树心制成。紫杉树依然生长在希米龙冰川下的山谷之中——这是发现冰人的地方。传闻过去这山谷是制造质量弓的地方。事实是冰人的弓在他死亡时尚未琢磨修整好。科学家提出:他可能在这山谷切削他的弓。

在这把弓的下方是一把铜斧,这是最令人惊奇的发现,因为这把 4 英寸刀刃的斧头曾经烧锻加工。斧头标志着一个时代的结束,另一个时代的开始。直到公元前 3300 年石头才让位于金属作为选择工具的材料。

冰人是开拓自然资源的能手,他们携带的工具可以告诉人们这一切。伴随着他的斧头他还带着用桉树处理过的刀柄,还有打火石般的刀只有 1.7 厘米长。从冰人工具中还发现了 U 型箭筒,这是世界上最古老的用榛木制成的箭筒。冰人的箭筒包括 12 支挟木属植物木箭箭杆和两支精细加工的箭,顶端有特制的尖尖的打火石,上面含有从煮沸过的白桦树根取得的树胶。箭筒内部的 x 射线表明有一球状绳子、一支鹿角和一双原始打火石——谜一般的工具。

冰人是牧羊人,还是猎人?

根据他携带的工具,及他周围许多动物粪粒样东西的试验性分析,康纳德·斯宾德勒推测他可能是牧羊人,冰人死亡时可能正在放牧羊群。冰人步行到山谷为一只断弓切削代替物,并在暴风雪袭来时寻找躲避处。研究人员推测,冰人也许精疲力尽,在不利天气条件下熟睡在山谷的壕沟中,结果造成冰冻死亡。

研究人员难以得出进一步的结论。关于冰人怎样生活、怎么死亡尚待进一步研究。在揭开冰人其所有秘密之前,在欧洲和美国的研究人员正在用最新显微技术拍摄冰人器官的各个部分。科学家们的研究工作将逐渐取得进展。

11."海底人"从何而来

UFO 是飞碟之谜,而 USO,则是一个类似 UFO 的难解之谜,不过它是发生在海洋中的不明潜水物。

第一次发现 USO 还在发现 UFO 以前。1902 年,航行在几内亚海域的一艘美国货船突然发现前方近 100 米的地方,有一个飞艇似的庞然大物在沉浮。货船开足马力向它靠拢，奇怪的是它立刻沉入海底而不留一点浪花。潜艇吗？那时，还没有出现第一艘潜艇呢！

1963 年，美国海军某部在布埃特·利戈东南海面进行反潜艇作战练习。有艘主力舰发现了不明潜水物。当时，这个半浮海面的巨大物体，被舰队指挥官当成是不明国籍的间谍潜水物毫无损伤。当它悄悄地下潜海底时，整个舰队的所有无线电通信设备统统失灵。直到 10 分钟后那个不明潜水物全匿迹时，舰队的无线电通讯联系才恢复正常。同时，有人发现了潜水物的行动神速，惊鸿一瞥，迅即沉入深海。它的神速胜过了当时最先进的潜艇。

在 USO 连续出现的过程中，1973 年引起了最大的轰动。那时，北约的数十艘军舰在挪威的岘科斯纳契湾发现了一个不明潜水物。军官们开始以为是不明国籍的间谍潜艇，便开始了追逐。后来，干脆下令袭击。大炮、鱼雷、深水炸弹，一切可以用的都用上了，但对它毫无作用。只见它悠然地浮出水面。眼看靠近了，但数十艘军舰上的无线电通讯、雷达和声纳等全部失灵，想袭击也袭击不了，只能眼睁睁地看着这个不明潜水物洋洋自得地远去。直到不见踪影，各舰上的设备才恢复了正常功能。

1973 年 4 月，一个叫丹·德尔莫尼奥的船长，在百慕大三角区附近的斯特里姆湾的明澈的海水里，看到了一个形如两头圆粗的大雪茄烟似的怪物，它两次都是在下午 3 点左右出现在比未尼岛北部和迈阿密之间，并且都是在风平浪静的时刻。这位船长非常害怕船与它相撞，竭力想躲开，可是往往是它先主动地消失在船体的龙骨下。

有的科学家认为，是外来文明匿身于海底，因为那种超级潜水物体所显示的异乎寻常的能力，实在是地球人所不可企及的。海洋是地球的命脉，因此存在于地球本土之外的某些文明力量关注于我们人类的海洋是必然的。超级潜水物也许已经拥有它们的海底基地；至于它们的活动当然不是为了和地球人搞"捉迷藏"游戏的。海洋便利于隐藏或者说潜伏，这固然是事实；但更主要的，海洋能够提供生态情报，这已经足够了。如果说未来的某个时候发现了并不属于地球人们的海洋活动场所，那么这该是不足为奇的事情了。因为人们毕竟早已猜测到了外来文明力量存在于地球水域中的事实。

也有的研究者认为：不明潜水物的主人来自地球，不过他们生活在水下，甚至生活在地下。

1959 年 2 月，在波兰的格丁尼亚港发生了一件怪事。在这里执行任务的一些人，忽然发现海边有一个人。他疲惫不堪，拖着沉重的步履在沙滩上挪动。人们立即把他送进格丁尼亚大学的医院内。他穿着一件"制服"般的东西，脸部和头发好像被火燎过。医生把他单独安排在一个病房内，进行检查。人们立即发现很难解开此病人的衣服，因为它不是用一般呢子、棉布之类东西缝制的，而是金属做的。衣服上没有开口处，非得用特殊工具,使大劲才能切开。体检的结果,使医生大吃一惊:此人的手指和脚趾数都与众不同;此外,他的血循环系统和器官也极不平常。正当人们要作进一步研究时,他忽然神秘失踪了。在此以前,他一直活在那个医院内。

这是一个什么人?他来自何方?

12.海洋"美人鱼"探秘

几年前,美国的一对孪生兄弟安尼和泰勒在加勒比海上用电射渔枪捕获了一条18米长的大虎鲨。他们从虎鲨的腹中,解剖出一副畸形的骸骨。骸骨的上半部1/3部分是人形,和成人的骨骼完全一样,而下半身从骨盆以下又成了鱼形,是大鱼的骨骼。动物学家艾尼斯图·摩里斯博士认为,这骸骨属于半人半鱼的海洋生物,极有可能是上古人们传说中的美人鱼。

传说中的美人鱼

无独有偶,在南欧亚得里亚海岸附近发现了1.2万年以前的美人鱼化石,这副化石长160厘米,也是腹部以上像人,下半部则是地地道道的鱼尾巴。

其实,关于美人鱼的传说,自古就有不少记载。二千三百多年以前,巴比伦的历史学家巴素斯在《万代历史》一书中写到美人鱼体形似鱼,但鱼头下还一个像人头,身体下部有一双与人一样的脚连着鱼尾。此人鱼有着天赋的理性,发音清晰,用人类语言讲话,能引导人们洞察文字、科学和各种艺术,这种巴比伦的鱼神,每天随日出浮上海面,日落则潜入水中。17世纪伦敦出版了一本《赫特生航海日记》,对美人鱼是这样描写的:"人鱼出露于海面上的背和胸部像一个女人,它的身体和一般人一样大,皮肤白色,背上披着长长的黑发,在它潜水下去时,人们看到它海豚似的尾巴"。

中国古代称美人鱼为人鱼。据《三峡记》记载,明月峡中有两条清亮的小溪从东向西流去。南朝宋升明二年(公元478年),渔人微生亮在溪中钓得一条银白色的大鱼,长三尺余。他把大鱼放在船内,用青草盖上,回家后,他准备取来烹食,却见一位十七八岁的姑娘睡在草下,模样美丽动人,她自称是高唐之女,此后与生亮共欢三年离去,后来才知道那女子乃高唐鱼女。

据说在欧洲维斯杜拉河畔有一个美人鱼,她用优美的歌声战胜了害人的水怪。人们为了纪念她,就在河畔上的城市——华沙建造了一座美人鱼的铜像。美人鱼一手仗剑,一手执盾,目光远眺,成为波兰首都的标志。

美人鱼真耶?假耶?几千年来,迄无定论。1830年,英国伦敦皇家博物馆展出了一条美人鱼标本,当时曾轰动全市。后来经专家鉴定,原来是一个精心伪造的假标本。所谓的人头鱼是用猴头和鱼身巧妙结合而成的,一时成为笑谈。1980年8月,科威特《火炬报》报道过"红海海岸发现美人鱼"的消息和照片。时隔不久,有人揭露那是一条鱼和一个女人的裸体照片拼接翻拍而成的,这条新闻纯属捏造。

挪威华西尼亚大学的人类学者莱尔·华格纳博士讲,新几内亚有几十个土著人曾目睹过人鱼出现。据他们说,人鱼的头和上身与女人一样,有很长的头发,肌肤十分光滑,下半身像海豚。

1979年,苏格兰教师威廉·马龙在苏格兰的斯尼斯海滩散步时,突然见到海中露出一个女性裸体。她有很长的褐色头发,额头浑圆,面孔丰满,无论眼、耳、口、鼻,都和女人一样,还有一对丰硕而漂亮的乳房,在浮出水面时,可清楚地看到其下部是一条鱼尾。她在水面上浮游了四五分钟之后才消失。威廉·马龙当时简直不敢相信自己的眼睛。

1988年4月,美国新闻记者阿瑟·康尼斯报道,一个叫佑治·尼巴的渔夫,在亚马逊河口打鱼时,曾网到了一条人鱼。它的上身像个女人,下半身则像一条海豚,容貌十分吸引人,犹如美女,而它说的话,也都和人类语言十分相似。由于当地人对传统中的美人鱼十分敬畏,所以渔夫便把它放走了。而那条美人鱼似乎通人性,在渔夫的船周围游了很久,然后才消失。

像这些目睹人鱼的事件,在南太平洋、苏格兰、爱尔兰一带的海面以及北海、红海等地,都有大量的报道。

1960年,英国海洋生物学家安利斯汀·夏特博士曾就此发表论文。他认为,人鱼可能是人类猿的另一变种,如果生存于海洋中的话,也可以是鱼。因为在地球历史上,有一段空白时期,完全没有化石被发现。在那一段时期,似乎整个地球表面都是海洋,因而可能有人类猿类的动物在水中生存。这只不过是一种推测。真伪如何,尚有待研究、发现。

到底世界上有没有美人鱼?早已成为世界之谜。近年来,科学家做了大量的研究。一些专家认为,它有可能是人类猿的一个变种。这些人猿由于长期生活在海里,下部退化为鱼尾,以利于在水中生存。

中国的科学工作者却持不同观点。他们多次在南海发现一种类似美人鱼的海兽,并在渔民的帮助下捕捞到十多条。经科学家鉴定,它们既不是鱼,也不是人,而是三代遗存动物——儒艮这种哺乳动物海兽,祖先曾生活在陆地上,也用四肢行走。后几经沧桑,又适应了水中生活,前肢演化成胸前鳍肢,而后肢已退化隐没,尾巴进化为尾鳍,以利游泳。儒艮长三米左右,重近千斤。面部十分奇特,圆头大眼,幼仔胎生,靠吃母乳长大。雌儒艮在哺乳时用两鳍抱住幼仔,头部及胸部常露出水面,两乳硕大,在晚霞映射下,使之变成"红裳妇人"。儒艮背上长有稀少散布的长毛,这大概就是人们看到的美人鱼的头发了。

海洋里还生活着一种被称为"牛鱼"的动物,它的胸前也挂着两个乳房,如拳头大小,与女人的乳房位置相似,哺奶时,它用前身善于游泳的桨状两鳍抱着幼子,如妇女抱小孩一样,十分有趣。由于牛鱼是一种食水草的哺乳动物,最喜欢在水草多的地方生活,每当它露出水面时(尤其天气晴朗时,最喜欢露出水面来晒太阳),头上往往挂满水草,胸前大大的乳房也露出水面,远远望去,如同披着长发的女人,因此,古代航海家们称它为"美人鱼"。牛鱼的皮肤如同大象,据科学家考察,几百万年前,牛鱼和大象原是一家,它们的老祖宗都是以食草为生,后来由于自然界的变化,才分成两家。

据1981年1月4日出版的英国《自然》杂志发表的文章报道:加拿大两位科学家——莱恩博士和施罗德博士,用电子计算机对与美人鱼的出现有着制约关系的空气温度、海水温度,从海面到目击者眼睛的高度,以及目击者与被目击物的距离进行了试验。试验的结果揭开了古人看到美人鱼之谜:这是由于光线受到一种特殊的海洋气候的影响,人们远远看到的模糊不清所谓"美人鱼",只不过是海象或鲸鱼等露出海面身体部分的光学变形。这两位博士解释说:

当风暴来临时,海洋上空的冷空气层受到外来的热空气袭击,然后冷空气与热空气混合成一体,形成一个温度不断变化的新空气层。这个新形成的空气层如同使物体变形的透镜,使通过它的光线屈曲。因而,透过这种新空气层看东西,将会看到一个物体的光学变形。例如,在符合这两位博士所确定的标准天气里(即新形成的空气层里),他俩在温尼伯河上拍下了一张远远看去形似"美人鱼"的照片,跑到近处一看,其实所谓"美人鱼"原来是一块大石头,这是由于光学变形所造成的。

13. 绿色小孩

1887年8月的一天下午,西班牙庞诺斯村的居民正在地里干活,突然,他们看见从附近的一个洞里爬出两个孩子来,一个男孩和一个女孩。村民们都很奇怪,马上围了上来。只见这两个孩子皮肤呈绿色,绿得像树叶一样。他们身上穿的衣服不知道是用什么材料做的。两个孩子讲的话,村民们一句也听不懂。人们赶紧把这个消息报告给当地的治安法官。他请求上司派专家来检查这两个孩子,以弄清真相。可是,专家们也未能弄清楚孩子究竟讲的是什么语言。至于孩子皮肤上的绿颜色,不是涂抹的,而是皮肤里的绿色素所致。这两个"绿色孩子"的面庞很像黑人,但眼睛却像亚洲人。开始,人们给两个孩子弄来了各种各样的食品,他们都不吃。后来,有人给他们送来刚刚采摘的青豆,他们很香地吃了起来。男孩由于体力太弱,很快就死掉了,而女孩则由那位治安法官收留下来。

后来她那皮肤上的绿颜色慢慢地消退了，并学了一点西班牙语。每当这位法官问她是从哪里来的时候，她的回答总是使人莫名其妙。她说她来的那个地方没有阳光，始终是一片漆黑，但与之相邻的却是一个始终光明的世界。这个孩子在法官家里生活了5年，后来，也死去了。至今，"绿色孩子"的谜仍没人弄清楚。

近年来，世界上有的地方不断有人发现类似人一样的生物在活动。

在中国湖北省的神农架地区，近年来不断有人发现"野人"的足迹和粪便。

在世界其他地区也出现过"野人"，或者说出现过类似于人的生物。

1952年9月，美国弗吉尼亚地区一个小村庄的一群孩子发现一个怪物从村后面的树林里走出来，它很像一个鲜红的大球。孩子们报告了当地的宪兵队，宪兵队派人同孩子们一道到树林里去搜查。果然找到了那个怪物，它身高约4米，身体与人体相似，它穿着衣服，像是用橡胶一类材料做的。它头上还戴着防护帽子，面孔呈红色，两只大眼睛呈橘黄色。从它身上散出一股难闻的气味，这个怪物像是在地面上移动，而不是在走动。孩子们见此情景，吓得四处逃窜，连宪兵带去的狗也吓得跑开了。他们跑回去用电话报告了县长，等县长再派人到那森林里寻找时，已经找不到"怪物"了。但那股难闻的气味仍未消散，并且还留下了一些难以解释的痕迹：好像有什么东西在空气中移动似的。

1963年7月23日午夜1点，美国俄勒冈州有3个人同乘一辆小汽车，行驶在公路上。突然，汽车前面出现了一个像人一样的庞然大物，它高4米，灰色的头发，绿色的眼睛，正在漫不经心地横穿马路。几天以后，还是在俄勒冈州，一对夫妇正在刘易斯河边钓鱼，突然，他们看见河对岸一个像人一样的东西在瞧着他们。这"野人"还穿戴着像风帽一样的护身衣，身高也不下4米。这对夫妇吓得连忙逃走。同年8月，《俄勒冈日报》派记者前往野人出现的地区调查，终于拍到了许多奇怪的脚印。这些脚印长40厘米、宽15厘米，估计留下脚印的生物体重超过200公斤。同时有人在刘易斯河附近还拍摄到了另一些脚印：两个脚印间的距离达2米，估计这个野人体重达350公斤。由此可见，在刘易斯河附近发现的不只是一个"野人"。

那么，"绿色孩子"和上述那些类似人类的生物究竟是什么呢？它们是从什么地方来的呢？目前，尚没有确凿的证据得出结论，所以只能提出各种各样的假设。

"野人"是残留下来的古代人类吗？看来不大像。因为像美国这样的国家，科学技术十分发达，为了防止森林火灾，上述"野人"出没地区的森林时时刻刻都有直升飞机巡逻。而且，该地区人口也很稠密，在这样的地方，还生活着古代人类是不大可能的。如果真有什么古代人类留存至今的话，他们也不可能是一两个，所以不被人们发现更是不可能的。

有人认为，"野人"只不过是大猩猩一类的动物。那么，"绿色孩子"这个例子又作何解释呢？更何况，大猩猩也不可能高达4米，更不可能穿戴防护帽之类的东西。

"绿色孩子"、地球上发现的"野人"是不是来到地球上的外星人呢？这也是难以令人相信的。目前人们谈到的"野人"看来智力都并不是很发达，至少没有给人智力发达的印象。而外星人如果真的来到了我们的地球上，他们的智力当然要比地球人发达。他们来到地球也一定是为了科学考察，甚至与地球人交往，因而他们身上一定带有我们不认识的先进设备。他们用不着在深山老林里躲躲闪闪，更用不着像地球上没有智慧的动物一样在野外活动。而且，如果是从某一星球来的外星人，他们的外貌应该是相像的，可是现在人们见到的"野人"，彼此之间形象却不大一样。这也说明"野人"不大可能是外星人。

世界上许多专家认为，所谓的"野人"也许是外星人发送到地球上来的实验品，如同地球人发送到月球上去的动物试验品，这种说法不是没有道理的。第一，地球人不是已经在向外星发射探测试验品了吗？第二，有谁能肯定外星人像人这样的生物一定也是有智力的高级生命呢？也许那里是别的生物主宰的世界！第三，在美国所见到的"野人"，他们的形象都不大一样，莫非外星人发来的试验品也像地球人进行试验时一样，有时用狗，有时则用猴子？第四，目前发现的"野人"一般都单独活动，且不在同一个地区反复出现。也许外星人将它们发送来，在完成试验后，又接回去了吧！

关于外星人做探测试验的设想还有其他证明。最明显的例子是，历史上无数次发生的"神秘的黑暗"，其中最典型的是发生在1884年4月26日英国普雷斯顿的那一次。这天中午，普雷斯顿的天空突然变暗了，后来竟暗到必须点灯才能看见东西。那天既没有日食，也没有云彩，附近亦无火灾，所以没有浓烟。黑暗一直持续了20分钟。类似这样的"神秘的黑暗"，历史上出现过数次。1763年8月19日，在伦敦也出现过这样的黑暗。天空暗下来后，竟是一片漆黑，似乎连灯光都透不过这种黑暗，这次不可能是浓烟所致，也不是一般的自然现象，人为的可能很大。有谁能排除所谓的"野人"不是由于人为的因素出现在地球上的呢？这种人为的因素看来不会在地球上，而是在天外星球上！

对"野人"的考证

1.世界历史上最大的一次"野考"

20世纪70年代，中国神农架林区负责人亲眼见到野人所引起的轰动非同小可，这一特大新闻迅速传播开来。促使有关科研单位组织专项考察和研究。1977年3月，中国科学院组织的由一百多人参加的野考大军便浩浩荡荡开进了神农架，不过名字称做"鄂西北奇异动物科学考察队"。这当然有道理：因为"野人"是否为人尚未经科学证实，只能按其似人非人的特点称其为"奇异动物"，加之考察的地域不只限于林区，而是包括整个神农架山系。

陈人麟先生是这次"野考"的见证人。从1977年到1980年,大规模的考察相继进行过两次。队员们的足迹遍及方圆一千五百多平方公里的山林,虽然未捕获到一个"野人"的实体,甚至未拍到一张照片、摄到一个镜头,但丝毫也不能说全无所获,更不能据此而断定"野人"的不存在,请看以下的事实:

据粗略统计,1976年11月至1977年10月,仅在神农架及其邻近地区,就有160多人发现"野人"54次,见到"野人"62个。他们之中,有干部、有工人、有农民、有教师;有打过"野人"的,被"野人"打过的,套住过"野人"又挣脱的,被"野人"俘虏过逃了出来的……

考察队搜集到"野人"毛发数百根,仅人类专家黄万波教授就从水池垭山口一棵大栎树上找到几十根。他在武汉某科研单位用光学显微镜做毛发横切面及毛子皮印痕的对比观察,得出结论为:毛色肉眼观为红色,镜下毛发皮质发达,色素颗粒红色含量较少,呈外围性分布……组织与人类相似,与大猩猩、金丝猴、猕猴、长臂猿等灵长目动物有较大差异,与猪、狗、熊、绵羊毛发明显不同。毛质髓质不发达,指数在0.13~0.17之间,而动物毛髓质指数多大于0.1。毛子皮藻,花纹细,形态特征类似人类。后来,北京三个科研单位再次对这些毛发进行了鉴定,进一步证明它们绝非熊类毛发,而属一种未知的高级灵长目动物。

考察队发现"野人"脚迹数百个,仅在板壁岩一处便发现一百多个,皆呈双行排列,跨度一米左右,掌部有一定弧度的足弓,脚长最小的25厘米,最大的42厘米。据足丫、足趾分析,身高一般为2米左右,体重约为150公斤。经著名生物学家孟澜教授鉴定,认为它们绝非熊类、猴类的脚印,也与人类的不同。

考察队发现"野人"粪便多处。皆呈筒状或条状,直径2.5厘米左右,外呈青褐色,内有植物根、茎、叶纤维,果皮碎片,有的还依稀可见昆虫残体。经专家鉴定,认为它们不可能是熊、猴、猩猩和长臂猿类动物的排泄物,也不同于人的粪便。

考察队发现了"野人"竹窝多处。尤具代表性的是深藏于神农架上箭竹林中的一个,用24根箭竹扭成。一位记者曾坐进去亲试,感到如卧躺椅,窝中有毛发数根,周边有粪便两堆。显然,已知的高等灵长目动物均不可能达到如此高的工艺水平,而猎人非但不敢孤身光顾于此,也绝不会做得如此粗糙。

考察队还发掘出一副保存完好的"猴娃"遗骨。"猴娃"1939年出生于神农架西麓的桃树坪(四川巫山县当旭乡境内),1962年病死。据传,其母曾于1938年被一似猴非猴、似人非人的怪物背去,在山洞里住了二十多天才逃回家。"猴娃"刚生下地就是一副猴象,牙齿生得早,特别尖利,吃奶时常把母亲奶头咬出血。他浑身长毛,弯腰曲背,五六岁才学会两脚走路。他不会说话,见人爱笑个不停。他不穿衣服,纵使寒冬腊月也一丝不挂,喜欢睡草窝、吃生食、爬梯子、上树如履平地。观其照片,眉毛以上的额部很短,两眼较小,上唇突出,下唇凹入,没有下颏突起,两肩高耸,两臂粗壮,大腿粗壮,小腿细瘦,没有显示小腿肚,这些均不是现代人的特点,也有异于猴类。观其骨架,其头盖骨、脑量都比北京猿人原始,齿形颇具南方古猿特点。

　　谈到20世纪70年代野人考察史上的这次壮举和所取得的成果,陈人麟先生提出了自己的看法,他不无激奋地指出:谁能否认这些客观存在? 谁能推翻这些鉴定资料? 它们再次雄辩地证明,鄂西北神农架地区还生活着一种未知的动物,这绝非骇人听闻的"无稽之谈"。

2. 受走私商控制的"雪人尸体"

　　1968年,美国新泽西州的动物学家A·桑德尔森和B·埃维利曼斯获悉一个惊人的消息:在美国某地的商品展览会上陈列着一具被称为"雪人"的尸体。

　　出于职业的爱好,他们闻讯后立即赶往美国中北部的明尼苏达州,在罗林斯顿找到了神秘怪物的主人汉森。汉森曾当过飞行员,1965年退伍,据汉森介绍,这个陈列品是他从香港买来的。

　　桑德尔森和埃维利曼斯在汉森的陪同下,仔细地观察这具全身长毛,身高1.8米、肌肉发达的男子躯体,整个躯体被封在大冰块中,看来是被火枪击毙的,整个躯体保存得很完整。

　　一连三天,两位动物学家仔细地研究了这具尸体,并拍摄了四十多张黑白和彩色照片,埃维利曼斯经过仔细分析,对这个奇特的生物提出了几种假设。

　　这是一种至今还未被人们认识的、在低温下保存了数千年的古人,但是,这个畸形人可能是复制品,即用动物残骸拼制而成。也可能是介于人和猿之间的物种,即科学上还未发现的"猿人"。

　　被人们发现的猿人。埃维利曼斯又根据其形态作出鉴定:有可能是尼安德特人的后代。

　　埃维利曼斯和桑德尔森自从看到这具尸体后,便试图请求一些科研机构能够将它买下来,以供他们研究之用。谁知,当他们把想法向汉森托出,并答应用上万美元的巨款买下这具尸体时,汉森立即推托说:"这具尸体的真正主人是一位不愿披露自己姓名的大企业家,这个主人不准备以任何价格来出售他的陈列品。"

　　尽管谈判没有取得成功,但是回到美国新泽西州之后,这两位动物学家很快把自己的所见所闻写成文章在报上发表,并将这个野人定名为"类似于猿的人"。

　　1969年1月4日,他们俩又将已搜集到的所有材料交给了美国著名的人类学家卡·克恩博士作鉴定。其结果,克恩博士认为,这具尸体确定属于类人猿中的特殊物种。不久，在《比利时皇家自然科学研究所公报》上，发表了埃维利曼斯有关冰冻野人的文章，顿时引起人们的极大关注，并在动物学界引起轰动。

美国人类学研究中心史密斯研究所也开始重视这项重大发现，并且把有关情况向联邦调查局作了报告。当研究所的总秘书找汉森要求观看那件陈列品时，汉森却说，他的主人已将尸体取走了，留下的只是一具早已制作好的复制品。

接着，联邦调查局又根据汉森提供这具尸体是从香港买来的线索，向美国海关作了调查，海关否认发生过以任何合法手段将野人尸体运进美国的事件。

1970 年 7 月，汉森在《传奇》杂志上发表了一篇文章，文中详细地描述了他怎样在打猎时击毙这个野人的情景，但事实上，汉森所说的狩猎区——明尼苏达州北部山区，谁也没有听说有这样的野人出现过。

这具尸体到底从何而来？汉森的说法为何又前后矛盾？这具野人尸体既已经过科学鉴定非属伪造又为什么拒绝出售？这一连串的问号出现在埃维利曼斯的脑际。

埃维利曼斯认为，这具野人尸体极可能来自适合于野人生存的东南亚山区，也就是汉森服役时曾在那里度过多年的地方，这个地区很可能就是越南。

1965 年，一名澳大利亚记者在他撰写的一书中，曾谈到在越南有人活捉过多毛人。1966 年 1 月 1 日，《国防先驱论坛报》也报道过美国海军陆战队在越南曾打死过一个很大的类人猿。

长期的越南战争，破坏了这些长年栖居在丛林中的野人的安宁，为了生存，他们被迫离开家园四处逃生，于是有的被打死，绝大多数逃进了冷僻的密林中。

既然尸体来自越南，那么，这具尸体是怎样运进美国的呢？据联邦调查局调查，有个走私集团经常从缅甸、老挝和泰国的边境地区——"黄金三角区"秘密地把大量毒品运进美国。

走私集团上下串通，经常把毒品放入海关免检的、死在战场上的士兵尸体包内，有时甚至放入海关无权检查的特别军用包内运进国内。譬如在 1972 年 12 月间，美国海关当局接到报告，一架从泰国飞来的军用运输机上，有一具尸体包内放着一包重 44 磅的毒品。后因有人给走私集团通风报信，走私犯立即将毒品转移而未被海关发现。

——从动用军用飞机参与走私这一事实可以看出，美国空军内有不少人，甚至高级军官都参加了这些违法活动。埃维利曼斯认为，汉森就是通过这条走私渠道把野人尸体运进美国的。

因此，要搞清野人尸体的真实情况及它的来历，就必然要牵扯到这个走私集团活动的内幕。这就是汉森吞吞吐吐不肯将真情公布于众的根本原因。

这具野人尸体失踪后，汉森曾表示：只要法庭不追究其违法行为，他愿意将野人尸体交给有关科研机构。但是，林登·约翰逊和理查德·尼克松两届美国政府始终不肯表态，野人尸体也就下落不明了。

3. 帕特森先生拍下的镜头

1967年10月，美国人帕特森终于用摄影机拍下了二十多英尺的大脚怪镜头。那天帕特森和同伴骑马经过加利福尼亚北部的一处山谷。刚拐了一个弯。竟然发现一只黑色的人形巨兽蹲在河边，马惊得狂叫一声，用后蹄直立起来，把帕特森摔在马下。帕特森连忙取出摄影机，这时大脚怪正慢慢向森林走去，边走边回头看了一眼。

在它没入丛林之前，帕特森及时地拍下了一段难得的珍贵镜头。从影片上显示该动物身高约二米多，肩宽近一米，黑色，用两足屈膝行走，有一对下垂的乳房，体态和行走的姿势也显得比大猩猩更像人类。

巨猿化石是1935年发现的。当时荷兰古生物学家柯尼斯瓦尔德在香港中药店里发现了一些巨大的猿类牙齿。20世纪五六十年代，在中国南部、印度和巴基斯坦又发现了更多的这类巨兽化石。

人们推测，巨猿是800万年至50万年前生存的一种巨形类人猿，它活着的时候身高大约2.5米至3米，体重约300公斤。有些动物学家认为，巨猿并没有完全灭绝，北美的"大脚怪"可能就是巨猿的某种同类或变种。

但由于人们至今尚未捕获"大脚怪"的实体，因此许多人对"大脚怪"是否存在仍是半信半疑。对此，国际野生动植物保护协会创始人兼美国俄勒冈州大脚怪研究中心主任柏恩指出，发现有"大脚怪"出没的地区达数十万平方公里，大多是深山密林，人迹罕至，有些地区更是难以到达。

柏恩说，过着石器时代生活的塔沙特人就生活在菲律宾丛林里，直到1971年才被发现，所以至今没能捕获"大脚怪"也不足为奇。

随着人对自然界认识的增加，发现动物新品种的可能性就越来越小。但可能仍有许多人们未知的动物。最近100年间，过去许多被怀疑的动物陆续得到发现与证实。如大猩猩、大王乌贼、鸭嘴兽以及科摩多龙，过去都曾有人不相信过，但事实证明了这些动物的存在。但是，人们能否证实"大脚怪"的存在呢？这就要看动物学家们最终的努力了。

4. 红宝石溪"野人"事件的真实性

"巨熊使印第安人惊恐万分"，这是1941年10月21日《温哥华报》刊登的一条消息的标题。消息说："一个小孩的尖叫、狗的狂吠和一个受惊妇女急促的一瞥，引出了一个今天在印第安红宝石溪发生的一个巨大的、浑身长毛的魔鬼袭击他们驻地的事件。"

当年，这家在加拿大颇有影响的报纸介绍了这一事件，报上说：印第安人乔治·查德威克夫人的小女儿罗西正在花园玩耍，突然看见一个极大的怪物向她靠近，她吓得大声呼喊救命。她妈妈冲过来,瞥了怪物一眼,一把搂住孩子,冲进矮树丛。

查德威克夫人说怪物有 10 英尺高,浑身有毛,有着人一样的面孔。

直到这个怪物再次出现时,人们才相信这件事是真的。这次它留下的脚印显示出它就是曾在附近地区被发现的大熊之一,怪物的脚印 8 英寸宽,18 英寸长,它走路时,一跨步的距离是 5 英尺。

一位名叫格林的先生说:"对此事稍作推敲就会发现:这个动物是巨熊的解释是值得怀疑的。'10 英尺高,有着人一样的面孔'是任何熊类所不能与此相比的。它后脚 8 英寸宽,18 英寸长,一个跨步的距离是 5 英尺。已统计的记录还没有熊能说明这种现象的。或许是报道这个事件的记者和编辑们都是城市长大的,而不是大自然的观察者。"

4 天以后,还是这家报纸,又刊登了题为《沙斯夸支再出,长毛巨怪独行》的消息:"哈里森湖区出现了沙斯夸支,在齐尔瓦克村引起了巨大的震动。三条独木舟上的印第安人都吓呆了。根据此地印第安官员的报道,在这个历史悠久的小山村出现的沙斯夸支曾是人们见到过的最大的,使得当地的印第安人纷纷而逃,以防不测。"

这家报纸又说:"道格拉斯和他的一家人都是亲眼目睹这具有传奇色彩的类人动物中的成员。他们说该动物约 14 英尺高,其体重差不多是一般沙斯夸支的一位。当地的印第安人都飞跑到他们的独木舟前,疯狂地向湖的下游划去。"

J·W·伯恩斯是世界上有关沙斯夸支研究的最有名的权威人士之一,他说该沙斯夸支完全有可能就是一周以前在离此地 40 英里的红宝石溪出现的那个。随后对红宝石溪事件的有关调查,也完全证实正是沙斯夸支而不是一个巨大的熊使得当地的印第安人惊恐万分。

事后,格林和他的妻子拜访了狩猎向导杰克·柯克曼和他的妻子、印第安人玛莎。玛莎·柯克曼讲述了她的表妹珍妮·查普曼在红宝石溪亲眼看见沙斯夸支的情况。

格林走访了查普曼夫人。她说,当她的孩子向屋里跑来大声喊道:"从森林里跑来了一头大牛"时,她从窗口望去,只见约有 8 英尺高,全身上下长着浓黑毛发的一个类似人的怪物,横穿过一块田地朝房子走来。怪物脸上有一个扁鼻子,而不像人的鼻子。格林先生相信,熊在红宝石溪附近是时常出没的动物,查普曼夫人抓住孩子们,带他们出了前门,使得房子隔在他们和怪物之间。他们穿过一片田野,向河边跑去,河边的大堤使他们免于暴露在该怪物的视野之内。留下的脚印表明该怪物围着房子转了一圈,并进入了一个棚子里面,那里有一桶成鲑鱼,它可能尝了一下,不对味儿,就把鱼倒在地上。它向江边走,又转身朝它来的那个大山走去。

格林还访问了见证人泰夫亭先生。地方法官 A·M·内史密斯后来介绍说,"对于泰夫亭的陈述,我毫无半点怀疑。他们都是值得信赖,有责任感的人,决不至于要诡计以欺公众耳目。"

5. "大脚汉"研究者和怀疑论者的收获

乔恩·埃里克·贝克约德是美国华盛顿州西雅图"大脚汉科研所"的创立者和所长。

根据他所说,目击大脚汉的事件每月都有。1981年7月3日,华盛顿州西北部的伐木人看到400英尺远处有一身高9或10英尺的沙斯夸支。10月18日,一位伐木人在同一地区采摘蘑菇时听到有嗥叫声,闻到了这种巨大长毛物特有的刺鼻气味。

大脚汉研究所不但收集各种目击报告,而且还收集大脚汉的毛发和血液样品。下面四次在现场收集的样品,已由对大脚汉持怀疑态度的学者进行了认真的研究。

一次是在马里兰州的罗克国家公园,靠近贝尔艾尔的地方。1975年一天的夜晚,彼得·罗尼克驾驶一辆运动车与一个他认为是大脚汉的动物相撞。那动物恢复了身体平衡,赫然向小汽车逼来,发出咕咕哝哝的声音,然后又大步跑开了。在车前灯被撞凹处,留有那动物的毛发,这些毛发被拿去做了分析。

大脚汉

1976年1月4日晚,在华盛顿贝灵汉的印第安人保留地,一个沙斯夸支试图强行闯入杰弗逊家的食品贮藏室。杰弗逊一家被打碎玻璃的声音惊醒。杰弗逊先生跳起来抓起一枝枪。他发现食品贮藏室的离地5英尺高的窗户的玻璃被打碎,碎玻璃散落在地板上,上面沾有血迹。在窗框和地板上的玻璃碎片中发现有顶端为白色的黑色毛发。乔恩·贝克约德亲自收集这些血迹和毛发样品,还收集了许多关于目击沙斯夸支以及它们试图闯入保留地民宅的情况报告。

1976年5月,在加利福尼亚州萨克拉门托附近,一队十几岁的年轻人看到一个沙斯夸支正在掰杏树的枝杈,吃上面的果子。这家伙留下了25英寸长的足印,这些年轻人从篱笆上取下它留下的毛发,交给了贝克约德。

1977年,在俄勒冈州的莱巴嫩城,一头巨兽一边尖叫,一边拉掉一座谷仓的门,捣毁了围墙。贝克约德也取下了它留下的毛发。

森特·萨里奇是加州大学伯克利分校的自然人类学家和生物化学家。森特·萨里奇也对杰弗逊家碎玻璃上的血迹做了取样化验。他发现这是一种比较高级的灵长类动物的血。同时拿来的毛发样品以及其他几次取得的毛发样品由三位专家做了分析化验。

他们的结论是:这些毛发不是人、狗、熊或其他相近的哺乳动物的,也不是已知的任何灵长动物的,但与大猩猩的毛发比较相近。

贝克约德说:"这些动物体型巨大。不可能是人。这里面显然有许多事情还是个谜。它们可能是与人有亲缘的灵长类动物。"

6. 湖南新宁县捕获的"毛公"

1984 年 10 月 25 日,湖南新宁县水头乡坪头村,两个姓邓的姊妹在拔白菜时,遭到一个野人的袭击,两姊妹哭喊着逃回家中。其父母问明原委后,邀了好多乡邻去追野人,至深夜而不得。

第二日凌晨,村民李贤德、蒋世瑜等 32 人,带着猎枪、木棍,领着 11 条训练有素的猎犬,继续上山搜索,终于捕获了一个毛蓬蓬的野人。这群村民发现它时,这个所谓的"野人"正在对一个 13 岁的穿着红花布罩衣的女孩撒沙子玩,被村民们抓了个正着。

从外观看,野人身高 1.06 米,背部有棕色的长毛,胸毛为淡灰色,平脸,灰黑眼珠,高鼻梁,鼻下有人中沟,络腮胡子。发出的声音像老人声。它的上肢运动灵活,吃东西利索,喜欢人多热闹处,并喜欢挑逗穿花衣、留长发的青年妇女。其手似人手,有指甲,大脚趾与另四趾分开,有短尾。体重 25 公斤。湖南当地人称之为"毛公"。

"毛公"是湘西山区盛传的"野人"。

解开"毛公"的秘密有助于了解"湘西野人"的真相。当年 10 月底,有关方面在武汉召开"毛公"鉴定会。经华中师范大学、湖北医学院、湖北动物学会、上海华东师范大学、上海自然博物馆、上海动物园、陕西动物研究所等单位的人类学家、解剖学家、生物学家、生物化学家等专家,对这个"野人"的指纹、毛发、血液、粪便、体形、动态、食性等进行了综合研究,鉴定结论如下:

(1)体长 65 厘米,站立高 106 厘米,尾长 5 厘米,前肢长 36 厘米,后肢长 43 厘米。

(2)头顶毛较少,由中央向两边披开,体背毛呈暗灰褐色,胸毛呈淡灰色,背毛与腹毛在肋下分界明显,颊部毛长如同胡须。

(3)脸部呈灰青色,鼻孔向下,眼间距窄,头骨矢状脊明显。

(4)指、趾甲扁平,臂部有明显的胼胝。

根据上述特征,从形态上分,该动物为灵长目、猴科、猕猴属、短尾猴(又称红面猴、青猴)。医学上的指纹、毛发、血液等指标的测定结果表明,与人类比较,不属于人类的指标范畴而与猴类接近。

因此,该动物既不属于人也不属于猿而属于猴类,是短尾猴属猴科猕猴,是猴中较高级的一种,主要分布于亚洲长江以南地区,体形和智力都较一般猴发达。据文献记载,该动物分布于四川、西藏、云南、贵州、广西、广东、福建、湖南、江西、安徽、浙江等地,短尾猴属于国家二类保护动物。捕获的这一"毛公"，于已知的短尾猴又有许多不同，它比我国已知的短尾猴重一倍，智力特别发达，对外界事物好奇心强，功能与人相近，拇指能与其他四指对握，爱吃鸡和泥鳅等肉类食物。

湘西南"毛公"之谜已有千年的历史记载，但历来难以捉到。这次捉到的活体是极其难得的宝贵资料。当地群众在相传中对"毛公"有畏惧心理，过去在上山走路时，因夜间时常发现有飞沙走石向他们打来，以为遇见了"山鬼"、"活鬼"、"长毛鬼"。现在捉到了"毛公"，知道它其实是短尾猴，这对于当地破除封建迷信，消除畏惧心理，普及人类科学知识，具有极为重大的现实意义。

已发现的化石证明，我国地质史上有以下动物曾在中国大地上生存过，它们是蓝田狐猴、黄河猴、秦岭卢氏猴、猕猴、巨猿等等。今天，依然有灵长目两个亚目中的懒猴科动物和类人猿亚目中的猕猴、金丝猴、长臂猿、短尾猴等等生活在我国各地的大山野岭之中。惟类人猿科的猩猩、大猩猩、黑猩猩在我国尚未发现。

7.寻找阿尔玛斯

"阿尔玛斯"，是流传在自高加索到蒙古一带的一类"野人"。在蒙古语中，它意指一种在人与猿之间种属的奇特的动物，也可以直译成"野人"。1907年到1911年，人类首次对它进行了科学考察。1914年，俄国圣彼得堡研究院的刊物上，第一次发表了关于"阿尔玛斯"的考察文章。从那时起，对"阿尔玛斯"的考察，陆陆续续地不断开展。到1977年，人们已有数百个这类"野人"存在的证据。1981年蒙古人民共和国部长会议第一副主席在一次讲话中，就专门提到"阿尔玛斯"。

对"阿尔玛斯"的科学研究起始于20世纪初，但是有关它的故事传说，却可以追溯到遥远的过去。

萨满教是广泛流行于原始社会许多民族中的一种原始宗教，如今主要分布在亚洲和欧洲的极北部。

和佛教信奉在名山大川、莽莽高原上存在神灵一样，在萨满教流行的蒙古西北部，"阿尔玛斯"往往也被当作神来看待，人们用捕获的野生动物和树根等作为祭品来供奉他。在萨满教的神话传说中，"野人"的灵魂往往在帮助猎人追赶野兽，使他们能够得到更多的猎物。蒙古民族学家把这些神话看作是有事实根据的，认为它反映了早期的萨满教把与人相似、长着长毛的双足动物，解释为神灵的一种民族传说。并认为这种传说，对于我们研究"阿尔玛斯"具有可供参考的价值。

有一位15世纪的巴伐利亚贵族汉斯·希尔特伯格尔在其著名的回忆录中，就曾有过关于阿尔泰山脉以西"阿尔玛斯"的记载。当时这位希尔特伯格尔先生曾在一次战争中被土耳其人俘虏，但他运气不错，被送到黄金游牧部落之后，不仅没有受苦反而被部落的可汗看中，充当了蒙古族王子的一名侍从。

在那位蒙古王子组织的一次前往西伯利亚的探险中，汉斯·希尔特伯格尔来到一条称为阿布斯的山脉。当地居民告诉他，在山脉的下面是一片连绵到大地尽头的荒原，因为到处是蛇和老虎，没有人能在那里生存，只有野人在那里活动，它们除了双手和脸上以外，全身都长着毛，和人类毫无共同之处。

这种"野人"像野兽一样，在山的周围活动，吃树叶、草和其他能找到的食物。为了表示对探险队的欢迎，当地的一位贵族将一对丛林中的男女，作为礼物送给了王子，这对男女是和3匹野马一起在荒野中被捕捉到的。"他们在德国土地上从未发现过，因此，我叫不出它们的名字。"这段大概是有关"阿尔玛斯"的最早的文字记载，是希尔特伯格尔1427年逃回巴伐利亚后，留在他的旅游见闻上的。

在一部18世纪末出版于北京的古老的人类学著作中，蒙古的野生动物得到了系统地描述。其中对"阿尔玛斯"的描写较为详尽："野人"直立行走，站在一块巨石上，一支臂膀举起；除双手、双足以外，全身几乎都长了毛。书中把"阿尔玛斯"称作"人兽"。

据说在19世纪曾发生这样一件事：一支行走在蒙古高原的探险队，临时放弃一处营地，转移到别处去。不久，当帐篷的主人再次返回时，却发现一群"阿尔玛斯"正围坐在帐篷里尚未熄灭的火堆旁烧火取暖，在火堆旁干燥的地方，还堆放着它们从别处获取来的干果。它们没有去动帐篷里存放的酒，也不懂得向火堆里放更多的柴禾，使快熄灭的火着旺。当它们发现帐篷主人回来时，没有表现出任何寻衅行为，便悄无声息地退走了。

俄国的布拉弟恩教授是亲眼见过"阿尔玛斯"的一位学者。事情发生在1906年4月一个黄昏时分，商队在阿拉山沙漠走了一天后，正准备停下搭帐篷宿营。突然队长惊恐地大叫起来，队员们抬头看到一个毛人的身影，它的样子有些像猿，在落日的余晖映照下，晃动着两只长臂，弓身站在沙丘顶上，面对着下山的太阳，它盯视了队员们一会儿，然后转身消逝在沙丘之间。布拉弟恩让队员们去追，但没有一个队员响应，只有一个随队而行的喇嘛试图去追踪，但由于脚上穿着沉重的蒙古鞋，最终没能追上这个"阿尔玛斯"。

1917年，一支苏联红军通过帕米尔地区时，在深山里突然发现了一排脚印，他们跟踪来到一个洞穴的入口，发现里面藏着一个和人很相似的奇异动物，战士们开枪打死了它，随军医生对它做了体格检查，然后把它埋在石头下面。它的面部特征是：

"黑眼睛，牙齿较长，形状与现代人牙相近，前额倾斜，眉毛很长，凸出的颚骨使其面部类似于蒙古人，鼻子低平，下额宽大。"

著名的蒙古学者叶·林岑教授1937年在戈壁的一所寺院内，曾见到喇嘛们做佛事时，当作毡毯使用的一张"阿尔玛斯"的皮。皮上的毛弯曲，呈棕红色。从这张皮上看，这个"野人"身上的毛比较少，脸上可以见到眉毛，头发长而乱，手指和脚趾与人的很相似。

1937 年，苏联一家工厂的厂长库里巴·塔辛库夫向人们讲述了他的一段经历：

"这年，我参了军，在蒙古参加了对日本军队的作战。一天夜晚，我率领一个侦察队外出侦察，我们在一个山脚下突然发现了两个人影，于是大家立即卧倒，向他们发出口令，但过了许久。他们仍未回答，于是我们便向黑影开了枪，黑影很快消失了。次日清晨，当我们完成侦察任务路过此地时，我们看到地上有两具尸体，他们不是日军，而是两个浑身是毛的神秘的生物，样子很像高级猿类。但据我们所知，蒙古人民共和国境内没有高级猿类。此后，我向此地区一些年迈的老人打听，他们说，他们也经常在高山上遇见一些类人生物。我记得，那两个被击毙的类人生物浑身长满了不规则的红毛，脸为现代人脸状，但比人脸粗糙，两条眉毛又黑又粗"。

据考察，"阿尔玛斯"会贮藏食品，有人亲眼见过一个"阿尔玛斯一女孩在玉米地里寻找玉米棒子，棒子上还留下了她的牙印。蒙古的牧民们也常说："阿尔玛斯"是"野人"，住在山洞里，能使用石头工具。

居住在蒙古偏僻地区的一位教师，报告了一个离奇得近似荒诞的故事。

这位教师有一次在山间漫游，被两个女性"阿尔玛斯"捉住，带回到她们居住的山洞里。她们把他拉到跟前仔细地打量他，但并没有对他进行伤害，只是对他的衣着露出了明显的兴趣。吃饭时，她们给他拿来了食物，其中有用锋利的石器杀死并肢解的山羊肉。这位教师说，他当时用随身带着的放大镜取火将山羊肉烧熟吃，而她们却生吃。在她们的体贴和照料下，他在那里既紧张又愉快地度过了两周，直到她们对他不再感兴趣时，他才得以逃了回来。

哥伊米阿是在蒙古科学院所属的水果栽培实验站工作的一位工人，1980 年 6 月，《蒙古》杂志登载了他的一篇回忆，讲述了他与"阿尔玛斯"的一次遭遇："这件事发生在 1953 年 6 月 26 日大约 10 点钟，那天拂晓时，我朝阿尔玛红山的方向走，寻找走失了的骆驼。当我骑着骆驼沿着崎岖的小路爬上爬下时，在一个隐蔽峡谷的角落里，突然看到两簇矮灌木丛下，伏着一个驼毛颜色的东西。我走到近处一看，原来是一个粗壮多毛的似人的动物尸体半埋在沙中。虽然我在新疆的故乡看见过牺牲在战场上的死人，但从没有见过像这样遍身生棕黄色短毛的东西，我被吓住了。这奇怪的死东西是谁？是人还是野兽呢，我决心再回去仔细地查看一番。我又走近死尸，从骆驼背上往下看。这个死尸不是熊或猿，如果是人，既不像蒙古人或哈萨克人，也不像中国人和前苏联人。它头上的毛发长过身上的毛。腹股沟和腋窝的皮肤深暗一些，并且皱缩得像死骆驼的皮。"

1963 年，前苏联一位儿科医生伊弗罗夫在蒙古南部的阿尔泰山旅行时，曾碰见过一户"阿尔玛斯"：一个"男人"，他的"妻子"和他们的"小孩"。当时他们正站在一面山坡上，伊弗罗夫在大约 200 米远的地方，用一架双筒望远镜仔细地观察这奇特的一家，一直看着他们走远,消失在矗立的峭壁后面。

当时同行的蒙古司机也看到了这一景象,并且十分有把握地说,在这个地区常常可以见到这种动物。这事使伊弗罗夫感到不可思议,他决定去询问当地的小病人,他想孩子们的陈述不会像成年人那样带有偏见。结果,许多孩子都声称见到过"阿尔玛斯",并且还讲述了许多详细情况。其中有一个孩子告诉他,有一次,他们一群孩子在小河里洗澡时,看见一个背着"小孩"的男性"阿尔玛斯"从小河的浅水滩涉水过河,当时这位大"人"并没有注意那群带着惊讶的表情注视着他们的孩子们。这位小病人还说,他们清楚地看见那个成年的"阿尔玛斯"的背影,它背着的那个小"阿尔玛斯",也一直在肩头上看着他们,还伸出舌头对他们做着鬼脸。

一位在阿斯加特山一带放牧的叫做穆塞的牧羊人说,"阿尔玛斯"喜欢居住在远离人世的高山之中。可能是为了便于猎食,它们和野绵羊及野山羊最为接近。每到夏季,畜群从这里的山地迁移到更远的牧场时,野山羊和野绵羊就会取而代之,占据这块地方。与此同时,"阿尔玛斯"也会在这里出现。它们往往在黄昏才来,过着夜间出没的生活。主要靠树根、树叶、草和其他植物生存。"阿尔玛斯"很胆小,而且多疑,但是它完全不侵犯人。没有人听到过它们说话。

1974 年 2 月 13 日,在这一天穆塞遇到了"阿尔玛斯"。那是"几个长着浅红黑毛的半人半兽的怪物,脸和肚子的毛长得少而稀疏,头后部呈圆锥形,前额扁平,眉脊显著,下颌前突,身高近似中等个子的人,其中有几个曲膝行走,站着时弯腰曲背,脚趾似乎内向。肩宽手臂长,大脚趾外伸"。穆塞说,除此以外,他还有两次与"阿尔玛斯"相遇的经历。

有关"阿尔玛斯"的描述,来自不同的记载,但几乎无多大区别。它们习惯于伸直身体,其身高与当代蒙古人的高度相似,它们的双足稍有点内弯,曲膝行走,但跑得很快,它们的上下颌很大,下巴向后缩,眉脊与蒙古人相比显得十分突出。女性"阿尔玛斯"的乳房很大,当它们坐在地上时,可把乳房搭过肩给背在背后的婴儿哺乳。

"阿尔玛斯"不仅仅是存在于传说之中,许多活生生的资料迫使我们承认,它过去是,现在也是存在着的动物。

8. 中国野人大搜索

"野人之谜"是世界四大谜团之一,因为这个谜关系到我们人类自己的起源,因此更引起人们的关注和兴趣。许多国家都有科学家进入原始森林对这种人形动物进行科学考察。

"野人"传说,在我国已有 3000 年历史。据战国时代的《山海经)在"枭阳国"的注释中说,《周书》记载南方"州靡南"将捕获到的"野人"献给了周成王。屈原在《九歌》的《山鬼》中描述了"野人"的生活习性,并拟人化,抒发了诗人的情思。自汉以来,我国历代文献中都有关于"野人"的记载，明代大臣药学家李时珍在《本草纲目》这部名著中还对历代文献记载的"野人"进行了综合分析。但是，对"野人"进行科学考察和研究是在新中国成立后才开始的。四十多年来，我国科学工作者对"野人"进行过多次考察，尤其是我国在鄂西北神农架一带，从 1976 年开始，由中国科学院与有关单位组织的多次考察中，取得了可喜的成果。除此之外，在我国的四川、陕西、甘肃、西藏、新疆、广西、贵州、云南等十多个省区都有"野人"行踪的报告，现今惟一可惜的是，没有一例活"野人"被抓获。

我国最早进行"野人"考察的是在西藏喜马拉雅山区。雅鲁藏布江中下游、喜马拉雅山南地区及东部峡谷区都生长着茂密的原始森林，盛产野果及各种动物。原始森林保存最好、面积最大的"野人"避难所恐怕就属辽阔的喜马拉雅山区。藏族及舍巴人常见"雪人"或"野人"是很自然的。20 世纪 80 年代中期，中国"野人"考察研究会会员、西藏文联作家肖蒂岩经过几个月的初步调查，从领导干部、各方群众中了解到许多重要情况和线索。在拉萨召开的藏族学术讨论会上，四川大学童恩正副教授作了《青藏高原——人类起源的摇篮》的学术报告。西藏"野考"的进展，对研究从猿到人的人类起源理论，无疑具有重大意义。西藏自治区党政领导对"野人"十分重视，并具体安排宣传部的理论处主管"野考"，这说明区领导对这一科学事业的理论意义有了深刻的认识。

目前各省区的考察研究工作，强调领导、专家、群众三结合，考察与研究相结合。在考察目标上，不仅要重视间接证据，更要重视直接证据，以便更快揭谜。考察队员十分重视追踪尸骨获得直接证据的宝贵线索。

为了有利于接受当地党政领导和有关部门的支持，深入发动、组织本地区各方面力量进行"野人"考察研究，各有关省区正在酝酿成立该省区的"野人"考察研究会，同时成为中国"野人"考察研究会的分会。以神农架为中心的湖北省"野人"考察研究工作几年来不断取得进展，广泛搜集了目击资料，灌了一批石膏脚印，鉴定了一些毛发，发现和研究了可疑的粪便、睡窝和吃食现场，对生态环境进行了综合考察和多方面的科学分析，制作了大量植物标本和部分动物标本，建议成立了自然保护区，举办了"野人"考察汇报展览，积累了近百万字的文字资料，特别是，3 个考察队员一起见到了一个巨型"野人"。在中国"野人"考察研究会约 300 名会员中，湖北的会员就有近 80 名，约占 1/3。湖北省社会科学院历史研究所内成立了"人类起源史研究组"，把从人类起源角度研究"野人"问题，列入了科研项目。1983 年 8 月 26 日至 29 日，湖北省"野人"考察研究会在迷人的神农架召开了成立大会，代表们决心使以神农架为中心的湖北省"野人"科学考察研究，出现一个新局面。

据中国野人考察研究会执行主席兼秘书长李建透露，1987 年以来，中国一些地方不断传来"野人"活动的信息。

1987年6月24日,一外地青年,在神农架接山泉水喝,突然被一红毛怪物击昏,当他醒过来时发现自己被抬进山洞,面前站立着一个二米多高的"野人"。

1988年3月至5月,神农架瞭望塔工作员袁玉豪在猴石、南天门等地发现三百多个四十多厘米长的大脚印,以及"野人"粪便和红毛。

1988年,湖南一采购员乘押运货车经过阳月山自然保护区,遇到3个人形怪物追车,被他用扳手等工具赶下去了。

云南西双版纳曾有人提供情况说,浙江永嘉县有一专业户到云南养蜂,被一母性"野人"拖去同居3年,生下后代,后来趁机逃回家。

自1974年在神农架发现"野人"以来,"野人"考察工作已开展二十多年。据悉目前全国共有八百多人参加野人考察研究会。科学工作者对"野人"毛发进行多次科学鉴定,确认自然界确有"野人"存在,大量信息表明长江流域是"野人"活动的主要区域。

出身于书香门第、毕业于华东师大中文系的上海青年李孜,就是凭借探索大自然奥秘的强烈渴望,自愿放弃安逸的生活,于1979年起自费踏入湖北神农架及川东林海,去探索"野人"之谜。

为寻觅野人,李孜食野果,吃树皮,蹲山洞,宿野地,卧林莽。一次他被毒蛇咬伤,濒临死亡时,他毅然用尖刀将伤口四处的毒肉一块块剐去,战胜了死神。

十多年的时间,李孜8次进山洞遍访被"野人"追赶过的人,他自己也曾发现过"野人"的毛发、脚印、粪便和宿窝,积累了大量资料。

李孜对"野人"的毛发进行了测定,发现"野人"毛发中的元素含量比正常人高50倍,是普通动物的7倍。他与别人合作的《"野人"毛发中微量元素的质子X光分析》一文在《自然杂志》上发表后,在国内外引起强烈反响,方毅同志批示说:"世界上就要有这样的探险者,否则就没有哥伦布。"

1983年7月,武汉医学院法医学教研室也曾对神农架及附近6个县发现的8种"红毛野人"的毛发进行了科学鉴定。该教研室黄光照副教授在同年8月下旬湖北"野人"考察研究会成立大会上宣布:通过肉眼检查、光学显微镜下观察、横切面检查、毛小皮印痕检查,发现这8种"野人"毛,"其毛小皮形状特征基本上类似人毛。"

观察所见8种"野人"毛,毛发皮质均发达,可见纵间细纤维,皮质色素颗粒少,且多呈外围性分布。这说明8种"野人"毛发皮质的组织学特点与人类相似,而与大猩猩、金丝猴、猿猴、长臂猿等灵长类动物毛有较大差异,明显不同于猪、狗、熊、绵羊等动物毛的特点。

如今我国"野人"考察研究已不只是在湖北的神农架和西藏进行,而扩展到了四川、陕西、浙江、河南、广西、云南、贵州、湖南、安徽等十多个有关地区。江西、福建也有了考察的线索,新疆也计划进行考察。我国近年"野人"考察研究范围如此迅速扩大,是世界上没有的。

有关省区普遍进行了初步普查,了解到许多目击资料和可能获得证据的线索,对生态环境也进行了初步调查研究,在我国广大地区,发现众多大面积的适合"野人"生息繁衍的原始森林山区,那里气候温热,雨量充沛,动植物资源丰富,人烟稀少,野人可能就出没其中……

9. 云南野人在出没

中国云南的沧源是个多民族聚集的佤族自治县,与耿马、西盟毗邻,西南与缅甸接壤。境内气候炎热,雨量充沛,植物繁多,野果累累,在古木参天的原始森林中。有无数的岩洞,这一切都为"野人"的生存提供了优越的生态环境。

勐来乡四永小学佤族教师李应昌是个精明强干的中年人,中等身材,枪法很准,是个著名的猎手。1980年春节后,他在翁黑村后面的大黑山集体狩猎中,击毙了一个从未见过的奇异动物,因其外貌酷似人形,而遭受众人谴责,使他的思想压力很大,惟恐政府追究刑事责任。因此,他顾虑重重,从不愿讲述这件事。经过公社党委书记做了耐心的解释,他才认识到把这一问题搞清,是对国家科学研究的重要贡献。他和爱人把猎获奇异动物的情况进行了认真、详细的回忆、讲述,并把珍藏下来的左掌标本及少量脑髓交给有关部门。

那事发生在1980年初,当时北国早已是冰天雪地寒冬季节,但地处亚热带的沧源山区,却依然是山青水秀、温暖如春。1月20日左右,勐来乡翁黑村田阮勐,背着猎枪,到村后的大黑山南麓的山地里守庄稼。他也是全村著名的猎手,在多年的狩猎实践中积累了丰富的经验。他在地头上搭起了一个高高的瞭望台,好便于登高望远,守护庄稼,又能随时观察野兽的动静。这天,他坐在高高的窝棚上,边吸烟边观察,仿佛没有看到什么。他爬下来向地边的森林走去,发现了许多新鲜的马鹿脚印,凭他多年的狩猎经验马上判断这是一群马鹿刚从这里跑过。于是他提着枪,抄小路,爬悬崖,迎头赶到岔路口等候,他相信马鹿定会从这里经过。不出所料,片刻功夫,一队马鹿依次跳跃而过,他蹲在大树脚下隐蔽,端着枪,刚准备射击第一只马鹿时,第二只又跟着来了;准备打第二只时,第三只又跑来了。此时,一个奇异的景象出现了:在第四只最大的马鹿背上,只见骑着一个浑身长毛的人形动物,同时发出响亮的叫声,右手抓着鹿颈上的毛,一瞬间,其余的马鹿一一从田阮勐的身边跳越而过。他记得非常清楚,那个人形动物个子为八九岁小孩那么大,但脸形却像十三四岁的男孩,毛发较长,红黄色,仿佛是穿着军装一样。他被这从未见过的奇异景象吓呆了,半天才清醒过来。

春节过后,田阮勐组织寨子里的七八十个青壮年到村后的大黑山原始森林围猎。他挑选了十多个枪法好的人间隔埋伏在西北部的山头上，特别把李应昌安排在他亲自碰到奇异动物的永爪岔路口上，其余的人从相反的方向，人喊狗叫的向埋伏区赶去。随着枪响，其他同伴打死了一个麂子和一只豪猪，但李应昌的面前却没有什么响动，正在纳闷，忽然在他的左前方的丛林里，响起了嗦嗦的响声。抬头一看，一个奇异动物正朝着他所在的方向顺坡跑来，跑了几步甩一次头发，再跑几步又甩一次头发。李应昌正准备开枪时，那家伙发现了他，便迅速踅头往回跑，动作非常敏捷。快上到坡头时，只见那奇异动物回头看着他。说时迟，那时快，李应昌瞄准其胸口，一枪把它打倒在地，直往坡下滚，死在山沟里，坡地上流着鲜血。

听见枪响，人们向李应昌围拢过来，一个人问他："你打着什么东西了？"

"什么东西，你们瞧嘛！"李应昌指着前方的猎物。人们走过去一看，大吃一惊，责备他为什么要打这个"达"（佤语：爷爷），因为眼前的死者并不是一般的野人，却是一个非常类似老头子的人形动物，头发很长，浑身毛发灰黑色，个子较高，约 1.5 米左右，脸白皙，有前额，眼大，眉脊和颧骨凸出，鼻和嘴部稍凸，牙洁白整齐，有双肩，胸扁平，腰粗壮，无尾，属雄性，生殖器与人的相似。于是全村破除惯例，没有分食这个奇异动物。该村会计田上拐帮助李应昌一起把猎物抬回家，估计约有 40 公斤重。李应昌把猎物交给老婆及其亲友刮洗烧煮后，他就跑到其他家吃麂子肉去了。其妻按佤族人的习惯从猎物的每个部位上割下一块肉来，煮成一锅，但由于十分腥臭，没有吃完就倒掉了。后来李应昌只好将肉晒成干，经过一年左右才逐渐吃完，仅留下颌骨，左掌做纪念，留下胸髓做药。1982 年因工作调动，他又将下颌骨连同其他兽头一并烧毁。

所留的下左掌标本，1984 年 1 月以后，经上海、北京、中国科学院古脊椎动物与古人类研究所、动物研究所、上海华东师大、上海自然博物馆等单位的专家鉴定，一致确定为合趾猿。中国科学院学部委员、著名考古学家、古人类学家贾兰坡教授在鉴定书中指出："过去在我国没有合趾长臂猿的记录，这次发现了它的脚，就是很大的成绩，值得赞赏。"

合趾猿是各种长臂猿中最大的类人猿，原发现于印度尼西亚的苏门答腊和马来西亚，中国尚无记录，此次在我国是首次发现。该标本的主要特征是趾尖呈菱状球形，趾细长，大趾粗壮发达，对掌，趾甲尖而上翘，二三四五趾短于长臂猿，第二、三趾的第一关节有皮膜相连。由于合趾猿个体颇为高大，形象又与人极其相似，因而当地部分群众就把它误认为"野人"了。那么，还有没有其他的线索和踪迹呢？有！

在 1982 年 8 月，班列佤族社员包老大用铁夹活捉了一个"古"，在家里饲养了两个多月，于 10 月因伤势严重才死去。死前，主人把它关在一个铁笼子里，出于好奇，徐守清曾两次进行过认真观察，这种佤族称为"古"的奇异动物，既不同于猴类，也不同于一般的猩猩：其貌酷似老人，面白，有额和下颌，眉骨、颧骨和嘴部稍突出，个头高大，约 1.4 米左右,毛发灰黑,长及肩,手、脚已基本分工,似人,看不到尾,只有一寸左右的无毛肉团,似一种尾巴蜕化形式。有喜怒哀乐和怕羞的表情。另据当地著名猎手田尼块告知,他曾于近年内捕获过3个"古",有雌的,有雄的,有大的,也有小的,并在森林中作过详细的观察。"古"除上述特征外,它还会到河里捉鱼、抓螃蟹,会搬动树干、捉土蚕,七八十个群居,基本生活于地面,偶尔会爬树,但不能跳跃。有极强的集体感,相互关照,若同伴不幸被击伤,就集体帮助转移;若被击毙,则一同把它背到隐蔽地,剜土掩埋,实行"土葬",两性关系固定、隐蔽等等。这些都说明,"古"是一种我们现在还未知的类人动物,其形象与李应昌猎获的奇异动物极其相似,是否同类? 还是其他未知的灵长类? 有待于深入地考察。

10. 雪山极顶的神秘身影

1951 年,在喜马拉雅山的冰天雪地上,英国登山家西普顿把"雪人"的脚印拍摄下来,得到了清晰的照片。这脚印长 31 公分,宽 17.5 公分,脚拇趾粗大,第二个脚趾细长,趾茎部相连结,根据脚印来分析,这是一种直立行走的猿类动物。这一照片的获得,被称之为是"雪人"研究中心的一个重大突破。

1954 年,英国探险队最大的收获,是在喜马拉雅山的寺庙里找到了两块据说是从"雪人"头上取下来的带发的头皮。在喜马拉雅山地区的一座寺庙里,每当举行宗教仪式时,庙里的僧侣就在头上戴着据说是从"雪人"头盖上撕下来的两块夹杂着褐色和火红色长毛的毛皮装扮"雪人"。探险队征得僧侣的同意,对头皮进行了测量和拍照。因为是寺庙中的圣物,英国人只从头皮上采集了几根毛发。这两块头皮传说是一雌一雄,大小和形状颇为相似,一块毛发齐全,另一块有的部位已光秃无毛。它的顶部尖耸,毛发呈淡火红色,也有的呈乌褐色,据推算头皮保存已有三百五十多年了。

1959 年,在珠穆朗玛峰地区的海拔 6000 米的雪地上,发现了"雪人"的脚印,大小与穿着登山鞋踩的脚印相似。据说,这是迄今发现的"雪人"留下的海拔最高的足印。

为了配合珠穆朗玛峰地区的科学考察,中国科学院等有关单位也派出专业科技人员,对"雪人"进行专题调查。5 月 20 日晚上,考察队员尚玉昌正在营帐中记日记,突然听到山谷里响起两声枪响,只见藏族翻译气喘吁吁地跑来,大声喊:"雪人! 雪人!"原来一个"雪人"从山谷下面往山顶走,全身长满了毛。翻译赶紧连放两枪,但因天黑而未打中,"雪人"连跑带跳地逃走了。

6 月 24 日,在卡玛河谷中游的莎鸡塘,"雪人"咬断了一头牦牛的喉咙,并吸食牦牛的血,使之致死。接到一个住在我国境内的尼泊尔边民的报告,我国的考察队立即赶到现场,果然见到一头死牦牛躺在地上。考察队对四周进行了严密的搜索,在被害的牦牛附近,找到了一根长 15.5 厘米、呈棕色的毛。尼泊尔边民说,这就是"雪人"的毛。考察队将毛带回北京检验后，证明与采自北京动物园的牦牛、猩猩、棕熊和恒河猴的毛，在形态上确实不同。这个发现是十分珍贵和重要的。只是目前还难以肯定这根毛就是"雪人"的遗物。

顿·维兰兹是1970年夏天登上珠穆朗玛峰顶的登山英雄。后来他就登山过程中的见闻写了一本书，其中谈到了"雪人"。"当时我正在寻找架设帐篷的地点，以便过夜。我们走近山腰，突然听到山后传来一声像鸟一样的叫声。这时一个舍巴族向导正在我身边，他慌忙对我说：'先生，耶提来了！'我赶忙回过头四下环视，然而向山顶望去，只见两只黑色的乌鸦仓惶地飞起，一个黑色的身躯出现在一块洼地旁，向我们这边窥视着。我正考虑万一它向我们进攻将如何应付，这时它跑了。我们放下心来，又重新布置帐篷。次日，我怀着好奇的心情来到山的南坡，发现雪地上有一行巨大的脚印，脚印长约46厘米，这天夜晚，明月高悬，将皑皑的雪山照得犹如白昼。我从帐篷的窗口探出头来，打算欣赏一下月景，此时，突然发现月光下一个身影在蠕动，此后，'耶提'出现了，它有些像高级的猿猴，走起路来一蹦一跳的，十分可笑。它径直向一块我十分熟悉的地方走去。几个星期前我曾去过那里，当时雪已融化，那里到处是泥，只有一小片树丛，根据它的行动方向，我判断出，它可能去那里抱一些树枝。于是，我赶忙取过望远镜，紧紧地盯着它。借着月光，我分辨出它的身体为黑色，样子很像是高级猿猴。20分钟后，'耶提'好像感到有人在盯着它，于是飞快地向山脚跑去。"

20世纪70年代，英国人威廉·奈特在喜马拉雅山考察时，也曾有幸在很近的距离对他认为是"可憎的雪人"的怪物进行观察。在一位当地向导带领下，他和一位欧洲人，带着由四五十个劳工组成的一支队伍，从西藏回来，行进在从甘托克通往色当琴的小路上。他们想走高处的山路，但是向导特辛·瓦格底说，劳工们怕对付不了"山鬼"，因此，只好走低处那崎岖不平的沿着河流向前伸延的山间小道，当到达甘托克附近时，要爬一段坡，威廉·奈特的同伴带着劳工们走在前面，而他则在距离他们大约半里的后面跟着，这时他们离下面的甘托克城大约半里。

"走到一片开阔地面，我停下来，让我的马喘口气。我跳下马，松一松马的肚带，遥望即将落山的夕阳。正在我若有所思的时候，突然听到轻微的声响。我四下张望，看到在大约10～20步之外，有一个像人的东西。我想，那就是珠穆朗玛峰考察队所说的长毛人，也就是西藏人称呼的'可憎的雪人'"。

"据我回忆，这个'雪人'身高略低于1.8米，在严寒中几乎全身赤裸着。当时正值11月份，他浑身皮肤呈浅色，头上生有一束头发，脸上毛少，双足很大，脚趾张开，有一双大而令人生畏的手。它的双臂、大小腿、胸部和背部的肌肉非常发达。它手中拿着一个什么东西，看来像一张原始形态的弓。它站在那儿，并没有看到我。我大约观察了5～6

分钟,后来才明白,原来它正在注视着远在山坡下的什么人或野兽。大约又过了5分钟之后,他突然奔下山坡,简直在飞跑,速度之快,令我至今难忘。"

沙勒是研究喜马拉雅山青藏绵羊和雪豹的动物学家,他并没有期望能幸运地看到一个"雪人"。不过,高原上森林茂密的河谷,类似尼泊尔西部阿鲁谷地那边的密林地带是"雪人"经常出没之地,而在他所到的那种边远地区,连登山运动员和旅游者也没有到过,根本不会预料有"野人"存在。然而,他在1979年出版的一本题为《雪豹》的著作中,确记下了这样的一段经历:"一条河的支流从庞摩地方的伯昂村流下来,在一个河汊口的附近,急流穿过密林被崩塌的山石切断。在那灌木丛生的斜坡上,一个黑影从大石后跳出来。斜坡笼罩在清晨的阳光下,但我只来得及看一眼。这个东西大得像一头棕色大熊猫,躲藏之快像鹿一样,样子像狼或海豹那样可怕,动作比熊快得多。我用望远镜看着毫无动静的巨石,感到在它后面躲着的那个神秘莫测的怪物。四周一片寂静,只有晨光中的山脉和清澈的流水。"

11. 北美洲的"大脚野人"

许多学者认为,世界上真有一种沙斯夸支大脚野人存在。他们多分布在美洲,并且有足够的人证、物证证实了他们的存在。

见过野人者如美洲的印第安人、白人牧人、捕兽人等,他们提供了许多有关野人的报道、照片、足印铸型(其中包括一个跛足的大脚野人的足印),在足印附近发现的粪便、毛发以及大足野人发音的录音带等。还搜集了许多与此有关的当地印第安人的民间传说。最后,值得一提的是罗杰·帕特逊拍摄的那部著名影片,摄下了一个看来是雌性的沙斯夸支。

在英属哥伦比亚佛雷泽河上游地方,住有姓查普曼的一户美洲印第安人。1940年某日,一个高8英尺的男性沙斯夸支野人进了村子。这个野人是从树林里出来的,然后走到农庄建筑物附近。查普曼太太起初以为是熊之类的动物,后来她看清楚了是个野人,吓得她拖住孩子们就跑。全家人知道此事后,回房舍查看,才发现在房子附近留下了长16英寸,宽8英寸的大足印,每步的长度达4英尺。屋里一大桶咸鱼被打翻,撒满地上。他们家见到的这个野人及体格大小,看来属于沙斯夸支男性。这次发现(值得指出的是沙斯夸支喜欢鱼),与前苏联在帕米尔的发现有同等重要价值。

1955年,在英属哥伦比亚米加山区,又有一次更有意义的发现。一位名叫威廉·罗的筑路工人(他还是一个有经验的猎手和看林人),见到一个女性沙斯夸支。这个野人高约6英尺3英寸,个头大,全身呈棕黑色,头发银色,乳房很大。有两支长臂和一双大脚。罗还注意到,她行走时像人一样,后脚先着地跨步,头的后部似稍高于前部,鼻子扁平,两个耳朵长得像人耳朵,小眼睛。她的脖子很短,几乎看不出来。还未等他仔细端详完,这个女野人已发现他就在其身旁,便赶快走开了。

一个来自北欧的伐木工奥斯曼说,1924年,他在温哥华岛对面的托马港附近度过狩猎和宿营的假期时,曾经被一个沙斯夸支俘虏过。这段遭遇轰动一时,但他本人没有传播多少年,因为他认为别人不会相信那是真事。他肯定地说,有一个沙斯夸支野人在一天夜里,把他连同他的睡袋一起扛起,在山里走了大约25英里,最后到了四周是峭壁的深谷中的"一户人家",家中有父亲、母亲、儿子和小女儿。他在"这户人家"中安全地住了六天,后来还是逃离了。他清楚地叙述了这家人的情况,他们既不生火也无工具。但奥斯曼强调他们有与人相同的地方。

最近,1978年6月6日上午8时,又有一次新发现,目睹者是两位年过50岁的高级地质考查工程师肯德尔和哈撒韦,他们二人都是长期从事户外工作的科学家,有丰富的野外工作经验。当天他们下了中途搭乘的卡车后,便登上华盛顿州喀斯喀特山北面的高峰,此山的高度大约是海拔4000英尺。当时天气晴朗,气温很低。两人根本未想到有关野人的事。突然,对面伐倒的灌木后有一个大黑影很快地闪现过去,引起了两人注意。起初他们以为是个人,后来才想到,此处没有伐木业,他们是在一处私人经营的小小的木材堆放场。再看时,他们发现那个家伙身材很大,像人一样地直立行走,并且故意躲在一块大木料后面。这个家伙皮肤黑色全身长毛。他们看到了它的头、双臂和宽肩膀,但仅一二秒钟它便跑掉了。由于太突然,两人惊得面面相觑,一时说不出话来。等他们明白过来,才快步走到野人消失的地方去找脚印。地面太硬,石头又多,什么也看不出。以前他们曾说过,那一带他们非常熟悉,不可能有野人出没,可是现在他们居然也相信,他们眼见的那个家伙就是沙斯夸支野人。

在大脚野人出没频繁的俄勒冈州的某县,1969年还曾颁布了杀害大脚野人要判处5年监禁及罚款的法律。

更令人吃惊的是,不少学者认为美洲的大脚野人是中国巨猿迁徙进入美洲大陆而演化的。

到了1970年,在对全球有关庞大的直立怪物的描述中又加入了新的成分,那就是,某种未经证实的两足动物可能和不明飞行物(UFO)有关。

1972年8月的一天晚上,在印第安纳州的罗克达尔发生了类似不明飞行物的奇怪事件。当时在那里的一幢活动房屋里住着名叫罗杰斯的一家人。

事情的经过是这样的:刚开始,这一家人看到有一发光物在附近的玉米地上空盘旋。而后他们几次听到在静夜中附近什么地方有声响。他们中一人走出门去察看究竟,他一眼看见一个身材高大的庞然大物正在地里折玉米秆。罗杰斯夫人从小屋的窗子里望见它站立时像个人,但用四肢走路。

他们看得不很清楚，因为这事发生在夜里，但他们可以看出这家伙身上长着黑毛，并散发出"死动物或垃圾一样的"臭味。这家伙有一独具的特点，就是它好像是虚渺的东西，因为：

"不可思议的是我们未发现它留下任何踪迹，哪怕是它从泥地中走过。它走起来连蹦带跳，但却好像什么也碰不到一样。当它穿过草丛，你听不到任何声响，有时你看它时，好像你的目光能穿透它的身体而过。"

不过，这只怪物并不总是不留痕迹的。还有几个农人也看到它。在这家伙来过后，他们发现几十只肢体残缺的死鸡，不过未被吃掉。伯丁一家发现了死鸡，草地被践踏，篱墙被毁坏，猪食桶里的黄瓜和土豆被掏光。有一天晚上，他们看见这家伙站在他们鸡舍的门口，小伯丁说：

"这家伙把鸡舍里的灯光全挡住了。鸡舍的门有 6 英尺宽 8 英尺高，它的肩膀顶到门的上缘，它的脖颈应比门还高，可是它没有脖颈！在我看来它就像是一只大猩猩。它长着褐色的长发，身上呈铁锈色。我没看到它的眼睛或脸。它发出低沉的嗥叫声。"

当这家伙跑走时，伯丁一家向它追去并开了枪，尽管距离很近，他们肯定打中了它，但它似乎并不在乎。

乔恩·埃里克·贝克约德是美国华盛顿州西雅图"大脚汉科研所"的创立者和所长。根据他所说，目击大脚汉或萨斯阔乞的事件每月都有。1981 年 7 月 3 日，华盛顿州西北部的伐木人看到 400 英尺远处有一身高 9 或 10 英尺的萨斯阔乞。10 月 18 日，一位伐木人在同一地区采摘蘑菇时听到有嗥叫声，闻到了这种巨大长毛怪物特有的刺鼻气味。

大脚汉研究所不但收集各种目击报告，而且还收集大脚汉的毛发和血液样品。下面四次在现场收集的样品已由对大脚汉持怀疑态度的学者进行了认真的研究。

一次是在马里州兰的罗克国家公园，靠近贝尔艾尔的地方。1975 年一天的夜晚，彼得·罗尼克驾驶一辆运动车与一个他认为是大脚汉的动物相撞。那动物恢复了身体平衡，赫然向小汽车逼来，发出咕咕哝哝的声音，然后又大步跑开了。在车前灯被撞凹处，留有那动物的毛发，这些毛发被拿去做了分析。

1976 年 1 月 4 日晚，在华盛顿州贝灵汉的印第安人保留地，一个萨斯阔乞试图强行闯入杰弗逊家的食品贮藏室。杰弗逊一家被打碎玻璃的声音惊醒。杰弗逊先生跳起来抓起一枝枪。他发现食品贮藏室的离地 5 英尺高的窗户的玻璃被打碎，碎玻璃散落在地板上，上面沾有血迹。在窗框和地板上的玻璃碎片中发现有顶端为白色的黑色毛发。乔恩·贝克约德亲自收集这些血迹和毛发样品，还收集了许多关于目击萨斯阔乞以及它们试图闯入保留地民宅的情况报告。

1976 年 5 月，在加利福尼亚州萨克拉门托附近，一队十几岁的年轻人看到一个萨斯阔乞正在掰杏树的枝杈,吃上面的果子。这家伙留下了25英寸长的足印,这些年轻人从篱笆上取下它留下的毛发,交给了贝克约德。

1977年,在俄勒冈州的莱巴嫩城,一头巨兽一边尖叫一边拉掉一座谷仓的门,捣毁了围墙,贝克约德取下了它留下的毛发。

加州大学伯克利分校的自然人类学家和生物化学家文森特·萨里奇对杰弗逊家碎玻璃上的血迹做了化验。他发现这是一种比较高级的灵长类动物的血。同时拿来的毛发样品以及其他几次取得的毛发样品由三位专家做了分析化验。他们的结论是:这些毛发不是人、狗、熊或其他相近的哺乳动物的,也不是已知的任何灵长动物的,但与大猩猩的毛发比较相近。

贝克约德说:"这些动物体型巨大,不可能是人。这里显然有许多事情还是个谜。它们可能是与人有亲缘的灵长类动物。"

12. 为"野人"接生

1984年7月,香港《星岛日报》有这样一篇报道:14岁的加拿大女孩茱莉·马基的经历,是同年纪的女孩从未有过的,甚至于大人们也难得有机会遇到。小茱莉成功地替一位难产的妈妈接生,但这个孕妇却并非普通人,而是一直令人困惑不解的"大脚怪"。

金发碧眼的小茱莉的确是一个勇敢的小女孩,她彻夜不眠,足足守候在这个正在分娩中的"大脚怪"身边10个小时之久,它腹中的胎儿位置颠倒加剧了它分娩的痛楚,令它发出可怕的吼叫声。

幸好,自小在农场长大的茱莉对于这种难产并不陌生。因为她曾经有过两次帮助她父亲替牧场里难产母牛接生的经验,胎儿在母亲的产道里手脚倒置是难不倒茱莉的。

"我很清楚知道应该怎样做。"茱莉开始忆述她那段奇异的经历,"不过,问题是,我必须说服自己接受一个事实——那个待产妈妈并非一只牛,或甚至不是一个人,我实际上是替一个'大脚怪'接生!"

茱莉这个叫人难以置信的经历是发生在马基家的农场,这个农场位于加拿大西部阿拔托省卡加里市西面约80英里的地方。茱莉的父母趁着周末入市区洽谈一宗农作物的交易,只剩茱莉留在农场照顾她7岁的弟弟添美。

茱莉回忆说:"那晚添美和我刚吃完晚饭,我决定去谷仓看看我们的四只乳牛是否已经躺下休息。

"当我行近谷仓的时候,我听到一阵阵低沉的呜咽和咕噜声,初时我还以为是其中一只牛出了麻烦,所以我就立即飞奔到谷仓,我拉开谷仓那扇大木门,走到拴牛的地方,只见四只乳牛都好好地躺在地上,没有发出叫声。而此时,刚才那种低沉的呜咽声却越来越大,就好像一只动物受了重伤似的,这声音显然是从谷仓的另一边传来,于是我就跑过去看个究竟。

世界传世藏书

中外未解之谜

人类未解之谜

我们的谷仓不算大,当我一转头跑到另一边时,差点儿就被绊倒在地上,我无意中踏着地上的一个庞然大物,它就躺在干草堆的后面。

初时,我以为见到的是一只受了伤的熊。但是,当我看见它的脸时,我知道它不是熊。我曾经听过很多有关'大脚怪'的故事,它们跟人类有很多相似的地方,我深信眼前的生物正是传说中的'大脚怪'。"

对于一个14岁的女孩来说,眼前这个情景实在太不可思议了,惊讶和恐惧交集,使茱莉很自然想到要去告诉爸爸妈妈。不过,她立刻就醒觉到这时候家里并没有大人,而最近的人家也要走上半小时才能到达。

"我当时手足无措,不知道应该如何是好,我躲在草堆背后,探头偷看它的情况,它看来非常痛苦,渐渐地我觉得它发出的吼声不再那么可怕,反而,我开始担心它的安危。"

最后,茱莉的同情心战胜了恐惧,在草堆背后战栗了好几分钟后,茱莉终于鼓足勇气,走到这只被痛苦煎熬的动物面前蹲下来。

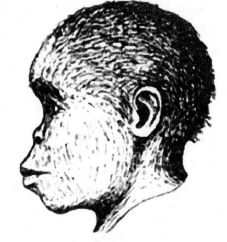

野人原型

"当我走到它身边时,它提起了一只手友善地摸摸我的手臂,好像向我表示它需要人帮助。它真的很大、很大!如果站立起来,它的身高差不多等于两个我。我知道它是女性,因为它有女人的乳房。不过,除了面部外,它整个身体都长满浓密的长毛,而且身上还发出一阵令人作呕的气味。

它的呻吟声听来像要生产婴孩,事实上的确如此,因为我见到它的下体正掉着一个胎盘。

我以前协助过爸爸替母牛接生,所以我知道这时候的'产妇'最容易着凉,于是,我决定跑回屋里取几张毡给它盖。

当我站起来准备离开的时候,它的眼神好像很失望似的,于是,我尝试安慰它,用动作向它解释为何我要离开一阵子,它看来真的明白我的意思。不过,当我拿毡回来的时候,它的情况比先前更加糟糕,我可以从它脸上的痛苦表情看出来。"

在随后的几小时内,求助无门的小茱莉就只好坐在这位"大脚怪""妈妈"的身边。不过,当这位长毛"孕妇"的分娩阵痛越来越剧烈的时候,茱莉醒觉到它的分娩可能出现了麻烦。

"我突然想起以前协助爸爸替母牛接生的情形,其中有两次牛胎在母牛体内倒置了,当时它们的痛苦情况就跟现在的一模一样。

我知道这时候不帮它尽快把'孩子'生出来的话,它和体内的'孩子'都会死。我懂

三五一

得怎样处理这种情况,不过,我很惊慌,因为它不是一只母牛,它像人一样。"

无论如何,小茉莉做出了最明智的决定,她要替这个"大脚怪""孕妇"接生。

"我开始向它解释,我不知道它明白与否,不过,它看来好像很信任我,愿意任我摆布。我开始模仿爸爸替难产母牛接生的办法。

"首先,我把手伸入它体内探索胎儿的位置。初时,我只摸到一只脚,然后在较高一点的位置又摸到第二只脚。我把两只脚拉直,然后用尽九牛二虎之力试图把'孩子'从'产妇'的阴道口拉出来。

"那只'大脚怪''妈妈'痛得大声叫喊起来,但最后,胎儿的头部终于顺利滑出来。它立即把'孩子'从我的手中抢回去,然后开始用舌头替它清洁身体,就好像母牛替牛犊清洁一样。

"我一直陪着它直至天亮。它的身体复原得很快,当太阳刚刚升上来的时候,它就抱起全身长满长毛的'孩子'离开。

"我不知如何是好,只有眼巴巴看着它们离去。不过,它走不了两步就回头定睛望住我整整一分钟,然后就头也不回地,从谷仓的一个窗口钻出去,走入附近的丛林。

我永远都不会忘记它望住我的神情,这是要向我道谢。"

目击"野人"

1. 伐木工撞上北加州"野人"

1962年2月,住在美国加利福尼亚州克莱圣特的伐木工罗巴德·哈特费尔特走访了住在森林地区的朋友巴德·琼肯斯家。刚走进琼肯斯家的院子,突然,主人的家犬紧张地狂吠起来。哈特费尔特感到奇怪,环视四周,突然发现20米以外的院子外面,有个长着人脸模样,毛发很长的怪物正隔着篱笆朝里窥探。篱笆高约1.8米。怪物从上面探出头来。它的身长至少在2米以上。

"啊!是黑熊!"哈特费尔特乍一见,慌忙朝屋子里奔去。"是个大黑熊!"一奔进门,哈特费尔特就气喘吁吁地告诉主人。他们赶忙拿起来福枪,跑到门外一看,那怪物已经无影无踪了。

哈特费尔特急忙绕过房子的拐角,却冷不防和那个怪物撞了个满怀,一个趔趄,跌倒在地上。

野人

"大家千万别走出来,这儿有个野人!"哈特费尔特急中生智,一边大声对琼肯斯的家人喊道,一边从地上一跃而起,转身奔进房内,旋即关紧了门。

野人在哈特费尔特后面慢慢跟了进来,一到门口就用力大无比的手臂猛烈撞击着门。哈特费尔特和琼肯斯惊恐万分,死死地抵住房门。双方僵持了一会儿,野人似乎力乏了。趁这机会,两人提起来福枪,鼓足勇气冲出门外……可是,野人连影子也不见了,只有在房子周围留下的巨大脚印。

新闻记者们闻讯赶来采访,哈特费尔特对记者讲述道:"我和野人撞了个满怀,跌倒在地。这时,我瞥见了它的脸。哟!长得丑极了!至今我也忘不了那副凶神恶煞的模样。脸黑得像锅底,嘴巴和脸颊上长着硬毛,眼睛大得出奇。长相很像人,可总觉得有些地方和人不同。"记者们认为:这种与人类很相似的动物显然不是人类,也不是大猩猩那样的类人猿,而是一种更接近人类的动物。它们极少在人类居住的地方露面,仅在苏门答腊、蒙古、西伯利亚和北美西部的森林地带等地曾经有人目击。似乎有好多种类,但它们有个共同的特征,就是毛发很长。

比这一事件更早一点的1957年夏天,前苏联科学家普罗宁博士在被称为世界屋脊的中亚帕米尔高原上,用望远镜发现了山谷对面的这种奇怪的动物。他这样谈及自己亲眼目睹的情景:"野人的身体部分和人类相似,手臂很长,脸的大部分和整个身体都覆盖着一层灰色的毛,身高在2米以上。据当地人说,这种动物不袭击人,吃树根、果实,也吃老鼠、黄鼠狼、兔子等小动物。"

1941年冬天,苏军的卡拉佩强大校在高加索的布依那库斯克亲眼目睹过被当地人抓获的野人。他记述道:"野人的模样与人十分相似,胸、肩、脊背上长满了乱蓬蓬的褐色的毛。但是,脸部、手掌、脚底的毛长得很稀疏,头发也是深褐色,长长地披落在肩上。身高1.8米以上,胸部宽厚,体格健壮。据看管的人说,野人性格暴躁,身上的气味很强烈,没办法把它放置在家里。"

一百多年来,在北美洲也不断有人目击野人。

1884年,在加拿大森林中行驶的列车乘务员发现像人和猴子的混血儿似的动物,躺在铁路旁。身高1.5米,体重六七十公斤。除了手、脚、脸以外,全身披着黑色的毛。

1924年,在美国的圣海伦斯山干活的矿工们,受到几个毛发很长的大个子怪物的袭击。矿工们用手枪反击,也难以抵抗。

1958年8月,在美国加利福尼亚的山区从事筑路工程的人们与巨人遭遇。这个巨人步子跨度达一二米,若无其事地把推土机的轮子搬至数百米远的地方。

1963年7月,在美国俄勒冈州,一个男人在深夜驾车行驶时,发现一个从未见过的怪物,身高近3米,全身披着一层灰色的毛。

2. 追杀北美"大脚怪"

曾是美国森林管理局佣员的弗里曼指天发誓,说自己确曾遇见传说中的大脚怪。他全身长满褐红色的长毛，身高几近 8 英尺。

当消息传出后，弗里曼立刻变成公众人物，也招来人们的讪笑。记者群起跟踪他，而他的督察组上司怀疑他信口雌黄。他更收到匿名电话，指称他精神不健全而要领养他的三名儿女。

弗里曼终于辞职迁居逃避谗言。此后他更数次转职，流离不定。最后，他决定不向世俗屈服，于 1984 年，带着家人返回初遇大脚怪的地方——沃拉沃拉，决心要致力寻找和研究大脚怪。

他从事切肉工作，兼职驾驶货车，卖掉了两所房子，辛苦筹集了五万多美元来资助研究工作，此外，他每星期总有三天在森林度过，搜索传说中的异兽。

他的努力并没有白费。他搜集了不少大脚怪脚印，并制成石膏模，模子足足装满一个大箱。此外，他更寻获了很多毛发样本，这些样本连专家也不知是属人或属兽。

他在住所厨房挂了一幅地图，上面标明与儿子共同发现大脚怪的地点。他的冰箱亦存放了怀疑是大脚怪粪便的物质。

他指出，在历次发现中，最大的大脚怪高 8 英尺，留下 1 8 英寸的脚印。他们能连根拔树证明孔武有力，但性格柔顺，胆小害羞，和报章描述的野蛮怪兽大相径庭。

弗里曼说，这种神秘莫测的动物为了逃避人们追踪，往往匿藏峡谷，昼伏夜行来寻找食物，甚至懂得更改脚印，模拟成熊的足印，以混淆猎人耳目。

他说："这点至为明显，如果他们不是这么聪明睿智，早已为人所杀。"

弗里曼的努力获得其他神秘动物研究者的精神支持，华盛顿州大学人类学教授及大脚怪的研究者格罗尔·赫兰茨曾经对弗里曼的石膏模进行研究，发现他们并非子虚乌有，而且脚印模更有完整的指纹。但另一名研究员加拿大作家达林丹却指斥弗里曼是一个沽名钓誉者。是真是伪，就是农林管理处官员也不能明辨。

现存的一些证据仍微不足道。例如有数幅据说是大脚怪的照片，其中包括了弗里曼儿子于上年 10 月拍的照片，但它们欲模糊不清，未能对准焦距，或者拍摄时距离太远，光线不足。照片中的大脚怪可能是形状怪异的树枝，或是穿上紧身衣的旅行人士，甚至是哗众取宠的人伪造的。

现在弗里曼亟待寻获大脚怪的骸骨，他认为只有寻获骸骨，一切便会水落石出。

在非洲和南美地区。也有像无尾猿的毛人的报道。

美国密苏里州圣路易斯市的哈伦·索金对雪人的存在坚信不疑。他是一位雪人研究专家。他认为，这种怪物是一种巨大无尾猿基因变异的结果。他评论道："直到 19 世纪初，人们才发现大猩猩。试想一下，当人们第一次见到它的时候，会怎么想呢？"

人们推测，巨猿是 800 万年至 50 万年前生存的一种巨形类人猿，它活着的时候身高大约 2.5 米至 3 米，体重约 300 公斤。有些动物学家认为，巨猿并没有完全灭绝，北美的"大脚怪"可能就是巨猿的某种同类或变种。

但由于人们至今尚未捕获"大脚怪"的实体,因此许多人对"大脚怪"是否存在仍是半信半疑。对此,国际野生动植物保护协会创始人兼美国俄勒冈州大脚怪研究中心主任柏恩指出,发现有"大脚怪"出没的地区达数十万平方公里,大多是深山密林,人烟罕至。有些地区更是难以到达。柏恩说,过着石器时代生活的塔沙特人就生活在菲律宾丛林里,直到1971年才被发现,所以至今没能捕获"大脚怪"也不足为奇。

随着人对自然界认识的增加,发现动物新品种的可能性就越来越小。但可能仍有许多人们未知的动物。最近百年间,过去许多被人怀疑的动物已陆续得到发现与证实。如大猩猩、大王乌贼、鸭嘴兽以及科摩多龙,过去都曾有人不相信过,但事实证明了这些动物的存在。但是,人们能否证实"大脚怪"的存在呢?这就要看动物学家们的努力和人类的机遇了。

3. 俄勒冈州荒原上的"野人家庭"

在约翰·格林的《追踪沙斯夸支》一书中,谈到一个沙斯夸支群体活动的事例,该书记录了一位猎人叙述的经历——

一位目击者告诉约翰·格林先生:"我在俄勒冈州的荒原地带仅仅花了一天时间,那一天是我最富有成效的一天。可能是1967年深秋最后一个周末,正是猎鹿季节。天气特别冷,我沿着小道向下走了一英里左右。这是一条山间小道。海拔约5000~6000英尺高。我再向前走了一会儿就隐没在雾中了。我拐个弯,第一眼便注意到有些岩石块被翻了过来。"

这位目击者说:"由于雾气,周围其他石块都是湿的,但这些石块却是干的。我抬头一望,在约40~50英尺的地方看到一块石头,也看见好几个怪物——沙斯夸支在那儿。它们看起来像人或者说与人差不多。那雄的挺大,雌的并不那么大,还有个小幼仔,不是很小,它正跟它的父母同行,它多半是站着的。

目击者说:"那两个年长的拾起石块闻一闻的时候,是蹲着,身子有点弯曲。它们有点很仔细的样子。它们向前移动了几分钟,那雄的可能是发现了它们正在找的东西,很快地在那些石块中挖掘什么,那些石块都是很大的鹅卵石,扁而尖的,间隙很大,下面有几个洞,好像这些石块曾被爆破过。那些动物闻一闻后又把石块垒好,不是放回原处,是成堆地码起来。当那个雄地发现了它所找的东西时,它把石头抛开,大的石块重达50、60甚至100磅,它只需用手把这些石块迅猛地抛开,它挖出了看上去像个草窝似的东西,可能是些小啮齿动物叼到那儿的一些干草。"

"它在干草堆中挖出了那些啮齿动物,吃掉了。这些小动物可能正处于冬眠或睡熟着。大约有6~8个小啮齿动物,我注意到那个小的吃了一个,两个大的吃了两个或三个。正是这个时候,它们意识到了我的出现,一个个变得警觉起来,开始静悄悄地移到一棵树枝低悬的大树后面。以后,我再也没见到它们。"

目击者说:"它们的脸有点像猫,没见耳朵,鼻子要扁很多,上唇很短,很薄。雄的比雌的黑些,是暗棕色,雌的是淡黄褐色。雄的肩上、头上和脖子上的毛要长些,呈线状下垂,肩部比雌的要肥大得多。它的臀部以上变得宽大,它的腰宽,但是从腰往上更宽,越来越宽大。它们的肩圆润或是下屈,双肩中的头的位置比人的头要低些,似乎没有人那挺立的脖子。"

"绝大部分时间,它们不是站立而是蹲下或向前倾,以便拾起那些石块。直到它们警觉到我的出现时,我才看到它完全站立起来。它们行动敏捷,但是弓着背,屈着身穿过那些石块的。它们最后跑动时,身子是直立的。那妈妈将她的孩子抱起放在膝上,跑时把孩子放在前面胸部下方。她的乳房低垂着,比人的更低得多。"

"它们很粗壮,特别是背的根部和肋骨以上特别肥重而厚。雄的6英尺以上高,雌的只有雄的肩高,它们比人要高大得多,重得多。那小的,不到它母亲的臀部高。"

"我第一次看见它们站立时,是那雄的拿着草走出它挖的洞,这在它们跳开之前只是一瞬间。"

4. 俄罗斯科学家邂逅"阿尔雪人"

如果法国和俄罗斯联合探险队在哈萨克偏僻的高加索山脉成功捕获了一个传说中的喜马拉雅山雪人的兄弟——俄罗斯阿尔玛雪人的话,雪人声音将传遍全球。

这个探险队的领队是73岁的玛丽珍妮·科夫曼博士,她过去２０年里骑车或乘吉普车到荒无人烟的卡巴尔达——巴尔卡荒原,收集了500个神话般目睹阿尔玛雪人的叙述。她得到的印象是阿尔玛雪人的脚印巨大。此外,她还研究了阿尔玛雪人的大量粪便。

科夫曼博士的同事格雷戈里·潘琴科夫声称,这为他在卡巴尔达——巴尔卡尔地区看到一个阿尔玛雪人的努力增添了新的动力。于是,由法国资助组成联合探险队,寻找阿尔玛雪人。这支探险队的名称叫:"阿尔玛92探险队"。

阿尔玛92探险队的组织者潘琴科夫说,这种雪人外表上和其他人看到的非常相似。它是一个两足动物,行走完全靠两只脚,身高在170～198厘米之间,头顶上长着一块约15厘米长的微红色毛发。面部既像类人猿,又像尼安德特人。它必须转动整个身体,才能转动脑袋。

潘琴科夫在拴马的圈里发现过阿尔玛雪人,好像马对阿尔玛雪人很有吸引力。遗憾的是,潘琴科夫当时没有带相机。

据科夫曼博士说,阿尔玛雪人习惯于突袭牧人的小屋,寻找食物和衣服。它们有时还穿着偷抢来的衣服。这种明显的学习人类的行为,说明了1988年到西藏寻找雪人的探险队员克里斯博·宁顿的两根滑雪杖神秘失踪的原因。

按照当地农民目击称,阿尔玛雪人体重超过200千克,但行走如飞,每小时能奔跑64

公里。据一个目击者 1991 年说，新生的小雪人很像人类的婴孩，除了个头较小之外，小雪人像小孩一样长着一身桃红色皮肤，有同样的脑袋、胳膊和腿，但没有头发。阿尔玛雪人生活在海拔 2400 米以上的高原，它有时下山来掠夺农作物，有时到海拔更高的地方去避难。

联系到中国湖北境内神农架山区出现的野人，同样可以看到野人并不怕冷这样一种生存特征。海拔高度的突出变化，会在陡坡上产生一种包括热带到寒冷的连续的植物群，猛烈的季候风使山腰终年云遮雾绕，橡树、木兰、山杜鹃、枞、赤杨、山毛榉等繁茂的密林，无数大型哺乳动物都享受这优厚的条件而保持一个相当大的群体。

野人现在就是在这样的神秘的环境中，利用大高山从上到下各部分的气温不同，和老天爷打游击战。在中国境内，1980 年初的一天，神农架野考队员黎国华就是在高山雪地发现野人脚印。在跟踪中亲眼见到了一个七尺高的棕红色毛野人。类似在高山地带寻找到野人脚印的例子很多，表明野人能耐高寒。

中国湖北省一位对野人生活习性颇有研究的文化干部为此指出，依照生物学排外竞争的原则，当两种生态相似的动物在同一地区并存时，其中具有选择性的优点的一方必然取代另一方。居于劣势的一方必然被迫迁徙，或者自我灭绝。在冰河时代的中期，人类已掌握了火，并广泛使用石、骨、木制的工具，就具有了强有力的生存竞争能力。由此想到巨猿，在日趋恶劣的生存环境中，为了减少人类社会的威胁，巨猿不得不改变生活方式去寻找新的居所，如喜马拉雅山较高的地区。我们可以据此推断：神农架野人也迁徙到了高山丛林。

这位文化干部指出，神农架野人并不惧怕寒冷。野人是被逼向高山后，从心理到生理上对高寒产生适应。野考队员在从野人擦痒的栗树皮上得到的毛发中发现，除硬的长毛外，野人也贴肉覆盖着一层密细软厚的绒毛。这便是一件最轻便最暖和的皮袄了。

为了考察，阿尔玛 92 探险队配备了价值 100 万美元的装备，其中包括红外照相机、小型直升机、悬挂式滑翔机、四轮汽车、机动脚踏车等，探险队最主要的装备是一支能发射皮下镖的枪。

科夫曼博士说："我们的目标是在当地人的帮助下，捕捉阿尔玛雪人。我们希望取得阿尔玛雪人脸部模型、头发、皮肤和血液标本，所有这些都具有很高的科学价值。取得标本后，给它戴一个无线电示踪频带装置，予以释放。"

没有消息表明，阿尔玛 92 探险队取得了突破性的成果，尽管它拥有野考设备是一流的，但在邂逅"雪人"的几率上，其效果绝对比不上中国神农架"野考"更好些。邂逅"野人"从某种意义上说是可遇而不可求的"运气"。除了当地人中无法确定的某一个或某些个，见到它们并不容易，"无功而返"因而就毫不足怪了。

5. 新疆阿尔金山"大脚怪"

随着国内报刊报道了"中国百慕大"——阿尔金山自然保护区存在"魔鬼谷"的消息

人类未解之谜

之后,阿尔金山地区又引起海内外传媒的广泛关注和浓厚兴趣。未过多久,这块神秘之地忽然又"爆"出一条新闻——

1999年春节前,一条简短的消息在《新疆经济报》上刊出:有人在阿尔金山发现一种神秘的"大脚怪"!据称,这是些"脚印有一只羊腿那么长,步幅有成年人的一倍多"的诡秘怪物。这一消息迅速在天山南北引起轰动。人们在想到底是什么动物?它同前苏联和尼泊尔的"雪人"及我国著名的神农架野人有无关系?各传媒记者带着这些疑问,纷纷赶到现场进行采访。

阿尔金山地处新疆巴音郭楞蒙古自治州若羌县南部,系昆仑山支脉,呈东西走向。这里平均海拔四千五百多米,属第三纪末地壳变动形成的封闭型山间盆地,群峰巍峨,峡深谷幽,丛林莽莽,人迹罕至,是各类野生动物的天然乐园。14年前,国家在这里建立了野生动物保护区。

在这个国家保护区里,生息着野骆驼、斑头雁、雪豹等珍禽异兽五十多种,其中属国家级保护的珍稀野生动物多达十五万余头。然而出人意料的是,在这个"动物王国"里,突然冒出个叫"大脚怪"的神秘之物。一时,把许多动物专家惊得目瞪口呆。

据保护区工作人员阿不都逊介绍,在一个风雪弥漫的傍晚,当地维吾尔族牧民买买提·内孜在阿尔金山一带放牧时,突然发现一个直立行走、上肢摆动、身材酷似"篮球巨星"、没穿任何衣服的巨大"怪物"。他隐隐约约发现,这怪物通身无毛,披头散发,在雪野中行走如飞。由于风大雪浓能见度低,无法辨清其毛发色泽。不一会儿,这个"怪物"就消失在鹅毛大雪之中。当时牧羊人买买提·内孜既紧张又感到十分好奇,当他沿着这个"怪物"行走过的踪迹仔细观察时,发现它的脚印"足有一只羊腿那么长,步幅是成年人的一倍多"。

自称见过"大脚怪"的一些牧民,对这个神秘来客的描述大体相似,有人甚至把这种"怪物"称为"雪人"或"野人"。综合这里的各种传闻,这个"大脚怪"有如下特征:高二米左右;喜欢在雪天外出活动,但不像别的猎食猛兽那样爱袭击人;身体看似笨重但反应灵敏,跨越轻盈,能轻而易举地跃过一米多高的障碍物。

这毕竟都是当地人的一些传闻,并没有确凿的证据。事实上,一个世纪以来,人类追寻野人的活动一直没有停止过,但直到现在,正如飞碟、百慕大三角和"野人"之谜一样都缺乏实据,因而免不了会有人提出这样那样的质疑。

那么,阿尔金山的"大脚怪"是不是仅算一种传说,或者它压根儿就不存在呢?据有关专家介绍,早在1984年10月8日,人们就偶然发现过它的踪迹。当时,新疆登山队的4名运动员在攀登阿尔金山穆孜塔格峰的前夜,曾在一个海拔5800米的冰斗里住了一夜。第二天早晨起床后,他们惊奇地发现,帐篷四周围布满了一个个巨大而清晰的脚印。这些脚印一直向前延伸,最后消失在一个巨大的冰川里。事实上在这种雪海"寒极"里,常人是根本无法涉足的,这也许就是"大脚怪"长期以来难以被人们发现的主要原因。

当时,跟随新疆登山队的摄影师顾川先生,还在穆孜塔格峰下一个海拔近5000米的沙地上,拍摄到了一些十分清晰的大脚印,并当场进行了测量。他们发现,这些脚印的长度在50～67厘米,宽度为13～15厘米,深约4厘米,最深的约为6.5厘米,步幅一般超过1.5米,最大跨度近2米。这些尺度令众人惊讶不已。

接受采访时,一位叫阿孜古丽·克尤木的维吾尔族中年妇女告诉记者,她还听到一些奇怪的声音。就像她在电视里听到过的猿猴似的"……喔吓"的叫声,特别是在风雪天,而且多数是黄昏时分。她说,这可能就是"大脚怪"发出的声音。

新疆动物学教授谷景和分析说:"大脚怪"极有可能是国家级保护动物藏马熊。因为藏马熊行走时,后爪紧跟前爪,踏在前爪踏过的地方,但只有部分与前爪印重合,这样,人们便看到了酷似人类的大脚印。此言一出,震惊四座,不少人表示认可这种观点,但谷景和教授并没有对"大脚怪"长时间的直立行走作出解释,这不能不算一个很大的疑点。因为很少有人到保护区进行系统考察,所以,谷教授的观点,目前尚无法证实。

6. 嗜吸牦牛血的"雪人"

中国西藏地处"世界屋脊",也是世界上最神秘的地方之一。"野人"在西藏高原时有出现,有些地区的藏族群众称"野人"是"神"、"鬼",叫"野人"为"米哥",分"冈米"(雪山"野人",也叫"雪人")、"纳米"(森林"野人")、"扎米"(岩石"野人")和"米哥穷"(小"野人")。西藏许多地方叫"熊人"的人形动物,也属"野人"范畴。

目前已考察到"野人"不仅能直立行走,没有尾巴,全身有毛,似人形,而且会发出各种表示喜、怒、哀、乐的声音,还能用石头、木棒击物,模仿人的简单活动。"野人"对人一般无伤害之意,除非它发现受到袭击时,才会攻击人。

早在18世纪,美国人和英国人就在喜马拉雅山发现了"雪人",19世纪50年代前苏联出版了专著《雪人》。

中国登山队也在珠穆朗玛峰遇到过"雪人"。直至今天,"野人"仍屡见出没,引起了许多人的兴趣。那么,喜马拉雅山真的有雪人吗?人们之所以相信其有是因为有许多目击者,之所以怀疑其无是因为至今仍未抓到过一个真正的雪人。不过,听许多目击者所述之详细,倒也难得不信了。

1954年,《杰里梅尔报》组织的由动物学家和鸟类学家组成的雪人考察队,来到尼泊尔一方的喜马拉雅山考察。考察从当年的1月一直持续到5月。令人遗憾的是,他们从没目击过雪人。不过,这并不意味着他们收获不大。收获之一是他们找到了长达数公里的连续脚印。

另一个收获是他们在潘戈保契和刻木准戈寺发现了两张带发头皮。据说是雪人的,已保存了300年之久。头发是红色和黑褐色的,顶部正中向后隆起成尖盔状。经鉴定,这两张头皮不是人的,而是一种似人灵长类的。

只能说,也许当地人并没撒谎。此外,考察队员们还访问了当地舍尔帕族和尼泊尔一方的藏族居民;请他们中的目击者说雪人的形状和行为,令考察队员们震惊的是,目击者们对雪人的描述惊人地相似。这意味着什么呢?

1956年,波兰记者马里安·别利茨基专程到西藏来考察雪人。他没有多少收获,只是搜罗到一些故事。他有幸找到一位自称目击过雪人的牧民,这位牧民说,1954年,他随商队从尼泊尔回西藏,走到亚东,在一个村旁的灌木林里,看到了一个浑身是毛的小雪人。马里安·别利茨基带着这些未经证实的故事,兴冲冲地返回波兰。

1958年,地质学家鲍尔德特神父随法国探险队来到喜马拉雅山考察。在卡卢峰,他发现了一个刚刚踩出的足印,那只脚一定相当大,长三十几厘米,宽十几厘米。当时他特别兴奋,以为朝思暮想的雪人就在不远处,他一定能荣幸地见到它。可是,在附近找了半天,也没见雪人的踪影。他难免有些沮丧。

同一年,美国登山队的一个队员,在喜马拉雅山南面的一条小河旁,看到了一个披头散发正在吃青蛙的雪人。

1960年,一支由埃·希拉里率领的探险队,在喜马拉雅山孔江寺庙发现了雪人的一块带发头皮。

波兰人对他们的记者马里安·别利茨基带回的故事并不满足,流淌在他们民族血管里冒险浪漫的血液使他们再度向喜马拉雅山发起冲击。1975年,他们又组织了一个登山队,攀登珠穆朗玛峰。

在珠峰南面他们的大本营附近,他们发现了雪人的脚印。据说,在此之前,附近村庄的一个舍尔帕姑娘到这儿来放过牛,就是在这儿,姑娘和牦牛遇到了雪人。雪人高约一米六七,满头棕黑头发。它是突然从旁边蹿出来的,张牙舞爪地奔向牦牛,咬断了牦牛的喉管。波兰人既听到了故事,又得到了脚印,他们于是觉得不虚此行。

女孩叙述了当时的经过:"那是我16岁那年。一天下午,我到我家南面山上放牦牛。那儿的草好。牦牛吃得很认真,我没什么事儿,就一边哼着小曲,一边看前面那座人形山。突然,我听到身后有脚步声,回头一看,原来是个浑身长毛的怪人,还没等我反应过来呢,那家伙就到我眼前了。听大人说过我们这一带有雪人,我想这家伙就是雪人吧。我想这下子算完了,据说雪人见了女孩子就抢,抢回去给他们当压寨夫人,供它们糟蹋。"

女孩说:"可是,那家伙并没理我,它从我身边过去,直奔牦牛。真是一物降一物,平时凶悍威猛的牦牛在那家伙面前一点神气劲儿都没有了,剩下的只有紧张,我看它都有点哆嗦。雪人并没因为它哆嗦、驯服就放过它,而是扑过去,照着它的脖子下面就是一口。血直往外喷。雪人用嘴堵住了咬开的口子,咕咚咕咚地往肚子里吸着血。看着那家伙这副凶相,我被吓瘫了,萎缩在地上起不来。我想,它喝完了牦牛血,就该来对付我了。我只有等死"。

"它猛吸了一阵后,可能是牦牛血管里的血被它吸得差不多了,就站起身来。也许它还觉得没过瘾。就抡起大手,照着牦牛的脑袋劈去。这家伙也不知道有多大的劲儿,只这一掌,就把牦牛的脑袋劈碎了,脑浆子都被劈了出来"。

"我想我可能一分钟的活头儿都没有。它转过身来,瞅了瞅我,我也瞅着它。它满嘴是血,脸上身上也有血,样子真吓人。出乎我意料的是,它没奔我来,而是转过身去,朝着山上的树林走去。"

7.广西、贵州山区出现的"野人"

1931年,国民党的军队在贵州黎平县把捉到的一个身高达7尺的母"野人"用铁圈套在脖子上游街示众,一路上引起成千上万的人围观。据当时围观者李达文回忆:这个"野人"毛发呈灰白色,直立行走,年纪已老,众人看它,它也看人,一点也不害怕。

中国"野人"考察研究会会员、广西三江侗族自治县高禄公社干部马贤,1984年6月间,在广西北部元宝山进行科学考察中,发现了"野人"粪便和"野人"爬上大树留下的爪印多处。同时还发现"野人"挖烂树蔸找蚯蚓吃的新泥坑,以及"野人"在大树上用树枝造成的"坐凳"、"摇床"以及它们的睡址、睡洞。

马贤听当地猎人说,最近有一个采药人到人迹罕至的"险区",看见两个赤身裸体,全身灰毛,披肩长发,像十八九岁的女人那样高大的雌性站立的人形动物。

贵州黔东南苗族、侗族自治州的雷公山南麓,有一片方圆近百里的原始森林。这里自然资源丰富,不仅野果、鸟类,各种小动物随时可见,还有野猪、山羊、虎、豹、熊、鹿等野兽。古木参天、环境阴湿,常有"野人"出没。

1978年3月,宰勇公社武装部长盘寿福经历了一件与"野人"共度寒宵令人紧张害怕的稀奇事。

老盘这天与当地猎人赵顺仁、梁远正相约,决定到附近的九洞山打锦鸡。锦鸡的特点是昼夜多栖于林间,树高叶茂,不易发现,清晨才下地觅食,漫山遍野,雌雄互唤,这时猎人才易发现目标射击猎取。

为了在天亮前赶到目的地,盘寿福他们天黑便从住地出发,打着手电筒行三十多里路来到了森林边缘,但离天亮时间还很长,春寒料峭便生火取暖。烤了一夜,由于行途疲劳,两个猎人很快睡熟,老盘靠着土坎渐渐入眠。

朦胧中,盘寿福感到有人走动,他微微睁开眼,看到一个不知从何处而来的全身毛乎乎的东西在添柴烤火,他吓得不敢动弹,也不喊叫,紧缩着身子假装睡觉,并不时偷眼看着。

过了一会,火燃大了,那怪物怕猎人烫着,还轻轻将猎人的身子转过去。这时,老盘不像刚开始那样怕了。他偷偷地仔细观察,那"野人"的头和脸像个蓬头发、长胡须的老头,脸颊长绒毛,鼻梁稍塌,浓眉;耳朵、嘴巴与人无异;立着行走。蹲下烤火,身高1.60米左右,全身毛光滑,呈青灰色,脚板比人的长大、脚跟稍后突出,四肢肌腱相当发达,腰短、身子敦实健壮,力大超人,雄性。

大约个把小时,它走了。这时,同来的两个猎人才说话。其实他们早已醒了,他们对老盘说:"这是'野人',不必害怕。我们已看到多次了,不要说话打扰它,大家装着睡觉,让它给我们烧火烤。它现在是拣柴去了,等会还要回来的。"过了二三十分钟,果然,它抱着柴又回来了,一直烧到快天亮,它才离开。

"野人"单个活动,来去迅速,性格温顺,和善,不怕人,只要不受到攻击,就不会伤害人类。

8. 白毛"野人"

西藏自治区西北部的阿里地区"白毛野人"经常出没。

1973 年,扎达县至得孜区公路途中的四个窑洞处,阿里军分区驾驶员开车驶向县城路过此地段时,突然发现一个全身雪白毛发很长的人形怪物迎汽车飞速跑来。这怪物毫不惧怕庞然大物的汽车,这下把司机吓坏了,他猛将方向盘一转让过了怪物,连气也不敢出,飞快开走了车。

1977 年,在扎达县机关,县中队的值勤流动巡逻人员宫宝雄,在执行任务时,亲眼看到一"白人"快速在机关宿舍门口闪过,它浑身都是雪白的长毛。

1979 年 8、9 月间的一天,阿里地区武装警察直属中队干部蒋建在扎达县中队值勤时,县城外面有人看到一个白色高大似人行走的怪物飘然来去。当人去追赶时,怪物恍然之间就不见身影了。

1980 年 11 月 13 日下午 5～6 时,阿里武警直属中队干部王小鹏执行任务,押送银行款汽车从新疆至狮泉河,途经泉水沟时,在汽车前右侧 150 米处,发现一个全身白毛的怪物。这个怪物发现汽车后,一下直立起来,它抓着一个白色小动物(像一只羊)。

王小鹏准备开枪射击,但考虑到自己押运任务重大,怕出意外,为确保安全,迟疑了一下。随押伙伴旦增着急了,急忙下车将冲锋枪咔嚓一下架起来。当他正要瞄准射击时,那白色人形动物扭头就跑了,它有时跑起来四肢触地,有时两脚直立跑,速度很快。

王小鹏说,他们追了几百米,因天色渐晚,怕出问题,考虑到安全,不敢再追。还说,这个怪物看上去只有 3 只绵羊那样大,立起来约有 2 米高。

1983 年 4 月,新疆哈什邮递站司机艾买提,在新藏公路泉水沟至狮泉河大阪一带,发现全身雪白,身高 2 米以上,全身长毛,行速飞快的怪物。当时这个白色怪物从他的车子前面飞快而过。这时,还有一名押运员在驾驶室内,他们都被惊呆了。接着,这个怪物又在车子前面顺公路向前跑去,车子以每小时 50 公里以上的速度行进也未能追上它。艾买提说:"我们十分紧张,还认为它是'鬼'哩!"

阿里边防分局吴参谋说,扎达县的香孜大平滩、香孜区的由加林公社一带、达巴区的达巴和东嘎等地,都有"白人"的传说。群众大都反映,这种动物全身是雪白的长毛,个子高大,行动快速。

9. 小兴安岭"野人"

1964年,据在小兴安岭某地独立执行任务时任某部通讯兵班长李根山称,他所在的那个班十几个人曾多次见到一个遍身长毛、比人高好多的"野人",而且两次和"野人"对打,后来还亲手埋葬了这个"野人"的尸体。

1964年7月的一天黄昏,李根山班长和班上的战友们执行任务返回驻地安置就绪准备吃饭,忽然一个战友大叫:"快出来看啊!"只见南山坡上,相距三四百米处。直立着走下来一个黑乎乎的"大物",直向帐篷奔来。原先以为是熊,但越看越不像。有人要开枪,被制止了:"等它过来再说……"这个"大物"折向帐篷附近的一个小湖,细看不是熊而是人样,手里还握着一根棍子,是握住拄着的。它走到水边,先望了望,便蹲在一块石头上,伸手捉鱼。捉到鱼,用指划开鱼的肚子,还将鱼放到水里洗洗后,就用两手捧着嚼食。吃完鱼,竟走到帐篷旁边坐下了。它走得很慢,拖着棍子走。坐下时,身高有1.2米。

一些通讯战士想活捉这个"大物",便从两侧包抄到它的身后。班里胆大力大的"大老黄"摸到"大物"的身后,一只胳膊搂住了它的脖子,他的左胳膊被它抓了几道深沟,痛得松了手。"大物"使劲站起来,老黄被撞了个后坐地。待其他同志正准备上时,它已经逃跑了。跑时是用两脚,拖着棍子,跑得极快,转眼进了树林。

根据大家的观察,事后对这个"野人"的形象作了这样的概括:雄性,约2米高,全身长着一寸多长的棕黄色的毛,只有脸上颧骨处没毛,可以看见脸上的皮肉。头上黑色的长发披垂到肩,嘴上的毛像长胡子,胳膊、腿部都很长,手像人手,但比人手大得多,脚长40厘米,脚趾像人的,约5厘米长,耳、鼻也像人的耳、鼻,但大得多。手里拿的棍子约1.2米长,估计约6~7厘米粗,呈浅黑黄色。

几天后,有一天的半夜两点半多种,哨兵猛然发现,这个家伙不知什么时候钻进了帐篷里的伙房。他赶紧喊醒大伙,大家都屏住气偷偷瞧着,它一个腋下夹着一个圆铝盆,走出帐篷不远,坐下一手端盆,一手挖盆里的面条吃,吃完躺下。

过了约四十分钟,它却甩起手来,又过了大约二三个小时,听它"哼"了几声,战士们有几个人轻轻靠近,猛然冲上,按手的按手,压腿的压腿。它却一动不动,原来它死了,肚子鼓鼓的,可能是吃面条胀死的。

当晚,大家在附近小山沟里埋了它的尸体。离开这个地方时,他们还用树枝树叶盖了盖它的坟墓,待完成任务二十多天转回来时,可能是被什么东西刨出来吃了,只见剩下一堆乱骨头。

李根山后来回忆起这件事,深感遗憾,未能捉住活的,也未收存下这些遗骨,真可惜!

10. 秦岭"野人"

由于人类足迹的逼近,野人迁到无人的高山区生存,但野人还时常跑到有人的高山觅食。高山区的农民在作物成熟时，既要阻止狗熊、野猪、猴子等动物的侵袭，又要防范野人的侵扰。

一年四季，从春到冬，野人饮食来源各不相同。大体来看，春天山中能吃的东西较少，因为当年的野果尚未成熟。野人除吃长在高山上的野板栗、野橡子外，往往要到海拔七八百米左右的低山沟及沟谷地方，寻找嫩叶、嫩枝及春笋吃，也偷吃人类种植的洋芋等农作物以及饲养的小猪等。随着夏季的来临，野人逐步向海拔千米以上的高山运动，因为各种野果是由低向高逐步成熟的。野人喜食苞谷。当低山苞谷成熟时，高山苞谷还是嫩的，野人便

秦岭

随季候而追逐鲜嫩的食物。到了严寒大雪的冬天，野人们会出来觅食。神农架有人发现它们用手挖开山上积雪，寻找下面的野栗、野橡子及植物的根茎吃。

在原始森林中，有大量的各种野果成为野人丰富的食物来源。山中野栗、野橡子多，由于有壳及冬季高山严寒构成自然冰库的条件，野人可吃到第二年三月，而野栗、野橡子不腐烂。野栗、野橡子既含淀粉又含糖分，可能是野人吃得较多较久的野果品种。因此，不少目击者反映在野栗树、野橡子树旁见到野人。

樊井泉就是解放初期在栗林中连续两次见到母野人的。

太原钢铁公司退休干部樊井泉说："1954 年，我在重工业部（后改称冶金部）下属的一个西北地质队工作。一次，地质队沿陇海铁路南侧（秦岭北坡）由东往西进行普查，在宝鸡东南接近太白山一个远离居民点的林中窝铺，遇到了姓肖的两位老人，他们是兄弟。这里海拔二千多米，是半山坡，方圆几十里就他们一户。他们家也没养狗，他们在向我们介绍情况时提出该地常有'野人'出没。"

据樊井泉称，当时两位老人在向地质队介绍情况时，谈到了该地的大森林中经常有"野人"出没，每天碰到"野人"不下十数次。尤其是秋冬两季，"野人"出没更加频繁，在野板栗林中极易碰到。

在地质队准备转移地点时，樊井泉出于强烈的好奇心，请向导带路去他们经常碰到"野人"的栗子林，去看看"野人"是什么样的。樊井泉给老人一部分钱，再三央求。老人才答应了他的要求。

第二天下午，樊井泉与向导偷偷离队，到离窝铺约 10 里远的野栗林里去。到栗林的时候，已是近黄昏了，林中到处是前一年里落下的野板栗。老人每年秋天都到这里来大量采集，碾成粉后，全年均可充作粮食。

在天空尚有余辉的时候，"野人"来了，还带着一个小的。"小野人"身高也有 1.6 米

左右。当时,由于樊井泉穿的仍是地质队员的服装,这头母"野人"似乎对他十分警惕,始终保持二百米左右的距离。而那头小"野人"却是"初生牛犊不怕虎",竟然跑到向导那里白吃他拣好的野栗子。那母"野人"不时发出非驴非马的咕叫,不时把小的唤到身边。

林中小树很多,"野人"时隐时现,眼看太阳快要落山,老人担心樊井泉的安全,便匆匆赶回营地。

第二天,他们又去,没有碰上。樊井泉仍不死心,第三天又去。

出乎意外,这一母一小早已在林中游荡。看到樊井泉二人后也不像头一天那样保持警觉。樊井泉按照向导的吩咐,一边假装拣栗子,一边向"野人"接近,老人为了保护樊井泉,有意挡在前面。

慢慢地,母"野人"也走近来了,樊井泉并没敢站起来,一边装着剥栗子。一边用惊奇与恐惧的余光,把母"野人"看得一清二楚。这一野人的形象和人们描述的差不多,膝盖上长满棕红色的毛说明它平时并不爬行。

在"野人"慢慢离开后,他们才站起来,急急地赶回营地。

途中,老人还告诉樊井泉,这个"小野人"是他看着长大的,有六七个年头了。老人还介绍说,"野人"住在山洞里,洞口较小,进洞后会有大石头封住洞口,防止野兽偷袭。

樊井泉由此认为:"野人"并非像人们所想象的那样凶狠,而是完全可以接近的。而接近的办法则应采取循序渐进,逐步积累的方式。

一年以后,地质考察结束。当时的前苏联专家从各地质队汇报中知道了"野人"的细节,因而,前苏联学者也由此作出了关于秦岭一带有"野人"的推论。

11. 神农架"野人"夫妻

在 1977 年的考察中,不仅神农架山区不少群众、干部向考察队反映目击"野人"的情形。

当时任湖北省水利局设计院副院长的翟瑞生同志,就向中共郧阳地委宣传部副部长、鄂西北奇异动物科学考察领导小组成员李健谈到解放战争时期路过神农架时,和战士一起看到"野人"的情况。

翟瑞生说:"1944 年,我在中国人民解放军 359 旅,那年秋季,我们离开延安南下,走了 84 天,过冬的时候我们才到大悟县,大约休整了两个星期就分散到江汉军区。1946 年秋,五师突围,先在随县安居、历川驻、整军,我们又经当阳进南漳,走保康、房县进入大山区,用了将近六七个月的时间。"

"1947 年春节前,我们走到房县与兴山交界的地方,就是现在的神农架林区。那一带都在海拔二千米左右,峰峦绵亘,山势险峻,森林密盖,一眼望不到边。部队在崎岖的山道上艰难地行军。"

"有一天,我们早晨走了几十里路,没有看到一户人家。中午太阳很高,我们走到一条山沟里。发现在靠山坡边上树林旁,有一个用树枝搭的窝棚,不高,是'人'字棚,宽约二米,长约三米,搭得不整齐。"

"在离这个窝棚两三米的地方,站着两个'野人',正抬头看我们在山岭走过的部队,还望着我们笑!满身是毛,高的那个是母的,两个乳房很大,好像还用树叶围着下身。身上的毛是黑红色,头发比较长,是淡棕色的,披头散发,个子比普通人高得多,蛮大个块头,体形也很胖,脸和手都显得很脏。另一个'野人'矮一些,也矮不了好多,是公是母看不清,毛色也是红色,头发也很长,手是黑的,'野人'的脚是大片子脚,它的脸和人的脸差不多。"

"当时,我们与'野人'的距离大约二十几米,我们一个团在山岭上走。'野人'在山沟里。我走在队伍的中间,那时我才二十多岁。是排长。走过之后,我和前后一起看过'野人'的同志就议论开了,有的说:'这是原始人',有的说:'这是人熊',有的说:这是'野人'。"

"当时一起行军的有一二千人。'野人'说不出话,光望着我们笑。"

"'野人'的脸不同于猴子的脸,它身上的毛比较稀,不像猴子身上的毛那样密。'野人'形状像人。五指和人的差不多,站着和人一样。它的眼睛大,不同于猩猩,完全像人形,披头散发像疯子。那一带的山岭是东西走向,山上有不少的大树,可以说是林茂草深。'野人'搭的那个棚子向南,我们自东往西走。'野人'在左手下面山沟里。山是石灰岩,那时是三九天,'野人'的脚趾是张开的。"

翟瑞生所讲的经由路线和方位,在神农架酒壶坪的原兴山、房县交界的皇界的界垭一带。这里高山峻岭,地形复杂,海拔一般在 2000 米左右,是长江、汉水分水岭。森林中有山道经兴山境内往西进入川东地区。神农架开发前,这里森林资源丰富,一片片、一排排墨绿色的冷杉,树杆胸径均在 1～1.5 米之间,原始森林之中,可谓树荫浓郁,遮天蔽日。

在如今的神农架,过去的皇界已被现在的乡界所代替。公路经红坪峡谷,穿过海拔1800 米的垭口,在森林中盘旋直落设在山脚下的山城木鱼镇。著名的香溪河水之源,亦来自山腰密林中一山洞之消泉。木鱼镇建在群山环抱之中,气候宜人,已成为神农架的旅游开发区和对外开放区。

这一带,1942 年在长岩屋,1968 年在温水河,1972 年 8 月,在木鱼镇附近的车沟,1981 年在关门山,曾多次有人见到红毛"野人"的活动踪迹。

12. 被捉的"野人"母子

神农架东南方向的凉盘垭,北面是高耸入云的山路,山腰间云雾缭绕,变幻莫测,西南方却是万丈峡谷,灰色的石岩壁立千仞,伟岸雄奇,峡谷底是一条常年奔流的清澈小河。河岸的东南方是绵延十多公里的缝坡,生长着白杨、桦树、栗树、枫树等,是一片保存较为完好的原始森林。

这里自古以来就少有人烟,解放初期才从外地陆陆续续搬来几户人家。稀稀拉拉地散落在山坡上,靠近河岸的小块平地,种上一些苞谷、土豆过日子。

渐渐地,也有了十多户,孩子大了,他们就聚集起来,请一位初中还没毕业的叫林俊的小伙子当老师,在靠近河岸的一座小山包上办起了山村小学,一共有七八个孩子。学生中有一个孩子名叫春娃,家住在河对岸的半山腰中。

那年端午节,春娃的爸爸专门请林老师到他家作客,以表对孩子授课的谢意。席间,春娃的爸爸无意间向林老师谈到他家周围几天来发生的一件怪事。他家单门独户,房后是一片竹林,竹林中散落着几个蜂蜜箱子,这两天,他们发现蜂蜜好像越来越少,像是被什么动物偷过一样。昨天晚上,春娃妈掌灯关猪栏时,无意间朝蜂蜜箱那边望了一眼,只见一个高大的黑影一晃而过,竹林里响起了一阵沙沙声,再跟上去看,却又什么没有见到。今早起床看时,蜜糖又变少了,而且还留有爪子抓过的痕迹。

林俊听了后,觉得十分有趣,他脑子里忽然转起一个念头:刚才喝的黄酒,能把人喝得晕晕大醉,如果用它掺在蜂蜜里,那怪物不是可以抓到吗?于是,他和春娃爸爸商议,用这个办法试试看。

当一轮明月高悬天际,用它那清澈的光辉普照在大地时,连绵起伏的群山,茫茫苍苍的林海,都好像凝结在一层透明的薄雾之中,屋外是一片深山里特有的寂静,偶尔一阵微风吹过,从树上掉下几片叶子沙沙作响,其声音也清晰可辨。

林俊和春娃爸爸用黄酒掺和蜜糖,在蜂箱那边放了几大盆,作好了准备,就静静地待在屋里观察,从门缝里往竹林里看。

到了后半夜,春娃的爸爸认为这家伙今晚可能不来了,直打哈欠,不一会,就坐在旁边的凳子上打起盹来。又过了一会儿,林俊也支持不住了,眼皮开始发涩。突然,他听到竹林里传来脚步声,猛一惊醒,二人紧张得连大气也不敢出,生怕微微的一点呼吸,会把那动物吓跑。

不一会儿,一个模糊高大的黑影从竹林里走出来,它全身是毛,面目看得不十分清楚,也被毛盖着。接着,后面又走出来一个小一点的怪物。它们走到蜜蜂箱子旁,开始用手伸进盆里去,然后又放在嘴里吸吮。随后又左右张望了一下,显然,四周是死一般的寂静,一切都在沉睡中。它们放下心来,进而大口大口地喝了起来。

突然,传来"叭"一声,显然是那个小的醉倒了。高个子吃了一惊,躲在屋里的两个人也吓了一大跳,林俊似乎感到春娃的爸爸身子在发抖。

高个子将小家伙提了起来,放在旁边,看了一会,也不知发生了什么事,嘴里叽哇叽哇的咕噜着。周围盆里还有没喝完的蜂蜜黄酒,它经不住诱惑,竟扔下那个小的,又继续喝起来。这时,酒力已在它肚里发作,高个子歪歪斜斜向前走了十几步,也重重地摔倒在竹林边。

天空出现鱼肚色，林俊二人立即找来绳索，将它们严严实实地捆了起来。

天亮以后，这两个怪物醒了，它们的形象也就清楚了，高个子是母的，头上披着粗长的头发，除脸部外，全身都是黑红色的毛，前额低平，后向倾斜，眉脊突出，鼻梁低而宽，下颌后缩，脖子短而粗。它的两个奶子突出，身体十分强壮，两臂比腿部短，腿微微弯曲。小的是公的，看来是母子俩。

春娃的爸爸一看这形状，心里十分吃惊，他以前在山里见过不少动物，就是没见过这是啥家伙，他一下子就想了祖母给自己讲过的就是"野人"。林俊也由于捉到罕物高兴得跳了起来。

吃过中午饭，凉盘垭的群众都知道春娃捉了两个"野人"，全都围着观看。那母"野人"好像很伤心，还在流泪，来看的人有的送来了煮熟的土豆，有的给它丢苞谷面馍，可是当着人的面它们什么也不吃。

到了第三天，小"野人"意外地被猎狗咬死了。又过了几天，母"野人"不吃东西。女人家心软，春娃妈可怜母"野人"，便瞒着丈夫偷偷将绳子松了一下。到了晚上，母"野人"挣断绳索，逃到山里去了。

林俊十分惋惜。在暑假期间召开的全区老师集训会上，他讲了捉"野人"的事，消息很快就传来了。

13."野考"队员见到的"野人"

黎国华是个年轻的考察队员，曾两次去神农架考察，都看见了"野人"。1980年2月28日，黎国华正行进在朱公坪与学堂岩屋之间时，猛然发现约七十米的地方，一个高达7尺的红棕色"野人"正走在雪地上，他立刻把肩上的步枪拿到手上，向"野人"奔去。当距离缩小到40米时，"野人"发现了他。飞也似地逃进了密林。他又追进密林，但怎么也找不着它。

同年12年18日下午5时，黎国华与另一考察队员李仁荣来到神农架无名峰南坡的响水河边，又看见一个长发垂腰的红棕毛"野人"正坐在石冰上吃东西。彼此相距约200米。两人悄悄往前奔走，试图活捉这个"野人"。但"野人"很快就发现了他俩，急忙拿起地上的食物逃之夭夭。他俩没带相机，只好慨然兴叹。

1981年9月15日下午，考察队的樊井泉、胡振林、郭建、彭裕豪在神农架林区无名峰东南面海拔二千五百米左右的一个半封闭原始林区进行动态考察，下午三时左右，樊井泉、郭建、彭裕豪在山梁看到一个红棕色毛的人形动物，从底部向山顶走去。

樊井泉首先发现，立即招呼大家来看，郭建、彭裕豪见后当即惊号，并叫胡振林快来看。

樊井泉喊正在山背后的胡振林过来看时，那"野人"还停滞不前下来回头向这边张望，然后才向上走去进入竹林。这时，胡振林用最快的速度向上追去，但还没跑200米的路,"野人"已经走到山顶,隐没在冷杉林中了。

随后,他们到现场搜索,由于高山草甸,只见路迹,没有发现明显的脚印。

1981年,华东师大生物系教师刘民壮,带着两名学生结合教学到神农架进行考察,他们在半溪公社大元大队调查了据称在1981年10月18日凌晨同时看到一个高大"野人"且看了很长时间的21名社员。得到证实后,刘民壮和两名学生又在现场发现连续的30厘米脚印7个,灌了4个石膏模型,拍了照片,对目击者进行了录音。他们还结合教学,在山洞发掘了大量化石,并收集到"红毛野人"的大量毛发。

不是偶然的遭遇,不是只听到群众的反映,而是有意识地进行考察并亲自目击"野人",这是以前几次考察从未实现过的。

袁玉豪是参加"野人"考察多年的神农架林区工人。他个子高大,机智勇敢,考察深入,常有重要发现,他担任神农架自然保护区瞭望塔的守望工作。

1988年3月4日,他在猴子石南天门的雪地上发现了三百多个"野人"大脚印,有一百多个清楚的,脚长有四十多厘米。5月3日又在朱公坪发现172个"野人"大脚印,有7个清楚的,他灌了3个石膏脚印模型,脚长有43厘米。

在3月24日发现脚印的同时,袁玉豪发现与两个大八字脚印成三角形位置的一堆粪便,向上呈螺旋状,似人粪,但粗大得多,比人粪最少粗5倍。内含有毛与果籽。粪便呈乌黑色。

14. 首次见到的"野人"脚印

1998年初夏,始终守候在神农架原始森林中追踪"野人"的野考队员张金星,再次发现了十分清晰的"野人"足迹。

"野人"足迹的发现地点位于神农架自然保护区内的黑湾一带,与往年神农架发现的"野人"脚印一模一样。

据张金星介绍:5月21日,神农架保护区下了两天大雨,到5月23日天气才放晴。他从位于猪拱坪的临时营地出发,向南天门一带例行巡查。24日上午10时,当他来到一个小地名叫黑湾的山槽时,发现被雨水浸过的小路上有三个十分清晰的大脚印,用钢卷尺丈量,大脚印长37厘米,前掌宽12厘米,后跟宽9厘米。

这一发现使张金星十分惊喜,于是,他在山坡上继续搜索,又陆续发现了二十多个脚印。这些脚印压痕十分清晰,最深的前掌为8厘米,后跟为5厘米,可见这个"野人"是一个体格硕壮的庞然大物。

小路上也有上行的脚印10来个,一左一右十分清晰,两只脚印的最大间距为105厘米,最小间距为95厘米,可以说明这个"野人"行走过程十分从容而安详。

黑湾被"野人"考察队员们称为"野人"大本营,多次在这里发现"野人"和"野人"大脚印,但像这样发现如此完整而连续的"野人"脚印还是第一次。

1999 年仲夏时节,由于神农架林区又次发现"野人"。河南郑州《大河报》知名记者闫化庄闻讯赶赴采访一线,和野考队员张金星一起亲目所睹,发现了明显的"野人"脚印。

闫化庄在发回的报道中说:海拔二千七百多米的白水漂近乎位于神农架自然保护区的中心地带,8 月 18 日,9 位游客就是在那里发现了"野人"的踪迹。8 月 29 日上午 8 时,长期在神农架从事"野人"考察的张金星陪同他从自然保护区的入口处鸭子口(海拔约 1 800 米)出发,沿山路一路上行,直奔白水漂。

闫化庄在报道中称,一过神农架自然保护区,便好似进入另一个世界。道路两侧全部被五颜六色的花儿装扮起来了,山坡上的树木更密、更苍翠了。车开出半个多小时后,大约上升到海拔 2500 米以上,气温逐渐下降,车窗外的景色也变得单调起来,只剩下箭竹、冷杉和高山杜鹃。

到了白水漂,张金星让汽车在一个黑色电线杆附近停了下来。闫化庄和张金星等站在半山腰,上下看去都是大片的箭竹林,据说"野人"就是从下面的竹林里走出,穿过公路,又钻进上面那片竹林里的。发现"野人"后,张金星下行了 1.5 公里,结果一无所获,但是在上行途中却发现了二十多个"野人"脚印,其中有 5 个脚印相当清晰。

闫化庄在报道中说:竹林里有条便道,据说"野人"就是顺着这条道跑走的。沿便道上行约十米处摆放着六七根干枯的箭竹,张金星蹲下去,把箭竹拣起来,于是,他们在地上看到了一个明显的脚印,用尺子一量,居然长达 33 厘米,实在很难想象什么动物能留下这么大的脚印。21 日张金星闻讯赶到这里时,还能看清楚 5 个脚趾印,可由于山里的气候多变,经常下雨,现在已经看不清楚了。

闫化庄在报道中说:我们出发的时候还是阳光灿烂,可是不知从什么时候起,天空变得阴沉起来。周围很静,我们能听见彼此的呼吸声。置身于两米多高的箭竹林里。五六米以外什么东西都看不到,不由得使人觉得阴森又神秘,但如果有"野人",这里无疑是他们藏身的好去处。

15. 越战中美军遇到的"野人"

经过两年的调查研究,洛杉矶大学人类学教授 wolf. Friedrich 与战地记者 Owen. Robert 二人,于 1992 年合著了《神秘的越南丛林》一书。其中生动地记述了存在于越南亚热带原始森林中的野人。在有关"野人"的描写中也许有联想的成分,本书择取其中的一二节用以鉴真弃伪。

胡兰山区距西贡四百多公里。陆 75 团三营是美军设立于胡兰山区的一支守备部队,之所以设置于此,目的在于防范北方游击队对美占领区的偷袭。该营是在 1969 年在此地驻扎的,营部设在孟雅村。

温克勒·西蒙少校当时是该营的首长。此人越战结束后到弗罗里德当了警察。欧文·罗伯特(Owen. Robert)来采访他,当问到越南丛林中是否存在野人时,温克勒·西蒙说："确凿无疑！假如说野人不存在,那就是我眼睛出了毛病。"

当年的西蒙少校现在已是一位善谈的老人。他当即向欧文·罗伯特讲述了1969年6月9日这一段时间,野人骚扰部队的经历。

西蒙老人说:当时,孟雅村营部驻扎了五十多名官兵。有一天早晨,华尔·迈克上尉惊呼起来,命令各战斗队员戒备各村口通道。华尔·迈克上尉查出当夜是两位下士站岗,当即进行了处罚。

原来,迈克早晨接到官兵食堂的报告,他们正起床准备早餐,发现粮食颗粒无存。迈克上尉断定是游击队进了村庄,而两名哨兵竟然没有发现。迈克上尉极为恼怒,当即将两名哨兵押送到西贡,接受军事法庭的裁处。

西蒙老人说:营部共有五十多名军事人员,夜间,他们的生命全掌握在哨兵手中,一旦他们擅离职守,稍为疏忽,大家都完了。迈克上尉当时的处罚是正确的,而且听说中国部队也正进入越南。中国人的游击战术十分可怕,我们必须小心戒备。

两名下士极力分辩却毫无用处,当天就被送往西贡。可是,第二天早晨官兵食堂的伙夫又向迈克上尉报告。存积在食物库房的大量罐头被盗,另一些调料沙司之类的东西被撒了尿,库房里有许多大便。

迈克上尉查看了食品库房,向西蒙少校说起这件蹊跷事:当夜迈克上尉每隔四十多分钟就去哨楼查哨,的确没有发现哨兵有怠职的现象。两个哨楼成犄角之势,南北照应,凡通道和营房,尽在眼底,出入人员,无不在控制之中。

营部几个军官立即汇聚分析,断定是精通游击战的越南游击队敢死人员所为。数量不多,但行动快捷,企图断绝粮食,以示对美军的惩罚。事后西蒙少校电致团部,请求火速运送粮食到孟雅村。并组织一个二十名精壮人员组成的巡逻队,整夜防守。

一连几天,却平安无事。然而一旦巡逻队解散,又发现相同的事。西蒙少校立即下令恢复巡逻队,但是不许巡逻队四处走动,甚至连岗哨的士兵也可以打瞌睡,以麻痹游击队。而巡逻队所有人员都进行备战掩蔽,埋伏在各个角落,将游击队一网打尽。除了巡逻队外,其他军事人员全都处于戒备状态,一旦发生冲突,他们可以立即开火反击。

西蒙少校亲自参加夜间埋伏。将到夜里11点,他也忍受不住了,在草丛杂树间埋伏是一件难以形容的事。西蒙少校回忆道:在越南的日子里,每时每刻都充满了险峻恶劣。游击队、老百姓,甚至连蚊虫对我们都满怀敌意,我身上擦遍了防护油,可还是被那些蚊虫蚂蚁蝗虫叮咬得遍体鳞伤,这些该死的小动物,它们比游击队还不留情。

夜间12点,西蒙发现有一个黑影飞快从树林奔出,接着有两三个黑影又随之奔出。他们并不沿道而行,却是直线奔向村口。西蒙不无奇怪,那敏捷的行动和跨越障碍的本领,连国防部的特种部队也没有能力达到。

前后共有四条黑影,长得矮小,但似乎手臂特别长。夜色之中,无法看清他们是否拿了武器。到了村口,四条黑影躬身小心翼翼向四处探着,然后迅速分散,从不同地方向村里奔去。

西蒙用对讲机命令各伏击点人员注意。由于未发现他们携带武器,要他们最好能生擒这四个游击队员,以便能审问出这一山区地带的游击队情况向团部报告,重新调集军事设置。

几名士兵尾随而去。西蒙在后来说:"我们的做法,相当愚蠢,这些家伙行走如飞。"

食品库房是重兵镇守处。当那里的埋伏人员发现几条黑影时,已是那些家伙背着、抱着食物出现在屋顶了。他们出入并未从地面行走。

迈克上尉命令哨楼打亮探照灯。一刹那间,四束灯光照得食品库房及附近明如白昼,四条黑影似乎被吓傻了,立在屋顶。所有的人都看清了,那四个家伙浑身长毛,没有衣服,脸上是红色的,手臂奇长。原来小偷就是他们。

西蒙少校下令守住路口,抓住这几个怪人。哪知十几秒钟一过,四个怪人回过神来,发出尖厉的声音,丢掉手中的物品,惊慌失措地飞奔而逃。

没有一个士兵能靠近他们。那动作是惊人的,他们穿越封锁,攀着屋檐树枝,不到三分钟时间,顺利地逃出了整个警戒区,未伤一根毫毛。

在欧文·罗伯特来访时西蒙少校说:"当时,我们不知道有野人存在,也不知道他们就是野人。我们称他们为胡兰山怪人。"

此次事后,平静了十几天,野人又出现。既然并不是游击队,西蒙少校就未下令杀死他们。只是挖了地窖,严密地藏好了食物。可是这群野人偷不到食物,就大为恼怒,拆坏哨楼,钻入营房撕烂士兵的蚊帐、衣服,在井里面、蓄水池里撒尿拉屎。

当然,野人的出现均在夜间,白天从来不出动。

有一次,西蒙发现一个野人竟身穿军服出没于村子。还有一次,当野人在营房内出现时,几名士兵醒来,都扑上去抓获。哪知矮小的野人不仅灵动,还十分凶猛。野人的手爪长有锐利坚硬的指甲,中者鲜血淋漓,皮肉撕裂。士兵们发出痛喊,那野人破门而出,援救的人赶到时,已没有野人的影子。

后来,西蒙少校吩咐伙夫,在食品库房放置少量食物,供野人拿取,以免他们骚扰营房。果然,野人取得了食品后,再也没有骚扰行为,但它们仍然是夜间出没。

在采访时,欧文·罗伯特问西蒙少校:为什么采用这种方式,而不是开枪杀死野人?西蒙少校说:"我对生命由衷地热爱,作为军人,对生命就有更特殊的理解。他们不是敌人,而是手无寸铁的怪人。"

谈起这事,西蒙只略有一点遗憾:他们应该设置陷阱或者用渔网捕捉住其中一个人,这样可以对这些怪人有更多的了解。但不知道在战争中这样做,会不会产生恶劣的后果。西蒙少校曾经拍摄过野人。由于都是夜里所拍,而野人的行动又无比敏捷,所以画面上根本没有野人的样子。

阿登·赫塞尔是美军陆战队上尉,1970 年 6 月,他被越共游击队捕获,押往北越。途中,游击队沿路逼供。阿登上尉怕自己经不住前苏联指挥官的手段,招出美军在海防的军事布置,便趁守卫人员松懈之时,逃出押解队伍,往黄高森林跑去。

黄高森林位于西贡之北,与中国广西龙州相邻,处于左江下游。这里深林茂密,白天气候炎热,夜间又寒冷潮湿。

阿登上尉身带创伤,衣衫破烂,拖着皮靴,在森林里走了两天两夜,明白自己迷失了方向。但他别无选择,面对游击队的追捕,只能如此走下去,至于能不能生存下去,阿登上尉还没想过,一切只有听天由命。

这一天,阿登上尉来到一条小溪边,捧着水喝了,又用水洗面孔,当他站起身来,周围有一群既像人又像兽的家伙,它们披头散发,额骨外突,鼻子扁平,两只鼻孔奇大,耳朵向前长着。它们身上都长着半英寸左右的长毛,黑油油的。其中两个怪物显然是雌性,它们长有乳房。

所有的人都不穿衣服,也悄然一声不发,注视着阿登。

阿登上尉在讲述时说了当时的心情:"见到这么多野人出现,老实说,我第一个念头就是快跑。但我吓坏了,一双腿像灌了铅,不能挪动一步。但我见它们也是诧异,不敢向我靠近,我便明白它们也同样骇怕。"

我想,它们从来没见过人,更没见过金发碧眼的人。于是我镇静下来,向它们友好地问:"朋友,你们好吗?"那群野人你望我,我望你,没有动弹。阿登上尉自我介绍起来,他明知野人听不懂,但他要装成毫无畏惧的样子。见野人无所反应,阿登上尉干脆向野人走去。

突然,一个野人惊叫一声,刹时,七八个野人呜地齐呼起来,一哄而散,逃得不知去向。

天色渐暗,阿登上尉不敢继续往前行。便用石块干柴引出火种,燃起一堆火,爬上榕树而睡。半夜,一条蟒蛇把阿登惊醒了,它从阿登身体上滑过,吓得阿登神乱心跳,久久不能入睡。

第二天,阿登发现自己已落在野人手中,他被一群野人抛起来,又接住,然后又往上抛。阿登吓得连叫饶命,那些野人吵吵嚷嚷,显得十分开心。

阿登心想,自己不神秘了,落在这群浑噩的家伙手中,只有死路一条,它们会在玩耍够了之后,吃掉自己。果然,它们在抛累之后露出古怪的笑容看着阿登。

突然,一群野人冲上来,将阿登上尉的衣裤剥尽,取下靴子,然后摁住他的四肢。阿登明知道言语不通,但还是大声哀求别吃掉他。

看到另外几个野人抱来数十斤重的大石头,阿登心想,完了,他们要砸死我;或许是敲开我的脑袋,喝我的脑浆。

哪知,那些野人并没用石块砸他,而是用四块大石,轻轻放下,压住他的四肢,然后,又放了一块大石压住肚皮。接着,又放了一些石块,垒在原来的大石上。阿登感到身负压力越来越重，几乎不能喘息，每只手和脚上至少有两三百斤的石块。

那群野人嘻皮笑脸地朝阿登露在外面的头、胸吐着唾沫，又喜笑颜开地离开了。

阿登上尉见他们离去，而自己不能动弹，别说猛兽蟒蛇，就是森林中的小蚊小虫都足以让自己成为一堆白骨。他破口大骂起来，希望野人干脆把自己杀死或吃掉。

可是野人再也没有出来，阿登无比绝望，骂声仍然不断。

后来，阿登上尉听到脚步声，以为是野人良心发现，又回来了。可他立即分辨出脚步声是皮靴。一队越共游击队追上了阿登，那个前苏联指挥官也在其中，正是先前押解他的队伍。

阿登最后免于一死，作为俘虏交换给美国，如今，这位前海军陆战队上尉在一家美国电气公司当守门人。

16. 驯化挪威"雪人"

1920 年初，一连前苏联红军士兵被派往第比利斯（今格鲁吉亚首都），执行增援反击邓尼金残部弗兰格尔的军事任务。可是，在穿越高加索山脉的行程中，整队人马却神秘地失踪。对此，红军司令部大感不解，而当地老百姓则平静地说："这一百多人都被雪人掳去做丈夫了……"

地球上真的有"雪人"吗？为什么在世界许多民间文学作品中，都有关于雪人的记载？

在西藏，一些地区的藏民把雪人叫做"岗拉仓姆吉"，意即雪山上的野人。据说，雪人体型高大，可达二米左右，全身披浅灰色的长毛，头发为棕黄色；直立行走，快捷如飞；以挖食草根，捕捉雪兔、雪鸡等小动物为生。力大惊人，敢与凶猛的灰熊搏斗。它们长年累月地生活在雪山之上的悬崖绝壁、冰川雪岭之中。由于毛色极易与积雪、荆棘相混，又极机敏，稍有响动便飞速避匿，连照相机也很难捕捉到它。

20 世纪 50 年代末，国际上兴起"雪人"热。人们将好奇的目光投向西藏地区。来自世界各国科学考察队都聚集在喜马拉雅山南麓，千方百计搜寻"雪人"。女作家吉尔宁也曾在一群尼泊尔少女的陪同下来到喜马拉雅山南麓寻觅雪人。

在一个阳光明媚的夏日里，这群少女在雪山间的一条小涧里嬉戏，忽然，不知从什么地方跃出十几个雪人来，它们呼啸着一拥而上，将惊慌失措的少女尽数掳走。正在一旁山崖上观察雪景的吉尔宁还未来得及下水，因此才得以逃脱。她劫后余生，将这次身临其境的冒险经历写进了那部引起轰动的著名探险记——《雪人和它的伙伴们》里。

1985 年 10 月，有个个体牙医在从那曲羌塘一带返回拉萨的途中，曾见到这样一个触目惊心的场面：一大群受惊的野驴从山谷中狂奔而出，在它们的后面，一头棕色的怪兽紧追不舍。不一会儿，一头落伍的野驴便被它紧紧地攫住。这个牙医确信那棕色的怪兽就是人们传说的"雪人"。

据统计,近几年来,从世界各地陆续传来的发现"雪人"的报告仅美洲就达 1350 份。加拿大、美国、俄罗斯、中国和白俄罗斯的中部、北部地区及西伯利亚、高加索、中亚细亚的山区——帕米尔高原、喜马拉雅山和天山等地区也不断有目击"雪人"的报告传来。

1986 年,在美国隐居动物学家安·乌尔德里兹的率领下,一支庞大的考察队伍风尘仆仆来到喜马拉雅山区。令人惊喜的是,一天黄昏,在海拔 3000 米的高山上,考察队与一个"雪人"不期而遇。在转瞬即逝的当儿,有人拿出照相机拍摄下了"雪人"的照片。尽管这张照片不够清晰,却至少可以说明这样一个事实:这种身高大约二米、浑身长满深红色毛发的类人生物是客观存在的。

这张照片重新勾起了人们对喜马拉雅山区存在"雪人"的幻想,来自世界各国的科学考察组再次深入喜马拉雅山区,却无缘再创造一种奇遇。

前不久,从欧洲传来的一则消息让"雪人"迷们异常激动:由英国人类学家和隐居动物学家仲·沃勒格尔和尤·斯科特率领的一支科学考察队,在挪威斯匹次皮尔根群岛的一个山区考察时,意外捕获一个"雪人"。为了维护它的自然天性,科学家们把它带到苏格兰北部的一个荒无人烟的农场里,并专门指派了一个勇敢多智的管理员照管它。

这个身高 2.14 米、体重 98 公斤、脚掌长 0.54 米的"雪人",虽然看上去枯瘦如柴,却是一个肌肉发达的大力士。它有一双修长的手臂,一直垂到膝盖。全身长满了浅棕色的毛发。在管理员的照料下,这个"雪人"总是随地大小便。一旦把它关进卫生间,它就会野蛮地狂叫起来。

研究者计划让这个"雪人"在农场再待一段时间,然后对其进行全面的研究和驯化,以使其能够适应最起码的现代人的生活。人们期待着有新的报道传来。

17. 在美国发现的神秘怪物

1924 年,矿工贝克在俄勒冈州波特兰以外约 100 公里华盛顿州的人猿谷探矿,忽然在峡谷的边缘看见一只类似猿的动物,连忙向它开枪射击。当天晚上,一大群类似的动物袭击贝克一群人住的小屋,敲打屋顶和墙壁,企图闯入屋内,贝克他们竭力阻挡。它们骚扰了五个小时才离去,房子周围留下了数以百计的大足印。

1962 年,退休交通管制员福德及好友米尔斯,在密西西比与路易斯安那两州交界的荒芜蜜糖岛沼泽,建了问狩猎小屋。一天早上,他俩正把日用品搬进小屋时,看见 9 米外有一庞然巨物在翻泥土,怪物用双脚站起来,直瞪着他们,它胸肩健壮,全身都是肮脏的淡灰色毛,面貌酷似人。过了一会儿,它转身离去,隐没在灌木丛中。

福德和米尔斯以后再也没有在这么近的距离看见怪物,却看到了它的很多足迹。他们把这些类似耶替足印的脚印制成石膏模子。有一次,他们看见一只喉部被撕裂的垂死的野猪,杀野猪的东西显然栖息于沼泽里。他们与其他露营的人都往往会听见怪物吼叫:"先是长长的尖叫,接着化作沙哑的咯咯声。"

1973 年 6 月底的一天,兰迪·克里夫和彻里尔·瑞伊听到附近灌木丛中有什么走动的声音。彻里尔连忙亮灯,兰迪则起床走去查看。这件事在伊利伊利诺斯州的马菲兹布罗发生,根据新闻报道:"它就在这一刹那从灌木丛中跑出来,活像大猩猩,高达八英尺,比那两个目瞪口呆的年轻人高出许多。蓬松的灰白色长毛互相缠结着。身体发出嫌河中粘土的臭味。"过了一会儿,怪物才转身,蹒跚地穿过灌木丛,向大泥河走去。

17 岁的兰迪虽然是州警警员的儿子,但假如只有他和彻里尔目击怪物,可能就没有人相信了。许多星期以来,已有不少人见过怪物,其中包括三个精明的游艺团工人,一个吓呆了的四岁孩子,和一对引人注目的私通男女。除了说自己见到"大鬼"的小孩,目击者也分别说怪物身高 2.4 米,约重 140 至 180 公斤,全身都是淡色并粘满污泥的长毛。马菲兹布罗的警察全体出动,一行十四人,带着一只猎犬及它的训练人,在灌木丛展开搜索,追踪怪物。断枝和践踏过的草形成一道隐约的痕迹,显示怪物走过的地方,草上一块块的黑粘泥,很像彻里尔·瑞伊的房子与河之间的那些污水里的软泥。搜索的人一直追到一座废弃的谷仓,怪物的足迹就在那里消失了。后来,有几次听到刺耳的尖叫声,在满是泥泞的河岸,又发现奇怪的脚印,狗也因嗅到不寻常的气味而惊慌起来。大群荷枪实弹的猎人,在那里四处搜索,可惜始终找不到神秘的怪物。

18.高原上的"雪人"尸体

在冰雪封盖的喜马拉雅山区,多年以来一直流传着关于"雪人"的传闻。但由于谁也没有亲眼见过,所以一直没有引起人们的重视。直到 1972 年,美国动物学家克罗宁,带领一支考察队深入喜玛拉雅山区,这才引起世界瞩目。

这一天,考察队宿营在一片山脊上,那里地势险峻,到处白雪皑皑。一个静悄悄的夜晚过去了。第二天清晨,他们发现雪地上有一串奇怪的大脚印。脚印一左一右,脚趾和脚掌都看得很清楚,显然是人走出来的。可是,在冰天雪地的高山上,怎么会有赤脚行走的人呢?克罗宁联想到"雪人"的传说,他猜测,一定是"雪人"在夜晚经过帐篷时留下的脚印。于是,"雪人"的消息一下子传开了。

几乎在考察队发现脚印的同时,驻扎在喜玛拉雅山区的中国边防军,竟然与"雪人"直接打上了交道。事情是这样的,边防军接到藏族居民的报告,说是两只脚的怪物正在偷吃牛羊。于是,边防军立即前去侦察。他们在望远镜里看见,约 2000 米远的地方果然有两个怪物,正在雪上直立行走。战士们悄悄地前进,一直到离怪物只有 400 米远的地方,才举枪射击。结果一只被打死,另一只狂奔逃走。

倒在雪地中的怪物的尸体,有许多人类的特征。它的身高大约 1.50 米,胸部有两个明显的乳房,应该说是雌的或"女"的。它浑身长满红中带黑的毛,头发很长很长,披散在肩膀上,脸上的毛又稀又短,嘴巴宽,牙齿尖细。它的手臂比普通人长,几乎超过膝盖,手大脚也大,屁股上没有尾巴。

面对着这个怪物,大家谁也说不上它是什么。战士们想向上级报告,可是山区实在太偏僻,而且又遇到了罕见的大雪天,所有的道路都被封锁了,成了与世隔绝的状态。连一切吃用物资都得靠飞机空投,这个怪物的尸体也没有办法运出去。

真是太可惜了。如果怪物就是"雪人"的话,由于没有保存下实物标本,简直为探索"雪人"留下了千古遗恨。

关于"野人"的争论

1. 西藏没有"雪人"

自20世纪50年代喜马拉雅山脉发现"野人"的消息传出以来,神秘的"野人"就引起了世界各国科学家的极大关注。热心"野人"科考的记者为此采访过在西藏进行了二十多年野生动物考察和研究的专家刘务林。刘务林先生说,根据他在野外的考察和分析,传说生活在喜马拉雅山区的"野人"和"雪人",很有可能就是与"人"的体型接近的棕熊。

据报道,时任中国濒危物种出口管理办公室驻拉萨办事处主任、西藏林业厅野生动物保护处处长的刘务林先生,曾参加过多次西藏野生动物普查和专项调查,主持建立了西藏大部分自然保护区,目前他正致力于组织新的一轮西藏野生动物普查。

据刘务林先生介绍,十几年来先后在西藏的墨脱、吉隆、朗县和珠峰附近的定日、定结、亚东等地十多次发现所谓的"野人",但最后实地考察发现都是棕熊。而一些保存下来的所谓的"野人"皮毛和骨头,实际上也是能够确认的动物。例如工布江达县一寺庙的一张"野人"皮,其实就是棕熊皮,只是外表颜色和一般的棕熊不一样。

刘务林先生曾亲眼看到被认为属于"野人"的脚印,长二三十厘米,与小孩的脚印很相似。但经过分析,他认为这些脚印都缺乏足弓,实际上是棕熊留下的脚印,棕熊后足仅具趾垫和掌垫,酷似人的脚掌。

棕熊属于我国重点保护的野生动物,多生活在海拔3500米以上的地带。由于棕熊有许多看似人的行为的地方,使当地许多老百姓受到迷惑,误认为是"野人"。

现在藏北高原仍流传着棕熊与牧女的传说,确实,在现实生活中,藏北被棕熊伤害的大部分是妇女,后来被猎人射死的棕熊又大半是雌熊。

在安多县,有一个被人称为"折蒙拉康"(意为"棕熊的经堂")的天然岩洞,藏北草原上的棕熊每年夏天都要在洞中聚会一次,大小几十只棕熊从四面八方赶来,自觉排成单行长队,顺序进洞,几天后又排队出洞,分散开去,其中原因迄今仍是个谜。

在藏东一带,左贡、芒康、贡觉县的牧民把棕熊称为"人熊",因为他们发现棕熊和人一样能"骑"马,会直立追人,学人戴帽等等。刘务林先生曾亲眼观察到棕熊捕获家马的经过,他认为棕熊骑在马背上是为给猎物增加负重,而后制服猎物。

在墨脱,"野人"传说较多。一般棕熊很少从高山草甸下到海拔低的人类居住区活动，只是偶然前去觅物。一旦遇到人，它们就站起来与人对视。而人们通常很少见到棕熊，同时受传说影响，不敢仔细观察，事后只能依据印象记得所看到的是"红嘴巴、红鼻子、红头发"误传其为"野人"。

刘务林先生在墨脱考察野生动物时，有一天晚上，有奇怪的野兽在他们居住的房子附近吼叫，当地老百姓都说是"野人"，但他第二天观察的结果，发现了棕熊遗留下来的毛发，地上的脚印也是棕熊的。

喜马拉雅山区是传说雪人最多的地方。的确有人在雪线一带甚至雪山上多次见到这种传说中的"雪人"：能直立行走，身体毛色多为灰白色，脚印留在雪地里似人的且较长，个头比一般人高，有时"手里"还拿着一根木棍。有两次当地牧人和猎人很准确地描绘"雪人"的形象和地点后，刘务林特意去蹲点调查，结果发现是体毛较浅的棕熊在这一带活动。

刘务林先生说，棕熊冬天处于半睡眠状态，极易被惊醒，有的甚至不冬眠。一旦受惊，或睡眠时过于饥饿，可能出来到处游荡，甚至下到雪线以下觅食。喜玛拉雅棕熊毛色变异很大，有的熊是灰白色的，老百姓猛然见到这种颜色的棕熊就误认为是"雪人"或"野人"。还有的棕熊毛色甚至灰白与棕黑相间，因此还被误认为是大熊猫，《辞海》中记载西藏有大熊猫，英国《大百科全书》认为存在一种"西藏大熊猫"，就是这个原因。

刘务林先生认为，从动物学、生态学的角度看，一个物种如果在世界上只有2000个以下个体，又不经过专门的人工繁殖，几乎可以肯定要绝种。在一个封闭的小环境里，任何规模过小的动物都难以抵御自然环境的压力和近亲繁殖的影响，如果不像大熊猫一样的抢救繁殖，必然会遭到自然淘汰。"野人"如果真的存在，它作为大型哺乳动物，有一个种群的最低数量极限，目前各地发现的所谓"野人"总体不超过200个，而且居住分散，环境恶劣，其近亲繁殖也不可能使它们生存到现在。

"野人"之谜被人们列为世界四大奇谜（另外三大奇谜为天外来客、水怪、百慕大三角）之一。几十年来，国际上组织了无数次考察队对"野人"进行了跟踪考察，但无一例外均以失败告终，迄今为止没有得到一张有关"野人"的照片，除当地百姓外也没有一个人说他亲眼看到过"雪人"或"野人"，而只是得到过一些所谓"野人"的足迹。

指出究竟有没有喜玛拉雅"野人"、"雪人"，目前仍然是个谜，刘务林先生的观点，现在自然也只是一家之言。这个世界奇谜，还将吸引有关专家学者进行进一步的探寻、考察。

2. 喜玛拉雅"雪人"只是一种棕熊吗

神农架野人，喜马拉雅山雪人，尼斯湖水怪……每过一段时间，就会浮现在人们的视野之中，引起一阵议论。"雪人"这个名词，一直吸引着广大公众的注意。世界各国许多人类学家和动物学家、科学研究工作者和登山爱好者，都热衷于寻找雪人，渴望能揭开这一千古之谜。有人曾预言,1995 年内人们将看到一个活生生的雪人。可是,直到 1997 年下半年,才传来了差强人意的消息:南蒂罗逛尔人、饱尝惊险的超级登山爱好者赖因霍尔德·梅斯纳,历时 12 载拍摄"喜马拉雅山雪人"的努力喜获进展。在"世界屋脊"附近的荒芜偏僻的高山地区,梅斯纳有幸遇见了此种传说中的怪物——其实这已是他生平第四次遇见了。

梅斯纳现年 54 岁,1986 年到 1998 年的 12 年间,曾经 30 次远行到喜马拉雅山和喀喇昆仑山地区寻找雪人。

他第一次遇见雪人是在 1986 年 7 月 19 日。那天黄昏时分,他独自在喜马拉雅山地区攀登一处高约海拔 4000 米的山脊,四下里不见人烟。陡然之间,他看见长满杜鹃花的灌木丛中钻出来一头巨兽,沿荒芜的山崖边的小径走去,在泥地上留下巨大足印。它全身上下长着毛,仿佛生气似地发出高亢的叫声,迎风传来一股刺鼻臭味。梅斯纳虽然阅历丰富,见多识广,一时间也禁不住胆战心惊。急切中他曾想打开相机拍照,可闪光灯不亮,他目瞪口呆,无可奈何地望着巨兽消失在山崖小径的尽头。

梅斯纳在暮色苍茫中赶路,来到一处茅屋半已倒塌的小山村投宿,当地居民接待了他。他向他们讲述刚才令他毛骨悚然的遭遇,他们露出十分敬畏的神情告诉他:"您遇上了 Chemo。"据梅斯纳记述,他见到的 Chemo 既像熊,又像人。他仔细观看了 Chemo 在山崖旁小径泥地上留下的足印,很像人的脚印,只是大得吓人,与著名登山探险家埃里克·希普顿 1951 年在梅伦泽冰川旁拍摄到的足印照片一模一样。

梅斯纳将他的这次奇遇写成文章在报刊上发表后,很多人嗤之以鼻,说他看见的雪人,只不过是他在高山严重缺氧情况下产生的幻觉。

德国《图片报》干脆指出他是"由于想雪人想得眼睛发了花"。

但尽管如此,梅斯纳仍迷恋于雪人,坚持继续寻找这种被不少人视为想象中才有的怪物。他孜孜不倦地寻找了 12 年,到过不丹、巴基斯坦、锡金、印度北部、西伯利亚和尼泊尔,几进几出中国西藏,先后四次亲眼见到活生生的雪人,最后一次终于拍摄到了雪人的照片。他把他的经历写成专著《雪人:传说和事实》,于 1998 年 10 月 2 日出版,并得出结论说:"雪人之谜已被揭开。雪人并不是什么怪物和幽灵。"

梅斯纳第一次见到雪人,未能拍照;第二次是漆黑的夜晚;第三次拍下了雪人的足印,但底片在归途中不慎被毁。1997 年 7 月,梅斯纳总算成功了。"这一次是在克什米尔西北部南迦峰"(海拔 8125 米)附近,当时气温零下 40 摄氏度,Chemo 距离我只有 20 步,拍下的照片十分清晰。这是我掌握的确凿证据,证明雪人是棕熊,而不是什么'雪山人',也不是猿,尽管人们都希望是雪山人。"

从梅斯纳拍到的照片上可以看出,"雪人"不像好莱坞影片中塑造的那种张牙舞爪的怪物金刚,不是尼安德特人的亲属(指 1856 年在德国杜塞尔多夫附近出土的旧石器时代中期"古人"化石),也不是类人猿;而是一头全身长毛、模样滑稽可笑的动物,眼睛注视着相机镜头，仿佛是摆好姿势让梅斯纳拍照。

梅斯纳在他的专著中写道：雪人在光天化日之下不难看出分明是一头棕熊，确实硕大无比，高 2.4 米，性杂食，毛色随年龄增大而变换，由棕褐色成黑色。这种棕熊只生活在"世界屋脊"和喀喇昆仑山地一带，据他估计，现今在西藏东部共有一千至两千头。此外，在不丹、巴基斯坦和蒙古可能有一种类似的种属，被称为 Alma。

有人声称，雪人是由一种巨猿演化而成的。梅斯纳不同意此说，虽然在喜马拉雅山脉较低的地带已经发现这种巨猿的骨头。梅斯纳指出，他在当地参观过一具雪人木乃伊，后来还见过一个雪人标本，这两者均是棕熊。当地居民向他讲述过种种关于 Chemo 的故事，都表明它是以洞穴为家、习惯于昼伏夜出、外形像人的棕熊。棕熊常常看上去似乎用两只脚在雪地里和灌木丛中慢腾腾地行走的脚印，其实是用四只脚，两只后爪正好踩在两只前爪踏出的足印上，以致人们误认为只有两只脚。在某些地区，这种棕熊力气十分大，挥动两只前爪，可以轻而易举地打断体重达 600 公斤的牦牛的后颈。据传说，这种浑身长毛的雄性雪人还偷抢伤害年轻姑娘。

现在，梅斯纳计划把自己搜集到的有关资料提供给美国动物学家乔治·沙勒。至于各种物证，如雪人的毛、粪便和一张皮，他暂时不想公之于众。

在梅斯纳看来，棕熊的科学分类无关紧要，他表示："即便有谁查明 Chemo 不是棕熊，我也没有意见。我个人无意发现新的动物种类，我只是想阐明，作为神话传说的'雪人'实际上是一种动物，不论叫它 Chemo 或 Derma 都行。"他在他的专著中列举了他收集到的上百种不同叫法，都是各地方言土话，概而言之意思均相当于"雪人"。

梅斯纳还指出，他的推断其实早在半个世纪前德国生物学家恩斯特·舍费尔所作的研究不约而同。他曾仔细阅读和观察舍费尔的遗著和藏品，包括著作、论文、一颗 Chemo 的头颅和一张 Chemo 整皮。舍费尔生前相信纳粹党卫队头子希姆莱鼓吹的"血统渊源"奇想，不远万里东行到喜马拉雅山地"为雅利安人寻根"，早在纳粹当政时期便得出了类似的结论，并曾用猎枪射杀了好几头棕熊。据说有两头棕熊被剥制成标本，至今还藏在奥地利萨尔斯堡一所博物馆的地下室里。

3.1995 年考察失败引起的话题

1993 年 9 月 3 日 18 点过 5 分，一辆乘坐多名专家、干部的面包车，在保护区北部燕子垭地段 209 国道上与 3 个"野人"不期而遇，在社会上引起了巨大的轰动，《文汇报》、《人民日报》等百余家报刊纷纷刊发转载，并成为 1995 年中国珍稀动植物综合科学考察队开赴十堰的直接诱因。这次为期一年的以"神农架野人"为主体的考察与以往不同的是，它包括神农架生态环境、古今气候演变、人文景观、古生物与古人类等综合考察活动。

1995 年 4 月 25 日，中国珍稀动植物综合科学考察队在北京举行出发仪式，5 月 8 日来到车城十堰。短暂停留后，5 月 9 日又开赴神农架。中国科学探险界拉开了对神农架野人进行大规模揭秘活动的序幕。

参加本次考察的专业人员在30%以上。中科院院士、北京猿人的发现者之一贾兰坡先生是这一课题的总牵头人，中国科学院古人类研究所黄万波、袁振新副研究员分别担任科学指导和组织工作负责人。

此次科学考察与以往不同的是，摒弃了过去"大呼隆"、"满山抄"的破坏生态环境，违反科学规律的方式。在保护神农架原始森林生态环境前提下，采用专家结合卫星定位仪等先进仪器方法进行考察。考察队的专业人员涉及到生态学、生物学、考古学、地质学、环境保护等多种学拉，他们来自中科院、北京大学、北京师范大学等多家科研单位和大专院校。

考察活动共分为三个阶段。第一，侦察性踩点考察。组织一个专家组，对考察路线进行摸底调查，以确定探险考察路线及"野人"最有可能出现的地区；第二，探险性考察。按踩点考察，在"野人"最有可能出现的地方驻扎，吸引"野人"，寻找"野人"实体、住所、标本；第三，专业性考察。对传闻中的人形动物进行考证，搞清这些动物的生活习性和生态环境。

通过五六两个月的考察，大家只收集到二百多种植物的标本和二十余种古动物化石，除此之外，几乎没有任何重大发现。鉴于七月下旬长江中游汛期的到来，野考队只好于七月初撤回北京，并匆匆作出如下结论：一、神农架确实存在适宜于"野人"生息繁衍的生态环境；二、70多年360多人发现的114起"野人"目击事件说明，目击者将熊、猿类误作"野人"的可能性甚微；三、"野人"确实存在过，但现在存在的数量不多；四、若真的有"野人"存在，其血缘关系比大猩猩更接近人类。

野考第一阶段结束了，当野考队带着遥控塔载微光摄像机和红外热像仪开始第二阶段的考察时，主力队员张金星声称发现了一个他认为肯定是"野人"聚散地的"野人窝"。经历了数日艰苦考察，而今终于有了一点线索，野考队在兴奋之余大胆地作了"今冬明春"可望破解"野人"之谜的预测。国内外的报刊杂志在得知这一消息后，迅速向世人公布了这一令人激动的预测。

自然，预测并不是结果，随着野考的进一步深入，不仅是关注的人们，就连野考队自己也发现，破解"野人"之谜谈何容易。从局外人的角度看来，野考当时已过去了一年又几个月，野考基本结束，可是野考并无明显进展，"今冬明春"的预测让人感到不免有些言之过早。

早在野考第一阶段即将结束时，野考前线副总指挥、《科技日报》社记者沈英甲就认为神农架已没有"野人"生存的环境，神农架"野人"已经灭绝。

沈英甲分析：20世纪80年代初，神农架地区总人口为六万多，时至今日已近十二万。将近翻了一番的人口表明，神农架人类活动范围就比十余年前不止翻了一倍。这也表明，大型野生动物的活动范围也大幅度缩小。有人会问，短短十几年时间能让一种动物灭绝吗？我说让蚂蚁灭绝办不到,但让大型奇异动物——"野人"灭绝就足够了。联合国环境署在一份文件中指出,目前全世界每分钟就有一种植物灭绝,每天就有一种动物灭绝,照此,十几年时间灭绝野人是绰绰有余的。

不仅沈英甲这样认为,许多人都持同样的观点,据神农架地区政协主席杜永林介绍,从1924年到1993年,在神农架范围内共有360多人114次见过"野人"个体138个,平均每年不到两次。这么低的概率表明,"野人"的确太少了,活动范围的再压缩,要形成种群繁衍后代几乎没有可能。

这且不说,从20世纪70年代到90年代,当地已很少有人见过"野人",不少人几乎都忘了此事。科考人员在山林活动时,有时一天能碰到十几位挖药人、偷猎者。如果存在野人,它们肯定要四处觅食,他们会碰不上吗?

因此,结论只有一个,目前神农架地区拥有丰富的自然资源足够成百上千的"野人"享用,还有几个人迹罕至的地方,但它们难以移动,不能移动就只有灭绝。

早在1977年3月至1978年元月,中国科学院和湖北省委联合组织了一支规模较大的神农架"野人"考察队,据说找到了"野人"的毛发、粪便和脚印。通过鉴定,比已知的灵长类动物更接近人类,只是参与鉴定的是各地不同的科研部门,没有把握的可能也有。相比之下,1995年开始的这次野考可以说比上次陷入了更大的僵局,当时要作出结论,野考队面临的将是两种选择:一是神农架"野人"已经灭绝,那么留给人们的将是神农架"野人"之谜是目前凭着野考队现有的设备和时间无法作出明确的答复。那么这种结论的结果是神农架"野人"仍是一个揭不开的谜,神农架仍将以其夺目的光辉受到世人的瞩目。现在看来,聪明的野考队没有作出明确答复是有道理的。

其实,神农架野人是否存在已并不重要了,野考队前线总指挥王方辰在接受记者采访时说过:即使抓不到"野人",也是对神农架动植物、生态、气候的综合考察。况且一个民族、一个国家,尤其是世纪之交的今天,不能没有探险精神、献身精神和探求未知领域的欲望。

王方辰私下里还表示:不论神农架"野人"现在存在与否,我们都有责任和义务来保护神农架这一业已形成的以"野人"为中心的综合文化,并有责任和义务使之发扬光大。这句话其实当时就给神农架"野人之谜"作了最好的注脚。

神农架的"野人"之谜,应该告一段落了。最近,中国濒危物种科学委员会副主任、中科院动物所研究员汪松指出:"我们应该把更多的时间和精力,投入到保护神农架林区的动植物资源和生物多样性上。对于这片长江中下游惟一大面积和对水土保持发挥着重要作用的原始森林加以保护才是最重要的。"

4. 野人的传说是虚构的吗

著名动物学家谭邦杰认为,野人的传说是虚幻的。因为迄今为止,并没有人能出示野人的照片或标本。他认为,既然野人的目击者事件时有报道,那么总应有野人的尸体、遗骸,但至今却一无发现。野人传续至今,一定要有一定数量,才能生儿育女、传宗接代,而现在多数看到单个活动,种群不可能延续。另外,神农架山区可食的坚果、浆果也并不多,冬天无果实可食,野人难以生存。

那多情善笑的山鬼究竟是什么,至今还没有明确的答案。也许,对神农架山区的长期考察将会提供一个满意的答案。

当代世界,最令人感兴趣的自然奥秘,莫过于扑朔迷离、魅力无穷的"野人"之谜了。多少年以来,人们一直坚信,有一种与人十分相像的动物与我们并存在这个世界上。它们硕大凶猛、茹毛饮血,时隐时现,引出许多恐怖、离奇的故事来。然而,人们不禁要问,在我们地球的某些角落,真的还生存着我们祖先的同类——尚未完全进化的野人吗?

翻开我国古代书籍,就有关于野人的记载。据清代的《房县志》载:房山深处有许多一丈多高的野人。他们全身长着密密麻麻的长毛,藏在森林中捕捉小鸡,或者与人搏斗。

即使是在当代,新闻报道中各地的野人事件层出不穷。特别是来自中国神农架的许多报道,让人觉得若即若离,仿佛野人就在我们身边。

根据目击者的描述和对野人脚印的分析,专家们认为,野人是两脚直立行走的人形动物,皮肤褐色,全身长着浓密的毛,披头散发,没有尾巴;成年后体高 2～3 米,比人强壮,手长达膝部,它们住山洞,吃野兽。野人高兴时会像人那样笑,并且会表达不同的感情。会发出各类声音,甚至能与人交配。在神农架,人们还发现了长达 48 厘米的野人脚印。据专家估计,它的体重有二三百公斤。

伴随着轰轰烈烈的传闻应运而生的,是一些人的故弄玄虚和地方报纸的夸张炒作。

早在 1962 年,一则关于发现野人的消息从西双版纳传来,并传言野人被英勇的边防战士打死,吃了它的肉。一支野人考察队几乎在一夜之间便成立起来了,人们千里迢迢奔赴边疆,带着不捉到野人誓不罢休的雄心壮志。经过半年的艰苦调查,才发现被人们传说得如火如荼的野人原来是长臂猿。

1984 年 10 月 2 日,湖南省新宁县水头乡的三十多位农民捕获了一只重 20 公斤的动物。它能直立行走,会哭会笑,十分惹人喜爱,经鉴定是短尾猴。消息不胫而走,几天之后,在国内的一家报纸上,这只短尾猴便摇身一变而成了"挑逗少女当场被捕"的野人。

因此,许多学者对地球上是否有野人一直持怀疑态度。既然真的有野人存在,为什么这么多年以来,人们一个也抓不到呢?哪怕是死的也好啊!在国外,更有人认为马可斯拍摄的关于北美野人的纪录片是人扮演的。

那么,地球上究竟有没有野人呢?根据目前我国探索野人和世界上研究野人的材料、证据,科学家们得出了野人并不存在的结论。当然,这个结论是有据可依的:

第一,虽然人类对野人的考察研究历史久远,却尚未获得野人存在的直接证据。

作为世界上传闻野人较多的国家之一,我国自解放后便兴师动众,有组织地深入"野人"聚居区进行了多次大规模的考察,除了找到被疑为"野人"的脚印、毛发和粪便等物外,几乎一无所获。但这些又能说明什么呢?单从对神农架的野人考察活动便能时见一斑。

1977 年,有 110 人同时在方圆 3200 平方公里的神农架考察。在众多的解放军和民兵的密切配合下,每隔 100 米或 50 米,便有百人的队伍齐肩并进,在寻寻觅觅、连哄带赶中,每日只推进 10 公里。这样,两个月之内足以把整个神农架区域像篦头发一样篦一遍,一切大型动物插翅难逃,更何况野人。然而即便如此,考察组仍然空手而归。

第二,物种的存在形式是种群,野人不具备这个生物学表态特征;生物的生存必须有营养物质,对于大型动物来说,必须有丰富食物来源,必须占有一定的空间。假如神农架一带真的有作为一个物种存在的野人,它们应该有一个数量不小的种群存在,才能大量繁衍、生存下来;在日复一日、年复一年的生活环境里,它们必然每天都在创造着有别于其它动物的痕迹,例如一般动物在大量采食后都会遗留下来的食物残屑;另外,作为灵长类的一种,野人必须有一个使其种群栖息且持续生存的自然条件。

事实上,人们在神农架既找不到野人的尸体,也找不到野人留下的食物残屑。世界上许多所谓的野人区根本不具备野人种群栖息和持续生存的自然条件。作为一个物种,它们又怎能生存呢?

第三,有关野人的许多资料,大部分来源于道听途说,没有研究价值。

据统计,20 世纪 20 ~ 80 年代,在神农架目击野人者达 300 人次,在云南的沧源县约 50 人次,在广西的柳北山区约 21 人次。近几年来涌起的"野人热",使得一些传媒捕风捉影,大肆渲染。可谓鱼目混珠,真伪难辨。正如一位科学家所言:"野人使人幻想的同时也给人胡说的机会。"

有关资料还表明,野人双腿快跑如飞。从动物进化论看,快跑者都是从开阔地区发展而来。森林地区给动物提供了攀爬活动的条件,却不可能培养出快速的奔跑者。

第四,有关野人存在的间接证据虽然不少,但许多证据经不住科学家鉴定。

1974 年,中国科学院动物研究所曾将神农架地区群众提供的,据称是直接获自野人身上的毛进行鉴定,发现居然是苏门羚的毛。对于各地的野人足迹,被兽类学家一语道破:熊类的后脚印与人类颇相似,只是略大些。

由此看来,我们完全有理由认为野人并不存在。地球上某些人迹罕至的地区或许有某种未被科学知晓的生物存在,从而引起人们的猜测与遐想,至于它究竟是什么动物,科学家们正在寻踪觅迹。

5."野人"是不存在的吗

早在 20 世纪 60 年代,对喜马拉雅山区到底有没有"雪人"存在的疑谜,国内外就已存在着不同的看法。

1951年和1954年的英国探险队成员们都肯定了"雪人"的存在。他们的说法可以用G·N·杜泰来代表。他说:"我们从搬运工人那里听到过很多类似的故事。其中有一个人肯定地说,他确曾看到'雪人'。"他从这许多传说中得出结论说:"这些传说是如此确凿可信。"

印度动物学家那旺南达否认"雪人"存在的说法。他听说西藏东部两个牧人远远地看到了"雪人",也测量了"雪人"在雪地上和在沙土上的脚印,证明雪上的脚印比沙土上的脚印大得多。他的结论说,雪上的脚印是经风吹日晒而扩大和变形的结果,并认为所谓"雪人",译音是"米提"(耶提),实际是"康米"的同义字,是"人熊"——直立行走的棕熊的意思。

前苏联通讯院士奥勃鲁恰夫认为有"雪人"存在。当年他在《莫斯科晚报》上发表谈话说:"一般说来,根据当地居民可靠的叙述和雪上的足迹看来,可以推断,在喜马拉雅山4000~5500公尺高度的地方,显然居住着一种比大猩猩更接近人类的动物,但它们比石器时代的最原始的人还要原始。"

医学科学研究员阿·里大卫特认为不能支持"雪人"的说法,他在1958年1月22日《莫斯科新闻》上发表了前苏联水文地质学家普罗宁在帕米尔两次看到"雪人"的谈话,同时也发表了阿·里大卫特的评论。他说:"我认为没有任何确凿的事实支持'雪人'的说法。"他认为在那布满白雪的环境下,实际上已排除了任何高级动物生存的可能性。假若有种类人猿在消灭的过程中确实仍然生存着,那一定会发现它们的骷髅,至于雪地上的脚印是不能说服人的证据。

中国科学家斐文中、吴汝康、周明镇等教授基本上同意阿·里大卫特的说法。还补充说明在喜马拉雅的高山里和帕米尔高原中,高出海拔4000公尺以上的高地上,生存着一种比大猩猩和黑猩猩更接近人的动物,至少是从现代灵长类的地理分布上来看似乎不可能。同时他们提出质疑:在冰雪里怎能解决食物缺乏的现实,高级灵长类在这样的环境里靠什么生活?

为此,一些科学家对"雪人"研究作出的三点结论是:

第一、许多传奇故事,都是根本没有的。

据说有许多人看见过"雪人",或者是它的影子,可是至今没有捉到一个,或者能摄下一张照片。"雪人"既然生活在高山中,在那寒冷的冰天雪地里,遗骸或骨骼,应该完整保存下来。而几十年没有一个人发现过这种遗骸。原来作为"雪人"存在的主要证据,如足迹、头皮、木乃伊等有些都已被否定了。

第二,所谓亲眼看到过"雪人"的人,是指鹿为马的臆断。

中国科学家吴定良列举了两则关于"雪人"的信息:据前苏联《劳动报》载,驻扎在帕米尔的边防战士加拉耶夫,在3000米冰雪覆盖的地方发现了一只从未见过的动物,满身是毛,见人就往山上跑,他和其他人都认为是"雪人"。他们一起追上并开枪打死了它,原来是一只雄猴，毛也是浅褐红色的。

另外一个事实，前苏联地理学家莫尔也夫经过详细的鉴定，证实这一动物是属于叙利亚的一种棕熊。

第三，传说中的"雪人"，可能是属于稀有的种属不明的生物，这种生物可能是介于人和猿之间，潜藏在高山上，代表灵长类的一个支派，至于它与高山动物的关系怎样，尚需进一步搜集新材料，才能最后解决这个"雪人"之谜。

不独在喜马拉雅、帕米尔高原、高加索山区，在北美，"野人"的存在也是值得怀疑的。

1967 年 10 月，在美国报纸上刊登了一组大脚怪物的照片，是一名叫帕特生的人及其朋友在加利福尼亚的布拉夫克利格遇到的雄性大脚怪物留下的。这是一个像人似的怪物。它体魄健壮，在厚厚的红褐色毛的深处露出胸部和臂部。照片刊登后，顿时轰动了美国。

美国著名灵长类专家奈皮耶仔细看了照片后，提出了如下质疑。他说："从照片中动物走相来看，总觉得大脚怪物有点过分意识到自己的走相。这是女性的走相。再则，头的形状显示了不是人类的，但是重心的放置不像类人猿。另外，其上半身稍稍像猿，而下半身完全是人类的模样。"

奈皮耶说："我们不能想象自然界存在这样的杂种。而且从走相来看，仿佛是拙劣夸张地模仿人的脚步似的。从科学上来考察，这个动物有很多矛盾的地方。因此，不排除有披着猩猩毛皮的人弄虚作假的可能性。如果那是事实，将是一次卑劣的捏造。"